觀光餐旅業導論

滿分總複習（全）

觀光餐旅業導論　滿分總複習（全）

編　著　者	王雅惠、李英端、旗立餐旅研究室
出　版　者	旗立資訊股份有限公司
住　　　址	台北市忠孝東路一段 83 號
電　　　話	(02)2322-4846
傳　　　真	(02)2322-4852
劃 撥 帳 號	18784411
帳　　　戶	旗立資訊股份有限公司
網　　　址	http://www.fisp.com.tw
電 子 郵 件	school@mail.fisp.com.tw
出 版 日 期	2021/05 月初版 2024/05 月四版
I S B N	978-986-385-366-4

光碟、紙張用得少
你我讓地球更美好

國家圖書館出版品預行編目資料

觀光餐旅業導論滿分總複習/王雅惠, 李英端, 旗立
　餐旅研究室編著. -- 四版. -- 臺北市：旗立資
　訊股份有限公司, 2024.05
　　面；　公分
　ISBN 978-986-385-366-4(平裝)

1.CST: 餐旅業 2.CST: 餐旅管理 3.CST: 技職教
育

528.8358　　　　　　　　　　　　113005976

Printed in Taiwan

※著作權所有，翻印必究

※本書如有缺頁或裝訂錯誤，請寄回更換

大專院校訂購旗立叢書，請與總經銷
旗標科技股份有限公司聯絡：
住址：台北市杭州南路一段15-1號19樓
電話：(02)2396-3257
傳真：(02)2321-2545

編輯大意

一、 本書係根據教育部民國 107 年發布之十二年國民基本教育技術型高級中等學校群科課程綱要－餐旅群「觀光餐旅業導論」學習內容編著而成。本書內容與「技專校院入學測驗中心」公布的統測考試範圍相同，可供餐飲管理科、觀光事業科、及其他依規定設立之科別之餐旅群同學，作為高三升學應試使用。

二、 本書彙整全國各校採用課本之重點，囊括一綱多本的精華，可快速掌握考試重點。

三、 本書共 17 章，各章皆具有下列六大特色：

1. 本章學習重點：列出每章的章節架構，與該章的常考重點。
2. 統測命題分析：分析各章歷年統測的命題比重。
3. 概念澄清湖：釐清易混淆的概念或名詞。
4. ：於統測曾經出題之重點主題處標示考試年份（如113表示為113年考題），協助學生快速掌握考試趨勢，並加強準備。
5. ☆：標示出常考之重點。
6. 知識快遞：補充與課文內容相關的知識。

四、 本書題目部分，設計有以下五種練習型態：

1. 實力加強：節末試題，供學生動手練習，加強記憶。
2. 範例＆練習：公式教完後，提供範例解析，增加同學對公式的理解；並提供類題練習，增進同學對公式的熟練度。
3. 搶分終點線：章末試題，供學生統整練習之用。
4. 情境素養題：切合統測趨勢提供情境試題，供學生練習之用。
5. 歷屆試題：整合近年統測試題，讓學生瞭解歷年考試重點，鑑往知來。

五、 本書作者在編寫過程中，與多位資深教師請益並力求精進，希望力求完善。倘若本書尚有未盡完善之處，尚祈各界先進不吝賜教，以做為改進之參考。

編者　謹誌

113學年度統一入學測驗
觀光餐旅業導論試題分析

100%涵蓋 102～113年統測命題重點 選這本最安心

一、難易度分析

1. 今年試題整體難度為**中偏難**，考驗學生基本觀念之熟練度，與生活情境相關問題的解決能力。

2. 今年試題共50題，其中難、中、易之比例分別為**20%**、**68%**、**12%**。（難：10題、中：34題、易：6題）

二、題型分析

1. 實施108課綱後，跨篇章、多元取材等素養題趨勢，考驗學生的閱讀理解能力與時事關注度。

2. 今年考題以觀光餐旅業經營的基本觀念為主，著重於相關**法規與政策變革**、**英文專業術語**、**圖表與計算**等基本知識的統整與延伸應用，考生須具備對文章理解的能力，與時事生活的觀察力。

3. 關於觀光餐旅業特性、台灣在地觀光新聞事件、觀光餐旅業分類、組織與部門分工、旅宿業發展等基本觀念出題比例高。此外，餐旅名人、餐飲與連鎖旅館集團品牌、行銷策略等時事相關考題也偏多。學生應以理論為主，並增加自身觀光餐旅體驗，才能加強記憶並融會貫通。

4. 因應法規與政策之變革，今年導遊／領隊人員考試相關題目有2題，我國重要觀光政策有1題，同學宜養成閱讀時事新聞的習慣，掌握時事脈動。

5. 每年必考題為英文專業術語，今年出現**19**題，考驗同學專業理解能力與英文術語熟練度。

6. 成本控制、翻檯率、住房率為今年的計算題，計算題為每年必考重點，同學須熟記計算公式與把握正確觀念。

7. **腳踏實地不投機，是得高分的重要關鍵。**

8. 題型分配如下：
   - 基本觀念題：20題
   - 綜合比較題：15題
   - 公式計算題：4題
   - 時事生活題：11題

三、考題分布

1. 「CH16 觀光餐旅行銷的基本概念」出題數最多（計 6 題），命題方向含括行銷組合 4P、產品生命週期、消費決策過程、行銷觀念的演進、訂價策略、店內行銷方式。

2. 「CH10 旅宿業的經營概念」出題數次多（計 5 題），命題方向含括連鎖旅館集團品牌、住房率、房租計價方式。

3. 今年考題較平均分配於各章，每一章均有考題，配合時事、取材多元。

113 年觀光餐旅業導論各章考題分布情形

章次	章名[註]	113年題數
1	觀光餐旅業的概述及特性（2、3、23）	3
2	觀光餐旅業的發展及組織（1、29）	2
3	觀光餐旅業之從業理念（4、5、48）	3
4	餐飲業概述（9、11）	2
5	餐飲業的類別與餐廳種類（14、38、42）	3
6	餐飲業的組織與部門（8、12）	2
7	餐飲業的經營概念（6、13、17）	3
8	旅宿業概述（21、22、44、50）	4
9	旅宿業的組織與部門（18、20）	2
10	旅宿業的經營概念（15、16、19、24、46）	5
11	旅行業概述（28、30、32）	3
12	旅行社的組織及從業人員之職掌（27、31）	2
13	旅行業的經營概念（25、26、33）	3
14	觀光餐旅相關產業（一）（34、36、37）	3
15	觀光餐旅相關產業（二）（35、47）	2
16	觀光餐旅行銷的基本概念（10、39、40、41、45、49）	6
17	觀光餐旅業的現況、課題與未來發展（7、43）	2
	合計	50

註：括號中為113年統測試題之題號。

考試重點

一、觀光餐旅業導論命題大致可分為四種類型，針對這四種題型的研讀與準備方式如下：

1. **基本觀念題**
   以觀光餐旅業導論的各種基本概念為主，此部分通常不難，同學只要掌握各章的主題重點、充分記憶各項定義，並從定義去思考，即可獲得基本分數。

2. **綜合比較題**
   主要是測驗學生的綜合分析判斷能力，同學可在詳讀各個重點之後，多加研習本書中的比較表，以利獲取高分。

3. **素養導向題**
   觀光餐旅業導論非常貼近生活，加上近年來積極推廣核心素養，因此越來越多將情境融入題目的素養導向題，學生必須根據情境敘述，結合所學之觀光餐旅業導論相關概念，並詳加練習本書各章章末之情境素養題，方能判斷出正確答案。

4. **公式計算題**
   此類型的題目通常套用公式即可正確作答，同學只要熟記公式，反覆練習常考範圍的題目，便可有效得分。

二、從近年統測可知，出題比重較高之章節包括：第三章、第七章、第八章、第十三章、第十六章等；同學們在讀完全書後，可針對上述章節進行考前最後衝刺。

近年統測各章出題比重

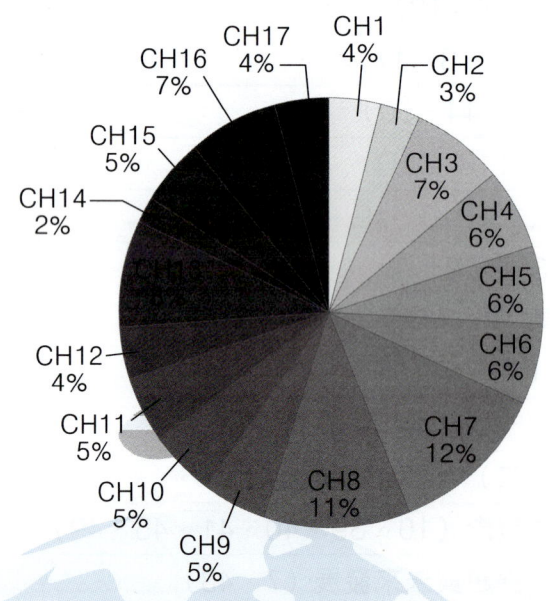

CH1	4%
CH2	3%
CH3	7%
CH4	6%
CH5	6%
CH6	6%
CH7	12%
CH8	11%
CH9	5%
CH10	5%
CH11	5%
CH12	4%
CH14	2%
CH15	5%
CH16	7%
CH17	4%

目錄
table of contents

基本概念篇

第 1 章 觀光餐旅業的概述及特性
- 1.1 觀光餐旅業的定義 ……………… 1-2
- 1.2 觀光餐旅業的範圍及類型 ……… 1-5
- 1.3 觀光餐旅業的特性 ……………… 1-10

第 2 章 觀光餐旅業的發展及組織
- 2.1 西方觀光餐旅業的發展 ………… 2-2
- 2.2 中國觀光餐旅業的發展 ………… 2-5
- 2.3 發展觀光餐旅業的影響 ………… 2-7
- 2.4 我國觀光餐旅主管機關 ………… 2-11

從業理念篇

第 3 章 觀光餐旅業之從業理念
- 3.1 觀光餐旅從業人員的身心條件 ……… 3-2
- 3.2 觀光餐旅從業人員的職場倫理與道德 …… 3-5
- 3.3 觀光餐旅從業人員的職涯規劃 ……… 3-6

餐飲業篇

第 4 章 餐飲業概述
- 4.1 餐飲業簡介 ……………………… 4-2
- 4.2 西方餐飲業的發展 ……………… 4-5
- 4.3 中國餐飲業的發展 ……………… 4-9
- 4.4 台灣餐飲業的發展 ……………… 4-11

第 5 章 餐飲業的類別與餐廳種類
- 5.1 餐飲業的類別 …………………… 5-2
- 5.2 餐廳的種類 ……………………… 5-6

第 6 章 餐飲業的組織與部門
- 6.1 餐飲組織簡介 …………………… 6-2
- 6.2 餐飲部門介紹 …………………… 6-5

第 7 章 餐飲業的經營概念
- 7.1 餐飲業的籌設與經營管理 ……… 7-2
- 7.2 外場經營實務 …………………… 7-10
- 7.3 內場經營實務 …………………… 7-12
- 7.4 製程與成本的控制 ……………… 7-23
- 7.5 食品衛生與員工管理 …………… 7-32
- 7.6 餐飲業常見的經營問題 ………… 7-39

 **旅宿業篇**

第 8 章 旅宿業概述
- 8.1 旅宿業簡介 8-2
- 8.2 西方旅宿業的發展 8-5
- 8.3 我國旅宿業的發展 8-7
- 8.4 旅宿業的類別 8-14
- 8.5 旅館等級評鑑制度 8-21
- 8.6 客房的種類 8-26

第 9 章 旅宿業的組織與部門
- 9.1 旅宿業組織 9-2
- 9.2 旅宿業部門介紹 9-6

第 10 章 旅宿業的經營概念
- 10.1 旅宿業的經營型態 10-2
- 10.2 旅宿業的營業收入 10-11
- 10.3 訂房、遷入及遷出作業 10-18

 **旅行業篇**

第 11 章 旅行業概述
- 11.1 旅行業簡介 11-2
- 11.2 旅行業的發展 11-4
- 11.3 旅行業的類別及
　　　旅行社的種類 11-18

第 12 章 旅行社的組織及
　　　　　從業人員之職掌
- 12.1 旅行社組織 12-2
- 12.2 旅行社部門介紹 12-3
- 12.3 旅行業經理人 12-5
- 12.4 導遊及領隊 12-8

第 13 章 旅行業的經營概念
- 13.1 旅行業經營相關規定 13-2
- 13.2 旅行業的產品 13-11
- 13.3 旅行文件－
　　　護照、簽證、機票 13-17
- 13.4 團體旅遊作業 13-34

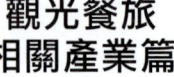 **觀光餐旅相關產業篇**

第 14 章 觀光餐旅相關產業（一）
- 14.1 觀光遊樂業 14-2
- 14.2 會議展覽業 14-7
- 14.3 博奕娛樂業 14-11

第 15 章 觀光餐旅相關產業（二）
- 15.1 陸上運輸業 15-2
- 15.2 水上運輸業 15-5
- 15.3 空中運輸業 15-8

 總結篇

第 16 章 觀光餐旅行銷的基本概念
- 16.1 行銷的基本概念 16-2
- 16.2 行銷管理 16-7

第 17 章 觀光餐旅業的現況、
　　　　　課題與未來發展
- 17.1 觀光餐旅業的現況 17-2
- 17.2 觀光餐旅業面臨的課題 17-3
- 17.3 觀光餐旅業的
　　　未來發展趨勢 17-4

113年統一入學測驗試題 113-1

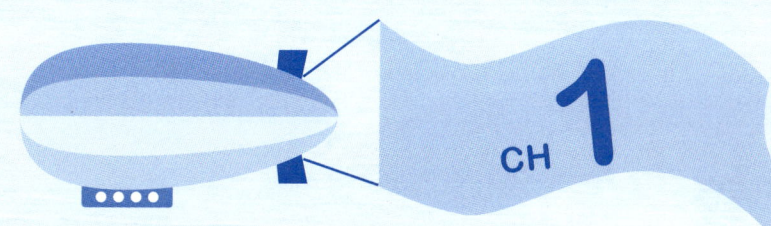

觀光餐旅業概述及特性

⚓ 本章學習重點

節名	常考重點	
1.1 觀光餐旅業的定義	• 觀光的意涵 • 觀光餐旅業的定義與基本要素 • 觀光主體、媒體、客體的分辨	★★★★☆
1.2 觀光餐旅業的範圍及類型	• 觀光餐旅業之各行業在「中華民國行業統計分類」的歸屬	★★☆☆☆
1.3 觀光餐旅業的特性	• 觀光餐旅業特性的分辨 • 異質性的因應對策—SOP	★★★★★

⭐ 統測命題分析

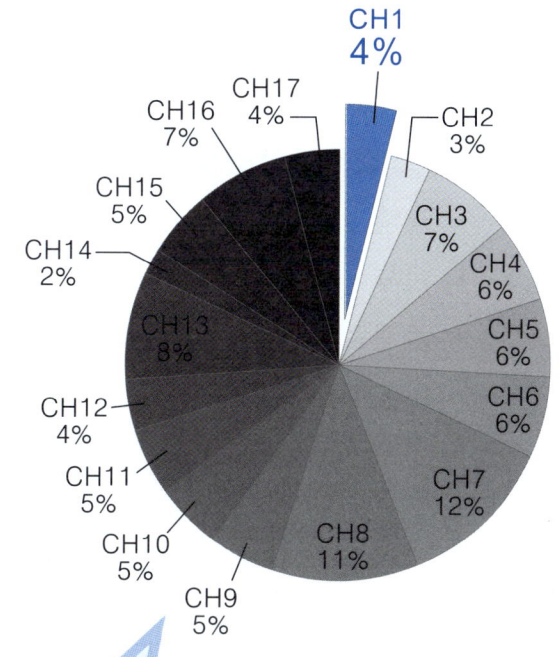

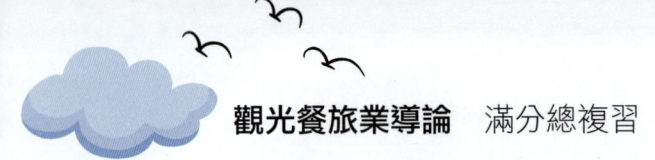

觀光餐旅業導論　滿分總複習

1.1 觀光餐旅業的定義

一、觀光（Tourism）定義

1. **語源**

觀光	• 觀、光二字最早見於西周時期易經書中「觀國之光，利用賓于王」 • 原意為遊歷他地，體察各地民情，具政治意涵
Tourism	• 源自拉丁文Tornus，意指沿著中心點（軸心）環繞的動作／畫圓的工具 • 1811年牛津辭典出現Tourism，意指藉由旅行達到娛樂目的之各項活動

2. **聯合國觀光組織^註的定義（外國採用）**

   觀光的定義應包含以下幾點：

   (1) 是一種社會、文化和經濟的綜合現象。

   (2) 人們為了私人、商務或職業上的因素，離開日常生活的地區或國家過夜（Overnight）。

   (3) 在旅途中從事關於旅遊、休閒、遊憩及觀賞景色、文物等活動。

   (4) 有相關的觀光消費支出。

3. **我國「發展觀光條例」對觀光產業之定義**

   (1) 觀光資源之開發、建設與維護。

   (2) 觀光設施之興建、改善。

   (3) 為觀光旅客旅遊、食宿提供服務與便利。

   (4) 提供舉辦各類型國際會議、展覽相關之旅遊服務產業。

4. **觀光的基本要素及觀光活動的組成** 111

觀光的基本要素	觀光活動的組成
• 人 • 空間 • 時間	• 環境 • 設施 • 管理者 • 遊客

註：世界觀光組織（UNWTO）於2024年1月更名為聯合國觀光組織（UN Tourism），亦有人將之譯為聯合國旅遊組織；我國非其成員。

CH1 觀光餐旅業概述及特性

5. 觀光系統 105 112

構成要素	說明
觀光主體	從事觀光旅遊活動的人，即**觀光客**
觀光媒體	協助或促成觀光客前往觀光地區從事觀光旅遊活動的各種媒介，包括： • 各種事件（如奧林匹克運動會） • 個人（如台灣觀光代言人、領隊、導遊） • 企業（如餐飲業、旅宿業、旅行業、交通運輸業） • 觀光組織（如各國觀光主管機關）
觀光客體	吸引觀光主體從事觀光旅遊活動的有形或無形**觀光資源**（如名勝古蹟、自然景觀、風俗民情） **例如** 淡水紅毛城、阿里山日出、澎湖漁村文化

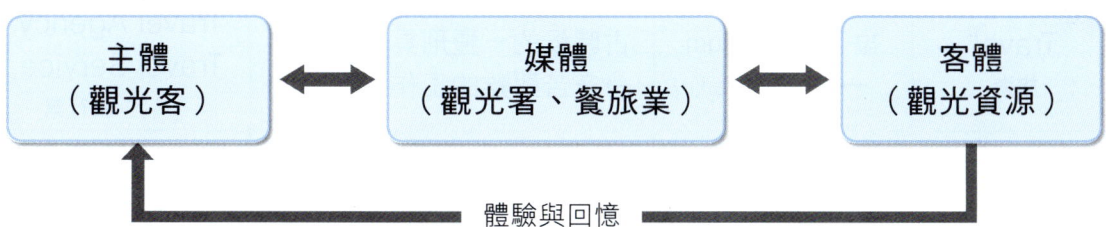

二、餐旅（Hospitality）定義

1. 語源

    - **餐旅（Hospitality）一詞源自於古法文「Hospice」**：原為十字軍東征時期提供宗教朝拜者休息與住宿的接待所，後引申為主人熱誠、親切的招待客人，現指發自內心使客人感受愉悅、貼心的服務。
    - **牛津英文辭典對「Hospitality」的解釋**：親切、慷慨地招待來訪的客人、拜訪者或陌生人。

    結論 由上述可知，餐旅業特別重視以「**親切熱忱**的態度」來款待客人；這種態度是**餐旅業的基本服務精神**。

1-3

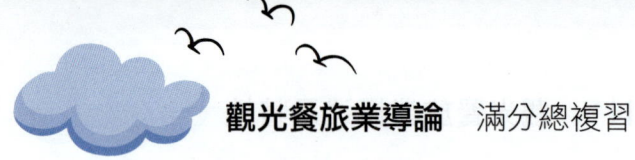

2. 餐旅相關名詞沿革

名詞	相關語源	原意	相關名詞／解釋
Hospitality 熱情、好客	古法文 Hospice	中古時期提供信徒參拜的住宿服務場所	Hospitality Industry 餐旅業
Hotel 旅館	拉丁文 Hospitale →法文 Hostel →法文 Hôtel	教會招待所 →出租公寓 →法國貴族們用來款待賓客住宿休息的鄉間別墅	Lodging Industry 住宿業
Restaurant 餐廳	法文 Restaurant	恢復元氣之湯名	Food & Beverage Industry 餐飲業
Tourism 觀光	拉丁文 Tornus →英文 Tour	沿著中心點（軸心）環繞的動作／畫圓的工具 →回到原起點的行程	Tour 行程／遊程 Tourist 觀光客
Travel 旅遊	拉丁文 Tripalium →法文 Travail	古時候的一種刑具名稱 →辛苦艱難的工作	Travel Agency, T／A Travel Service, T／S 旅行業
Leisure 休閒	拉丁文 Licere	被允許→自由運用的時間[註]	在自由時間從事紓壓身心的活動
Recreation 遊憩	拉丁文 Recreare	更新；恢復	從事可回復精神的身心適宜動態活動

註：自由時間 = 一天24小時扣除生活義務時間（上學、工作等）及生理時間（飲食、睡覺等）。

實力加強 1.1

( )1. 下列何者最能表現出餐旅業的基本精神？
(A)Tourism　　(B)Travel
(C)Hospitality　　(D)Service。

( )2. 人、空間、時間是構成觀光的重要成分，下列何者指的不是「空間」？
(A)觀光主體移動所需之時日
(B)觀光客遊樂的場所
(C)旅遊目的地
(D)觀光主體移動所及之處。

( )3. 下列何者屬於「觀光客體」？
(A)旅行社　　(B)觀光資源
(C)航空公司　　(D)旅館。

( )4. 觀光餐旅業是屬於觀光系統中的何種角色？
(A)主體　(B)媒體　(C)客體　(D)環境。

1-4

1.2 觀光餐旅業的範圍及類型

1.2.1 範圍

1. **狹義**

   直接提供旅客餐飲、住宿服務的行業，即**餐飲業**（Food & Beverage Industry）、**住宿業**（Lodging Industry）。

2. **廣義** 102

   直接或間接提供旅客服務的行業；即除了**餐飲業**、**住宿業**之外，還包括**旅行業**（Travel Agency）、**交通運輸業**（Transport Industry）、**觀光遊樂業**（Amusement Park Industry）、**會議展覽產業**（MICE Industry）等。

3. **行政院主計總處「中華民國行業統計分類」** 111 113

行業名稱	中華民國行業統計分類
餐飲業、住宿業	I大類（住宿及餐飲業）
旅行及相關服務業（如提供票券代訂服務、提供導遊及領隊服務）、會議及工商展覽服務業、運輸工具租賃業註	N大類（支援服務業）
觀光遊樂業、運動服務業、博奕/博奕船舶業、博物館	R大類（藝術、娛樂及休閒服務業）
陸海空交通運輸業	H大類（運輸及倉儲業）

註：如不附駕駛之汽車、機車、船舶、飛機等出租（不含自行車、帆船租賃）。

概念澄清湖 ── 餐廳外送、外送平台、快遞宅配的行業類別

服務內容	餐廳自行外送餐點	外送平台配送餐點	快遞、宅配
行業分類	I住宿及餐飲業	H運輸及倉儲業	H運輸及倉儲業
行業名稱	餐飲業	遞送服務業	遞送服務業

1.2.2 類型

一、依「聯合國觀光組織（UN Tourism）」分類

1. **境外觀光（Outbound Tourism）**：本國人出國觀光。
2. **入境觀光（Inbound Tourism）**：外國人到本國觀光。
3. **國民旅遊（Domestic Tourism）**：本國人在本國旅遊。

上述三類旅遊類型加以組合，可再衍生出以下三類旅遊類別：

類型組合	說明	共通處	衍生類別
國民旅遊（Domestic Tourism） ＋ 入境觀光（Inbound Tourism）	本國人、外國人 → 本國境內	本國境內	境內觀光 Internal Tourism
國民旅遊（Domestic Tourism） ＋ 境外觀光（Outbound Tourism）	本國人 → 本國境內、外國國境	本國人	國人觀光 National Tourism
境外觀光（Outbound Tourism） ＋ 入境觀光（Inbound Tourism）	外國人 → 本國境內 本國人 → 外國國境	國際交流	國際觀光 International Tourism

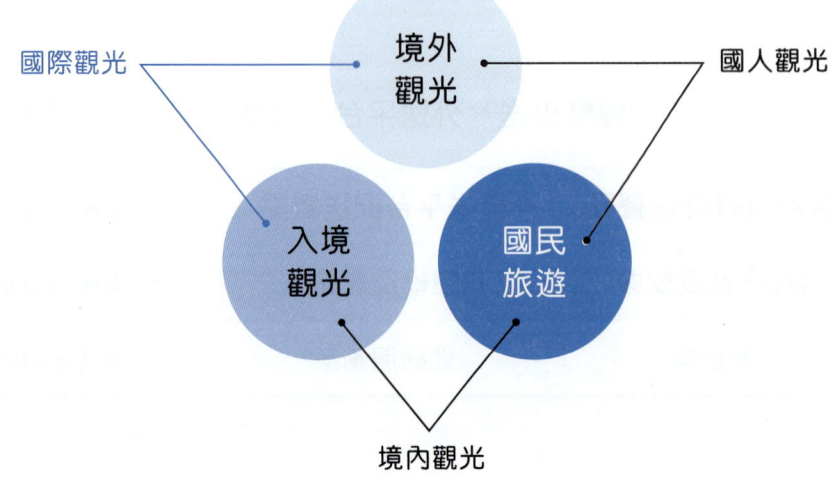

二、依「觀光旅遊目的」分類

類別	說明	釋例
休閒觀光／娛樂觀光 Leisure Tourism / Amusement Tourism	1. 以休閒娛樂為主要目的 2. 遊客多半選擇與居住地不同景觀的觀光地前往 3. 此種旅遊目的之遊客人數最多	• 東澳全覽八天 • 美西七日遊
博奕觀光 Casino Tourism	以從事博奕活動為主要目的	• 拉斯維加斯（賭城）之旅 • 澳門威尼斯人酒店之旅 • 新加坡金沙酒店之旅
運動觀光 Sport Tourism	觀賞運動賽事或本身欲從事某項運動而前往觀光地	• 參加奧運、世運的旅遊團 • 前往韓國雪嶽山滑雪
生態觀光／綠色觀光／環境觀光／永續觀光／負責任觀光 Ecotourism / Ethical Tourism / Natural Tourism / Green Tourism / Environmental Tourism / Sustainable Tourism / Responsible Tourism	1. 以瞭解動植物、環境保育為主的觀光旅遊 2. 強調不影響旅遊地區的原始生態及社會結構，即無痕旅遊（Leave No Trace）的概念	• 七股濕地生態之旅 • 淡水紅樹林生態之旅
鄉野觀光 Rural Tourism	以造訪農村、體驗鄉野生活為主	• 江西婺源之旅 • 花蓮富里農村體驗遊
產業觀光 Industrial Tourism	以參觀產業發展概況、地方特產生產等為主	• 台灣玻璃館 • 興隆毛巾觀光工廠 • 白蘭氏健康博物館
文化觀光 Cultural Tourism	1. 以參觀名勝古蹟、歷史文物等文化遺產（Heritage）與瞭解當地之文化傳統、風土民情為主要目的 2. 旅客二次造訪率相當高	• 土、希、埃古文明之旅 • 歐洲建築之旅 • 高雄內門宋江陣註之旅

註：高雄市內門區擁有全台最多的藝陣及宋江陣陣頭。
　　102年內政部民政司推「宗教沃土計畫」，舉辦Temple Stay，讓民眾體驗宗教文化。

more...

類別	說明	釋例
醫療觀光 Medical Tourism / Health Tourism / Hospital Tourism	1. 從事醫療行為並順道旅遊觀光 2. 通常停留時間較長，所創造之觀光外匯收入相當可觀 3. 目前東南亞國家及我國政府均積極開發此類觀光	● 新加坡洗腎團來台五日遊 ● 福建赴台健檢旅遊團
宗教觀光 Religious Tourism / Faith Tourism	1. 各種宗教信徒基於信仰所從事的旅遊活動 2. 以參觀宗教的聖地、古蹟及其文化藝術為目的之旅客	● 回教徒麥加朝聖 ● 梵蒂岡耶誕彌撒 ● 印度恆河洗禮 ● 台灣大甲媽祖遶境
志工／公益旅遊 Volunteer Tourism	於旅遊中從事公益活動或志工服務，需自付機票、住宿等費用	● 旅遊途中探訪老人院或參加沙灘淨灘活動
商務觀光 Business Tourism	從事商務洽公，並順道遊覽	● 出差旅遊
另類觀光／替選性觀光 Alternative Tourism	泛指其他特殊旅遊目的的觀光活動	● 文化觀光、生態觀光
黑暗觀光 Dark Tourism	是指以旅遊的形式參觀災難發生地、暴行紀念地等	● 盧安達種族滅絕紀念景點 ● 波蘭奧斯威辛集中營殉難者紀念博物館
節慶觀光／ 特色活動觀光 Festival Tourism / Event Tourism	配合傳統節日、宗教儀式、慶典、商品展售、體育活動等所設計的主題性活動	● 台灣燈會、客家桐花祭 ● 大甲媽祖國際觀光文化節
會議觀光 MICE Tourism	1. 是指參與下列活動而從事的旅遊： ● Meeting（公司會議） ● Incentive（獎勵旅遊） ● Conference / Convention（國際會議） ● Exhibition（展覽） 2. 此類觀光客的平均消費額約為一般觀光客的3～4倍，成長潛力及附加價值高，且可帶動相關產業發展	● 公司企業職員出差 ● 日本本田汽車來台辦理獎勵旅遊 ● 亞太牙醫大會 ● 台北國際電腦展

CH1 觀光餐旅業概述及特性

知識快遞

承辦會展活動的相關公司

1. 專業會議籌組公司（Professional Conference Organizer, P.C.O.）
2. 獎勵旅遊管理顧問公司（Professional Incentive Organizer, P.I.O.）
3. 專業展覽籌組公司／會展場地管理者（Professional Exhibition Organizer, P.E.O.）

實力加強 1.2

( )1. 下列哪些屬於狹義的觀光餐旅業？
甲、雄獅旅行社　　　乙、寒舍艾美酒店　　　丙、華信航空公司
丁、清境農場國民賓館　戊、85°C咖啡蛋糕烘焙專賣店
(A)甲、乙、丙、丁、戊　　(B)甲、乙、丁、戊
(C)乙、丙、丁、戊　　(D)乙、丁、戊。

( )2. 關於觀光餐旅業，下列敘述何者錯誤？
(A)觀光餐旅業的基本服務精神是親切熱忱的態度
(B)狹義的觀光餐旅業包括觀光餐飲業及旅行業
(C)MICE Industry屬於廣義的觀光餐旅業
(D)觀光餐旅業是觀光媒體之一。

( )3. 在UN Tourism對各國觀光型態分類中，International Travel是指：
(A)Domestic and Outbound Travel
(B)Domestic and Inbound Travel
(C)Inbound and Outbound Travel
(D)Regional and National Travel。

( )4. 下列何者是「永續觀光」的英文全名？
(A)Sustainable Tourism
(B)Saisiyat Tourism
(C)Shuttle Tourism
(D)Satellite Tourism。

( )5. 下列有關MICE Industry之縮寫字母的英文原名，何者不正確？
(A)M代表Meetings
(B)I代表Ideas
(C)C代表Conventions
(D)E代表Exhibitions。

1-9

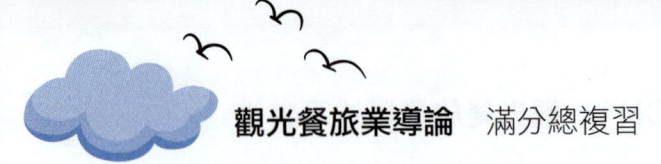

1.3 觀光餐旅業的特性

一、觀光餐旅業的商品

1. **有形商品（Tangible Products）**
   顧客看得到、摸得到，可供顧客消費使用的**實體產品**及**設備**，如：餐廳的餐點、飯店的客房。

2. **無形商品（Intangible Products）**
   顧客看不到、摸不到，但能感受到的服務，如：餐廳人員的貼心服務、導遊的專業解說。

二、觀光餐旅業的「商品」特性 102 103 105 113

商品特性	說明	因應對策
服務性 Service / Hospitality	觀光餐旅業屬於服務業，其商品特別強調服務的重要性 例如 再好吃的餐點，服務人員態度不佳，顧客對餐廳的評價也會大打折扣	把握服務**關鍵時刻**註1，掌握每次與顧客的接觸，提供優質服務
異質性 Heterogeneity	1. 觀光餐旅商品是由「人」（如導遊）提供，但每個人的背景、經驗不同，易導致品質不穩定 例如 相同旅遊行程，會因不同導遊之景點解說的專業度不同，而使旅客有不同評價 2. 不同服務時間及地點，亦會產生服務品質變化	• 建立**標準作業流程**（SOP）註2 • 實施**全面品質管理**（TQM）註3
無形性 / 不可觸摸性 Intangibility	觀光餐旅業的無形商品（如餐廳人員的服務、導遊的解說服務），通常無法申請專利；且顧客無法事先體驗其品質，因此會投入較多時間、精力收集資訊及選擇產品 例如 旅客參加旅行團，其旅遊品質，須等到行程結束後才能確認	• 建立口碑 • 將**商品資訊透明化、具體化**，如提供導遊／領隊經歷簡介

註1：**關鍵時刻**（Moment of Truth, MOT），約5～15秒。
註2：**標準作業流程**（Standard Operation Procedures, SOP）。
註3：**全面品質管理**（Total Quality Management, TQM）。

CH1 觀光餐旅業概述及特性

商品特性	說明	因應對策
不可分割性 Inseparability	觀光餐旅商品大多無法與從業人員分割；其生產大多與消費同時進行，服務人員和顧客之間的互動關係更顯得密切與重要 **例如** 餐廳上菜服務無法與服務人員分割；顧客用餐同時，餐點服務亦同時提供	透過教育訓練加強從業人員服務品質
易逝性/易腐性/易壞性/有限性/無法儲存性 Perishability	觀光餐旅商品大多無法儲存到隔天再出售，與時間的關聯性甚大；若未在時間內賣出，業者將會有損失 **例如** 旅館3/1未售出的客房不能延到3/2再賣；航空公司4/1未售出的機位不能延到4/2再賣	採取有效的營收管理/收益管理之策略[註]；在淡季維持合理收益，在旺季創造最大利潤
綜合性 Comprehensive	觀光餐旅商品大多結合了多種行業的商品而成 **例如** 旅行社的遊程商品是機位、飯店、餐廳、遊覽車等行業的商品綜合體	加強與相關行業的互動與合作，提供良好商品
僵固性/短期供給無彈性 Rigidity	觀光餐旅商品大多無法隨市場需求變化，在短期內增減商品供給量 **例如** 餐廳有50個座位，無法同時接受70個顧客在店內用餐	做好需求預測，並規劃因應策略（如提供外帶服務）
需求彈性大 The High Elasticity of Demand	觀光餐旅商品需求變化大的原因： 1. **消費者需求易變**：消費者易因個人或外在環境的變化，而改變對餐旅商品的需求 2. **大部分的觀光餐旅商品非民生必需品**：當景氣衰退時，民眾會縮衣節食，減少消費餐旅商品	• 透過市場研究與分析，掌握消費者需求 • 隨時注意外在環境的變化，並採取適當因應策略

註：營收管理/收益管理（Yield Management / Revenue Management）：蒐集歷年營收紀錄及當年度產業市場發展狀況，並參酌社經環境的變化，據以實施不同的價格策略（如淡季降價、旺季加價），以求最佳銷售表現。

1-11

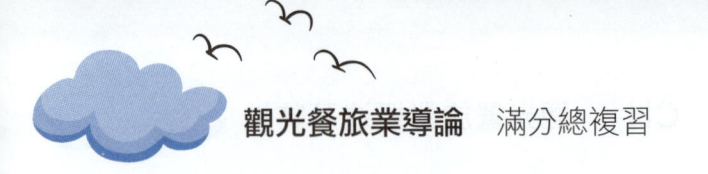

三、觀光餐旅業的「經營」特性 103 104 106 107 113

經營特性	說明	因應對策
立地性 Location	1. 觀光餐旅商品大多無法任意移動：如米其林餐廳美食、杜拜帆船飯店客房、迪士尼遊樂設施，均需旅客到現場消費體驗 2. 店家位址為經營成敗的關鍵：在適當地點設立，可吸引較多人潮，創造較高收益 例如 85度C咖啡蛋糕烘焙專賣店通常開設在「三角窗」位置，因為較顯眼，容易吸引人潮	審慎評估立地條件，如：人潮多寡、交通便利性等
高勞力密集性 Labor Intensive	觀光餐旅業屬於勞力密集產業，基層勞工流動率較高，因此需投入足夠人力，才能提供良好服務 例如 王品餐飲集團的員工人數約9,500人	適度安排及調度人力
無歇性 Restless	人們的放假期間，即為觀光餐旅業的服務提供時間；有些業者（如旅館、航空公司）甚至24小時營業且全年無休 例如 麥當勞在台有150家以上的餐廳實施24小時營業，並提供「24小時歡樂送」服務	工時安排採輪班制（Shift Work）
季節性 Seasonality	觀光餐旅業之營運狀況隨季節變化而有淡季（Low Season）、旺季（High Season）之分，業者隨季節變化推出不同商品組合，以獲取最大利益；季節可分為： 1. 自然季節（如春夏秋冬）：例如阿里山櫻花季（春）、溫泉美食嘉年華（秋、冬） 2. 人文季節（如節慶活動、特殊盛會）：例如屏東落山風藝術季、媽祖國際觀光文化節、台北國際電腦展	推出促銷方案或調整經營模式
公共性 Public	觀光餐旅場所大多屬於公共空間，業者需提供安全無虞的消費環境	遵照建築、消防安全等法規設計餐旅場所
合作性 Cooperation	觀光餐旅業需與相關產業相互支援或合作，才能提供完整的商品與服務 例如 旅行社需與航空公司、旅館、餐廳等業者合作，才能順利出團	與相關產業結盟或訂定合作計畫
競爭性 Competition	1. 部分觀光餐旅業進入門檻低：如冷飲店所需資本較少，競爭者眾 2. 多數觀光餐旅商品無法申請專利，易被模仿：如客房、遊程設計一旦成功推出後，易被競爭對手模仿，形成激烈競爭 例如 春水堂推出「珍珠奶茶」飲品，深受消費者歡迎；其他飲料店便紛紛跟進	提高產品的差異性，保持競爭優勢
易變性／敏感性 Variability / Sensibility	觀光餐旅業的營運極易受到外在因素（如政治、經濟、天災、疫情）的影響而產生變化 例如 受嚴重特殊傳染性肺炎（COVID-19）疫情影響，各國國際旅遊人數銳減	蒐集市場資訊，機動擬訂因應策略

CH1 觀光餐旅業概述及特性

概念澄清湖　　觀光餐旅業特性的比較

- 短期供給無彈性 vs. 需求彈性大

商品特性	短期供給無彈性	需求彈性大
面向	業者（市場供給者） 對觀光餐旅商品的供應量	消費者（市場需求者） 對觀光餐旅商品的需求量

- 合作性 vs. 綜合性

觀光餐旅特性	合作性	綜合性
面向	產業 觀光餐旅業者之間需互相合作	商品 觀光餐旅商品是結合多種行業商品而成

實力加強 1.3

(　) 1. 下列哪一項最符合觀光餐旅業的服務特徵？
(A)服務具有異質性
(B)服務具有分割性
(C)服務具有儲存性
(D)服務具有有形性。

(　) 2. 下列何者不屬於服務業的產品特性？
(A)產品變化大　　　　　　　　(B)資本密集產業
(C)服務品質不易控制　　　　　(D)會有客人共同參與。

(　) 3. 大陸哈爾濱的冰雕節最能夠展現下列哪一種觀光資源的特性？
(A)相容性　　　　　　　　　　(B)替代性
(C)季節性　　　　　　　　　　(D)互補性。

(　) 4. 一地的旅館每逢觀光節慶，往往一房難求，但是客房數又不能夠因應需求而快速增加，或是因應成本而縮減。這種現象是旅館特性中的何者？
(A)不可儲存性　　　　　　　　(B)資本密集
(C)短期供給無彈性　　　　　　(D)需求服務彈性大。

(　) 5. 今日未能出租的客房，不能留到明日再出租，這屬於旅館商品的何種特質？
(A)Heterogeneity　　　　　　　(B)Perishability
(C)Intangibility　　　　　　　　(D)Inseparability。

1-13

1.1 觀光餐旅業的定義

( )1. 關於觀光客的定義，下列敘述何者最不適當？
(A)從事觀光旅遊活動者
(B)在訪問地區停留過夜且未超過一年者
(C)前往他處從事薪酬活動者
(D)離開日常生活的地方，並返回其原居住地者。

( )2. 有關觀光餐旅專業用語之敘述，下列何者錯誤？
(A) Hospitality源自法文Hospice，意指對於家中來訪賓客殷勤招待
(B) Tourism源自拉丁文Tornus，原指畫圓工具，延伸具有巡迴之意
(C) Tourist源自拉丁文Tripalium，原指辛勤勞苦，現指觀光客離家外出訪問，且時間超過24小時以上
(D) Restaurant源自法文Restaurant，意指提供營養食物使人恢復體力的場所。

( )3. 對於觀光定義的敘述，下列何者錯誤？
(A)觀光是一種社會、文化和經濟的綜合現象
(B)旅途中從事關於旅遊、休閒、遊憩及觀賞景色、文物等活動
(C)無須相關的觀光消費支出
(D)離開日常生活的環境。

( )4. 下列何者非屬觀光餐旅業的相關範疇？
(A)Tourism   (B)Hospital
(C)Leisure   (D)Recreation。

1.2 觀光餐旅業的範圍及類型

( )5. 下列哪些觀光型態是以自然為取向（Nature Based），並同時具有環境教育的功能？
甲：Ecotourism
乙：Grand Tour
丙：Mass Tourism
丁：Sustainable Tourism
(A)甲、丙 (B)甲、丁 (C)乙、丙 (D)丙、丁。

( )6. 依據聯合國觀光組織（UN Tourism）對觀光型態之分類，下列敘述何者錯誤？
(A)Inbound旅遊屬於International旅遊
(B)Inbound旅遊屬於Internal旅遊
(C)Outbound旅遊屬於International旅遊
(D)Outbound旅遊屬於Internal旅遊。

( )7. 藉由鼓勵舉辦各種的會議,進而促進觀光發展,屬於下列哪一種觀光型態?
(A)Convention Tourism (B)Environmental Tourism
(C)Heritage Tourism (D)Social Tourism。

( )8. 透過舉辦國際性展覽活動進而拓展觀光,可以歸類為下列哪一種觀光類型?
(A)Cultural Tourism (B)Exhibition Tourism
(C)Rural Tourism (D)Social Tourism。

( )9. 台北市市民前往金門國家公園進行三天兩夜的觀光活動,是屬於
(A)Domestic Tourism (B)Inbound Tourism
(C)International Tourism (D)Outbound Tourism。

( )10. 下列何者可歸屬於「文化觀光」活動?
(A)台北資訊展 (B)內門宋江陣
(C)拉斯維加斯之旅 (D)七股賞黑面琵鷺。

( )11. 在目前台灣發展多元觀光型態的情況下,參觀大湖酒莊是屬於
(A)生態觀光 (B)療養觀光
(C)產業觀光 (D)環境觀光。

1.3 觀光餐旅業的特性

( )12. 電視購物頻道在銷售觀光餐旅相關產品時,採用影片或名人推薦的方式進行,讓旅客有親身體驗的感受,是屬於哪一商品特性?
(A)Perishability (B)Inseparability
(C)Intangibility (D)Heterogencity。

( )13. 關於觀光餐旅業特性之敘述,下列何者正確?
(A)必須提供全年性及全天候服務,是為季節性
(B)服務品質容易受服務時間、地點及個人需求而影響,是為異質性
(C)觀光餐旅產品無法儲存,是為僵固性
(D)需要大量人力服務,是為無歇性。

( )14. 法國「米其林指南」(Le Guide Michelin)採用神秘客方式,到各個餐廳進行餐飲服務評鑑,此係為了控制下列何種餐飲業特性而產生的評鑑方法?
(A)不可分割性(Inseparability)
(B)無形性(Intangibility)
(C)易逝性(Perishability)
(D)異質性(Heterogeneity)。

( )15. 政府為了克服以往落山風對屏東觀光事業的負面影響,利用多風的特性,設計了屏東落山風藝術季的節慶活動,這是針對觀光事業何項特性之手段?
(A)季節性 (B)易變性
(C)綜合性 (D)服務性。

more...

( )16. 旅館經營有許多特性,許多旅館會在淡季時,關閉數個樓層以減少水電及臨時人事費用支出;請問,這是為了因應下列哪一個旅館經營的特性?
(A)商品無形性　　(B)需求的波動性
(C)短期供給無彈性　　(D)經營無歇性。

( )17. 「觀光餐旅業全天候為顧客服務,即使在過年期間,仍照常營業」,此敘述是屬於觀光餐旅業的何種特性?
(A)立地性　　(B)有限性
(C)易變性　　(D)無歇性。

( )18. 觀光餐旅業服務的特性之一為Inseparability,其意涵為何?
(A)消費者須參與服務之生產過程
(B)服務為無形,無法庫存
(C)服務品質會因服務提供者的不同,而有所差異
(D)服務具有高度風險。

( )19. 遊程產品無法申請專利,是遊程產品的哪一個特性?
(A)無形性　　(B)不可分割性
(C)異質性　　(D)易滅性。

( )20. 觀光餐旅業的特性,下列敘述何者錯誤?
(A)生產過程顧客的介入程度高
(B)季節性明顯
(C)重視口碑形象
(D)關聯性產業不多且各自獨立。

( )21. 觀光業者經常在淡季期間加強促銷活動,此種作法是為了克服產品的何種特性?
(A)無形性　　(B)異質性
(C)易逝性　　(D)不可分割性。

CH1 觀光餐旅業概述及特性

情境素養題

( )1. 觀光餐旅業的語源與定義，下列敘述何者錯誤？
(A) Travel原指畫圓的工具，因此有離家遠行又回家巡迴旅遊的意義
(B) Hospitality是指誠摯、親切、殷勤地款待旅行者
(C) Hostel原指類似公寓的出租房子，現多定義為招待所
(D) Tourism是指人們在工作之餘，離開居住地，前往從事觀光活動的目的地，最後會回到原居住地。 [1.1]

( )2. 有關「觀光客」的定義，下列敘述何者正確？
(A)佑青家住台北，元宵節早上出門到九份去旅遊，傍晚再坐平溪支線火車到平溪參加放天燈的活動，當天晚上回家
(B)杏人家住高雄，利用暑假與朋友到墾丁衝浪，晚上逛「墾丁大街」時，還買了一些紀念品，隔天晚上返回高雄住家
(C)大芢家住高雄，在端午節下午跟朋友到愛河邊觀看划龍舟比賽
(D)子期住在台中，固定於每週星期一早上到台北後火車站批貨，下午再趕回台中逢甲夜市擺攤賣小飾品。 [1.1]

( )3. 台灣喔熊（Oh Bear）任職於台灣觀光署超級任務組，和日本知名的在地吉祥物熊本熊一樣，每天為了台灣及日本的觀光努力打拼。請問台灣喔熊及熊本熊在觀光系統中扮演何種角色？
(A)觀光主體 (B)觀光客體 (C)觀光媒體 (D)觀光資源。 [1.1]

( )4. 美國人James與家人前往東京旅遊，住宿於雷門大飯店；期間有2天向Times Car Rental公司租車自駕旅遊前往箱根，並透過Klook旅行社網站訂購東京迪士尼與哈利波特影城門票。試根據上述判斷，下列何者正確？
(A)東京迪士尼與哈利波特影城屬於觀光系統中的主體
(B)雷門大飯店及Klook旅行社均屬於觀光系統中之客體
(C)Times Car Rental租車公司在行政院主計總處行業統計分類中屬於N大類
(D)對James與家人而言，他們的旅遊活動屬於Domestic Tourism。 [1.2]

( )5. 小菲請旅行社代訂了歌劇院的票，提供代訂服務的業者，依行政院主計總處「中華民國行業統計分類」是屬於觀光餐旅相關產業的哪一大類？
(A)H大類 (B)I大類 (C)N大類 (D)R大類。 [1.2][113統測改編]

( )6. 疫情後餐旅業蓬勃發展，帆船大飯店因員工流動率高，導致服務品質不佳，於是飯店的王總經理開始建構標準化流程來提高服務品質，此種方式主要因應餐旅業的哪一種特性？
(A)cooperation (B)heterogeneity
(C)inseparability (D)perishability。 [1.3][113統測]

more...

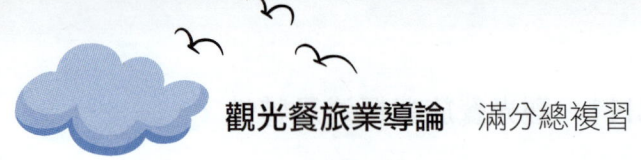

( ) 7. 關於觀光餐旅業的特性，下列敘述何者正確？
甲、觀光餐旅業的服務品質可事先體驗或感受其優劣
乙、觀光餐旅業是以人為主的產業
丙、觀光餐旅業不具競爭性但獲利很高
丁、觀光餐旅業容易受到季節的影響
(A)甲、丙　(B)甲、丁　(C)乙、丙　(D)乙、丁。　　　　　　　　　[1.3]

( ) 8. 下列何者為餐飲業商品屬性之「易變性」？
(A)消費者的喜好，經常受到外在因素的影響，包括經濟景氣、國際情勢、政治動盪或是突來的天災人禍
(B)因春夏秋冬不同，而提供不同的行程安排
(C)不同的立地環境營造出不同的旅行樂趣，吸引不同客源
(D)旅館業1年365天，1天24小時，全天候服務。　　　　　　　　　[1.3]

( ) 9. 某甲邀請朋友到西餐廳品嚐特選牛排，完成預約後，前往用餐。若以觀光餐旅業的屬性而言，下列敘述何者錯誤？
(A)餐廳內環境嘈雜，且光線十分昏暗，此較屬於Intangibility
(B)經理閒聊表示上個月受疫情影響，幾乎沒有客人，此較屬於Sensibility
(C)餐廳主管說明因為正值賞雪耶誕假期，餐廳較往常忙碌，此較屬於Restless
(D)兩份同樣熟度的牛排，某甲不滿意，但友人卻十分滿意，此較屬於Heterogeneity。　　　　　　　　　　　　　　　　　　　　　　　[1.3][109統測改編]

▲ 閱讀下文，回答第10～11題。

每年4～6月是螢火蟲的最佳觀賞季節，近年來新北市農業局致力於生態復育及推動友善耕作，響應聯合國永續發展目標SDGs中的第15項核心目標「保育陸域生態」，成功營造出適合螢火蟲棲息和繁衍的環境。每年新北市更舉辦螢火蟲季，邀請大家一同到新北市賞螢，並提醒遊客賞螢時務必維護當地環境，不喧嘩、不捕捉，勿用燈光直照螢火蟲、配合燈火管制。

( ) 10. 新北市農業局在觀光系統中扮演何種角色？
(A)觀光主體　(B)觀光客體　(C)觀光媒體　(D)觀光資源。　　　　[1.1]

( ) 11. 知恩今年計劃和朋友一同前往坪林賞螢，請問此屬於下列哪一種觀光活動？
(A)Sustainable Tourism　　　(B)Cultural Tourism
(C)Health Tourism　　　　　(D)Dark Tourism。　　　　　　　　　[1.2]

CH1 觀光餐旅業概述及特性

歷屆試題

( )1. 在觀光餐旅業中，每一位服務人員所提供的服務內容，無法像製造業的產品一樣完全標準化，這種屬性稱為：
(A)無形性 (B)不可分割性 (C)不可儲存性 (D)異質性。 [102統測改編]

( )2. 舉辦嘉年華會與節慶活動造成人潮聚集的旅遊旺季，是屬於下列哪一種旅行業的特性？
(A)產業競爭性 (B)需求季節性
(C)供給僵硬性 (D)景氣循環性。 [102統測]

( )3. 觀光餐旅消費者的喜好會受經濟情況、國際情勢、媒體報導與網路傳播的因素進而影響其最後抉擇，此現象說明存在觀光餐旅產業特質中的何種特性？
(A)競爭性（Competition） (B)季節性（Seasonality）
(C)合作性（Cooperation） (D)敏感性（Sensibility）。 [103統測改編]

( )4. 餐廳及旅館在設立前，必須依據周遭人潮及交通便利性進行市調，並利用附近旅遊景點優勢行銷，主要是因為觀光餐旅業具備下列哪一種屬性？
(A)不可分割性 (B)立地性 (C)公共性 (D)變化性。 [104統測改編]

( )5. 小明與朋友到台南參觀古蹟、廟宇及老房子，這種觀光活動是屬於下列哪一種觀光活動？ (A)生態 (B)產業 (C)社會 (D)文化。 [104統測]

( )6. 「交通部觀光署為推展臺灣觀光，以墾丁等臺灣景點為背景，邀請明星代言人拍攝偶像連續劇，以吸引海外粉絲來臺尋找劇中觀光景點」。上列敘述中，何者屬於觀光系統的「觀光客體」？
(A)偶像連續劇 (B)來臺海外粉絲
(C)明星代言人 (D)墾丁等臺灣景點。 [105統測改編]

( )7. 消費者在網路上發表對某家餐廳的評價，而造成該餐廳顧客大量增加或減少，以下哪一種觀光餐旅業特性最能說明此現象？
(A)易逝性 (B)異質性 (C)立地性 (D)易變性。 [106統測改編]

( )8. 旅館大多24小時營業且全年無休，此為旅館經營的何種屬性？
(A)Rigidity (B)Variability
(C)Heterogeneity (D)Restless。 [107統測]

( )9. 臺南市政府推廣七股騎單車一日遊行程，路線包括參訪鹿耳門聖母廟、觀賞黑面琵鷺及四草紅樹林，藉以鼓勵民眾參與低碳旅遊，上述行程的觀光旅遊類型不包含下列哪一種？
(A)產業觀光 (B)生態觀光 (C)運動觀光 (D)宗教觀光。 [111統測]

( )10. 下列何者為設計ecotourism觀光活動的主要目的？
(A)推廣各地傳統節慶活動 (B)發展景點周邊購物商場
(C)重視資源保育降低衝擊 (D)規劃銀髮樂齡旅遊行程。 [111統測]

more...

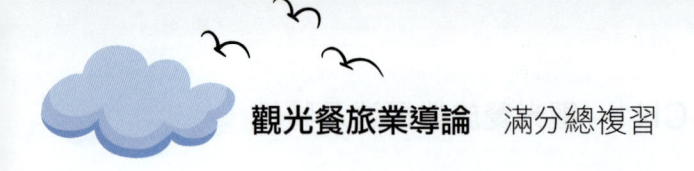

(   )11. 小名在家族聚會中分享歐洲十天旅遊行程的經驗，其中對法國的巴黎鐵塔印象深刻，且對當地導遊的導覽解說感到滿意，回國後也與同行團員成為好朋友。小名的旅遊分享經驗中，哪一項不屬於觀光構成要素？
(A)法國的當地導遊　　　　　　　(B)法國的巴黎鐵塔
(C)歐洲的十天行程　　　　　　　(D)小名及同行團員。　　　　　　　[111統測]

(   )12. 依據行政院主計總處的「中華民國行業統計分類」，下列敘述哪一項不屬於國內交通運輸業？
(A)小琉球旅遊搭乘透明式設計玻璃船一覽海底風情
(B)年節期間採用黑貓宅急便服務寄送伴手禮給親友
(C)天際航空俱樂部推出直升機空中飛行的體驗活動
(D)香香中餐廳提供五公里內員工親自外送到府服務。　　[111統測改編]

(   )13. 王明與家人在春節期間，委託陽陽旅行社安排，搭乘濟州航空公司的班機出發到韓國濟州島渡假，入住Grand Hyatt Jeju。根據以上的敘述，何者屬於「觀光客體」？
(A)濟州航空公司　　　　　　　　(B)陽陽旅行社
(C)Grand Hyatt Jeju　　　　　　(D)韓國濟州島。　　　　　　　　　[112統測]

(   )14. 小花在旅館擔任正職員工，其職務需輪班，因此上、下班時間都不固定，她的工時制度是下列哪一種？
(A)overbooking　　　　　　　　(B)part-time work
(C)shift work　　　　　　　　　(D)time sharing。　　　　　　　　[113統測]

CH1 觀光餐旅業概述及特性

🔥 答案與詳解

🌴 實力加強

1.1節

1. C 2. A 3. B 4. B

1.2節

1. D 2. B 3. C 4. A 5. B

1.3節

1. A 2. B 3. C 4. C 5. B

詳解

1.3節

5. Heterogeneity：異質性。Perishability：易壞性。
   Intangibility：無形性。Inseparability：不可分割性。

🏅 搶分終點線

| 1. C | 2. C | 3. C | 4. B | 5. B | 6. D | 7. A | 8. B | 9. A | 10. B |
| 11. C | 12. C | 13. B | 14. D | 15. A | 16. B | 17. D | 18. A | 19. A | 20. D |
| 21. C |

詳解

2. 其源由非為拉丁文Tripalium（刑具），Tripalium為旅遊（Travel）之字源。

📬 情境素養題

1. A 2. B 3. C 4. C 5. C 6. B 7. D 8. A 9. C 10. C
11. A

詳解

1. Tourism。
9. Intangibility：無形性。Sensibility：敏感性。Restless：無歇性。Heterogeity：異質性。

⚓ 歷屆試題

1. D 2. B 3. D 4. B 5. D 6. D 7. D 8. B 9. A 10. C
11. A 12. D 13. D 14. C

詳解

12. 香香中餐廳提供五公里內員工親自外送到府服務屬於餐飲業的外送服務。

1-21

NOTE

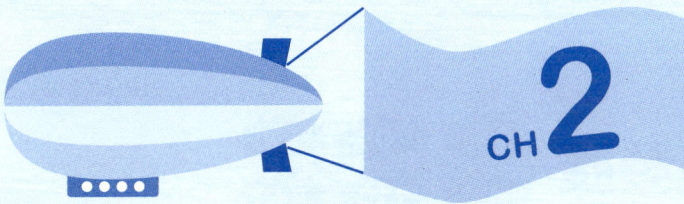

觀光餐旅業的發展及組織

⚓ 本章學習重點

節名	常考重點	
2.1 西方觀光餐旅業的發展	• 外國文藝復興時期、近代及現代觀光餐旅業的發展	★★★☆☆
2.2 中國觀光餐旅業的發展	• 中國的觀光餐旅業發展	★★★☆☆
2.3 發展觀光餐旅業的影響	• 觀光餐旅業對經濟、社會、文化、環境所帶來的正面效益及負面衝擊 • 觀光乘數效果 • 示範效果與社會雙重性	★★★★★
2.4 我國觀光餐旅主管機關	• 台灣主要觀光餐旅主管機關	★☆☆☆☆

★ 統測命題分析

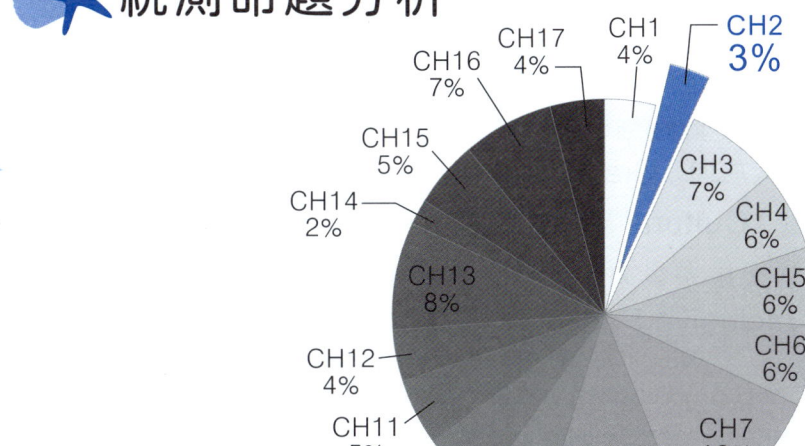

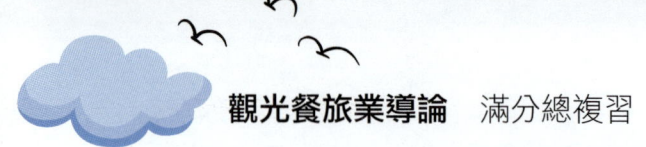

2.1 西方觀光餐旅業的發展

102　103　105　107　110　113

上古時期（西元前3000年～西元476年）	
背景	腓尼基商人[註1]開啟了地中海的商務旅行，西方旅遊自地中海區域開始發展
重要事紀	• 腓尼基商人為世界上最早的旅行家 • 埃及金字塔為當時著名景點，為最早的人造旅遊勝地 • 西元前776年，希臘舉行首屆古代奧林匹亞運動會，首次觀光旅遊型態的出現，開啟運動旅遊風氣 • 波斯帝國建「御道」，沿途設有驛站、旅店，開啟東西貿易與文化交流 • 羅馬和平時代為古代歐洲觀光餐旅活動最繁盛時期，貴族常前往各硫磺礦浴（現稱為SPA[註2]）浸浴。為其擔任旅途引導、運送行李的人員－Courier，類似現代領隊、導遊之工作
旅遊型態	階級旅遊（Class Travel）

中古時期（西元476年～1453年）	
背景	此時期的社會崇尚宗教，旅遊活動以朝聖為主；朝聖活動往往帶動大批觀光人潮
重要事紀	• 西元476年，羅馬帝國滅亡，歐洲戰爭頻繁，進入黑暗時期，使得觀光餐旅業發展停滯，此時期旅行者多半投宿於教會提供的住宿場所 • 十字軍東征：11世紀～13世紀，十字軍（The Crusade）陸續東征，進行以宗教為名的軍事行動，促成東西飲食及文化交流與融合，奠定西方人東遊的基礎 • 馬可波羅遊記：又稱東方見聞錄，是一本詳細描述亞洲的旅行紀錄，為中世紀西方最暢銷的遊記著作 • 朝聖活動：教徒至宗教聖地朝拜，如回教徒到麥加、基督徒至耶路撒冷、羅馬
旅遊型態	朝聖旅遊（Pilgrimage Travel）

文藝復興時期（14世紀～18世紀中葉）		
背景	14世紀時，義大利佛羅倫斯興起文藝復興運動，後來擴展至歐洲各地；此運動崇尚人文主義，追求精神的解放與知識的探求，開啟旅遊新風貌	
重要事紀	1558～1603年	• 學習旅遊（Comprehensive Tour）：英國貴族安排其子女在老師的陪同下，遊歷歐洲各國（約1～3年），學習各國的文化、語言、知識等；此種結合教育、旅遊、生活體驗的活動稱為學習旅遊，史稱大旅遊（Grand Tour） • 文化旅遊（Cultural Travel）：學習旅遊開啟了文化旅遊的風氣
	18世紀	英國流行的大旅遊後來擴展至歐洲，奠定日後歐洲團體全備旅遊（Group Inclusive Package Tour）[註3]的基礎
旅遊型態	大旅遊（Grand Tour）	

註1：腓尼基位於現今敘利亞、黎巴嫩、以色列等地。
註2：SPA（Solus Por Agua），經由水獲得健康之意，傳聞其源自於比利時的SPA小鎮。
註3：團體全備旅遊是包含食宿、機票、遊程及其他相關旅遊服務的團體旅遊方式。

CH2 觀光餐旅業的發展及組織

工業革命時期（18世紀中葉～1930年代）		
背景		中產階級興起，旅遊是一種休閒活動的觀念誕生；交通工具的發明及技術改良，促使旅行活動的大變革；首家旅行社於此時期成立，餐廳、旅館評鑑制度也因應而生
重要事紀	1787年	蒸汽船試航成功，成為歐洲交通工具主流
	1825年	蒸汽火車完成史上首次載客行程
	1841年	英國人湯瑪斯‧庫克（Thomas Cook）與密德蘭鐵路公司合作，利用火車舉辦禁酒令活動，為世界上最早的旅行團
	1845年	湯瑪斯‧庫克於倫敦成立世界上最早的旅行社－英國通濟隆公司（1845～2019），被譽為近代觀光之父、旅行業的鼻祖
	1850年	美國運通公司（American Express Company）成立，原以貨運業務為主 • 1891年：開始承辦旅客旅行業務，並發行旅行支票 • 1915年：成立旅行部門，進而成立旅行社，為美國最早的旅行業 • 1958年：發行信用卡 該公司為目前世界最大的民營旅行社
	1903年	汽車開始生產，開啟汽車旅行；萊特兄弟發明飛機
	1918年	第一次世界大戰後，火車、汽車、郵輪成為普遍的旅遊交通工具
	1929～1933年	經濟大恐慌，使觀光餐旅業的發展受到嚴重衝擊
	1930年代	汽車旅遊盛行
現代時期（1945年～迄今）		
背景		交通運輸工具（觀光事業之母）普及，使得人們到世界各地旅遊的便利性大為提升；美國取代英國成為全球觀光業規模第一的國家；環保議題備受重視
重要事紀	1945年	第二次世界大戰後，觀光餐旅業逐漸成為全世界重要產業
	1958年	噴射客機正式啟用
	1964年	日本東海道新幹線開啟高速鐵路時代
	1999年	世界觀光組織（UNWTO，現為聯合國觀光組織UN Tourism）公布實施觀光衛星帳（TSA）註1
	2001年	首位太空遊客（美國籍）飛上國際太空站
	2002年	聯合國訂定為國際生態旅遊年，生態觀光（Ecotourism）愈顯重要
	2020年	嚴重特殊傳染性肺炎（又稱武漢肺炎、新冠肺炎）疫情肆虐全球，觀光餐旅業遭受重大打擊，旅遊泡泡（Travel Bubble）註2的概念產生
	～迄今	• 社會觀光（Social Tourism）註3的旅遊觀念普遍獲得認同，北歐國家更視社會觀光為國家責任，為一種基本人權 • 無障礙旅遊（Accessible Travel／Disabled Travel）的倡導註4
旅遊型態		大眾旅遊／大眾觀光（Mass Travel／Mass Tourism）

註1：觀光衛星帳（Tourism Satellite Accounts, TSA）是一套衡量觀光經濟價值的統計系統，可藉此了解國家之觀光產業產值、觀光產業在國家整體經濟中的比重，以及觀光產業對其他產業所產生的附加價值。

註2：又稱旅遊走廊（Travel Corridor）、航空橋接（Airbridge）。透過國與國之間的飛機直航，可不需隔離即入境合作國家，以振興因疫情而影響的觀光產業。

註3：是指由政府或民間企業贊助，專為嘉惠社會弱勢族群所舉辦的旅遊活動。

註4：旨在呼籲社會大眾關心殘疾人士、長者及孕婦旅遊時的需要和困難，使他們能輕鬆自如地到達各旅遊景點、使用景點設施。

概念澄清湖

英國通濟隆公司 vs. 美國運通公司 113

公司比較	英國通濟隆公司 Thomas Cook & Son	美國運通公司 American Express Company
成立時間	1845年	1850年
成立者	湯瑪斯・庫克 （Thomas Cook）	亨利・威爾斯（Henry Wells）、威廉・法高（William G.Fargo）、約翰・華倫（John Warren Butterfield）
首創項目	・世界最早的旅行團 ・世界最早的旅行社 ・領隊、導遊服務制度 ・周遊車票（Circular Ticket）註1 ・周遊券（Circular Note）註2 ・庫克旅遊服務憑證 　（Cook Coupon）註3 ・旅遊手冊（Handbook） ・交通時刻表（Timetable） ・訂房服務 ・1872～1873年首創環遊世界旅遊團	・目前世界上最大的民營旅行社 ・旅行支票（Traveler's Cheque） ・旅館預訂房（Space Bank） ・信用卡服務

註1：周遊車票是將多段或多家火車公司的票整合成一張票券，方便旅客使用。
註2：周遊券類似現今旅行支票。
註3：庫克旅遊服務憑證類似今日使用之餐券、住宿券。

實力加強 2.1

( )1. 以下何者可以說是世界上最早的旅行家？
(A)埃及人 (B)羅馬人 (C)希臘人 (D)腓尼基人。

( )2. 以下哪一時期觀光餐旅業的發展呈現停滯狀態？
(A)上古時期 (B)中古時期
(C)文藝復興時期 (D)工業革命時期。

( )3. 文藝復興時期的大旅遊，奠定了以下何者之基礎？
(A)西方人東遊的基礎 (B)大眾旅遊成形
(C)團體全備旅遊的基礎 (D)現代領隊及導遊的工作雛形。

( )4. 世界上最早的旅行社成立於
(A)1841年 (B)1845年
(C)1927年 (D)1958年。

2.2 中國觀光餐旅業的發展

年代	人物	重要事紀
夏朝	禹	會諸侯於塗山,為中國最早、規模最大的會議
西周	周文王	• 設有專職照護森林,成立中國最早的國家公園 • 易經為中國第一本記載「觀、光」二字的史書
	周穆王	中國最早的登山旅行家
東周 (春秋、戰國)	吳季子	受封諸侯,遊歷各國,展開外交觀光
	孔子	為提倡儒家思想而周遊列國;此種學術旅行為中國文化觀光之始
	范蠡(陶朱公)、呂不韋	藉由經商,周遊天下
	※ 餐旅設施與制度完善,有廬(餐)、路室(宿)和候館等設施		
漢朝	漢武帝	喜巡遊,被譽為中國的旅遊宗師
	司馬遷	漢代著名旅行家
	張騫	開通「絲綢之路」
	班超	出使西域
	漢成帝	興建宵遊宮,被視為中國第一個夜總會
晉朝	法顯	中國古代最早西行至天竺(印度)朝聖的旅行家
魏晉南北朝	北魏孝文帝	大量興建佛寺,吸引信徒前往朝拜,為中國宗教觀光之始
	酈道元	著有古代中國地理名作《水經注》,記載河流及有關的歷史遺跡、人文典故等
唐朝	玄奘	中國第一位周遊五印度(東、北、西、南、中印度)取經的旅行家
	鑑真	東渡至日本弘揚佛法,且將大量的中國文化傳入日本
	李白、杜甫	是此時期文人漫遊的代表
	※ 中國古代旅遊活動以此時期最具代表;官宴盛行,宮廷菜大行其道		
元朝	馬可波羅	著有《馬可波羅遊記》又稱東方見聞錄,為西方第一本與中國有關的旅遊指南
明朝	明太祖	建造休閒娛樂的場所,供人民休憩使用,為中國首位大力提倡觀光建設的君王
	鄭和	七次下西洋(現今東南亞一帶),中國歷史上的大航海家
	徐霞客	地理學宗師及旅行家,撰有《徐霞客遊記》
清末民初	• 旅遊活動主要以出國留學為主 • 外人來華則以傳教、商務為主要目的 • 英國通濟隆及美國運通等旅行社已進入中國市場 • 民國16年中國旅行社成立於上海,為中國第一家旅行社	
現代	旅遊活動多元化,政府大力推動,國際觀光活動盛行	

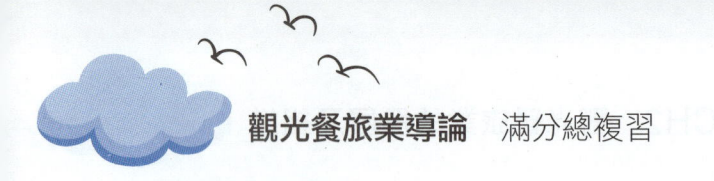

概念澄清湖 — 中西方觀光餐旅業各類觀光代表人事

動機	代表人事
商務	• 中國代表人物：范蠡、呂不韋 • 西方代表人物：腓尼基人
文化	• 中國代表人物：孔子、李白、杜甫、徐霞客、酈道元 • 西方代表事件：大旅遊（Grand Tour）
宗教/朝聖	• 中國代表人物：法顯、北魏孝文帝、玄奘、鑑真 • 西方代表事件：十字軍東征
政治	• 中國代表人物：夏禹、吳季子、張騫、班超、鄭和

實力加強 2.2

( )1. 依據左傳之記載，中國古代即有會議觀光之形成，乃源於下列何者？
(A)黃帝
(B)夏禹
(C)堯舜
(D)商紂。

( )2. 以下敘述何者錯誤？
(A)夏禹時期曾舉行我國最早、規模最大的會議
(B)唐太宗大量興建佛寺，為我國宗教觀光之始
(C)漢武帝為我國古代旅遊宗師
(D)清末民初的旅遊活動以留學為主。

( )3. 中國在下列哪一個時期，旅遊活動達到最巔峰？
(A)唐朝
(B)春秋戰國
(C)漢代
(D)元朝。

2.3 發展觀光餐旅業的影響 102 105 106

一、經濟層面

正面效益	帶動國家基礎建設	觀光餐旅業越發達→對公共設施（如交通）的需求越高→促進基礎設施建設
	帶動相關產業發展	觀光餐旅業通常會與交通運輸業、娛樂及休閒服務業等行業合作，因此觀光餐旅業的發展會帶動相關產業的發展
	提高國民所得，增加政府稅收	觀光餐旅業為勞力密集產業，觀光餐旅業越發達→就業機會越多→國民所得提高→政府稅收增加
	增加外匯收入	發展觀光餐旅業，可吸引國際觀光客，帶來外匯收入，平衡國際收支
	創造觀光乘數效果	觀光乘數效果（Tourism Multiplier Effects, TME）：觀光客在觀光地所花費的金額，經過多次循環使用後，所產生數倍於原始觀光支出之經濟效益。乘數效果越大，表示旅客的觀光支出所產生的經濟效益越顯著 例如 根據聯合國觀光組織的統計，旅遊業每直接收入1元美金，相關行業的收入就能增加4.3元美金（觀光乘數4.3）
負面衝擊	物價上漲	觀光地區的商家常會訂定較高價格→物價上漲→增加當地居民消費支出
	地價上漲	觀光餐旅業越發達→觀光地區的土地越有價值→地價上漲
	過度仰賴觀光餐旅業，影響經濟穩定	當一地區的產業結構以觀光餐旅業為主時，該地區的經濟容易受觀光餐旅業的易變性、季節性等特性的影響，而產生大幅度的波動
	外部成本增加	觀光餐旅業越發達→觀光客增加→產生垃圾增量、空氣污染等問題→外部成本[註]增加；另，為因應季節性變化對經濟產生衝擊，也會增加政府或企業單位的外部成本
	政府支出增加	政府發展觀光→需花費大筆支出整頓環境或維護古蹟→政府支出增加
	土地機會成本損失	土地開發成為觀光餐旅業的營業用地（如旅館）後，便無法移作其他用途；若「經營觀光餐旅業所帶來的經濟效益」小於「經營其他用途所產生的經濟效益」，便會有土地機會成本的損失

註：在經濟學上，外部成本是指在生產或消費財貨的過程中，對自身以外的其他人帶來負面的影響。

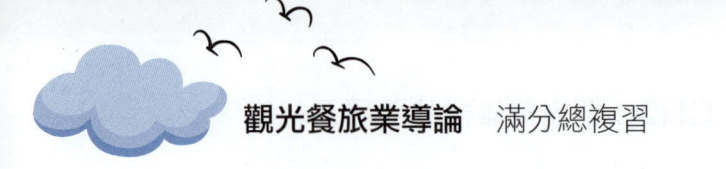

二、社會層面

正面效益	縮短城鄉差距，降低貧富差距	觀光地區發展觀光餐旅業→當地居民收入增加→縮短城鄉差距、降低貧富差距
	提升生活機能	觀光餐旅業越發達 → 公共設施改善、商家進駐 → 生活機能提升
	減少人口外移	觀光餐旅業越發達 → 工作機會越多 → 減少人口外移
負面衝擊	造成原有產業沒落	觀光餐旅業越發達→當地原有產業（如農業）沒落或轉型→當地居民的工作型態改變，從事服務業的人口增加→影響原本生活模式
	造成季節性失業	觀光餐旅業有淡、旺季；淡季時，業者常會縮減營業規模或暫時歇業，導致部分觀光餐旅從業人員有季節性失業的問題
	產生治安問題	觀光地區遊客聚集，可能會衍生搶劫、賭博、嫖妓等治安問題
	對觀光客產生敵意	觀光客帶來的吵雜、髒亂或治安問題 → 影響當地居民的生活 → 居民對觀光客產生敵意

三、文化層面

正面效益	重視藝術文物與古蹟的保存	觀光地區的藝術文物與名勝古蹟，是觀光餐旅業賴以發展的重要因素，政府及民間團體會特別重視保存與維護
	傳承傳統技藝	傳統技藝表演常會吸引觀光客前來觀光，而使傳統技藝得以傳承
	促進文化交流	觀光客透過旅遊認識各地歷史文物、風俗民情，促進文化交流
負面衝擊	傳統文化受衝擊	傳統技藝之表演，會迎合旅客喜好做內容變化，使得傳統文化受到衝擊
	社會雙重性問題	• 外來遊客的穿著以及行為模式，常成為模仿的對象，產生示範效果（Demonstration Effect） • 外來文化的價值觀與生活習性，會逐漸影響觀光地區居民的生活方式與行為，而形成原有文化與外來文化並行或衝突的社會雙重性（Social Dualism）問題
	文化商品化	商家常將具有傳統文化意義的商品加以包裝，以至於忽略傳統文化內涵，造成文化退化 例如 觀光地區的手工藝品改採機械製造；在快速複製的過程中，忽略了原有的技藝傳承，造成文化退化
	文化資產維護不易	部分觀光客可能會破壞觀光地區的文物與古蹟，使得當地的文化資產保存維護不易

四、實質環境層面

正面效益	整頓觀光環境	觀光地區的環境品質越好,越能吸引觀光客→各國政府會加強整頓觀光地區的環境
	開發遊憩景點	為吸引更多觀光客前來,政府或民間企業會越積極進行遊憩景點的開發
	重視生態保育與環境影響評估	• 自然資源是觀光餐旅活動的重要構成要素,為了永續經營,政府會加強環境保護觀念的宣傳,並制定法規來保護自然生態 • 環境影響評估(Environment Impact Assessment, EIA):針對新的建設工程,分析及預測其對環境可能帶來的衝擊,以便採行必要的措施,將不利的影響減輕到最低限度,或改採替代方案,以達到環境保護的目的
負面衝擊	破壞自然生態	• 熱門的觀光景點常湧入超過景點可負荷的遊客人數,加上部分觀光客缺乏公德心,使得自然生態遭受破壞 • 觀光地區通常會限定遊客容納量/承載量(Carrying Capacity),以減輕遊客對當地自然生態所造成的不良影響 例如 龜山島限制每日登島人數
	觀光環境品質降低	大量車潮人潮、攤販聚集、部分觀光客缺乏公德心 → 造成觀光地區空氣污染、環境髒亂與吵雜,而降低環境品質
	土地過度開發利用	為了搶佔商機,業者常在觀光地區大興土木; 土地過度開發 → 自然景觀會遭受破壞,也會引發土石流的危機
	古蹟耗損	觀光客肆意塗鴉、踩踏古蹟文物、車輛經過之震動或喇叭聲均會對古蹟造成破壞

觀光餐旅業導論 滿分總複習

知識快遞

觀光乘數效果示意圖

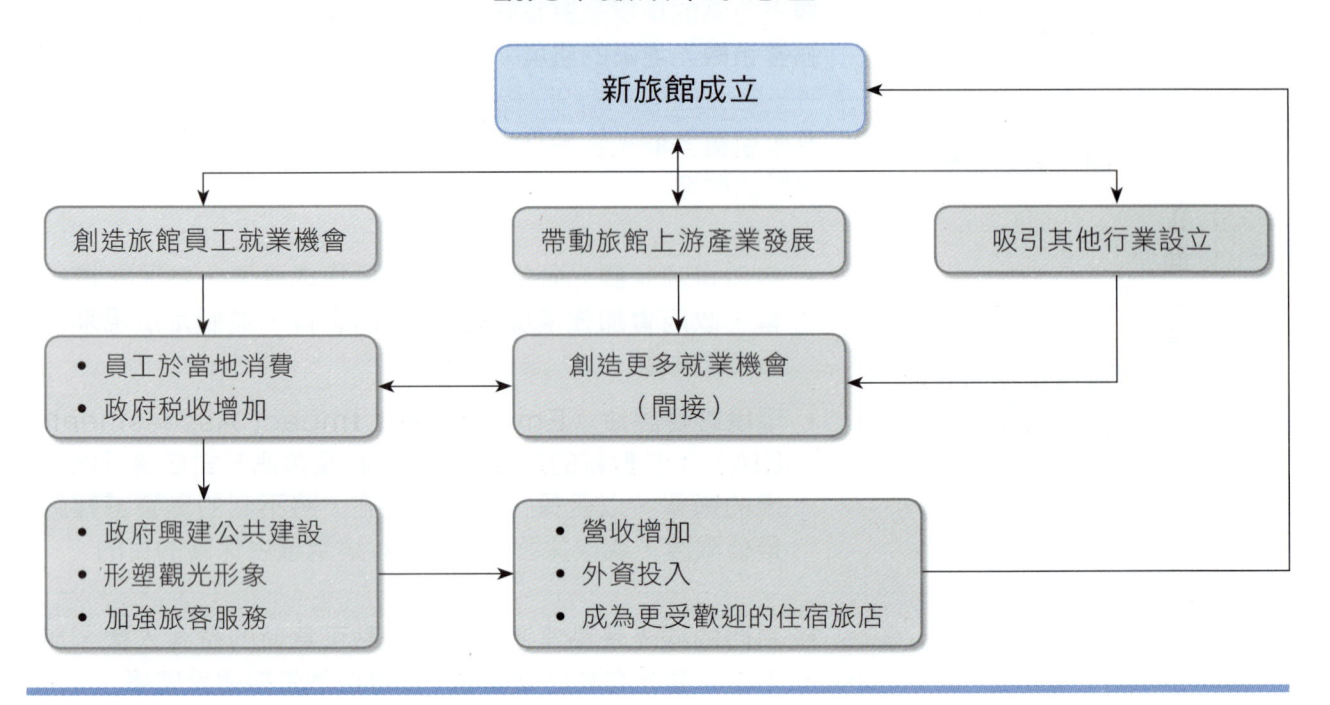

```
                      新旅館成立
         ┌───────────────┼───────────────┐
   創造旅館員工就業機會    帶動旅館上游產業發展    吸引其他行業設立
         │               │
   • 員工於當地消費    創造更多就業機會
   • 政府稅收增加        （間接）
         │               │
   • 政府興建公共建設  • 營收增加
   • 形塑觀光形象      • 外資投入
   • 加強旅客服務      • 成為更受歡迎的住宿旅店
```

實力加強 2.3

( ) 1. 觀光活動使得外來文化的價值觀與生活習性，逐漸影響觀光地居民之生活方式與行為，是屬於何種影響？
(A)示範效果
(B)社會雙重性
(C)文化商品化
(D)通貨膨脹。

( ) 2. 「觀光遊憩區為避免過多遊客湧入，造成環境破壞，而必要採取一定標準之管理控制」，此定義稱為：
(A)標準作業流程
(B)全面品質管理
(C)控制量
(D)承載量。

( ) 3. 下列何者不是觀光餐旅業發展的正面效益？
(A)增加外匯收入，平衡國際收支
(B)工作型態改變，從事服務性的人員增加
(C)減少失業人口，穩定社會功能
(D)促進國際貿易，加速經濟建設。

2-10

2.4 我國觀光餐旅主管機關

依據「發展觀光條例」所稱，中央的主管機關為交通部，地方則為直轄市政府與縣（市）政府。以下為主管機關之行政組織圖。

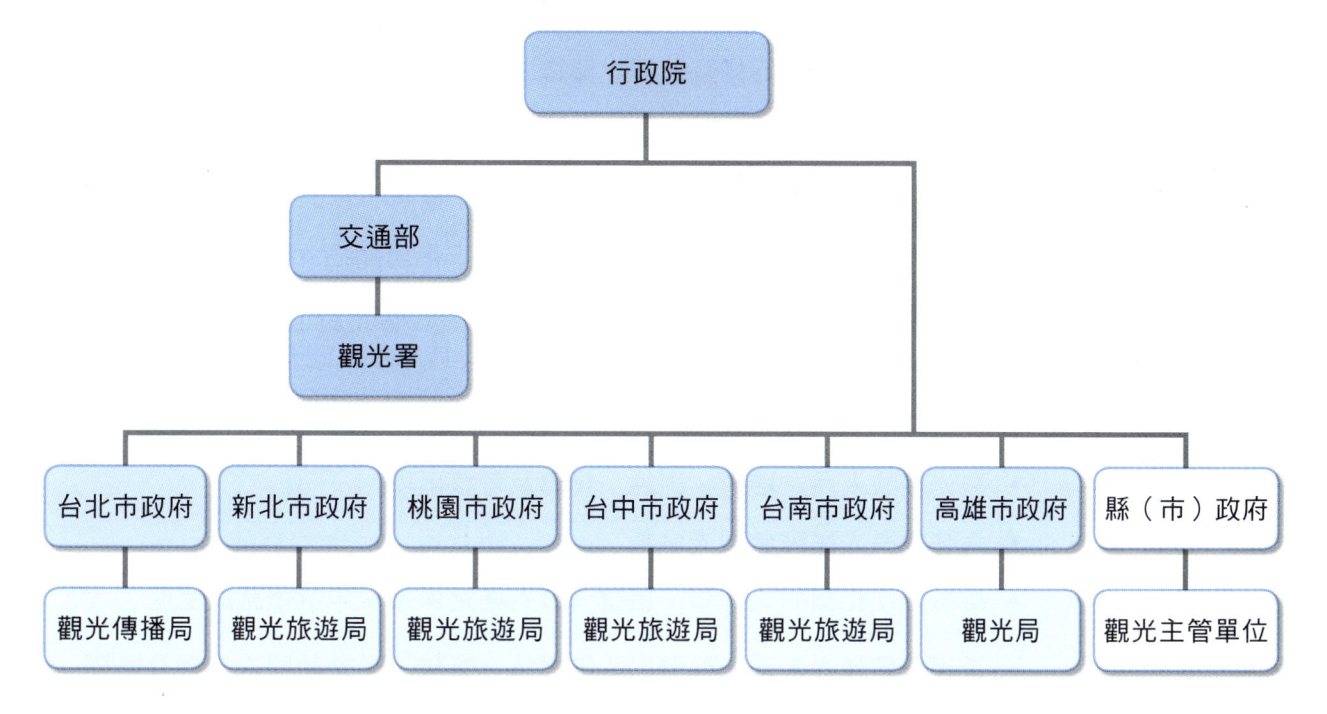

```
                        行政院
                          │
        ┌─────────────────┼─────────────────┐
      交通部                                   │
        │                                     │
      觀光署                                   │
                                              │
  ┌────────┬────────┬────────┬────────┬────────┬────────┐
台北市政府 新北市政府 桃園市政府 台中市政府 台南市政府 高雄市政府 縣（市）政府
  │        │        │        │        │        │        │
觀光傳播局 觀光旅遊局 觀光旅遊局 觀光旅遊局 觀光旅遊局 觀光局   觀光主管單位
```

2.4.1 我國觀光行政體系

一、交通部觀光署

1. 沿革：

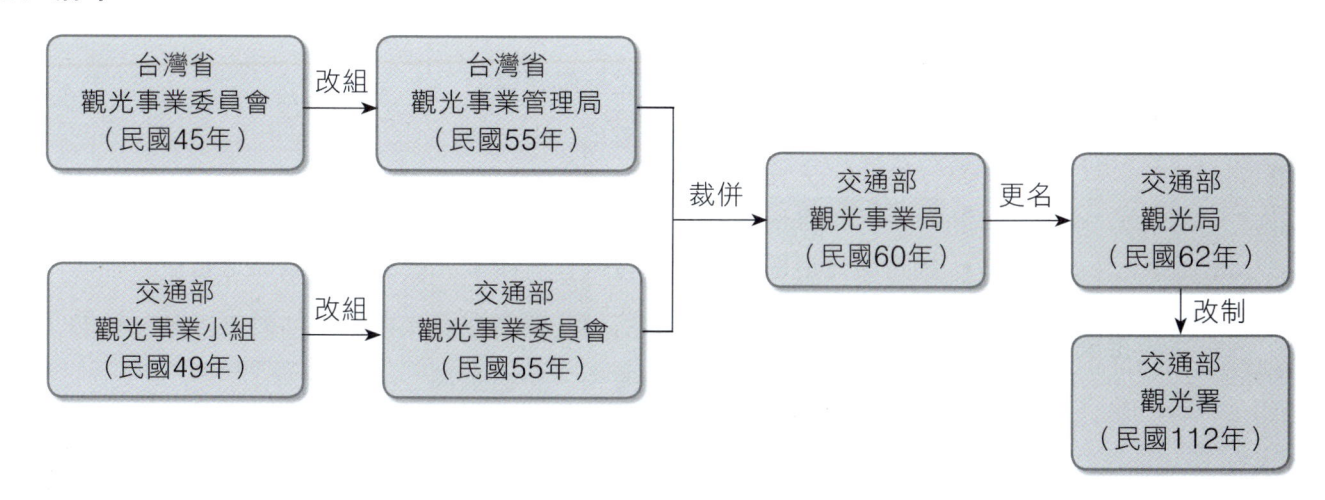

```
台灣省觀光事業委員會（民國45年） ─改組→ 台灣省觀光事業管理局（民國55年） ┐
                                                                      ├─裁併→ 交通部觀光事業局（民國60年） ─更名→ 交通部觀光局（民國62年） ─改制→ 交通部觀光署（民國112年）
交通部觀光事業小組（民國49年） ─改組→ 交通部觀光事業委員會（民國55年） ┘
```

2. 職掌：

交通部觀光署各業務主要負責單位及主要職掌如下：

單位	主要職掌
企劃組	• 觀光發展政策、觀光市場之調查統計、分析 • 發展觀光條例之訂修及解釋之擬議 • 觀光業務訴願、行政訴訟及國家賠償案件之處理
國際組	• 台灣觀光全球品牌形象之推動、國際觀光推廣事務之輔導、聯繫及合作 • 全球國際客源、特殊與潛力國際市場之宣傳與開拓；旅遊媒體記者、業者之邀訪及接待 • 國際組織/觀光會議/展覽組織之參與；與其他國家觀光業務之合作
旅行業組	• 旅行業、導遊人員與領隊人員證照之核發與管理事項 • 觀光從業人員之培育、訓練、督導及考核事項 • 大陸地區人民來台觀光事務 • 旅遊定型化契約之訂修、旅遊消費者權益保護及申訴爭議之處理
旅宿組	• 觀光旅館業之管理、建築與設備標準之審核、營業執照之核發及換發 • 旅館業、民宿之管理與輔導 • 旅宿業定型化契約之訂修；觀光旅館業消費者申訴案件之處理 • 旅宿業從業人員培訓之協助及輔導 • 觀光旅館與旅館等級評鑑輔導
景區發展組	• 觀光資源調查、風景特定區設立之評鑑、審核及觀光地區之指定與管理規劃；氣候變遷建設議題因應 • 溫泉區、水域遊憩活動、露營場相關法規 • 促進民間參與公共建設之推動督導 • 其他有關觀光景區發展事項
旅遊推廣組	• 觀光遊樂業之發展管理及人才培訓 • 指定觀光地區及重大投資案件有關觀光遊樂設施興辦之審核與輔導 • 大型觀光活動；地方政府與民間辦理觀光與節慶活動之推動與輔助 • 重要觀光景點交通接駁服務、交通疏導 • 旅遊諮詢服務體系、個人旅遊產品之規劃、輔導、獎助、行銷及宣傳

3. 組織：
   - **六組**：企劃組、國際組、旅行業組、旅宿組、景區發展組、旅遊推廣組
   - **六室**：人事室、主計室、政風室、資訊室、秘書室、公關室
   - **旅遊服務中心**：台北
   - **國際機場旅客服務中心**：桃園、高雄
   - **旅遊服務中心服務處**：台中、台南、高雄
   - **國家風景區**：13處
   - **駐外辦事處**：

美洲：紐約、舊金山、洛杉磯	歐洲：法蘭克福（含駐巴黎台灣觀光服務處）、倫敦
亞洲：東京、大阪、首爾、釜山、胡志明市、曼谷、吉隆坡（含駐雅加達台灣觀光旅遊服務處）、新加坡（含駐孟買台灣觀光服務處）、香港、北京、上海、福州（隸屬於上海辦事處）	

二、我國主要觀光餐旅業主管機關 112 113

部會名稱	相關行業／觀光地區
交通部	交通運輸業（民航局、公路局、航港局…等負責管理）
交通部觀光署	旅館業、觀光旅館業、機場附屬之餐館業及飲料店業、博奕業、觀光遊樂業、旅行業、國家風景區（如日月潭、阿里山、大鵬灣等）
內政部國家公園署	國家公園（如墾丁、玉山、陽明山等）、國家自然公園（如壽山）、國家都會公園（如台中、高雄）、海岸與濕地
內政部民政司	宗教觀光及其民俗文物
農業部 林業及自然保育署	• 國家森林遊樂區（如太平山、武陵、知本等） • 林業文化園區（林田山、東勢、阿里山、羅東等4處） • 自然步道、生態教育館、自然教育中心、平地森林園區、山海圳國家綠道
經濟部	國營事業附屬觀光遊憩區
經濟部商業發展署	百貨業附屬之餐館業及飲料店業、餐飲攤販業（如夜市）、其他餐飲業
經濟部水利署	水庫、溫泉
國軍退除役官兵輔導委員會	農場（武陵、福壽山、清境、彰化、台東等5處）
教育部	博物館、科教館、海生館、國立大學實驗林場（如惠蓀林場、溪頭自然教育園區註）
文化部	文化資產（古蹟、古物、傳統工藝、民俗、博物館等）、國家鐵道博物館、國家歌劇院
衛生福利部 食品藥物管理署	食品管理與監督

註：舊稱為溪頭森林遊樂區。

知識快遞

國家公園、國家風景區及國家森林遊樂區 113

1. **國家公園**：是指足以代表國家自然遺產或須由國家保存之人文史蹟區域。
   - 世界上第1座國家公園－美國黃石國家公園（Yellowstone National Park）－1872年設立。
   - 台灣於1972年制定「國家公園法」，並陸續成立9座國家公園（順序如下表），及國內第1座國家自然公園－壽山國家自然公園（2011年）。

2. **國家風景區**：是指以發展觀光、推廣自然生態保育意識、永續經營台灣特有之自然生態與人文景觀資源為目的，依法劃定之國家級重要風景或名勝地區。

   台灣第1個國家風景區為1984年劃定的東北角暨宜蘭海岸國家風景區，迄今共13處，如下表所示。

3. **國家森林遊樂區**：以永續森林經營、維護生態保育為理念，並依各地區資源之特性，整建19處森林遊樂區提供民眾休閒遊憩，如下表所示。

類別	國家公園[註1]（9處）	國家自然公園（1處）	國家風景區（13處）	國家森林遊樂區（19處）
主管機關	內政部 國家公園署	內政部 國家公園署	交通部 觀光署	農業部 林業及自然保育署
北部	③ 陽明山（1985.9）	－	北海岸及觀音山	滿月圓、內洞、東眼山、觀霧、太平山、拉拉山
中部	⑤ 雪霸（1992.7）	－	參山[註2]、日月潭	武陵、合歡山、大雪山、八仙山、奧萬大
南部	① 墾丁（1982.9）、② 玉山（1985.4）、⑧ 台江（2009.10）	壽山	雲嘉南濱海、西拉雅、阿里山、大鵬灣、茂林	阿里山、藤枝、雙流、墾丁
東部	④ 太魯閣（1986.11）	－	東北角暨宜蘭海岸、東部海岸、花東縱谷	池南、富源、向陽、知本
離島	⑥ 金門（1995.10）、⑦ 東沙環礁（2007.1）、⑨ 澎湖南方四島（2014.6）	－	馬祖、澎湖	－

註1：國家公園之最：
- 第1座保育海洋環境而設立之國家公園：東沙環礁。
- 面積最大（陸域＋海域）：東沙環礁。
- 陸域面積最大：玉山。
- 陸域面積最小：金門。

註2：參山是指八卦山、梨山、獅頭山。

2.4.3 觀光餐旅組織

1. **國內觀光組織**

	社會團體	職業團體
中央 主管機關	內政部	
觀光組織	• 台灣觀光協會（TVA） • 各縣（市）觀光協會 • 台灣海峽兩岸觀光旅遊協會 • 台灣廚藝美食協會	• 中華民國旅行業品質保障協會（TQAA） • 中華民國旅行業經理人協會（CTCA） • 中華民國觀光導遊協會（TGA） • 中華民國觀光領隊協會（ATM） • 中華民國旅館商業同業公會全國聯合會 • 中華民國觀光旅館商業同業公會

2. **國際觀光組織**

組織	說明
聯合國觀光組織 UN Tourism	全世界層級最高之觀光行政機構，總部設於馬德里
聯合國國際民航組織 International Civil Aviation Organization, ICAO	旨在發展國際飛航的原則與技術，並促進國際航空運輸的規畫和發展
聯合國教科文組織 United Nations Educational, Scientific and Cultural Organization, UNESCO	負責執行保護世界文化遺產及自然遺產
聯合國全球永續觀光委員會 Global Sustainable Tourism Council, GTSC	聯合國轄下組織，為國際永續旅遊組織龍頭。Tourism 2030台灣觀光政策白皮書即參照其制定標準
亞太旅行協會 Pacific Asia Travel Association, PATA	協助會員與各地區之觀光發展，並推廣實踐旅遊產業對國際社區應有之責任 台灣為創辦國之一
國際航空運輸協會 International Air Transport Association, IATA	協助制定航空業界政策與標準，為全球航空公司產業協會
美洲旅遊業協會 American Society of Travel Agents, ASTA	會員涵蓋旅行業、旅館業及航空業、郵輪、鐵路、公路等運輸業者，為世界最大的旅遊組織
國際郵輪協會 Cruise Lines International Association, CLIA	致力於郵輪行業的促進與發展，為世界最大的郵輪行業貿易協會
國際會議協會 International Congress and Convention Association, ICCA	主要工作為會議新知之傳遞、調查研究及教育訓練，為全球規模最大的會議產業國際組織

實力加強 2.4

( )1. 「教師會館」的事業主管機關為：
(A)內政部　　　　　　　　(B)交通部
(C)經濟部　　　　　　　　(D)教育部。

( )2. 下列何者非由觀光署直接管轄？
(A)東部海岸國家風景區　　(B)太平山國家森林遊樂區
(C)大鵬灣國家風景區　　　(D)澎湖國家風景區。

( )3. 依據我國「國家公園法」規定，金門國家公園的主管機關為：
(A)交通部　　　　　　　　(B)國防部
(C)內政部　　　　　　　　(D)法務部。

( )4. 下列關於「聯合國觀光組織」的敘述，何者錯誤？
(A)是聯合國專門機構系統下之官方諮詢機構
(B)英文為UN Tourism
(C)總部設於西班牙馬德里
(D)目前我國是會員。

( )5. 下列關於各觀光遊憩區及其行政管理機關的敘述，何者錯誤？
(A)陽明山國家公園由內政部國家公園署管轄
(B)石門水庫由經濟部水利局管轄
(C)大鵬灣國家風景區由交通部觀光署管轄
(D)日月潭國家風景區由農業部林業及自然保育署管轄。

2.1 西方觀光餐旅業的發展

( )1. 羅馬和平時代的旅遊型態為
(A)Class Travel　　　　　　(B)Pilgrimage Travel
(C)Grand Tour　　　　　　(D)Mass Travel。

( )2. 為歐洲人東遊奠定基礎的是
(A)哥倫布發現新大陸　(B)文藝復興　(C)十字軍東征　(D)鄭和下西洋。

( )3. 西方旅遊的發展，哪一個時期是以教育為主？
(A)羅馬和平時代　(B)中古時期　(C)文藝復興時期　(D)工業革命時期。

( )4. 下列哪一位是「東方見聞錄」的作者？
(A)鄭和　(B)馬可波羅　(C)利馬竇　(D)達爾文。

( )5. 世界上第一個團體全備旅遊成行於哪一年？
(A)1811年　(B)1841年　(C)1845年　(D)1850年。

( )6. 下列西方旅遊型態的發展順序正確應為何？
甲、Grand Tour　　　　　　乙、Pilgrimage Travel
丙、Class Travel　　　　　　丁、Mass Travel
(A)甲乙丙丁　(B)乙丙甲丁　(C)丙甲乙丁　(D)丙乙甲丁。

( )7. 觀光餐旅業成為全世界重要產業是在以下哪一時期以後？
(A)文藝復興時期　　　　　　(B)第一次世界大戰
(C)第二次世界大戰　　　　　(D)東西方冷戰時期。

( )8. 以下何者為現代導遊及領隊的雛形？
(A)Tour Leader　(B)Tour Guide　(C)Courier　(D)Interpreter。

2.2 中國觀光餐旅業的發展

( )9. 中國首開遊學風氣，並全力推展學術觀光為何人？
(A)孔子　(B)孟子　(C)司馬遷　(D)張騫。

( )10. 關於中國各種觀光目的的代表性人物，以下何者錯誤？
(A)宗教：法顯、鑑真　　　　(B)商務：呂不韋、鄭和
(C)政治：班超、張騫　　　　(D)文化：徐霞客、李白。

( )11. 以下哪二者之旅遊動機相同？
甲、孔子周遊列國　　　　　乙、張騫通使西域
丙、文藝復興時期的大旅遊　丁、十字軍東征
(A)甲、丙　(B)乙、丙　(C)甲、丁　(D)乙、丁。

more...

( )12. 中國在哪一時期，餐旅設施與制度相當完善，分別設有廬（餐）、路室（宿）和候館等設施？
(A)夏朝　(B)商朝　(C)春秋戰國　(D)漢代。

( )13. 中國歷代君王中，首位大力提倡觀光建設的是
(A)周穆王　(B)漢武帝　(C)北魏孝文帝　(D)明太祖。

( )14. 關於西方第一本有關中國的旅遊指南，以下敘述何者有誤？
(A)為「馬可波羅遊記」
(B)由元朝史官所撰寫
(C)又稱「東方見聞錄」
(D)描述歐洲人於中國的所見所聞。

2.3 發展觀光餐旅業的影響

( )15. 下列何種消費活動造成之經濟效果屬於「間接效果」？
(A)遊客住宿當地的旅館
(B)當地旅館購買客房所需的床單
(C)遊客參加付費的DIY體驗活動
(D)遊客購買當地的農產品。

( )16. 下列何者是觀光發展在經濟上所可能產生的負面影響？
(A)稅收增加　　　　　　　　(B)季節性變化產生之外部成本增加
(C)就業機會增加　　　　　　(D)附加價值增加。

( )17. 下列何者代表觀光發展所產生的經濟效果最高？
(A)觀光乘數效果為2　　　　(B)觀光乘數效果為1
(C)觀光乘數效果為 –2　　　(D)觀光乘數效果為 –1。

( )18. 觀光發展對經濟具有多面向的影響。下列哪一種影響特質，與其餘三種的差異性最大？
(A)損失土地的機會成本
(B)增加政府的財政支出
(C)促進國家的經濟建設
(D)造成當地的通貨膨脹。

( )19. 下列何者最不符合永續發展的原則？
(A)飯店用水的循環利用
(B)利用當地稀有動物，製作特色風味餐
(C)尋找美麗的景點，讓遊客拍照留念
(D)在歷史遺跡景點，限制每次可以參訪的遊客總數。

( )20. 觀光遊憩資源規劃中所提的E.I.A.是指：
(A)環境資源分析　　　　　　(B)環境影響評估
(C)經濟指標分析　　　　　　(D)產業環境評估。

( )21. 下列哪一種觀光衝擊,與其餘三種的差異性最大?
(A)遊客亂丟垃圾,破壞森林步道的清潔
(B)過度的開發,破壞了當地的景觀資源
(C)車輛排放的廢氣,對當地造成空氣污染
(D)觀光客大量湧入,改變當地的風土民情。

2.4 我國觀光餐旅主管機關

( )22. 民國100年阿里山森林鐵路發生翻覆事故,請問下列何者為權責處理機關?
(A)農業部林業及自然保育署　　(B)交通部觀光署
(C)教育部　　　　　　　　　　(D)內政部國家公園署。

( )23. 2024年台灣燈會於台南盛大登場,展現台南400年古都的多元文化特色。請問主辦此項活動的中央主管機關為
(A)台南市觀光旅遊局　(B)台灣觀光協會　(C)文化部　(D)交通部觀光署。

( )24. 國家公園的「史蹟保存區」應先經哪個單位的許可,方可進行區內的古蹟修繕?
(A)文化部　　　　　　　　　　(B)教育部
(C)交通部　　　　　　　　　　(D)內政部。

( )25. 下列何者是「清境農場」的主管機關?
(A)交通部觀光署
(B)農業部林業及自然保育署
(C)國軍退除役官兵輔導委員會
(D)教育部。

( )26. 下列何者為中華民國旅行業品質保障協會之英文簡稱?
(A)TQAA　　　　　　　　　　(B)ASTA
(C)CGOT　　　　　　　　　　(D)IATA。

( )27. 下列哪一個國際組織將全球分為三大飛航區域,以統籌區域性的航空運輸?
(A)American Society of Travel Agents
(B)International Air Transport Association
(C)Pacific Asia Travel Association
(D)UN Tourism。

( )28. 根據聯合國觀光組織指出,觀光已經成為許多國家賺取外匯的主要來源,觀光產業之於全球乃至於單一國家的經濟發展,在可預見的未來均扮演重要角色。請問聯合國觀光組織之英文全名是
(A)World Trade Organization
(B)Pacific Asia Traveling Association
(C)UN Tourism
(D)United Nation Education, Science, and Culture Organization。

情境素養題

(　)1. 關於西方觀光餐旅業的發展過程，下列敘述何者正確？
   (A)上古時期：開始引進東方香料與食材
   (B)中古時期：開始有美食評鑑書籍出版
   (C)文藝復興時期：盛行以學習為主的大旅遊
   (D)近代時期：旅遊活動開始以朝聖之旅為主。 [2.1][109統測]

(　)2. 關於西方領隊導遊起源的敘述何者正確？
   (A)是文藝復興時期貴族子弟們進行大旅遊時的隨身奴僕
   (B)其稱呼為Courier，除了指引路途尚需搬運行李
   (C)當時從事的觀光活動可歸屬於Eco Tourism
   (D)在現代組成了國際金鑰匙協會UICH Les Clefs d'Or，專業能力備受肯定。 [2.1]

(　)3. 關於西方旅遊的發展，以下敘述何者正確？
   (A)工業革命時期造就了史上第一個全備旅遊
   (B)中古時期旅遊為貴族人士的特權，故稱為Class Travel
   (C)朝聖旅遊為最具代表性的旅遊活動，奠定歐洲團體全備旅遊的基礎
   (D)現代時期的旅遊型態為Grand Tour。 [2.1]

(　)4. 下列關於西方觀光餐旅業的發展敘述何者錯誤？
   (A)世界第一家旅行社通濟隆公司於1845年成立，迄今依然是英國龍頭的旅行社
   (B)美國運通公司為現今世界最大的民營旅行社
   (C)2001年開始人類的太空旅遊
   (D)2020年新冠疫情導致觀光餐旅業重大損失。 [2.1]

(　)5. 新加坡政府宣佈解除實施40年之久的賭場設立禁令，根據賭場管制法令，外國遊客可憑護照免費進入賭場，但所有年滿21歲的新加坡公民及永久居民進入賭場則要交昂貴的入門稅。請依上列所述，判斷下列敘述何者正確？
   (A)此項賭場設立禁令放寬，預計對新加坡的Outbound市場有大幅提升的效用
   (B)此項政策可以看出新加坡政府在促進MICE市場的努力
   (C)反對派人士認為開放賭場禁令，將使得社會治安風紀敗壞，此種考量是因為Casino Tourism帶來的環境層面負面衝擊
   (D)預計此舉可增加外匯收入，為經濟層面帶來正面效益。 [2.3]

(　)6. 九份因發展觀光，吸引7-11等便利商店進駐，並開闢新的公車路線與增加公車班次，提升了當地居民生活的便利性；請根據上述判斷，此主要為觀光餐旅業在哪兩種層面的影響？
   (A)經濟、文化
   (B)經濟、社會
   (C)社會、文化
   (D)文化、環境。 [2.3]

( )7. 「霧台鄉積極發展具有原住民特色的民宿,進而改變當地的社會文化」,上述情形在觀光與社會變遷的關係中,與下列何者最相符?
(A)社會變遷為觀光之條件
(B)社會變遷為觀光之基礎
(C)觀光為社會變遷之結果
(D)觀光為社會變遷之動因。 [2.3]

( )8. 台北「師大夜市」附近的居民向市政府反應:師大夜市的餐廳、小吃攤販等店家嚴重影響社區安寧、環境整潔,並妨害社區安全,要求市府予以管制。請根據上述判斷,師大夜市店家對當地居民造成哪些層面的負面影響?
(A)文化、環境
(B)文化、社會
(C)經濟、社會
(D)環境、社會。 [2.3]

( )9. 關於交通部觀光署各組負責的業務範圍,下列敘述何者錯誤?
(A)旅遊糾紛、調處及消費爭議事件:旅行業組
(B)辦理國家級風景區等級評鑑相關作業:景區管理組
(C)推動及宣傳台灣觀光全球品牌形象:國際組
(D)台灣觀巴之規劃輔導:旅宿組。 [2.4]

( )10. 請問下列何者之主管機關與其他三者不同?
(A)百貨公司美食廣場中的餐館業
(B)饒河街夜市中的炸雞排攤販
(C)桃園國際機場出境管制區內之飲料吧
(D)高雄內門總舖師之婚宴外燴。 [2.4]

( )11. Joy為了做課堂上的遊程規劃和導覽報告,自行規劃實地造訪高雄都會公園、惠蓀林場、武陵森林遊樂區等景點,這些景點的主管機關依序為下列何者?
(A)內政部、教育部、農業部
(B)高雄市政府、教育部、農業部
(C)高雄市政府、農業部、內政部
(D)高雄市政府、教育部、內政部。 [2.4][113統測改編]

觀光餐旅業導論 滿分總複習

歷屆試題

( )1. 關於國外觀光餐旅業的發展，下列敘述何者錯誤？
(A)波斯帝國滅亡，讓歐洲旅遊沒落，進入黑暗時代
(B)文藝復興時期，發展出「大旅遊」（grand tour）的旅遊型態
(C)英國人湯瑪斯・庫克（Thomas Cook）被後人尊稱為「旅行業鼻祖」
(D)工業革命期間，交通運輸的發展，促使旅行活動的大變革。 [102統測改編]

( )2. 在觀光餐旅發展效益中，tourism multiplier effects是屬於下列哪一種層面的考量？
(A)社會
(B)經濟
(C)文化
(D)環境。 [102統測改編]

( )3. 現代大眾旅遊（Mass Travel）的興起，主要是發生在哪一個時期？
(A)第二次世界大戰結束後
(B)哥倫布發現新大陸
(C)文藝復興運動時期
(D)工業革命時期。 [103統測]

( )4. 下列何者不是觀光餐旅業發展的正面效益？
(A)提升國家經濟成長
(B)塑造地方在地特色
(C)帶給居民示範效果
(D)增加國民就業機會。 [105統測改編]

( )5. 近代英國開啟了「壯遊」（The Grand Tour，又稱為「大旅遊」）的風潮，此風潮最符合下列哪一種的旅遊型態？
(A)文化教育旅遊（Cultural and Educational Travel）
(B)生態旅遊（Eco-tourism）
(C)大眾旅遊（Mass Travel）
(D)宗教朝聖旅遊（Pilgrimages）。 [105統測]

( )6. 遊客在花蓮購買大理石，所花費的金錢被大理石店老闆用來支付員工薪水，員工再用薪水去百貨公司消費，促使當地經濟繁榮、市場活絡。此經濟循環作用所產生的效益，稱為下列何者？
(A)Tourism Multiplier Effect
(B)Tourism Motivation Effect
(C)Tourism More Effect
(D)Tourism Mass Effect。 [106統測]

2-22

(　)7. 聯合國觀光組織發展觀光衛星帳（Tourism Satellite Account）系統，以分析觀光餐旅產業對整體經濟的影響，此系統始於何年？
(A)1997　　　　　　　　　　　　(B)1998
(C)1999　　　　　　　　　　　　(D)2000。　　　　　　　　[107統測改編]

(　)8. 英國旅行業先驅湯瑪斯・庫克（Thomas Cook）將交通運輸工具結合旅遊活動，開啟史上第一個團體全備旅遊。該旅遊活動之主題為下列何者？
(A)朝聖活動　(B)禁酒活動　(C)考察活動　(D)遊學活動。　[110統測]

(　)9. 關於觀光地區與其主管機關的配對，下列何者錯誤？
(A)溪頭自然教育園區：教育部
(B)玉山國家公園：內政部國家公園署
(C)武陵農場：農業部林業及自然保育署
(D)大鵬灣國家風景區：交通部觀光署。　　　　　　　　[112統測改編]

(　)10. 關於歐美旅行業的發展，下列何者正確？
(A)詹姆斯・瓦特（James Watt）最早發行旅行支票與信用卡
(B)威廉・哈頓（William Harden）創立法國第一家旅行社，為世界旅行社先驅
(C)世界最早鐵路密德蘭鐵路（Midland Countries Railroad）開啟英國旅遊風氣
(D)安東尼・庫克（Antonine Cook）首創領隊與導遊制度以及旅館預訂制度。
　　　　　　　　　　　　　　　　　　　　　　　　　　　[113統測]

觀光餐旅業導論 滿分總複習

答案與詳解

實力加強

2.1節
1. D   2. B   3. C   4. B

2.2節
1. B   2. B   3. A

2.3節
1. B   2. D   3. B

2.4節
1. D   2. B   3. C   4. D   5. D

搶分終點線

1. A	2. C	3. C	4. B	5. B	6. D	7. C	8. C	9. A	10. B
11. A	12. C	13. D	14. B	15. B	16. B	17. A	18. C	19. B	20. B
21. D	22. A	23. D	24. D	25. C	26. A	27. B	28. C		

詳解

28. World Trade Organization：世界貿易組織。
    Pacific Asia Traveling Association：亞太旅行協會。
    United Nation Education, Science, and Culture Organization：聯合國教科文組織。

情境素養題

1. C   2. B   3. A   4. A   5. D   6. B   7. D   8. D   9. D   10. C
11. A

歷屆試題

1. A   2. B   3. A   4. C   5. A   6. A   7. C   8. B   9. C   10. C

詳解

9. 武陵農場：國軍退除役官兵輔導委員會。

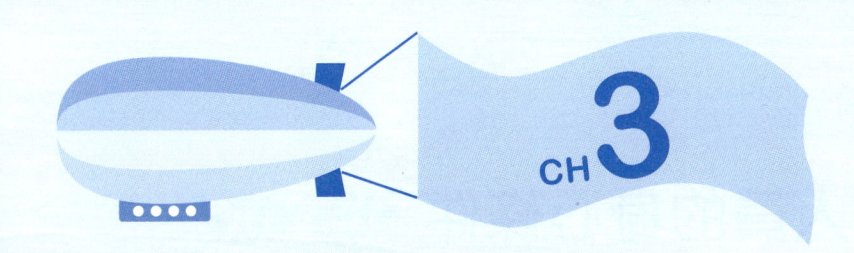

CH 3 觀光餐旅業之從業理念

⚓ 本章學習重點

節名	常考重點	
3.1 觀光餐旅從業人員的身心條件	• 從業人員的標準儀表規範 • 從業人員應具備的人格特質與專業知能 • 從業人員應有的服務態度與行為	★★★☆☆
3.2 觀光餐旅從業人員的職場倫理與道德	• 從業人員應遵守的職場紀律規範 • 從業人員對顧客應有的態度	★★★☆☆
3.3 觀光餐旅從業人員的職涯規劃	• 職業前程規劃的步驟 • 三大基本工作能力	★★★★★

★ 統測命題分析

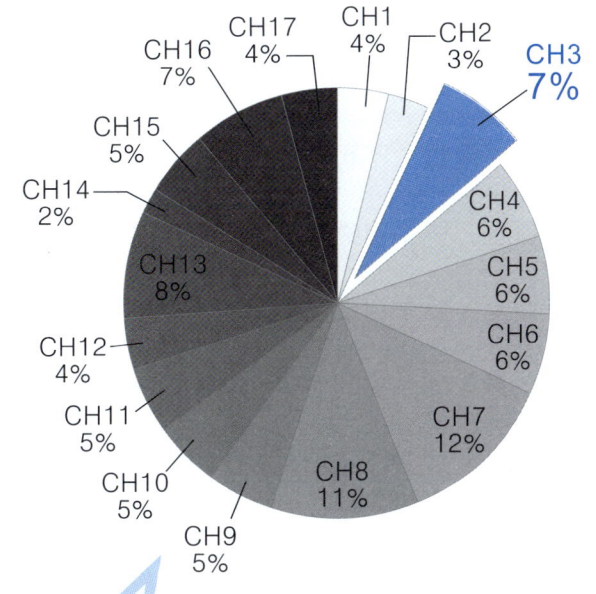

- CH1 4%
- CH2 3%
- **CH3 7%**
- CH4 6%
- CH5 6%
- CH6 6%
- CH7 12%
- CH8 11%
- CH9 5%
- CH10 5%
- CH11 5%
- CH12 4%
- CH13 8%
- CH14 2%
- CH15 5%
- CH16 7%
- CH17 4%

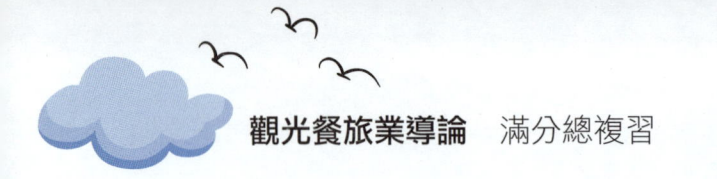

3.1 觀光餐旅從業人員的身心條件 110 112

一、整潔煥發的儀表

觀光餐旅從業人員應保持整潔煥發的儀表，讓顧客有良好的第一印象。

頭髮：前額頭髮不遮蓋眼睛；
　　　長髮過肩往後束起或綁成髻
　　　（男性外場員工宜留短髮）

臉部：保持素雅乾淨；
　　　女性可淡妝，男性不蓄鬍鬚；
　　　不可配戴耳環、有色之鏡片

手部：保持潔淨並修剪指甲；
　　　不可塗抹有色指甲油；
　　　不可配戴戒指或手鐲（鍊）

服裝：保持整潔並熨燙筆挺

鞋子：宜著全包式黑色皮鞋（包
　　　鞋），並擦拭光亮

衛生：保持潔淨；
　　　口氣清新；
　　　不可擦拭味道過濃的香水

精神：保持良好精神

二、端莊優雅的儀態

觀光餐旅從業人員在服務顧客時，應保持端莊優雅、自然大方的儀態。

儀態	說明
表情	面帶微笑，輕鬆自信
手勢	動作優雅得體，不可用「單指」指人或指引方向
站姿	上身挺直，雙手自然垂下於身體兩側或互握於腹前
走姿	上身挺直，雙手自然擺動，步伐大小適中，速度不疾不徐
坐姿	上身挺直，膝蓋彎曲，不可伸直或翹腳

三、人格特質 104 105 106 111

特質	說明
親切有禮	具備親切有禮的特質,才能獲得顧客的好感,建立良好互動關係
主動熱忱	具有服務熱忱並主動提供顧客貼心的協助,才能使顧客滿意
開朗樂觀	隨時保持開朗的工作心情,讓顧客感受到輕鬆愉悅的氣氛 秉持正面樂觀的態度,積極面對工作上的問題與挑戰
刻苦耐勞	觀光餐旅業的工作時間通常相當長,也十分繁瑣;具有刻苦耐勞的精神,才能完成工作任務
富同理心	秉持「以客為尊,顧客至上」的理念,站在顧客的立場,細心周到地為顧客服務
情緒穩定	抗壓性高,保持穩定的情緒,才能以理性平和的態度處理顧客抱怨
誠實可靠	不說謊、不欺瞞,才能建立顧客的信賴感,也是個人成功最主要的基石
溫和謙遜	服務人員態度溫和謙遜,客人才能感受到和諧的氣氛

知識快遞

3Q 102

- 情緒商數（Emotional Quotient, EQ）
  是一種衡量自我管控情緒能力的指數,可經他人指導或個人調整而改變;EQ愈高者,在處理事情或與人互動時,通常能保持穩定的情緒,使事情圓滿解決。

- 智力商數（Intelligence Quotient, IQ）
  是用智力測試測量人在其年齡段的認知能力的得分。

- 逆境商數（Adversity Quotient, AQ）
  是評估一個人處理壓力或是挫折的能力,指人們在面對逆境時的處理能力。

四、專業知能 106 107 108 109 110 111

專業知能	說明
基本專業知識	具備相關基本專業知識，並秉持終身學習的態度，不斷充實新知，提升自我能力
專業技術能力	培養專業技能（如：調酒技術），使理論與實務密切結合，才能提供良好的服務
語言表達能力	• 培養良好的語言表達能力，才能與顧客進行有效溝通 • 加強外語能力，以便與外國顧客互動
溝通協調能力	具備良好的溝通協調能力，才能與顧客或同事進行良好的溝通與協調，使工作順利進行，圓滿達成任務
良好記憶能力	具備良好記憶能力，才能記住顧客的姓名、喜好與要求等資料，以提供顧客即時貼切的服務
隨機應變能力	具有隨機應變能力，才能在發生顧客抱怨或緊急事故時，臨危不亂地採取迅速有效的應變措施

知識快遞

談話禮儀與溝通技巧

1. 談話禮儀
   - 面帶微笑，注視顧客的眼睛；目光以不離開顧客的「臉部」為原則。
   - 以敬語稱呼顧客，如：「您」、「○○○小姐」、「○○○先生」。
   - 談話時，態度誠懇大方，不卑不亢；口齒清晰，聲調優雅，速度適中，語意清楚。

2. 溝通技巧
   - 用心傾聽對方意見，並給予適當回饋（如：目光接觸、點頭微笑、出聲回應、適時發問）。
   - 避免刻板成見，自以為是。
   - 避免人身攻擊，不執著於自我立場。

實力加強 3.1

( ) 1. 關於觀光餐旅業從業人員服裝儀容的規定，下列敘述何者較不適當？ (A)女性員工宜著淡妝 (B)儘量使用香水掩飾體味 (C)女性員工宜著素面黑色包鞋 (D)男性外場員工宜留短髮。

( ) 2. 觀光餐旅從業人員工作須知，下列敘述何者錯誤？ (A)內外場溼滑應立即擦拭以防止滑倒 (B)玻璃門要設置警語以免不慎撞傷 (C)玻璃破碎時要收到垃圾桶一起倒掉 (D)通道不可擺放物品與堆置設備。

( ) 3. 下列何者不是觀光餐旅服務人員必備的專業服務知能？ (A)良好的記憶力，機警的應變能力 (B)專注的注意力，敏銳的觀察力 (C)豐富的學識，專業的技能 (D)擅長社交，辯才無礙的能力。

3.2 觀光餐旅從業人員的職場倫理與道德 113

服務品質之良莠取決於從業人員的專業技能與職場倫理。

一、從業人員的職場倫理（Workplace Ethics）

1. 職場倫理又稱**職場道德**、**工作倫理**。

2. 從業人員於工作職場上對自身、所屬團隊、社會及工作本身應遵循之最基本行為準則規範和職業道德。

3. 通常是以「員工手冊」、「員工服務須知」、「工作說明書」以作為判定行為對錯之基準。

4. 為內在性、非強制性的約束機制，但須符合社會民情。

二、企業的職場道德 103 106 112

1. 指企業的經營理念、價值觀及行事風格。

2. 應遵守法令規範、同時善盡**企業社會責任**（Corporate Social Responsibility, CSR）。

3. 企業對顧客、員工、同業、社會及環境均負有善盡企業道德之責任，如下圖所示：

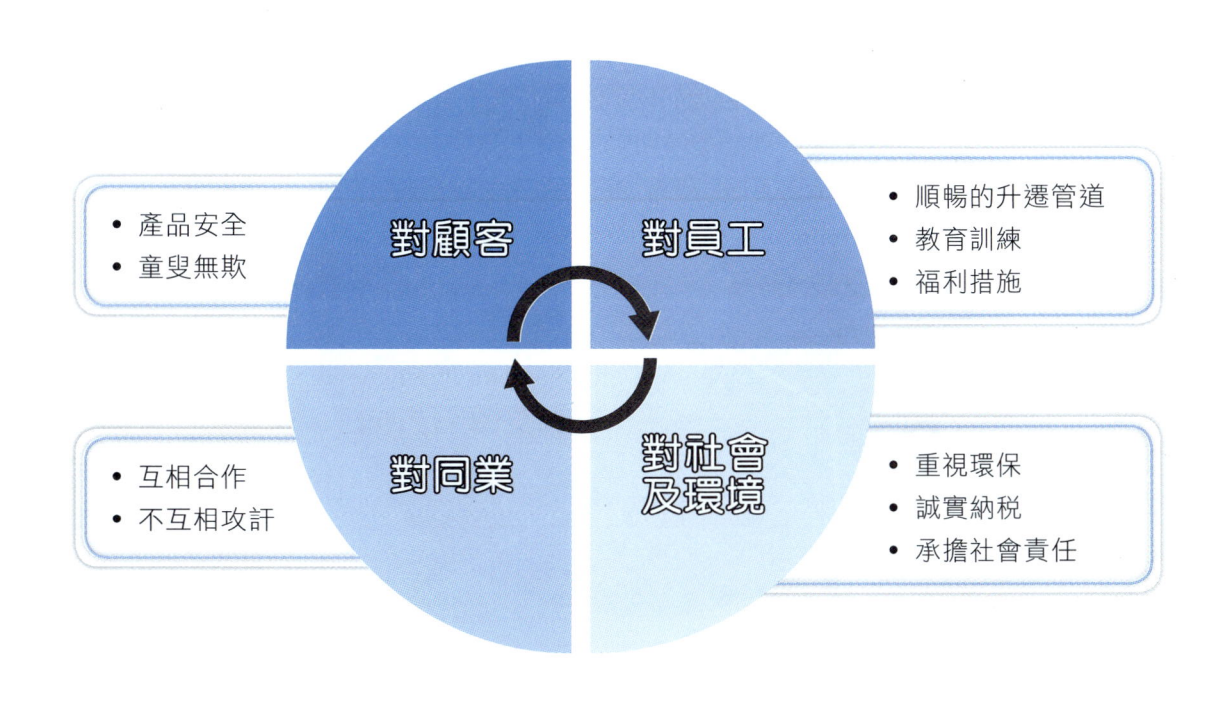

- 對顧客
  - 產品安全
  - 童叟無欺
- 對員工
  - 順暢的升遷管道
  - 教育訓練
  - 福利措施
- 對同業
  - 互相合作
  - 不互相攻訐
- 對社會及環境
  - 重視環保
  - 誠實納稅
  - 承擔社會責任

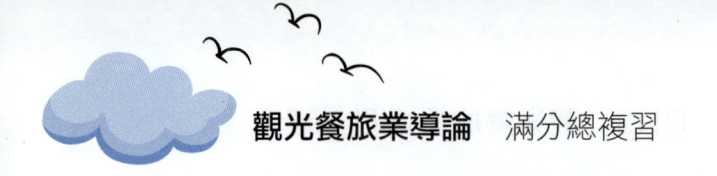

3.3 觀光餐旅從業人員的職涯規劃 102 103 106 109 113

職業前程規劃是指綜合考量自己的特質、興趣、能力、專長等條件,以及就業市場需求與產業發展前景等因素,來擬定適合自己職業生涯發展的目標。步驟如下:

步驟	說明
自我探索 認識自己	檢視並瞭解自己的個人內在外在條件(如:人格特質、興趣能力專長、獨特性、價值觀、智商),可參考職涯量表
職業試探	藉由打工、實習、他人經驗或參訪產業以瞭解發展趨勢
檢視興趣所在 調整學習方向	發覺自身熱衷且擅長的事物,認識理想與本身能力的差距,收集相關資訊,如:市場需求、職缺狀況、待遇、所需技能等,檢視自身缺點,趁早建立良好的工作習慣
確定職業目標	設定自我職涯發展的短(1年)、中(3~5年)、長程(5年)目標
執行評估並 終身學習	努力實踐職涯目標,並定期評估目標的達成度,以確保朝目標邁進(若不如預期,可調整職涯目標),並且與時俱進,精進自己核心能力

CH3 觀光餐旅業之從業理念

知識快遞

基本工作能力

在職場上，必須具備以下三種基本工作能力，方能勝任工作。

- 技術性能力：指工作上所須具備的專業知識與技能。如外語能力、相關專業證照等。
  ⇒為基層員工應具備之能力。

- 社會性能力：指溝通協調、管理情緒的能力。尤其是3C能力，Communication（溝通）、Coordination（協調）、Cooperation（合作）。
  ⇒為中層主管須具備之能力。

- 功能性能力：指察覺、理解、分析、處理問題的能力。
  ⇒為高階主管須具備之能力。

除了上述三種基本工作能力之外，一位優秀的主管則應再具備統籌組織、規畫執行、領導統御、控制評估的能力。

實力加強 3.2～3.3

(　)1. 觀光餐旅從業人員應有的職業道德，下列敘述何者錯誤？
　　(A)堅守誠信原則　　　　　　　(B)對同仁應注意公平原則
　　(C)相互合作敬業樂群　　　　　(D)創造自己的成就感。

(　)2. 關於觀光餐旅從業人員的服務守則，下列敘述何者正確？
　　(A)顧客抱怨時，不要告知主管
　　(B)顧客贈送貴重禮物時，可私自收下
　　(C)顧客邀約出遊時，可趁主管不在私下答應
　　(D)顧客要求虛報發票款項時，應告知主管處理。

(　)3. 下列何者是觀光餐旅職業生涯規劃的首要步驟？
　　(A)確定目標　(B)職業探索　(C)認識自己　(D)明智執行。

(　)4. 下列何者不是觀光餐旅從業人員提升自我成長的策略？
　　(A)服務過程中，在臉書（Facebook）上與朋友交換訊息
　　(B)參加職業訓練單位課程，以增進專業技能
　　(C)參加觀光餐旅從業人員互動網
　　(D)培養終身學習觀念。

(　)5. 2023年的導遊、領隊證照考試逾2.1萬人次報考，請問導遊、領隊人員在觀光餐旅從業人員職涯發展方向中，屬於下列何者？
　　(A)創業者　(B)專技人員　(C)管理者　(D)訓練師。

3.1 觀光餐旅從業人員的身心條件

( )1. 國際通用語言是觀光餐旅從業人員必備之條件，現今主要是以哪一種語言為主？
(A)日語 (B)法語 (C)英語 (D)義大利語。

( )2. 觀光餐旅從業人員的服務守則，下列敘述何者錯誤？
(A)進入客房打掃時房門要關好
(B)房門外掛「請勿打擾」牌子，不得干擾顧客
(C)服務熱食用熱盤、冷食用冷盤
(D)要確認每道菜所須的調味料與餐具。

( )3. 下列何者不是餐廳主管進行有效溝通的原則？
(A)強調以面對面的方式進行溝通
(B)簡潔具體、明確有禮貌地傳達完整訊息
(C)加強主管的傾聽能力
(D)主管盡量運用單向溝通方式與員工溝通。

3.2 觀光餐旅從業人員的職場倫理與道德

( )4. 員工從事職業所應遵守的工作倫理與行為規範；企業藉此可建立口碑與商譽的是下列哪一種理念？
(A)前程規劃 (B)職業安全 (C)職業道德 (D)職涯發展。

( )5. 美牛瘦肉精風波，民眾聞"牛"色變，導致不少西餐廳業績下滑。國內的王品、雙聖等牛排館為了消除顧客疑慮，立即停賣美牛；由上述可知，王品、雙聖等餐廳具有下列何種概念？
(A)職場安全 (B)職業道德 (C)良性競爭 (D)重視環保。

3.3 觀光餐旅從業人員的職涯規劃

( )6. 身為觀光餐旅從業人員，對於個人的職業前程規劃，下列敘述何者錯誤？
(A)要先認識與瞭解自己　　　　(B)主動參與各種學習
(C)具終身學習的理念　　　　　(D)常換工作以多瞭解各飯店的商機。

( )7. 觀光餐旅職業前程規劃的步驟，必須瞭解到幾個大方向，下列何者不是考量的條件？
(A)自己的能力、興趣、特質　　(B)職業環境機會探索
(C)僅聽親戚好友的期望　　　　(D)設定目標。

( )8. 具有分析、處理及解決問題的能力，是屬於何種基本工作能力？
(A)技術性能力　　　　　　　　(B)自主性能力
(C)社會性能力　　　　　　　　(D)功能性能力。

CH3 觀光餐旅業之從業理念

情境素養題

( )1. 杜天澤是某家餐廳的男性服務員，下列第①～⑤項為他在該家餐廳服勤時的儀表及儀態，請問哪些不符合標準？
①戴黑色墨鏡　②著黑色皮鞋　③面帶微笑
④走路速度快　⑤站立等待時，雙手插腰
(A)①④⑤　　　　　　　　　(B)①②④⑤
(C)②③④　　　　　　　　　(D)②④⑤。　[3.1]

( )2. 下列何者是餐飲從業人員須具備的條件？
(A)在與顧客溝通時，使用專業的術語或專有名詞，以表現出餐飲專業，而不需顧及顧客的感受
(B)有能力分類顧客的點單，規劃來往廚房與服務區域的動線，以節省工作時間及步驟，並有效率地提供服務
(C)在餐飲業中，語言的溝通是服務中最重要的一環，豐富的專業知識，可克服語言不通的障礙
(D)餐飲從業人員每天需要和許多人接觸，也會面對很多突發狀況，但都是小事，不需有抗壓性，亦能夠有正常的工作表現。　[3.1]

( )3. 關於觀光餐旅從業人員應表現的外在行為，下列何者正確？
甲：髮型會影響一個人的氣質或氣色，因此女性長髮者須將頭髮挽起，男性則以短髮為主，並挑染不同顏色，可更顯朝氣
乙：每天沐浴保持身體清潔是基本禮貌，使用濃郁香水也是一種禮貌，可使身旁的同事與顧客心情愉悅
丙：服裝須整齊清潔，按照公司規定，不適合標新立異及穿戴手鐲或腳鍊等飾物
丁：指甲彩繪令人賞心悅目，但餐飲從業人員不適合彩繪指甲或塗抹色彩太深或鮮豔的指甲油
(A)甲、乙　(B)甲、丁　(C)乙、丙　(D)丙、丁。　[3.1]

( )4. 旅館客人因雨天淋濕了一身，某服務人員隨即遞上毛巾給客人擦拭；又見餐廳客人用餐時，似乎咳嗽不停，該服務人員馬上將溫開水遞給客人。以上兩種情境，說明該觀光餐旅從業人員具備了哪些內在條件？
甲：抗壓力　乙：同理心　丙：團隊合作　丁：主動熱忱
(A)甲、乙　(B)甲、丙　(C)丙、丁　(D)乙、丁。　[3.1]

( )5. 2010年台灣爆發「塑化劑事件」，2013年11月台灣發生「黑心油」食安問題，造成社會大眾恐慌；請問不肖商人這種罔顧國人健康的行為是因為缺乏下列哪種觀念？又此次事件主管機關應為哪一單位？
(A)業者缺乏職場安全觀念，主管機關為勞動部
(B)員工欠缺個人職涯發展觀念，應由交通部觀光署加強訓練
(C)業者無良性競爭的觀念，惡意競爭導致市場秩序混亂，應由消基會介入處理
(D)業者缺乏食品安全之職業道德，應為衛生福利部主管事項。　[3.2]

more...

(　　)6. 服務人員工作時，如有親友來消費時，下列行為何者正確？
(A)儘量讓他們坐在不醒目的位置，以便抽空與他們聊天，或是偷偷的贈送飲食物品
(B)一視同仁，提供正確標準的服務為主，但是仍可適當的時刻與之寒暄，以示歡迎
(C)看情況而定，如果主管或是老闆不在現場，就可儘量提供優惠與便利
(D)為了避免麻煩，拜託他們儘量別出示身份。 [3.2]

(　　)7. 關於觀光餐旅業從業人員必備的三種基本工作能力的敘述，下列何者正確？
(A)科技性能力：為現代觀光餐旅業所需的技能，是所有從業人員須具備的最基本能力
(B)生理性能力：為對環境的察覺能力，特別是對客訴的溝通協調能力
(C)技術性能力：是指情緒管理的能力，可透過學校課堂訓練的能力
(D)功能性能力：是指觀光餐旅從業人員觀察細微，主動解決問題的能力。 [3.3]

(　　)8. 基俊是一家酒店的總經理，他常透過閱讀來增長智慧，例如《別再為小事抓狂》一書讓他在管理情緒及溝通協調方面的能力大為提升。請根據上述判斷，基俊是提升了下列何種能力？
(A)速讀能力　(B)功能性能力　(C)技術性能力　(D)社會性能力。 [3.3]

(　　)9. 小方期許自己可以在觀光餐旅工作場域中擔任高階主管，所以他不斷累積自己的能量及實力。請問下列何者可以讓他更順利的達到目標？
(A)小方應擬定3年之長程計畫，並以訓練自身技能性能力為主
(B)小方應多轉換不同工作領域，多方培養自己才能
(C)除了技能外，小方應多訓練自身EQ，並強化自身功能性的工作能力
(D)溝通協調是與人相處最重要的課題之一，小方應多強化社會性工作能力。
[3.3]

(　　)10. 小芳在課程諮詢教師的建議下，試著做出職涯規劃的正確步驟，試問下列何者為是？
(A)認識自己→確定職業目標→職業試探→調整學習方向→執行評估並終身學習
(B)認識自己→職業試探→調整學習方向→確定職業目標→執行評估並終身學習
(C)檢視興趣所在調整學習方向→認識自己→確定職業目標→職業試探→執行評估並終身學習
(D)認識自己→職業試探→確定職業目標→調整學習方向→執行評估並終身學習。 [3.3]

CH3 觀光餐旅業之從業理念

歷屆試題

( )1. 一般在觀光餐旅從業人員的條件中，擁有高的EQ是必要的，下列關於EQ的敘述何者正確？
(A)EQ稱為智商
(B)EQ可經他人指導或個人調整而改變
(C)EQ是天生的，不會因他人指導或個人調整而改善
(D)EQ又稱為逆境商數。 [102統測改編]

( )2. 關於觀光餐旅業對社會環境的責任，下列敘述何者錯誤？
(A)飲料店為了鼓勵愛護地球活動，提出自備環保杯裝飲料，折價優惠活動
(B)餐飲業者為節省成本，可將未經處理過的水、油煙排放到戶外
(C)旅館業者成立慈善基金會，每年歲末年終時捐贈救護車給當地的醫院
(D)旅館業者，每年舉辦員工淨山活動與沙灘撿垃圾活動，展現愛地球的決心。 [102統測改編]

( )3. 下列何者不是觀光餐旅從業人員職業前程規劃的考慮項目？
(A)明確認知自己的興趣與專長
(B)抱持著終身學習的認知
(C)抱持著錢多、事少、離家近的心態
(D)努力學習各種基礎作業與服務的技巧。 [102統測改編]

( )4. 下列何者是觀光餐旅從業人員應具備的職業道德？
(A)為實踐環保概念，應將新油與舊油重覆混合當油炸油使用
(B)為降低公司成本，應將調理包食品混充並當成新鮮產品出售
(C)為增加公司業績，應強力推銷客人點最貴與超量之菜餚
(D)為展現專業服務，對不同種族的顧客均提供一致且完整之服務。 [103統測改編]

( )5. 下列有關觀光餐旅職業生涯規劃的敘述，何者為錯誤？
(A)立定目標，確定職涯後不應更改
(B)可透過參觀職場後評估
(C)需考慮個人與環境關係
(D)規劃循序漸進。 [103統測改編]

( )6. 下列何者不屬於觀光餐旅從業人員應具備之條件之一？
(A)情緒穩定，具備良好抗壓力
(B)避免團隊合作，積極表現自我
(C)展現同理心，注意服務細節
(D)主動熱忱，積極提供服務。 [104統測改編]

( )7. 下列有關觀光餐旅職涯發展的敘述，何者錯誤？
(A)職涯管理和職涯規劃是互動的
(B)從組織角度而言，重點任務是職涯管理
(C)從個人角度而言，重點任務是職涯規劃
(D)員工的職涯發展由人力資源部門全權負責。 [104統測改編]

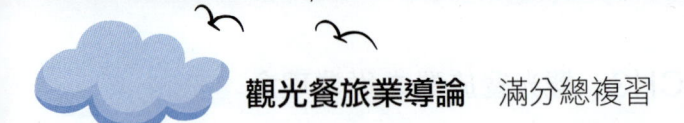

( )8. 「站在顧客立場,設身處地為顧客著想,盡力滿足需求,提供細心的服務。」以上敘述屬於觀光餐旅業從業人員的哪一種人格特質或條件?
(A)同情心(Sympathy)
(B)團隊合作(Team Work)
(C)親和力(Affinity)
(D)同理心(Empathy)。 [105統測改編]

( )9. 下列敘述何者符合觀光餐旅業基層員工的工作特性?
(A)休假時間與一般朝九晚五上班族相同
(B)工作內容以服務為主,不須耗費體力
(C)須具備多種專業能力,入門門檻較高
(D)需從基層做起,要有刻苦耐勞的準備。 [105統測改編]

( )10. 觀光餐旅從業人員很敏銳地觀察到一位老翁吞嚥食物不慎噎住,隨即施以「哈姆立克急救法」,使老翁得以吐出梗塞物而救回一命。此舉是展現觀光餐旅從業人員的何種能力?
(A)隨機應變能力 (B)吃苦耐勞能力
(C)溝通協調能力 (D)語言表達能力。 [106統測改編]

( )11. 關於觀光餐旅從業人員應具備的條件,下列何者錯誤?
(A)自我中心與個人主義 (B)情緒管理與抗壓性高
(C)具備專業知識與技術 (D)觀察敏銳與隨機應變。 [106統測改編]

( )12. 關於觀光餐旅從業人員的職業道德,下列敘述何者正確?
(A)能有效率節省食物成本,調味料與香料超過期限,在不影響風味下是可使用的
(B)能正確判斷客人不同社經背景等階層,依顧客社經等級給予不同等級之服務
(C)能有效實踐環保概念,將顧客餐盤中未食用完的菜餚回收重組,並烹煮於員工餐中
(D)能運用各種銷售技巧兼顧公司業績,並能給予客人建議選取適量食物。
[106統測改編]

( )13. 關於觀光餐旅職涯規劃與職涯管理的敘述,下列何者不適當?
(A)員工職涯規畫中包含自我探索,了解自身優缺點
(B)員工必須了解觀光餐旅產業人才需求與產業趨勢
(C)觀光餐旅業者進行職涯管理前,必須先具備企業目標及策略方向
(D)觀光餐旅業者可透過財務管理部門協助各單位員工進行職涯規劃。 [106統測改編]

( )14. 觀光餐旅人員職涯前程發展(Career Development)的規劃作法當中,下列何者較不適當?
(A)由基層員工經由工作輪調(Job Rotation),升為部門主管
(B)僅從事原部門例行工作,避免耗時的在職進修或訓練
(C)考慮自身條件與公司前景,在觀光餐旅業或相關行業中轉職
(D)強化管理與行銷,培養創業或成為觀光餐旅經營管理者能力。 [106統測改編]

( )15. 某甲從學校畢業後，欲從事觀光餐旅業，下列何者是其應具備的條件之一？
(A)與客人辯論與保護自我能力　(B)彈性調整之應變能力
(C)避免與客人接觸及解決衝突　(D)保守被動的溝通技巧。 [107統測改編]

( )16. 關於觀光餐旅從業人員應有的條件，下列何者錯誤？
(A)觀光餐旅專業知能亦包含對顧客的管理能力
(B)必須具備良好情緒管理及主動溝通能力
(C)必須具備良好服裝儀容與態度，及自我形象管理
(D)嚴守標準作業流程，並對偶發事件進行無差異服務。 [108統測改編]

( )17. 觀光餐旅從業人員服務客人時，應具備條件之敘述，下列何者錯誤？
(A)主動熱忱且樂觀開朗　(B)擅於說理且據理力爭
(C)敏銳觀察且隨機應變　(D)具備多種語言溝通能力。 [109統測改編]

( )18. 關於觀光餐旅業從業人員職業前程的規劃，下列敘述何者錯誤？
(A)藉由自我認知與評估的過程，加強對自我特質的認識
(B)設定生涯目標，進行必要的審視、評估與修正
(C)強化工作專業，致力於實務技能之養成
(D)離開學校進入職場後，應堅持學校所學無須精進。 [109統測改編]

( )19. 下列何者不屬於觀光餐旅從業人員應有的職業道德？　(A)尊重職場倫理　(B)重視團隊精神　(C)追求個人財富增加　(D)具備良好工作態度。 [110統測改編]

( )20. 觀光餐旅從業人員在工作時，應注意自身的專業形象及儀態，下列敘述何者錯誤？
(A)保持良好的精神狀態　(B)穿著公司規定之制服
(C)保持雙手與指甲乾淨　(D)噴濃烈香水展現特質。 [110統測改編]

( )21. 觀光餐旅科系學生於就讀大學期間，希望能提升自己觀光餐旅業專業知能，下列敘述何者錯誤？
(A)參加輪調工作，以熟悉觀光餐旅業各部門運作
(B)參加辯論比賽，提升與客人據理力爭能力
(C)參加觀光餐旅專業講座，以獲得觀光餐旅相關新知
(D)參加觀光餐旅業海外實習，豐富相關工作經驗。 [110統測改編]

( )22. 下列何者不是觀光餐旅從業人員應具備的條件？
(A)高度情緒管理能力　(B)體型高瘦面容姣好
(C)與他人協調溝通能力　(D)能用心傾聽他人需求。 [110統測改編]

( )23 王同學希望未來成為五星級國際觀光旅館的客務部經理，除了其本身的人格特質與工作態度外，下列何者是屬於王同學所需持續精進的條件？　(A)具有服務熱忱　(B)重視團隊精神　(C)具備職業道德　(D)外語溝通能力。 [111統測]

( )24. 小華是餐廳的服務人員，當為客人點餐時，發現在場的兒童和長輩比例較高，所以會建議客人不要點難咀嚼的菜色，並且避開辛辣的菜餚，另外在上熱菜時也會避開小朋友坐的位置，下列哪一種人格特質較不符合小華貼心的舉動？
(A)展現親和力　(B)富有同理心　(C)具高度抗壓性　(D)重視人際互動。 [111統測]

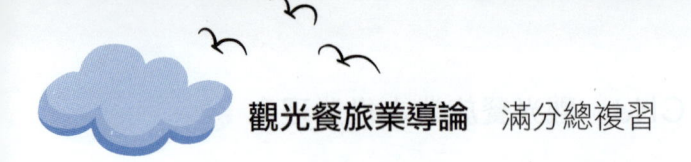

(　)25. 小林是位斜槓青年，同時兼職餐廳廚師及導遊兩份工作，關於小林應遵守的職業倫理與道德規範，下列敘述何者正確？
(A)若小林患有B型肝炎，則不得從事廚師工作
(B)若公司同意，可將導遊執業證租借他人使用
(C)從事廚師工作時，可塗抹接近膚色的指甲油
(D)執行導遊工作時，不得私自與旅客兌換外幣。　　　　　　　　　　　　[112統測]

(　)26. Danny's Bistro餐館經營者很重視食材採購，尤其是食材的來源地、栽種方式與標章等，他會選擇公平交易的咖啡豆與茶葉，挑選產量豐富的永續海鮮，並支持在地食材。根據以上敘述顯示經營者能善盡哪一個面向的責任？
(A)員工　(B)政府　(C)顧客　(D)社會。　　　　　　　　　　　　[112統測]

(　)27. 陳經理在餐廳員工的教育訓練中，為了傳達正確的工作態度與職業倫理，下列何者正確？
(A)依公司給予的薪資高低，決定對工作的認真與貢獻程度
(B)為公司成本考量，採購與進貨時，優先選擇最低價格食材
(C)協助客人點餐時，依照客人需求給予適當份量及建議的餐點
(D)老弱婦孺的顧客群行動較慢，服務時應優先處理年輕者或熟客。　　[113統測]

(　)28. 小楊將從觀光餐旅科系畢業，準備邁入觀光餐旅業工作，在職涯規劃時應優先採取下列哪一個步驟？
(A)確定職業目標與職業方向，勇往直前
(B)檢視各家公司給予的薪資待遇間的差距
(C)調整學習方向，評估個人優缺點與產業發展需求結合
(D)了解與分析自身人格特質、價值觀、內外在條件與興趣。　　　　[113統測改編]

(　)29. 85飯店在黃色小鴨展示期間，推出的住房優惠文宣如右圖。優惠①主要目的為鼓勵大眾響應節能減碳，此反映85飯店相當重視下列哪一個層面的職場道德及倫理？
(A)飯店投資者
(B)同業
(C)員工
(D)社會。　　　　　　　　　　　　[113統測改編]

CH3 觀光餐旅業之從業理念

答案與詳解

實力加強

3.1節

1. B   2. C   3. D

3.2節～3.3節

1. D   2. D   3. C   4. A   5. B

搶分終點線

1. C   2. A   3. D   4. C   5. B   6. D   7. C   8. D

情境素養題

1. A   2. B   3. D   4. D   5. D   6. B   7. D   8. D   9. C   10. B

歷屆試題

1. B	2. B	3. C	4. D	5. A	6. B	7. D	8. D	9. D	10. A
11. A	12. D	13. D	14. B	15. B	16. D	17. B	18. D	19. C	20. D
21. B	22. B	23. D	24. C	25. D	26. D	27. C	28. D	29. D	

詳解

25. 餐飲從業人員患有A型肝炎時，不得從事與食品接觸之工作。
　　餐飲從業人員重視手部衛生，不可塗指甲油。

NOTE

CH4 餐飲業概述

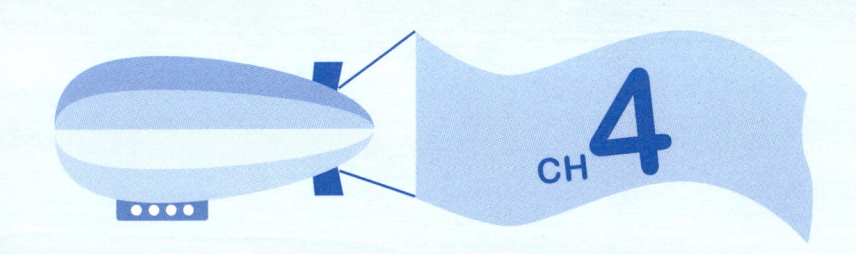

⚓ 本章學習重點

節名	常考重點	
4.1 餐飲業簡介	• 餐飲業的特性 • 餐飲業的定義 • 餐飲業商品	★★★★★
4.2 西方餐飲業的發展	• 西餐之母、西餐菜系的主流 • Restaurant的由來	★★★☆☆
4.3 中國餐飲業的發展	• 中國八大菜系	★★★★☆
4.4 台灣餐飲業的發展	• 台灣餐飲業發展過程	★★★★☆

★ 統測命題分析

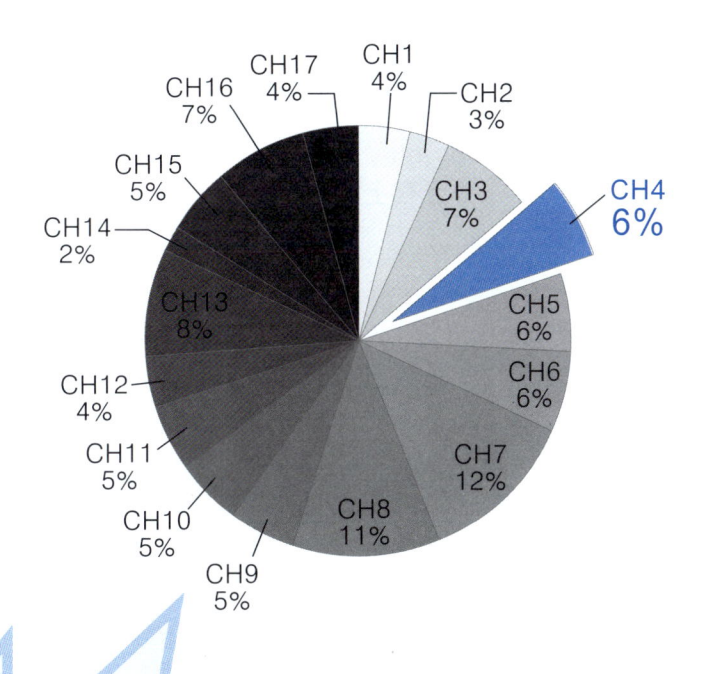

章節	比例
CH1	4%
CH2	3%
CH3	7%
CH4	6%
CH5	6%
CH6	6%
CH7	12%
CH8	11%
CH9	5%
CH10	5%
CH11	5%
CH12	4%
CH13	8%
CH14	2%
CH15	5%
CH16	7%
CH17	4%

4.1 餐飲業簡介

一、餐飲業（Food & Beverage Industry）的定義 111

1. 「餐飲」是指供人食用的餐食（Food）與飲料（Beverage），簡稱F&B。

2. 根據「中華民國行業統計分類」的定義，餐飲業是指從事調理餐食或飲料供立即食用或飲用，不論以點餐或自助方式，內用、外帶或外送方式，亦不論以餐車、外燴及團膳等形式，均屬之。

3. 綜合來說，餐飲業一般是指提供消費者餐飲服務的餐廳；餐廳是公開且固定的場所，大多為營利事業。

4. 餐廳英文「Restaurant」的語源為法文「Restaurer」，意指恢復元氣。

5. 別稱：Bistro（法式小餐館）、diner（美式餐廳）、pizzeria（披薩屋）、café（咖啡簡餐店）、food court（美食廣場）。

二、餐飲業的商品 111 112 113

分類		說明	釋例
有形商品 Tangible Products	支援設施 Supporting Facilities	即生財工具（非消耗品）	建築、裝潢、設備、餐具、布巾、菜單等
	促成商品 Facilitating Goods	客人使用即消耗，需更新補充（消耗品）	餐食、飲料、醬料、紙巾等
無形商品 Intangible Products	外顯服務 Explicit Services	五官上認知的產品效益	餐食的色、香、味；環境的清潔衛生；服務人員的儀態與行為
	內隱服務 Implicit Services	心靈上感受的產品效益	舒適、方便、尊榮、幸福感等

三、餐飲業的特性 111 113

餐飲業為觀光餐旅業的一環，具有觀光餐旅業「商品」的特性，如：**服務性、異質性、無形性、不可分割性、易腐性**；也具有觀光餐旅業「經營」的特性，如：**立地性、高勞力密集性、季節性、公共性**等。

上述特性已在本書第一章「觀光餐旅業的特性」詳加介紹，此處僅針對餐飲業「生產與銷售」的特性作說明。

1. **個別化生產**

   餐飲業產品的製作可依顧客的喜好做調整（如：湯底辣度、飲料甜度），與大量生產相同規格的食品加工業有很大的差異。

   例如 牛排館通常會讓顧客決定牛排熟度，如三分、五分、七分、全熟等。

2. **嚴格的衛生標準**

   餐飲業的主要產品是餐食與飲料，必須重視食材、餐具、環境等之衛生管理，以確保顧客的健康。

   例如 鼎泰豐要求從業人員進入中央廚房前，須穿著包覆全身的工作制服，且要經過殺菌除塵等程序，以確保食材在處理過程中不被污染。

3. **生產時間短**

   餐飲人員在接受顧客點餐後，通常可在數分鐘至一小時內完成菜餚烹煮或飲料調製，生產過程的時間相當短。

   例如 以50嵐飲料店為例，從顧客點選飲料至調製完成，通常只需3～5分鐘。

4. **無法事先大量生產**

   餐飲業所烹煮的菜餚或調製的飲料，在經過數分鐘／小時之後，口感及品質會變差，失去商品價值；由於**大多產品無法儲存，若生產過剩，便會造成損失**。

   例如 麥當勞為了維持其產品品質，規定薯條在炸後的7分鐘內若未售出，就必須丟棄。

5. **重視即時服務**

   餐飲業者通常會要求員工在最短時間內，提供滿足顧客需求的服務。

   例如 王品牛排為了提升服務品質，要求員工在顧客入座一分鐘內必須送上冰水，兩分鐘後送上菜單，點餐三分鐘後送上熱麵包。

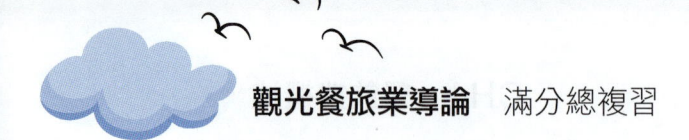

6. 產品銷售量不易預估

餐飲業每日來客數的多寡易受節慶活動（如情人節）、氣候（如寒流）等因素的影響，導致餐廳無法準確預估每日的產品銷量。

> 例如 每逢跨年夜，跨年活動場地周圍的餐廳常會延長營業時間，但難以準確估計來店人數的多寡，使得食材在準備上也不易預估。

7. 銷售受時間及場地的限制

由於餐廳的**營業空間固定、店內座位有限**，且顧客的用餐時間固定，一旦餐廳客滿，就很難再為其他顧客提供用餐服務。

> 例如 藏壽司餐廳強調餐點多樣選擇、平價消費，並以抽扭蛋活動增加趣味性，因此吸引大量顧客前往用餐，但用餐座位有限，顧客常需排隊等候。

實力加強 4.1

( )1. 「F&B」是指哪二個英文字的縮寫？
(A)Food & Bread
(B)Food & Bed
(C)Food & Breakfast
(D)Food & Beverage。

( )2. 下列何者屬於餐飲商品組成的支援設施（Supporting Facility）？
(A)服務人員的儀態
(B)香酥多汁的炸雞
(C)好拍網美牆的裝潢設計
(D)主廚特製XO醬。

( )3. 關於餐飲業的特性，下列敘述何者正確？
(A)產品容易保存可大量生產
(B)生產過程重視衛生與效率
(C)產品可預先大量生產，以應付尖峰時段的來客量
(D)製作過程重視SOP，不能調整調味辣度。

( )4. 點餐時，櫃檯人員詢問：「飲料甜度、冰塊？」，消費者回應：「微糖、去冰」。上述對話，可突顯餐飲業的哪種特性？
(A)產品銷售量不易預估
(B)嚴格的衛生標準
(C)個別化生產
(D)無法事先大量生產。

4.2 西方餐飲業的發展

102　103　105　107　108　111　112　113

上古時期（西元前3000年～西元476年）	
背景	古文明遺跡，考古學者依各項文物、史料而推敲出當時的餐飲型態
重要事紀	巴比倫時期：以「桌」為單位的宴席形式
	古埃及時期：發現刻列食物名稱與價格的泥碑
	羅馬帝國時期： • 歐洲最早的公共餐飲場所－Tavern（小酒館）供應簡單的酒與餐食 • 赫岡蘭城遺跡發現各式各樣餐飲店鋪，已有外食文化的社會型態 • 龐貝古城遺跡發現熱鬧的街道與各種餐廳，顯示已發展出多元餐飲業

中古時期／黑暗時期（西元476年～1453年）	
背景	羅馬帝國滅亡，歐洲進入黑暗時期，餐飲業跟著沒落並停滯發展。直到十字軍東征，帶動東西文化交流，東方香料（如：薑、糖）及食物（如：檸檬）傳入西方
重要事紀	1183年：倫敦出現歐洲第一家公共餐飲屋（Public Cook House）
	13世紀：馬可波羅的《東方見聞錄》介紹中國之社會文化，促進飲食交流

文藝復興時期（14世紀～18世紀中葉）	
背景	文藝復興帶來了理性思考和思想巨變，加上印刷術的應用，加快了知識的傳播速度。地理大發現使得美洲的礦產與東方的農作物和香料，成為追求財富的動力，進而帶動了餐旅產業的發展，例如歐洲最早的冰淇淋據說即源自於此時期的義大利
重要事紀	15世紀：活版印刷發明，食譜紀錄與發行日漸普及
	⭐1530年：中東地區的敘利亞首都－大馬士革，出現世界第一家咖啡屋
	1533年：義大利凱薩琳公主與法國皇室聯姻，將專用廚師、用餐禮儀與飲食文化帶入宮廷，對法式料理影響重大。義大利菜被譽為「西餐之母」
	1615年：義大利威尼斯商人將咖啡自中東引進歐洲，受到歐洲人喜愛
	1634年：北美洲波士頓出現第一家供餐客棧
	1645年：歐洲第一家咖啡屋（Coffee House）出現在威尼斯，供應咖啡與餐食；這種咖啡屋已具有近代餐廳的雛形，可謂現代餐廳的前身
	1672年：法國開設了第一家咖啡屋
	1686年：Le Procope咖啡屋於巴黎開幕，哲學家伏爾泰、盧梭為常客

more...

觀光餐旅業導論 滿分總複習

18世紀中葉～19世紀		
背景		18世紀的歐洲發生「工業革命」、「法國大革命」。工業革命建立社會經濟基礎，改變生產與生活的模式，法國大革命帶來自由與民主，奢華享樂的風氣也普及至平民
重要事紀	☆1765年	法國人蒙布朗傑（Monsieur Boulanger）在巴黎開設的餐館供應一道名為恢復之神（Le Restaurant Divin）的湯品（羊腳蔬菜燉湯），頗受消費者喜愛，便以此道湯品做為餐館的招牌，Restaurant演變為餐廳的代名詞
	1776年	美國獨立，餐飲業發展迅速，與歐洲分庭抗禮
	1782年	美國總統傑佛遜（Thomas Jefferson），引進法國餐食與烹調技術，成為美食餐廳的發展基礎
	1789年	法國發生大革命，貴族沒落；許多御廚為求生存，只好到民間或國外開業，帶動餐飲業的發展與美食平民化
	1802年	法國人漢尼耶（Grimod de La Reynière）出版《美食者年鑑》，首開美食評論風氣
	1827年	美國第一家法式餐廳Delmonic's Restaurant在紐約開設
	1850年	法國巴黎歌聯飯店（Grand Hotel）成立，其附設餐廳為具有真正現代化餐飲設備與服務的餐廳
	☆1876年	美國人亨利哈維（Frederick Henry Harvey）開設多家名為Harvey House的餐廳，開創餐飲連鎖之先，故有餐飲連鎖始祖之稱
	☆1893年	美國芝加哥出現第一家自助餐廳，為首創自助式型態（Buffet）之餐廳
現代時期（20世紀～迄今）		
背景		隨著經濟、社會與科技的發展，消費者對於餐飲的需求愈來愈多樣化，為了滿足這些需求，餐飲業發展出多樣化的型態（如：速食餐廳、外送餐廳）
重要事紀	1900年	法國米其林輪胎公司出版《米其林指南》，提供有關汽車維修站與餐飲住宿等汽車旅遊資訊
	1902年	Horn and Hardar在紐約開設投幣式販賣機餐廳（Vending Machine Restaurant）
	1926年	米其林以匿名評審方式，針對法國餐廳的裝潢、服務、廚藝進行星級評分－星星顆數（1～3）越多代表餐廳等級越高
	1955年	麥當勞（McDonald's）在美國芝加哥創立，提供標準化飲食與快速服務，秉持QSCV－品質Quality、服務Service、衛生Cleanliness、價值Value的經營理念，以連鎖化經營開創世界版圖
	1960年	飲食文化因科技產品（如：冰箱、烤箱）的出現，邁入了新境界
	1971年	星巴克咖啡（Starbucks Coffee）在美國西雅圖成立，目前為全球最大咖啡連鎖店
	1988年	分子料理誕生，利用科學原理解構烹調方法與食材，帶給顧客全新的感官享受，開啟創意料理新潮流
	～迄今	餐飲業朝向複合式、多元化、國際化發展，重視創新、文化、娛樂等，豪華饗宴型與速簡便利型皆有市場需求

知識快遞

米其林指南（Le Guide Michelin） 107

法國輪胎製造商米其林公司所出版的美食與旅遊指南。「綠色指南」提供旅遊行程規劃、景點推薦等資訊；「紅色指南」提供餐廳及旅館評鑑介紹，以下介紹紅色指南中常見的圖示及其含意。

圖示	說明
星級美食	透過匿名評審員以秘密客方式進行評鑑，以食材品質、對味道與烹調技巧的駕馭能力、味道的融合、料理中展現的個性、餐飲水準的一致性等五項用餐體驗作為評分標準，能獲得三顆星對餐廳與主廚來說，是至高榮耀。評鑑星等含意如下： ✿Very good Cooking：優質烹調、不妨一試 ✿✿Excellent Cooking：烹調出色，值得繞道前往 ✿✿✿Exceptional Cuisine, Worth the Journey：卓越的烹調，值得專程造訪
必比登美食推薦餐廳	以米其林寶寶「必比登」為名，表示該餐廳提供具優質且經濟實惠[註]的美食（三道菜式但不包括飲料） 註：台北/台中費用為新台幣1,000元以下、歐洲36歐元以下、美國40美金以下
米其林入選	提供良好食物與優秀的烹飪技術的餐廳，每月的第2個星期三陸續公布新入選名單，未來很有可能晉升年度必比登或是星級餐廳
米其林叉匙	用來評比用餐環境，如餐廳的裝潢、佈置或舒適度等
街頭小吃	代表所介紹的食物是街頭小吃。這個標誌代表的是店面的外型特徵，而不是食物品質
米其林綠星	以取得星星、必比登與入選的餐廳為評選對象，目的是為了鼓勵在永續作為上領先的餐廳，餐廳與注重永續的供應商及生產者合作，減少浪費，以及不使用塑膠和與其他無法回收的材料

觀光餐旅業導論 滿分總複習

知識快遞

西方餐飲業發展代表人物　102　105　107　111　112

1. 安東尼・卡雷姆（Marie Antoine Carême，西元1784~1833年）：被稱為古典烹飪創始者、法國廚師界的摩西，更被譽為王之廚師，廚師之王，他對現代西餐的重要貢獻有二：
   - 建立上菜之次序（Order of Presentation）及菜餚的藝術表現。
   - 餐飲著作，包括個人創作與紀錄的食譜、菜餚與甜點裝飾藝術，以及歐洲烹調演進史，將烹飪技術系統化。

2. 奧古斯特・愛斯可菲（Georges Auguste Escoffier，西元1846~1935年）：被譽為近代廚師之父、西餐之父，他對現代西餐的重要貢獻有三：
   - 革新烹飪技術，將菜餚精練（Refinement）與簡化（Simplification），使用當令食材。
   - 建立用餐者吃完一道再上另一道的服務方式。
   - 建立廚房人員的編制及其職掌，提升餐飲業地位。

3. 費南德・波依特（Fernand Point，西元1897~1955年）：為二十世紀新式廚藝推動者。
   - 強調主菜、副菜之分。
   - 主張淡雅、自然簡單的廚藝。

實力加強 4.2

( ) 1. 請問影響西餐最主要的菜系為下列哪一項？
　　(A)法式料理
　　(B)義式料理
　　(C)俄式料理
　　(D)德式料理。

( ) 2. 請問上古時代供應簡單餐食與酒類，為餐飲業最早的形式是指
　　(A)Public Cook House
　　(B)Coffee House
　　(C)Bar
　　(D)Tavern。

( ) 3. 關於「米其林指南」的敘述，下列何者正確？
　　(A)創始於1926年，為餐廳評鑑等級的重要指標
　　(B)餐廳業者需事先報名繳費，才能進行評鑑
　　(C)Excellent Cooking是指值得專程前往的好餐廳
　　(D)評鑑等級分為1~5顆星，星數越多等級越高。

4.3 中國餐飲業的發展

先秦時期		
背景	受禮樂制度、儒家思想影響，強調「業精於勤，荒於嬉」，重視讀書立論，因此廚藝與飲食的紀錄甚少	
重要事紀	夏朝	庖正為專管御廚的官吏
	商朝	• 伊尹以食論政，後來提拔為商朝宰相，被奉為餐飲業的祖師爺[註]，並享有「名相兼名廚」的盛名 • 周禮記載：「凡國野之道，十里有廬，廬有飲食。」廬為最早的餐飲場所形式

秦漢至宋時期		
背景	• 秦統一中國、文字與典章制度，長安成為政治、經濟、文化中心 • 漢、唐國力強盛，貿易頻繁，飲食文化傳播擴大，朝代更替及南北遷都，帶動飲食交流 • 文人雅士將飲食經驗入詩詞，供其創作之餐食與酒樓茶館蔚為一時風潮	
重要事紀	秦漢	長安城出現許多熟食店、肉店、酒店與客棧，可謂中國餐飲業開始興盛的時代
	秦朝	呂不韋所著的《呂氏春秋》中之本味篇，記載伊尹以食論政的故事，其中述及五味（甘、酸、苦、辛、鹹）三材（水、木、火）對於烹飪的重要性，記錄了中國當時的烹飪技藝與理論
	漢朝	張騫通西域開啟了絲路的商業往來與文化交流
	唐朝	• 陸羽的《茶經》是世界第一本茶書 • 《封氏聞見記》中記載：「茶道大行，王公朝士無不飲者」。顯見當時茶宴已很流行，品茗賞景增添生活趣味 • 名醫孫思邈著有《備急千金要方》和《千金翼方》，其中「食治」、「養老食療」等專論，對藥材與食材介紹十分豐富，以食養生遂成風氣
	宋朝	• 食品名目繁多，酒樓林立，講究菜餚與餐具器皿的精美 • 宋室南遷是中國飲食發展的第一次南北大交流。相關研究指出，中國八大菜系或五大菜系約在此時形成

⭐ 元明清時期		
背景	• 元代飲食傳襲遊牧民族習俗，以牛肉、羊肉、奶製品為主，與漢人差異大 • 明清飲食由於社會富裕，飲食文化漸盛，飲膳書籍與食譜應運而生 • 清末通商口岸的開放，引進西方餐飲，中、西餐飲業相互競爭，但也促進交流	
重要事紀	元朝	太醫忽思慧的《飲膳正要》敘述四時之飲食宜忌、養生食補，及豐富烹飪技藝
	清朝	• 宮廷的滿漢全席是最著名的中國餐飲宴席 • 袁枚的《隨園食單》將元朝至清朝南北各地菜餚的烹飪技藝、名點佳餚及美酒名茶做系統化的論述，可謂集中國烹調之大成 • 清末民初，開放通商口岸，西方餐飲逐漸於中國沿海城市發展，廣東菜是西化最早的菜系；上海、北京各地陸續開設具有現代化設備的西餐廳

註：中國飲食文化中，拜師學藝是重要的禮儀，餐飲業所祀奉之祖師爺相傳有彭祖、伊尹、易牙、詹王等四位。

知識快遞

中國菜系

中國幅員廣大，因氣候、物產及地理環境差異，形成各地不同飲食風味特色，如：

- **依主食不同**：北方麵食、南方米食。
- **依慣用調味不同**：東酸、西辣、南甜、北鹹。
- **依地理區域與物產不同**：華北－蔥蒜區、江浙－魚蝦區、兩廣－蛇羹區、川湘－辣椒區、西北－羶酪區。
- **依地方發展菜系不同**：粵菜、浙菜、魯菜、蘇菜、湘菜、川菜、閩菜、皖菜等。

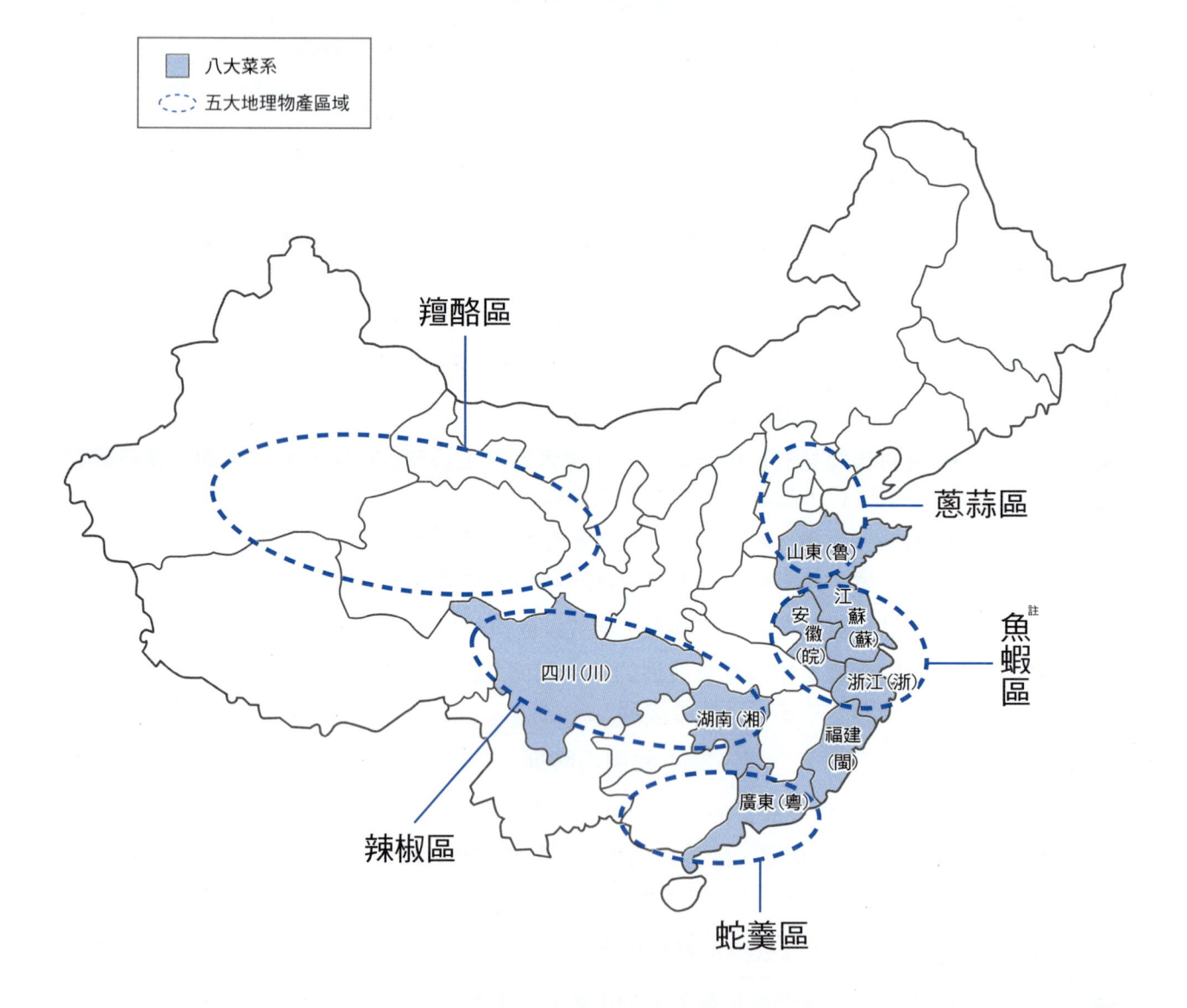

圖例：
- 八大菜系
- 五大地理物產區域

（地圖標示）
- 羶酪區
- 蔥蒜區：山東(魯)
- 魚蝦區：江蘇(蘇)、安徽(皖)、浙江(浙)、福建(閩)
- 辣椒區：四川(川)、湖南(湘)
- 蛇羹區：廣東(粵)

註：長江流域物產豐富，上游四川被譽為「天府之國」，中游更有「湖廣熟，天下足」之俗諺，下游長江三角洲稻米及淡水魚鮮產量居冠全國，是著名的「魚米之鄉」（包括江蘇及浙江）。

4.4 台灣餐飲業的發展

102 103 104 105 108 109 110

民國34年前		
背景		• 鄭成功率軍渡海，駐守台灣，大量的漢人（閩南人）來台，引進閩南飲食文化；廟口及市集人潮聚集，發展出特色小吃文化 • 日本統治台灣，日本文化對台灣影響深遠；酒家菜為台灣菜的雛形，十分講究排場與禮數相當豪奢，因此酒家菜亦有「官菜」之稱
重要事紀	明末清初	福建菜引入台灣，特色是清、淡、鮮，湯湯水水見長
	日據時代 1895～ 1945年	• 日本殖民統治台灣，將日本料理（如：生魚片、天婦羅）與烹調技術（如：燒烤）引進台灣 • 台南度小月擔仔麵於1895年創立開業，見證台灣小吃百年歷史 • 台北波麗露（BOLERO）西餐廳於1934年開幕，為台灣第一家西餐廳，也是餐飲業現代化指標

民國34年後		
背景		• 餐飲融合福建菜與日本料理，形成獨特的「和漢料理」 • 中國各省的料理，齊聚台灣發展。隨著社會逐漸轉型、外食人口大增、國際餐飲連鎖企業進駐，以及本土餐飲品牌創立，台灣餐飲業蓬勃發展
重要事紀	民國47年	鼎泰豐開業，起先是販賣食用油，61年才開始兼賣小籠包
	民國54年	圓山飯店設立空中廚房
	民國62年	希爾頓飯店進駐台灣，帶動西餐廳的經營
	民國63年	本土第一家速食業頂呱呱炸雞成立
	民國64年	高雄海霸王海產餐廳成立，帶動連鎖經營
	民國72年	台中春水堂茶行（原名陽羨茶行）推出泡沫紅茶，成為餐飲經營新業態，帶動「手搖飲料」市場與品牌發展；民國76年出現的珍珠奶茶，也成為台灣美食代表之一
	民國73年	台灣引進第一家國際速食連鎖餐廳－麥當勞，其經營理念－QSCV促使我國餐飲業開始重視經營管理，也改變國人的飲食習慣
	民國79年	舉辦第一屆「台北中華美食展」（96年更名為台灣美食展）
	民國82年	王品開設牛排專賣店，迄今拓展至十多個品牌
	民國87年	統一集團引進星巴克咖啡
	民國98年	• 新天地餐飲集團成為國內餐飲業第一家股票上市的公司，從家族經營轉變為企業專業經營 • 曾多次獲米其林指南肯定的廚師Joël Robuchon到台灣開設餐廳，讓國人不必出國就能享受頂級、奢華的美食饗宴，帶動餐飲新風潮
	民國107年	餐飲界紅色聖經《米其林指南》登陸台灣，公布台北米其林指南

知識快遞

台灣餐飲業發展大事紀　106　109　110　112

1. **台灣本土連鎖品牌**

   台灣餐飲業自創許多連鎖本土品牌，有些不斷轉換經營策略，進軍國際市場；有些則在時代變遷中保守經營或消逝。下表介紹民國55~80年間本土連鎖品牌。

餐飲分類	品牌註
西式速食類連鎖	頂呱呱炸雞（63）、台灣第一家鹽酥雞（64）
中式速食類連鎖	三商巧福（72）、中一排骨（72）、鬍鬚張魯肉飯（75）
西餐類連鎖	鬥牛士牛排（71）、我家牛排（76）
中餐類連鎖	鼎泰豐（61）、海霸王海產餐廳（64）
手搖飲料類連鎖	春水堂人文茶館（陽羨茶行）（72）、翰林茶館（75）
複合式餐飲連鎖	耕讀園（76）、古典玫瑰園（79）
早餐類連鎖	永和豆漿、瑞麟美而美早餐店（77）
異國料理連鎖	可利亞火鍋（57）、瓦城泰國料理（79）

   註：括號中為開幕民國年份。

2. **台灣上市餐飲集團**

餐飲集團	上市民國年	旗下餐飲品牌（關係企業）
新天地	92年	新天地餐廳、雅悅會館、萊特薇庭、唯愛庭園、瀚熙軒、合・Shabu、樂葵法式鐵板燒、匠極緻鍋物
美食達人	99年	85度C、麵包同話、這一鍋、這一小鍋、燒肉同話、叁加叁、九初
東元	100年	摩斯漢堡、樂雅樂、Miss Croissant蜜可頌、美樂食日式食堂、串家物語、羽村、餡老滿、高樂鐵板料理、高玉、MADO、樂利Royal Park
王品	101年	王品牛排、西堤牛排、陶板屋、原燒、聚日式鍋物、藝奇、夏慕尼、品田牧場、石二鍋、Hot 7、PUTIEN莆田、青花驕、享鴨、丰禾台式小館、12MINI、THE WANG、和牛涮、尬鍋、肉次方、金咕、就饗、阪前和牛、初瓦、朝粥幫、嚮辣
瓦城泰統	101年	瓦城泰國料理、非常泰、1010湘、大心、十食湘、時時香、YABI KITCHEN、月月泰BBQ、theDiner樂子、BOBO
六角	104年	• 六角國際：日出茶太、Bake Code烘焙密碼、春上布丁蛋糕、英格莉莉、仙Q冰菓室、美利河 • 王座國際：杏子日式豬排、段純貞、大阪王將、京都勝牛、韓國橋村炸雞、杏美小食堂 • 瑞里：果麥、黑瀧堂、壺沏、綠辣
乾杯	105年	乾杯、老乾杯、和牛47、黑毛屋、黑毛屋本家、黑毛屋招待所、麻辣45、高木和牛食堂

餐飲集團	上市民國年	旗下餐飲品牌（關係企業）
漢來美食	106年	漢來海港、翠園粵菜餐廳、名人坊、漢來上海湯包、漢來蔬食、島語、東方樓、溜溜、上菜、漢來軒、焰、PAVO、漢來海鮮火鍋、日本料理弁慶、福園台菜、日日烘焙、糕餅小舖
八方雲集	109年	八方雲集、梁社漢排骨、丹堤、百芳池上便當、八方台式麵屋、芳珍蔬食
揚秦國際	109年	麥味登、炸雞大獅、REAL真、涮金鍋
路易莎	109年	路易莎咖啡、初泰Pikul

3. 台灣咖啡廳的發展

特色	代表店家
承襲日式風格，文人雅士與藝術家聚會、創作的基地	波麗露（23）、山水亭（28）、天馬茶房（30）、明星咖啡館（38）
歐式風格裝潢，引進日式咖啡專業，用虹吸式（Syphon）煮法，帶客人品味咖啡世界	上島咖啡（61）、老樹咖啡（66）
日系咖啡品牌進軍台灣，以咖啡搭配輕食，連鎖經營搶攻平價消費市場，帶動本土自創品牌發展	日系：羅多倫咖啡（80）、真鍋珈琲（81） 本土：丹堤咖啡（82）
自創與代理美式咖啡連鎖品牌，使用義式咖啡機，生產效能提升與商品多元化，帶動街頭咖啡文化	西雅圖咖啡（86）、星巴克咖啡（87）、85度C（92）

4. 自國外引進台灣的餐飲品牌

引進國家	餐飲品牌
日本	聖瑪麗麵包（75）、吉野家（77）、摩斯漢堡（79）、羅多倫咖啡（80）、真鍋（81）、一蘭拉麵（106）
美國	麥當勞（73）、肯德基（74）、必勝客（75）、達美樂（78）、漢堡王（79）、茹絲葵（82）

5. 台灣米其林指南摘星餐廳（2023）

星級	摘星餐廳品牌 台北	台中	高雄
✿ 一星	教父牛排、金蓬萊遵古台菜、Impromptu by Paul Lee、謙安和、吉兆割烹壽司、Longtail、明福台菜海產、山海樓、鮨野村、鰭隆、天香樓、雅閣、明壽司、De Nuit、富錦樹台菜香檳、米香、T+T、Holt、巴黎廳1930X高山英紀、欣葉鐘菜、壽司芳、或割烹、請客樓、A Cut、Ad Astra、INITA、ZEA、斑泊	鹽之華、Forchetta、俺達の肉屋、澀Sur-、文公館	承Sho、Haili
✿✿ 二星	logy、RAW、侯布雄、渥達尼斯磨坊、牡丹		
✿✿✿ 三星	頤宮、態芮	JL Studio	
✿ 綠星	山海樓、陽明春天、Embers、小小樹食、好嶼		Thomas Chien

6. 台灣小吃

縣市	特色小吃
基隆市	基隆天婦羅、鼎邊銼
台北市	士林蚵仔煎、花枝羹
新北市	淡水魚丸、阿給；深坑臭豆腐；九份芋圓
桃園市	石門活魚
新竹市	新竹貢丸、米粉
新竹縣	北埔擂茶
苗栗縣	苗栗客家水粄
台中市	台中大麵羹、蔴芛；清水筒仔米糕、豐原排骨酥麵
彰化縣	鹿港蚵仔煎、彰化肉圓
南投縣	南投意麵、埔里米粉、魚池茶葉蛋
雲林縣	斗六魷魚嘴羹
嘉義市	嘉義雞肉飯
嘉義縣	東石海產
台南市	台南擔仔麵、棺材板、鱔魚意麵；安平蝦捲、白河蓮子
高雄市	美濃粄條、岡山羊肉、旗津海產
屏東縣	萬巒豬腳、潮州燒冷冰；東港肉粿、櫻花蝦
台東縣	東河肉包
花蓮縣	富岡漁港海鮮、扁食
宜蘭縣	宜蘭鴨賞、羅東卜肉、三星蔥油餅
澎湖縣	澎湖仙人掌冰
金門縣	金門麵線
連江縣	馬祖魚麵

7. 台灣各地三寶

台灣早期以「茶葉、紅糖、樟腦」出口聞名，為台灣三寶。各縣市、鄉鎮為發展當地特色，推銷農產品及塑造觀光形像，紛紛評選「三寶」，常見的有：

- 宜蘭三寶：鴨賞、膽肝、蜜餞
- 新北健康三寶：甘藷、山藥、綠竹筍
- 新竹三寶：米粉、貢丸、竹塹餅
- 彰化三寶：肉圓、爌肉飯、貓鼠麵
- 關廟三寶：鳳梨、綠竹筍、關廟麵
- 岡山三寶：羊肉、蜂蜜、豆瓣醬
- 東港三寶：黑鮪魚、櫻花蝦、油魚子
- ⋯

實力加強 4.3～4.4

( )1. 中國飲食文化裡，「以食論政」而被奉為餐飲業祖師爺是何者？
(A)伊尹　(B)詹王　(C)易牙　(D)彭祖。

( )2. 關於唐朝的飲食文化，下列敘述何者錯誤？　(A)茶道盛行，品茗飲茶成風氣　(B)名醫孫思邈提倡「食治」，藥膳養生　(C)朝貢往來帶動飲食文化南北交流，形成數個主要菜系　(D)鑑真和尚將中國文化傳到日本，飲食習慣也是其中之一。

( )3. 將元朝到清朝南北各地菜餚的烹飪技藝、名菜做系統化論述的餐飲著作是
(A)呂氏春秋　(B)備急千金要方　(C)飲膳正要　(D)隨園食單。

( )4. 下列哪一個菜系是西化最早的菜系？
(A)山東菜　(B)廣東菜　(C)福建菜　(D)湖南菜。

( )5. 中國菜系依地理區域和物產配對，下列何者正確？
甲、華北－蔥蒜區　乙、江浙－魚蝦區　丙、兩廣－羶酪區
丁、川湘－辣椒區　戊、西北－蛇羹區
(A)甲乙丙　(B)乙丙丁　(C)甲丙丁　(D)甲乙丁。

( )6. 關於台灣餐飲業的發展，下列敘述何者為非？
(A)明末清初漢人來台引進福建菜
(B)受日本統治影響，台灣飲食有許多日本料理
(C)鼎泰豐是台灣第一家連鎖中式餐廳
(D)起源於台中的泡沫紅茶，帶動手搖飲料風潮。

( )7. 下列何者非王品餐飲集團旗下的品牌？
(A)夏慕尼鐵板燒　(B)石二鍋　(C)樹太老日本定食　(D)西堤牛排。

( )8. 下列餐飲重要事件與發生年代配對，何者正確？
甲、1934年台灣第一家西餐廳波麗露（BOLERO）開幕
乙、1995年台南度小月擔仔麵創立
丙、民國63年第一家速食業頂呱呱炸雞成立
丁、民國87年85度C咖啡成立，帶動街頭咖啡風尚
戊、民國107年公布台北米其林指南
(A)甲乙丙　(B)甲丙丁　(C)甲乙戊　(D)甲丙戊。

( )9. 關於台灣餐飲業的發展，下列敘述何者錯誤？
(A)台菜受江浙菜與日本料理的影響最深
(B)民國62年起，希爾頓飯店帶動西餐廳的經營
(C)民國72年，春水堂推出泡沫紅茶
(D)民國82年，王品開設牛排專賣店。

4.1 餐飲業簡介

( ) 1. 餐廳的基本定義，下列敘述何者不正確？
(A)提供餐飲相關設施　(B)公開而固定之場所
(C)非營利事業　(D)服務性事業。

( ) 2. 關於餐廳（Restaurant）的定義，下列敘述何者錯誤？
(A)係指恢復元氣之意
(B)餐廳一詞起源於義大利文Restaurer
(C)餐廳被稱為「Restaurant」，起源於1765年
(D)對顧客提供餐食與休憩之場所。

( ) 3. 關於餐飲產品的特性，下列哪些項目不屬於「Intangible Products」？
甲、用餐氣氛　乙、服務態度　丙、裝潢　丁、菜單　戊、餐點
(A)甲、乙、丙　(B)甲、丙、戊　(C)乙、丙、丁　(D)丙、丁、戊。

( ) 4. 餐飲業的特性，下列敘述何者錯誤？
(A)產品容易變質不易儲存
(B)生產過程時間甚短
(C)銷售量可透過預訂來預估
(D)成本結構以餐飲食材所占比率最高。

( ) 5. 餐飲業在餐飲銷售量方面，不受到下列何者特性之限制？
(A)餐廳的空間　(B)座位數　(C)時間　(D)餐飲商品個別化。

( ) 6. 下列哪些屬性最符合餐飲服務的特質？
甲：無形性　乙：即時性　丙：可評量性　丁：可轉售性
(A)甲、乙　(B)乙、丙　(C)乙、丁　(D)丙、丁。

( ) 7. 餐廳業者對來店用餐的小朋友提供一份可帶走的小玩具，以增加用餐趣味。試問這是屬於何項構成要素？
(A)Supporting Facilities　(B)Facilitating Goods
(C)Explicit Services　(D)Implicit Services。

4.2 西方餐飲業的發展

( ) 8. 西方餐飲業的發展，其先後順序的排列，下列哪一項正確？
甲、英國倫敦出現Public Cook House
乙、法國人布朗傑餐廳供應La Restaurant Divin的湯品，成為餐廳的代名詞
丙、美國紐約開設法式餐廳Delmonic's Restaurant
丁、義大利威尼斯出現第一家Coffee House
(A)甲乙丙丁　(B)甲丁乙丙　(C)甲丁丙乙　(D)丁丙乙甲。

( )9. 關於麥當勞速食餐廳的經營理念QSCV，下列敘述何者錯誤？
(A)Q：Quality　(B)S：Smile　(C)C：Cleanliness　(D)V：Value。

( )10. 關於西方餐飲業的發展，下列敘述何者錯誤？
(A)Tavern、Coffee House都是較早期的餐廳形式
(B)法國大革命帶動美食平民化
(C)法國首創自助式型態（Buffet）的餐廳
(D)麥當勞餐廳秉持QSCV的經營理念發展餐飲連鎖。

( )11. 請問「Restaurant」一詞之由來與何者有關？
(A)古蹟　(B)地名　(C)人物　(D)菜餚。

( )12. 請問影響西方餐飲業發展的重要人物與事件配對何者正確？
(A)漢尼耶出版「美食者年鑑」，帶動美食評論風氣
(B)馬可波羅的「東方見聞錄」，講述中國對西方餐飲的影響
(C)亨利哈威創設麥當勞餐廳，是餐飲連鎖的開始
(D)愛斯可非將烹飪技術系統化，被稱為「西餐之父」。

( )13. 法國大革命對當時法國廚藝發展之影響，下列敘述何者最適當？
(A)法國宮廷料理手法更趨於繁複
(B)法國宮廷的廚師將廚藝帶到民間
(C)法國宮廷廚藝開始受到中國的影響
(D)廚師在法國宮廷的地位提升。

4.3 中國餐飲業的發展

( )14. 中國飲食文化裡，餐飲業敬祀的祖師爺不包含下列何者？
(A)伊尹　(B)呂不韋　(C)易牙　(D)彭祖。

( )15. 下列餐飲相關典籍與作者配對，何者正確？
(A)茶經：李白　　　　　　(B)呂氏春秋：伊尹
(C)備急千金要方：忽思慧　　(D)隨園食單：袁枚。

( )16. 關於中國餐飲業發展，下列敘述何者不正確？
(A)「庖正」是夏朝的御廚
(B)秦漢時期是中國餐飲業興盛的開始
(C)宋室南遷是飲食文化第一次南北大交流
(D)滿漢全席是宮廷料理的代表。

( )17. 關於中國菜系，下列敘述何者錯誤？
(A)主食：南米北麵
(B)調味：南鹹北甜
(C)食材：北多蔥蒜、羶酪，南多野味、魚蝦
(D)川菜、湘菜以辣聞名。

4.4 台灣餐飲業的發展

( )18. 關於台灣餐飲業過去的發展與目前的現況，下列敘述何者錯誤？
(A)美國的速食業在民國80年代後，才開始進入台灣餐飲市場
(B)台灣的泡沫紅茶店是在民國70年代開始形成
(C)消費者愈來愈重視營養、健康及環保等因素
(D)外食人口增加，帶動餐飲業快速成長。

( )19. 第一次公布台北米其林指南是民國
(A)103年　(B)105年　(C)107年　(D)109年。

( )20. 關於台灣餐飲業的發展，下列敘述何者錯誤？
(A)鄭成功駐守台灣，引進福建料理
(B)廟口、市集是商業先民往來聚集地，形成台灣小吃文化
(C)國際知名連鎖飯店希爾頓飯店進入台灣開設第一家西餐廳
(D)春水堂推出泡沫紅茶，手搖飲料成為台灣餐飲特色並進軍國際。

( )21. 餐飲業的發展，下列敘述何者錯誤？
(A)素有「西餐之母」稱號的是法國
(B)Restaurant源於法文，是指恢復元氣的肉湯，現已成為餐廳的代名詞
(C)鼎泰豐是以小籠包名聞中外
(D)民國73年麥當勞進駐台灣，成為第一家外來的餐飲業。

CH4 餐飲業概述

情境素養題

( ) 1. 日本連鎖餐廳「藏壽司」於2014年到台灣成立子公司展店,「藏壽司」以專利保鮮蓋與回收餐盤抽扭蛋活動等,吸引大批顧客上門,須預約或排隊等待品嚐。請問上例主要說明餐飲業的何種特性?
(A)勞力密集
(B)銷售受場地時間的限制
(C)立地性
(D)異質性。 [4.1]

( ) 2. 奈特和筱菲一起到牛排館用餐,奈特要求其所點的牛排熟度為5分熟,筱菲要求其所點的牛排熟度為7分熟;請問上例最適合用來說明餐飲業的何種特性?
(A)競爭性
(B)個別化生產
(C)產品銷售量不易預估
(D)銷售受時間場地限制。 [4.1]

( ) 3. 鼎泰豐餐廳的小籠包遠近馳名,餐廳特色之一是顧客可以從廚房的透明櫥窗看見廚師們穿著整齊潔白的工作服、頭戴網帽及口罩,有效率的在包餡、製作小籠包。請問上述說明餐飲業的何種特性最恰當?
(A)產品銷售量不易預估
(B)銷售受時間場地限制
(C)生產時間短
(D)嚴格的衛生標準。 [4.1]

( ) 4. 「金融風暴引起的經濟不景氣,可能造成消費者減少到餐廳消費的次數或意願,進而對餐飲業的經營造成衝擊」,這是屬於下列哪一種餐飲業的特性?
(A)無形性
(B)變化性
(C)不可儲存性
(D)需求異質性。 [4.1]

( ) 5. 關於西方餐飲業的發展,下列敘述何者正確?
甲:1876年亨利・哈維(Henry Harvey)首創Harvey House連鎖餐廳,為連鎖餐飲業經營的始祖
乙:1900年約翰・克魯格(John Kruger)首創自助式的自助餐廳(Buffet),提供消費者更多菜餚的選擇
丙:1902年Horn and Hardar在紐約開設投幣式販賣機餐廳(Vending Machine Restaurant)
丁:1926年費南德・波伊特(Fernand Point)建立吃完一道再上一道的服務方式
(A)甲、乙、丙
(B)甲、丙、丁
(C)乙、丙、丁
(D)甲、乙、丁。 [4.2][108統測]

( ) 6. 關於中國古籍中對餐飲業發展的敘述,下列何者正確?
(A)易牙的茶經論述飲茶中葉、水、器、境等,是世界第一本茶書
(B)孫思邈的備急千金要方論述烹飪的要素:五味三材
(C)呂氏春秋倡導食療,開啟藥膳進補風氣,被譽為餐飲業祖師爺
(D)袁枚所著的隨園食單,紀錄數百種烹調方法與名菜,集中國烹飪之大成。 [4.3]

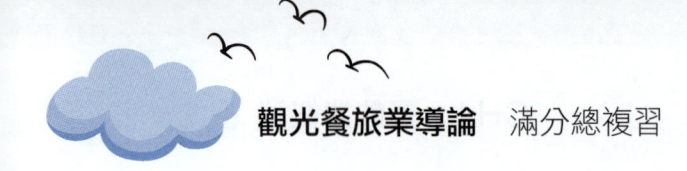

(　　)7. 臺灣餐飲業發展過程，關於餐廳與餐飲店成立時間之順序，由先至後的排列，下列何者正確？
甲：圓山大飯店成立空廚餐點供應站；
乙：麥當勞（McDonald）引進臺灣；
丙：上島咖啡館開業；
丁：波麗露（Bolero）西餐廳開幕；
戊：85度C成立
(A)甲乙丙戊丁　　　　　　　　(B)甲丙丁戊乙
(C)丁甲丙乙戊　　　　　　　　(D)丁丙乙甲戊。　　　　　　[4.4][105統測]

(　　)8. 關於臺灣餐飲業的敘述，下列何者正確？
(A) 著名的臺南度小月擔仔麵為臺灣地方特色小吃，創立迄今有100多年歷史
(B) 臺灣最早的本土連鎖餐飲業品牌，包含三商巧福與鬥牛士，創立於民國50年代
(C) 著名的台北波麗露（Bolero）餐廳為臺灣最早的西餐廳，創立於民國15年
(D) 台灣光復時期，在北投一帶盛行的川菜料理又稱酒家菜或官菜，吸引大批日本觀光客來台消費。　　　　　　　　　　　　　　　　　　　　　[4.4][109統測]

(　　)9. 請問關於連鎖餐廳的敘述，下列何者正確？
(A)連鎖餐廳最早起源於1893年美國芝加哥餐廳
(B)各分店可地方特色自行研發產品，增加菜單內容
(C)重視標準作業流程（SOP）
(D)聯合採購與行銷，成本負擔大。　　　　　　　　　　　　　　　　[4.4]

歷屆試題

( )1. 下列何者建立了廚房人員的具體工作內容，並被尊奉為西餐之父？
(A)奧古斯特・愛斯可菲（Georges Auguste Escoffier）
(B)安東尼・卡雷姆（Antoine Carême）
(C)費南德・波依特（Fernand Point）
(D)蒙布・布朗傑（Monsieur Boulanger）。 [102統測]

( )2. 美國人亨利哈維（Frederic Henry Harvey）在下列哪一個年份開設多家命名為Harvey House的餐廳，成為餐飲連鎖的始祖？
(A)西元1576年 (B)西元1676年
(C)西元1776年 (D)西元1876年。 [102統測]

( )3. 民國72年陽羨茶行（現今春水堂茶行）成立，開啟臺灣本土泡沫紅茶店的經營新型態，該茶行在下列哪一個地方成立？
(A)臺北 (B)新竹 (C)臺中 (D)臺南。 [102統測]

( )4. 依照歐美餐飲業發展史，餐飲業發展變革的先後順序依序為
(A)Restaurant成為餐廳的代號→咖啡屋的興起→小客棧的出現→連鎖餐飲的盛行
(B)連鎖餐飲的盛行→小客棧的出現→Restaurant成為餐廳的代號→咖啡屋的興起
(C)小客棧的出現→咖啡屋的興起→Restaurant成為餐廳的代號→連鎖餐飲的盛行
(D)咖啡屋的興起→小客棧的出現→連鎖餐飲的盛行→Restaurant成為餐廳的代號。
[103統測]

( )5. 我國餐飲業發展史上，在清末民初時，具現代化設備經營之西餐廳，最早出現在下列何處？ (A)上海 (B)西安 (C)天津 (D)重慶。 [103統測]

( )6. 鄭成功率軍渡海駐守台灣時，將哪一類菜系引進台灣，對台灣菜影響甚鉅？
(A)江浙菜 (B)福建菜 (C)湖南菜 (D)四川菜。 [103統測]

( )7. 餐飲發展過程中，歐洲開始出現咖啡屋的時期為下列何者？
(A)中古時期 (B)文藝復興時期
(C)工業革命時期 (D)一次大戰時期。 [104統測]

( )8. 關於台灣餐旅業的發展，下列何者發生的年代最早？
(A)開始引進麥當勞餐廳
(B)希爾頓飯店進駐台北
(C)圓山飯店設立空中廚房
(D)本土連鎖餐飲頂呱呱炸雞開始發展。 [104統測]

( )9. 關於國外餐飲業發展之歷程，下列何者最早發生？
(A)Restaurant名詞的產生
(B)小酒館（Tavern）的出現
(C)美食評論米其林指南（Michelin Guide）的發表
(D)咖啡屋（Coffee House）的興起。 [105統測]

( )10. 關於西方餐飲業發展重要代表人物之出現順序，由先至後的排列，下列何者正確？
甲：奧古斯特・艾斯可菲（Auguste Escoffier）
乙：凱薩琳・梅蒂奇（Catherine de Medicis）
丙：安東尼・卡雷姆（Marie Antoine Caréme）
丁：費南德・波伊特（Fernand Point）
(A)甲乙丁丙　(B)乙甲丙丁　(C)乙丙甲丁　(D)丙乙丁甲。　　　[105統測]

( )11. 就目前臺灣餐飲業現況，下列何者不是自日本引進的日系品牌？
(A)摩斯漢堡
(B)羅多倫咖啡
(C)聖瑪麗麵包店
(D)品田牧場。　　　[106統測]

( )12. 下列何者不是東港三寶之一？
(A)黑鮪魚　　　　　　　　(B)石斑魚
(C)油魚子　　　　　　　　(D)櫻花蝦。　　　[106統測]

( )13. 關於餐飲業發展的敘述，下列何者正確？
(A)凱撒（Caesar）公主有「西餐之母」之稱
(B)費南德・波伊特（Fernand Poin）有「古典烹飪創始者」之稱
(C)弗雷德里克・亨利・哈維（Frederick Henry Harvey）有「餐飲連鎖的始祖」之稱
(D)喬治・奧古斯特・愛斯可菲（Georges Auguste Escoffier）有「法國廚師界的摩西」之稱。　　　[107統測]

( )14. 關於米其林指南的敘述，下列敘述何者正確？
(A)米其林餐飲星級評分系統始於西元1826年
(B)米其林指南的綠皮書主要內容為餐飲與旅館的評鑑
(C)目前全世界餐廳星級評鑑的最高等級為六顆星
(D)星級評鑑三顆星代表Exceptional Cuisine；Worth the Journey。　[107統測]

( )15. 關於以下西方餐飲業重要的發展歷史，從古代排到近代的順序，下列何者正確？
甲：十字軍東征的影響，造成東西方飲食文化與香料之交流
乙：法國蒙布朗傑（Monsieur Boulanger）因在餐廳中供應湯品，Restaurant 始成為餐廳代名詞
丙：回教徒朝聖路線經由中東地區，因而將咖啡傳入歐洲
丁：古羅馬時期歐洲人為招待投宿客棧（inn）的旅客，因而出現公共餐飲場所
(A)丁→甲→丙→乙
(B)丁→乙→丙→甲
(C)丁→甲→乙→丙
(D)丁→乙→甲→丙。　　　[108統測]

( )16. 針對臺灣餐飲業發展的敘述，下列何者錯誤？
(A)小吃是臺灣餐飲業的特色之一，初期以各地市集廟宇的小吃為主
(B)臺灣菜的雛形，源於北投的酒家菜，當時為豪奢官菜的象徵
(C)民國60至70年代臺灣經濟起飛，國際連鎖餐飲業陸續進駐，本土速食餐廳亦盛行
(D)臺灣菜起源最早來自於北平菜系，以講究清、淡、鮮、醇等口味為主要特色。
[108統測]

( )17. 關於臺灣餐飲業的發展，下列敘述何者正確？
(A)瓦城泰式餐廳為臺灣本土自創的餐飲連鎖品牌
(B)臺灣空廚創始於臺北諾富特華航桃園機場飯店
(C)必勝客為臺灣本土自創的速食連鎖品牌，非國際連鎖品牌
(D)目前僅有國外連鎖咖啡品牌設立，尚未有國內本土自創的咖啡品牌出現。
[109統測]

( )18. 關於我國空中廚房（空廚）發展的敘述，下列何者錯誤？
(A)空廚發展開始於民國54年　　　(B)餐食由中央廚房統一製備
(C)復興空廚為我國空廚之肇始　　(D)提供交通運輸上的餐飲服務。 [110統測]

( )19. 下列何者不是連鎖速食餐飲企業？
(A)鼎泰豐　(B)摩斯漢堡　(C)三商巧福　(D)頂呱呱炸雞。 [110統測]

( )20. 餐酒館不僅提供酒精性飲料，也會提供無酒精性飲料和餐點，下列何者為此類型餐飲場所最早的代表稱呼？　(A)bistro　(B)lounge　(C)pub　(D)tavern。 [111統測]

( )21. 鄉村慢食餐館只有16個座位，每週營業三天且只供應晚餐一個餐期，號稱中臺灣最難訂的無菜單料理餐廳；主打澎湖海產當日新鮮直送，所有菜色均為現點現烹調；餐廳採預約制，每月10號開始接受下個月的訂位，開放當日即預約額滿。此餐廳不具有下列哪一種餐飲業特性？
(A)消費即時性　(B)食材限時性　(C)生產時間短　(D)銷售難預估。 [111統測]

( )22. 元宇宙科技公司於今日中午召開業務會報，承辦人員使用foodpanda外送服務訂購午餐餐盒，會議所需的餐盒是屬於下列哪一種餐飲業的構成要素？
(A)explicit services　　　　　(B)facilitating goods
(C)implicit services　　　　　(D)supporting facilities。 [111統測]

( )23. 小千為一家五星級旅館內特色料理餐廳的外場服務生，向顧客推薦該餐廳的招牌料理為紅酒燉牛肉、烤田螺、馬賽海鮮湯及舒芙蕾等，同時也向客人介紹上述經典料理的起源國家及其飲食文化。關於此餐廳料理所屬國家的餐飲發展敘述，下列何者錯誤？
(A)西元16世紀，全世界第一家咖啡屋在此國家出現
(B)西元18世紀末以後，此國家料理逐漸平民化，非貴族或皇室專屬
(C)此國家有一道能使人恢復元氣的湯品，後來湯品名稱演變為Restaurant
(D)安東尼・卡雷姆（Marie Antoine Carême）為此國家名廚，為古典烹飪創始者。
[111統測]

(　　)24. 關於歐美餐飲業發展過程中的重要推手，下列敘述何者正確？
(A)Fernand Point的餐館供應以羊腿煮成的Le Restaurant Divin的湯品
(B)Georges Auguste Escoffier開始出版一系列評論美食的美食者年鑑
(C)Grimod de La Reynière建立起依序上菜的服務方式以及廚房編制
(D)Marie Antoine Carême建立西餐上菜順序，並被尊為廚師之王。　　[112統測]

(　　)25. 小隆與同學相約出遊，回程時購買當地特產油魚子作為伴手禮贈送親友品嚐，小隆應該是到下列哪一個地點旅遊？
(A)基隆　(B)綠島　(C)澎湖　(D)東港。　　[112統測]

(　　)26. 近年來越來越多餐廳除了提供美食也強調用餐時內心的感受體驗，更有經營者推出「無光晚餐」、「一人餐桌」、「與明星共餐」等特殊的餐會活動，根據以上敘述的用餐體驗是屬於哪一種餐飲業商品？
(A)facilitating goods　　　　(B)intangible products
(C)potential products　　　　(D)tangible products。　　[112統測]

(　　)27. 關於餐飲歷史的發展，下列何者錯誤？
(A)Buffet的供餐型態源自美國
(B)歐洲最早的冰淇淋源自於葡萄牙
(C)歐洲第一家咖啡屋源自於義大利威尼斯
(D)二十一世紀速食業持續發展，Subway潛艇堡於2011年分店數量超越麥當勞。
　　[113統測]

(　　)28. 依據餐廳經營管理的特性與內涵，下列哪些敘述正確？
甲：餐飲業具勞力密集度高的特性，易造成基層員工流動率高
乙：餐廳提供的有形商品包含給予顧客的心理認知與感官知覺的感受
丙：因應餐飲差異化特質，不同服務人員可依自己習慣進行不同服務流程
丁：餐飲消費易受外在因素影響，精確預估餐廳採購量與銷售量是不容易的
(A)甲、乙　(B)乙、丙　(C)甲、丁　(D)丙、丁。　　[113統測]

CH4 餐飲業概述

答案與詳解

實力加強

4.1節

1. D 2. C 3. B 4. C

4.2節

1. B 2. D 3. A

4.3節～4.4節

1. A 2. C 3. D 4. B 5. D 6. C 7. C 8. D 9. A

搶分終點線

1. C 2. B 3. D 4. C 5. D 6. A 7. B 8. B 9. B 10. C
11. D 12. A 13. B 14. B 15. D 16. A 17. B 18. A 19. C 20. C
21. A

詳解

18. 民國73年台灣引進第一家國際速食連鎖餐廳－麥當勞。

情境素養題

1. B 2. B 3. D 4. B 5. A 6. D 7. C 8. A 9. C

歷屆試題

1. A 2. D 3. C 4. C 5. A 6. B 7. B 8. C 9. B 10. C
11. D 12. B 13. C 14. D 15. A 16. D 17. A 18. C 19. A 20. D
21. D 22. B 23. A 24. D 25. D 26. B 27. B 28. C

詳解

18. 圓山空廚為我國空廚之肇始，為華膳空廚的前身。
19. 鼎泰豐為餐桌服務連鎖餐廳。
20. bistro：法式小餐館。lounge：沙發酒吧。pub：酒吧。
22. 餐盒屬於有形商品中的促成商品。
23. 全世界第一家咖啡屋出現在大馬士革。

4-25

24. Monsieur Boulanger的餐館供應以羊腿煮成的Le Restaurant Divin的湯品。
    Georges Auguste Escoffier建立用餐者吃完一道再上另一道的服務方式，及建立廚房人員編制。
    Grimod de La Reynière出版一系列評論美食的美食者年鑑。

25. 東港三寶：櫻花蝦、鮪魚、油魚子。

27. 歐洲最早的冰淇淋源自於義大利。

28. 顧客的心理認知與感官知覺的感受屬於無形商品。
    不同服務人員須透過教育訓練建立標準服務流程（SOP），以維持服務品質。

CH 5 餐飲業的類別與餐廳種類

⚓ 本章學習重點

節名	常考重點	
5.1 餐飲業的類別	• 餐飲業依「中華民國行業統計分類」	★★★☆☆
5.2 餐廳的種類	• 餐廳依「經營型態」分類 • 餐廳依「服務方式」分類 • 餐廳依「料理發源地」分類	★★★★★

★ 統測命題分析

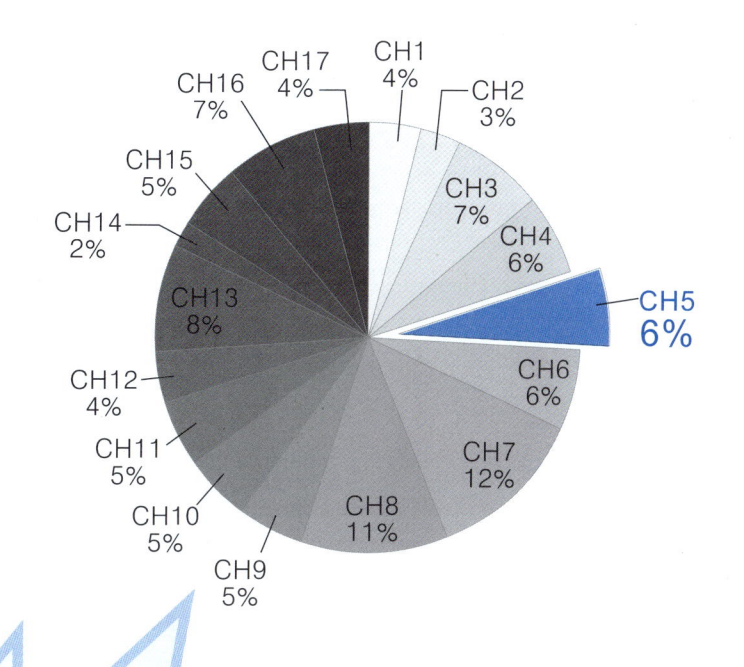

- CH1 4%
- CH2 3%
- CH3 7%
- CH4 6%
- CH5 6%
- CH6 6%
- CH7 12%
- CH8 11%
- CH9 5%
- CH10 5%
- CH11 5%
- CH12 4%
- CH13 8%
- CH14 2%
- CH15 5%
- CH16 7%
- CH17 4%

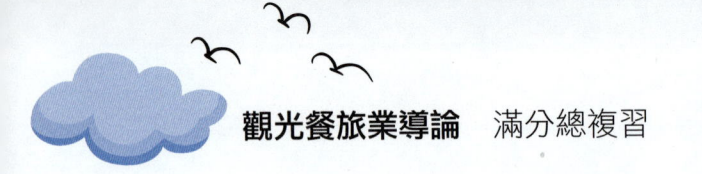

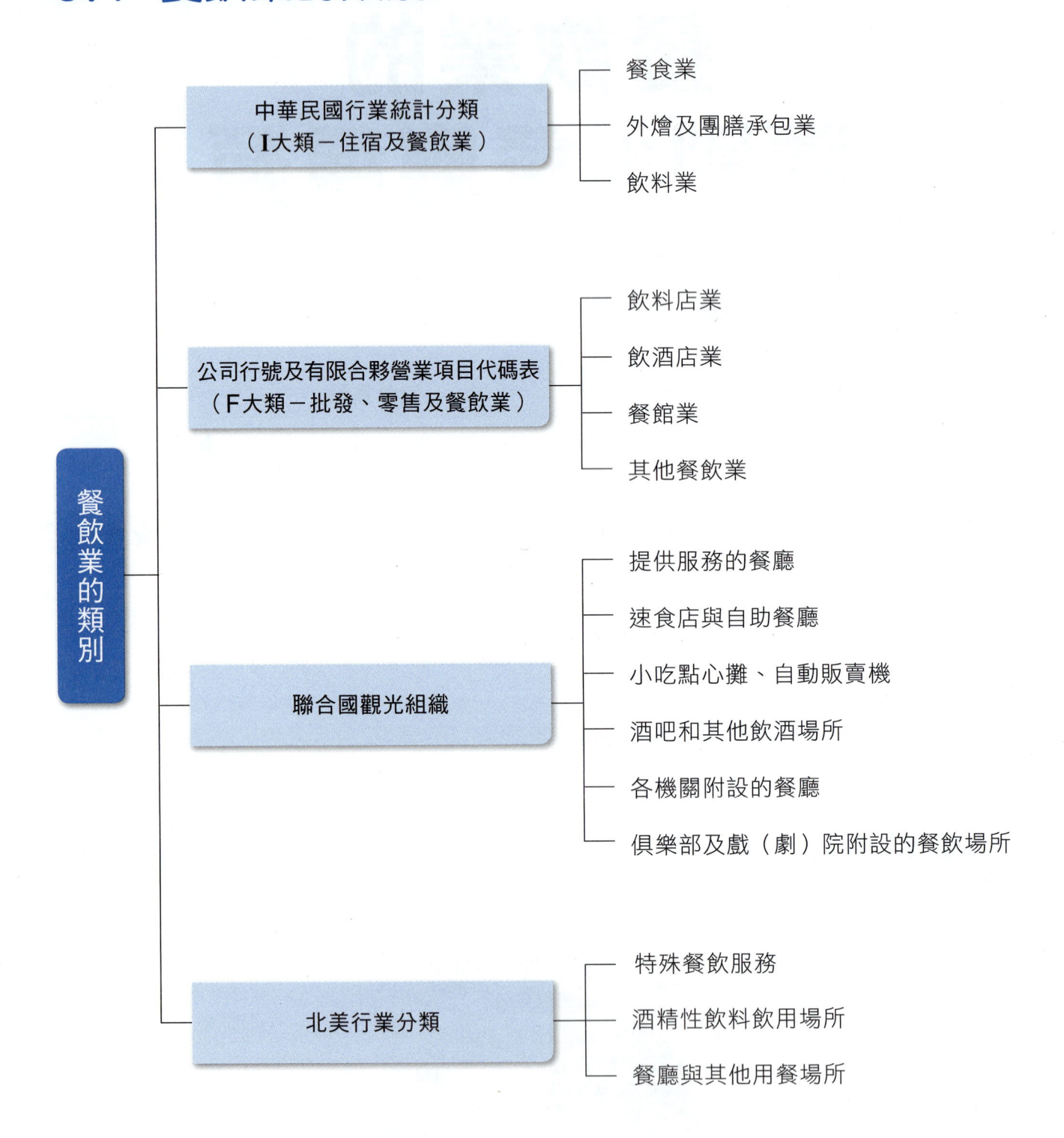

5.1 餐飲業的類別

- 餐飲業的類別
  - 中華民國行業統計分類（I大類－住宿及餐飲業）
    - 餐食業
    - 外燴及團膳承包業
    - 飲料業
  - 公司行號及有限合夥營業項目代碼表（F大類－批發、零售及餐飲業）
    - 飲料店業
    - 飲酒店業
    - 餐館業
    - 其他餐飲業
  - 聯合國觀光組織
    - 提供服務的餐廳
    - 速食店與自助餐廳
    - 小吃點心攤、自動販賣機
    - 酒吧和其他飲酒場所
    - 各機關附設的餐廳
    - 俱樂部及戲（劇）院附設的餐飲場所
  - 北美行業分類
    - 特殊餐飲服務
    - 酒精性飲料飲用場所
    - 餐廳與其他用餐場所

一、依「中華民國行業統計分類」 108

我國行政院主計總處參考「聯合國國際行業標準分類（ISIC）」訂定「中華民國行業統計分類」，將餐飲業編屬為「I大類－住宿及餐飲業」，並細分為以下三類：

類別		說明	釋例
餐食業	餐館	1. 從事調理餐食供立即食用之商店 2. 便當、披薩、漢堡等餐食外帶外送店亦歸入本類	鼎泰豐 池上飯包 肯德基
	餐食攤販	從事調理餐食供立即食用之固定或流動攤販	夜市蚵仔煎固定攤販 路邊的鹽酥雞流動攤販
外燴及團膳承包業		1. 從事承包客戶於指定地點辦理運動會、會議及婚宴等類似活動之外燴餐飲服務 2. 專為學校、醫院、工廠、公司企業等團體提供餐飲服務之行業 3. 承包飛機或火車等運輸工具上之餐飲服務	阿勇家餐飲事業 學校營養午餐 台鐵便當餐旅分處 華膳空廚
飲料業	飲料店	1. 從事調理飲料供立即飲用之商店 2. 冰果店亦歸入本類	50嵐 星巴克 一中豐仁冰
	飲料攤販	從事調理飲料供立即飲用之固定或流動攤販	夜市果汁飲品固定攤販 路邊的冷飲流動攤販

二、依「公司行號及有限合夥營業項目代碼表」分類

我國經濟部為了商業登記及行政管理之目的，訂定「公司行號及有限合夥營業項目代碼表」，將餐飲業編屬為「F大類－批發、零售及餐飲業」，其中F5餐飲業又細分為以下四類：

類別	說明
飲料店業 Coffee / Tea Shops and Bars	從事非酒精飲料服務之行業 例如 如茶、咖啡、冷飲、水果等點叫後供應顧客飲用之行業，包括茶藝館、咖啡店、冰果店、冷飲店等
飲酒店業 Public Houses and Beer Halls	從事酒精飲料之餐飲服務，但無提供陪酒員之行業 例如 啤酒屋、飲酒店等
餐館業 Restaurants	從事中西各式餐食供應點叫後立即在現場食用之行業 例如 中西式餐館業、日式餐館業、泰國餐廳、越南餐廳、印度餐廳、鐵板燒店、韓國烤肉店、飯館、食堂、小吃店、餐盒等
其他餐飲業 Other Eating and Drinking Places Not Elsewhere Classified	從事上述分類以外之其他餐飲供應之行業 例如 伙食包作、辦桌等

三、依「聯合國觀光組織」分類

聯合國觀光組織（UN Tourism）將觀光相關服務產業分類，作為統計之參考依據，其中餐飲業分為以下六類：

類別	說明
提供服務的餐廳	設有席位，對大眾服務的各式餐廳（無論其是否專售酒類飲品或提供娛樂節目，均屬之），如完全服務餐廳
速食店與自助餐廳	僅提供櫃檯服務而不提供餐桌服務的速食店，及採自助式服務的自助餐廳
小吃點心攤 自動販賣機	以大眾為銷售對象的小吃點心攤或自動販賣機
酒吧和其他飲酒場所	專售酒類飲品或兼賣餐點的酒吧／其他飲酒場所（無論其是否提供娛樂節目，均屬之）
各機關附設的餐廳	提供各機關（如：學校、軍營）內之成員飲食的餐廳
俱樂部及戲（劇）院附設的餐飲場所	提供餐點、飲料，並提供娛樂節目的場所（無論其是否以餐飲為主要收入，均屬之），如夜總會、戲（劇）院

四、依「北美行業分類」

北美行業分類（NAICS）將餐飲業編屬為「住宿及餐飲服務業」，並細分為以下三類：

類別	項目
特殊餐飲服務 Special Food Services	餐飲承包服務（Food Service Contractors）
	外燴服務（Caterers）
	流動式餐飲服務（Mobile Food Services）
酒精性飲料飲用場所 Drinking Places （Alcoholic Beverages）	酒吧（Bar）
	小酒館（Tavern）
	夜總會（Night Club）
餐廳與其他用餐場所 Restaurants and Other Eating Places	完全服務型餐廳（Full-Service Restaurants）
	有限服務型餐廳（Limited-Service Restaurants）
	速簡餐廳（Cafeterias）
	碳烤自助餐廳（Grill Buffets）
	自助餐廳（Buffets）
	小吃和非酒精性飲料酒吧 （Snack and Nonalcoholic Beverage Bars）

實力加強 5.1

( ) 1. 根據行政院主計總處頒布的「中華民國行業統計分類」判斷，台鐵便當餐旅分處供應旅客便當，屬於下列何類？
(A)餐館業　(B)外燴及團膳承包業　(C)飲料業　(D)餐食攤販業。

( ) 2. 下列何者非行政院主計總處行業統計分類「I大類－住宿及餐飲業」中，餐飲業的分類？
(A)餐食業　(B)外燴及團膳承包業　(C)飲料業　(D)宴會餐飲業。

( ) 3. 依經濟部「公司行號及有限合夥營業項目代碼表」判斷，若開設冰果室，公司應登記在F5餐飲業的哪一類？
(A)飲料店業　(B)飲酒店業　(C)餐館業　(D)其他餐飲業。

( ) 4. 依據「聯合國觀光組織」分類，軍營設置的餐廳是屬於下列哪一項？
(A)酒吧　　　　　　　　　　　(B)小吃點心攤
(C)俱樂部附設的餐飲場所　　　(D)各機關附設的餐廳。

5.2 餐廳的種類

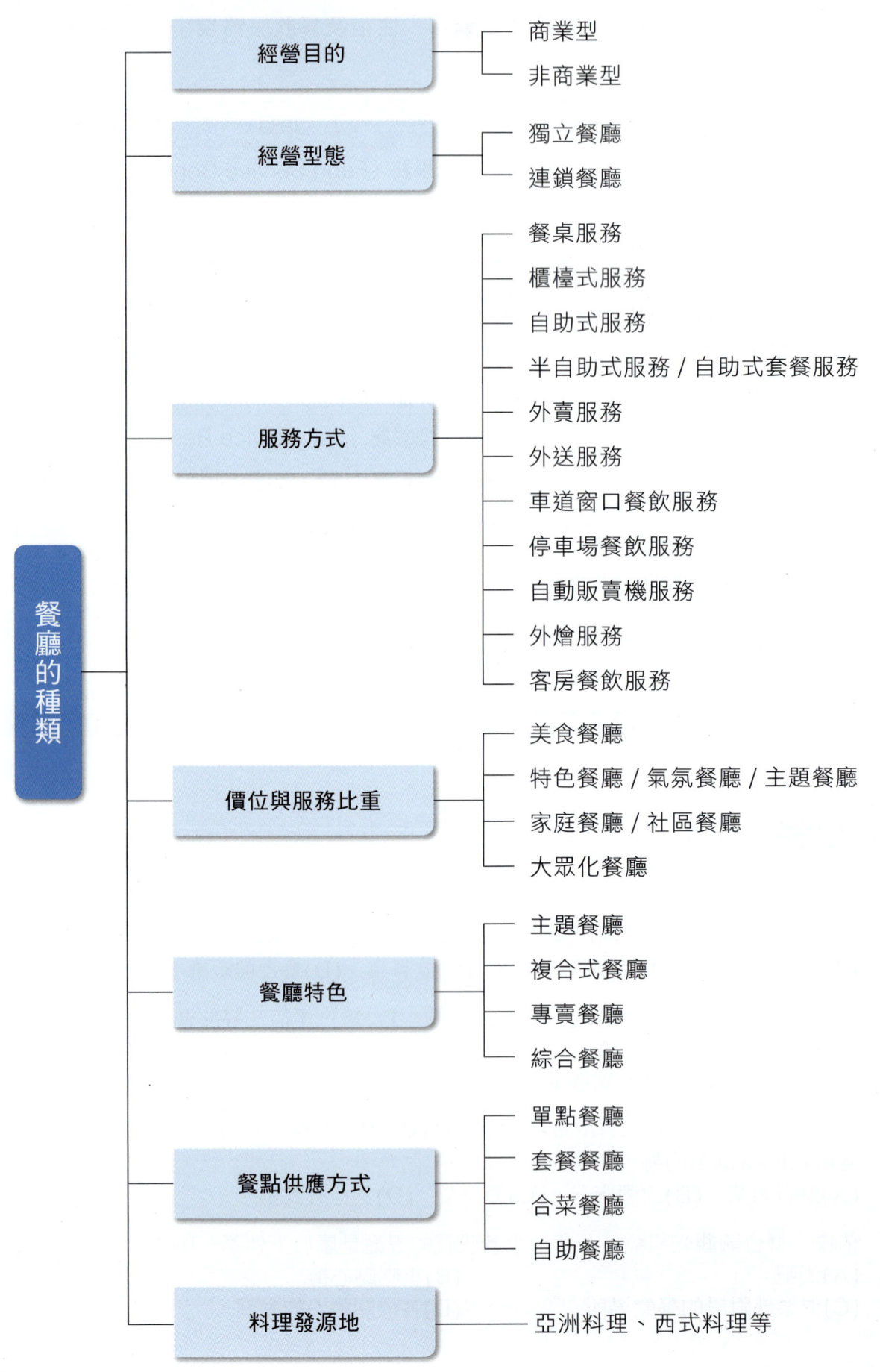

- 餐廳的種類
  - 經營目的
    - 商業型
    - 非商業型
  - 經營型態
    - 獨立餐廳
    - 連鎖餐廳
  - 服務方式
    - 餐桌服務
    - 櫃檯式服務
    - 自助式服務
    - 半自助式服務／自助式套餐服務
    - 外賣服務
    - 外送服務
    - 車道窗口餐飲服務
    - 停車場餐飲服務
    - 自動販賣機服務
    - 外燴服務
    - 客房餐飲服務
  - 價位與服務比重
    - 美食餐廳
    - 特色餐廳／氣氛餐廳／主題餐廳
    - 家庭餐廳／社區餐廳
    - 大眾化餐廳
  - 餐廳特色
    - 主題餐廳
    - 複合式餐廳
    - 專賣餐廳
    - 綜合餐廳
  - 餐點供應方式
    - 單點餐廳
    - 套餐餐廳
    - 合菜餐廳
    - 自助餐廳
  - 料理發源地
    - 亞洲料理、西式料理等

一、依「經營目的」分類

1. **商業型（Commercial）**：以營利為目的，服務對象分為**一般市場**與**特定市場**；「一般市場」客源大眾化，多數餐飲業屬之；「特定市場」客源限定某階層或在某特定區域活動，以下分別說明。

一般市場	一般餐廳	重視服務品質，提供多元選擇的餐廳，如： 美食餐廳（Gourmet Restaurant）、 特色餐廳（Specialty Restaurant）、 家庭餐廳（Family Restaurant）
	速食及外賣店	提供選擇有限的菜單，強調快速服務、平價的速食餐廳（Fast-food Restaurant），通常以標準化製作流程生產，採連鎖方式經營
	旅館附設餐廳	旅館內的餐飲部門，包括各式風味餐廳、酒吧、宴會廳（Ballroom）、烘焙坊等
	酒吧餐飲	以販售酒精性飲料（Alcoholic Beverage）為主，如啤酒、烈酒或調酒（Cocktail），搭配簡易輕食、點心
特定市場	機關附設餐廳	學校、軍隊、監獄、醫院或慈善機構等機關單位的供餐部門，或企業單位所附設的員工餐廳（不以營利為目的）
	運輸業餐飲	例如提供航空器內餐飲之空廚業（Catering Service），主要供應國際航線之餐飲及相關用品，其餐食統一由中央廚房製備，我國交通部核准設立的空廚業有華膳、長榮、復興及高雄等
	俱樂部餐飲	為會員或特定階層人士提供各項餐飲及休閒娛樂服務的俱樂部餐廳（Club Member Restaurant），如高爾夫球場餐廳通常只提供會員及其親友用餐

2. **非商業型（Non-commercial）**：服務目的大於營利目的；服務對象為特定機關或團體，屬於**團體膳食**（Feeding），分為以下兩種。

機關團體餐飲 Institutional Foodservice	(1) 學校餐廳（School Feeding） (2) 醫院餐廳（Hospital Feeding） (3) 軍營餐廳（Military Feeding） (4) 監獄餐廳（Jail Feeding）
員工餐飲 Business and Industry Foodservice	(1) 公司員工餐廳（Industry Feeding） (2) 工廠員工餐廳（Feeding-in-plant）

二、依「經營型態」分類　104　105　106　107　109　110　112

1. **獨立餐廳（Independent Restaurants）**
   (1) 意涵：**僅此一家**，**別無分號**；堅持品質、有特色是生存之道。
   　例如　台北RAW餐廳、台中好食慢慢餐廳。
   (2) 種類：依「資金組成」不同，分為獨資及合夥兩類：

獨資	經營權獨立，可追求自我實現，利潤獨享，但經營風險較大
合夥	由二人以上共同出資、共同經營、共同負擔盈虧，經營風險較小

   (3) 優點：投資資本額自定，投資風險小且易掌握。
   (4) 缺點：多為家族式經營，不易塑造品牌形象。資金與管理專業較不足，行銷預算與營運規模較小。

2. **連鎖餐廳（Restaurant Chains）**
   (1) 意涵：擁有**兩家以上**，具相同店招、產品與服務方式的餐廳。
   　例如　麥當勞、瓦城、藏壽司。
   (2) 種類：依「連鎖方式」不同，分為直營連鎖及加盟連鎖兩類：

直營連鎖 Regular Chain	• 總部出資設立銷售點，掌握決策權、經營權、管理權、人事權 • 子公司負責銷售與執行商品服務，完全接受總部決策 • 所需的資金相當龐大，經營風險相對提高
加盟連鎖 Franchising	• 倚賴總部的企業形象，進行商品銷售或提供服務 • 加盟店與總部以簽訂契約方式規範彼此權責 • 加盟店可取得總部在經營管理策略、商標設計、商品生產、店面設計裝潢等技術（Know How）的授權 • 加盟店需支付加盟金、保證金、權利金給總部 • 加盟連鎖可分為委託加盟、特許加盟、自願加盟

   連鎖餐廳大多數採直營和加盟並行，如：85度C、必勝客、50嵐、茶湯會、我家牛排等；僅少數採全部直營連鎖，如：星巴克咖啡、王品集團餐廳、春水堂等。

知識快遞

加盟金、保證金、權利金

加盟金	加盟者為了加入加盟體系而支付給總部的費用，加盟關係結束後總部無須退還給加盟者
保證金	總部為了確保加盟者履行合約之義務，會要求加盟者繳交特定數額的價金作為保證金、或以不動產抵押保證；加盟關係結束後總部會歸還加盟者
權利金	又稱定期服務費，加盟者在加盟期間需定期支付以做為總部提供服務之報酬，加盟關係結束後總部無須退還給加盟者

(3) 連鎖經營的3S原則：

```
連鎖經營         ├─ 簡單化 Simplification    將作業內容與程序化繁為簡
3S原則           ├─ 專業化 Specialization    工作職責專業化
                 └─ 標準化 Standardization   作業標準化、企業形象標準化
```

(4) 優點：

- 由總部**統一採購**與**廣告行銷**，議價空間較大，可降低各連鎖店的成本與費用。
- 由總部**統一教育訓練**，提升服務品質。
- 標準化的生產與服務流程，可有效管理餐飲品質。
- 塑造品牌企業形象，提高知名度，行銷效益佳。
- 總部品牌名氣越大，消費市場信任度越高，融資貸款較易。
- 對於初次創業者，可降低經營風險（易**複製成功經驗**，開設分店）。
- 部份連鎖餐廳設置中央廚房統一生產產品，以維持產品品質。

(5) 缺點：

- 決策權、經營權無法自主。
- 加盟相關費用高，經營成本負擔大，不保證獲利。
- 單店的經營危機或新聞事件，影響整體的企業形象。
- 須採用連鎖企業的CIS，分店不易有獨特風格。

知識快遞

企業識別系統（CIS）

連鎖餐廳通常會採用相同的**企業識別系統／企業形象設計**（**C**orporate **I**dentification **S**ystem, CIS），將企業經營理念或文化藉由系統化媒介（如：商標、符號、圖案、標語）傳遞給企業內部與社會大眾，來塑造企業形象，以提高消費者對企業的認同感。

觀光餐旅業導論 滿分總複習

知識快遞

★ 不同連鎖方式的比較

連鎖種類 比較項目	直營連鎖	加盟連鎖		
		委託加盟	特許加盟	自願加盟
出資設店者& 店面所有權歸屬	總部	總部	加盟者	加盟者
決策管理權歸屬	總部	總部	總部	加盟者
店面經營者	總部	加盟者	加盟者	加盟者
利潤分配	總部100%	總部較多	加盟者較多	加盟者100%
經營成本	總部負擔	總部負擔較多	加盟者負擔較多	加盟者負擔
物料、產品 供應來源	總部	總部	總部	可彈性選擇是否 接受總部提供
教育訓練	總部提供	總部提供	總部提供	

三、依「服務方式」分類 註 102 104 105 107 108 109 110 111 113

種類		說明
★ 餐桌服務 Table Service	意涵	1. 從顧客光臨到用餐結束期間，服務人員提供一連串服務，屬於**完全服務型餐廳**（Full-service Restaurant） 2. 此種服務為**最複雜的餐飲服務方式**，人事成本最高 3. 服務流程：帶位→點餐→送餐→付款結帳 4. 通常須另收10%的**服務費**
	釋例	西堤牛排、大戶屋、義式屋古拉爵
	特色	1. 講究高雅的用餐氣氛、舒適的餐飲環境 2. 注重服務品質，講究服務流程與技巧

註：餐飲業者可根據經營的實際需求，選用一種或數種服務方式來服務客人。

CH5 餐飲業的類別與餐廳種類

種類		說明
櫃檯式服務 Counter Service	意涵	菜單通常置於牆面或櫃檯桌面，供顧客點餐，其服務方式有兩種： • 櫃檯取餐：顧客點餐、結帳及取餐後，自行尋找座位用餐 • 櫃檯前用餐：顧客坐於櫃檯前設置的座位，點餐及用餐
	釋例	麥當勞、摩斯漢堡、丹堤、夏慕尼新香榭鐵板燒
	特色	1. 講求快速服務 2. 服務比重較低，人事成本低
自助式服務 Self-service	意涵	創始於美國[註1]；餐廳將餐食、飲料及餐具置於餐檯，由顧客自行前往餐檯並持盤夾取，再端回座位享用，可節省服務人力。依「計價方式」分為兩類： • Cafeteria Service：依菜色及份量來計價 • Buffet Service：依人頭計價，一價吃到飽（All You Can Eat）
	釋例	欣葉日本料理、饗食天堂、明德素食園
	特色	1. 滿足消費者喜愛自由、多樣選擇的用餐方式 2. 縮短顧客等候菜餚烹煮的時間 3. 短時間內，同時供應大量顧客用餐
半自助式服務／ 自助式套餐服務 Semi-buffet Service	意涵	提供顧客主菜菜單點餐，由服務人員送上主菜，其餘餐點（如：湯品、沙拉、甜點、飲料）由顧客自行取用
	釋例	貴族世家牛排、我家牛排
	特色	介於餐桌服務與自助式服務間的服務方式
外賣服務 Take-out Service / Take-away Service	意涵	顧客以電話、網路或到店等方式點購餐點，再自行帶走享用（外帶）；常見於速食業、便當業、飲料店業
	釋例	必勝客披薩、達美樂披薩、快餐店、50嵐
	特色	1. 現場用餐座位少，店面坪數不大，經營成本較低 2. 產品式樣簡單，烹調後品質變化小 3. 人力需求較低
外送服務[註2] Delivery Service	意涵	顧客以電話或網路等方式訂購，餐廳依約定時間送達指定地點
	釋例	達美樂披薩、麥當勞（歡樂送）
	特色	1. 與外賣服務的特色相似 2. 需有較多服務車輛與外送人員配置，經營成本提高

註1：Buffet的起源，可以追溯到8～10世紀左右，北歐海盜慶功宴的供餐方式；而時下流行的Buffet Service自助式服務的餐廳則創始於美國。

註2：現今還有餐廳將外送服務交由Uber Eats等外送平台負責。

more...

5-11

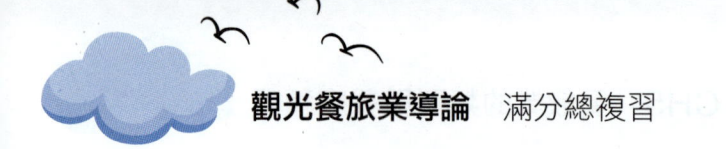

種類		說明
車道窗口餐飲服務 Drive-through Service	意涵	1. 汽車駕駛不用下車，即可從點餐車道的窗口向服務人員點購餐點，常見於速食餐廳 2. 服務流程：點餐→付款結帳→取餐
	釋例	麥當勞的「得來速」服務、肯德基的「點餐車道」服務
	特色	1. 方便開車的顧客，免下車即可點購餐點 2. 菜單項目較簡單，餐點可事先準備，並易於攜帶打包
停車場餐飲服務 Drive-in Service	意涵	餐廳設有停車場供顧客將車輛駛入且不需下車，服務人員便會上前服務點餐並送餐，顧客可在車上用餐或將點帶走
	釋例	美國Sonic Drvie-in餐廳、北美戶外電影院
	特色	1. 結合電影院與大型停車場的休閒娛樂場所 2. 以座車為用餐環，服務人員點餐、送餐的免下車餐飲服務
自動販賣機服務 Vending Machine Service	意涵	藉由機器販賣簡單餐食與飲料，以零食點心、冷熱飲品居多
	釋例	學校、車站、游泳池、籃球場或大型公園內的自動販賣機
	特色	1. 以快速方便為主要訴求，餐食的美味其次 2. 無須雇用現場服務人員，可節省人事成本
外燴服務 Catering Service	意涵	又稱辦桌；依據顧客開列的菜單，將食材、器具及設備搬運至顧客指定的地點，並在現場製備菜餚與供餐
	釋例	餐廳兼營外燴服務、辦桌餐飲團隊
	特色	1. 餐飲服務內容因應不同顧客的需求做變化 2. 顧客可選擇在餐廳以外的場所用餐 3. 與一般餐廳相比，可節省店面裝潢、租金、水電費等開銷
客房餐飲服務 Room Service	意涵	服務人員將餐食送至顧客的房間（如：旅館客房、醫院病房），供其享用
	釋例	旅館的客房餐飲服務
	特色	1. 人力需求高 2. 滿足顧客便利與隱私的需求 3. 旅館的客房餐飲服務，以供應早餐及宵夜為主，收費較高

概念澄清湖

外賣 vs. 外送

服務方式	外賣服務 Take-out Service	外送服務 Delivery Service
營業空間	大多不提供現場用餐	通常不提供或僅提供有限的用餐座位
取餐方式	顧客自行至餐飲店取餐	由餐飲店將餐點送至顧客指定的地點

知識快遞

各式餐桌服務 109 111

服務方式	特色說明
旁桌服務／邊桌服務 Guéridon Service / Side Table Service	• 由專業服務員在客人桌旁烹調、調理、切割或加熱菜餚 • 需要較大的用餐空間及桌邊服務設備 • 展示食材與服務技巧，增進用餐趣味 • 服務人員於現場服勤時，所需使用的器具較多
英式服務 English Service	• 歐洲宴會最常用的服務方式 • 將食物裝在銀盤上展示，再由服務員夾取到客人餐盤中 • 服務員須具有熟練的服務技巧
法式服務 French Service	• 適合小型宴會，一般營利餐廳少用 • 食物裝在銀盤上由服務生送到客人面前，客人依需求夾取
俄式服務 Russian Service	• 將食物裝銀盤上展示，再由服務員切割，分裝於客人餐盤 • 著重切割與裝盤服務技巧
美式服務 American Service	• 食物按個人份量裝盤，由服務員直接持餐盤為客人上菜 • 服務技巧簡單，快速
中餐服務 Chinese Service	• 常見於中式宴會 • 服務員將菜餚端送到餐桌轉檯，顧客自行取用

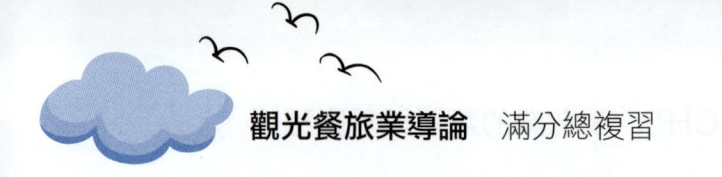

四、依「價位與服務比重」分類 102 103 106 112

高 ↑ 價位、服務比重 ↓ 低

種類		說明
美食餐廳 Gourmet Restaurant/ Luxury Restaurant	意涵	1. 餐點價格較貴,通常採餐桌服務,大多數米其林星級餐廳屬於此類 2. 一般為較正式的高級餐廳(Fine Dining Rooms) 3. 強調用餐氣氛與服務品質 4. 供應傳統精緻美食菜餚為主 5. 老顧客比例高
	釋例	台北亞都麗緻飯店的「巴黎廳1930」、頤宮
特色餐廳/氣氛餐廳/ 主題餐廳 Specialty Restaurant / Atmosphere Restaurant / Theme Restaurant	意涵	1. 餐點價格多為中高價位;通常採餐桌服務 2. 通常為講究個性裝潢或主題特色的餐廳 3. 重視服務品質,較美食餐廳平易近人 4. 供應符合餐廳特色的菜餚為主
	釋例	聖托里尼地中海式風情餐廳 T.G.I. Friday's
家庭餐廳/社區餐廳 Family Restaurant / Community Restaurant	意涵	1. 餐點價格平實;通常採餐桌服務或櫃檯服務 2. 顧客會有「有如在家用餐」的溫馨感受 3. 菜單常推陳出新,供應多樣的家常菜,老少咸宜
	釋例	貴族世家牛排、樂雅樂餐廳
大眾化餐廳 Limited-service Restaurant	意涵	1. 餐點價格多為中低或低價位;通常採櫃檯服務或速簡自助服務(Cafeteria Service) 2. 提供有限服務及簡單餐點 3. 此種餐廳較容易進行標準化與連鎖化之經營管理
	釋例	麥當勞、麥味登早餐店

知識快遞

填飽站(Filling Station)

由美國加油站所衍生出來的餐飲服務;通常只提供簡單菜式,講求快速服務,以便用餐時間有限的顧客迅速解決「食」的問題。

五、依「餐廳特色」分類

種類		說明
主題餐廳 Theme Restaurant	意涵	利用裝潢設計、傢俱設備、餐點飲料，以及服務人員的穿著打扮，創造出鮮明獨特風格的餐廳
	釋例	T.G.I. Friday's
複合式餐廳 Combination Restaurant	意涵	除了供應餐點外，也提供異業之商品與服務（如：書籍閱讀），能同時滿足消費者兩種以上需求的餐廳
	釋例	蜂蜜窩桌遊咖啡館
專賣餐廳 Specialty Restaurant	意涵	專售特定餐點，並對該項餐點具有專業的烹調技術或擁有獨家配方的餐廳
	釋例	高雄幕府壽司、The Pasta Bar義大利麵的達人
綜合餐廳 Synthesis Restaurant	意涵	供應大眾化口味之菜餚，且菜餚種類眾多的餐廳
	釋例	蘇杭小館、快炒餐廳

六、依「餐點供應方式」分類 103

種類		說明
單點餐廳 À La Carte Restaurant	意涵	將供應的餐點品項分列於菜單上，每道菜餚皆有單價，顧客可依其喜好點選菜餚的餐廳
	釋例	鬍鬚張魯肉飯、這一鍋、點點心
套餐餐廳 Table d'Hôte Restaurant	意涵	將不同的餐點組合成個人的套餐菜單，並以固定價格銷售，且有固定上菜順序的餐廳
	釋例	王品牛排、隨意鳥地方餐廳
合菜餐廳 Round Table Dinner Restaurant	意涵	依用餐人數將餐點搭配組合成團體套餐（如十菜一湯），並以固定價格銷售，每道菜餚皆以大盤盛裝置於顧客桌面，由顧客自行夾取的餐廳
	釋例	新天地海鮮餐廳、客家本色餐廳
自助餐廳 Self-service Restaurant	意涵	不提供菜單供顧客點餐，而是將菜餚置於餐檯上，讓顧客自行持盤取用的餐廳
	釋例	欣葉日本料理，豪美味中式自助餐

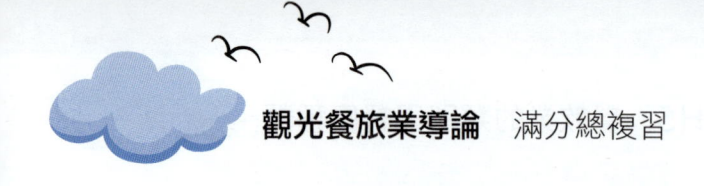

七、依「料理發源地」分類

1. 中式料理 〔103〕〔104〕〔105〕〔106〕〔107〕〔108〕〔111〕〔112〕〔113〕

魯菜、川菜、湘菜、蘇菜、浙菜、皖菜、閩菜、粵菜合稱八大菜系，及北平菜、上海菜、台菜等。經時代變遷與融合，菜系界線漸模糊，以下分別說明。

種類	餐飲特色	代表菜
魯菜／山東菜	• 由濟南、膠東菜餚組成 • 善用海鮮、動物內臟、蔥蒜 • 擅長爆、炒、扒、鍋塌、拔絲 • 口味講究濃、鮮、香	湯爆雙脆、奶湯鯽魚、燒海螺、蔥燒海參、九轉肥腸、扒鮑魚、鍋塌豆腐、拔絲芋頭、醬爆雞丁
川菜／四川菜	• 由成都、重慶菜餚組成 • 天府之國，物產豐富食材多 • 講究三椒（辣椒、胡椒、花椒）、三香（蔥、薑、蒜）、豆瓣醬 • 擅長煎、炒、乾煸、乾燒 • 複合式多層次的調味特色，如：家常、魚香、怪味、麻辣	蒜泥白肉、宮保雞丁、怪味雞、夫妻肺片、麻辣火鍋、回鍋肉、乾燒明蝦、豆瓣鯉魚、樟茶鴨、魚香茄子、魚香肉絲、乾煸四季豆、家常豆腐、紅油抄手註、麻婆豆腐
湘菜／湖南菜	• 由長沙、衡陽、常德、湘西山區菜餚組成 • 以新鮮辣椒、燻臘肉品、醃菜為主 • 擅長醃、燻、蒸、煨、煎、燉、溜 • 口味注重香鮮、酸辣、軟嫩	左宗棠雞、東安子雞、竹節鴿盅、烤素方、畏公豆腐、臘味合蒸、富貴火腿、蒜苗臘肉、豆豉蒸魚、剁椒魚頭
蘇菜／江蘇菜（二者常合稱「江浙菜」）	• 由揚州、蘇州、南京、鎮江菜餚組成 • 善用河鮮、水產及季節蔬菜 • 擅長燉、煨、燒、燜 • 注重色香味型，口味鹹中帶甜 • 素有「春有刀鱭，夏有鰣，秋有肥鴨，冬有蔬」美譽	無錫排骨、水晶肴肉、叫化雞、紅燒下巴、松鼠黃魚、貴妃雞、揚州炒飯、蘇式脆鱔、八寶飯、竹筍醃篤鮮、蟹粉獅子頭
浙菜／浙江菜	• 由杭州、寧波、紹興菜餚組成 • 善用河鮮水產，田螺、鱔魚都入菜 • 擅長炒、燴、溜、燒 • 刀工精細，菜色多變	紹興醉雞、龍井蝦仁、東坡肉、蜜汁火腿、紅燒划水、炸響鈴、寧波年糕、荷葉粉蒸肉、宋嫂魚羹、西湖醋魚、寧式鱔糊

註：四川的抄手意同北京、上海的餛飩，廣東的雲吞，台灣的扁食或扁肉。

種類	餐飲特色	代表菜
皖菜 / 安徽菜	- 由徽州、沿江、沿淮菜餚組成 - 各種山產、野菜、河鮮為主 - 擅長燒、燉、蒸，少爆炒 - 重火侯、重油、重色，色深味濃	火腿燉甲魚、李鴻章雜燴、雪冬燒山雞、毛峰燻鰣魚、紅燒果子狸、櫻橘蛤士膜、虎皮毛豆腐、問政山筍
閩菜 / 福建菜	- 由福州、泉州、廈門菜餚組成 - 海鮮料理為主 - 擅長溜、燉、炒、蒸、煨 - 刀工見長、湯菜多 - 特色調味料如：紅糟、蝦油、沙茶等	花卷魷魚、菊花鱸魚、佛跳牆、福州魚丸、龍鬚燕丸、荔枝肉、紅心芋泥、酒糟雞、燕皮餃、紅糟鰻、八寶蟳飯
粵菜 / 廣東菜	- 由廣州、潮州、東江（客家菜）地方菜餚組成 - 用料廣泛，飛禽走獸皆入菜，匯集中西各地飲食精華 - 擅長蒸、煎、炸、焗，炒功展「鑊氣」 - 講究五滋六味，成品色彩豐富美觀 - 特色調味料如：蠔油、XO醬、柱侯醬、生抽、老抽、魚露	滑蛋蝦仁、鳳梨蝦球、咕咾肉、糖心鮑魚、京都排骨、燒乳鴿、廣東炒麵、飲茶點心、叉燒肉、東江鹽焗雞、鹽焗中蝦、魚翅、奶油焗白菜、三蛇龍虎鳳會
京菜 / 北平菜	- 由宮廷菜、清真菜、山東菜組成 - 集各地風味之大全，奇珍美味匯聚 - 擅長爆、烤、涮、炒、扒、拔絲 - 講究色、形、味及營養，以清淡、軟嫩的口感見長	京醬肉絲、北平烤鴨、涮羊肉、合菜戴帽、蔥爆牛肉、玉窩窩、驢打滾、酸菜白肉鍋
滬菜 / 上海菜	- 由本幫菜（傳統）、外幫菜（移民）組成，屬於江浙菜系 - 用料講究新鮮，強調鮮香滑口，所謂食不厭精、膾不厭細 - 擅長紅燒、蒸、煨、炒 - 口味偏重（濃油赤醬、糖重色豐、湯滷醇厚）	八寶辣醬、水晶蝦仁、蟹殼黃、雪菜百頁、薺菜豆腐羹、上海菜飯、蝦子大烏參、酒釀湯圓、小籠湯包
台菜	- 由閩南菜、客家菜組成 - 海鮮為主，水果、醬菜都入菜，藥膳食補、地方小吃多 - 擅長炒、燒、蒸、炸 - 調味特色：三杯（醬油、米酒、麻油）、九層塔、油蔥、豆豉、麻油、薑	梅干扣肉、藥膳排骨、爌肉飯、麻油腰花、客家小炒、麻油雞、紅蟳米糕、鹽酥雞、白菜滷、三杯雞、蚵仔煎、菜脯蛋、魷魚螺肉蒜、當歸鴨

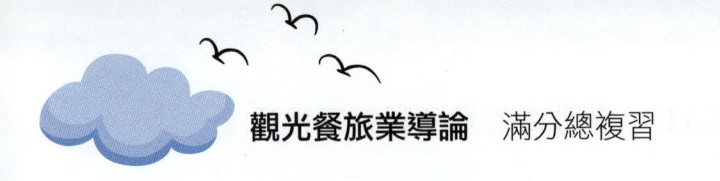

2. 亞洲料理 註 108

種類	餐飲特色	著名代表菜
日式餐廳	• 日本料理可分為 本膳料理、會席料理、懷石料理、精進料理 • 善用當令食材、海鮮生食、高湯為其特色	壽司、刺身（生魚片）、天婦羅、壽喜燒、關東煮、蕎麥麵、丼飯、拉麵
韓式餐廳	• 以米食為主，配菜豐富，少油多辣 • 大量使用發酵食品，如泡菜、醬油、大醬、辣椒醬等	韓式烤肉、人參雞湯、石鍋拌飯、辣炒年糕、泡菜（kimchi）、煎餅
泰式餐廳	• 依地理位置分為北部、中部、南部及東北四大料理 • 善用椰奶、香茅、青檸（萊姆）、九層塔、辣椒等香料入菜，酸辣是主要口感	泰式咖哩、青木瓜沙拉、打拋肉、冬陰功（檸檬蝦湯）、蝦醬蔬菜、帕泰（炒河粉）

註：肉骨茶為星馬最著名的代表菜之一。

3. 西式料理 104 107 108 110

種類		餐飲特色
法式餐廳	餐飲特色	• 西餐的代名詞，重視飲食文化 • 善用新鮮季節性食材，將菜餚藝術化 • 常搭配乳酪、紅酒、白酒、香檳 • 松露、鵝肝醬、魚子醬為三大珍饈
	著名代表菜	法式鹹派（Quiche Lorraine）、馬賽海鮮湯（Seafood Bouillabaisse）、紅酒燉雞（Coq au Vin）、法式洋蔥湯（French Onion Soup）、馬卡龍（Macaron）
義式餐廳	餐飲特色	• 北義口味濃郁，多肉類、奶油、乾酪，米飯為主 • 南義多用橄欖油、海鮮、蕃茄、羅勒、蒜頭等，麵食為主 • 常用紅、白酒佐餐 • 義大利麵、披薩、冰淇淋、甜點風行
	著名代表菜	提拉米蘇（Tiramisu）、帕瑪火腿（Parma Ham）、米蘭燉飯（Milano Risotto）、義大利麵(Pasta)、瑪格利特披薩（Pizza Margherita）、蜜瓜火腿（Salami & melon / Parma ham & melon / Prosciutto & melon）

CH5 餐飲業的類別與餐廳種類

種類		餐飲特色
德式餐廳[註]	餐飲特色	• 以馬鈴薯、肉類、麵包為主 • 喜歡大塊吃肉、大口喝酒 • 火腿、香腸、啤酒多
	著名代表菜	德國香腸（Wurst）、烤豬腳（Schweinshaxe）佐酸菜、馬鈴薯麵疙瘩
英式餐廳	餐飲特色	• 海鮮、肉類以烤、炸或煮 • 狩獵季有野味料理 • 維多利亞下午茶點心盤是一大特色
	著名代表菜	炸魚薯條（Fish & Chips）、牧羊人派（Shepherd's Pie）、司康（Scones）、約克夏布丁（Yorkshire Pudding）
俄式餐廳	餐飲特色	• 受法國飲食文化影響大 • 以麵包、肉類、馬鈴薯為主食 • 酸奶、魚子醬、烈酒入菜增添風味
	著名代表菜	羅宋湯（Borscht）、魚子醬
西班牙餐廳	餐飲特色	• 物產豐富，飲食文化多元，盛行地中海飲食 • 橄欖油、紅酒、雪莉酒、伊比利火腿的重要產地 • 分子料理發源地
	著名代表菜	西班牙海鮮飯（Paella）、西班牙冷湯（Gazpacho）、伊比利火腿（Jamón Ibérico）、西班牙小菜（Tapas）
美式餐廳	餐飲特色	• 講求方便快速、食物份量大 • 結合運動賽事與娛樂活動，強調歡樂的用餐氣氛 • 汽水、調酒、威士忌等與餐食搭配
	著名代表菜	烤豬肋排（Pork Ribs）、巧達湯（Chowder）、漢堡（Hamburger）、牛排（Steak）、炸雞（Fried Chicken）、熱狗（Hot Dog）
墨西哥餐廳	餐飲特色	• 以辣椒、玉米聞名 • 喜歡酸、辣口感 • 玉米、馬鈴薯、豆子為主食
	著名代表菜	玉米捲餅（Taco）加墨西哥肉醬、玉米脆片（Nachos）加莎莎醬、洋蔥黑胡椒牛肉、豆子湯

註：瑞士與法國、義大利、德國三國為鄰，飲食文化受之影響，最有名的美食是起司火鍋（Cheese Fondue）。

5-19

實力加強 5.2

( )1. 「All you can eat!」是屬於下列哪一種服務方式？
(A)Buffet Service
(B)Table Service
(C)Drive-in Service
(D)Take-out Service。

( )2. 在餐飲業的經營型態中，消費者需定期繳交一筆費用，才有資格享用餐廳各項餐飲及休閒娛樂等服務，是為下列何種類型的餐廳？
(A)Highway Restaurant
(B)Club Member Restaurant
(C)Cafeteria Restaurant
(D)Fast-food Restaurant。

( )3. 擅長用拔絲烹飪法是下列那一個地區菜餚的特色？
(A)湖南　(B)廣東　(C)福建　(D)北平。

( )4. 關於各菜系著名菜色，下列何者錯誤？
(A)山東菜著名菜色包含拔絲芋頭、九轉肥腸
(B)福建菜著名菜色包含東江鹽焗雞、京都排骨
(C)北平菜著名菜色包含酸菜白肉鍋、京醬肉絲
(D)浙江菜著名菜色包含紹興醉雞、寧波年糕。

( )5. 下列何者非台菜餐廳常見的料理？
(A)麻油腰花　(B)三杯雞　(C)京都排骨　(D)紅蟳米糕。

5.1 餐飲業的類別

( )1. 根據行政院主計總處頒布的「中華民國行業統計分類」，下列餐飲業者與類別配對何者正確？
(A)珍煮丹：餐館業
(B)正忠排骨飯：外燴及團膳承包業
(C)品田牧場：飲料業
(D)士林夜市的阿亮麵線：餐食攤販業。

( )2. Google公司在美國總部園區設有不同主題的員工餐廳供應各國菜餚，請問上述餐廳是屬於「聯合國觀光組織UN Tourism」對餐飲業分類中的哪一類？
(A)酒吧　　　　　　　　　　(B)小吃點心攤
(C)各機關附設的餐廳　　　　(D)俱樂部附設的餐飲場所。

( )3. 依經濟部商業發展署最新頒訂之公司行號及有限合夥營業項目代碼表，下列何者不歸屬於餐飲類？　(A)便利商店　(B)茶藝館　(C)泡沫紅茶店　(D)麵店。

( )4. 台灣的辦桌或流水席，在行政院主計總處所頒訂的「中華民國行業統計分類」中，是屬於餐飲業的哪一類？
(A)餐館業　(B)其他餐飲業　(C)飲料店業　(D)速食餐飲業。

( )5. 根據北美行業分類（NAICS），下列何者不歸屬於特殊餐飲服務？
(A)餐飲承包服務（Food Services）
(B)外燴服務（Caterers）
(C)流動式餐飲服務（Mobile Food Services Caterers）
(D)夜總會（Night Clubs）。

5.2 餐廳的種類

( )6. 由客人自行取食或由服務人員為客人依其所需取菜之計價方式，是下列哪一種餐廳型態？
(A)Buffet Restaurants　　　　(B)Cafeteria Restaurants
(C)Fast Food Restaurants　　(D)Specialty Restaurants。

( )7. 下列哪一家餐廳是屬於 "Limited-service Restaurant"？
(A)T.G.I. Friday's　(B)王品牛排　(C)肯德基　(D)亞都飯店巴黎廳。

( )8. 「Coffee House」餐廳為慶祝第10家分店設立，推出全國「Coffee House」餐廳用餐滿千送百的活動；請根據上述判斷，「Coffee House」餐廳最可能是下列哪一種經營型態的餐廳？
(A)獨立餐廳　(B)複合式餐廳　(C)連鎖餐廳　(D)合夥餐廳。

(　)9. 「連鎖經營」（Chain Operation）是一種因應時代趨勢及消費習性變遷而發展出來的熱門通路結構型態，下列何者不是經營連鎖餐廳的優點？
(A)採購集中而且量大，議價空間較大
(B)即使有一間分公司面臨危機，對整個企業形象也無傷大雅
(C)連鎖餐廳可集中資源，共同推動行銷活動
(D)母公司的名氣愈大，資金愈容易爭取。

(　)10. Hospital Feeding是屬於一種
(A)主題餐廳　(B)法式餐廳　(C)自助餐廳　(D)團膳餐廳。

(　)11. 下列何者所提供的服務，屬於高顧客接觸程度及高客製化服務？
(A)Fine Dining Restaurant　　(B)Fast Food Restaurant
(C)Military Food Service　　(D)Campus Cafeteria。

(　)12. 餐廳設置營業窗口，特別提供給專用車道的駕駛人點餐用，此種餐飲服務方式英文說法為何？
(A)Drive Service　　(B)Driveway Service
(C)Drive-in Service　　(D)Drive-through Service。

(　)13. 佳美自助餐主要供應便當外送與外帶，有少數座位讓顧客結帳後在現場用餐，請問該餐廳未提供何者餐飲服務方式？
(A)Take-out Service　　(B)Delivery Service
(C)Drive-through Service　　(D)Self-Service。

(　)14. 近來流行的鐵板燒屬於哪一種餐飲服務方式？
(A)Counter Service　　(B)Delivery Service
(C)Table Service　　(D)Catering Service。

(　)15. 下列有關連鎖餐廳之敘述，何者錯誤？
(A)可以大量採購，降低成本
(B)各營業據點可自行開發特色產品銷售
(C)可共同行銷，提升品牌知名度
(D)統一教育訓練，提升服務品質。

(　)16. 下列有關速食餐廳特性的敘述，何者錯誤？
(A)採用標準化份量的菜餚
(B)服務迅速、精簡、有效率
(C)是一般消費大眾可接受的價格
(D)客人需要額外支付服務費。

(　)17. 王品牛排餐廳是屬於何種服務方式？
(A)餐桌服務　(B)櫃檯式服務　(C)自助式服務　(D)外燴服務。

(　)18. 哪一種餐廳所需人力成本最低？
(A)特色餐廳　(B)美食餐廳　(C)家庭餐廳　(D)速食餐廳。

( )19. 部分餐廳會在餐台上備有冷食、沙拉、點心和飲料,由顧客自行取用,在主菜部分則提供顧客選擇性的菜單,這種服務方式是屬於下列何者?
(A)Cafeteria (B)Counter Service
(C)Delivery Service (D)Semi-buffet。

( )20. 常用來做為中式餐廳的分類依據是下列哪一項?
(A)管理型態 (B)價格 (C)服務型式 (D)地方菜系。

( )21. 下列有關中餐各式菜餚與菜系的配對,哪一項正確?
菜餚:甲、佛跳牆 乙、魚香茄子 丙、砂鍋魚頭
菜系:ㄅ、四川菜 ㄆ、江浙菜 ㄇ、福建菜
(A)甲ㄅ、乙ㄆ、丙ㄇ (B)甲ㄆ、乙ㄇ、丙ㄅ
(C)甲ㄅ、乙ㄇ、丙ㄆ (D)甲ㄇ、乙ㄅ、丙ㄆ。

( )22. 中國菜因地域不同而形成各大菜系,下列菜系與所屬菜餚名稱的配對,何者正確?
(A)閩菜－京醬肉絲、拔絲芋頭、涮羊肉
(B)浙菜－紅糟肉、燕丸、芋泥
(C)粵菜－京都排骨、滑蛋蝦仁、叉燒肉
(D)川菜－東坡肉、燒划水、龍井蝦仁。

( )23. 下列關於西式料理與發源地的配對,何者正確?
(A)Taco－西班牙 (B)Fish&Chips－英國
(C)Borscht－法國 (D)Tapas－義大利。

( )24. 百貨公司內美食街的櫃檯式餐飲店,其服務流程,下列何者正確?
(A)點菜→迎客→取餐→結帳 (B)迎客→點菜→結帳→取餐
(C)迎客→取餐→點菜→結帳 (D)迎客→點菜→取餐→結帳。

( )25. 關於Buffet餐廳,下列敘述何者錯誤?
(A)屬於自助式服務
(B)菜式多樣化,客人可依喜好取用
(C)依客人取餐的份量而計價
(D)服務比重較Table Service餐廳低。

情境素養題

( )1. 近來台灣興起「行動餐車」創業模式，成為很多有夢想卻資金有限的年輕人勇敢嘗試的開始。根據行政院主計總處頒布的「中華民國行業統計分類」，行動餐車屬於下列何類？
(A)餐食業　(B)餐館業　(C)餐食攤販業　(D)外燴及團膳承包業。　[5.1]

( )2. 關於中國菜系之敘述，下列何者正確？
(A)北平菜擅長拔絲烹調，偏好甜麵醬，著名的菜色包含：叉燒肉、蜜汁火腿等
(B)湖南菜擅長煨、醃、燒臘、燉、蒸等烹調法，著名的菜色包含：左宗棠雞、東安子雞等
(C)江浙菜口味偏好酸、鹹、辣、油，著名的菜色包含：京醬肉絲、紅燒下巴、富貴火腿等
(D)廣東菜多為油重、味濃、糖重、色鮮，著名的菜色包含：荷葉粉蒸肉、龍井蝦仁、樟茶鴨等。　[5.2][103統測]

( )3. 下列有關加盟連鎖餐廳的敘述，何者錯誤？
(A)委託加盟連鎖餐廳總部擁有店面所有權與決策管理權
(B)特許加盟連鎖餐廳之加盟者擁有店面所有權及決策管理權
(C)委託加盟連鎖為直營連鎖的延伸，總部經營直營店一段時間後，再依契約委託加盟者來經營
(D)自願加盟連鎖餐廳之加盟者擁有店面所有權與決策管理權，但各加盟者之營運方式可以不完全相同。　[5.2][104統測]

( )4. 大明到餐廳用餐，服務生送上菜單，請他點選一種主菜，並說明副菜、沙拉、飲料等為無限自由取用，這種餐廳是屬於哪一種服務類型？
(A)Buffet Service
(B)Cafeteria Service
(C)Full Service
(D)Semi-buffet Service。　[5.2][104統測]

( )5. 依照客人需求開列菜單，將食材與烹調機具設備載到指定地點，進行烹調與供餐服務，此種餐飲服務的方式為下列何者？
(A)Delivery Service
(B)Counter Service
(C)Drive-in Service
(D)Catering Service。　[5.2][107統測]

( )6. 某餐飲服務人員為客人介紹各國特色食材與著名菜色，下列敘述何者錯誤？
(A)法國著名菜色包含Coq au Vin、French Onion Soup
(B)英國著名菜色包含Fish & Chips、Yorkshire Pudding
(C)義大利著名菜色包含Borscht、Parma ham & melon（Prosciutto & melon）
(D)西班牙著名菜色包含Gazpacho、Tapas。　[5.2][108統測]

( )7. 關於餐飲服務的敘述，下列何者正確？
甲：Room Service是指在餐廳包廂內所特別提供的餐飲服務
乙：Drive-through Service是指車輛到點餐車道窗口點餐的服務
丙：In-flight Service是指在機艙內提供的餐飲服務
丁：Semi-buffet Service是指客人透過電話預訂餐點，至餐廳自行取餐的餐飲服務
(A)甲、乙　(B)乙、丙　(C)丙、丁　(D)甲、丁。　[5.2][109統測]

( )8. 消費者在電話訂購Pizza後，自行前往店家取餐回家食用，是屬於下列哪一種服務方式？
(A)Drive-through Service　(B)Family-style Service
(C)Home-delivery Service　(D)Take-out Service。　[5.2]

( )9. 知名王品集團旗下的「夏慕尼」鐵板燒餐廳，廚師可將烹調好的菜餚直接端送給坐在料理檯前的顧客，顧客亦可欣賞廚師的現場廚藝表演，請問夏慕尼提供的是屬於下列何種服務方式？
(A)Table Service　(B)Self-service
(C)Counter Service　(D)Bar Service。　[5.2]

( )10. 名廚江振誠所開設的餐廳「RAW」，運用台灣在地食材及法式料理的烹調手法，以獨特的風格帶給賓客味覺、視覺上多元的感官享受，創新詮釋台灣的味道。成為米其林二星肯定的餐廳。請問「RAW」餐廳屬於下列哪一類餐廳？
(A)Limited-service Restaurant
(B)Family Restaurant
(C)Gourmet Restaurant
(D)Synthesis Restaurant。　[5.2]

( )11. 在嚴重特殊傳染性肺炎（COVID-19）疫情蔓延期間，全球觀光餐旅產業受挫嚴重，餐飲業改變作業程序與產品路線，結合社群網路、增加外帶及外送產品的比例，以維持營運。請問下列有關於餐飲業因應疫情的敘述何者正確？
(A)禁用一次性餐具是防疫政策之一
(B)風行多年的宅配年菜，可以成為餐飲業開發外帶產品的參考
(C)外送服務如Uber Eats已是屬於餐飲業的一環
(D)坐圓桌吃合菜是台菜餐廳的特色，不用刻意保持社交距離間隔入座。　[5.2]

( )12. 關於各國代表菜與烹調法配對，何者有誤？　[5.2]

選項	國家	代表菜	主要烹調法
(A)	法國	紅酒燉雞（Coq au Vin）	Stewing
(B)	日本	天婦羅（天ぷら）	Roast
(C)	美國	美式豬肋排（American Pork Ribs）	Grill
(D)	台灣	紅蟳米糕	Steam

歷屆試題

( )1. 根據經濟部商業發展署所訂定的公司行號及有限合夥營業項目代碼表中，分類編號F5為餐飲業，下列何者是該類正確的營業細類？
(A)餐盒業、飲酒店業、餐館業、小吃餐飲業
(B)飲料店業、酒精飲料店業、餐館業、速食餐飲業
(C)飲料店業、飲酒店業、餐館業、其他餐飲業
(D)速食餐飲業、飲酒店業、餐館業、餐盒業。 [102統測改編]

( )2. 由專業外燴餐飲團隊將食物製備與服務的過程，移到顧客所指定場所進行餐宴，這是屬於下列哪一種餐飲服務？
(A)Mobile Canteen Service (B)Catering Service
(C)In-flight Service (D)Room Service。 [102統測]

( )3. 依餐飲業餐點價格從高到低的排列，下列何者正確？
(A)Family Restaurant→Filling Station→Fine dining Restaurant
(B)Family Restaurant→Fine dining Restaurant→Filling Station
(C)Fine dining Restaurant→Filling Station→Family Restaurant
(D)Fine dining Restauran→Family Restaurant→Filling Station。 [102統測]

( )4. 下列何種餐廳較容易進行標準化與連鎖化之經營管理？
(A)Limited-service restaurant
(B)Independent restaurant
(C)Gourmet restaurant
(D)Speciality restaurant。 [103統測]

( )5. 有關中國菜特色之描述，下列何者正確？
(A)八大菜系包含新疆菜
(B)東鹹西甜、北辣南酸
(C)叫化雞為江浙菜
(D)佛跳牆為廣東菜。 [103統測]

( )6. 怪味雞與回鍋肉此兩道菜屬於下列哪一個地方菜系？
(A)廣東 (B)四川 (C)浙江 (D)湖南。 [104統測]

( )7. 下列有關各國特色菜的敘述，何者錯誤？
(A)羅宋湯是義式著名菜餚 (B)起司火鍋是瑞士著名菜餚
(C)約克夏布丁是英式著名菜餚 (D)馬賽海鮮湯是法式著名菜餚。 [104統測]

( )8. 關於連鎖餐廳經營管理之敘述，下列何者正確？
(A)分店經營理念依營運狀況而有不同
(B)採購分散且數量較小，成本比較高
(C)分店管理制度常因人員變動而改變
(D)較易建立明確一致的企業識別系統。 [105統測]

( )9. 在眾多中式餐廳所提供的菜色中,「佛跳牆」起源於下列哪一種菜系?
(A)四川菜　(B)福建菜　(C)山東菜　(D)江浙菜。 [105統測]

( )10. 臺灣常見的「辦桌」文化是屬於下列哪一種服務方式?
(A)Catering Service
(B)In-flight Service
(C)Room Service
(D)Self-service。 [105統測]

( )11. 關於餐廳服務,服務人員服務比重及複雜性最高者為何?
(A)Gourmet Restaurants
(B)Drive-Through Service Restaurants
(C)Cafeteria Restaurants
(D)Vending Machine Service。 [106統測]

( )12. 關於中國各菜系所包含之著名菜餚,下列何者正確?
(A)松鼠黃魚、魚香肉絲屬於江浙菜系
(B)京醬肉絲、涮羊肉屬於北平菜系
(C)麻婆豆腐、宋嫂魚羹屬於四川菜系
(D)咕咾肉、左宗棠雞屬於廣東菜系。 [106統測]

( )13. 關於各國著名餐點與食材的內容,下列何者組合正確?
(A)俄國菜:Parma Ham、Tiramisu
(B)義大利菜:Quiche Lorraine、Milano Risotto
(C)英國菜:Yorkshire Pudding、Salami & melon
(D)法國菜:Coq au Vin、Seafood Bouillabaisse。 [107統測]

( )14. 下列關於委託加盟的敘述,何者正確?
(A)加盟者擁有店面所有權、決策管理權及經營權
(B)加盟者擁有店面所有權及決策管理權,總部擁有經營權
(C)加盟者擁有經營權,總部擁有店面所有權及決策管理權
(D)加盟者擁有店面所有權及經營權,總部擁有決策管理權。 [107統測]

( )15. 關於中國各大菜系著名菜色的敘述,下列何者正確?
(A)佛跳牆、八寶飯、龍井蝦仁為閩菜
(B)西湖醋魚、樟茶鴨、寧式鱔糊為浙菜
(C)京醬肉絲、貴妃雞、紅油炒手為川菜
(D)東安子雞、富貴火腿、豆豉蒸魚為湘菜。 [107統測改編]

( )16. 根據行政院主計總處頒布的「中華民國行業統計分類」,交通運輸工具上之餐飲承包服務,屬於下列何類?
(A)餐館業
(B)外燴及團膳承包業
(C)餐食攤販業
(D)流動餐廳業。 [108統測改編]

more...

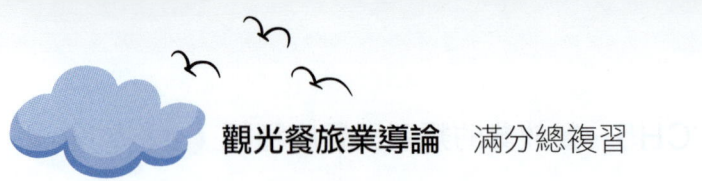

( )17. 某餐廳由服務人員提供帶位、點餐、餐食服務等項目，較屬於下列哪一種餐飲服務方式？
(A)Counter Service　　(B)Self Service
(C)Table Service　　(D)Takeout Service。 [108統測]

( )18. 關於各菜系著名菜色，下列何者錯誤？
(A)北平菜著名菜色包含京醬肉絲、叫化雞
(B)廣東菜著名菜色包含東江鹽焗雞、京都排骨
(C)湖南菜著名菜色包含蒜苗臘肉、東安子雞
(D)江浙菜著名菜色包含東坡肉、龍井蝦仁。 [108統測]

( )19. 下列哪一種餐飲服務方式，服務人員於現場服勤時，所需使用的器具較多？
(A)Counter Service
(B)American Style Service
(C)Guéridon Service
(D)English Style Service。 [109統測]

( )20. 金鼠年過年期間，因嚴重特殊傳染性肺炎（COVID-19）肆虐，許多消費者擔心外出用餐受到感染，所以多會選擇餐飲外送平台的服務，上列敘述屬於哪一種餐飲服務方式？
(A)Catering Service
(B)Delivery Service
(C)Drive-through Service
(D)Table Service。 [109統測]

( )21. 臺灣知名模特兒的婚禮，選擇在臺南美術館舉行，由飯店提供內外場設備與餐食，並由服務人員至婚禮現場提供餐飲服務，上述的服務方式，屬於下列何者？
(A)Catering Service　　(B)Drive-in Service
(C)Take-out Service　　(D)Room Service。 [109統測]

( )22. 關於餐飲業的加盟連鎖經營模式，下列何者正確？
(A)特許加盟連鎖的利潤或盈餘，總部分配的比例較加盟者高
(B)特許加盟連鎖、委託加盟連鎖以及直營連鎖，三者的經營權僅屬於總部
(C)特許加盟連鎖、委託加盟連鎖與自願加盟連鎖的資金來源，皆來自於加盟者
(D)特許加盟連鎖的店面所有權屬於加盟者，但是委託加盟連鎖與直營連鎖的店面所有權屬於總部。 [109統測]

( )23. 關於國家或地區與其特色食物料理的配對，下列何者正確？
(A)韓國－懷石料理　　(B)俄羅斯－羅宋湯
(C)英國－蜜瓜火腿　　(D)印尼－肉骨茶。 [110統測]

( )24. 關於臺灣達美樂披薩，下列敘述何者正確？
(A)獨立經營餐廳　　(B)國人自創品牌
(C)外送服務餐廳　　(D)餐桌服務餐廳。 [110統測]

( )25. 關於外燴服務方式，下列敘述何者正確？
(A)顧客訂餐後，由餐廳人員送餐到顧客指定地點
(B)顧客訂餐後，由顧客取餐到餐廳以外地點用餐
(C)顧客訂餐後，到顧客指定場所製備餐食與服務
(D)顧客訂餐後，由顧客開車至取餐車道窗口取餐。 [110統測]

( )26. 關於連鎖經營餐廳之說明，下列敘述何者錯誤？
(A)連鎖經營餐廳主要包括加盟與直營兩種類型
(B)連鎖經營餐廳必須至少有3家或3家以上之分店
(C)直營連鎖餐廳總部可管控分店的經營權與人事權
(D)連鎖經營餐廳主要以標準作業流程進行品質管理。 [110統測]

( )27. 下列哪一道料理不屬於江浙菜的知名菜餚？
(A)東坡肉　(B)紅燒下巴　(C)宋嫂魚羹　(D)豆豉蒸魚。 [111統測]

( )28. 李同學與朋友到百貨公司美食街用餐，各自在喜歡的店家點餐結帳後，再自行找尋座位等待取餐享用。此種餐廳服務方式為下列何者？
(A)櫃檯服務　(B)餐桌服務　(C)餐盤服務　(D)半自助服務。 [111統測]

( )29. 小千為一家五星級旅館內特色料理餐廳的外場服務生，向顧客推薦該餐廳的招牌料理為紅酒燉牛肉、烤田螺、馬賽海鮮湯及舒芙蕾等，同時也向客人介紹上述經典料理的起源國家及其飲食文化。關於以此餐廳料理所屬國家為名的服務方式，下列何者正確？
(A)由服務人員持銀盤向客人呈現菜餚，再為顧客進行分菜
(B)由服務人員持銀盤向客人呈現菜餚，再由顧客自行挾取
(C)服務人員將顧客所點菜餚端上餐桌，再由顧客自行挾取
(D)菜餚先行在廚房進行盛盤後，再由服務人員端盤上餐桌。 [111統測]

( )30. 阿國即將大學畢業，目前正積極應徵連鎖餐廳的儲備幹部工作，業界學長與阿國分享連鎖經營餐廳的特點，下列何者錯誤？
(A)促銷活動統一化　　　　　(B)生產製備標準化
(C)採購系統規格化　　　　　(D)獨立營運自主化。 [112統測]

( )31. 米其林餐飲評鑑進入臺灣已邁入第五年，臺北、臺中、臺南與高雄四個城市的餐廳陸續納入評鑑，每年摘星的餐廳都備受矚目，成為餐飲業重要的話題。關於米其林餐廳的說明，下列何者錯誤？
(A)臺灣目前已獲得米其林三星殊榮的是頤宮中餐廳
(B)米其林星級餐廳類型大多數屬於gourmet restaurant
(C)法國的米其林輪胎公司在1900年出版米其林指南
(D)米其林星級餐廳所提供的服務多為counter service。 [112統測]

( )32. 關於中式著名菜系與菜餚配對的選項，下列何者錯誤？
(A)川菜：回鍋肉、夫妻肺片　　(B)浙菜：西湖醋魚、龍井蝦仁
(C)閩菜：佛跳牆、八寶蟳飯　　(D)湘菜：無錫排骨、揚州炒飯。 [112統測]

more...

(　　)33. 小美從事餐廳服務工作,某日客人蒞臨,請小美推薦4道江蘇與浙江菜餚,請問小美應該選擇下列何種組合,以符合客人需求?
(A)咕咾肉、左宗棠雞、京都排骨、夫妻肺片
(B)鹽焗雞、樟茶鴨、蜜汁火腿、紅油抄手
(C)醬爆雞丁、當歸鴨、佛跳牆、紅燒下巴
(D)東坡肉、叫化雞、宋嫂魚羹、無錫排骨。　　[113統測]

(　　)34. 依據經濟部商業發展署的公司行號及有限合夥營業項目代碼,臺鐵列車上所販售的餐盒,屬於下列哪一大類?
(A)F大類　(B)H大類　(C)I大類　(D)J大類。　　[113統測改編]

(　　)35. 小庭與家人用餐的餐廳採單一價格吃到飽方式,並由顧客自行取用餐食,此餐廳的服務方式為下列何者?
(A)buffet service　　　　(B)catering service
(C)counter service　　　(D)drive-through。　　[113統測]

CH5 餐飲業的類別與餐廳種類

答案與詳解

實力加強

5.1節

1. B　2. D　3. A　4. D

5.2節

1. A　2. B　3. D　4. B　5. C

搶分終點線

1. D	2. C	3. A	4. B	5. D	6. B	7. C	8. C	9. B	10. D
11. A	12. D	13. C	14. A	15. B	16. D	17. A	18. D	19. D	20. D
21. D	22. C	23. B	24. B	25. C					

情境素養題

1. C	2. B	3. B	4. D	5. D	6. C	7. B	8. D	9. C	10. C
11. B	12. B								

歷屆試題

1. C	2. B	3. D	4. A	5. C	6. B	7. A	8. D	9. B	10. A
11. A	12. B	13. D	14. C	15. D	16. B	17. C	18. A	19. C	20. B
21. A	22. C	23. B	24. C	25. C	26. B	27. D	28. A	29. B	30. D
31. D	32. D	33. D	34. A	35. A					

詳解

23. 日本－懷石料理。義大利－蜜瓜火腿。星馬地區－肉骨茶。

24. 達美樂披薩為西元1960年創立於美國的跨國連鎖披薩餐廳，以提供外送服務為主，民國78年引進台灣。

26. 連鎖經營餐廳必須至少有2家或2家以上之分店。

27. 豆豉蒸魚屬於湘菜。

29. 由服務人員持銀盤向客人呈現菜餚，再由顧客自行挾取→法式服務。

31. 米其林星級餐廳所提供的服務多為餐桌服務（Table Service）。

32. 無錫排骨、揚州炒飯是蘇菜。

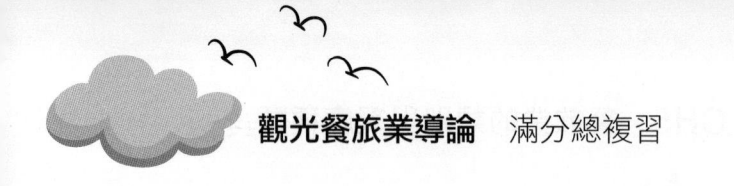

33. 咕咾肉、京都排骨、鹽焗雞：粵菜。左宗棠雞：湘菜。
夫妻肺片、樟茶鴨、紅油炒手：川菜。
醬爆雞丁：魯菜。當歸鴨：台菜。佛跳牆：閩菜。
紅燒下巴、叫化雞、無錫排骨：蘇菜。
東坡肉、宋嫂魚羹、蜜汁火腿：浙菜。

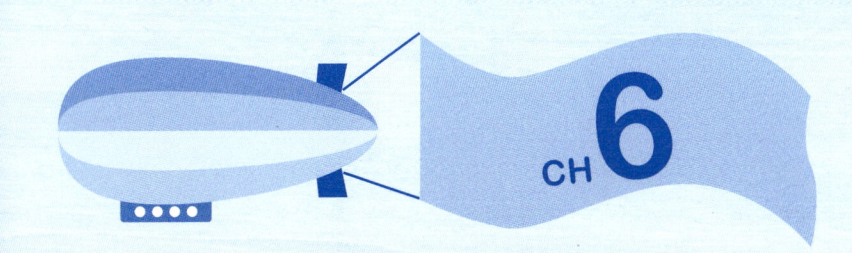

CH6 餐飲業的組織與部門

本章學習重點

節名	常考重點	
6.1 餐飲組織簡介	• 簡單型、功能型、產品型、矩陣型組織 • 組織管控幅度	★★★★☆
6.2 餐飲部門介紹	• 餐飲各部門職掌 • 內外場從業人員的工作職責	★★★★★

統測命題分析

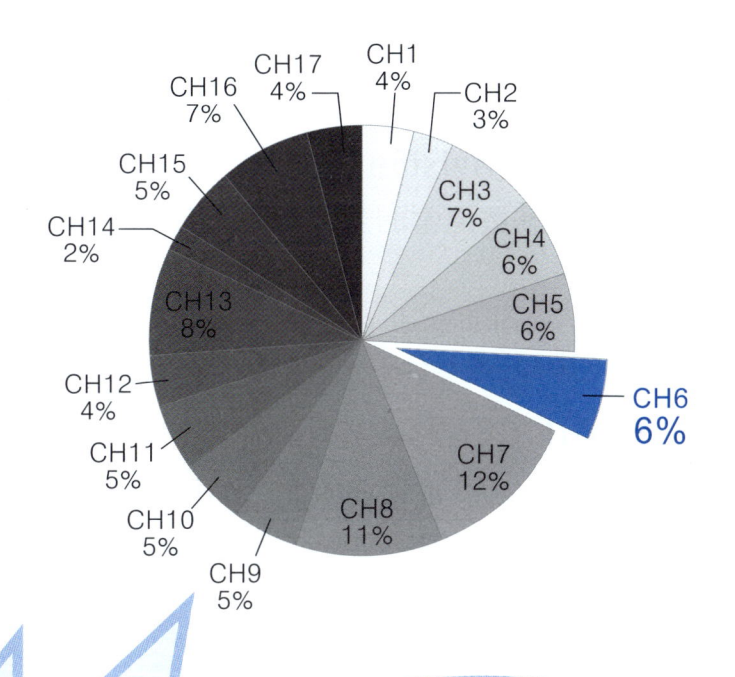

- CH1 4%
- CH2 3%
- CH3 7%
- CH4 6%
- CH5 6%
- CH6 6%
- CH7 12%
- CH8 11%
- CH9 5%
- CH10 5%
- CH11 5%
- CH12 4%
- CH13 8%
- CH14 2%
- CH15 5%
- CH16 7%
- CH17 4%

6.1 餐飲組織簡介

一、何謂組織

「組織」是由**一群人**基於**共同目標**所組成的團體，組織中的每位成員會被賦予一定的權責，並以分工合作的模式，來共同達成組織的目標。

二、組織設計原則 105 108

1. **統一指揮（Unity of Command）**

   每位員工**只接受一位主管的指揮**，避免多頭馬車，造成員工無所適從，影響工作效率。

2. **管控幅度（Span of Control）**

   又稱**指揮幅度**，是指一位主管能**有效督導的部屬人數**。一般而言，一位主管以領導**3～7位**員工為原則，但依工作性質難易、主管能力高低、部屬素質優劣，可適度調整管控幅度的大小。

   在相同的員工人數下，組織「管控幅度」的大小會影響組織層級的多寡、決策速度的快慢、主管責任的輕重；比較說明如下表。

管控幅度 比較項目	管控幅度大	管控幅度小
組織層級（組織圖型態）	少（扁平）	多（高窄）
決策速度	快	慢
主管責任	大	小

3. ⭐ **專業分工（Specialization / Division of Labor）**

   依員工特質、專長、學經歷等做適當的**工作分配**（Job Assignment），適才適所，以達到人盡其才的目的。

   > 例如 西方諺語 "Too many cooks spoil the broth."（一堆廚師壞了一鍋湯），如果將這句諺語用在餐廳管理，即是指在「專業分工」上出了問題。

4. **權責分明（Authority with Corresponding Responsibility）**

   每位員工的職權（Authority）與職責（Responsibility）應明確且對等，才能在組織運作中，使員工發揮出應有的力量。

三、組織結構 102 104 110

種類		說明
簡單型／直線型	意涵	1. 一種集權、扁平化的組織結構；人事精簡，一人身兼數職 2. 常見於小型餐飲業
	優點	決策權集中在一人，應變快、分工彈性大
	缺點	企業規模擴大後，隨著業務量增加，應變能力可能降低
功能型	意涵	1. 又稱職能式、專職式、分職式、部門化、專業化；以工作內容作為設置部門的依據 2. 適用於大型餐廳，內外場分工明確
	優點	各部門高度專業化，最能發揮專業分工的效率，提高工作效能
	缺點	各部門之本位主義易使整體目標不明確，營運盈虧不易歸屬
產品型	意涵	1. 以企業的產品內容作為設置部門的依據 2. 適用於大型旅館之餐飲部門、餐飲集團之餐廳。例如王品集團旗下有王品牛排、夏慕尼、原燒等品牌的餐廳
	優點	各部門獨立運作，便於管理溝通，營運功能佳，盈虧歸屬明確
	缺點	某些功能相同的職務，人員重複設置，編制員額增加，人事成本較高
區域型	意涵	1. 以營業處所之地理區域作為部門劃分的依據 2. 適用於跨區或跨國的餐飲企業
	優點	可善用在地資源，降低營運成本
	缺點	各區域經營策略不同，易造成消費者比較；另易發生業務重複現象，形成資源浪費
矩陣型／專案型	意涵	1. 因應外在環境變化，機動組成來自不同部門成員的專案小組，以共同解決企業的問題 2. 大型餐飲企業或旅館餐飲部門之機動性組織
	優點	可機動結合不同部門的專才，快速解決企業面臨的問題及回應消費者需求（或期望）
	缺點	組織成員須承擔所屬部門與臨時編制的雙重壓力，工作負擔大；另外，此種結構做決策時，需耗用較多的溝通時間與精力

知識快遞

建立職權行使方式

- **直線職權**：是指管理人員指揮與控制部屬的正式權力（直屬關係）。
- **幕僚職權**：是指支援、協助及減輕直線主管的專業職權（顧問關係）。

四、組織管理－工作設計與分析 104

透過工作設計與分析，企業可以將業務內容與人力資源做最妥善的配置，以提升企業競爭優勢。

1. **工作設計（Job Design）**

   設計**工作內容**、**工作方法**，以及**工作之間的相互關係**，以提高員工的**生產力**與**工作滿意度**，降低員工流動率。

2. **工作分析（Job Analysis）**

   分析工作的內涵，以及工作人員所需具備的條件（如：知識、技能、經驗）等，並將分析成果撰寫成**工作說明書**與**工作規範**，做為人員招募與工作指派的依據。

3. **工作說明書（Job Description）**

   是說明**工作內容**的書面文件，通常包含**工作職稱與部門**、**工作職責**、直屬主管、工作需使用設備、工作時間與地點，以及**工作之間的相互關係**等。

4. **工作規範（Job Specification）**

   說明工作人員人格特質及所應具備之知識、技術、能力的書面文件。

實力加強 6.1

( )1. 一個主管所能有效督導指揮的部屬人數，指的是
 (A)統一指揮 (B)工作分配 (C)賦予權責 (D)指揮幅度。

( )2. 好的人力資源管理就是「把對的人放在對的位置做對的事」，這是屬於組織設計原則的哪一項？
 (A)統一指揮 (B)管理幅度 (C)專業分工 (D)權責分明。

( )3. 下列何種組織又稱為專案型組織？
 (A)簡單型組織 (B)功能型組織
 (C)區域型組織 (D)矩陣型組織。

( )4. 「遴選員工之前先建立工作目的、範圍和主要職責，並確認工作人員資格、知識和技能，以作為遴選員工的申請條件依據」，是描述下列哪一項措施？
 (A)工作分配 (B)工作性質 (C)工作分析 (D)工作輪調。

( )5. 「工作說明書」的內容不包含下列哪一項？
 (A)工作部門 (B)工作職稱 (C)工作職掌 (D)工作效率。

6.2 餐飲部門介紹

一、餐飲組織部門 106 107 108

餐飲組織依其規模大小而會有不同的編制，本節將以大型旅館的餐飲組織來介紹各餐飲部門之職掌。

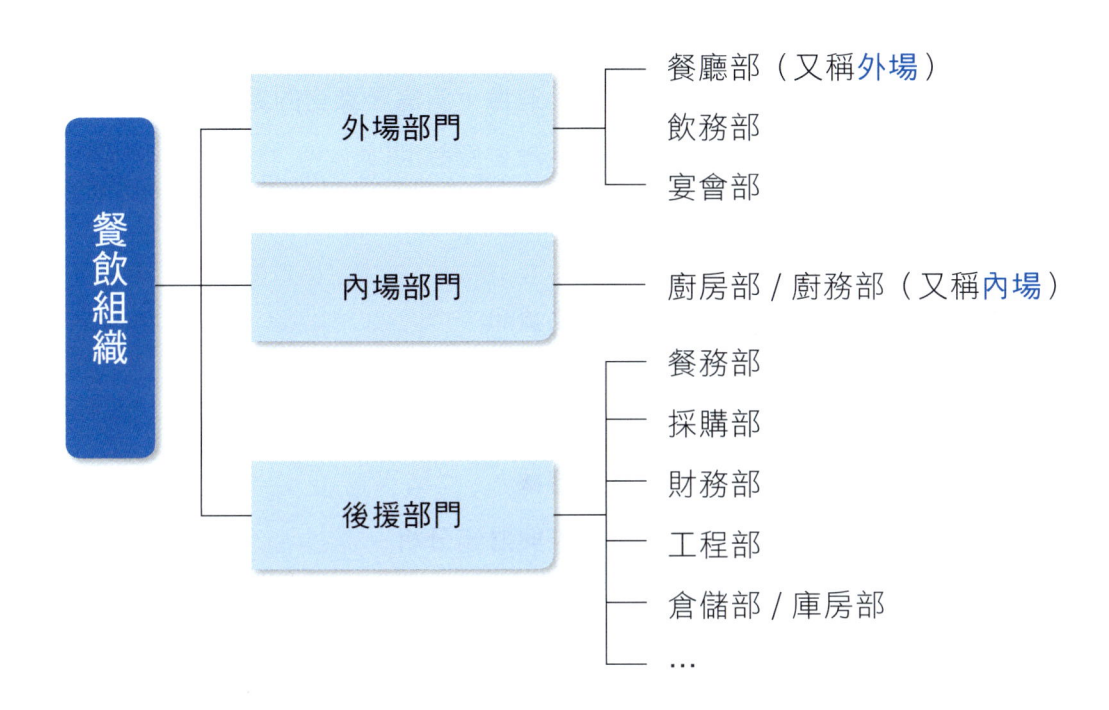

```
餐飲組織
├── 外場部門
│   ├── 餐廳部（又稱外場）
│   ├── 飲務部
│   └── 宴會部
├── 內場部門
│   └── 廚房部／廚務部（又稱內場）
└── 後援部門
    ├── 餐務部
    ├── 採購部
    ├── 財務部
    ├── 工程部
    ├── 倉儲部／庫房部
    └── …
```

部門	說明
餐廳部 Dining Room Department	1. 又稱外場，負責餐飲產品的銷售與服務 2. 餐廳的佈置與清潔維護 3. 擬訂餐飲服務「標準作業流程」（SOP） 4. 管理餐廳員工之分工與輪值 5. 顧客抱怨之處理
飲務部 Beverage Department	1. 吧台的飲料、酒類之調製、銷售及服務 2. 飲料、酒類的儲放與管理
宴會部 Banquet Department	1. 喜慶、會議等團體訂席的接洽服務 2. 會場佈置、視聽媒體租借與安裝 3. 執行宴會服務工作

more…

部門	說明
廚房部 / 廚務部 Kitchen Department	1. 又稱內場，負責餐飲產品的生產 2. 擬定菜單 3. 食材物料請購與領用 4. 確保菜餚生產過程之安全衛生
餐務部 Stewarding Department	1. 餐具的清潔維護、換發、保管與存量控管 2. 廚房之清潔、消毒，廚房廢棄物的處理及搬運 3. 垃圾分類與處理、廚餘回收 4. 蟑螂、老鼠等蟲害防治
採購部 Purchasing Department	1. 蒐集市場價格資訊 2. 尋訪供應商、採購物料與器具設備
財務部 Financing Department	1. 成本控制與審核 2. 製作會計報表與財務分析 3. 流動資金之調配 4. 出納人員負責結帳、收銀事務
工程部 Engineering Department	1. 餐廳機具設備之檢修與定期保養 2. 餐廳空調與汙水處理系統之維護
倉儲部 / 庫房部 Storage Department	1. 物料儲存及發放 2. 控管安全庫存量[註]

註：安全庫存量是為避免缺貨而設定的最低限度庫存量；在實務上，除了維持安全庫存量之外，通常還會額外增加「訂貨至交貨期間所需耗用的物料數量」。

二、外場部門的從業人員及其職掌 103 109 110 111

職稱	工作職掌
餐廳經理 Manager	1. 為餐廳主要負責人，負責訂定營運目標與計畫 2. 與其他部門溝通協調 3. 建立服務「標準作業流程」 4. 員工績效考核 5. 擬訂及安排員工的職業訓練 6. 處理顧客抱怨事件
餐廳副理 Assistant Manager	1. 為餐廳經理的職務代理人 2. 協助餐廳經理管理、督導餐廳的各項事務
餐廳主任 Supervisor	1. 執行餐廳經理交辦事項 2. 編排員工輪值表 3. 執行員工教育訓練 4. 扮演內場及外場間的溝通橋樑角色
領班 Captain / Head Waiter	1. 是餐廳的基層主管，負責安排與督導服務員進行各項清潔與準備工作 2. 管控服務流程之出菜順序與速度 3. 訓練服務員 4. 調解客人的爭論或抱怨 5. 支援顧客點菜服務^註
領檯員 / 接待員 Receptionist / Greeter & Hostess	1. 是顧客光臨餐廳接觸的第一位服務人員（應親切有禮地問候，並保持親切笑容與顧客交談） 2. 餐廳營業前的準備 3. 接受並記錄顧客現場或來電的預約訂席 4. 為顧客安排席位及引導入座（須熟悉餐廳的最大容量及桌椅的擺設位置）後，呈遞菜單並協助外場服務 5. 掌握席次預訂與實際使用狀況（如：顧客未到、換桌），以安排及調度現場的座位 6. 負責餐廳門口區域的環境清潔 7. 建立客史檔案

註：點餐服務依人力配置狀況，大多由服務員主動，領班機動支援。

more...

職稱	工作職掌
服務員 Server / Waiter & Waitress	1. 是顧客接觸最頻繁的服務人員（應熟悉餐飲服務流程與技巧，以及餐飲實務知識，以提供顧客正確且即時的服務） 2. 保持責任區域的環境清潔 3. 負責桌椅佈置及餐桌擺設 4. 補充服務檯（Service Station）的餐具及備品 5. 提供顧客點餐服務（應熟悉菜單項目並瞭解菜色內容，如食材、特色，以利向點餐的顧客做說明及推薦） 6. 推銷餐後甜點 7. 執行上菜服務 8. 提供帳單，並協助或引領顧客至櫃檯結帳
服務生 Busser / Busboy & Bus Girl / Bus Person	1. 又稱助理服務員（Assistant Waiter），協助服務員工作 2. 負責餐桌擺設 3. 補充與整理服務檯的餐具及備品 4. 為顧客倒茶水、遞送菜單 5. 收拾顧客用畢的餐具或殘盤 6. 整理與清潔餐後桌面 7. 搬運餐具
出納員 Cashier	1. 製作消費結算帳單 2. 收費與開立統一發票 3. 核對信用卡簽單金額與使用者簽名 4. 編製帳務報表
傳菜員 Runner	1. 將點菜單送至廚房 2. 負責將餐點送至服務檯，由服務員上菜 3. 傳送潔淨餐具或將用過餐具送回廚房

CH6 餐飲業的組織與部門

知識快遞

傳統法式餐廳之從業人員及其職掌

102 105 106 108 109

傳統法式餐廳為了提供顧客專業、個人化的服務,通常在服務上的分工較細,說明如下:

職稱(法文名稱)	工作職掌
經理 Directeur de Restaurant	餐廳的主要負責人,是最高階管理者,管理餐廳營運的各項事務
主任 Premier Maître d'hôtel	餐廳外場的主要負責人,控管服務品質
領班 Maître d'hôtel de Carré	督導各責任區域之餐飲服務工作
服務員 Chef de Rang	執行責任區域之餐飲服務工作(從點餐、上菜到送客),並指揮半服務員與助理服務員協助完成各項工作
半服務員 Demi Chef de Rang	協助服務員完成餐飲服務工作
助理服務員 Commis de Rang	協助倒水、收拾殘盤等餐飲服務工作
傳菜員 Commis de Suite	負責將點菜單送至廚房,並將菜餚端至服務桌,協助服務員上菜服務
收拾員 Commis de Débarrasseur	負責服務桌、殘盤等物品回收,並適時補充各式餐具備品
領檯員 Réception Maître d'hôtel	在門口迎接顧客,接受並記錄顧客預約訂席,以及為顧客安排席位與引導入座
葡萄酒服務員 / 侍酒員 Sommelier / Chef de Vin	負責開立酒單、管理酒窖與選購葡萄酒等相關事務,並提供顧客用餐前、佐餐及餐後之葡萄酒服務
葡萄酒助理服務員 Commis de Vin	協助葡萄酒服務員完成酒類服務工作
現場菜餚切割員 Trancheur	在餐桌旁為顧客提供現場切割菜餚服務(為高級餐廳特別設置的外場服務人員)
調酒員 Bartender	專責在吧檯為顧客現場調製果汁、雞尾酒等飲料
客房餐飲服務人員 Chef d' Etage / Room Service Waiter (Waitress)	負責將餐食送到顧客的房間,供其享用

6-9

三、內場部門的從業人員及其職掌 103 107 108

職稱	工作職掌
行政主廚 Executive Chef / Chef de Cuisine	1. 負責行政事務，通常不實際參與烹調（飯店餐飲部或大型餐飲業才有此編制） 2. 代表廚房與各部門聯繫與協調 3. 研擬營運計畫 4. 研發及設計新菜色，擬定菜單 5. 制定食物生產標準作業流程 6. 開立食材採購單與成本管控 7. 執行員工績效考核 8. 擬訂員工培訓計畫
行政副主廚 Executive Sous Chef	為行政主廚的職務代理人，協助行政主廚完成管理、督導工作
主廚 Head Chef	1. 督導廚房生產作業，是廚房的靈魂人物 2. 示範烹調方式 3. 負責產品品質管理 4. 排定員工值班表及廚房人力調配 5. 確保廚房衛生與安全
副主廚 Sous Chef	為主廚職務代理人，協助主廚完成相關工作
廚師 Cook / Cuisiner	1. 服從主廚的指揮，完成烹調食物等相關工作 2. 確認食材與機具設備齊全，以利營運 3. 維持廚房清潔
助理廚師 / 實習廚師 Assistant Cook / Apprentice	1. 食材搬運及整理 2. 雜項工作及主管臨時交辦事項

四、西餐廚師與中餐廚師之職掌

1. 西餐廚師（Station Cook / Chef de Partie）103 104 107 108 112 113

職稱	工作職掌
切割（肉）廚師 Butcher / Boucher	負責肉品、魚類前處理及切割
醬汁廚師／熱炒廚師 Sauce Cook / Saucier	• 負責調味，為部門廚房之首，由資深廚師擔任 • 調製肉汁與醬汁 • 燉品、餐前熱點、翻炒食物等
蔬菜廚師 Vegetable Cook / Entremetier	負責熱開胃菜、蔬菜、湯、澱粉類食物、蛋的烹調
燒烤廚師 Roast Cook / Rôtisseur	負責烤（烤箱烤製）、炸類食物烹調
碳烤師傅／煎烙師傅 Grill Cook / Grillardin	負責在碳火烤架上煎烙食物
魚類廚師 Fish Cook / Poissonier	負責海鮮料理製作
湯類師傅 Soup Cook / Potagiste	負責所有湯品製作
冷盤（菜）廚師 Pantry Cook / Garde Manger	製作沙拉、沙拉醬、菜凍、肉凍、餐前開胃點心等冷前菜，蔬果與冰雕等裝飾
點心廚師 Pastry Cook / Pâtissier	負責製作各式麵包、蛋糕、餅乾、甜點；細分為： • 麵包師傅（Boulanger） • 蛋糕師傅（Décorateur） • 糖果餅乾師傅（Confiseur） • 甜點師傅（Glacier）
備用廚師 Spare Hand / Roundsman / Tournant / Swing Cook	機動性支援各部門廚師，協助完成相關烹調工作
控菜員 Expediter / Announcer / Aboyeur	• 負責將外場點菜單分送至各部門廚房 • 控制出菜速度，並負責執行菜色最後品質檢視

2. 中餐廚師　102　104　105　108　109　110　113

職稱	工作職掌
水檯師傅	• 負責海鮮前處理、活鮮飼養（販售活鮮的餐廳需設置此類師傅） • 通常由資淺的廚師擔任
砧板師傅	• 又稱紅案師傅、切割師傅、砧櫈師傅、墩子 • 負責進貨、領料、切配食材等前置作業，控制食材用量與品質
爐灶師傅	• 又稱炒鍋師傅、掌灶師傅、候鑊師傅 • 負責烹調，為廚房最重要的靈魂人物 • 掌控火候及口味濃淡
排菜師傅	• 又稱打荷、打伙、料清 • 依點單順序及菜單內容，將砧板師傅切好的材料交給爐灶師傅烹調 • 介於廚房與外場傳菜員之間的單位，熟知各道菜餚的作法及份量，負責出菜時所有菜餚的盤飾與修飾，並掌控出菜順序與節奏
蒸燉師傅／蒸籠師傅	• 又稱水鍋、上什 • 蒸燉湯品、煲製高湯
點心師傅	• 又稱白案師傅 • 製作中式點心、麵食、粥品
冷盤師傅	負責拼盤、蔬果、盤飾切雕的製作，增加菜餚商品價值與顧客用餐趣味
燒烤師傅	負責燒臘、烤鴨、乳豬等菜餚製作，此類師傅常見於廣式餐廳

註：「七分刀工，三分火工」中，刀工是指砧板師傅，火工是指爐灶師傅，意指上述兩者為中餐廚房中最重要的兩個職務。

實力加強 6.2

( ) 1. 為了設計宴會菜單，並掌握訂席單位的需求，餐廳部須與哪個部門密切配合？
(A)工程部　(B)財務部　(C)宴會部　(D)採購部。

( ) 2. 下列哪些部門屬於餐廳的後勤單位（The Back of the House）？
甲：飲務部　乙：餐務部　丙：宴會部　丁：廚房部
(A)甲、丙　(B)乙、丙　(C)乙、丁　(D)丙、丁。

( ) 3. 下列哪一個部門統籌餐廳的垃圾分類與處理？
(A)飲務部　(B)宴會部　(C)廚房部　(D)餐務部。

( ) 4. 餐飲業組織分為廚務人員與服務人員兩大部分，下列何者是廚務人員之工作職責？
(A)接待　(B)製作　(C)銷售　(D)銷售控制。

6.1 餐飲組織簡介

( )1. 下列何者非組織的設計原則？
(A)管控幅度 (B)專業分工 (C)性別平等 (D)權責分明。

( )2. 下列有關組織架構類型的敘述，何者最適當？
(A)直線型的組織架構，又稱為專職式或分職式組織架構
(B)功能型的組織架構，具有高度專業化，適合規模較大的餐廳採用
(C)產品型的組織架構，主要是以工作內容與性質作為其部門劃分的依據
(D)功能型的組織架構，主要是以餐飲產品作為其部門劃分的依據。

( )3. 一家餐廳考慮到經理可能無法有效地領導與指揮二十位服務人員，而在其下設置有一位副理與四位領班；此做法主要是在實踐組織設計的哪一種基本原則？
(A)工作分配 (B)統一指揮 (C)指揮幅度 (D)賦予職權。

( )4. 「在餐廳工作的服務員，僅接受一位值班領班的直接督導與指示」，符合組織設計的哪一項原則？
(A)指揮幅度 (B)統一指揮 (C)工作分配 (D)賦予職權。

( )5. 下列哪一類型的組織架構，最能夠發揮餐廳專業分工的效率？
(A)職能型組織 (B)產品型組織 (C)地區型組織 (D)顧客型組織。

( )6. 「控制幅度」（Span of Control）指的是一單位主管針對下列哪一項進行有效之督導？
(A)部屬人數 (B)資金多寡 (C)權利責任 (D)時間長短。

( )7. 請問餐旅產業在招募員工時，會把對專業證照的要求列入在下列哪一項？
(A)工作分析 (B)工作說明 (C)工作規範 (D)工作期待。

( )8. 說明擔任某餐飲職務工作人員須具備的人格特質、工作經歷、專業證照等內容稱為： (A)工作說明書 (B)工作分析 (C)工作規範 (D)工作履歷。

6.2 餐飲部門介紹

( )9. 下列何者非宴會部的主要工作項目？
(A)婚宴訂席的接洽服務 (B)擬定菜單
(C)宴席會場布置 (D)視聽媒體租借與安裝。

( )10. 關於餐飲組織部門的工作內容，下列敘述何者錯誤？
(A)廚房部負責餐飲產品生產
(B)財務部負責採購物料、器具與設備
(C)工程部負責餐廳機具設備檢修與保養
(D)餐廳部負責擬定餐飲服務作業流程。

more...

(　)11. 請問下列何者為飯店Stewarding Department的主要職責？
(A)指揮工作人員進行宴會空間擺設與佈置
(B)保持杯、盤、刀具的清潔
(C)記錄餐飲產品的收入與支出
(D)負責餐廳各種湯類的熬製。

(　)12. 餐廳領班的英文名為：
(A)Busboy　(B)Captain　(C)Leader　(D)Waiter。

(　)13. 下列何者非領檯人員（接待員）的職責？
(A)引導客人入座　　　　　　(B)保持親切笑容與客人交談
(C)隨時為客人添加茶水　　　(D)負責門口區域的環境清潔。

(　)14. 國際觀光旅館餐飲部由何人負責菜單設計？
(A)行政主廚　(B)廚師　(C)外場經理　(D)外場領班。

(　)15. 餐廳編制中，職位由高到低的排列，下列何者正確？
(A)Captain→Manager→Hostess→Waiter→Bus Person
(B)Manager→Captain→Hostess→Bus Person→Waiter
(C)Hostess→Manager→Captain→Bus Person→Waiter
(D)Manager→Captain→Hostess→Waiter→Bus Person。

(　)16. 下列餐飲從業人員的工作不屬於外場的是：
(A)Receptionist　(B)Apprentice　(C)Waitress　(D)Bus Person。

(　)17. 下列何者在餐廳中主要負責接聽電話、訂位與帶位等工作？
(A)Bartender　(B)Captain　(C)Hostess　(D)Service Manager。

(　)18. 下列何者較符合餐廳從業人員的實際工作職責？
(A)服務人員負責食譜的研發創新
(B)餐廳經理負責擬定餐廳的營業方針
(C)調酒員負責製作餐廳所需的麵包與甜點
(D)副主廚負責控管服務流程。

(　)19. 下列哪些人員，屬於餐飲部之組織編制？
甲、Busboy；乙、Operator；丙、Chef；丁、Housekeeper
(A)甲、丙　(B)乙、丙　(C)乙、丁　(D)丙、丁。

(　)20. 餐廳內主廚（Chef）之職責，下列敘述何者錯誤？
(A)經常與餐廳經理等取得聯繫，並虛心聽取賓客意見
(B)負責對菜點質量的全面檢查
(C)負責安排每週的菜單
(D)主動積極向顧客推薦菜餚。

(　)21. 在廚房的編制中，下列何者的主要工作是協助行政主廚管理各廚房單位之運作？
(A)Executive Chef　　　　　(B)Pastry Chef
(C)Executive Sous Chef　　(D)Commis。

( )22. 有關專業廚師職稱與別稱，下列敘述何者正確？
(A)點心師傅又稱紅案　　　　(B)切割師傅又稱白案
(C)排菜師傅又稱打荷　　　　(D)爐灶師傅又稱料清。

( )23. 下列何者是在西餐廚房中負責準備各種調味料或湯頭？
(A)Saucier　　　　　　　　(B)Rotisseur
(C)Poissonier　　　　　　　(D)Sous Chef。

( )24. 法式西餐職務中，負責為顧客服侍葡萄酒的專業服務員稱為
(A)Sommelier　　　　　　　(B)Captain
(C)Manager　　　　　　　　(D)Hostess。

( )25. 「維持餐廳正常營運，訓練新進人員，培養基層幹部」是餐廳中那一個職務的工作職掌？
(A)點菜員　(B)領檯員　(C)出納　(D)經理。

( )26. 餐廳依職責有內外場之分，請問下列何者屬於內場工作人員？
(A)Butcher　(B)Busboy　(C)Hostess　(D)Maitre d'Hotel。

( )27. 大型餐飲業中，負責廚房溝通、管裡、協調的相關工作者是指：
(A)廚房領班　(B)魚類烹調主廚　(C)行政總主廚　(D)熱炒區主廚。

( )28. 中式廚房分工中，主要任務為拿取材料、成菜前的拼扣、控制上菜順序的烹調師傅助手稱為：　(A)雜工　(B)打荷　(C)水台　(D)砧板。

( )29. 在中餐廚房組織中，白案師傅主要是負責下列哪一項產品？
(A)海鮮類　(B)肉品類　(C)點心類　(D)蔬菜類。

( )30. 下列何者較符合廚房從業人員的實際工作職責？
(A)西餐廚房冷盤師傅負責熱菜製作
(B)西餐廚房燒烤師傅負責冷盤製作
(C)中餐廚房籠鍋頭手負責蒸燉菜湯的製作
(D)中餐廚房排菜頭手負責果菜雕刻。

( )31. 在美式餐廳的編制中，下列哪一項是男／女服務生（Bus Boy／Bus Girl）所擔任的主要工作項目？
(A)負責傳送點菜單、跑菜　　(B)收拾殘盤、搬運餐具
(C)接受客人點酒水、點菜　　(D)負責切肉推車、點心車之推送與服務。

( )32. 下列何者是負責食材進貨、切配菜餚等前置作業，並對餐食原料的成本與份量進行管控？
(A)爐灶師傅　(B)排菜師傅　(C)蒸籠師傅　(D)砧檯師傅。

情境素養題

( )1. 餐廳經理名軒分享他在餐飲業的經歷，他從餐桌擺設、點餐服務、訓練新進人員，接受訂位、引導顧客入座到負責擬定營運計畫與目標等做分享，從過往這些不同的經歷中，名軒認真學習並與團隊合作，才能有今天的成就，請從上述判斷，名軒擔任過的職務不包括下列何者？
(A)Captain (B)Receptionist (C)Manager (D)Cashier。 [6.2]

( )2. "Bus Boy" 一般是餐廳最基層的服務人員，就其負責的工作項目而言，下列何者較為正確？
甲、協助點菜服務　　乙、迎賓帶位　　丙、補足餐具或備品
丁、收拾用過的餐具或殘盤　　戊、負責解決顧客重大抱怨
(A)甲、乙　(B)乙、丙　(C)丙、丁　(D)丁、戊。 [6.2]

( )3. 李大華在餐廳的主要任務與職責是：引導顧客入座，熟悉餐廳的最大容量，掌握餐飲席次的預訂情況並做完善之安排。請問李大華應該是擔任餐廳的哪一種職位？
(A)接待員（Hostess） (B)領班（Captain）
(C)廚師（Chef） (D)助手員（Helper）。 [6.2]

( )4. 在餐廳組織中，下列哪些工作內容是屬於Hostess主要的職責？
甲、負責端送菜餚　　乙、引導顧客入座　　丙、現場座位的安排
丁、熟悉每天訂席情況　　戊、負責員工的在職訓練
(A)甲、乙、丙　(B)甲、丙、戊　(C)乙、丙、丁　(D)丙、丁、戊。 [6.2]

▲閱讀下文，回答第5～6題。

星極大飯店指派宴會部主管阿妹和廚房部主管老蕭策辦一年一度「過年圍爐團圓宴」，結合現有人力資源及增聘工讀生，從除夕到年初二春節期間，為消費者提供溫馨有年味的環境與美味吉祥佳餚。協調會議中，老蕭建議阿妹在餐飲服務流程中加入「說菜」的程序，透過服務人員解說年菜的涵義，並以吉祥話祝賀賓客提升顧客滿意度。

( )5 請問阿妹、老蕭和員工等結合的臨時團隊，屬於何種組織結構？
(A)功能型組織　(B)產品型組織　(C)專案型組織　(D)顧客型組織。 [6.1]

( )6. 老蕭給阿妹建議是行使哪一種職權方式？
(A)直線職權　(B)幕僚職權　(C)主管命令　(D)專業分工。 [6.1]

歷屆試題

( )1. 下列哪一種餐飲組織，其結構的優點為便於管理、溝通，營運功能較佳，唯其缺點為編制員額增加，人事成本較高？
(A)功能型組織 (B)產品型組織 (C)簡單型組織 (D)矩陣型組織。 [102統測]

( )2. 下列哪一種職位在餐廳中屬於獨立職位，負責開立酒單、管理酒窖、選購葡萄酒等相關事項，且在顧客用餐時介紹葡萄酒與協助顧客點酒、開酒、過酒等服務？
(A)Bartender (B)Sommelier
(C)Commis de vin (D)Bar Captain。 [102統測]

( )3. 在中餐廚房組織中，下列何者為爐灶師傅下設的廚師，其必須具備反應好、傳遞迅速、吃苦耐勞等特質，對菜餚的整體造型有概念，且能勝任菜餚擺盤及掌控上菜順序等工作？ (A)上什 (B)墩子 (C)白案 (D)料清。 [102統測]

( )4. 下列何者不是建立餐旅組織系統的主要目的？
(A)組織圖顯示指揮幅度
(B)顯示可能的升遷管道
(C)減少合作，可強化各部門間彼此競爭關係
(D)了解個人工作權責與其他員工的相互關係。 [103統測]

( )5. 下列何者為餐廳內場工作人員Executive chef主要負責之工作內容？
(A)負責所有標準化生產流程、食譜研發及成本控制之工作
(B)負責所有點心房餅乾、蛋糕與甜點製備之工作
(C)負責所有燒烤與油炸類菜餚製備之工作
(D)負責所有桌邊烹調與供應各式飲料之工作。 [103統測]

( )6. 在餐廳的組織中，工作職級由低到高排列，下列何者正確？
(A) 餐廳：服務生（練習生）、服務員、領檯接待員、領班、經理、總經理
(B) 中式餐廳：爐灶燒烤蒸籠點心及冷盤師傅、主廚、副主廚、行政總主廚
(C) 餐廳外場：服務生、資淺領班、資淺接待員、資深領班、資深接待員、服務經理、服務副理、總經理
(D) 西式餐廳：廚務領班、餐廳主廚、燒烤肉房冷廚醬汁及點心房廚師、三廚、二廚、廚助、副主廚、行政總主廚。 [103統測]

( )7. 西式廚房中，Garde Manger廚師主要負責的工作為
(A)挑選、切割與烹煮蔬菜
(B)負責所有糕點烘焙產品製作
(C)廚房人事、訓練、菜單開發與設計、成本控制等工作
(D)負責冷盤、開胃點心、自助餐檯展示、蔬果與冰雕裝飾。 [103統測]

( )8. 依工作內容與性質之不同，將大型餐廳分為餐廳部、廚房部、飲務部、餐務部與採購部之組織架構，此為下列哪一種組織類型？
(A)簡單型 (B)產品型 (C)功能型 (D)地區型。 [104統測]

( )9. 述明餐廳工作職務名稱、直屬主管、主要職掌任務與其他部門的關係等內容，使員工了解其職責與工作內涵，這種資料是指下列何者？
(A)Job specification　　(B)Job sheet
(C)Job list　　(D)Job description。 [104統測]

( )10. 西餐廚房中，專職各種蔬菜之製備的廚師為下列何者？
(A)Entremetier　　(B)Butcher Cook
(C)Garde Manger　　(D)Patissier。 [104統測]

( )11. 中式廚房內，主要的工作內容為出菜控管、菜餚盤飾與修飾的職務名稱是下列何者？　(A)砧板師傅　(B)爐灶師傅　(C)白案師傅　(D)排菜師傅。 [104統測]

( )12. 關於餐飲組織設計之原則，下列何者是「Job Assignments」的涵義？
(A)按照員工內外在條件，分別指派適當工作
(B)員工只接受一位上級主管指揮，以免混淆
(C)一位餐廳主管所能夠有效督導員工的人數
(D)上級主管給予權力，加速處理餐廳的問題。 [105統測]

( )13. 下列何者是在餐廳客人面前提供現場切割餐食服務的人員？
(A)Bus Person　(B)Hostess　(C)Trancheur　(D)Wine Steward。 [105統測]

( )14. 關於中式廚師職務之名稱，下列何者是負責蒸籠相關工作？
(A)水鍋　(B)紅案　(C)白案　(D)打荷。 [105統測]

( )15. 關於餐飲從業人員主要工作內容與職掌名稱，下列何者錯誤？
(A)職掌冷盤、開胃點心的廚師稱為Garde Manger
(B)能展現熟練切割技巧，負責在顧客前現場切割肉類者稱為Trancheur
(C)調製雞尾酒飲料與各類非酒精性飲料者稱為Sommelier
(D)迎賓帶客、安排與帶領客人入座者稱為Reception Maitre d'Hotel。 [106統測]

( )16. 餐飲部門運作中，主要負責餐飲部各項物料與備品之倉儲工作，是下列哪一個部門？
(A)Storage Department　　(B)Purchase Department
(C)Steward Department　　(D)Catering Department。 [106統測]

( )17. 餐旅業組織中，負責將餐食送到客房中的服務人員，主要是指下列何者？
(A)Chef d'Etage　　(B)Bartender
(C)Receptionist　　(D)Chef de Vin。 [106統測]

( )18. 關於傳統法式餐廳人員編制組織，下列何者的職稱最高？
(A)Chef de Rang　　(B)Commis de Suite
(C)Premier Maître d'Hôtel　　(D)Maître d'Hôtel de Carré。 [106統測]

( )19. 關於西式廚房人員職掌與名稱，下列何者正確？
(A)Sous Chef：主廚　　(B)Pantry Chef：爐烤師
(C)Pastry Chef：點心師　　(D)Butcher Chef：冷盤師。 [107統測]

6-18

( )20. 負責各種酒類管理、儲存、銷售與服務的部門，下列何者正確？
(A)Beverage Department　　(B)Linen Department
(C)Purchasing Department　　(D)Storage Department。 [107統測]

( )21. 關於餐飲從業人員的職掌，下列敘述何者錯誤？
(A)負責製作高湯與醬汁者稱為Saucier
(B)負責為客人調製雞尾酒者稱為Bartender
(C)協助主廚督導廚房工作的副主廚稱為Chef de Rang
(D)餐廳經理稱為Directeur de Restaurant。 [107統測]

( )22. 關於餐旅組織工作設計的敘述，下列何者錯誤？
(A)Job Description包含工作的內容、特質、職掌及作業方法
(B)Delegation是指單位組織中統一指揮的幅度
(C)Span of Control是單位中主管有效管轄的部屬人數
(D)Job Assignment是指將每一位員工依工作條件分配適當工作。 [108統測]

( )23. 餐飲部門中，主要負責各種訂席、會議、酒會、聚會、展覽等業務，及會場佈置與服務的部門為下列何者？
(A)Administration Department
(B)Steward Department
(C)Banquet Department
(D)Purchasing Department。 [108統測]

( )24. 關於中餐廚房工作人員的職掌，下列何者錯誤？
(A)紅案負責烹調前之調配菜料以及切配食材
(B)水檯負責熬煮高湯，以及發、煲各種乾料
(C)白案負責製作各式點心、麵食，以及甜點
(D)打荷負責擺盤與菜餚裝飾。 [109統測]

( )25. 餐廳顧客於用餐過程中，欲瞭解葡萄酒產區、年份及品種等資訊，應由下列哪一位人員來介紹較為合適？
(A)Chef de Vin　(B)Executive Chef　(C)Saucier　(D)Trancheur。 [109統測]

( )26. 小明對餐廳工作很有興趣，喜歡接待客人，擅長熟記他人的名字與喜好，且與同儕協調溝通良好。依據小明的個人特質，下列哪一項工作職務較適合推薦小明應徵？
(A)採購人員　(B)餐務人員　(C)領檯人員　(D)廚房助手。 [110統測]

( )27. 關於組織結構中之產品型組織，下列敘述何者正確？
(A)組織架構扁平化　　(B)產品部門權責分明
(C)比較節省人力成本　　(D)依工作性質專業分工。 [110統測]

( )28. 中式廚房的工作職掌中，「七分刀工、三分火工」說明下列何者與爐灶師傅並列為最重要的兩個職務？
(A)蒸籠師傅　(B)砧板師傅　(C)打荷師傅　(D)冷盤師傅。 [110統測]

(　　)29. 星空餐廳預計新聘工作人員，貼出以下人才招募海報如下圖所示，下列何種職務名稱符合公告內容？
(A)cashier　(B)chef　(C)greeter　(D)runner。 [111統測]

```
徵 人才招募
工作內容：
 1. 現場帶位、接待＆指引客人
 2. 接聽電話及線上訂位
 3. 餐廳營業準備
 4. 協助外場服務
管理責任：不須負擔管理責任
上班時段：日班/晚班，需輪班
休假制度：依公司規定
可上班日：一個月內
歡迎加入我們這個大家庭！
期待您的加入～
```

(　　)30. 西式餐廳中負責製備沙拉、菜凍、肉凍及開胃點心等的人員是下列何者？
(A)butcher cook　　　　(B)pastry cook
(C)pantry cook　　　　(D)vegetable cook。 [112統測]

(　　)31. 小明在一間中式餐飲事業任職，他的工作除了負責烤鴨、燒臘之外，還要負責出菜時所有菜餚盤飾與修飾的傳菜管控。有關小明的職稱，下列何者正確？
(A)燒烤與打伙師傅　　　　(B)點心與蒸燉師傅
(C)燒烤與冷盤師傅　　　　(D)點心與紅案師傅。 [113統測]

(　　)32. 小威在法國應徵廚房工作，擅長及喜歡製作冷前菜、冷盤及冰雕等工作，他應該應徵下列何種工作職務？
(A)Butcher　(B)Garde Manger　(C)Rôtisseur　(D)Saucier。 [113統測]

CH6 餐飲業的組織與部門

答案與詳解

實力加強

6.1節

1. D　2. C　3. D　4. C　5. D

6.2節

1. C　2. C　3. D　4. B

搶分終點線

1. C	2. B	3. C	4. B	5. A	6. A	7. C	8. C	9. B	10. B
11. B	12. B	13. C	14. A	15. D	16. B	17. C	18. B	19. A	20. D
21. C	22. C	23. A	24. A	25. D	26. A	27. C	28. B	29. C	30. C
31. B	32. D								

情境素養題

1. A　2. C　3. C　4. B　5. D　6. C

歷屆試題

1. B	2. B	3. D	4. C	5. A	6. A	7. D	8. C	9. D	10. A
11. D	12. A	13. C	14. A	15. C	16. A	17. A	18. C	19. C	20. A
21. C	22. B	23. C	24. B	25. A	26. C	27. B	28. B	29. C	30. C
31. A	32. B								

詳解

28. 爐灶師傅擅長火候掌控、砧板師傅擅長刀工。

29. cashier：出納員。chef：主廚。greeter：領檯員。runner：傳菜員。

NOTE

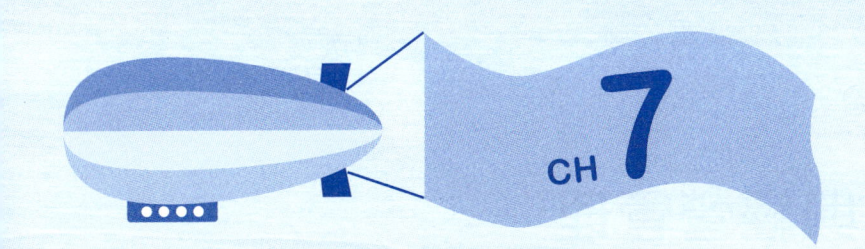

CH 7 餐飲業的經營概念

⚓ 本章學習重點

節名	常考重點	
7.1 餐飲業的籌設與經營管理	• 餐飲業基本經營理念－QSCV	★★☆☆☆
7.2 外場經營實務	• 收拾殘盤的3S原則	★★☆☆☆
7.3 內場經營實務	• ABC物料分類法 • 西餐烹調法	★★★☆☆
7.4 製程與成本的控制	• 餐飲成本區分 • 切割、烹調、烹調後切割耗損率、產出率計算 • 標準採購、標準得利、標準食譜、標準份量 • 常用度量衡單位換算 • 直接成本與間接成本的控制 • 餐飲物料成本率、食物成本率計算	★★★★★
7.5 食品衛生與員工管理	• 馬斯洛需求層級理論 • 預防食物中毒	★★★★☆
7.6 餐飲業常見的經營問題	• 座位周轉率	★☆☆☆☆

★ 統測命題分析

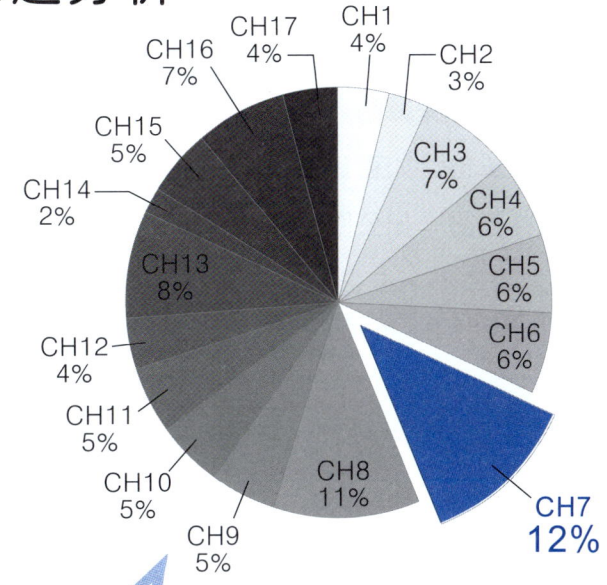

- CH1 4%
- CH2 3%
- CH3 7%
- CH4 6%
- CH5 6%
- CH6 6%
- **CH7 12%**
- CH8 11%
- CH9 5%
- CH10 5%
- CH11 5%
- CH12 4%
- CH13 8%
- CH14 2%
- CH15 5%
- CH16 7%
- CH17 4%

7.1 餐飲業的籌設與經營管理

7.1.1 餐飲業的籌設

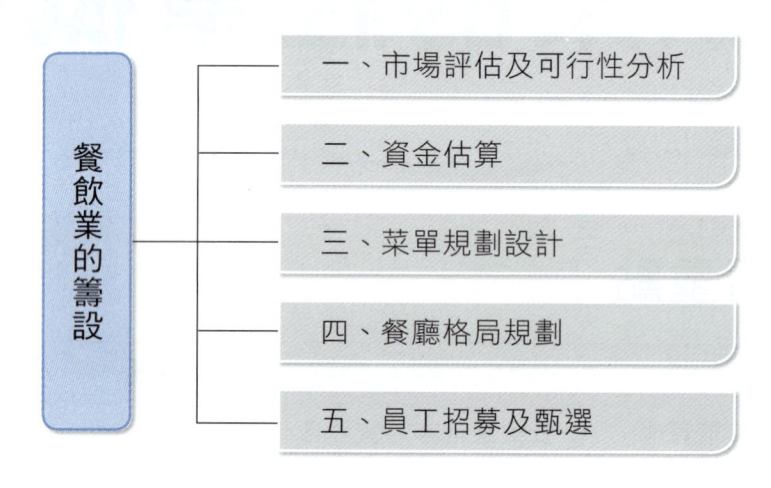

```
                ┌─ 一、市場評估及可行性分析
                │
                ├─ 二、資金估算
                │
餐飲業的籌設 ───┼─ 三、菜單規劃設計
                │
                ├─ 四、餐廳格局規劃
                │
                └─ 五、員工招募及甄選
```

一、市場評估及可行性分析 109

步驟	說明
分析競爭環境	1. **瞭解餐飲業**：概況與發展趨勢 2. **分析欲開設餐廳的競爭態勢**：如競爭對手的家數、特色、優缺點等
確定目標顧客	1. **分析客源**：如觀光客、在地居民、學生、上班族等 2. **排列客源優先順序**：從中確立主要客源，如觀光客
選定開業地點	評估項目： 1. **人潮**的多寡 2. **交通／停車**的便利性 3. 附近**相同性質餐廳**的家數 4. 周遭**互利單位**（如百貨公司、商圈）的所在位置 5. 周遭**公共建設**（如公園、藝術展覽館）的所在位置 **結論**：在人潮較多，交通／停車便利，周遭相似餐廳較少，互利單位或公共建設較多的地點開店，可創造較高收益
設定經營方式及規模	設定餐廳的經營型態、特色、服務方式、客容量、營業時間等
評估營業獲利	試算預期利潤（預期營業收入－預期成本費用），評估營業可行性

二、資金估算

項目	說明
裝潢費用	評估合理的裝潢費用，避免超出資金預算
租金費用	若向他人租賃店面，須考慮店面押金及租金；押金一般是以租金的二倍來計算
人事費用	開幕前後所需人事費用，如招募甄選、薪資福利、教育訓練等費用
設備器具費用	採購生產設備器具（如爐灶、鍋具）、經營設備器具（如桌椅、餐具）及輔助設備器具（如置物櫃、儲物架）等費用
行銷推廣費用	宣傳單、優惠券、廣告等費用

三、菜單規劃設計

設計要點	1. 符合3S原則： • 簡單（Simple）：一目了然 • 標準（Standard）：餐點份量與內容有固定標準 • 特殊（Special）：與眾不同 2. 符合餐廳的風格特色 3. 考量供餐方式（如單點、套餐等） 4. 劃分餐點類別（如開胃菜、主菜、湯品、飲料、點心等）
菜單內容	餐廳資訊　例如　餐廳名稱、商標、地址、電話、營業時間等 餐點資訊　例如　餐點名稱、圖片、價格、烹調方式、供應時段等 其他資訊　例如　服務費、最低消費金額、額外費用等

四、餐廳格局規劃

1. 認識餐廳格局　105

區域	說明
外場 Front of the House	(1) 包括出入口、等候區、用餐區、櫃檯區及客用洗手間等 (2) 用餐區為外場的規劃重點
內場 Back of the House	(1) 包括廚房、倉庫、餐務區、辦公室、員工休息區等 (2) 廚房與倉庫為內場的規劃重點

2. 設計考量　101　102　104　105　106　107　108　109　112

設計考量	說明
出入口的規劃	(1) 正門設計宜**醒目顯著** (2) 可於門口告示餐廳營業時段、菜單、餐點優惠等訊息 (3) 玄關空間應足夠容納尖峰時段顧客進出及便於迎賓送客
⭐ 用餐區域的配置	(1) 桌次與桌次之間應保持適當的距離 (2) 椅子的擺放應考量顧客入座後與鄰桌的距離 (3) 桌椅採**對角配置**有利於節省空間充分利用窗邊、牆邊的空間，可增加餐廳的座位數 平行配置走道空間較小　對角配置走道空間較大　善用窗邊、牆邊，可增加座位數 (4) 洗手間出入口不宜安排座位 (5) 自助餐的餐檯與用餐區之間應保持適當的距離
面積占比的配置	(1) 廚房佔餐廳總面積約**1/3** (2) 倉庫佔餐廳總面積約**1/10** (3) 廚房空間約**70%**為通道及活動空間，**30%**為設備擺放空間
⭐ 溫度／溼度的設定	(1) 外場溫度**21～24°C**，相對溼度**55%～65%** (2) 廚房溫度**20～25°C**，相對溼度**50%～60%** 因廚房有熱氣，故空調設定為16～18°C
⭐ 氣流氣壓的調節	(1) 廚房氣壓（**負壓**）＜外場氣壓（**正壓**） (2) 使外場氣流流向廚房，可避免烹調油煙味流向外場
⭐ 燈光亮度的調整	(1) 一般作業區（如行政區、員工休息室）照明**100米燭光**以上 (2) 工作檯面**200米燭光**以上
⭐ 廚房設備位置的安排	**爐檯、水槽、冰箱**為**工作三角形** → 距離越小越省時省力（距離總和以不超過600cm為宜）
供水及排水系統的設置	(1) 排水溝**明溝加蓋**，溝底呈圓弧角並稍微傾斜，以利排水 (2) 排水溝寬度至少**20公分**，深度至少**15公分** (3) 地下水源與化糞池、廢棄物堆積場所的距離至少**15公尺** (4) 洗手間與廚房的距離至少**3公尺**

3. 廚房格局類型 102 103 105 106 112

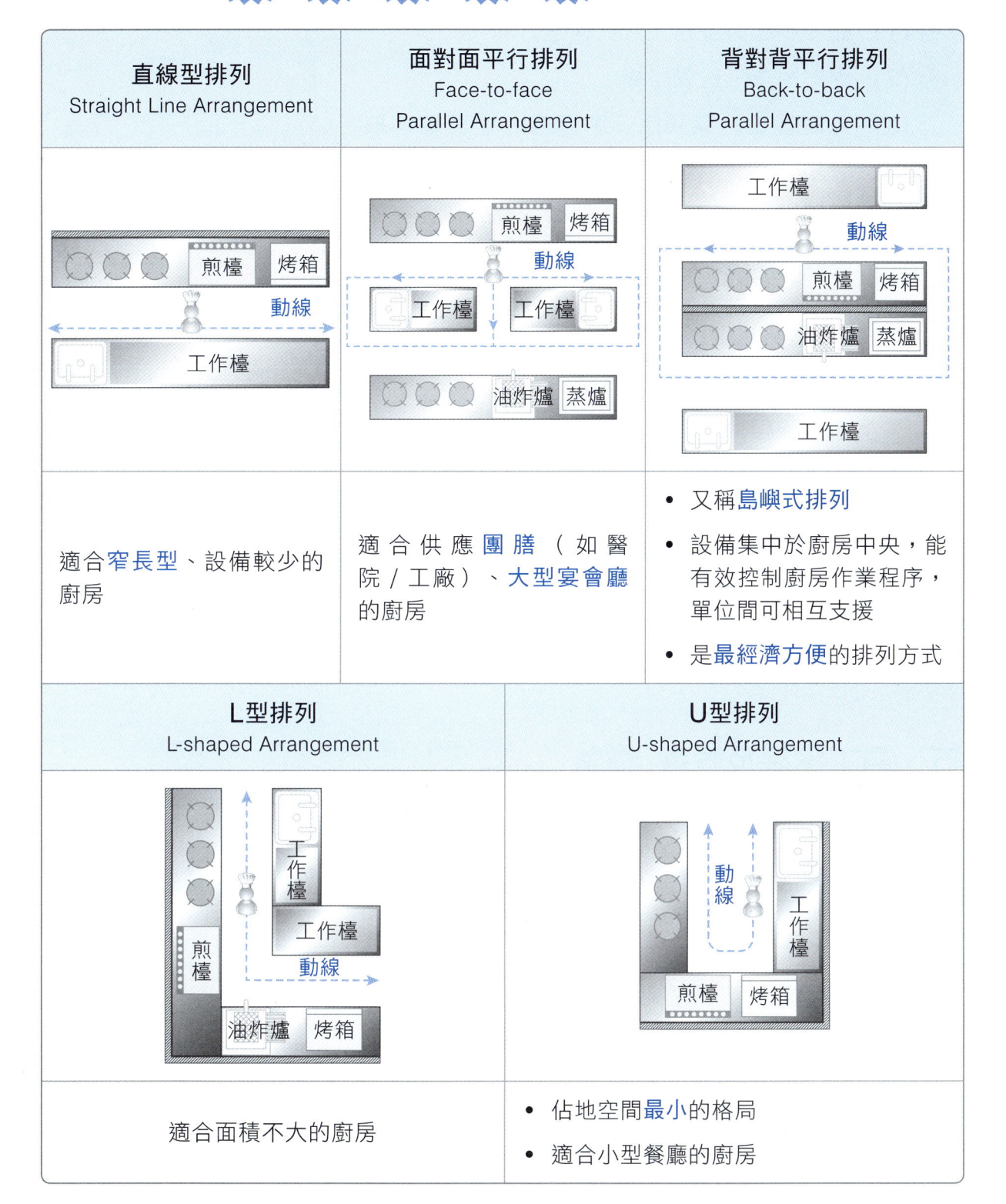

直線型排列 Straight Line Arrangement	面對面平行排列 Face-to-face Parallel Arrangement	背對背平行排列 Back-to-back Parallel Arrangement
適合**窄長型**、設備較少的廚房	適合供應**團膳**（如醫院／工廠）、**大型宴會廳**的廚房	• 又稱**島嶼式排列** • 設備集中於廚房中央，能有效控制廚房作業程序，單位間可相互支援 • 是**最經濟方便**的排列方式

L型排列 L-shaped Arrangement	U型排列 U-shaped Arrangement
適合面積不大的廚房	• 佔地空間**最小**的格局 • 適合小型餐廳的廚房

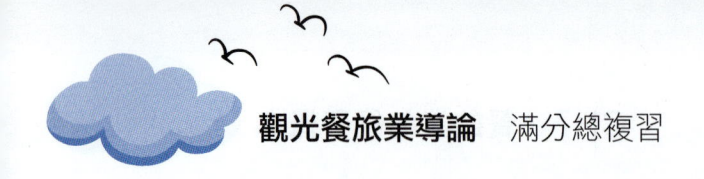

4. 動線規劃之注意事項 `102` `103` `106` `107` `108` `109`

⭐(1) 顧客動線與服務人員動線應分開。

⭐(2) 應縮短員工送餐路線。

(3) 自助餐廳之菜餚應分區擺放，並與顧客取餐動線方向一致。

(4) 廚房出入口的上菜與收盤動線應分開。

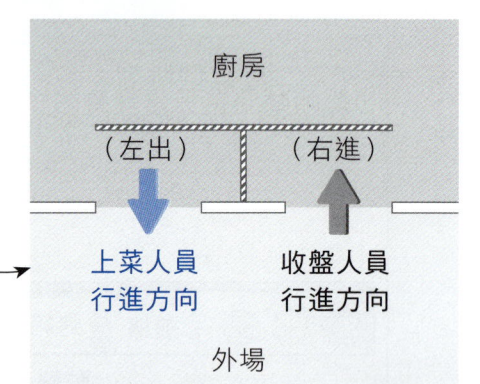

(5) 應設置物料進出專用道。

⭐(6) 廚房區域劃分與食材處理動線詳下表：

廚房區域	污染作業區			準清潔作業區		清潔作業區	
作業流程	進貨驗收	回收洗滌	倉儲	製備切割	烹調	器皿存放	配膳包裝
食材處理動線	→→→→→→→→→→→→→→→→→→→→→→→→→→→→→→→							
廢水水流方向	←←←←←←←←←←←←←←←←←←←←←←←←←←←←←←←							

廚房
（左出）　（右進）
上菜人員行進方向　　收盤人員行進方向
外場

五、員工招募及甄選 `106`

> 「員工推薦」到職率高、工作較穩定
> → 最受餐飲業者喜愛

1. 招募管道

外部來源	徵才廣告、人力仲介、**員工推薦**、建教合作、就業輔導機構（如：職訓中心）
內部來源	從餐廳內部員工直接晉升或調遣

2. 甄選與錄用

方式	說明
筆試 Examination	測驗應試者的專業能力
測驗 Testing	透過智力測驗、性向測驗等評估應試者的智力與發展潛能
面試 Interview	評估應徵者的人格特質是否符合餐廳要求及職位
推薦 Recommendation	由員工或專業人士推薦適合的人選

7.1.2 經營理念與管理

一、餐飲經營理念 103 108

理念	說明
注重產品**品質** **Q**uality	嚴選食材,供應符合顧客需求的餐點,如:符合現代人對一高五低(高纖、低鹽、低糖、低熱量、低脂肪、低膽固醇)的要求
提供良好**服務** **S**ervice	「人」是決定餐飲服務品質的關鍵因素,業者應要求員工秉持「以客為尊」的態度,提供親切周到的服務
確保清潔**衛生** **C**leanliness	• 要求員工保持良好的衛生習慣 • 實施危害分析重要管制點(HACCP)措施
創造顧客**價值** **V**alue	從裝潢、餐具、服務方式或氣氛營造等方面,創造附加價值,讓顧客在消費過程中感到物超所值

簡稱 QSCV

危害分析重要管制點
Hazard Analysis and Critical Control Points, HACCP

起源	由美國太空總署(NASA)於1960年代創立,用來確保太空人食品安全;後來延伸應用至食品製造業上,目前是國際間皆認同的食品安全管理制度
意義	HACCP是針對食品從原料進貨、儲存,到製造、加工、包裝及運送的過程,進行危害人體健康之問題點分析,再依分析結果設定管制點,建立監控程序與監控標準,並採取矯正措施來預防危害發生,以確保食品安全
主管機關	各縣市衛生機構

二、餐飲管理的程序

程序	說明
規劃 Planning	設定目標、制定策略及擬定行動計畫
組織 Organizing	將餐廳所有工作加以統籌劃分,並組合成分工合作的團隊
任用 Staffing	將適當人才用於適當職位,使每位員工皆能發揮所長
領導 Leading	激勵員工努力工作並協調各單位合作,引領員工朝目標前進;藉由全體員工的群策群力,達成營運目標
控制 Controlling	建立能偵察問題、比較差異與修正偏差的控制機制

三、餐飲管理的範疇

1. **餐廳管理**

    對餐廳**外場營運**的控管,其基本目標為:
    (1) 提供清潔衛生、優雅舒適的用餐環境。
    (2) 提供親切專業的服務。

2. **廚房管理**

    對「餐飲製程、食材成本與餐點品質」的控管。

3. **物料管理**

    對「內、外場所需物料」的控管,其基本目標為:

    確保物料**適時**、**適量**、**適價**且**適質**地供應給各單位使用,其主要工作依序為「採購、驗收、倉儲、領料發放」。

4. **餐務管理**

    對**餐具杯皿／烹調器具之採購、清潔、保養與換發**的控管。

5. **設備管理**

    對「設備之選購、驗收、安裝、試用、保養、修理、報廢」的控管。

6. **行銷管理**

    對「刺激消費需求與滿足顧客需求」所進行的管理活動。

7. **財務管理**

    對「餐廳資金／資產之規劃、籌集與運用」的控管;
    由於各種管理活動需財務的支持方能推動,故財務管理為**餐飲管理的基石**。

8. **人事管理**

    對「人力資源」的控管,其內涵如下:

選才	招募甄選合適人才;此為**餐飲人事管理的首要工作**
用才	適才適所
育才	對員工進行教育訓練,提高其工作效率與品質
留才	透過升遷、獎勵、調薪、提供福利等方式,留住**才能高**、**品格佳**、**工作效率**高、**工作年資(經歷)**長的人才

實力加強 7.1

( )1. 下列何者是餐廳招募新進員工的最佳途徑？
(A)員工的介紹 (B)自由應徵者 (C)報紙廣告 (D)其他潛在工作族群。

( )2. 麥當勞（McDonald）為人所樂道的「品質、服務、清潔、價值（QSCV）」，是指下列何者？
(A)經營理念 (B)企業環境 (C)促銷策略 (D)行銷組合。

( )3. 「將餐廳所有的工作加以統籌劃分，並組合成分工合作的團隊」，是哪一項管理功能的發揮？ (A)規劃 (B)組織 (C)領導 (D)控制。

( )4. 對於危害分析重要管理點（HACCP）的敘述何者錯誤？
(A)最初是美國為確保太空人食品安全所設立的管理方法
(B)我國管轄權屬於交通部觀光署
(C)餐飲業對食品安全衛生控制的方法
(D)著重於消費者吃的安全。

( )5. 餐飲業的基本經營理念應含括「QSCV」等四個要項，其中「Q」是指
(A)清潔 (B)服務 (C)價值 (D)品質。

( )6. 下列何者不是餐飲業的基本經營理念？
(A)Quality (B)Study (C)Cleanliness (D)Value。

( )7. 餐飲業在進行人力招募與遴選時，通常會約見應徵者，進行面對面談話，這個方式稱做什麼？
(A)Examination (B)Interview (C)Recommendation (D)Testing。

( )8. 下列何者屬於向內網羅人才的方式？ (A)請員工推薦外界優秀人士 (B)由現職人員直接晉升 (C)利用大眾傳播方式向各界公開徵求 (D)請就業輔導機構介紹適當的求職者參加甄試。

( )9. 夏樂蒂想要開設一家義式餐廳，請問她在下列何種地點開店，較能創造收益？
(A)人潮較少的地點 (B)互利單位較少的地點
(C)公共建設較少的地點 (D)周遭義式餐廳較少的地點。

( )10. 菜單設計應符合「3S原則」，3S不包括
(A)Simple (B)Standard (C)Service (D)Special。

( )11. HACCP在餐飲業的主要目的為： (A)確保食材的供應不斷 (B)維持廚房的工作效率 (C)確保食品衛生安全 (D)維持穩定的人力素質。

( )12. 關於餐廳的籌設與規劃，下列敘述何者錯誤？
(A)在互利單位較多的地點開店，可創造較高收益
(B)不同供餐方式會影響菜單設計
(C)應規劃用餐區與廚房間最短距離，以確保上菜溫度
(D)在外部招募管道中，報紙徵才廣告最受餐飲業者喜愛。

7.2 外場經營實務

一、營業前的準備（Opening Duty）

項目	工作重點
環境清潔整理 House Work	餐廳門面、地面、牆面、天花板、門窗、樓梯、洗手間、傢俱設備、照明設備、空調設備、電梯設備等清潔
餐具杯皿清潔 Side Work	檢查洗滌烘乾後的餐具是否有水漬或指痕； 若有，可將餐具置於熱水上方吸取蒸汽，再以布巾擦拭乾淨
確認預約訂席 Confirming Reservation	與訂席顧客聯繫，確認預約日期、時間、人數及其他需求等
服務前準備 Mise en Place / Put in Place / Everything is Ready	1. **調整桌數**：依顧客要求，以拆桌或併桌方式調整桌數 2. **餐桌佈設**： • 準備足量的檯布、餐具、備品、調味料及公用物品等 • 檯布鋪設 → 餐具／公用物品擺放 → 餐椅擺設
服務前工作檢核	餐廳主管逐一檢查各項營業前準備工作是否確實完成
服務前會議／ 餐前工作會議 Briefing	餐廳**主任**或**領班**召集**領檯員**、**傳菜員**、**服務員**、**服務生**等，以**站立**的形式開會，會議內容包括：宣達公司政策與指示（如促銷菜單）、告知本日訂席狀況、檢查員工服裝儀容並確定責任區分配、檢討前一日工作表現及表揚優秀員工

二、營業中的服務（Service Duty）

1. **服務流程**

   迎賓問候 ➡ 帶位入座 ➡ 倒水（茶）服務 ➡ 接受點餐 ➡ 上菜服務 ➡ 收拾殘盤 ➡ 結帳送客 ➡ 清理桌面 ➡ 重新佈設餐桌

2. **收拾殘盤的3S原則**

刮盤 Scrape	將殘盤中的菜渣刮除
堆疊 Stack	將相同樣式的餐盤堆疊起來
分類 Separate	分類放置餐具，以利運送與洗滌

3. **顧客抱怨處理步驟**

   保持冷靜 ➡ 仔細傾聽並記錄複誦 ➡ 正面溫婉回覆顧客 ➡ 給予合理利益回饋 ➡ 解決問題並追蹤顧客滿意度

三、營業後的檢討及整理（Closing Duty）

檢討 Debriefing	當日營業結束後，外場主管應就營業中發生的問題，召集相關人員進行檢討，避免日後重蹈覆轍
善後整理 Tear-down	1. 清潔場地　　5. 填寫「交／接班備忘錄」 2. 物品歸位　　6. 出納結帳核對 3. 餐桌佈設　　7. 缺損設備器具之請購或報修[註] 4. 餐具送洗　　8. 關閉電源

註：餐廳多半採**目標管理**（Management by Objectives, MBO），來控管餐具在一定期間內的破損率，一般每月可接受的**餐具破損率約為0.6%～1%**。

概念澄清湖

3S原則

主題	收拾殘盤（ch7）	菜單設計（ch7）	連鎖經營（ch5）
3S 原則	刮盤（Scrape） 堆疊（Stack） 分類（Separate）	簡單（Simple） 標準（Standard） 特殊（Special）	簡單化（Simplification） 專業化（Specialization） 標準化（Standardization）

實力加強 7.2

(　)1. 下列何者是服務生收拾碗盤時，「將剩菜刮除」的英文？
(A)Scraping　(B)Sorting　(C)Setting　(D)Storing。

(　)2. 下列何者不是餐廳「Briefing」的內容？
(A)檢查員工服裝儀容
(B)宣達當日的促銷專案
(C)餐桌佈設
(D)指出前一餐期發生的問題並提出改進方法。

(　)3. 下列何者不是「餐廳營業前」的準備工作？
(A)擦拭餐具及杯類
(B)依訂位狀況安排桌面擺設
(C)確認預約訂席
(D)依服務流程上菜給客人。

7.3 內場經營實務

7.3.1 營業前的準備

採購作業 → 驗收作業 → 倉儲作業 → 領料發放作業 → 烹調前置作業

一、採購作業（Purchasing）

餐廳營運所需使用的食材，通常必須透過採購來取得，採購食材的**品質由買賣雙方約定、服務由供應商提供、價格則由採購者支付**。

1. 採購原則

原則	說明
找對**供應商** Right Vendor	選擇與信譽良好的供應商交易，並與供應商維持良好關係，以確保物料供應的品質與穩定性，維持餐廳的競爭地位
買對**品質** Right Quality	是指採購符合餐廳實際用途與需求之品質的物料，而不是指採購 "品質最好的物料"
買對**數量** Right Quantity	瞭解餐廳現有物料的庫存量、市場的消費趨勢以及餐廳的營運需求後，再決定採購數量
價格合理 Right Price	根據物料的規格、採購數量、交貨期限、交貨方式及付款條件等，與賣方商議合理的價格，降低採購成本
準時進貨 Right Time	確保供應商能在約定的時間與地點交貨

2. 採購流程

至少貨比三家

步驟	說明
請購	各部門人員依其需求，填寫請購單（Purchase Requisition），經部門主管簽核決定採購數量與品質後，送交採購部門
搜尋物料資訊	採購部門蒐集欲採購之物料資訊，包括：產品名稱、品質、數量、價格、產地、交貨時間、付款方式、售後服務等
選擇採購方式	如：報價採購、議價採購、市場採購、產地選購、招標採購
下單訂貨	採購部門填寫採購單（Purchase Order），向供應商訂貨

3. 採購方式

採購方式	說明
報價採購	由數家廠商報價，經比價後選擇條件最佳的廠商進貨
議價採購	又稱雙方議價、協議採購。指直接向特定廠商私下議價，常用於緊急採購或購買特殊物品（如專利品）時
市場採購	親自到市場向商家採買，購買數量較彈性，但較難議價
產地採購	直接向物料生產者購買，可用較低的價格採購，但通常須一次採買的數量較多，適用於大型餐廳
招標採購	又稱公開競標。是指發布採購資訊後（發標），由廠商進行投標，並於開標日由價格最低或最有利者得標，再與得標廠商簽約

4. 採購規格說明書（Purchase Specification）

採購規格說明書是用來驗收貨品的依據之一，其記載的內容主要包含產品名稱、產品說明（如：產地、用途、顏色等）、產品等級、單一包裝規格、價格、運送條件。下表以雞蛋為例：

項目		說明
產品名稱		雞蛋
產品說明	產地	彰化
	用途	早餐烹飪食材
	顏色	白
	大小	LL特大，66～72g
包裝規格		420顆 / 箱
⋮		⋮

5. 採購循環

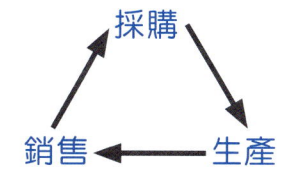

採購 → 生產 → 銷售 → 採購

知識快遞

經濟訂購量（EOQ）

經濟訂購量（Economic Order Quantity, EOQ）為同時考慮儲存成本和訂購成本因素，從中找出這兩個成本加總值最小的訂購量。

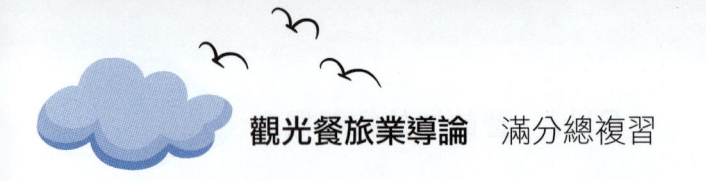

二、驗收作業（Receiving）

驗收作業通常是由**專責人員**，依據**採購規格說明書**、**訂貨單**、**進貨單**等進行驗收；**採購人員不得兼任**，以防弊端。以下分別介紹驗收流程及驗收方式。

1. 驗收流程

流程	說明
驗收前準備	• 瞭解掌握貨品的規格、交貨日期及交貨地點 • 準備適當的驗收工具
檢查貨品規格	• 比對各單據（如訂貨單、進貨單）之貨品名稱、數量等是否相同 • 檢查貨品的品質及規格是否符合採購標準 • 若驗收的數量太過於龐大，可採抽樣方式檢查貨品規格
清點入庫	• 清點貨品數量，將貨品送至各類倉庫，交由倉儲人員存放 • 填寫**驗收單**

2. 驗收方式（檢查貨品規格） 105

方式	說明
目視驗收	以**簡單的測量儀器**（如尺、磅秤）即可驗收，是最常使用的驗收方式，又稱**一般驗收**、**普通驗收**
技術驗收	當物料無法目視驗收時，由**技術人員**以**特殊儀器**驗收
試驗驗收	除採目視或技術驗收之外，還需經**技術試驗**或**專家複驗**來確定貨品的品質（如貢丸是否添加硼砂）
抽樣檢驗驗收	**進貨量大**時，為節省時間，通常會採取抽樣檢驗的方式
發票驗收	當採購物料送達時，廠商的發貨單或發票也會同時送達； 發票驗收即是根據發貨單或發票來進行物料驗收

（耗時最久：試驗驗收）

三、倉儲作業（Storage）

1. 倉儲原則 109

原則	說明
分類擺放	儲物架上之物品應分類擺放，並標示物品名稱、規格等詳細資料
離地擺放	所有物品整齊置於儲物架上，且最底層須離地**至少20公分**
方便拿取	• **重物**及**常用之物品**應放置在**近入口處** • 儲物架高度不可超過**190公分**，材質以**不鏽鋼**為佳

2. **倉儲流程**

   分類擺放物料 ➡ 建立庫存紀錄 ➡ 透過盤點隨時掌控庫存數量

3. **倉儲管理** 104

   (1) **重點分類管理法（ABC物料分類法）**

   依**物料價值的高低**，將物料分為A、B、C三類：

物料	價值	數量	管控程度	盤點次數	釋例
A類	高	少	嚴格	多	松露
B類	中	中	適中	中	雞肉
C類	低	多	寬鬆	少	調味料

   (2) **安全庫存量與最低庫存量**

   每項物料均應訂出其**安全庫存量**（Safety Stock）；

   每項物料的最低庫存量＝(每日平均耗損量×進貨所需天數)＋安全庫存量。

4. **中央倉儲**

   大型連鎖餐廳一般會將物料集中儲存管理，稱為「中央倉儲」。

   優點 節省儲存空間、減少工作之重複、便於集中檢驗及盤存。

   缺點 倉儲地點不易尋找、儲存的物料過多。

四、領料發放作業 109

發放原則	先進先出（FIFO）
領料發放流程	STEP 1 使用單位填寫**請領單**（Requisition Form）並經單位主管簽核 STEP 2 倉儲部門**主管簽核** STEP 3 倉儲人員**發放物料** STEP 4 倉儲人員**填寫每日發放記錄表**及**每日庫存表**
存貨盤點	每月月底依當月之領料單進行 存貨盤點，以利**標準存貨量**的控管 • 盤點方法：定期盤存法（實地盤存法）、永續盤存法（帳面結存法） • 盤點功能：可作為訂貨採購、財務記帳、存貨差異與產能控制的依據

存貨差異
(期初存貨＋本期進貨)－(銷售數量＋期末存貨)

五、烹調前置作業 🏷112

步驟	說明
準備原料及器具	1. 檢查原料是否充足 2. 冷凍食材預先解凍 3. 準備所需使用的器具（如菜刀、砧板）
清洗食材	1. 洗滌原則：先洗 低污染性食材，再洗 高污染性食材 2. 洗滌順序：乾貨 ➡ 加工食品（素）➡ 加工食品（葷）➡ 蔬菜類 ➡ 牛肉 ➡ 豬肉 ➡ 雞肉 ➡ 蛋 ➡ 海鮮
切割物料	1. 砧板使用[註] 　(1) 數量： 　　・至少準備2塊（生、熟食分開） 　　・至少準備4塊（蔬菜類、肉類、海鮮、熟食分開） 　(2) 分類（以「西餐烹調丙級術科檢定」規定為例）： 　　・綠色砧板→蔬菜　　・藍色砧板→海鮮 　　・紅色砧板→肉類　　・白色砧板→熟食 　(3) 清潔：使用後立即清洗、消毒，並側立或豎立擺放 　(4) 消毒方法： 　　・熱水（80～85℃）浸泡　・日光曝曬 　　・氯液（200ppm）浸泡　・紫外線照射 2. 刀具選擇 　(1) 薄刀：又稱片刀，刀身較薄；適合切絲、切片、切丁等 　(2) 厚刀：又稱剁刀，刀身較厚；適合斬、劈、拍等 　(3) 尖刀：適用雕刻食材等精細刀法 　※注意：生、熟食用之刀具應 分開使用 3. 刀具清潔 　(1) 刀具使用後應 立即清洗 並擦乾水份（鐵製刀具須另上油防止生鏽） 　(2) 刀具應定期研磨，以保持刀鋒銳利
預先烹調	下列物料須先烹調，以縮短烹調時間： ・長時間烹調的菜餚或物料（如滷肉） ・先經醃漬、浸泡、漲發或熱處理（如過油、過水）的物料
設定烹調設備	事先預熱烹調設備（如烤箱、蒸籠），以備烹調時使用

註：砧板分為木質、塑膠兩大類，通常木質砧板用來切生食；塑膠砧板用來切熟食。木質砧板適合切剁食物，但易藏汙納垢；塑膠砧板易清洗消毒，但較不適合切剁食物。

CH7 餐飲業的經營概念

知識快遞

中西餐廚房基本刀具及鍋具材質介紹 106 107 108

- **基本刀具介紹**

	名稱	英文名稱	用途
中餐、西餐均有	片刀	Slicer / Slicer knife / Slicing knife	又稱文刀；刀身輕薄、利口，專切不帶骨肉類或蔬菜
	剁刀	Cleaver / Cleaver knife / Butcher knife	又稱武刀；刀身厚重，剁切帶骨肉類、帶殼海鮮
	果雕刀	Paring knife	又稱去皮刀；刀身輕巧短小，用於蔬果切雕、去皮
	削皮刀	Vegetable peeler / Peeling knife / Tournée knife	又稱刨皮刀；削除蔬果表皮或硬質部分
	剪刀	Scissor	常用於裁剪物品、食材等
	刮鱗器	Fish scaler	刮除魚鱗
西餐專有	主廚刀	Chef's knife / Kochmesser	又稱牛刀、法國刀；最常用的基本刀具，刀尖銳細，刀根寬厚
	魚刀	Fillet knife	常用於切取魚菲力
	小彎刀	Bird's peak knife	又稱鳥嘴刀；常用於將蔬果切成橄欖形
	廚叉	Cook's fork	翻轉大塊食物
	西點刀	Serrated knife	又稱鋸齒刀；切割麵包與糕點類
	骨刀	Boning knife	去除肉類骨頭
	檸檬刨絲器	Zester	刨取檸檬、柑橘類細絲
	輪刀	Pastry wheel / Wheel knife	切割麵皮或披薩
	磨刀棒	Steel	簡易磨刀工具，保持刀口鋒利
	肉槌	Tenderizer	槌鬆或拍扁肉類，破壞結締組織，可使肉類柔軟

- **鍋具材質介紹**

材質	英文名稱	說明
生鐵	Cast-iron	可長時間承受高溫，但易生鏽 如：中式炒鍋、鑄鐵鍋、烤盤、煎台
鋁	Aluminum	質地輕軟、價格親民，但易變形、烹調酸性食物會釋放金屬離子 如：西點模型
銅	Copper	傳熱性佳、加熱迅速均勻，但價格高、保養費時 如：西餐鍋具
不鏽鋼	Stainless steel	抗酸鹼不生鏽，加入多種金屬，聚熱效果佳，但傳熱慢
不沾鍋塗層	Nonstick coating	金屬鍋具表面用鐵氟龍或銀石塗層，使食物不易沾黏，減少油量，但不適合長時間加熱
玻璃	Glass	保熱性佳，但易碎
陶瓷	Ceramics	保熱、傳熱性佳，但易碎

7-17

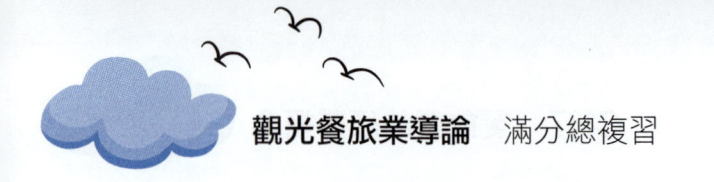

7.3.2 營業中的烹調作業

配菜 ➡ 烹調 ➡ 調味 ➡ 配色及擺盤

一、配菜

依點餐項目準備菜餚所需食材配料,並依序擺放,以便後續烹調作業的進行。

二、烹調

1. 中餐烹調法

類別	說明
熱菜	(1) 乾熱烹調 熱能透過空氣、熱油、輻射或熱金屬將食物焦化 例如 煎、炒、炸、烤、燻、爆、溜、貼、烹、煸、焗、煨烤、鹽焗 (2) 溼熱烹調 熱能透過蒸汽或液體將食物軟化 例如 煮、熬、汆、涮、燒、蒸、羹、燜、煨、扒 (3) 混合烹調 結合乾熱烹調與溼熱烹調,如:先炒後煮 例如 燴、燉、焗
冷菜	常見的烹調方式有:拌、醃、滷、醉、醬、熗
甜菜	常見的烹調方式有:蜜汁、拔絲、掛霜

2. 西餐烹調法 104 107

類別		烹調法		菜餚釋例
食物具有香酥脆口感 { 乾熱法 / 焦化法 Dry-heat Cooking	煎	Pan-fry		香煎迷迭雞
	炸	Deep-fry		油炸明蝦
	炒	Stir fry / Sauté		鮭魚炒飯
	燒烤	Roast		燒烤香蒜牛排
	烘焙	Bake		麵包
	炙烤 / 上火燒烤	Broil		炙烤沙朗牛排
	碳烤	Grill		碳烤豬肋排
	焗烤	Gratin		焗烤海鮮筆管麵
	乾燒 / 熱封	Pan Sear		乾燒鱸魚
食物不具香酥脆口感 { 溼熱法 / 軟化法 Moist-heat Cooking	蒸	Steam		清蒸鱸魚排
	沸煮	Boil		水煮蛋（Boiled Egg）
	慢煮 註1	Simmer		牛肉南瓜湯
	微煮 註2 / 低溫煮	Poach		水波蛋（Poached Egg）
	燙煮 / 過水	Blanch		川燙花椰菜
溼熱混合法 Combination Cooking	燉	Stewing		紅酒燉牛肉
	燜	Braising		米蘭犢牛膝
	蜜 / 上釉色	Glaze / Coating		蜜汁照燒烤雞腿

註1：慢煮溫度：85～96°C。
註2：微煮溫度：71～82°C。

三、調味

1. 中餐調味

類別		調味料釋例
基本調味	酸味	醋、番茄醬
	甜味	糖
	辣味	辣椒
	鹹味	鹽、醬油
	麻味	花椒、胡椒
	鮮味	味素、魚露
複合調味	糖醋	以「糖、醋、番茄醬、水＝1：1：1：1」的比例調合而成
	三杯	以「1杯醬油、1杯麻油、1杯米酒」的比例調合而成，故稱三杯
	宮保	乾辣椒[註]
	椒麻	混合花椒粉、辣椒粉、辣油等調味料
	五香	混合八角、丁香、花椒、陳皮、肉桂等調味料

註：一般的生辣椒，其味道是 "純粹的辣"，故為基本調味；
　　曬乾後的辣椒，其辣味帶有 "些許苦甘"，故為複合調味。

2. 西餐調味

類別	說明
醋	• 一般使用於調製沙拉醬，或軟化食材組織用 • 常見的有酒醋、米醋、義大利黑醋
油	常使用奶油來增加食物香氣，橄欖油來調製沙拉或烹調用
香料	常使用胡椒、豆蔻、月桂葉來調味或裝飾
醬汁	常見的有蘑菇醬、荷蘭醬、BBQ醬、塔塔醬、千島醬、白酒醬等

四、配色及擺盤

擺盤方式	鋪底 ➡ 排邊 ➡ 蓋頂
配色及擺盤原則	• **藝術與美感兼具**：盤中各食材色彩應調和搭配；裝飾物應達畫龍點睛的效果，且須為可食用的食材，並經滅菌處理 • **食物份量適中**：食物佔盛裝器皿之80% • **食材比重恰當**：主食材：副食材＝$\frac{2}{3}：\frac{1}{3}$

7.3.3 營業後的整理及檢查

一、清潔整理

項目	說明
處理剩餘食材	分類擺放、適當儲存
清理器皿用具	• 洗滌流程為：預洗（Pre-rinse）➡ 洗滌（Wash）➡ 沖洗（Rinse）➡ 殺菌（Sanitize）➡ 烘乾（Air-dry）註 • 待洗器具不可直接置於地面 • 抹布、菜瓜布、砧板等器具應定期清洗消毒
清潔場地設備	清潔工作檯、爐檯等設備；刷洗牆面、地面、排水溝等
垃圾廚餘	分類放置回收處，廚餘來不及清運應予以冷藏

註：三槽式洗滌過程是指：洗滌槽、沖洗槽、殺菌槽。

二、安全檢查

1. 烹調設備、水源、瓦斯、空調、照明等設備：電源是否確實關閉。
2. 冷凍冷藏設備：溫度及運轉是否正常，門扉是否緊閉並上鎖。

知識快遞

餐具、毛巾、抹布的有效殺菌法 111

根據衛生福利部「食品良好衛生規範準則」，餐具、毛巾及抹布可採下列方式殺菌消毒。

殺菌法		消毒餐具	消毒毛巾、抹布
煮沸	100°C的沸水	煮沸1分鐘以上	煮沸5分鐘以上
蒸汽	100°C的蒸汽	加熱2分鐘以上	加熱10分鐘以上
熱水	80°C的熱水	加熱2分鐘以上	－
氯液	濃度不低於200ppm	浸泡2分鐘以上	－
乾熱	110°C的乾熱	加熱30分鐘以上	－

實力加強 7.3

( )1. 下列哪一項屬於濕熱烹調法？
(A)Roasting　(B)Grilling　(C)Pan-frying　(D)Steaming。

( )2. 下列有關「廚房衛生注意事項」之敘述，何者不正確？
(A)處理生食與熟食用之砧板、刀具各備兩套分開使用
(B)待洗的食品、容器及器具先暫放於地上
(C)蔬果、水產、畜產原料或製品分類儲藏
(D)清潔用品和調味品不放置在一起。

( )3. 採購規格說明書的內容一般不包括
(A)產品包裝　(B)產品品質　(C)產品銷售量　(D)運送條件。

( )4. 餐廳採ABC物料分類法將物料分成三類，是依照下列何種原則來分？
(A)消耗程度　(B)價值性　(C)特性　(D)營業用途。

( )5. 一般食材在發貨時，我們依何種存貨轉換系統運作？
(A)先進後出　(B)後進先出　(C)先進先出　(D)快進慢出。

( )6. 採「煮沸殺菌法」來消毒抹布，應至少煮沸幾分鐘以上？
(A)2分鐘　(B)3分鐘　(C)4分鐘　(D)5分鐘。

( )7. 飯店餐廳各部門至庫房領取貨品，通常需填寫何種單據？
(A)請領單　(B)採購單　(C)食品飲料追加單　(D)驗收單。

( )8. 水波蛋是以軟化作用（濕熱烹調法）中的哪一種烹調法煮成的？
(A)沸煮（Boil） (B)慢煮（Simmer）
(C)低溫煮（Poach） (D)燙煮（Blanch）。

( )9. 下列何者不是採購目的所要達到的宗旨？
(A)維持適當的物料供應 (B)增加業者的投資額度
(C)維持適當的物料品質 (D)維持公司的競爭地位。

( )10. 要檢驗貢丸是否添加硼砂，我們通常會採用何種驗收方式？
(A)技術驗收　(B)目視驗收　(C)一般驗收　(D)百分之百檢驗驗收。

( )11. 下列哪一個不是招標採購過程中必須的步驟？
(A)編號存貨　(B)訂定合約　(C)決標　(D)開標。

( )12. 下列哪一項不是餐飲物料管理原則？
(A)力行先進先出
(B)注意最低庫存量
(C)乾濕物料合併儲存
(D)填寫每日發放紀錄表。

7.4 製程與成本的控制

7.4.1 製程控制

一、製程控制的方式 101 105 108 110

方式	說明
標準採購 Standard Purchasing	制定各項物料的**標準採購規格**（如大小、重量、等級），以確保各項物料的質量統一
標準得利 Standard Yield	1. 成本因子（Cost Factor）：是指食材的耗損，如肉品、魚蝦、蔬菜等物料，在經烹調切割成為菜餚的過程，所產生的耗損 2. 將成本因子控制在合理的比率內：確保**標準產量**（Standard Production）的穩定性
★ 標準食譜 Standard Recipe	1. 將菜餚製作程序**書面化**：確保廚師在任何時間烹調同一種菜餚的質量一致 2. 標準食譜包含的內容： 　(1) 菜名、類別　　　　(5) 烹調溫度與時間 　(2) 材料名稱與數量　　(6) 製成後的份數與份量 　(3) 烹調器具　　　　　(7) 盛裝器皿與盤飾 　(4) 製備方法與步驟 3. 建立標準食譜的優點： 　(1) 促使製備流程標準化，確保每道菜餚的質量一致 　(2) 有利於食材的採購、**食物成本的精算與控制**註 　(3) 可作為菜餚訂價的參考 　(4) 可作為新進廚師的教育訓練資料
標準份量 Standard Portion	使用標準度量工具（如磅秤、量匙、量杯）來量取食材數量，以製作出符合標準份量的菜餚

註：歐美國家認為**標準食譜**的主要目的在於**成本控制**，且是**食物成本控制**的首要步驟。
　　有些大型餐廳會設立**中央廚房**來維持食物品質。

二、常用度量單位換算

1. 重量單位

名稱	重量	單位換算
1公斤（kg）	1,000g（公克）	
1台斤	600g	
1市斤	500g	• 1公斤＝2.2英磅
1兩（台兩）	37.5g	• 1台斤＝0.6公斤＝16兩
1錢	3.75g	• 1兩　＝10錢
1英磅（Pound）	454g	• 1英磅＝16盎司
1盎司（Ounce）	28.35g（約30g）	

2. 容積單位

名稱	容積	單位換算
1公升（Liter）	1,000cc	
1杯（Cup）	236cc（約240cc）	• 1cc＝1公撮＝1毫升（ml）
1湯匙/大匙（Table Spoon）	15cc	• 1杯＝240cc＝16湯匙＝8液盎司
1茶匙/小匙（Tea Spoon）	5cc	• 1湯匙（T）＝3茶匙（t）
1吧匙（Bar Spoon）	2.5cc	• 1茶匙＝2吧匙
1液盎司（Fluid Ounce）	29.57cc（約30cc）	• 1純飲＝1液盎司
1純飲（Shot）	30cc	• 1加侖＝4夸脫＝8品脫
1加侖（Gallon）	3,785cc	• 1夸脫＝2品脫
1夸脫（Quart）	946cc	• 1品脫＝2杯
1品脫（Pint）	473cc	

概念澄清湖 — 盎司（Ounce）vs. 液盎司（Fluid Ounce）

度量單位	盎司（Ounce）	液盎司（Fluid Ounce）
度量屬性	重量單位	容積單位
重量/容積	約30g	約30cc
釋例	牛排的計重單位	飲料調酒的調製單位

三、成本因子與產出率（漲縮率）的計算

102　105　106　107
109　111　113

⭐⭐ 1. 成本因子的計算公式

(1) 切割耗損率

$$切割耗損率 = \frac{物料處理耗損重量}{物料總重} \times 100\%$$

(2) 烹調耗損率

$$烹調耗損率 = \frac{烹調耗損重量}{物料總重} \times 100\%$$

(3) 烹調後切割耗損率

$$烹調後切割耗損率 = \frac{烹調後切割耗損重量}{物料總重} \times 100\%$$

⭐⭐ 2. 產出率的計算公式

$$產出率 = 漲縮率 = \frac{成品重量}{物料總重} \times 100\%$$

※注意：上述四個公式中的「物料總重」，指的是未經任何處理的物料原始重量。
而成品重量＝物料總重－耗損總重（含切割、烹調、烹調後切割等耗損）。

範例 計算成本因子與產出率

某餐廳採購雞腿原料總重20公斤（每公斤240元），經切割去骨後共剩15公斤。假設以原料總重為計算基準的烹調耗損率為10%，雞腿經烹調後再切割成為菜餚只剩12公斤，試問：

1. 雞腿去除骨頭的切割耗損率為多少？
2. 雞腿在烹調後剩下多少公斤？
3. 烹調後，以原料總重為基準的切割耗損率為多少？
4. 雞腿的產出率為多少？
5. 雞腿每公斤實際採購價格應為多少元？

解

1. 物料處理耗損重量＝20－15＝5（公斤）。

    切割耗損率＝$\frac{物料處理耗損重量}{物料總重} \times 100\% = \frac{5}{20} \times 100\% = 25\%$。

2. 烹調耗損率＝$\frac{烹調耗損重量}{物料總重} \times 100\% \Rightarrow 10\% = \frac{烹調耗損重量}{20} \times 100\%$

    烹調耗損重量＝2公斤。

    雞腿在烹調後只剩13公斤（＝20－5－2）。

3. 烹調後切割耗損重量＝13－12＝1（公斤）。

    烹調後切割耗損率＝$\frac{烹調後切割耗損重量}{物料總重} \times 100\% = \frac{1}{20} \times 100\% = 5\%$。

4. 產出率＝$\frac{成品重量}{物料總重} \times 100\% = \frac{12}{20} \times 100\% = 60\%$。

5. 物料採購總金額＝240元×20公斤＝4,800元。

    每公斤實際採購價格＝$\frac{4,800元}{12公斤} = 400元$。

練習 計算物料總重

真鮮餐廳購買鯛魚25條（每公斤100元），經去除魚鱗、內臟、頭尾及骨頭後共剩40公斤；假設切割耗損率為20%，請問：

1. 這25條魚在未經任何切割處理的原始重量為多少公斤？
2. 真鮮餐廳當初花費多少元來購買這25條魚？

答 1. 50公斤。

2. 5,000元。

7.4.2 成本控制

一、餐飲成本的種類 101 102 103 110

	種類	說明	釋例
成本結構	物料成本 / 材料成本 Material Costs	生產產品所需支付的成本；為成本支出的最大宗	食物成本、飲料成本
	薪資成本 / 人事成本 Compensation Costs	餐廳的人事相關費用支出	員工薪資、員工福利、保險費（勞健保）、加班費、退休金
	經常費用成本 Expense Costs	除物料與薪資成本以外的其他經常性支出	水電費、瓦斯費、電話費、店面租金、廣告費等
成本屬性	直接成本 Direct Costs	與餐飲產品直接相關的成本，即物料成本	同「物料成本」之釋例
	間接成本 Indirect Costs	直接成本外的其他成本，即人事成本、經常費用成本	同「人事成本」及「經常費用成本」之釋例
成本變動性	固定成本 Fixed Costs	不會隨產品銷售量增減而變動的成本	店面租金、設備折舊、正職員工薪資、保險費
	變動成本 / 可變成本 Variable Costs	會隨產品銷售量增減而呈「正比」變動的成本	食物成本、飲料成本、消耗品費用、臨時員工僱用費
	半固定成本 / 半變動成本 Semi-fixed Costs / Semi-Variable Costs	會隨產品銷售量增減而變動，但不會呈比例變動的成本；兼具「固定」與「變動」的特性	水電費、瓦斯費（燃料費）、電話費、洗滌費、添購生財設備器具費用
成本可控性	可控成本 Controllable Costs	短期內可控制或增減的成本	食物成本、飲料成本、廣告費、差旅費、臨時員工僱用費
	不可控成本 Uncontrollable Costs	短期內無法控制或增減的成本	店面租金、設備折舊、正職員工薪資

二、餐飲成本的控制

成本	成本項目	控制要點	說明
直接成本	物料成本	採購要準確	1. 選購當令食材：採購成本較低 2. 準確預估與採購：根據銷售記錄與標準存貨量（Par Stock）準確預估採購數量，並決定何時採購，且依採購標準進貨
		驗收要落實	確認訂貨單與進貨單的品項、數量等是否符合
		庫存要掌控	1. 物料存放：分類存放於適當位置，並確實控管各類倉庫的溫度與濕度 2. 物料發放原則：先進先出（FIFO） 3. 定期盤點：掌握庫存數量與保存期限 4. 預防員工偷竊：如倉庫鑰匙交由可靠員工保管
		製備要精準	依標準食譜及標準份量製備物料
		占比要恰當	理想的物料成本約佔營業額的30～40%
間接成本	薪資成本、經常費用成本	員工要訓練	提升生產力，減少人事成本負擔
		人力要調配	依淡旺季適時增減人力或以機器代替人力
		支出記錄要詳細	以利水電、瓦斯等經常費用的控管
		設備要正確使用	減少維修費用
		能源要節約	宣導落實節約能源概念，減少浪費
		占比要恰當	理想的薪資成本約佔營業額的20～30%；經常費用則"能省則省"

三、餐飲成本控制循環（Food Cost Control Cycle）

餐飲成本控制循環：
- 採購 Purchasing
- 驗收 Receiving
- 倉儲 Storage
- 發放 Issuing
- 成品 Production

四、餐飲收入與成本相關公式 105 110 112 113

名稱	公式
銷售毛利	＝銷售總額－直接成本
稅後淨利	＝銷售毛利－間接成本
銷售毛利率	$=\dfrac{銷售毛利}{銷售總額} \times 100\%$
餐飲物料成本率	$=\dfrac{餐飲物料成本總額}{銷售總額} \times 100\%$
食物成本率	$=\dfrac{食物成本}{食物售價} \times 100\%$
食物週轉率	$=\dfrac{食物成本}{平均存貨} \times 100\%$
存貨週轉率	$=\dfrac{銷貨成本^{註}}{平均存貨} \times 100\%$ $=\dfrac{銷貨成本}{(期初存貨＋期末存貨)/2} \times 100\%$

```
    銷售總額
  － 直接成本
────────────      餐飲物料
    銷售毛利        成本總額
  － 間接成本
────────────
    稅後淨利
```

包括人事、經常費用成本（含稅金）

比率越高表示存貨週轉次數快，積壓的存貨少

註：銷貨成本＝期初存貨 ＋ 本期進貨－期末存貨。

範例　計算食物成本率

假設豪小子肉圓專賣店供應一份肉圓的材料成本為12元，若一份肉圓的售價為40元，則肉圓的食物成本率為多少？

解　食物成本率＝$\dfrac{食物成本}{食物售價} \times 100\% = \dfrac{12}{40} = 30\%$。

練習　計算食物售價

假設鮨壽司餐廳供應一份綜合壽司的材料成本為80元，若一份綜合壽司的食物成本率為32%，則該項餐點的售價應為多少元？

答　250元。

範例 計算銷售毛利、銷售毛利率與餐飲物料成本率

已知甲餐廳今年的收入／成本資料如下，試計算該餐廳今年的銷售毛利、銷售毛利率與餐飲物料成本率。

銷售總額	200萬元	薪資成本	60萬元
物料成本	80萬元	經常費用	20萬元

解
1. 銷售毛利＝銷售總額－餐飲物料成本總額＝200－80＝120（萬元）。
2. 銷售毛利率＝$\dfrac{銷售毛利}{銷售總額}\times 100\%=\dfrac{120}{200}\times 100\%=60\%$。
3. 餐飲物料成本率＝$\dfrac{餐飲物料成本總額}{銷售總額}\times 100\%=\dfrac{80}{200}\times 100\%=40\%$。

練習 計算銷售總額與餐飲物料成本率

已知乙餐廳今年的銷售毛利為325萬元，稅後淨利為160萬元，物料成本為175萬元，試問該餐廳今年的「銷售總額」與「餐飲物料成本率」分別為多少？

答
1. 銷售總額＝500萬元。
2. 餐飲物料成本率＝35%。

實力加強 7.4

( )1. 下列何者不屬於餐廳的人事成本？
(A)健保費 (B)交際費 (C)退休金 (D)加班費。

( )2. 餐廳為員工投保「勞工保險」，此項保險費支出屬於何種成本？
(A)直接成本 (B)人事成本
(C)經常費用成本 (D)半變動成本。

( )3. 餐廳購買鱸魚20條（每條重1公斤），購進價格每公斤80元，經去鱗，去內臟，去頭尾及骨頭，可食部分剩12公斤，請問切割耗損率是多少？
(A)20% (B)40% (C)60% (D)80%。

( )4. 製作紅燒牛肉需要加半杯的醬油，但是找不到量杯，若以量匙代替，需量幾大匙？
(A)16大匙 (B)12大匙 (C)8大匙 (D)6大匙。

(　)5. 餐廳採購火腿物料總重為10公斤，購進之價格為每公斤200元，切除脂肪、骨頭、蹄筋、碎肉等廢棄部分共2.5公斤，烹調過程此塊火腿折損0.5公斤，又烹調後成菜前切割，切割完之折損率為2%，請問產出率為多少？
(A)68%　(B)70%　(C)75%　(D)77%。

(　)6. 下列餐飲成本控制循環順序，何者正確？
(A)採購→倉儲→驗收→發放
(B)採購→驗收→發放→儲存
(C)採購→發放→驗收→儲存
(D)採購→驗收→儲存→發放。

(　)7. 下列餐飲成本中，何者屬於直接成本？
(A)水電成本　(B)房租成本　(C)食物成本　(D)薪資成本。

(　)8. 一瓶600cc的琴酒售價NT$600元，今調製一杯Tom Collins須使用2盎司的琴酒當基酒，若琴酒的成本占售價的15%，則這杯雞尾酒售價應為多少錢？
(A)NT$100元　(B)NT$200元　(C)NT$300元　(D)NT$400元。

(　)9. 下列何者可以用來訂定一道菜的標準，其紀錄內容可以包括材料、使用量、製備步驟、烹調方法或製備時間等項目？
(A)Standard Operation Procedure
(B)Standard Portion
(C)Standard Yield
(D)Standard Recipe。

▲ 閱讀下文，並回答第10～13題。
已知某餐廳當年度的銷售總額為300萬元，直接成本為108萬元，間接成本（不含稅金）為90萬元，稅金為15萬元。

(　)10. 該餐廳當年度的「銷售毛利」為多少元？
(A)87萬元　(B)102萬元　(C)210萬元　(D)192萬元。

(　)11. 該餐廳當年度的「稅後淨利」為多少元？
(A)87萬元　(B)177萬元　(C)195萬元　(D)285萬元。

(　)12. 該餐廳當年度的「銷售毛利率」約為多少？
(A)34%　(B)36%　(C)64%　(D)70%。

(　)13. 該餐廳當年度的「餐飲物料成本率」約為多少？
(A)30%　(B)36%　(C)45%　(D)54%。

7.5 食品衛生與員工管理

7.5.1 食品衛生管理

一、我國現行餐飲安全衛生規範

1. **食品安全衛生管理法**
   (1) **建立強制登錄機制**：食品業者需依法申請登錄。原料採購、供應商物料來源採「From Farm To Table（從農場到餐桌）」的管理，控制從原料到食物供給過程的安全性。
   (2) **加重刑責與罰金**：摻偽或假冒食品等最高可處七年有期徒刑，得併科8,000萬元以下罰金。產品標示或廣告不實，可罰4萬～400萬元。
   (3) **設立食品安全保護基金**：追繳不當利益所得，成立食品安全保護基金。
   (4) **標示營養成分**：食品包裝上應明確記載食品之營養成分、含量及營養宣稱。

2. **食品良好衛生規範準則** 112

項目	條文
健康檢查	• 新進人員應先經衛生醫療機構檢查合格後，始得聘僱 • 僱用後每年應主動辦理健康檢查乙次
患病規定	在A型肝炎、手部皮膚病、出疹、膿瘡、外傷、結核病或傷寒等疾病之傳染或帶菌期間，或有其他可能造成食品污染之疾病者，不得從事與食品接觸之工作
儀容要求	• 工作時應穿戴整潔之工作衣帽（鞋），必要時應戴口罩 • 凡與食品直接接觸者不得蓄留指甲、塗抹指甲油及佩戴飾物等 • 若以雙手直接調理不經加熱即可食用之食品時，應穿戴消毒清潔之不透水手套，或將手部徹底洗淨及消毒 • 個人衣物應放置於更衣場所，不得帶入食品作業場所
手部清潔	手部應經常保持清潔，並應於進入食品作業場所前、如廁後或手部受污染時，正確洗手或（及）消毒

知識快遞

正確洗手、搓手步驟

正確洗手五步驟：
1. 濕：打開水龍頭，把手淋濕。
2. 搓：抹上肥皂或洗手乳，搓洗雙手20秒。
3. 沖：用清水將雙手沖洗乾淨。
4. 捧：捧水沖洗水龍頭後，關閉水龍頭。
5. 擦：用乾淨毛巾或紙巾把手擦乾。

搓手七字訣
① 內：搓揉手掌
② 外：搓揉手背
③ 夾：搓揉指縫
④ 弓：搓揉指背與指節
⑤ 大：搓揉大拇指及虎口
⑥ 立：搓揉指尖
⑦ 腕：搓揉至手腕

二、儲存食物的倉庫類型 107 108 109 112

倉庫類型	冷凍倉庫	冷藏倉庫	乾貨倉庫
溫度	－18°C[註1]以下	0～7°C	16～21°C
相對溼度	75%～85%		50%～60%
存放物品	• 冷藏：即將使用的魚類/肉類、蔬菜、奶油、蛋類、奶類等 • 冷凍：冰淇淋、魚類、肉類等		米、麵粉、沙拉油、調味料、保久乳、罐頭、香蕉、地瓜、馬鈴薯等
儲存量	倉庫容積之60%以下		4～7天之儲存量
注意事項	• 雞蛋存放時，圓鈍端朝上、尖端朝下 • 食材分類擺放，避免相互污染 • 上層擺放氣味較清淡的食材，下層擺放氣味較重的食材 • 每日檢查易腐敗的食材[註2]		• 乾貨耗損量，通常為儲藏物品總價值的0.5% • 分類置於儲物架，並標示品名 • 避免設置在日曬、近蒸氣管處 • 設置通風設備，以利空氣對流 • 須設防範老鼠、蟑螂等設施

註1：$°C=\frac{5}{9}\times(°F-32)$。$°F=\frac{9}{5}°C+32$。

註2：食物透過冷藏或冷凍的方式，只能延緩細菌的繁殖，不能防止食物腐敗。

知識快遞

食物保存的危險溫度

7～60°C為食物保存的危險溫度，其中16～49°C是最適合大部分細菌繁殖，因此須避免將食物存放在此溫度太久的時間，以防止食物變質。

另外，依據「食品良好衛生規範準則」規定，食品之熱藏（如賣場熟食區）溫度應保持在60°C以上，以確保食用的安全。

三、預防食品中毒

1. **食品中毒的定義**

   根據衛福部「食品藥物管理署」的定義，食品中毒是指**2人（含）以上**攝取**相同食品**而發生**相似中毒症狀**，即為食品中毒案件。

   但若①因**肉毒桿菌毒素**而引起中毒症狀，且自人體檢驗出肉毒桿菌毒素、或②由可疑的食品檢體檢測到相同類型的致病菌或毒素、或③因攝食食品造成急性食品中毒（如化學物質、天然毒素中毒等）、或④經流行病學調查推論為攝食食品所造成，則即使只有一人，也視為食品中毒案件。

(1) 細菌性食品中毒　102　107　108　110　112

類別	說明	預防中毒的方法
感染型 — 腸炎弧菌	• 好鹽性、不耐熱 • **海產魚貝類**易受污染	• **低溫保存** • 烹煮前以自來水洗淨 • 60°C以上加熱15分鐘
感染型 — 沙門氏桿菌	• 常存於**動物排泄物內**、不耐熱 • 肉類、蛋類、乳品、烘焙製品易受污染	• 60°C以上加熱20分鐘 • 禁止動物、防止病媒侵入調理場所
毒素型 — 肉毒桿菌（致命率最高）	• 喜低酸環境、不耐熱 • 厭氧性，在無氧環境中會產生**神經毒素** • **低酸性罐頭**（含鐵罐、玻璃罐）、**加工食品**（如醬菜、香腸、燻魚等）、**真空包裝食品**易受污染	• 100°C 加熱10分鐘以上 • 勿食用**膨罐之罐頭**
毒素型 — 金黃色葡萄球菌	• 其分泌的腸毒性**極耐熱** • 常存於皮膚、毛髮、鼻、咽喉等黏膜及糞便中 • **化膿傷口**易將此菌污染食品 • 手工製作食品、盒餐、肉類、蛋類、乳製品、生菜沙拉易受污染	• **有傷口、膿瘡、咽喉炎、濕疹者，不可調理食品** • 調理食品應戴衛生帽、口罩、注重手部清潔消毒
未定型 — 仙人掌桿菌	• 易由灰塵、昆蟲傳播 • 仙人掌桿菌孢子產生的**毒素耐熱高** • 米飯、澱粉類製品、醬汁易受污染 • 常發生於料理過的食物，置於室溫太久未適度冷藏或加熱	• 烹調後應儘速食用 • 避免長時間將食物存放於室溫，應冷藏保存 • 防止灰塵、病媒污染食物
未定型 — 病原性大腸桿菌	• 常存於**動物腸道內**、耐熱差 • 可經由**感染者的糞便**污染食品 • 絞肉、生牛肉、未消毒之飲用水易受污染	• **充分加熱，避免生食** • 注意飲用水的衛生管理（如加熱煮沸、定期檢測水質）

註1：在台灣，餐廳發生之食品中毒以「**細菌性食品中毒**」最多。
註2：台灣**夏季**天氣炎熱，細菌容易孳生，是常發生食品中毒的季節。

知識快遞

諾羅病毒

諾羅病毒是一種會造成人類腸胃炎的病毒，比其它腸胃道病毒或細菌傳染力更強，又稱「冬季嘔吐病毒」。主要症狀是嘔吐，經常一人發病，全家人吐成一團，常被誤認是集體食品中毒。

諾羅病毒只需極少的病毒量便可傳播，對酒精、含氯消毒水都有抵抗力，不易被殺死，嚴格的遵守個人和食品衛生習慣（如勤洗手、食材洗淨並煮熟），才能預防諾羅病毒。在台灣，諾羅病毒流行季節為11月到3月間，高峰期為1月份。

(2) 天然毒素食品中毒 108

類別		說明	預防中毒的方法
動物性毒素	毒河豚	• 內臟含毒量很高 • 屬**劇烈性神經毒素**，誤食極可能中毒死亡 • 毒素耐熱，不易被破壞	• 不輕易試食河豚 • 勿食用來路不明的水產加工品（如：魚鬆）
	毒貝類	• 屬於**麻痺性貝毒**，屬劇烈性神經毒素 • 耐熱，不易藉由烹調加以破壞	勿食用受污染的有毒貝類
植物性毒素	毒菇	顏色鮮豔的菇類大多有毒	勿食用野外不明菇類
	發芽馬鈴薯	**發芽的馬鈴薯**會產生**茄靈毒素**（屬於中樞神經毒素）	勿食用發芽的馬鈴薯
黴菌毒素		• 黴菌所分泌的「黃麴毒素」耐熱 • 黃麴毒素易引起**肝病變** • 豆類、穀類、動物肝臟易受污染	• 勿食用發黴、外觀有異之食品 • 少食用動物肝臟
引起過敏物質		• 腐敗魚肉中的化合物－組織胺 • 鮪魚、鯖魚、鰹魚、旗魚、秋刀魚、沙丁魚等易受污染	• 魚產需低溫冷凍或冷藏 • 處理魚產時，須先除內臟、洗淨魚體

(3) 化學性食品中毒

類別	說明	預防中毒的方法
化學物質	• 農藥殘留 • 有害的添加物或過量的食品添加物，如：硼砂、亞硝酸鹽、防腐劑、漂白劑等	• 向信譽良好的商家購買食品 • 正確清洗蔬果，減少農藥殘留 • 不選購異常白皙或偏離正常色澤太多的食品
有害金屬	砷、鉛、銅、汞、鎘	

2. **預防食物中毒的五要原則**

   (1) **要洗手**：調理食品前後需徹底洗淨雙手，有傷口要包紮。

   (2) **要新鮮**：食材要新鮮，用水要衛生。

   (3) **要生熟食分開**：處理生熟食需使用不同器具，避免交叉污染。

   (4) **要徹底加熱**：食品中心溫度超過70°C，細菌才容易被消滅。

   (5) **要低溫保存**：保存低於7°C，室溫不宜放置過久。

3. **食物中毒之處理**

   (1) 應儘速就醫，並通知當地衛生所或衛生局進行調查。（醫療院所若發現食物中毒病患，應在**24小時內**通知衛生單位）

   (2) 保留剩餘食品及患者嘔吐物或排泄物（**密封低溫冷藏**，不可冷凍）。

7.5.2 員工訓練與管理

一、員工訓練種類 105 106

訓練種類	訓練對象	訓練重點
職前訓練 Orientation / Pre-job Training	新進員工	1. 認識工作環境 2. 瞭解企業概況、組織結構、規章制度 3. 熟悉工作處理程序與方法
在職訓練 On-job Training（OJT）/ In-service Training	在職員工	1. 新知識訓練 2. 新技能訓練
進階訓練 Upgrading Training / Development Training	管理階層	加強各管理階層應具備之能力，如： 1. 基層主管→技術性訓練 2. 中階主管→人際性訓練 3. 高階主管→理念性訓練

二、員工訓練方式

1. **工作實習 / 建教合作（Internship）**
   學生在校就讀期間，同時在工作場所實習。

2. **職外訓練（Off-job Training / Out Sourcing Training）**
   委託**外界機構**代為訓練。

3. **工作輪調（Job Rotation / Cross Training）**
   藉由**調動員工的職務**，使員工習得多樣化的技能。

4. **學徒制 / 個別訓練（Apprenticeship）**
   受訓者接受資深訓練員**一對**一的現場教學。

5. **角色扮演（Role Playing）**
   設計情境，由受訓者扮演情境中的角色，從中習得相關知識與技能。

三、激勵理論

適度的激勵員工可提升員工對公司的向心力、增加工作動力、提升工作成效、激發員工潛能,以下介紹兩種著名的激勵理論。

1. **需求層級理論(Needs Hierarchy Theory)** 106

    - **提出者**:美國心理學家**馬斯洛**(Maslow)。

    - **論點**:個人內在力量被激發的關鍵在於**動機**;動機是由**心理需求**驅動;心理需求可分為下圖**五個層次**;當低層次需求被滿足後,才會追求更高層次的需求滿足。

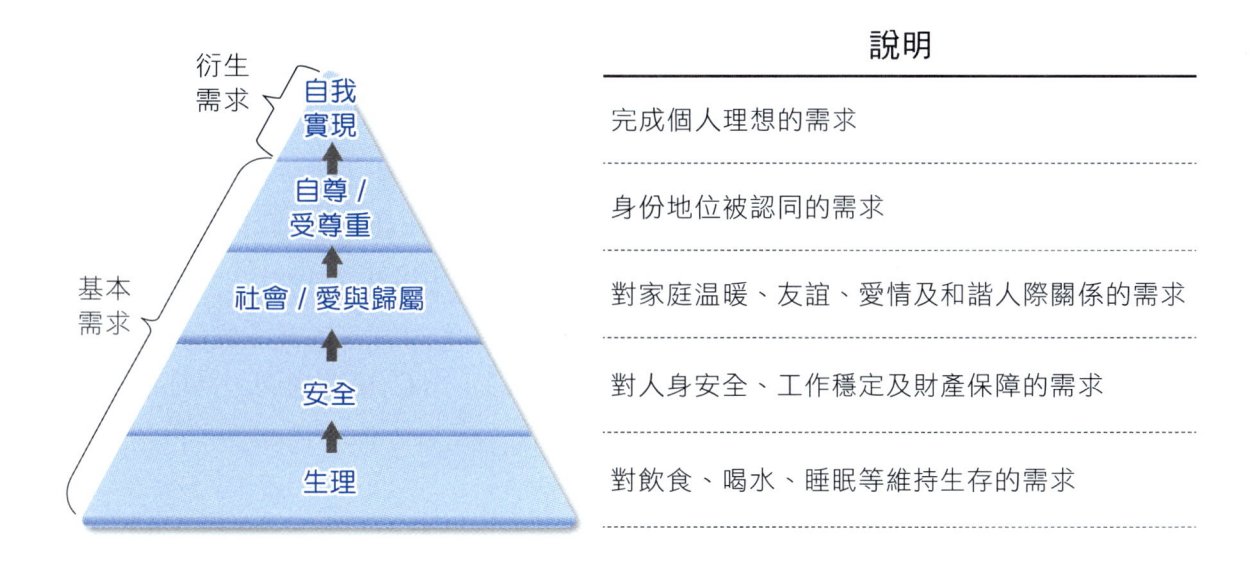

層級	說明
自我實現(衍生需求)	完成個人理想的需求
自尊/受尊重	身份地位被認同的需求
社會/愛與歸屬	對家庭溫暖、友誼、愛情及和諧人際關係的需求
安全(基本需求)	對人身安全、工作穩定及財產保障的需求
生理	對飲食、喝水、睡眠等維持生存的需求

2. **二因子理論/激勵保健理論(Two-factor Theory)**

    - **提出者**:美國心理學家**赫茲伯格**(Herzberg)。

    - **論點**:影響工作績效的因素可分為以下兩種:

因素	別稱	說明	釋例
保健因素 Hygiene	維持因素 外在因素	**維持**工作動力的**基本**條件	薪資待遇、工作環境、公司政策、職場安全、人際關係、主管督導技巧
激勵因素 Motivator	滿足因素 內在因素	**提升**工作動力的**激勵**因素	成就感、主管賞識、職位升遷、工作發展、個人成長

實力加強 7.5

( )1. 下列有關「食物中毒的預防」之敘述，何者錯誤？
(A)食物在儲存時應保持清潔與衛生
(B)應注意食材之正確加工處理方法
(C)不使用專用的食物運輸工具
(D)不購買來源不明的原物料。

( )2. 下列有關食物安全衛生的敘述，何者最不適當？
(A)食物的危險溫度範圍指的是7～60°C
(B)農藥引起的食物中毒為化學性食物中毒
(C)海鮮所導致的食物中毒，最可能原因是腸炎弧菌的污染
(D)生食和熟食交叉處理，不會導致食物中毒。

( )3. 五穀類、豆類不當的存放在高溫潮溼的環境中，易導致何種性質的食物中毒？
(A)細菌性　(B)植物性天然毒素　(C)化學性　(D)黴菌毒素。

( )4. 受訓者接受資深訓練員一對一的現場教學示範，屬於下列哪一種訓練？
(A)Apprenticeship　　　　　　(B)Internship
(C)Role Playing　　　　　　　(D)Seminar。

( )5. 安排員工於一段時間內，分別到不同性質的工作場所見習，以提升其整體的工作能力，謂之：　(A)工作實習　(B)工作輪調　(C)短期講習　(D)考察進修。

( )6. 人力資源部為新進員工所辦理的職前訓練稱為：
(A)On-job Training
(B)Orientation
(C)Cross Training
(D)Special Training。

( )7. 當旅遊經驗或是用餐經驗可以滿足顧客結交朋友或增進友誼的需求時，請問顧客滿足了馬斯洛需求層級（Maslow's Hierarchy of Needs）理論的哪一項？
(A)社會的需求　(B)自尊的需求　(C)安全的需求　(D)自我實現的需求。

( )8. 依馬斯洛的需求層級理論，下列需求按消費者最基本的需求到最高的需求排列，何者正確？
①自尊需求　②安全需求　③社會需求　④生理需求　⑤自我實現需求
(A)④②③①⑤　(B)②④①③⑤　(C)②④③①⑤　(D)④②①③⑤。

( )9. 下列何者為「二元因素理論」（Two-factor Theory）的保健因素中之項目？
(A)薪資待遇　(B)職位升遷　(C)主管賞識　(D)工作發展。

( )10. 干貝、魚翅等乾燥食材原料的儲存，在下列相對溼度中何者較適宜？
(A)30～40%　(B)40～50%　(C)50～60%　(D)60～70%。

7.6 餐飲業常見的經營問題 102 104

1. **招募及留才不易**：餐飲工作時間長，薪資待遇較低，故不易獲得求職者青睞；員工流動率亦偏高。
   改善作法 建立完善的人事制度、塑造優質的企業文化、雇用計時員工、加強人力培訓、以自動化設備替代人力之不足。

2. **產品穩定性不足**：餐飲商品具有異質性，易產生品質不穩定的問題。
   改善作法 建立標準作業流程（SOP）、實施教育訓練。

3. **消費需求變化**：餐飲商品的需求愈來愈多樣化，消費者對餐飲品質的要求愈來愈高。
   改善作法 隨時注意消費需求變化、採取滿足消費需求的策略。

4. **市場競爭激烈**：餐飲業的進入門檻較低，消費者易喜新厭舊，故市場競爭激烈。
   改善作法 做好市場區隔、產品／服務改良及創新、推出吸引顧客的行銷策略。

5. **設備費用增加**：為提高營運效率或提供優質便捷的服務，業者大多會使用新的科技產品，如線上訂位系統、銷售時點管理系統註。
   改善作法 先評估成本效益，再決定購置與否，以免造成資金浪費。

6. **成本掌握不易**：原物料、店面租金、勞工薪資等成本上漲，使獲利減少。
   改善作法 節省營運成本、增加營收（如提高座位翻檯率、提供創新產品／服務）。

註：銷售時點管理系統（Point Of Sale，簡稱POS）是企業蒐集銷售情報的資訊工具。

知識快遞

座位翻檯率（Turnover Rate） 104 107 112 113

別稱	座位轉檯率、座位周轉率、桌次回轉率
公式	座位翻檯率 ＝ 用餐人數 / 座位數
意義	在某供餐期間，每一張座位的平均消費次數
分析	翻檯率愈高 ⇒ 用餐人數愈多，顧客停留在餐廳的時間愈短，營業額也相對提高
提高翻檯率的方法	• 改善內場製備流程 ⇒ 提高出菜效率，縮短顧客停留在餐廳的時間 • 提升外場服務效率 ⇒ 縮短顧客停留在餐廳的時間 • 擴增外帶餐點項目 ⇒ 增加消費人數 • 縮減供餐項目 ⇒ 縮短顧客的點餐時間

實力加強 7.6

( )1. 下列何者並非餐飲業所面臨的經營管理問題？
(A)招募不易
(B)留才不易
(C)成本掌控不易
(D)消費需求穩定不變。

( )2. 餐飲企業為解決「產品穩定性不足」的問題，可從下列哪一方面著手？
(A)節省營運成本
(B)建立標準作業流程
(C)做好市場區隔
(D)雇用計時員工。

( )3. 台中鼎泰豐大遠百店（共有200個席次），在假日時日翻19次，是全台餐飲業的"假日翻桌王"；由上述可知，該店假日每天的用餐人數約為
(A)2,000人 (B)3,600人 (C)3,800人 (D)4,000人。

( )4. 下列何種做法可提升餐廳座位翻檯率（turnover rate）？
(A)採用最低消費制度
(B)限定用餐人數
(C)改善製備流程
(D)增加餐廳桌數。

( )5. 下列有關翻檯率（Turnover Rate）之敘述，何者為正確選項組合？
甲、翻檯率愈高時，表示顧客總數愈低
乙、翻檯率愈高時，表示顧客總數愈高
丙、翻檯率愈高時，表示顧客停留在餐廳的時間相對較長
丁、翻檯率愈高時，表示顧客停留在餐廳的時間相對較短
(A)甲和丙 (B)乙和丙 (C)甲和丁 (D)乙和丁。

( )6. 蘭花餐廳共有50個座位數，某周末假日晚上營收共45,000元，而來客平均消費金額為600元，試問當晚座位周轉率是多少？
(A)2.5 (B)2 (C)1.5 (D)1。

7.1 餐飲業的籌設與經營管理

( )1. 餐飲業格局的設計,下列敘述何者錯誤?
(A)理想的廚房面積與供膳場所的比例為1：3
(B)廚房設計以島嶼式排列法最為經濟方便
(C)要保持顧客、從業人員、食材進出行動路線的順暢
(D)工作三角形是指水槽、餐廳、爐檯,其三邊長度總和愈短愈好。

( )2. 為避免交叉污染,餐飲作業場所應依作業污染程度加以分區,下列敘述何者正確?
(A)調理場所－清潔作業區　　(B)原料倉庫－清潔作業區
(C)配膳、裝盤－準清潔作業區　(D)驗收、洗滌－污染作業區。

( )3. 器皿的洗滌、保養、採購、分配,及營業場所清潔與衛生的維護等,是屬於餐飲管理工作中的哪一項?
(A)服務管理　(B)食物製備管理　(C)餐務管理　(D)飲料管理。

( )4. 「評估餐廳實際作業績效,與原訂目標核對,研究績效偏差的原因,及採取必要的改正方案」,此為管理功能中的哪一項內容?
(A)規劃　(B)組織　(C)領導　(D)控制。

7.2 外場經營實務

( )5. 餐廳服務人員應用3S原則,徒手為客人收拾主餐盤時,其正確的操作順序為何?
(A)Scrape→Stack→Separate
(B)Scrape→Separate→Stack
(C)Separate→Stack→Scrape
(D)Stack→Scrape→Separate。

( )6. 下列哪一項屬於溝通技巧中之「傾聽」原則?
(A)引起好奇心　　　　　　(B)委婉地拒絕
(C)適時點頭的肢體語言　　(D)稱呼顧客的姓名。

( )7. 一般而言,下列何者不需要參加餐廳舉行之「服務前會議」（Briefing）?
(A)傳菜員（Busboy）　　(B)領班（Captain）
(C)餐務員（Steward）　　(D)服務員（Waiter）。

( )8. 關於餐飲業專業術語的解釋,下列何者正確?
甲、Point of Sale：個人銷售技巧
乙、Standard Operation Procedure：標準食譜
丙、Mise en Place：餐前服務準備工作
丁、Briefing：餐前工作會議
(A)甲、乙　(B)甲、丙　(C)乙、丙　(D)丙、丁。

( )9. 關於餐廳服務人員在顧客抱怨時的處理態度,下列何者較不適當?
(A)為了不反駁客人,應該一直保持沉默
(B)記錄抱怨重點,避免遺忘
(C)給予適當的利益回饋
(D)利用同理心感受客人的立場。

( )10. 一般管理正常之餐飲部門可接受的破損率大約在多少之間?
(A)0.1%～0.3%　(B)0.6%～1.0%　(C)2.5%～3.5%　(D)4.5%～5.5%。

7.3 內場經營實務

( )11. 當採購物料無法逐一檢驗點數時,下列哪一種驗收方式最適當?
(A)試驗驗收　(B)一般驗收　(C)抽樣驗收　(D)技術驗收。

( )12. 下列哪些職務應由不同人員擔任,以防止弊端產生?
甲、驗收　乙、銷售　丙、採購　丁、服務
(A)甲、乙　(B)甲、丙　(C)乙、丙　(D)丙、丁。

( )13. 下列領料作業流程,正確的排列順序為何?
甲、倉儲主管簽章　　　　　乙、使用單位主管簽章
丙、使用單位填寫領料單　　丁、發放物料
(A)甲→乙→丙→丁　　　　(B)乙→甲→丙→丁
(C)丙→乙→甲→丁　　　　(D)丙→甲→乙→丁。

( )14. 下列何者不是中央倉儲管理的特性?
(A)便於集中檢驗　　　　　(B)採用分散化管理
(C)可節省倉儲空間　　　　(D)便於盤存之控制。

( )15. 某咖啡館每天賣出600杯咖啡,每一磅咖啡豆可沖煮30杯咖啡。此咖啡館的咖啡豆由國外進口,從訂購到進貨需20天,該咖啡豆的安全存量為150磅,則咖啡豆的最低庫存量應為多少磅?　(A)170磅　(B)190磅　(C)400磅　(D)550磅。

( )16. 食材存貨的「腐敗控制」是倉儲管理的重要任務之一,管理人員對此應有哪些作為?
甲、遵行FIFO原則　　　　乙、物料應標示進貨日期與有效期限
丙、選擇適當的儲存環境與方式　丁、定期全面淘汰所有存貨
(A)甲、乙、丙　(B)甲、乙、丁　(C)甲、丙、丁　(D)乙、丙、丁。

( )17. 下列敘述,何者不符合貨品驗收的基本原則?
(A)驗收部門應明確列出招標單上的規格
(B)直接採購人員不得主持驗收工作
(C)驗收部門應準備精確的度量衡工具
(D)驗收工作講求效率,誰在場就由誰進行驗收。

(　)18. 下列哪一種情況最不符合廚房的衛生與安全？
　　　(A)抹布、菜瓜布、砧板等用具皆應定期清洗消毒
　　　(B)刀具使用後應立即清洗
　　　(C)待洗的器具可以直接放置在地面上
　　　(D)熱存食品的溫度應保持在60°C以上。

(　)19. 公開招標的步驟，何者正確？
　　　(A)發標→開標→決標→合約
　　　(B)發標→決標→開標→合約
　　　(C)發標→合約→決標→開標
　　　(D)決標→發標→開標→合約。

(　)20. 下列何種驗收程序是正確的？
　　　(A)驗收前準備→填寫驗收報告→檢查品質規格及數量
　　　(B)檢查品質規格及數量→驗收前準備→填寫驗收報告
　　　(C)驗收前準備→檢查品質規格及數量→填寫驗收報告
　　　(D)填寫驗收報告→驗收前準備→檢查品質規格及數量。

(　)21. 下列哪一項是使用採購規格說明的原因？
　　　(A)可以降低管理效率
　　　(B)可以確保最低價格買進物料
　　　(C)可以做為驗收工作的依據
　　　(D)政府法令規定必須採用規格說明書。

7.4 製程與成本的控制

(　)22. 餐飲經營中，員工餐食成本屬於下列哪一成本項目？
　　　(A)水電成本　(B)餐廳食物成本　(C)行銷成本　(D)人事成本。

(　)23. 下列何者不是標準食譜（Standard Recipe）的優點？
　　　(A)明確記載材料名稱及數量，以利餐飲物料採購
　　　(B)將烹調的步驟、溫度和時間標準化，可提高產品質量的穩定性
　　　(C)可使食物成本的計算正確精準，落實成本控制
　　　(D)使餐食的製作流程更為複雜，商業機密得以保留。

(　)24. 關於餐飲業的經營狀況，下列哪一種組合的獲利性最高？
　　　甲：飲料收入降低　　　　　　乙：營業額增加
　　　丙：食物成本提高　　　　　　丁：餐廳租金降低
　　　(A)甲和丙　(B)甲和丁　(C)乙和丙　(D)乙和丁。

(　)25. 下列有關餐飲業的經營措施，何者與成本控制較無關？
　　　(A)行銷企畫（Promotion Planning）
　　　(B)採購標準（Purchase Specification）
　　　(C)標準食譜（Standard Recipe）
　　　(D)標準份量（Standard Portion）。

(　　)26. 為保持菜餚質量之穩定，我們通常將製作程序予以書面化，指的是使用下列哪一項標準化作業？
(A)標準採購（Standard Purchasing）
(B)標準得利（Standard Yield）
(C)標準食譜（Standard Recipe）
(D)標準份量（Standard Portion）。

(　　)27. 甲、3盎司；乙、50公克；丙、0.5磅；若依重量順序（重＞輕）排列，何者正確？　(A)甲＞乙＞丙　(B)乙＞甲＞丙　(C)丙＞甲＞乙　(D)丙＞乙＞甲。

(　　)28. 餐廳購買30公斤的海鮮食材，其中廢棄不用的部分共佔1.2公斤，所以此項食材的使用率是多少？
(A)4%　(B)8%　(C)92%　(D)96%。

(　　)29. 某餐廳糖醋魚排的標準食譜為每份成品含兩塊魚排，每塊魚排重50公克，生產耗損率為40%。若餐廳原有庫存原料魚肉20公斤，經製作60份糖醋魚排後，應剩下多少庫存？　(A)6公斤　(B)8公斤　(C)10公斤　(D)12公斤。

(　　)30. 取用一公斤的牛肉作菜，廢棄率約5%，剩下可用的重量約為多少？
(A)2.2磅　(B)25盎司　(C)3磅　(D)32盎司。

(　　)31. 餐飲業的標準食譜，其內容不含下列何者？
(A)產品名稱　(B)烹調者名字　(C)材料名稱　(D)材料數量。

(　　)32. 餐廳為了有效控制Food Cost，其所採取的因應措施中，一般不包括下列哪一項？
(A)預防員工偷竊物料　　(B)注意物料的保存
(C)降低人事開銷　　(D)選購符合季節的食材。

7.5 食品衛生與員工管理

(　　)33. 下列何者不屬於新進基層員工職前訓練（Orientation Training）的內容範圍？
(A)管理技術及管理實務
(B)公司經營概況及組織架構
(C)工作處理程序與方法
(D)公司之各項政策、制度與規定。

(　　)34. 如果將餐飲服務人員分成二組：一組當作顧客組接受服務，另一組則成為不同階級的餐飲服務人員，服務顧客組人員，然後完成整個服務流程之訓練。這種訓練方法稱為什麼？
(A)焦點群體（Focus Group）　(B)學徒制（Apprenticeship）
(C)實習（Internship）　(D)角色扮演（Role Playing）。

(　　)35. 「提高餐廳員工的工作意願，鼓勵員工發揮潛能，提昇工作成效，以同時達成餐廳與員工的最終目標」，主要是描述下列哪一項措施？
(A)員工進修　(B)員工激勵　(C)員工發展　(D)員工訓練。

( )36. 赫茲伯格（Herzberg）所提出之二因子理論（Two-Factor Theory）中的「保健因子」，不包含下列哪一項？
(A)薪資　(B)工作環境　(C)主管的督導方式　(D)個人成長。

( )37. 蛋保存於冰箱中，應如何擺放最為適當？
(A)橫放　(B)斜放　(C)圓鈍端朝上、尖端朝下　(D)圓鈍端朝下、尖端朝上。

( )38. 下列有關「食品儲存溫度」之敘述，何者錯誤？
(A)冷藏食品應保持在7°C以下，凍結點以上
(B)冷凍食品應保持在－18°C以上
(C)7°C至60°C為「食物危險溫度帶」
(D)食品之高溫儲存，溫度應保持在60°C以上。

( )39. 白菜、高麗菜及西瓜等新鮮蔬果的儲存溫度，何者較為適宜？
(A)－18°C　(B)4°C　(C)16°C　(D)32°C。

( )40. 採購人員買進一批冷凍三色蔬菜，應如何正確地貯存？
(A)放在室溫下　(B)放在5°C～7°C冷藏庫中
(C)放在0°C冷凍庫中　(D)放在－18°C冷凍庫中。

( )41. 餐廳發生之食物中毒以何者為最多？
(A)化學性中毒　(B)類過敏性中毒　(C)細菌性中毒　(D)天然毒素中毒。

( )42. 熟米飯置於室溫儲放不當會引起何種細菌污染？
(A)仙人掌桿菌　(B)沙門氏菌　(C)金黃色葡萄球菌　(D)大腸桿菌。

7.6 餐飲業常見的經營問題

( )43. 關於餐廳的座位翻檯率，下列敘述何者錯誤？
(A)是指一個座位每天被客人使用的次數
(B)利用率低，表示餐廳生意不好
(C)改善內場製備流程，可提高翻檯率
(D)客人久坐不肯離去，不影響翻檯率。

情境素養題

( )1. 關於餐廳規劃總體考量之基本原則,下列敘述何者錯誤?
(A)餐廳物料之進出絕不可與顧客進出同一位置,盡量另闢專用通道,以節省人力與物力,爭取處理時間
(B)顧客用餐區應與廚房保持遠距離,避免廚房的油煙及烹調氣味飄進用餐區,造成顧客不悅
(C)餐廳正門的設計應以明顯、易於辨識為原則,同時方便顧客進出,領檯位置也最好靠近餐廳入口處,以方便迎賓送客
(D)餐廳的理想溫度範圍應保持21°C～24°C之間,可依季節氣候不同予以調整,而讓人感覺舒適的相對溼度則是在55%～65%之間。 [7.1][102統測]

( )2. 關於廚房的設計,下列何者錯誤?
(A)廚房的「工作三角形」通常是指水槽、冰箱與工作檯,三者的距離總和越短越好,以節省工作時間與精力
(B)廚房的光線設計,以安全為重要考量,工作檯面應以200米燭光以上之光度為佳
(C)廚房的排水溝,宜明溝加蓋,寬度20公分以上,以避免發生危險及方便清潔
(D)為了不讓客人聞到烹調氣味,同時防止病媒蚊或蟲害入侵,廚房應保持負壓（低壓）。 [7.1][108統測]

( )3. 某餐廳購進龍蝦、起司、洋蔥、大蒜等物料,用來製作「奶焗龍蝦」菜餚;這些物料的價值如右表所示,若該餐廳採「ABC物料管理法」,請問下列敘述何者正確?
(A)龍蝦應歸入C類物料
(B)起司應歸入B類物料
(C)洋蔥應歸入A類物料
(D)大蒜應歸入A類物料。 [7.3]

物料	價值
龍蝦	高
起司	中
洋蔥	低
大蒜	低

( )4. 某西餐廳辦理美食饗宴活動,邀請國外主廚進駐廚房製作餐點,欲製作的菜餚包含法式奶油煎魚菲力、奶油橄欖型馬鈴薯、煎去骨雞腿,請問廚房中應為該主廚準備的適當刀具有哪些?
(A)Serrated knife、Fillet knife、Butcher knife
(B)Boning knife、Fillet knife、Tournée knife
(C)Slicing knife、Tournée knife、Zester
(D)Wheel knife、Boning knife、Serrated knife。 [7.3][108統測]

( )5. 東方餐廳四月份的營業收入扣除加值營業稅後,其銷售總額為$100,000,其中食材成本為$30,000,飲料成本為$8,000,廣告費為$5,000,人事費用為$20,000,則該餐廳四月份的營業毛利為多少元?
(A)$37,000 (B)$57,000
(C)$62,000 (D)$70,000。 [7.4]

(　　)6. 某餐廳採購豬腳，原料總重為20公斤，經切割油脂及多餘骨頭後剩下15公斤，再經烹調後，得知烹調損耗率為20%，根據上述說明，此豬腳產品經切割與烹調後，最後可食用率為多少？
(A)30%　(B)40%　(C)50%　(D)60%。　　　　　　　　　　　　　　　[7.4][109統測]

(　　)7. 考量食物在烹調過程中產生的漲縮效應，假設牛肉的漲縮率為80%，為精準控制採購量、產出量與食物成本，製作出一公斤的牛肉成品，需使用多少公克的生牛肉？　(A)1,180　(B)1,250　(C)1,380　(D)1,450。　　　　　　[7.4][113統測]

(　　)8. 關於倉庫格局的設計，下列何者正確？
甲：冷藏倉庫之溫度應保持在7°C以下，凍結點以上；冷凍倉庫之溫度則應保持在−18°C以下
乙：乾貨儲藏庫的存物架之底層，應距地面至少18公分，架設時應直接靠牆，避免傾倒
丙：倉庫總面積以不超過餐飲場所總面積1/10最佳；所有物品的儲存及領放，皆採後進先出原則
丁：冷凍冷藏倉庫儲存容積以低於60%以下為佳；乾貨倉庫一般以存放4～7天的儲存量為佳
(A)甲、乙　　　　　　　　　　(B)丙、丁
(C)乙、丙　　　　　　　　　　(D)甲、丁。　　　　　　　　　　　　[7.5][107統測]

(　　)9. 關於食物中毒的說明，下列何者正確？
甲：食物中毒可概分為「細菌性」、「天然毒素」、「化學性」等三大類。其中以「天然毒素」為餐廳最常見的食物中毒類型
乙：腸炎弧菌屬於細菌性類型的食物中毒，常見於海鮮類，其感染途徑經常來自於不潔的砧板或刀具的交叉汙染
丙：肉毒桿菌在無氧環境中會產生神經毒素，且毒性最強，致命性最高，多發生在香腸、真空食品或罐頭食品
丁：仙人掌桿菌的汙染通常發生於料理過的食品放置於室溫太久，未適當冷藏或加熱，例如馬鈴薯、穀類或濃湯
(A)甲、乙、丙　　　　　　　　(B)甲、乙、丁
(C)甲、丙、丁　　　　　　　　(D)乙、丙、丁。　　　　　　　　　　[7.5][107統測]

(　　)10. 關於餐廳中的倉儲管理須注意的事項，下列何者正確？
甲：乾貨倉庫的相對濕度，以50%～60%之間為佳
乙：冷凍櫃或冷藏櫃內的物品，至少須保留40%的空間，以利冷氣循環
丙：倉庫存放物架高度不可超過100公分，且材質最好以輕便鋁製的材質為佳
丁：冷凍、冷藏倉庫存放原則，上層應放置氣味較重的食材，越下層則放置氣味較清淡的食材
(A)甲、乙　　　　　　　　　　(B)甲、丁
(C)乙、丙　　　　　　　　　　(D)丙、丁。　　　　　　　　　　　　[7.5][108統測]

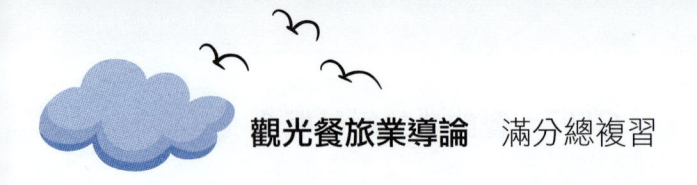

( )11. 關於食物中毒的類型及說明，下列何者正確？
　　甲：金黃色葡萄球菌耐高溫，屬於毒素型的細菌性食物中毒，手部有傷口化膿者，不可進行食物調理工作
　　乙：腸炎弧菌屬厭鹽性及極耐熱的細菌，避免生食或加熱至100°C，充分煮熟可避免感染
　　丙：沙門氏菌因不耐熱，多存於動物排泄物，透過加熱至60°C以上持續20分鐘即可滅菌
　　丁：天然動植物性食物中毒中，貝類中毒屬於中樞神經毒；發芽馬鈴薯屬於麻痺性中毒
　　(A)甲、乙　(B)甲、丙　(C)乙、丁　(D)丙、丁。　　　　　　　　[7.5][108統測]

( )12. 關於餐飲業的採購（Purchasing）、驗收（Receiving）、倉儲（Storage）與發放（Issuing）作業，下列敘述何者錯誤？
　　(A)進行採購作業時，須瞭解實際營運需求，依據合理適當的原則採購物料
　　(B)進行倉儲作業時，依據物料的特性及價值，周全妥善地管理分類與存放
　　(C)進行驗收作業時，由相關專門驗收人員負責，彼此制衡，以防止弊端產生
　　(D)進行發放作業時，採先進後出法為原則，以避免物料過期造成可能的浪費。
　　　　　　　　　　　　　　　　　　　　　　　　　　　　　　　[7.5][109統測]

( )13. 川上餐廳客用營業區域中，共有6人桌2張、4人桌5張、2人桌9張，某日晚餐時段來客數為180人，總收入為36,000元，該餐廳晚餐時段的平均翻檯率（table turnover rate）為多少？　(A)2.8　(B)3　(C)3.6　(D)4。　　[7.6][113統測]

▲閱讀下文，回答第14～15題。
　　美西牛排館在5月20日承接一場人數100位的謝師宴，自助餐菜單內容包含：現煎牛排、沙拉百匯、碳烤海鮮、義大利麵、甜點區及冰淇淋等餐點，每位客人優惠售價為$800，食材成本每位預估為$320。牛排館同時招募臨時兼職人員，以因應本場謝師宴的人力需求。

( )14. 開放式的自助餐檯須注意餐點的溫度，以避免細菌快速滋生，關於餐點存放溫度的說明，下列何者正確？
　　(A)碳烤海鮮維持40°C以保持鮮嫩
　　(B)義大利麵維持50°C以保持口感
　　(C)冰淇淋櫃應該保持在-18°C以下
　　(D)沙拉百匯溫度維持在10°C最佳。　　　　　　　　　　　　　　[7.5][112統測]

( )15. 關於本場謝師宴的餐飲成本說明，下列何者正確？
　　(A)食材成本率為45%
　　(B)銷售淨利為$48,000
　　(C)食材$320應屬於變動成本
　　(D)兼職人員薪資屬於固定成本。　　　　　　　　　　　　　　　[7.4][112統測]

歷屆試題

( )1. 下列何種廚房格局設計不僅可將廚房主要設備作業區集中，亦能有效控制整個廚房作業程序，並可使廚房有關單位相互支援密切配合？
(A)「L」arrangement
(B)Straight Line Arrangement
(C)Face to Face Arrangement
(D)Back to Back Parallel Arrangement。 [102統測]

( )2. 今年石斑魚產量大豐收，阿滿餐廳一口氣購買50尾（每尾重1.5公斤），並以每公斤60元的價格購進，但經處理後，剩45公斤可食用；又每一份石斑魚排在烹調前是400公克，經烹調後，服務上桌的份量為388公克。試問總量的切割耗損率與每一份魚排的產出率各為多少？
(A)60%、97% (B)50%、86%
(C)40%、97% (D)30%、86%。 [102統測]

( )3. 關於餐飲業內部經營管理問題，下列敘述何者錯誤？
(A)餐飲工作多為操作性工作，工時長、工作重，故基層人力短缺，人事流動率高
(B)為降低人事流動率，餐飲業者應加強人力培訓，並以自動化設備來替代人力之不足
(C)對於餐飲業而言，標準作業程序之建立有助於營運品質穩定
(D)雖然大環境造成營運成本增加，但對獲利的影響不大。 [102統測]

( )4. 在油電雙漲時代中，餐廳業者每個月的水電、瓦斯、燃料等費用急速增加，此些費用屬於哪一種成本類型？
(A)Variable Cost (B)Labor Cost
(C)Fixed Cost (D)Semi-fixed Cost。 [102統測]

( )5. 臺灣地處高溫潮濕的亞熱帶區，每年5～10月是食物中毒發生的高峰期，殺菌不完全的低酸性罐頭食品（鐵罐、玻璃罐、殺菌軟袋等密封的食品）及貯藏不當的香腸、臘肉等醃製食品，都可能造成中毒，此中毒種類稱為：
(A)肉毒桿菌 (B)沙門氏菌 (C)腸炎弧菌 (D)仙人掌桿菌。 [102統測]

( )6. 餐飲成本中，採購新鮮食材、乾貨等所需的費用是屬於哪一種成本？
(A)半固定成本 (B)固定成本 (C)變動成本 (D)間接成本。 [103統測]

( )7. 有關餐廳格局設計的原則，下列何者正確？
(A)為提高生產力，確保員工作業敏捷，餐廳的生產作業區不需保留太大的空間
(B)為了區隔作業流程，餐廳內的相關設備，宜放置在不同樓層或較遠的區域
(C)餐廳員工服務的動線應該和客人的動線一致，以利員工提供有效率的服務
(D)餐廳內外場員工的通道必須保持通暢，以提供舒適安全之工作環境。 [103統測]

( )8. 有關廚房工作區域「面對面平行排列（Face-to-face Parallel Arrangement）」設計的敘述，下列何者正確？
(A)多用於醫院或工廠等供應團體膳食的廚房
(B)適用於廚房空間不大的餐廳
(C)是最簡單的排列方式
(D)又稱為島嶼式排列。 [103統測]

( )9. 餐飲業常以QSCV的經營概念來檢視生產及服務的流程，對於QSCV所代表的涵意，下列何者錯誤？
(A)Q：Quantity　　　　　　(B)S：Service
(C)C：Cleanliness　　　　　(D)V：Value。 [103統測]

( )10. 有關一般餐廳廚房格局的敘述，下列何者錯誤？
(A)乾貨儲藏庫之最底層存物架至少需距地面20公分高
(B)洗手間與廚房應距離3公尺以上
(C)準清潔作業區包含燒烤區，汙染作業區包含驗收區
(D)餐廳的氣壓必須小於廚房的氣壓。 [104統測]

( )11. 餐廳設備POS系統，不僅可迅速為顧客點餐結帳，也是餐廳蒐集銷售情報的工具，可供餐廳營運決策之參考，下列哪一個是POS系統的正確名稱？
(A)Point of Service　　　　(B)Point of Survey
(C)Point of Standard　　　 (D)Point of Sale。 [104統測]

( )12. 某餐廳外場座位數有60個，若中午用餐人數為90人，每人平均消費120元，該用餐時段的翻桌率為多少？　(A)2　(B)1.5　(C)1.3　(D)0.8。 [104統測]

( )13. 設計自助餐檯菜色時，設定一盤「炒高麗菜」成品重500公克，高麗菜淨料率為90%，若供應十盤「炒高麗菜」，高麗菜採購量應約為多少台斤？
(A)4.5　(B)5.6　(C)7.5　(D)9.3。 [104統測]

( )14. 餐飲倉儲管理中，運用ABC物料分類法，進行不同管理與盤點方式，達到管理效果，下列哪一種倉儲物料屬於A類？
(A)鹽、胡椒　(B)麵粉、玉米粉　(C)鮑魚、燕窩　(D)蔬菜、水果。 [104統測]

( )15. 下列何者屬於西餐烹調中混合焦化與軟化的烹調方法？
(A)Braising　(B)Poaching　(C)Grilling　(D)Simmering。 [104統測]

( )16. 關於餐廳格局之敘述，下列何者正確？
甲：餐飲服勤區宜與進貨區相鄰
乙：桌椅採對角配置有利於節省空間
丙：用餐區保持負壓狀態可避免廚房油煙流入
丁：廚房設備採背對背平行排列可將烹調設備集中
(A)甲乙　(B)甲丙　(C)乙丁　(D)丙丁。 [105統測]

( )17. 下列何者不屬於一般餐廳之「Front of the House」？
(A)餐務區　(B)用餐區　(C)櫃檯區　(D)接待區。 [105統測]

( )18. 某餐廳營業在不考慮加值營業稅的情況下，餐飲銷售總額為甲，毛利率為乙，餐飲食材成本為丙，人事成本為丁，餐飲成本率為戊。依據上述資料，下列何者正確？
(A)該餐廳的毛利為甲－丙－丁　　(B)丙為該餐廳的固定成本
(C)乙＝(丙＋丁)÷甲　　(D)戊＝丙÷甲。 [105統測]

( )19. 下列哪一種訓練方式，不適用「餐旅服務業提昇員工對職業道德的認知度，以利達成共識，增進員工工作自覺性及凝聚力」？
(A)語文訓練（Language Training）
(B)在職訓練（On-job Training）
(C)進階訓練（Upgrading Training）
(D)職前訓練（Orientation, Pre-job Training）。 [105統測]

( )20. 某餐廳年營業額為1,500,000元，每月平均食材成本為60,000元，員工薪資為60,000元，該餐廳其年度銷售毛利為多少元？
(A)60,000元　(B)780,000元　(C)1,380,000元　(D)1,440,000元。 [105統測]

( )21. 餐飲產品在製備過程中，依循標準容量所需的用料數量與作法，所控制每份的「產品份量」稱為：
(A)Standard Menu　　(B)Standard Portion
(C)Standard Purchase　　(D)Standard Recipe。 [105統測]

( )22. 關於餐廳食材計算，甲（耗損率）與乙（產出率，或稱淨料率）之關聯，下列何者正確？
(A)甲×乙＝100%　　(B)甲÷乙＝100%
(C)甲－乙＝100%　　(D)甲＋乙＝100%。 [105統測]

( )23. 餐廳依據採購物料之出貨單進行驗收的方法稱為？
(A)技術驗收　(B)發票驗收　(C)抽樣驗收　(D)空白驗收。 [105統測]

( )24. 關於使用機器洗滌餐具的流程，下列何者正確？
(A)Wash→Rinse→Pre-wash→Sanitize→Air-dry
(B)Pre-wash→Rinse→Wash→Sanitize→Air-dry
(C)Pre-wash→Wash→Rinse→Sanitize→Air-dry
(D)Rinse→Wash→Pre-wash→Sanitize→Air-dry。 [106統測]

( )25. 在廚房中製備去骨雞排時，通常會使用下列何種刀具？
(A)Peeling Knife
(B)Boning Knife
(C)Wheel Knife
(D)Serrated Knife。 [106統測]

(　)26. 關於餐廳動線的安排,下列何者正確?
　　　甲:顧客入座與服務人員上菜的動線最好要分開
　　　乙:為維護服勤順暢與安全,上菜與餐具撤回的通道不宜分開
　　　丙:餐廳動線要越短越好,洗手間越靠近餐廳越好
　　　丁:自助餐取餐距離過長,可能影響餐食溫度與美味程度
　　　(A)甲、丁　(B)甲、乙　(C)乙、丁　(D)丙、丁。　　　　　　　　　　　　　　[106統測]

(　)27. 某餐廳採購蔬菜共8公斤,經過前處理與切割後,剩下7公斤。製作蒜泥白肉,肉類每一份烹調前是100公克,烹調後是80公克,請問蔬菜廢棄率(耗損率)及肉類烹調產出率分別為多少?
　　　(A)12.5%、80%　　　　　　　　(B)12.5%、20%
　　　(C)87.5%、80%　　　　　　　　(D)87.5%、20%。　　　　　　　　　　　　　[106統測]

(　)28. 關於廚房格局的類型,下列敘述何者正確?
　　　甲:直線型排列,不適合窄長形或設備較少的廚房
　　　乙:背對背平行排列,將廚房主要設備集中,最經濟方便,又稱為島嶼式排列
　　　丙:面對面平行排列,適用於供應團膳的廚房,例如工廠與醫院
　　　丁:L形排列,適合各種大小廚房,操作便利經濟
　　　(A)甲、乙　(B)乙、丁　(C)乙、丙　(D)丙、丁。　　　　　　　　　　　　　　[106統測]

(　)29. 關於廚房工作區域之規劃,下列何者較適當?
　　　(A)地下水源應與廁所化糞池、廢棄物堆積場所保持至少15公尺
　　　(B)廚房工作環境最適宜溫度為攝氏20～25度,相對濕度為75～85%
　　　(C)食材處理動線與程序,應由高清潔度區域移向低清潔度區域
　　　(D)廢水水流方向應由低清潔度作業區流向高清潔度作業區。　　　　　　　　　　[106統測]

(　)30. 西餐菜單中,下列何者中英文菜餚名稱與烹調法組合為正確?
　　　(A)炒牛肉:Sautéd Beef
　　　(B)焗海鮮:Grilled Seafood
　　　(C)清蒸鱸魚:Simmered Seabass
　　　(D)燒烤豬肉:Braised Pork。　　　　　　　　　　　　　　　　　　　　　　　　[106統測]

(　)31. 針對在職員工給予新知識或技術的訓練為下列何者?
　　　(A)Pre-job Training　　　　　　　(B)Basic Training
　　　(C)On-job Training　　　　　　　(D)Orientation。　　　　　　　　　　　　　[106統測]

(　)32. 根據心理學家馬斯洛(Abraham H.Maslow)的需求層級理論(Hierarchy of Needs),下列何者正確?
　　　甲:尊重需求,或稱為自尊需求
　　　乙:安全需求,是最基本的需求
　　　丙:自我實現,是最高層的需求
　　　丁:社會需求,是身分或社會地位的需求
　　　(A)甲、乙　(B)甲、丙　(C)乙、丙　(D)丙、丁。　　　　　　　　　　　　　　[106統測]

(　　)33. 關於廚房工作環境的規劃，下列何者正確？
(A)排水溝的寬度應為10～15公分
(B)廚房最適當相對溼度為70～80%
(C)工作檯面的照明度為200米燭光以上
(D)地下水源至少應與化糞池或廢棄物堆積場所距離5公尺。　[107統測]

(　　)34. 廚房中的水槽、冰箱與爐檯三者距離的總和稱為「工作三角形」，下列規劃的工作三角形距離總和中，何種最能達到省時省力的工作效率？
(A)六公尺　(B)七公尺　(C)八公尺　(D)九公尺。　[107統測]

(　　)35. 某餐廳採購一批共10公斤之花椰菜，經過清洗與切割等前置處理後，剩下9公斤，烹煮後剩下8公斤，求此批花椰菜之廢棄率為多少？
(A)10%　(B)11.1%　(C)12.5%　(D)20%。　[107統測]

(　　)36. A餐廳的平均客單價午餐為150元、晚餐為350元，座位數量午餐為60個座位、晚餐為80個座位。某天午餐的座位周轉率為2轉、晚餐為1.5轉，則該天的營業額為多少元？
(A)56,000元　(B)60,000元　(C)66,000元　(D)84,000元。　[107統測]

(　　)37. 某一小規模餐廳的廚房進行規劃，下列何種安排最為適當？
(A)將調理區及裝盤區規劃在準清潔區
(B)將原料清洗區及驗收區規劃在汙染區
(C)將出菜區及調理區規劃在清潔區
(D)將切割區及配膳區規劃在準清潔區。　[107統測]

(　　)38. 關於廚房器具的敘述，下列何者錯誤？
(A)用來切割橄欖型馬鈴薯的刀子稱為Cleaver Knife
(B)切割麵包與糕點類的刀子稱為Serrated Knife
(C)用來切割披薩及餅皮的刀子稱為Wheel Knife
(D)製作檸檬皮絲的刀子稱為Zester。　[107統測]

(　　)39. 關於廚房區域的規劃，下列何者敘述錯誤？
(A)準清潔區包含調理區、包裝區
(B)一般作業區包含行政區、休息室
(C)汙染區包含洗滌區、驗收區
(D)清潔區包含出菜區、配膳區。　[108統測]

(　　)40. 針對餐飲業以顧客為導向的QSCV經營理念，分別是指下列哪四個要項？
(A)Quantity、Surprise、Cleanliness、Value
(B)Quality、Service、Cleanliness、Value
(C)Quick、Service、Clever、Victory
(D)Quantity、Service、Cleanliness、Victory。　[108統測]

(　　)41. 關於Standard Recipe的內容，下列何者可不需列出？
(A)產品類別及名稱　(B)廢料處理方式　(C)製備步驟　(D)每份份量。　[108統測]

(　　)42. 關於餐廳與廚房動線的規劃，下列何者正確？
(A)餐廳外場的氣流壓力應保持與廚房一致
(B)為使內外場動線順暢，宜設計進出分開之兩門
(C)廚房依清潔程度應規劃分為汙染作業區及一般作業區兩區
(D)為避免干擾客人，餐廳與廚房之間的服務動線越長越好。 [109統測]

(　　)43. 關於倉儲設計的原則，下列何者錯誤？
(A)較常用的品項，應放置於靠近入口的地方
(B)倉儲面積，應占餐飲場所總面積至少二分之一
(C)乾料庫房上下及其附近，應避免熱水及蒸汽管道
(D)庫房內的乾料耗損量，通常為儲藏物品總價值的0.5%。 [109統測]

(　　)44. 關於餐廳籌備規劃的第一步驟，下列何者正確？
(A)市場可行性評估　　(B)菜單設計與規劃
(C)餐廳格局與廚房規劃　　(D)基層員工招募與訓練。 [109統測]

(　　)45. 關於餐飲業人事成本，原則上在正常情況下，下列敘述何者錯誤？
(A)人事成本不包括退休金
(B)正職人員的薪資為固定成本
(C)計時人員的薪資不是固定成本
(D)國內餐飲業人事成本約占營業收入之二～三成。 [110統測]

(　　)46. 一個漢堡定價120元，食物成本30元，目前推出促銷方案為漢堡買一個送一個，此種促銷方案中的食物成本率為下列何者？
(A)25%　(B)30%　(C)50%　(D)60%。 [110統測]

(　　)47. 當餐廳經營採用標準食譜時，其供應之餐飲產品具有下列哪一項優點？
(A)每道菜餚之品質較為一致　　(B)餐飲製備流程較具有彈性
(C)廚師可以自由創作烹調菜餚　　(D)廚師可依個人喜好調整食材份量。 [110統測]

(　　)48. 過年期間，小李食用自製臘腸後，即出現顏面神經麻痺及吞嚥困難的症狀，應是受到下列何者感染？
(A)冠狀病毒　(B)黴菌毒素　(C)肉毒桿菌　(D)仙人掌桿菌。 [110統測]

(　　)49. Sangria Grille餐廳承接元宇宙科技公司的感恩餐會並預訂100份的沙朗牛排，每份牛排成品重為300克，烹調耗損率為25%，牛肉每公斤成本為$500，採購此肉類食材的成本為多少元？
(A)$15,000　(B)$20,000　(C)$25,000　(D)$27,500。 [111統測]

(　　)50. 小可為餐廳廚房助廚，其工作職務需進行餐具消毒殺菌作業，依據食品良好衛生規範準則之內容，下列消毒方式何者正確？
(A)使用60°C的熱水殺菌法，加熱2分鐘
(B)使用110°C的乾熱殺菌法，加熱3分鐘
(C)使用100°C的煮沸殺菌法，加熱3分鐘
(D)使用100ppm的氯液殺菌法，浸泡2分鐘。 [111統測]

( )51. 全年無休的Whole Market自助餐廳,僅營業晚餐時段,配置有50張餐桌,200個座位,每客自助餐的價位是$800。9月份的營收目標是$6,000,000,截至9月20日的營業額已有$3,600,000,接下來的平均翻檯率(turnover rate)最少應為多少,才能在9月30日達到營收目標?
(A)1　(B)1.5　(C)2　(D)2.5。　　　　　　　　　　　　　　　　　　　[112統測]

( )52. 小吳依照部落客的美食攻略快閃臺南一日大啖當地特色小吃,包括牛肉湯、蝦仁飯、藥膳香腸、古早味紅茶,但稍後因上吐下瀉就醫,醫院進行採檢送驗後驗出腸炎弧菌。根據以上敘述採驗結果得知最有可能是哪一樣小吃出了問題?
(A)牛肉湯　(B)蝦仁飯　(C)藥膳香腸　(D)古早味紅茶。　　　　　　[112統測]

( )53. 文文預計開一家新餐廳,關於廚房設計的格局及動線,下列敘述何者正確?
(A)清潔作業區包括:驗收區、食材清洗區、切割區以及洗滌區
(B)島嶼式為面對面平行排列方式,是使用最少通風設備的設計
(C)廚房的照明光線工作檯面或調理檯面應保持100米燭光為佳
(D)廚房設備中爐檯、水槽及冰箱距離總和不超過600cm為原則。　　　[112統測]

( )54. Peter在Good Day西餐廳擔任廚房學徒負責廚房的清潔工作,每天打烊後需進行砧板消毒,下列方法何者錯誤?
(A)以80～85°C的熱水浸泡2分鐘以上
(B)以日照方式進行日光消毒
(C)浸泡餘氯量200ppm以上的氯液中
(D)小蘇打粉刷洗後進行風乾。　　　　　　　　　　　　　　　　　　　[112統測]

( )55. KK在R飯店的大廳酒吧擔任bartender的工作,主管以下圖的客用訂單為例,讓他學習主要食物原料的成本分析;Americano使用到咖啡豆20公克,Screwdriver則使用到伏特加50ml以及100%還原柳橙汁100ml,這些主原料的進貨成本如下表;關於這些主原料的成本及成本率的計算,下列何者正確?
(A)Screwdriver主原料成本為50元,成本率為20%
(B)Screwdriver主原料成本為72.5元,成本率為29%
(C)Americano主原料成本為20元,成本率為12%
(D)Americano主原料成本為22.5元,成本率為15%。　　　　　　　　　[113統測]

```
        Hotel R
    2024-03-08 21:23
========================
吧檯員:KK
訂單編號:C12
人數:2
========================
               數量        價格
Americano       1       NT$150
Screwdriver     1       NT$250
    小計                NT$400
    已付                NT$500
    找零                NT$100
========================
```

原料	進貨單位	進貨價格
咖啡豆	半公斤	450元
伏特加	750ml/瓶	600元
100%還原柳橙汁	1公升	100元

答案與詳解

實力加強

7.1節

1. A   2. A   3. B   4. B   5. D   6. B   7. B   8. B   9. D   10. C
11. C   12. D

7.2節

1. A   2. C   3. D

7.3節

1. D   2. B   3. C   4. B   5. C   6. D   7. A   8. C   9. B   10. A
11. A   12. C

7.4節

1. B   2. B   3. B   4. C   5. A   6. D   7. C   8. D   9. D   10. D
11. A   12. C   13. B

7.5節

1. C   2. D   3. D   4. A   5. B   6. B   7. A   8. A   9. A   10. C

7.6節

1. D   2. B   3. C   4. C   5. D   6. C

詳解

7.1節

1. 「員工推薦」最受餐飲業者喜歡，其到職率及工作穩定性較高。

4. 管轄權屬於各縣市衛生機構。

12. 以「員工推薦」最受餐飲業者喜愛。

7.4節

1. 交際費為餐廳的管銷費用，屬於「經常費用成本」。

3. 切割耗損率 = $\dfrac{物料處理耗損重量}{物料總量} \times 100\% = \dfrac{20-12}{20} \times 100\% = 40\%$。

4. 1杯約為240cc，半杯約為120cc。1大匙為15cc，半杯＝8大匙。

5. 耗損總重＝2.5＋0.5＋(10×2%)＝3.2（公斤）。

   產出率 = $\dfrac{成品重量}{物料總重} \times 100\% = \dfrac{10-3.2}{10} \times 100\% = 68\%$。

8. 1液盎司＝30cc，調製一杯Tom Collins需60cc的琴酒，其成本為 $60cc \times \dfrac{\$600}{600cc} = 60$元。

   食物成本率 = $\dfrac{食物成本}{食物售價} \times 100\% \Rightarrow 15\% = \dfrac{60元}{食物售價} \Rightarrow$ 食物售價＝400元。

10. 銷售毛利＝銷售總額－餐飲物料成本總額＝300－108＝192（萬元）。

11. 稅後淨利＝銷售毛利－間接成本（含稅金）＝192－90－15＝87（萬元）。

12. 銷售毛利率 = $\dfrac{銷售毛利}{銷售總額} \times 100\% = \dfrac{192}{300} \times 100\% = 64\%$。

13. 餐飲物料成本率 = $\dfrac{餐飲物料成本總額}{銷售總額} \times 100\% = \dfrac{108}{300} \times 100\% = 36\%$。

7.6節

3. 座位翻檯率 = $\dfrac{用餐人數}{座位數} \Rightarrow 19 = \dfrac{用餐人數}{200} \Rightarrow$ 用餐人數＝3,800人。

6. 用餐人數 = $\dfrac{45,000}{600} = 75$（人）。

   座位翻檯率 = $\dfrac{用餐人數}{座位數} = \dfrac{75}{50} = 1.5$。

搶分終點線

1. D	2. D	3. C	4. D	5. A	6. C	7. C	8. D	9. A	10. B
11. C	12. B	13. C	14. B	15. D	16. A	17. D	18. C	19. A	20. C
21. C	22. D	23. D	24. D	25. A	26. C	27. C	28. D	29. C	30. D
31. B	32. C	33. A	34. D	35. B	36. D	37. C	38. B	39. A	40. D
41. C	42. A	43. D							

詳解

1. 工作三角形：水槽、冰箱、爐檯。

15. 每日平均消耗量 = $\frac{600}{30}$ = 20（磅）。

    最低庫存量 =（每日平均消耗量×進貨所需天數）+ 安全庫存量
    　　　　　=（20磅×20天）+ 150磅 = 550磅。

27. 3盎司 = 3×30公克 = 90公克。0.5磅 = 0.5×454公克 = 227公克。

28. 可用部分 = 30 － 1.2 = 28.8（公斤）。

    產出率 = $\frac{成品重量}{物料總量}$×100% = $\frac{28.8}{30}$×100% = 96%。

29. 產出率 = 100% － 40% = 60%。

    假設「Y」表示1塊魚排的原料重量；

    Y×60% = 50公克 ⇒ Y = $\frac{50公克}{60\%}$。

    60份糖醋魚排的原料總重 = $\frac{50公克}{60\%}$×2塊×60份 = 10,000公克 = 10公斤。

    庫存原料魚肉20公斤 － 10公斤 = 10公斤。

30. 剩下可用的重量約為950公克[= 1,000公克×（1 － 5%）]。

    1磅 = 454公克，950公克 ≒ 2.09磅。

    1盎司 ≒ 30公克，950公克 ≒ 31.67盎司。

33. 管理技術與管理實務屬於「在職訓練」。

情境素養題

| 1. B | 2. A | 3. B | 4. B | 5. C | 6. D | 7. B | 8. D | 9. D | 10. A |
| 11. B | 12. D | 13. C | 14. C | 15. C | | | | | |

詳解

1. 餐廳保持正壓，廚房保持負壓，即可避免廚房的油煙及烹調氣味飄進用餐區。

2. 工作三角形：水槽、冰箱、爐檯。

3. 龍蝦應歸入「A類」，洋蔥、大蒜應歸入「C類」。

4. 主廚應準備的刀具有：

    骨刀（Boning Knife）、魚刀（Fillet Knife）、削皮刀（Tournée Knife）。
    Serrated Knife：鋸齒刀。Butcher Knife：剁刀。Slicing Knife：片刀。
    Zester：檸檬刨絲器。Wheel Knife：輪刀。

5. 銷售毛利 = 銷售總額 － 餐飲物料成本總額 = 100,000 －（30,000 + 8,000）= 62,000（元）。

7. 漲縮率 = $\frac{成本重量}{物料總重}$×100% = $\frac{1,000}{物料總重}$×100% = 80%。

11. 乙：腸炎弧菌屬好鹽性及不耐熱的細菌。
    丁：貝類中毒屬於麻痺性中毒，發芽馬鈴薯屬於中樞神經毒。

13. 翻檯率 = $\dfrac{用餐人數}{座位數} = \dfrac{180}{50} = 3.6$。

14. 碳烤海鮮、義大利麵為熱食，要保存在60°C以上。
    沙拉百匯適合冷藏，要維持在0°C～7°C最佳。

15. 食材成本率 = $\dfrac{食物成本}{食物售價} \times 100\% = \dfrac{320}{800} = 40\%$。

    銷售毛利＝銷售總額－直接成本＝(800×100)－(320×100)＝48,000。
    兼職人員薪資屬於變動成本。

歷屆試題

1. D	2. C	3. D	4. AD	5. A	6. C	7. D	8. A	9. A	10. D
11. D	12. B	13. D	14. C	15. A	16. C	17. A	18. D	19. A	20. B
21. B	22. D	23. B	24. C	25. B	26. A	27. A	28. C	29. A	30. A
31. C	32. B	33. C	34. A	35. A	36. B	37. B	38. A	39. A	40. B
41. B	42. B	43. B	44. A	45. A	46. C	47. A	48. C	49. B	50. C
51. B	52. B	53. D	54. D	55. A					

詳解

2. 切割損耗率 = $\dfrac{(1.5 \times 50) - 45}{1.5 \times 50} \times 100\% = 40\%$。

   產出率 = $\dfrac{388}{400} \times 100\% = 97\%$。

12. 座位翻檯率 = $\dfrac{用餐人數}{座位數} = \dfrac{90}{60} = 1.5$。

13. 採購量＝(500×10)÷90%＝5,555公克；5,555÷600＝9.26→約9.3台斤。

20. 銷售毛利＝1,500,000－(60,000×12)＝780,000。

26. 上菜、收盤動線宜分開；洗手間通常設置在餐廳角落，保持適當距離以免干擾及異味。

27. 損耗率 = $\dfrac{物料處理耗損重量}{物料總量} \times 100\% = \dfrac{8-7}{8} \times 100\% = 12.5\%$。

    產出率 = $\dfrac{成品重量}{物料總量} \times 100\% = \dfrac{80}{100} \times 100\% = 80\%$。

28. 直線型適合狹長型廚房；L型適合面積不大的廚房。

29. 廚房空調應設定為攝氏16～18度，相對濕度為50～60%。
    食材處理動線與程序：低清潔度區域 ⇒ 高清潔度區域。
    廢水水流方向：高清潔度作業區 ⇒ 低清潔度作業區。

32. 生理需求是最基本的需求；社會需求又稱為愛與歸屬需求。

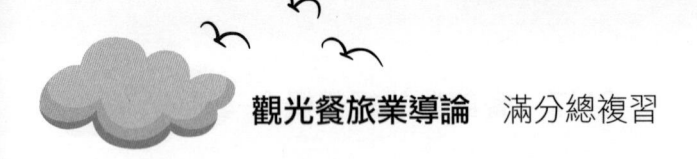

35. 廢棄率＝切割耗損率＝$\dfrac{物料處理耗損重量}{物料總重}\times 100\%$

   ＝$\dfrac{(10-9)}{10}\times 100\%=10\%$。

38. 用來切割橄欖型馬鈴薯的刀子稱為「小彎刀（Bird's Peak Knife）」。

39. 包裝區屬於清潔區。

45. 人事成本含員工薪資、員工福利、保險、退休金等。

46. 30×2÷120×100％＝50％。

47. 餐廳經營採用標準食譜確保產品質量統一。

48. 醃製食品易受肉毒桿菌汙染，產生神經毒素。

49. 採購物料總重(300×100)÷(1－25％)＝40,000公克＝40公斤；
   採購成本＝40×500＝20,000元。

51. $\dfrac{6,000,000-3,600,000}{800}=3,000$（人次）

   $\dfrac{3,000}{10天}=300$（每日人次）

   翻檯率＝$\dfrac{用餐人數}{座位數}=\dfrac{300}{200}=1.5$。

52. 海產魚貝類易受腸炎弧菌汙染，因此最有可能是蝦仁飯出了問題。

53. 清潔作業區包括：器皿存放、配膳包裝。
   島嶼式為背對背平行排列方式。
   工作檯面保持200米燭光為佳。

55.

Americano	主原料成本（咖啡豆20公克）＝食物成本＝$\dfrac{20公克}{500公克}\times 450元=18元$	
	食物成本率＝$\dfrac{食物成本}{食物售價}\times 100\%=\dfrac{18}{150}\times 100\%=12\%$	
Screwdriver	主原料成本（伏特加50ml）＝$\dfrac{50ml}{750ml}\times 600元=40元$	
	（柳橙汁100ml）＝$\dfrac{100ml}{1,000ml}\times 100元=10元$	
	食物成本率：$\dfrac{40+10}{250}\times 100\%=20\%$	

CH 8 旅宿業概述

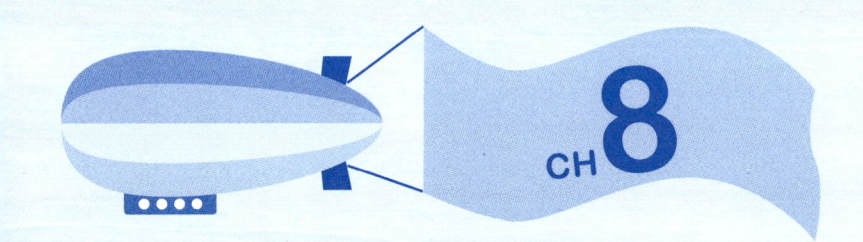

本章學習重點

節名	常考重點	
8.1 旅宿業簡介	• 旅宿業的產品 • 旅宿業的特性	★★★★★
8.2 西方旅宿業的發展	• 西方旅宿業的發展歷程	★★☆☆☆
8.3 我國旅宿業的發展	• 中國旅宿業的發展歷程 • 台灣旅宿業的發展歷程	★★★☆☆
8.4 旅宿業的類別	• 旅宿業的分類	★★★★★
8.5 旅館等級評鑑制度	• 國內外的旅館評鑑制度	★★★★★
8.6 客房的種類	• 客房的分類	★★★★☆

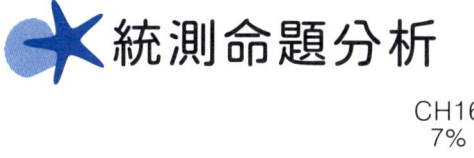

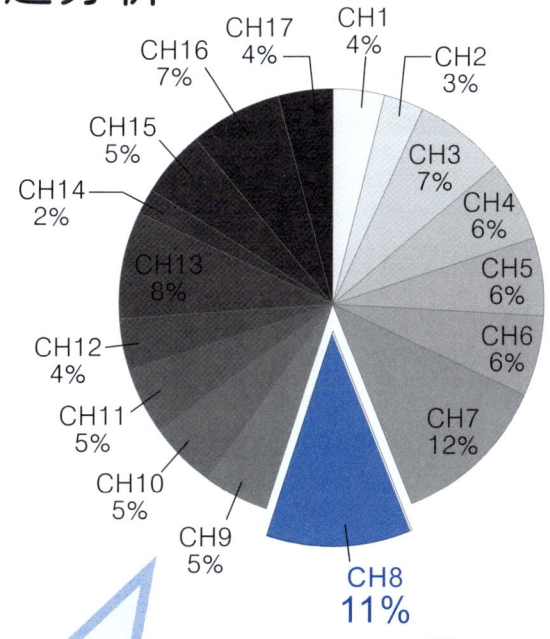

統測命題分析

- CH1 4%
- CH2 3%
- CH3 7%
- CH4 6%
- CH5 6%
- CH6 6%
- CH7 12%
- CH8 11%
- CH9 5%
- CH10 5%
- CH11 5%
- CH12 4%
- CH13 8%
- CH14 2%
- CH15 5%
- CH16 7%
- CH17 4%

8.1 旅宿業簡介

一、旅宿業的定義

1. 美國旅館大王－史塔特拉（Ellsworth Milton Statler）說：「**旅館是出售服務的企業**」。

2. 旅宿業為**24小時全天候**服務，服務的對象通常為**不限定身分的旅客**。

3. 旅館的英文為「Hotel」，其語源發展過程如下：

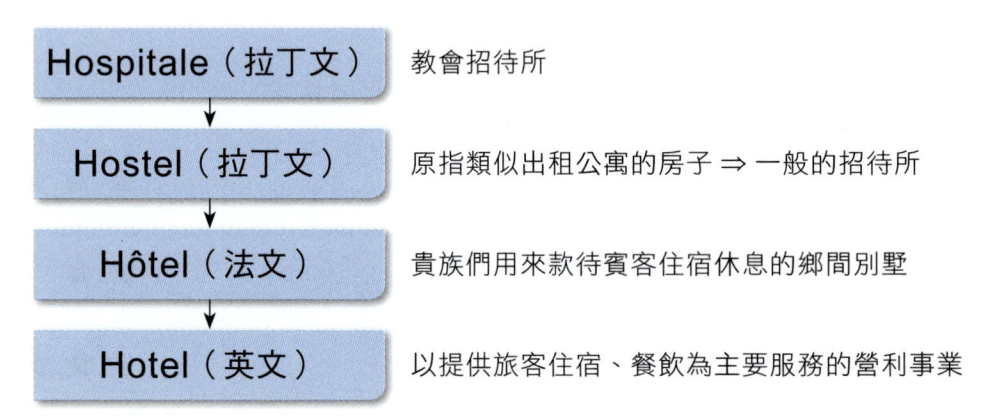

   Hospitale（拉丁文） — 教會招待所
   ↓
   Hostel（拉丁文） — 原指類似出租公寓的房子 ⇒ 一般的招待所
   ↓
   Hôtel（法文） — 貴族們用來款待賓客住宿休息的鄉間別墅
   ↓
   Hotel（英文） — 以提供旅客住宿、餐飲為主要服務的營利事業

4. 別稱：飯店、酒店、旅社、賓館、山莊、會館、行館、別館。

二、旅宿業的產品 102

1. **內容**：餐飲、住宿、服務、設備、環境。

2. **構成要素**：

有形商品 Tangible Porduct		無形服務 Intangible Service	
促成商品 Facilitating Goods	支援設施 Supporting Facilities	外顯服務 Explicit Service	內隱服務 Implicit Service
顧客購買的 **主要商品**	提供服務的 **週邊資源**	消費者 **外在感官**可以感受到的**感知**註	消費者 **內在心理**感受
例如 客房、餐食	例如 建築設備、餐具、布巾、裝潢、停車場	例如 制服、氣氛、美味、專業、清潔衛生	例如 舒適、方便、親切、安全感、幸福感、尊榮感

註：視覺、味覺、嗅覺、觸覺、聽覺，亦稱五感。

三、旅宿業的特性 110 111 112 113

旅宿業屬餐旅業，故亦擁有餐旅業的特性，本書第一章「餐旅業的特性」已詳加介紹，以下介紹與旅宿業有高度關連的產業特性。

特性	說明
地理位置的重要性	1. 地點往往是決定旅館經營成敗的關鍵 2. 交通的便利性、臨近商圈的易達性，以及風景是否優美，皆是客人投宿的主要考量因素
公共性/公用性	1. 旅客住宿的空間及相關設施，屬開放的場所，旅客可自由進出 2. 旅館客人有妨害旅館名譽或破壞秩序之情事，旅館有權要求旅客離開 3. 為保障旅客安全，政府對旅館的公共安全有嚴格要求及法令規定 4. 旅館之建築與設備需經政府核准，並對公眾負起法律上的權利與義務
豪華性	觀光旅館建築物外觀及設備的舒適、豪華，是吸引旅客投宿的最佳誘因
資本密集 Capital Intensive	旅宿業需要投入的資金非常龐大，尤以土地成本及建築費用為最，其他如大型的機具設備、裝潢等亦須相當多的資金投入，成本回收期長
市場進入障礙度高	旅館的經營所需之專業素養極高，加上所需資本龐大，經營門檻較一般行業高，其市場型態接近「寡頭獨占」
固定成本高	旅館的固定成本（如人事費用、地價稅、房屋稅、利息、折舊、維修費用），不論住房率如何，均需支出，約占旅館全部費用一半以上之比例
客房部毛利高	旅館客房部營業費用低，如旅館的營運正常，客房部利潤頗高
需求的波動大	易受外在環境的影響，顧客需求的彈性大、敏感度高，且季節性影響相當明顯
經營技術容易被模仿	旅館的商品及服務無法申請專利權，經營知識及技術無法為某一家旅館所專有，故需靠服務精緻來提升形象，以提高顧客忠誠度

觀光餐旅業導論　滿分總複習

知識快遞

旅宿業強調「服務品質」的常見名言

凱撒・麗池 César Ritz	The customer is never wrong.（客人永遠不會錯）
麗池卡爾登飯店 Ritz-Carlton Hotel	We are ladies and gentlemen serving ladies and gentlemen.（我們是一群為女士與紳士提供服務的女士與紳士）
史塔特拉 Ellsworth Milton Statler	The hotel sells poor service is a poor hotel.（服務的好壞決定旅館之優劣） A hotel has just one thing to sell. That one thing is service.（旅館是出售服務的企業）
希爾頓 Conrad Hilton	Have you ever smiled to your customers？（你今天對顧客微笑了嗎？）
韓德森 Ernest Henderson	The traveler can run hotels better than the management.（在旅館經營方面，客人比經理更高明）

實力加強 8.1

( )1. 下列何者非我國旅館業者的計費方式？
(A)以小時計　(B)以日計　(C)以週計　(D)以月計。

( )2. 下列何者是法文Hôtel之原意？
(A)十字軍東征時教會的收容所
(B)貴族們用來款待賓客住宿休息的鄉間別墅
(C)法國國王於鄉間招待貴族的夏宮
(D)西班牙城堡旅館。

( )3. 飯店提供乾淨、舒適的客房，讓客人有如家外之家之感受，主要在說明何項旅館商品要素的重要性？　(A)外顯服務　(B)內隱服務　(C)主要商品　(D)支援商品。

( )4. 下列何者是屬於旅館的Facilitating Goods？
(A)專業的服務　(B)客房　(C)停車場　(D)美味的餐食。

( )5. 關於旅館業經營特性之敘述，下列何者正確？
(A)市場需求波動不易受外在環境影響，供給彈性亦大
(B)產品無法儲存備用，但可運送轉移
(C)旅館經營需要專業的素養，故進入此市場的障礙較高
(D)旅館營運的設備及裝潢費用小於人事成本。

8.2 西方旅宿業的發展 106 107 108 109

旅行活動初期～19世紀初期		
背景	旅行活動初期，多為宗教朝聖、商務旅行為主	
重要事紀	古埃及時期	已有提供宗教信徒前往朝聖地之簡陋宿所，為西方旅館的起源
	古希臘時代	由修道院為信徒提供住宿場所
	古羅馬時代	驛站為提供軍隊與官吏的住宿場所；Tavern、Inn為私人經營提供一般民眾食宿的場所
	1282年	佛羅倫斯住宿業者成立公會，開始商業化目的經營
	16～18世紀	歐洲小型旅店出現
	1788年	法國亨利四世旅館（Le Hotel de Henri IV）為當時歐洲最具規模的旅館
主要客源	朝聖者、商販	
經營特色	基本的住宿設施，獨立經營規模小，早期屬非營利性質，後期發展為營利事業	
主要旅館型態	客棧（Inn）	

19世紀初期～19世紀後期		
背景	經濟起飛及旅遊業的興起，提供貴族富豪們高貴、氣派的飯店蔚為潮流	
重要事紀	★1829年	美國波士頓Tremont House：現代旅館業的始祖 1. 有現代旅館業的亞當夏娃（The Adam and Eve of the Modern Hotel Industry）之稱 2. 首創 • 飯店Lobby大廳概念 • 有單人房、雙人房之分，並附門鎖（保有個人隱私） • 行李員（Bellman）服務 • 客房提供免費肥皂及用水
	★1850年	法國巴黎歌聯飯店（Grand Hotel）：西方首家具現代化設備旅館，客房設有陽台，並提供理髮及洗衣服務
	1889年	凱撒‧麗池（César Ritz）應聘管理經營Savoy Hotel，成為酒店經營者的典範
	1896年	紐約Waldorf Astoria Hotel：第一間提供有Room Service的飯店，有世界旅館皇后之稱
	1898年	陸續在巴黎、倫敦成立Hotel Ritz。「Ritz」現為高級、典雅的旅館代名詞
	★1907年	史塔特拉（Ellsworth M.Statler）在水牛城（Buffalo）成立The Statler Hotel註，首創在每間客房內設置衛浴設備。其後共創建了7家連鎖旅館，故有美國旅館業之父、美國旅館大王、美國連鎖旅館之父、美國現代旅館的始祖、連鎖商務旅館鼻祖等稱號
主要客源	貴族、富豪	
經營特色	設備豪華，獨立經營規模大，以提高社會名聲為主要目的	
主要旅館型態	豪華旅館	

註：The Statler Hotel有「世界旅館皇帝」之稱。

	**20世紀初期～20世紀中期**
背景		商務旅行頻繁、經濟環境的改變，帶動平價住宿的興起
重要事紀	1907年	連鎖旅館制度於美國誕生
	1908年	德國首家國際青年旅館成立
	1918～1930年	一次世界大戰結束～二次世界大戰前，為西方旅宿業的黃金時期
	★1919年	希爾頓飯店（Hilton）成立，其後擴張版圖並買下史塔特拉系列飯店。創辦人康拉德·希爾頓（Conrad Hilton），有旅館經營之王（King of the Inn Keepers）稱號
	1925年	第一家汽車旅館Milestone Motel於美國加州成立
	1927年	芝加哥史帝芬飯店（Steven Hotel）設有3,000間客房，有旅館巨人（Giant of Hotel）之稱
	1929～1933年	世界經濟大恐慌，美國有近八成的旅館破產，大型旅館的興建停滯，取而代之的是建於公路兩旁的汽車旅館（Motel）
	1931年	第一家機場旅館The Dearborn Inn於美國密西根州成立
主要客源		商務客
經營特色		重視成本觀念，設備簡單便利，開始採連鎖經營方式
主要旅館型態		商務旅館
	**20世紀後期～迄今**
背景		社會朝多元化方向發展，各式旅館因應而生（如：鉅額投資的旅館，或個性的精品旅館出現）；1990年初期，為了做出市場區隔，許多國際連鎖旅館集團旗下紛紛成立不同品牌，朝多品牌多角化經營；環保觀念受重視，亦影響旅館經營的趨勢
重要事紀	1952年	Kemmons Wilson成立第一家Holiday Inn，為美國旅宿業率先採用特許加盟連鎖方式的旅館，在1970年代發展成為豪華的連鎖汽車旅館（Chain Motel）
	1954年	希爾頓創立美國第一個現代化連鎖旅館系統；業界開始重視品牌形象與定位
	1967年	凱悅飯店引入大廳櫃檯接待服務，及旅館業務推廣與行銷
	1997年	為解決地球暖化問題，聯合國在日本京都簽訂「京都議定書」，環保旅館的概念開始受到重視
	1999年	杜拜阿拉伯塔飯店（Burj Al-Arab）開幕
	2000年	澳洲凡賽斯飯店（Palazzo Versace）開幕，為世界首家精品飯店
	2007年	美國加州的蓋雅那帕谷飯店（Gaia Napa Valley Hotel）為全球首家通過美國綠色建築委員會認證的環保旅館
	2009年	為降低全球排碳量，聯合國於丹麥哥本哈根召開氣候變遷因應會議，並簽訂「哥本哈根協議」
主要客源		觀光客、商務客、會議團體
經營特色		連鎖經營方式蔚為主流，採用制式化的管理模式，統一旅館的設備規格及服務流程。另因應旅客需求、重視顧客感受，設施更加多元化

實力加強 8.2

( )1. 依據西方旅館發展時期，試問十字軍東征時期（11～13世紀），最有可能出現的住宿設施為下列何者？
(A)客棧　(B)豪華旅館　(C)商務旅館　(D)度假旅館。

( )2. 有「美國旅館大王、現代連鎖旅館之父」之稱的是
(A)Statler　(B)Hilton　(C)Ritz　(D)Henderson。

( )3. 下列何者不是商務旅館時代之經營特色？
(A)以提高社會名聲為目的　　　(B)重視成本觀念
(C)設備簡單便利　　　　　　　(D)採連鎖經營方式。

( )4. 下列何者為西方第一家具現代化設備旅館？
(A)1788年：Le Hotel de Henri IV
(B)1850年：Grand Hotel
(C)1898年：Hotel Ritz
(D)1907年：The Statler Hotel。

( )5. 關於西方旅館業的發展順序，下列敘述何者正確？
甲、客棧時期　乙、商務旅館時期　丙、現代旅館時期　丁、豪華旅館時期
(A)甲→乙→丙→丁　　　　　　(B)甲→丁→乙→丙
(C)甲→丁→丙→乙　　　　　　(D)丁→甲→乙→丙。

8.3 我國旅宿業的發展

一、中國旅宿業的發展

朝代	國營	民營
西周	館	寄寓
春秋戰國	館舍、傳舍、驛亭	逆旅、客舍（建立完善旅宿制度）
漢	亭、驛站、郵亭、郡邸、邸舍	逆旅、私館
隋唐	禮賓院（專供招待使節）、四方館、亭驛、館驛	波斯邸（同今日之國際觀光旅館）、逆旅、客舍、客棧、邸店
元	會同館	驛站、館舍、客店、客棧、招商旅店
清	—	客棧（今日旅宿雛形）、酒樓、西式旅館
民國初年	一次世界大戰後，外國人在中國各大城市陸續興建旅館，為中國旅館具現代化設備之肇始；鐵路局亦設有賓館方便商旅住宿	

8-7

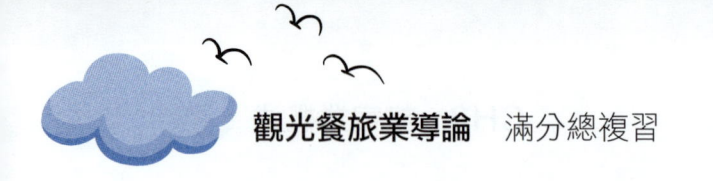

二、台灣旅宿業的發展 104 110 113

1. **光復前時期**：此時期為傳統農業社會，但已具工商業社會雛型，投宿旅客多以小販或單幫客為主。

時期／西元	重要事件	說明
清末民初	出現販仔間	台灣旅館初期的型態；設備簡陋，家庭副業形式經營
1896年	北投天狗庵開幕	台灣首家民營溫泉旅館，由日人投資興建
1908年	台灣鐵道飯店開幕	台灣首家西式旅館，後於二戰空襲中炸毀

2. **傳統旅社時期（民國34～44年）**：二次世界大戰結束，百業待舉，經政府實施土地改革政策，及美國經濟援助後，社會及經濟狀況逐漸好轉。

民國	重要事件	說明
39年	發布「台灣省檢查旅館辦法」	旅館業被列入特種行業檢查範圍→影響業者投資意願
41年	圓山大飯店開幕	宮殿式建築，為原台灣大飯店更名而成
代表飯店	圓山、自由之家、中國之友社、台灣鐵路飯店（原台灣鐵道飯店修建而成）可接待外賓之旅館	

3. **觀光旅館發軔時期（民國45～52年）**：政府觀光機構與民間觀光組織相繼成立，且政府公布觀光旅館設備之標準，**帶動了興建觀光旅館的風氣**。

民國	重要事件	說明
45年	紐約飯店開幕	台灣首家在客房內設有衛生設備的旅館
46年	觀光旅館分為國際觀光旅館、觀光旅館	頒布「新建國際觀光旅館及設備標準要點」、「觀光旅館最低設備標準要點」→將觀光旅館分為國際觀光旅館、觀光旅館
47年	高雄華園飯店開幕	為台灣首家民營的觀光飯店

4. **國際觀光旅館時期（民國53～65年）**：日本及美國來台旅客增多；政府鼓勵民間投資興建國際觀光旅館，旅館進入國際化經營階段，旅館家數大增。

民國	重要事件	說明
53年	統一、國賓、中泰賓館註開幕	台灣開始出現大型旅館
57年	高雄華王開幕	第一家以本土資金興建的國際觀光旅館（已歇業）
62年	台北希爾頓開幕	台灣首家國際連鎖旅館→進入國際連鎖經營時代
62～66年	日本旅客大增	台灣旅館業黃金年代
63～65年	能源危機	政府發布旅館禁建令→致使66年發生旅館荒

註：統一大飯店（已註銷）、中泰賓館（今改建成「文華東方酒店」）。

5. **大型國際觀光旅館時期（民國66～78年）**：經濟成長，來台旅客增加，引發一波國際觀光旅館興建潮；後期因能源危機導致全球景氣不佳，來台旅客銳減。

民國	重要事件	說明
66年	公布實施觀光旅館業管理規則	觀光旅館業脫離「特種營業」
69年	修正發展觀光條例	增訂觀光旅館相關條文，賦予觀光旅館明確法源
70～72年	第二次能源危機	來台旅客人數下降，旅宿業進入整頓期
72～78年	實施旅館評鑑制度	台灣首次旅館評鑑，以梅花為標識
75年	墾丁凱撒大飯店開幕	由日本人投資，我國首家五星級休閒度假旅館、BOT首例
73～78年	餐飲服務成為旅館主要收入	來台旅客減少影響客房收入，業者改以發展餐飲服務為主要經營策略
代表飯店	台北亞都麗緻、來來（現今台北喜來登）、台北老爺、台北福華	

6. **連鎖旅館時期（民國79～82年）**：國內旅館加入國際知名連鎖酒店集團，成為一股風潮，同時引進歐式旅館之服務風格及管理模式。

民國	重要事件	說明
79年	台北西華（已歇業）、台北晶華、台北君悅開幕	台灣旅館陸續加入國際連鎖酒店集團；台北君悅為台灣首家國際會議飯店
80年	亞都麗緻管理顧問公司成立	首家由台灣業者成立的旅館管理顧問公司
80年	交通部觀光局成立「旅館業查報督導中心」	一般旅館業被納入管理；取締非法旅館業

7. **休閒度假旅館時期（民國83～96年）**：民國87年，政府實施隔週休二日；民國90年，全面實施週休二日，並全力推動發展國民旅遊，國人度假風潮漸起，休閒度假旅館因應而生。

民國	重要事件	說明
87年	旅宿業從業人員納入勞基法	
90年	發布民宿管理辦法	台灣民宿業發展法源依據
91年	發布旅館業管理規則	因應90年發展觀光條例納入旅館業而制定
95年	台北美麗信花園酒店開幕	台灣首家平價旅館BOT案
代表飯店	台北遠東香格里拉、墾丁福華、花蓮美崙、六福皇宮（已歇業）、花蓮遠來、花蓮理想大地、台東娜路彎、日月潭涵碧樓、礁溪老爺	

知識快遞

民間機構參與公共建設模式

依據「促進民間參與公共建設法」，民間機構參與公共建設有以下幾種模式：

1. BOT（Build-Operate-Transfer）：民間機構投資興建並營運；營運期間屆滿後，移轉該建設之所有權予政府。

2. BOO（Build-Own-Operate）：為配合國家政策，由民間機構投資興建，擁有所有權，並自為營運或委託第三人營運。

3. OT（Operation-Transfer）：由政府投資興建完成後，委託民間機構營運；營運期間屆滿後，營運權歸還政府。

4. ROT（Rehabilitate-Operate-Transfer）：民間機構投資增建，改建及修建政府現有建設並營運，營運期間屆滿後，營運權歸還政府。

下表為上述四種經營模式的比較：

模式	興建	營運	移轉	案例
BOT	民間	民間	✓	美麗信花園酒店、墾丁凱撒飯店
BOO	民間	民間	✗	日暉池上國際度假村
OT	政府	民間	✓	捷絲旅台大尊賢會館
ROT	民間增（修改）建	民間	✓	福容大飯店福隆

8. **多元發展、連鎖旅館進入戰國時期（民國97年～迄今）**：本土連鎖旅館積極擴展並佈局海外，多家知名國際旅館品牌進駐台灣，副品牌、多業態為經營趨勢，個性化特殊風格飯店蔚為風潮。

民國	重要事件	說明
97年	全面開放陸客來台觀光	開放兩岸直航，因應商機掀起旅館興建熱潮
	推動環保旅館認證制度	環保旅館概念：綠建築、節能省水、一次用及廢棄物減量、危害性物質管理
	發布星級旅館評鑑計劃	－
98～101年	首次辦理星級旅館評鑑	改以建築設備、服務品質來評鑑旅館，並頒予「1～5顆星」來區分旅館等級
99年	晶華酒店集團收購麗晶之全球品牌商標及特許權	晶華酒店成為首家擁有「麗晶（Regent）」國際頂級酒店品牌的台灣業者
	北投日勝生加賀屋開幕	引進日式管家－女將之服務；為天狗庵原址
100年	推動「好客民宿」（Taiwan Host）遴選	以親切、友善、乾淨、衛生、安心、素養為遴選標準
102年	推出「台灣旅宿網」	「台灣旅宿網」（taiwanstay.net.tw）供旅客查詢合格之星級旅館及好客民宿
103年	發布實施「觀光旅館業個人資料檔案安全維護計畫辦法」	因應「個人資料保護法」實施
	台北文華東方酒店開幕	台灣首家標榜六星級之奢華酒店
	台北國際醫旅開幕	是台灣首家醫療觀光旅館，由北投老爺酒店、北投健康管理醫院合作
104年	「發展觀光條例」修正旅館業定義	將日租套房、會館、招待所，以及非以營利為目的且供特定對象住宿之場所而有營利之事實者等列入旅館業範圍
	台南老爺行旅開幕	台灣首家策展型旅館
	松菸誠品行旅開幕	台灣首家文創旅店
	台北萬豪酒店開幕	擁有全台最大的宴會廳及最大的會議廳之國際觀光飯店
107年	台北新板希爾頓酒店開幕	希爾頓集團重返台灣市場（92年撤出台灣）
	國際品牌飯店陸續開幕	觀光旅館業市場呈現土洋大戰
108年	台中虹夕諾雅谷關開幕	日本星野集團首次跨出日本打造的豪華溫泉渡假村
109年	全球爆發新冠肺炎（COVID-19）疫情	1. 旅宿業受到嚴重衝擊，面臨歇業危機，許多業者改搶攻國旅市場或轉為防疫旅館 2. 六福客棧、國賓、華國、西華飯店相繼退出市場

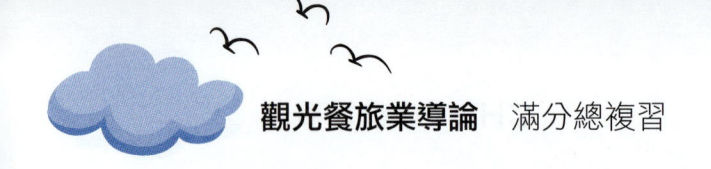

民國	重要事件	說明
112年	限制使用一次用旅宿用品	環保署（現為環境部）公告114年起限制使用一次用旅宿用品： • 液態盥洗及保養用品須改大瓶裝容器 • 業者不主動提供個人衛生用品 • 違者處新台幣1,200～6,000元罰鍰
代表飯店	台北寒舍艾美、台北W飯店、台北大倉久和、台北國泰萬怡、台中萬楓、希爾頓逸林、洲際金普頓飯店、台北士林萬麗	

※ 我國旅宿業發展之相關法規、評鑑制度及國內外旅館先驅統整

- **旅宿業相關法規彙整**

民國	法規名稱	影響
39年	台灣省檢查旅館辦法	旅館業被列入特種行業
46年	• 新建國際觀光旅館及設備標準要點 • 觀光旅館最低設備標準要點	觀光旅館分為國際觀光旅館與觀光旅館
63～65年	禁建令	旅館荒
66年	觀光旅館業管理規則	觀光旅館脫離特種行業
69年	修正發展觀光條例	確立觀光旅館法律地位
80年	成立旅館業查報督導中心	旅館業管理督導及取締非法旅館
87年	旅館業納入勞基法	
90年	民宿管理辦法	
92年	觀光旅館建築及設備標準	
104年	修正發展觀光條例	日租套房之經營型態納入旅館業管理

- **我國旅館評鑑相關年份**

民國	實施內容
71年	第一次旅館評鑑制度（梅花）
72年	第一次旅館評鑑（梅花）
75年	第二次旅館評鑑（梅花）
78年	停辦（梅花）
92年	規劃實施星級旅館等級制度
97年	發布星級旅館評鑑計畫（108年廢止）
98年	發布星級旅館評鑑作業要點
98～101年	首次星級旅館評鑑
100年	推動好客民宿
111年	修訂「星級旅館評鑑作業要點」，將評鑑結果改為一星級至卓越五星級

- **國外與台灣具首創紀錄的旅館**

國外	現代旅館業始祖	Tremont House（1829）
	西方第一家現代化旅館	Grand Hotel（1850）
	首家在客房內設置衛浴設備	The Statler Hotel（1907）
	連鎖旅館制度	美國 Statler（1907）
	加盟連鎖	Holiday Inn
	青年旅舍	始於德國（1908）
	汽車旅館	美國 Milestone Motel（1925）
	機場旅館	美國 Dearborn Inn（1931）
台灣	首家西式旅館	台灣鐵道旅館（1908）
	首家在客房內設置衛生設備	台北紐約飯店（民45）
	首家民營觀光旅館	高雄華園（民47）
	首家國際連鎖旅館	台北希爾頓飯店（民62）
	首家五星級休閒渡假旅館	墾丁凱撒（民75）
	首家國際會議旅館	台北君悅（民79）
	首家平價旅館BOT案	台北美麗信（民95）
	首家擁有國際頂級品牌酒店	晶華麗晶酒店集團（民99）
	首家國際醫療觀光旅館	台北國際醫旅（北投老爺酒店）（民103）
	首家六星級頂級奢華酒店	台北文華東方酒店（民103）
	首家策展型旅館	台南老爺行旅（民104）
	首家文創旅店	松菸誠品行旅（民104）

實力加強 8.3

( )1. 隋唐時期由民間經營，專為接待外賓，類似今日國際觀光旅館的是
(A)四方館 (B)蠻夷邸 (C)會同館 (D)波斯邸。

( )2. 下列何者為清末民初設備簡陋且多以家庭副業形式經營的台灣旅宿業名稱？
(A)街屋 (B)販仔間 (C)通鋪 (D)民宿。

( )3. 台灣第一家民營溫泉旅館為
(A)北投春天酒店 (B)台灣鐵道飯店 (C)北投天狗庵 (D)梅屋敷。

( )4. 台灣第一家西式旅館為
(A)台灣鐵道飯店 (B)台北圓山飯店
(C)墾丁凱撒飯店 (D)台北希爾頓飯店。

8.4 旅宿業的類別

一、依我國「發展觀光條例」分類

1. 定義

類別	定義
觀光旅館業 Tourist Hotel	指經營**國際觀光旅館**或**一般觀光旅館**，對旅客提供住宿及相關服務之營利事業
旅館業 Hotel	指觀光旅館業以外，以各種方式名義提供不特定人以**日**或**週**之住宿、休息並收取費用及其他相關服務之營利事業
民宿業 Home Stay	指利用自用或自有住宅，結合當地人文街區、歷史風貌、自然景觀、生態、環境資源、農林漁牧、工藝製造、藝術文創等生產活動，以在地體驗交流為目的、**家庭副業**方式經營，提供旅客城鄉家庭式住宿環境與文化生活之住宿處所

2. 主管機關與申辦制度

類別	觀光旅館業		旅館業	民宿業
	國際觀光旅館	一般觀光旅館		
管理法規	觀光旅館業管理規則 （66.07.02）		旅館業管理規則 （91.10.28）	民宿管理辦法 （90.12.12）
主管機關 中央	交通部觀光署	交通部觀光署	交通部觀光署	
主管機關 直轄市		直轄市政府^註	直轄市政府	
主管機關 縣（市）		交通部觀光署	縣（市）政府	
申辦制度	許可制 （經交通部觀光署許可）		申請制 （向當地政府申辦登記）	
申辦流程	中央主管機關申請核准→辦妥公司登記→領取觀光旅館業執照		（旅館須先辦妥公司登記）→向地方主管機關申請登記→領取登記證及專用標識	
無照營業罰鍰／罰則	10萬～50萬		6萬～30萬	
專用標識	須掛置於營業場所明顯易見處（如門廳、建築外部）			
公告	客房**價格**、旅館**住宿須知**、**緊急避難逃生圖**應掛置於**客房易見處**，如房門後			

註：我國各直轄市政府負責督導管理住宿業的主管單位：
- 台北市－觀光傳播局
- 高雄市－觀光局
- 新北市、桃園市、台中市、台南市－觀光旅遊局。

項目	類別	民宿業	觀光旅館業 旅館業
責任保險 （最低投保金額）	每一個人身體傷亡	200萬	300萬
	每一事故身體傷亡	1,000萬	1,500萬
	財產損失	200萬	200萬
	保險期間總保險金額（每年）	2,400萬	3,400萬

知識快遞

觀光旅館及民宿業

1. 「國際觀光旅館」與「一般觀光旅館」之比較：

   下表為我國「觀光旅館建築及設備標準」對客房數及客房面積之相關規定。

類別		國際觀光旅館	一般觀光旅館
設備		餐廳、咖啡廳、會議場所、貴重物品保管專櫃、衛星節目收視設備、備品室[註1]、酒吧（飲酒間）、宴會廳、健身房、商店	餐廳、咖啡廳、會議場所、貴重物品保管專櫃、衛星節目收視設備、備品室
客房數		30間以上（含單人房、雙人房、套房）	
客房淨面積[註2]	單人房	13m²	10m²
	雙人房	19m²	15m²
	套房	32m²	25m²
客房內浴廁淨面積		3.5m²	3m²
客房窗戶		• 每間客房應有向戶外開設之窗戶 • 但基地緊鄰機場或符合建築法令所稱之高層建築物，得酌設向戶外採光之窗戶，不受每間客房應有向戶外開設窗戶之限制	

   註1：依據「觀光旅館建築及設備標準」規定，觀光旅館每層樓客房數在20間以上者，應設置備品室（Pantry Room）一處。
   註2：依規定，旅館中60%以上客房之淨面積（即不含浴廁），不得小於上列標準。例如旅館客房若有300間，則至少須有180間以上之客房的淨面積不小於上列標準。

2. 民宿設置之規定：

客房限制	8間以下 客房總樓地板面積240平方公尺以下	15間以下 客房總樓地板面積400平方公尺以下
設置地區	1. 國家公園區 2. 非都市土地 3. 都市計畫範圍內，且位於下列地區者： • 風景特定區 • 依文化資產保存法指定或登錄之古蹟、歷史建築、紀念建築、聚落建築群、史蹟及文化景觀，已擬具相關管理維護或保存計畫之區域 • 具人文或歷史風貌之相關區域	都市計畫範圍內，且位於下列地區者： • 觀光地區 • 原住民族地區 • 偏遠地區 • 離島地區 • 經農業主管機關核發許可登記證之休閒農場或經農業主管機關劃定之休閒農業區
相關規定	1. 建築物使用用途以住宅為限 2. 由建築物實際使用人自行經營，但離島地區經受政府委託者不在此限 3. 不得設於集合住宅、地下樓層 4. 民宿之名稱，不得與同一直轄市、縣（市）內其他旅宿業相同名稱	

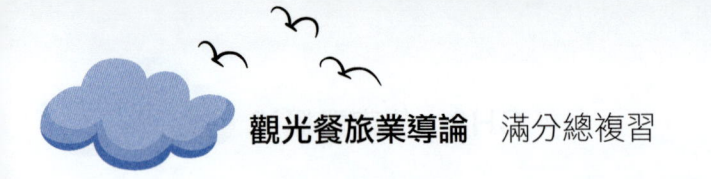

二、依「目標客群」分類 104 107 108 110 112

類別	說明	
商業旅館／商務旅館 Commercial Hotel / Business Hotel	客群	商務旅客
	特點	1. 多位於交通便利的都市區、商業區 2. 附設各種商務設施及服務，如電腦、傳真、網路、秘書服務 3. 週末假日住房率偏低（因洽公的商務旅客較少） 4. 與旅行社、航空公司、公司行號合作密切 5. 此種旅館之餐飲客源多以當地客人為主，餐飲收入通常大於客房收入
	釋例	台北晶華酒店
度假旅館 Resort Hotel	客群	休閒度假旅客
	特點	1. 多位於風景名勝區（如：山區、海濱） 2. 附設多樣化的休閒娛樂設施[註1] 3. 在經營上，有明顯的淡旺季之分（如寒暑假的住房率較高）
	釋例	墾丁凱撒飯店、新竹關西六福莊生態度假旅館[註2]
賭場旅館 Casino Hotel	客群	賭客、成年遊客
	特點	附設賭場或其他博奕設施、秀場；另為吸引家庭遊客，亦會提供賭博之外的娛樂設施，近年也擴展會議、展覽及獎勵旅遊市場
	釋例	美國拉斯維加斯（有「賭城」之稱）及澳門，均以發展賭場旅館為主（台灣目前尚未設立賭場旅館）
會議旅館 Convention Hotel / Conference Hotel	客群	主打參加會議或展覽的商務旅客
	特點	附設大型會議場所，以及相關同步翻譯及視聽設備
	釋例	台北君悅（台灣第一家五星級國際會議旅館） 台北萬豪（目前全台最大的國際級會展飯店）
公寓式旅館 Apartment Hotel / Service Apartment / Residential Hotel / Retirement Hotel	客群	中長期住宿旅客（如：派駐海外的高階主管、Long Stay的退休銀髮族）
	特點	1. 以公寓形式存在的酒店套房 2. 房間內設有廚房與客廳
	釋例	六福居、華泰瑞舍

註1：若旅館另設有溫泉、SPA等設施，則又稱為溫泉旅館（Spa Hotel / Hot Spring Hotel），如：日式溫泉旅館（Ryokan）。
註2：此旅館可近距離觀賞動物，具有叢林、曠野豪邁主題特色，故又稱為「狩獵旅館Safari Hotel」。

三、依「地理位置」分類[107][110]

類別	說明
都市旅館 City Hotel / Urban Hotel / Metropolitan Hotel	特點：1. 位於都市區 2. 客源多為商務客，故旅館設施偏向商務旅客之需求
	釋例：台北國賓飯店、台北老爺酒店
車站旅館 Terminal Hotel	特點：1. 位於火車站或公車站附近，方便搭乘大眾運輸工具的旅客休息住宿 2. 多屬早期興建的旅館
	釋例：天成大飯店、台北凱撒飯店
汽車旅館／公路旅館 Motor Hotel / Motel	特點：1. 位於公路兩旁，方便長途旅客中途休息住宿 2. 每間客房配有車位 3. 建築設備成本較低，故房租較一般旅館便宜 4. 營業收入甚少來自餐飲 5. 住客通常不需給付小費
	釋例：台灣發展至今，除了基本功能的汽車旅館外，亦發展出高格調、精緻化風格的汽車旅館
機場旅館／過境旅館 Airport Hotel / Transit Hotel	特點：1. 位於機場附近，方便旅客、航班機組人員於轉機或過境時休息住宿 2. 提供Day Use（休息）的房價、免費機場來回接送巴士服務（Shuttle Bus） 3. 住客停留時間短（Short Stay），且大多於凌晨或半夜時退房，故旅館需留意住客的私人帳目（Guest Ledger）收取（如：冰箱飲料費、電話費）
	釋例：台北諾富特華航桃園機場飯店（為中華航空與法國雅高集團合作經營）

註：其他依地理位置劃分的旅館，包含：
郊區旅館（Suburban Hotel）、山區旅館（Mountain Lodge）、海濱旅館（Seaside Hotel）、水上旅館（Floating Hotel / Floatel）、港口旅館（Seaport / Harbour Hotel）、遊艇旅館（Yachtel）、船屋旅館（Boatel / House Boat）、牧場／農場旅舍（Ranch）、樹頂旅館（Tree Top Hotel）、露營場（Camp）等。

四、依「服務類型」分類

美國旅館協會（AH&LA）依旅館所提供的服務內容，做以下分類：

全服務旅館 Full-Service Hotel	有限服務旅館 Limited-service Hotel
• Luxury Hotel：豪華旅館 • Upscale Hotel：高級旅館	• Mid-priced Hotel：一般觀光旅館、平價旅館 • Economy Hotel：經濟型旅館 • Budget Hotel：預算型旅館

五、依「住宿時間」分類 103 108 109

短期住宿旅館 Transient Hotel	半長期住宿旅館 Semi-residential Hotel	長期住宿旅館 Residential Hotel / Extend-stay Hotel
1週以內	1週～1個月	1個月以上，多需簽訂租賃契約

六、依「客房數量」分類

美國飯店協會（AH&LA）依旅館客房數量，做以下分類：

分類	客房間數	釋例
大型旅館	600間以上	台北君悅（853）、台北喜來登（688） 台北王朝（730）、台北福華（606）
中型旅館	200～600間	台北晶華（538）、台北六福萬怡（465） 台北國泰萬怡（227）、新板希爾頓（400）
小型旅館	200間以下	國泰和逸民生館（135） 墾丁H會館（126）

七、特殊模式類別 104

1. **共權旅館（Condominium Hotel / Condotel）**
   - 源自美國，多為高級公寓或集合式住宅，又稱**酒店式公寓**（採飯店式管理之公寓）。
   - 每一客房的產權獨立，客房所有權人可以自住、出租或轉售。
   - 通常委由共同指定之旅宿業者管理客房的出租、清潔、維修，以及公共設施（如：健身房、游泳池、花園）的管理事宜。

2. **分時度假旅館（Time-share / Time Sharing）**
   - 1960年代始於法國阿爾卑斯山的滑雪度假旅館。分時度假公司（業者）和各飯店簽訂訂房契約，旅客加入分時度假公司成為會員後，按其所繳會費之額度，可擁有每年固定天數（如：7～14天）之飯店住用權和公共設施使用權。
   - 若會員因個人因素（如：忙碌無法休假），無法在約定的期間前往住宿，可將住用權售出，或和其他會員交換不同的住宿時段或度假飯店。

八、其他類別 106 108 109 111 113

類別	說明
民宿 B & B（Bed & Breakfast）	1. 又稱Homestay、Guest House、Pension（有供膳）、Garni（不供膳）、Minshuku（日文），最早起源於英國 2. 利用自家空閒房間，提供旅客住宿及早餐，富有人情味 3. 通常房間數少
寄宿家庭 Homestay / Host Family	1. 遊客或留學生在國外旅行或遊學時的一種方式 2. 向當地的家庭租用一個房間，既能學習當地的生活方式，又可以增進語言能力
客棧、小旅館 Inn	規模較小，位於鄉下地區，多是家庭式的經營
青年旅舍 Youth Hostel, YH	1. 源自德國，提供年輕人以低價住宿，頗受自助旅遊者的歡迎 2. 設備簡單，提供公用廚房、洗衣機等，多採自助式服務 3. 計價單位多是「人」，而非「房」，房間為多人一室，如：國際基督教青年會館（YMCA）
膠囊旅館 Capsule Hotel	1. 源自日本，多設於車站附近，原是提供加班的上班族過夜休息，以節省往返於公司與住家間的車資及時間 2. 設備簡單，空間小，價格低廉 3. 因房間形狀類似膠囊，故稱膠囊旅館，亦稱座艙旅館
歐洲古堡 / 教堂旅館 Parador	1. 大多為中世紀的古堡、宮殿、貴族豪宅、修道院等所改建而成，深具歷史與藝術價值，尤以西班牙（國營）為最 2. 此類旅館約為4星級以上旅館
古蹟旅館 Historic Hotel	將古蹟或是年代久遠的建築物改建為旅館，可藉此保存亦可活化古蹟
全套房式旅館 All Suites Hotel	1. 旅館內的所有房間均為含有客廳之套房式（Suite）客房 2. 台北長榮桂冠酒店（我國第一家全套房式旅館）、杜拜阿拉伯塔飯店
別墅型旅館 Villa	1. 旅館以各自擁有獨立空間之別墅型客房為主，客房內包含有廚房、庭園、小型泳池等設施 2. 旅客享有高隱密性的私人空間
精緻旅館 / 精品旅館 Boutique Hotel	1. 標榜高檔精緻的設施與客製化服務，有目的地中的目的地（A destination within a destination）之稱 2. 通常房間數不超過100間 3. 近年來時尚品牌亦跨足飯店業，其旅館設計及客房備品均具有鮮明的品牌風格，多採管家式服務（Butler Service）

more...

類別	說明
設計旅館 Design Hotel	1. 具強烈設計風格的旅店 2. 飯店延攬設計師，將創意落實，以時尚、前衛、精緻且具創造性為特色，成為旅館另類賣點，如：W Hotel、老爺行旅
環保旅館／綠色旅館^註 Green Hotel Eco / Eco-friendly Hotel	1. 將環境保護列入經營重點的旅館 2. 所採取之相關措施如節能、節水、綠色採購、一次用產品與廢棄物之減量、危害性物質管理、垃圾分類資源回收等，以降低旅館營運過程中對環境的衝擊

註：台東知本老爺大酒店為全台第一家獲環保署認證的環保旅館（民國99年）。

實力加強 8.4

( )1. 依據台灣「觀光旅館業管理規則」規定，下列何者是負責國際觀光旅館的主管機關？ (A)各縣（市）政府 (B)中華民國旅館事業協會 (C)內政部國土管理署 (D)交通部觀光署。

( )2. 依據民宿管理辦法，在休閒農業區或觀光地區經營的民宿，其客房數最多為幾間？ (A)5間 (B)10間 (C)15間 (D)20間。

( )3. 請問下列哪一類旅館的經營重點包括減少一次性消耗用品、配有太陽能發電系統與安裝節水裝置？
(A)Green Hotel (B)Resort Hotel (C)Ranch (D)Hostel。

( )4. 下列何種飯店尚未出現在台灣市場？
(A)Motel (B)Terminal Hotel
(C)Metropolitan Hotel (D)Casino Hotel。

( )5. 每一客房的產權獨立，並由所有權人集體委託飯店業者管理，可以自住、出租或轉讓，以上所述是指何種飯店？
(A)Apartment Hotel (B)Time-share
(C)Villa Hotel (D)Condominium Hotel。

( )6. 以下對台灣旅宿業敘述何者正確？
(A)觀光旅館申請設立採「登記制」
(B)國際觀光旅館目的事業主管機關為各縣市政府觀光單位
(C)觀光旅館業管理規則將旅館區分為觀光旅館與一般旅館
(D)依發展觀光條例分為觀光旅館、旅館與民宿。

( )7. 依美國飯店業協會（American Hotel and Lodging Association, AH&LA）的分類，大型旅館係指房間數量在幾間以上？
(A)400間 (B)600間 (C)800間 (D)1,000間。

8.5 旅館等級評鑑制度

一、旅館評鑑制度之現況

1. 世界各區域中，以**歐洲**的旅館評鑑最普及。
2. 國際間雖無共同的評鑑制度，但等級評鑑標準趨於一致，以做為國際旅客住宿選擇參考，並提高旅宿業者強化軟硬體設備及服務的意願。

二、國外旅宿業評鑑制度－官方

國家	中國	南韓	法國	西班牙 義大利	澳洲	英國
標誌	星星					皇冠
等級	1～5星，白金五星	1～5星 註1	1～5星，宮殿級（Palace）	1～5星	1～5星 註2	1～5頂

註1：南韓將原先韓國國花無窮花（一～三級、特二級、特一級）改為一～五星級。
註2：半顆星為一級，共分九級。

三、國外旅宿業評鑑制度－民間

評鑑制度	評鑑標誌	評鑑等級說明
美國汽車協會 American Automobile Association, AAA	鑽石	1～5顆鑽石 （顆數越多，等級越高）
富比士旅遊指南 註3 Forbes Travel Guide	星星	1～5顆星星 （顆數越多，等級越高）
米其林紅色指南 Michelin Red Guide 註4	洋房	1～5棟洋房 註5 （棟數越多，等級越高）
聯合國觀光組織 UN Tourism	－	1～4級、豪華級

註3：富比士旅遊指南：有「飯店界奧斯卡」之稱。
註4：法國米其林輪胎公司所出版的「米其林紅色指南」（Michelin Red Guide），是以**餐廳**、**旅館**資訊為主；而「米其林綠色指南」（Michelin Green Guide），是以**旅遊景點**為主。另外，法國民宿組織（Gîtes De France）其評鑑標誌為麥穗的圖示。
註5：洋房有紅色與黑色之分；當棟數相同時，紅色優於黑色。

四、台灣旅館評鑑制度 103 105 109 112

1. **實施目的**
   - 提供旅客在選擇住宿環境時,有一個可供參考的依據。
   - 代表旅館所提供服務之品質及其市場定位。
   - 有助於提升旅館整體服務水準。

2. **發展沿革**

民國	制度	說明
71年	梅花等級評鑑制度	(1) 以2～5朵梅花代表觀光旅館等級 　• 2～3朵：觀光旅館 　• 4～5朵：國際觀光旅館 (2) 民國78年,停止此項評鑑制度
98年	星級旅館評鑑制度	(1) 參酌美國汽車協會(AAA)評鑑制度 (2) 以1～5顆星代表旅館等級,星星越多等級越高 (3) 卓越五星級於5顆星兩側加上羽翼,以表卓越超群
111年	修正星級旅館評鑑作業要點	參考各家評鑑方式,將軟硬體並重的兩階段評鑑,改為著重「服務品質」一階段評鑑

3. **星級旅館評鑑須知(111.7.1起實施)** 112

項目	說明
實施依據	觀光旅館業管理規則、旅館業管理規則
主管機關	交通部觀光署
受評對象	①觀光旅館(國際、一般)、②領有旅館業登記證之旅館 採業者自願參與(民宿不列入評鑑對象),自付評鑑費用
評鑑委員	• 條件：旅館經營管理、建築、設計、旅遊媒體領域專家,且參加觀光署之訓練 • 具備一～三星級基本條件旅館：2位評鑑委員 • 具備四星級以上基本條件旅館：3位評鑑委員
評核方式	• 以秘密客不預警留宿的方式評核旅館 • 旅館若已受國外評鑑系統評鑑者,得提出效期內佐證文件,由觀光署審查認可後繳納標識費,即可核給同等級之星級旅館評鑑標識
評鑑內容	採一階段實施,合計1,000分 (如外觀設計、建材、庭園設計、服務品質)
效期	三年(評鑑效期屆滿,不得再懸掛評鑑標識)
評鑑標識	• 應載明交通部觀光署中、英文名稱核發字樣、星級符號、效期 • 應懸掛於門廳明顯易見之處

4. 我國星級旅館評鑑等級基本條件

星等	基本條件
★ 一星級 （基本級） Economy 151～250分	1. 基本簡單的建築物外觀及空間設計 2. 門廳及櫃檯區僅提供基本空間及簡易設備 3. 設有衛浴間，並提供一般品質的衛浴設備
★★ 二星級 （經濟級） Some Comfort 251～350分	1. 建築物外觀及空間設計尚可 2. 門廳及櫃檯區空間舒適 3. 提供座位數達總客房間數20%以上之簡易用餐場所，且裝潢尚可 4. 客房內設有衛浴間，且能提供良好品質之衛浴設備 5. 24小時之櫃檯服務（含16小時櫃檯人員服務與8小時電話聯繫服務）
★★★ 三星級 （舒適級） Average Comfort 351～650分	1. 建築物外觀及空間設計良好 2. 門廳及櫃檯區空間寬敞、舒適，傢俱品質良好 3. 提供旅遊（商務）服務，並具備影印、傳真、電腦及網路等設備 4. 設有餐廳提供早餐服務，裝潢良好 5. 客房內提供乾濕分離及品質良好之衛浴設備 6. 24小時之櫃檯服務
★★★★ 四星級 （全備級） High Comfort 651～750分	1. 建築物外觀及空間設計優良，並能與環境融合 2. 門廳及櫃檯區空間寬敞、舒適，裝潢及傢俱品質優良，並設有等候空間 3. 提供旅遊（商務）服務，並具備影印、傳真、電腦等設備 4. 提供全區網路服務 5. 提供三餐之餐飲服務，設有一間以上裝潢設備優良之高級餐廳 6. 客房內裝潢、傢俱品質設計優良，設有乾濕分離之精緻衛浴設備，空間寬敞舒適 7. 提供全日之客務、房務服務，及適時之客房餐飲服務 8. 服務人員具備外國語言能力 9. 設有運動休憩設施 10. 設有會議室及宴會廳（可容納十桌以上、每桌達十人） 11. 公共廁所設有免治馬桶，且達總間數30%以上；客房內設有免治馬桶，且達總客房間數30%以上

more...

星等	基本條件
★★★★★ **五星級** （**豪華級**） Deluxe 751～850分	1. 建築物外觀及室、內外空間設計特優且顯現旅館特色 2. 門廳及櫃檯區寬敞舒適，裝潢及傢俱品質特優，並設有等候及私密的談話空間 3. 設有旅遊（商務）中心，提供商務服務，配備影印、傳真、電腦等設備 4. 提供全區無線網路服務 5. 提供三餐之餐飲服務，設有二間以上裝潢、設備品質特優之各式高級餐廳，且有一間以上餐廳實施食品安全管制系統（HACCP） 6. 客房內裝潢、傢俱品質設計特優，設有乾濕分離之豪華衛浴設備，空間寬敞舒適 7. 提供全日之客務、房務及客房餐飲服務 8. 服務人員精通多種外國語言 9. 設有運動休憩設施 10. 設有會議室及宴會廳（可容納十桌以上、每桌達十人） 11. 公共廁所設有免治馬桶，且達總間數50%以上；客房內設有免治馬桶，且達總客房間數50%以上
★★★★★ **卓越五星級** （**標竿級**） 851分以上	1. 具備五星級旅館第1至10項條件 2. 公共廁所設有免治馬桶，且達總間數80%以上；客房內設有免治馬桶，且達總客房間數80%以上

5. 我國星等評鑑配分標準（合計1,000分）

基準Ⅰ	配分	基準Ⅱ	配分
公共區域	95	餐廳服務	110
客房設備	90	客房整理品質	70
餐廳及宴會設施	70	櫃檯接待服務	60
運動休憩設施	65	增值服務與永續	60
建築外觀與空間設計	55	服務中心／禮賓司	40
整體環境及景觀	40	總機服務	30
衛浴設備	40	訂房服務	30
停車設施	25	房務服務	30
旅館安全措施	20	客房餐飲服務	30
		網路、網頁服務與資訊支援	20
		運動休憩設施服務	20

6. 我國星級旅館之評鑑等級意涵

星等	設施、服務	環境
一星級	簡單的住宿空間，支援型的服務	清潔、安全、衛生
二星級	必要的住宿設施及服務	清潔、安全、衛生
三星級	舒適的住宿、餐飲設施及服務	標準的清潔、安全、衛生環境
四星級	舒適的住宿、餐宴及會議與休閒設施，熱誠的服務	良好的清潔、安全、衛生環境
五星級	頂級的住宿、餐宴及會議與休閒設施，精緻貼心的服務	優良的清潔、安全、衛生環境
卓越五星級	提供旅客的整體設施、服務、清潔、安全、衛生已超越五星級旅館，可達卓越之水準	

實力加強 8.5

( )1. 美國汽車協會（AAA），以下列何種標誌，為旅館分級制度？
(A)皇冠　(B)星星　(C)薔薇　(D)鑽石。

( )2. 台北亞都大飯店的旅館評鑑是由下列哪個主管機關負責？
(A)台北市政府觀光傳播局　(B)交通部觀光署
(C)台北市政府都發局　(D)內政部國土管理署。

( )3. 下列何者不符合參加我國星等旅館評鑑的資格？
(A)新北市板橋凱撒飯店　(B)台北市晶華酒店
(C)高雄85大樓日租套房旅店　(D)南投清境農場民宿。

( )4. 如為我國星等評鑑為二星級旅館，表示其所提供之住宿餐飲及服務等級為
(A)舒適級　(B)全備級　(C)基本級　(D)經濟級。

( )5. 我國旅館業欲獲得星級標識，其評鑑所得分數最少須有幾分？
(A)100分　(B)151分　(C)201分　(D)349分。

( )6. 阿杜的父親在花蓮經營旅館，他的父親告訴他說：「咱們家的旅館獲得的星級評鑑分數為730分！」請根據上述判斷，阿杜家的旅館為幾星級的旅館？
(A)三星級　(B)四星級　(C)五星級　(D)六星級。

( )7. 根據我國「星級旅館評鑑作業要點」規定，客房數五百五十間，具備四星級基本條件旅館參加星等評鑑時，由幾名評鑑委員評核？
(A)2位　(B)3位　(C)4位　(D)6位。

( )8. 某飯店參加我國星級旅館評鑑，分數為600分，請問該飯店應為幾星級？
(A)二星級　(B)三星級　(C)四星級　(D)五星級。

( )9. 關於我國現行旅館評鑑制度，以下敘述正確為？
甲、由提出申請評鑑之旅館自付評鑑費用
乙、建築設備總分600分
丙、服務品質總分600分
丁、由社團法人台灣評鑑協會執行評鑑
(A)甲　(B)乙丙　(C)甲丙　(D)乙丁。

8.6 客房的種類

一、以「住用人數」區分 110

種類	說明
單人房 Single Room	房間擺設一張單人床,僅供一人住用
雙人房 Double Room	房間內擺放**一張雙人床**,可供二人住用
雙床房 Twin Room	房間內擺放**兩張相同規格的床鋪**(單人床或雙人床),床頭櫃置於兩床中間,可供二～四人住用
好萊塢房 Hollywood Bed Room	2張相同尺寸單人床並列靠攏,床頭櫃設於床的兩側,又稱**單雙兩便床**
三人房 Triple Room	房間內擺設一張雙人床和一張單人床,或三張單人床,可供三人住用
四人房 Quad Room / Quadruple Room / Twin Double Room / Double-double Room	房間內擺設二張雙人床,或一張雙人床和兩張單人床,或四張單人床,可供四人住用
團體房 Group Room	房間擺設多為**通鋪**或**雙層床**(Bunk Bed),衛浴設備為樓層共用。常見於青年旅館、經濟型旅館

知識快遞

常見的床形種類

床形	別稱	英文	縮寫	長	寬
單人床	小床	Single Bed	S	195～200公分	90～100公分
半雙人床	3/4大床	Semi-double Bed	-		105～135公分
雙人床	大床	Double Bed	D		150公分
加大雙人床	皇后床	Queen Size Bed	Q		180公分
特大雙人床	國王床	King Size Bed	K		200公分

二、以「房間設備」區分 103 106 109 110 111

種類	說明
標準房 Standard Room	具有床鋪、浴室等基本設備的房間,其他設備(如:電視、冰箱、梳妝台、沙發)則隨旅館不同而有差異
家庭房 Family Room	空間較大,方便家族住用,住宿人數約4～7人不等
套房 Suite	具有獨立的客廳(Parlor),並根據不同需求,設計有:標準套房(Standard Suite)、高級套房(Superior Suite)、豪華套房(Deluxe Suite)、行政套房(Executive Suite)、總統套房(Presidential Suite)等
商務套房 Executive Suite Room	1. 房內設備符合商務旅客需求 2. 某些旅館專設於商務樓層
總統套房 Presidential Suite / Royal Suite / Imperial Suite	意指飯店最好、最頂級的客房,通常客戶會要求或飯店主動配有專人服務的管家服務(Butler Service)(通常由中高階、資深旅館人員擔任此職務),以提供客人最精緻的服務;通常住用率不高,為飯店形象廣告
功能房/沙發床房 Studio Room	客房內沙發兼床用,白天是沙發,晚上則為床(Studio Bed / Statler Bed),又稱史塔特拉床
無障礙客房註 Barrier-free Room / Handicapped Room / Handicap Accessible Room / Disabled Accessible Room	設於無障礙通路可到達之處,且房門應增加寬度方便出入、地面應平順不加裝門檻並防滑、房內增加扶手、床鋪高度降低、衛浴設備空間應設置迴轉空間、並須設置求助鈴
樓中樓 Duplex	客房內設計有2個樓層,通常1樓為客廳,2樓為臥室
附廚房客房 Efficiency Room / Kitchenette / Efficiency Unit / Apartment-style Room	附有簡易式廚房設備的房間,通常為長期住宿飯店之客房配置
有陽台或庭院的房間 Lanai	指附有庭院或陽台的房間,旅館多半在陽台配置有一張小桌子和兩張椅子,供客人使用。此種房間為夏威夷當地旅館的特色
和室房 Japanese Room / Tatami Room	客房內鋪有榻榻米或木質地板,就寢時再鋪設墊被、棉被,常見於傳統日式旅館或溫泉旅館

註:一般旅館(國際)觀光旅館,客房數16～100間,應設置至少1間無障礙客房,超過100間者,每增加100間及其餘數,應增加1間無障礙客房。

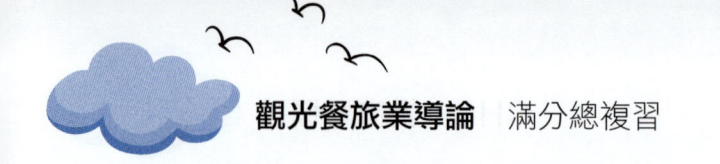

三、以「所在位置」區分

種類	說明
連通房 Connecting Room	兩間相鄰的房間，除了各自有對外的房門外，彼此間的牆面，另設有**兩扇門**，可互相連通；連通門的開關是由兩間房各自控管。此種房間適合親子住房
隔壁房 Adjoining Room	兩間相鄰的房間（中間沒有連通門可以相通）
鄰近房 Adjacent Room	位在鄰近的房間（但不緊鄰）
閣樓房 Penthouse / Loft	位於頂樓的房間，隱密性高、視野佳
涼廊房 Loggia	位於涼廊的房間
角落房 / 邊間房 Corner Room	位於樓層角落的房間，通常有一面以上的對外窗，採光較佳，空間也較大，但較吵雜
鄰近水畔的木屋 Cabana	位於海濱、湖濱、游泳池畔的房間，多半為茅草屋或木屋
小木屋 Cabin	位於森林或山區的木造房間
度假小屋 Cottage	位在鄉村或郊區的休閒度假房間

四、依「客房樓層走道設計」區分

種類	說明
單面客房 Single Loaded Plan	樓層中僅有一排客房，常見於度假區旅館
雙排客房 Double Loaded Plan	樓層中左右兩側皆有客房，常見於都會型旅館

五、以「窗外景觀」區分

種類	說明
旅館內側房 Inside Room	無窗戶，或窗外景觀為旅館內部的房間，如面對中庭（天井）、游泳池、花園等，景觀較不佳，房價通常較便宜
旅館外側房 Outside Room	窗外景觀為旅館外部／周圍的房間，如面山、面海，景觀較佳，房價相對也較高 • Front Room：面向街道或優美景觀的房間 • Behind Room：背向街道或優美景觀的房間

知識快遞

旅館中的專屬樓層

為了滿足不同旅客的需求，有些旅館會規劃各種專屬樓層，例如：商務樓層、仕女樓層，以下分別說明：

種類	說明
商務樓層 Executive Floor	有「飯店中的飯店（Hotel within the Hotel）」之稱。旅客可直接在該樓層辦理遷入作業，並提供各種商務服務
仕女樓層 Ladies Floor	僅限女性旅客住用的樓層，安全性更佳；客房內備品亦針對女性需求而準備
禁菸樓層 Non-Smoking Floor	此樓層之所有客房及公共空間皆禁止吸菸（目前台灣依相關法規規定，旅館為全面禁菸之環境）

實力加強 8.6

( )1. 旅館房間裏設置兩張小床靠攏合併在一起，但只共用一個床頭板的床舖稱為：
(A)Hollywood Bed (B)Sofa Bed
(C)Studio Bed (D)Rollaway。

( )2. 飯店常見的客房類型「Double Room」是指？
(A)兩張單人床的房間 (B)兩張雙人床的房間
(C)一張雙人床的房間 (D)兩間臥室的房間。

( )3. 客房內放置三張床的房間稱為
(A)Triple Room (B)Single Room
(C)Double Bed Room (D)Quad Room。

( )4. 「Studio Room」是指：
(A)雙樓套房 (B)沙發床房 (C)豪華套房 (D)連接房，中間有門相通。

( )5. 下列何種客房為旅館中最基本的房型？
(A)Standard Room (B)Suite Room
(C)Executive Suite Room (D)Presidential Suite Room。

( )6. 旅館的「Suite Room」其定義為何？
(A)含獨立衛浴設備之客房
(B)連接房之間有門相通
(C)以客廳為中心，搭配一個或一個以上的臥室組合而成
(D)有King-Size床之客房。

( )7. 下列何者為飯店最豪華、最頂級的客房？
(A)Executive Suite (B)Efficiency Room
(C)Penthouse (D)Presidential Suite。

( )8. 下列何種客房為兩層樓設計，1樓為客廳，2樓為臥室？
(A)Connecting Room (B)Presidential Suite (C)Lanai (D)Duplex。

( )9. 有廚房設備的房間稱為
(A)Cabana (B)Suite (C)Efficiency (D)Duplex。

( )10. 關於床墊的尺寸大小，下列敘述何者正確？
(A)King Size > Queen Size > Single bed > Double Bed
(B)Double Bed > King Size > Queen Size > Single Bed
(C)Single Bed > Double Bed > Queen Size > King Size
(D)King Size > Queen Size > Double Bed > Single Bed。

8.1 旅宿業簡介

( )1. 旅館的總投資中,下列哪一項所占比例最高?
(A)週轉金　(B)家具　(C)設計費　(D)建築費。

( )2. 一般而言,旅館客房的短期供給彈性是:
(A)大於1　(B)等於1　(C)小於1　(D)零。

( )3. 下列關於旅館產業特性之敘述,何者正確?
甲、商品可申請專利　　　　乙、受地理位置影響大
丙、此行業進入的門檻較高　　丁、需求穩定,不易波動
(A)甲、乙　(B)甲、丙　(C)乙、丙　(D)乙、丁。

8.2 西方旅宿業的發展

( )4. 旅館業開始置入「大廳櫃檯接待服務理念」的是下列哪一家旅館?
(A)Le Hotel de Henri IV　(B)Hyatt Regency　(B)Hilton　(D)Sheraton。

( )5. 美國率先採用特許加盟方式的旅館為
(A)Hilton　(B)Holiday Inn　(C)Marriott　(D)The Statler Hotel。

( )6. 有關歐美旅館業的演進,下列何者較為正確?
(A)17世紀初期,美國即已出現大規模與較現代設備的旅館
(B)歐洲是於18世紀末,才出現一些小型旅店
(C)1930年代是旅館的黑暗時代,在美國有八成的旅館破產
(D)Motel是因為港口與鐵路的建立而興起。

( )7. 有關國外旅館業的發展,下列敘述何者正確?
(A)1829年巴黎開幕的「Grand Hotel」為歐美地區真正具現代化設備旅館
(B)1850年成立的美國波士頓崔蒙旅館(Boston's Tremont House)是當代旅館產業之始祖
(C)汽車旅館於1930年興起,取代豪華旅館
(D)史塔特拉(Ellsworth M. Statler)首創汽車旅館經營模式。

8.3 我國旅宿業的發展

( )8. 在唐朝時代,當時專為外客建的住宿設施,其內設備豪華,相當於今日我國的國際大飯店,當時稱之為何?　(A)凱撒邸　(B)羅馬邸　(C)波斯邸　(D)馬可波羅邸。

( )9. 關於我國旅館業的發展,下列敘述何者正確?
(A)民國40年代有類似客棧的「販仔間」出現,收費低廉但設備簡陋
(B)民國50年代僅有圓山飯店、自由之家、台灣鐵路飯店等可供接待外賓之用
(C)民國72年交通部觀光局以梅花為標誌,開始實施旅館評鑑制度
(D)民國92年推動環保旅館認證制度。

( )10. 政府為加速觀光產業的發展，不斷地鼓勵民間參與官方重大觀光遊憩設施的開發建設與經營管理；依據目前獎勵民間參與交通建設條例，這種方式稱做什麼？
(A)B2B (B)BOT (C)B2C (D)BGT。

( )11. 我國觀光旅館業，約於民國幾年開始進入國際連鎖經營的時代？
(A)民國52年 (B)民國62年 (C)民國72年 (D)民國82年。

( )12. 台灣第一家由日本人投資的五星級休閒渡假旅館為：
(A)墾丁凱撒大飯店 (B)溪頭米堤大飯店
(C)翡翠灣福華大飯店 (D)墾丁福華大飯店。

8.4 旅宿業的類別

( )13. 我國國際觀光旅館之單人房之客房淨面積（不包括浴廁），最低標準為多少平方公尺？ (A)11 (B)13 (C)15 (D)19。

( )14. 國際觀光旅館專用浴廁的淨面積不得小於：
(A)5.5平方公尺 (B)4.5平方公尺 (C)3.5平方公尺 (D)2.5平方公尺。

( )15. 依據我國民宿管理辦法的規定，關於民宿的「申請登記」，下列敘述何者正確？
甲、不得設於地下樓層
乙、可設置於公寓大廈內
丙、建築物使用用途以多功能為主
丁、不限建物及土地所有權人申請經營
(A)甲丁 (B)甲乙 (C)丙丁 (D)乙丁。

( )16. 我國民宿的經營規模，在國家公園區，依客房數計算是以多少間以下為原則？
(A)5間 (B)8間 (C)15間 (D)20間。

( )17. 下列關於旅館業的敘述，何者錯誤？
(A)度假旅館有多樣的休閒娛樂設施
(B)公寓式旅館較可能有廚房設備
(C)商業旅館之住房淡旺季比其他類型旅館明顯
(D)汽車旅館的營業收入甚少來自餐飲。

( )18. 下列哪一種旅館的經營屬性與其他三項不同？
(A)Cottage (B)Commercial Hotel
(C)Time-share (D)Resort Hotel。

( )19. 歐美常將古老且具歷史意義的建築物改建成旅館，此類型旅館稱為：
(A)Pension (B)Parador (C)Villa (D)Capsule Hotel。

( )20. 關於住宿設施所提供的服務，下列敘述何者正確？
(A)Bed and Breakfast：提供住宿旅客營帳與其他露營設備
(B)Camp：提供住宿旅客房間並供應早餐
(C)Parador：提供旅客住宿在古老的建築並供應三餐
(D)Youth Hotel：住宿旅客具有房間的所有權。

( )21. 依據我國「觀光旅館建築及設備標準」所規定,每層樓客房數在多少間以上者,應設置一處備品室（Pantry Room）?
(A)10間　(B)20間　(C)30間　(D)40間。

8.5 旅館等級評鑑制度

( )22. 下列何者所採用的旅館評鑑標識（如：星星、鑽石等）相同?
(A)法國官方、台灣　　　　(B)台灣、美國汽車協會
(C)米其林紅色指南、中國　(D)英國、美國汽車協會。

( )23. 關於我國旅館星等評鑑敘述,何者錯誤?
(A)評鑑項目中,配分佔比最高的是「餐廳服務」
(B)四星級旅館其30%之客房應設有免治馬桶
(C)五星級（豪華級）得分為751～850分
(D)評核851分以上旅館為宮殿級Palace。

( )24. 下列關於旅館等級制度,何者錯誤?
(A)美國AAA以鑽石為旅館等級的標誌
(B)法國Michelin Red Guide以洋房為旅館等級的標誌
(C)我國旅館等級評鑑是以星級做為旅館等級的標誌
(D)富比士旅遊指南以皇冠為旅館等級的標誌。

( )25. 關於米其林紅色指南之旅館評鑑,下列敘述何者錯誤?
(A)評鑑等級分為5級　　　(B)以介紹餐廳、旅館資訊為主
(C)以叉匙為旅館評鑑標識　(D)標識數目相同時,紅色優於黑色。

8.6 客房的種類

( )26. 房間位置或房型是影響房價相當重要的因素之一,下列哪一種房間位置或房型之房價通常最低?
(A)Executive Floor　(B)Suite　(C)Inside Room　(D)Outside Room。

( )27. 旅館客房分類中,兩個房間相連接,中間有門可以互通,此類型我們稱之為:
(A)Connecting Room　　(B)Adjoining Room
(C)Corner Room　　　　(D)Conference Room。

( )28. 有屋內庭院的房間且為Resort Hotel最普遍設計的是
(A)Cabana　(B)Efficiency　(C)Lanai　(D)Hospitality。

( )29. 下列關於 "Twin Room" 的敘述,何者錯誤?
(A)一個雙人床　　(B)兩個單人床
(C)可供兩人住宿　(D)含專用浴廁設備。

情境素養題

( )1. 有關旅館之經營與服務，下列敘述何者正確？
(A)旅館經營者應竭盡所能為特定人士提供高級服務，以索取高額利潤報酬
(B)旅館應在深夜時段緊閉大門及出入口，以確保旅客安全
(C)旅館所提供之服務，應等神秘客上門時再要求員工執行
(D)旅館之建築與設備需經政府核准，並對公眾負起法律上的權利與義務。 [8.1]

( )2. 關於旅館首創的各種服務，下列何者正確？
(A)附門鎖，保有住客隱私：Hotel Ritz
(B)每間客房內均提供衛浴設備：Waldorf-Astoria Hotel
(C)客衣洗燙服務：The Grand Hotel
(D)行李員服務：The Statler Hotel。 [8.2]

( )3. 下列有關旅館業的發展歷史，何者正確？
(A)1900年代的早期，歐美的旅館大都建築在風景名勝區附近
(B)Bill Marriott被喻為美國現代旅館之父
(C)Holiday Inn在1970年代發展成為最豪華的Chain Motel
(D)台灣地區的旅館業者至今尚未引進國外連鎖飯店的訓練與認證機制。 [8.2]

( )4. 我國旅館產業發展之敘述，何者錯誤？
(A)華王飯店為第一家以本土資金興建的觀光飯店
(B)希爾頓飯店的開幕，開啟國際連鎖飯店進入台灣之濫觴
(C)民國72年觀光局設立梅花評鑑分級制度並沿用至今
(D)日商青木建設投資興建墾丁凱撒，開啟台灣進入休閒渡假飯店時代。 [8.3]

( )5. 新北市政府多年前進行「新北市新板橋車站特定區國際觀光旅館興建營運招商案」，以設定地上權方式招商，特許期間為五十年，結果共在新板特區蓋三間飯店。請問依上述報導所述，可以得知下列敘述何者有誤？
(A)此招商案應為BOT模式進行
(B)BOT分別指Build、Owned、Transfer
(C)意指由民間機構投資興建並營運，營運期滿後，將該建設的所有權移轉給政府
(D)此舉可促進國有資產活化。 [8.3]

( )6. 關於西方與台灣旅館的發展史，下列敘述何者正確？
(A)在西方旅館發展史中，汽車旅館於第一次世界大戰期間因應而生
(B)在西方旅館發展史中，二十世紀初期以商務旅館為發展特色
(C)目前台灣正在進行的旅館評鑑制度以白金五星為最高等級
(D)在台灣旅館發展史中，第一家國際觀光連鎖旅館是凱悅大飯店（現更名為君悅大飯店）。 [8.3]

( ) 7. 國內某企業集團引進國際度假村交換系統，消費者成為會員後，每年可擁有一周免費的住宿優惠，入住全球100多國、3,800間度假村住宿。請問以上所述是指何種旅館類別？
(A) Apartment Hotel　　(B) Time Sharing
(C) Condotel　　(D) Motel。　[8.4]

( ) 8. 關於旅館業的敘述，下列何者正確？
甲、Parador是指將具歷史價值的建築物改建的旅館
乙、B&B最早起源於美國，利用自有住宅經營家庭式旅館
丙、Capsule Hotel是指專門提供大型會議與展覽場所的旅館
丁、Boutique Hotel是指建築外觀或內部陳設講究藝術設計與重視高品質住宿體驗的精品旅館
(A)甲、乙　(B)乙、丙　(C)丙、丁　(D)甲、丁。　[8.4][109統測]

( ) 9. 下列敘述是有關Resort Hotel和Business Hotel在餐飲服務方面的比較，何者是正確的？
(A) Business Hotel的客人較忙碌，作息時間不規律，可能在中午過後才起床要求吃早餐
(B) Resort Hotel的客人習慣在白天時間都到園區外進行遊憩活動，所以客房餐飲服務都是在晚餐時刻
(C) 因為Business Hotel的客人難得造訪一次，所以要讓他們細細品嚐美食，慢慢享受優雅的用餐氣氛
(D) Resort Hotel最好有Buffet服務，以解決大量客人同時用餐的問題。　[8.4]

( )10. 依據我國「旅館業管理規則」，觀光旅館業者應投保之責任保險範圍及最低保險金額的規定，下列敘述何者有誤？
(A)每一個人身體傷亡：新臺幣300萬元
(B)每一事故身體傷亡：新臺幣1,500萬元
(C)每一事故財產損失：新臺幣200萬元
(D)保險期間總保險金額（每年）：新臺幣1,400萬元。　[8.4]

( )11. 某知名網紅在新年期間參加團費30萬元，為期半個月的歐洲旅行團遊程，該行程標榜高端且奢華路線。某晚住宿的旅館，是由中古世紀的塔型教堂所改建而成，相當具有歷史價值；然而這位網紅當天所住宿的客房淋浴間有漏水狀況，該網紅把整夜擦拭漏水的影片上傳網路，引發各方輿論。該網紅當天投宿的是下列哪一種旅館？
(A) apartment hotel　(B) parador　(C) villa　(D) youth hostel。　[8.4][113統測]

( )12. 新北市某觀光旅館申請參加星級旅館的評鑑，其旅館設有餐廳提供早餐服務及24小時的櫃檯服務，下列敘述何者正確？
甲、評鑑配分總計為2,000分　　乙、評核委員應為2名
丙、其主管機關為交通部觀光署　　丁、星級評鑑主管機關為交通部觀光署
(A)乙、丁　(B)乙、丙　(C)甲、丙　(D)丙、丁。　[8.5]

( )13. 有關台灣現行旅館星級評鑑制度，下列敘述何者正確？
　　　(A)目前旅館之評鑑須先通過「服務品質」評鑑，方能接受「建築設備」評鑑
　　　(B)旅館評鑑採一年一次，評鑑星等效期永久有效
　　　(C)當旅館於第一階段評鑑總分達600分以上，不用參加第二階段評鑑，可直接認定為四星級旅館
　　　(D)台灣現行旅館星級評鑑，以不預警留宿旅館的方式進行評鑑。 [8.5]

( )14. 下列關於客房的描述，何者錯誤？
　　　(A)旅館通常以備有兩張雙人床的Twin Double Room作為Family Room
　　　(B)200cm×200cm的床型稱為King Size Bed
　　　(C)Inside Room因位於旅館內側，較為安靜，房價通常較貴
　　　(D)兩張單人床分開放置，中間擺放床頭櫃的安排屬於Twin Style。 [8.6]

( )15. 小芳一家四人到六福村遊玩，晚上入住生態度假飯店，客房設計為樓中樓，每層樓各擺放一張床，亦可以從客房走廊及客房陽台觀看到許多動物，請依上所述，判斷下列敘述何者正確？
　　　甲、小芳入住的旅館種類應是Residential Hotel
　　　乙、入住的客房種類應為Penthouse或Lanai
　　　丙、該飯店的客房走道設計應為Single Loaded Plan
　　　丁、客房房型可能為Twin Double Room
　　　(A)甲乙丙丁　(B)甲丙丁　(C)乙丁　(D)丙丁。 [8.6]

( )16. 旅客在飯店網站中看到各式客房名稱，請問下列對於客房型態之敘述，何者錯誤？
　　　(A)Inside Room：向內、無窗戶、面向中庭、天井等房間
　　　(B)Connecting Room：兩個房間相連，中間有門互通者
　　　(C)Cabin：小木屋
　　　(D)Lanai：靠近游泳池畔的獨立房間。 [8.6]

( )17. 關於國際觀光旅館客房房型的敘述，下列何者正確？
　　　(A)Corner Room通常位於旅館建築物角落，視野相對受限
　　　(B)Doubl-double Room通常提供背包客住宿，空間相對較小
　　　(C)Executive Suite通常針對行動不便旅客設計，房門相對較寬
　　　(D)Presidential Suite通常是旅館形象及尊榮表徵，使用率相對較低。 [8.6][105統測]

CH8 旅宿業概述

歷屆試題

( )1. 關於旅館銷售商品之內隱服務（Implicit Service）的敘述，下列何者正確？
(A)是一種有形的商品，例如以裝潢突顯旅館風格
(B)是一種支援設施，例如電視、空調設備、音響設備及健身房
(C)透過服務過程使顧客有舒適感和倍受尊重的感覺
(D)是指旅館內所銷售的實體商品。 [102統測]

( )2. 下列何者為我國首座以BOT方式經營的旅館？
(A)台北圓山飯店　　　　　　　(B)台北希爾頓飯店
(C)墾丁凱撒飯店　　　　　　　(D)日暉池上國際度假村。 [102統測改編]

( )3. 我國將旅館業的型態分為觀光旅館、旅館（一般旅館）、民宿三種類別，此乃是依下列哪一種標準來分類？
(A)我國法令　　　　　　　　　(B)所在地點
(C)價格定位　　　　　　　　　(D)住宿期間長短型態。 [102統測]

( )4. 我國之民宿申請設立是採取下列哪一種制度？
(A)登記制　(B)許可制　(C)報備制　(D)認可制。 [102統測]

( )5. 下列何者不是我國自古以來對旅館的別稱？
(A)波斯邸　(B)販仔間　(C)馳道　(D)館舍。 [103統測]

( )6. 依照美國旅館協會（AH&LA）之分類，台北晶華酒店是屬於：
(A)Full Service Upscale Hotel
(B)Limited Service Hotel
(C)Economy Hotel
(D)All Suite Hotel。 [103統測改編]

( )7. 依住宿時間的長短，主要提供給長期住宿（Long Stay）旅客的旅館是：
(A)Parador　　　　　　　　　　(B)Residential Hotel
(C)Boutique Hotel　　　　　　　(D)Convention Hotel。 [103統測]

( )8. 有關我國目前實施「星級旅館評鑑制度」的敘述，下列何者正確？
(A)每隔四年辦理一次
(B)參加評鑑之旅館，依評定總分給予一至六星級之評等
(C)評鑑方式分兩個階段，第一階段為服務品質，第二階段為建築設備
(D)經評定後總分為651～750分者，授予四星級評等。 [103統測改編]

( )9. 旅館客房種類中的Deluxe Suite Room是指：
(A)雙樓套房　(B)豪華套房　(C)標準套房　(D)大型雙人房。 [103統測]

( )10. 旅館在設立前，必須依據周遭人潮及交通便利性進行市調，並利用附近旅遊景點優勢行銷，主要是因為餐旅業具備下列哪一種屬性？
(A)不可分割性　(B)立地性　(C)公共性　(D)變化性。 [104統測]

more...

8-37

(　　)11. Smith先生未訂房要入住旅館，但因客滿被櫃檯人員婉拒。此種因旅館客滿，而無法提供房間的情境，是屬於旅館商品的何種特性？
(A)獨特性　(B)競爭性　(C)僵固無彈性　(D)不可儲存性。 [104統測]

(　　)12. 圓山大飯店設立之初，以接待外賓住宿為主要經營項目之一，該飯店曾在1952年改名，下列何者為其前身？
(A)中國大飯店　　　　　　　(B)美殿大飯店
(C)台北大飯店　　　　　　　(D)台灣大飯店。 [104統測]

(　　)13. 下列何者為台灣首座成立之國際連鎖飯店？
(A)希爾頓飯店（Hilton）
(B)凱悅飯店（Hyatt）
(C)香格里拉飯店（Shangri-La）
(D)W飯店（W Hotel）。 [104統測]

(　　)14. 台灣的墾丁凱撒大飯店原則上屬於下列哪一種類型的旅館？
(A)Metropolitan Hotel　　　(B)Casino Hotel
(C)Resort Hotel　　　　　　(D)Boutique Hotel。 [104統測]

(　　)15. 旅館可分為許多類型，有一種旅館是供顧客以預先付費購買的方式，購買每年固定住宿天數的會員度假權利，此種旅館多為下列何者？
(A)Residential Hotel　　　　(B)Parador
(C)Time Share Resort　　　(D)Transient Hotel。 [104統測]

(　　)16. 我國目前星級旅館評鑑方式，評鑑項目不包含下列何者？
(A)建築外觀　(B)餐廳服務　(C)停車設施　(D)機電設施。 [105統測改編]

(　　)17. 關於我國旅館等級分類、申請設立與評鑑等敘述，下列何者錯誤？
(A)觀光旅館業申請設立採許可制，旅館業申請設立採登記制
(B)星級旅館兩階段評鑑總分達751～850分為五星級
(C)國際觀光旅館之主管機關為交通部觀光署
(D)通過旅館評鑑四星以上者均為國際觀光旅館。 [105統測改編]

(　　)18. 美國第一家有私人客房及提供行李員服務的Tremont House旅館，被譽為當代旅館的始祖，座落於下列何處？
(A)紐約　(B)華盛頓　(C)波士頓　(D)舊金山。 [106統測]

(　　)19. 旅館提供全部套房式客房型態，客房內至少有一間或一間以上獨立臥房，外加獨立客廳的配備，提供舒適住宿設施與服務，此為下列哪一種類型旅館？
(A)Youth Hostel　　　　　　(B)Capsule Hotel
(C)All Suites Hotel　　　　　(D)Convention Hotel。 [106統測]

(　　)20. 旅館房型中，具有樓中樓型態的套房，下列名稱何者正確？
(A)Adjoining Room　　　　(B)Double Suite
(C)Duplex Suite　　　　　　(D)Studio Room。 [106統測]

( )21. 早期美國旅館大王Ellsworth M.Statler，首將私人衛浴設備引進旅館，並提出連鎖旅館的經營概念，創建了Statler Hotel，享有連鎖商務旅館鼻祖之名，此旅館創設於哪個城市？
(A)Chicago (B)Boston (C)Buffalo (D)Seattle。 [107統測]

( )22. 美國拉斯維加斯的旅館結合賭場的營運，提供完善的膳宿與娛樂功能，是屬於下列哪一種類型的旅館？
(A)Budget Hotel (B)Long-stay Hotel
(C)Casino Hotel (D)All-suite Hotel。 [107統測]

( )23. 多位於機場附近，主要提供過境旅客、搭早班或晚班飛機旅客及航空公司員工住宿之過境旅館，通常為下列哪一種類型的旅館？
(A)Residential Hotel (B)Transit Hotel
(C)Parador Hotel (D)Resort Hotel。 [107統測]

( )24. 旅館的等級評鑑中，下列何者為法國米其林輪胎公司觀光部門針對住宿等級的識別標誌？
(A)皇冠 (B)洋房 (C)鑽石 (D)無窮花。 [107統測]

( )25. 旅館客房內，為方便行動不便者使用輪椅進出、加裝衛浴設備安全扶手、降低洗臉盆高度之無障礙設施房，稱之為下列何者？
(A)Studio Room
(B)Handicapped Room
(C)Duplex Room
(D)Connecting Room。 [107統測]

( )26. 關於旅館套房等級由低而高的排列，下列何者正確？
(A)Deluxe Suite、Presidential Suite、Standard Suite
(B)Presidential Suite、Deluxe Suite、Standard Suite
(C)Presidential Suite、Standard Suite、Deluxe Suite
(D)Standard Suite、Deluxe Suite、Presidential Suite。 [107統測]

( )27. 關於美國波士頓崔蒙飯店（Boston's Tremont House）的敘述，下列何者錯誤？
(A)被稱為The Adam and Eve of the Modern Hotel Industry
(B)首創行李員服務
(C)提供肥皂及用水
(D)房間加裝電子門鎖。 [108統測]

( )28. 民宿（Bed & Breakfast）最早起源於下列哪一個國家？
(A)英國 (B)臺灣 (C)法國 (D)美國。 [108統測]

( )29. 常見於地狹人稠的都會區，房間設計類似太空艙，並以提供價格親民的住宿空間為特色的膠囊旅館，最早起源於下列哪一個國家？
(A)韓國 (B)日本 (C)英國 (D)臺灣。 [108統測]

( )30. 下列哪一類型的旅館客房中，通常有廚房的設置？
(A)Casino Hotel (B)Residential Hotel
(C)Boutique Hotel (D)Airport Hotel。 [108統測]

( )31. 關於歐美旅館業的發展，下列何者錯誤？
(A)Conard Hilton創造了第一個美國現代連鎖旅館系統
(B)Ellsworth Statler提出連鎖旅館的概念，也曾在美國水牛城開設知名旅館
(C)西元1850年，在英國倫敦開幕的Grand Hotel，堪稱全球第一個現代化旅館
(D)Tremont House於西元1829年在美國波士頓開幕，首創為每個房間加裝門鎖。
[109統測]

( )32. 關於臺灣旅館業的發展歷程，下列何者為成立時間最早者？
(A)臺北來來 (B)臺北亞都
(C)臺北老爺 (D)臺北福華。 [109統測]

( )33. 某電信公司聘請美國通訊公司顧問，至臺北開發5G電信服務，需安排長達半年的住宿，下列何種類型的旅館較為合適？
(A)Conventional Hotel (B)Residential Hotel
(C)Resort Hotel (D)Transient Hotel。 [109統測]

( )34. 某渡假旅館申請參與台灣星級旅館評鑑獲得705分，請問該旅館可獲頒為幾星級旅館？
(A)二星級 (B)三星級 (C)四星級 (D)五星級。 [109統測改編]

( )35. 下列何者不是國際觀光旅館客房型態用詞？
(A)Business Suite (B)Junior Suite
(C)Pantry Room (D)Triple Room。 [109統測]

( )36. 某國際觀光旅館具備以下房型，學校欲舉辦三天二夜的校外教學，為了節省個人住宿費用，欲規劃四人同房，原則上下列何種房型最適合？
(A)Double Room (B)Family Room
(C)Single Room (D)Triple Room。 [110統測]

( )37. 為配合防疫政策，新竹2021臺灣燈會宣布取消辦理，使得元宵節前往當地的觀光客人數及住房率明顯下降，這是屬於旅館業的何種特性？
(A)無形性 (B)易逝性 (C)異質性 (D)需求波動性。 [110統測]

( )38. 旅館業促銷當日未售出的客房，此做法是為了因應下列何種餐旅業屬性？
(A)Competition (B)Perishability
(C)Restless (D)Seasonality。 [110統測]

( )39. 旅館因房客的特殊需求，規劃無障礙客房內部設施時，下列考量何者錯誤？
(A)房門增加寬度 (B)浴室加裝門檻
(C)床鋪降低高度 (D)房內加裝扶手。 [110統測]

( )40. 關於我國旅館業的發展重要記事，下列敘述何者錯誤？
(A)圓山飯店開幕於民國41年，提供接待外賓之用
(B)政府於民國60年代頒布旅館禁建令，造成旅館荒
(C)政府於民國80年全面實施週休二日，為旅館業帶來商機
(D)由政府規劃的BOT案「美麗信花園酒店」於民國95年開幕。 [110統測]

( )41. 小劉請旅行社代為安排美國客戶至臺灣進行技術支援的住宿，預計先在機場附近休息一晚調整時差，接著到市區拜訪廠商一週，考察結束後到海灘渡假三日，旅行社按其行程依序安排哪些類型的國內旅館最為合適？
(A)Apartment→Villa→Commercial
(B)Convention→Resort→Condominium
(C)Transit→Residential→Casino
(D)Transit→Commercial→Resort。 [110統測]

( )42. 關於古代旅館的敘述，下列何者錯誤？
(A)會同館功用為接待外賓 (B)客舍為公家經營的旅館
(C)禮賓院專供招待各國使節 (D)亭可供官家驛差休息使用。 [110統測]

( )43. 美國國會議員來臺進行訪問，隨行人員包含保鑣及幕僚數人，為了禮遇貴賓，除安排豪華氣派之100坪的住宿空間外，也會特別注意貴賓的安全與隱私性，亦提供專屬管家服務。為滿足上述需求，旅館應安排下列哪一種房型較為合適？
(A)executive suite (B)inside room
(C)presidential suite (D)standard room。 [111統測]

( )44. 旅宿業是為公眾提供住宿、餐飲以及休閒活動的場所，經營者有責任為旅客提供安全的環境與服務，下列何者較不屬於維護旅客住宿安全的事項？
(A)房務人員整理清潔客房 (B)旅館提供客衣送洗服務
(C)旅館游泳池設有救生員 (D)客用電梯設有樓層管制。 [111統測]

( )45. 聖誕節假期旅客入住W Taipei Hotel，此期間該旅館連續一週住房率都達100%，房間雖供不應求但也無法增加銷售量，根據上述客房銷售情形，不包含下列哪一項旅館特性？
(A)供給無彈性 (B)需求波動高
(C)經營合作性 (D)銷售季節性。 [111統測]

( )46. 小美想與年邁的雙親至花蓮度假，希望能選擇有獨立宅院的空間及一泊五食的住宿方案，該住宿設施除會提供私人廚師為房客烹調料理外，也擁有私人露天湯池讓雙親就近享受泡湯，綜合以上需求，下列哪一種旅館類型最適合小美與雙親？
(A)commercial (B)condominium (C)residential (D)villa。 [111統測]

( )47. John預計下個月至美國商務旅遊，在參考旅館等級時除了星星之外，John還可依何種識別標誌作為旅館等級的依據？
(A)洋房 (B)鑽石 (C)皇冠 (D)鑰匙。 [112統測]

( )48. 關於現行臺灣旅館星級評鑑的說明，下列何者錯誤？
(A)評鑑制度於民國98年開始實施，每五年辦理一次
(B)星級評鑑制度採取自願制，由旅館支付評鑑費用
(C)民宿不列入評鑑對象
(D)最高級別為卓越五星級。 [112統測改編]

( )49. 下列哪一種旅館的淡旺季最為明顯，且旅館規劃大多融入當地文化與自然資源，並提供多元的娛樂設備？
(A)boutique hotel
(B)convention hotel
(C)resort hotel
(D)transit hotel。 [112統測]

( )50. 「老英格蘭莊園」外觀有著古老的鐘樓和都鐸式建築，讓人感覺彷如置身歐洲古堡旅館。該民宿為世界小型豪華酒店組織成員，是全球頂級豪華酒店之一，籌備期共歷時九年，投入新臺幣八億鉅額，此為旅宿業的何種特性？
(A)capital intensive
(B)labor intensive
(C)perishability
(D)rigidity。 [112統測]

( )51. 關於旅館業商品的特性，下列敘述何者錯誤？
(A)因為冬季到來，澎湖地區的旅客住房需求大幅降低為異質性
(B)在櫻花盛開期間，武陵農場的客房需求會大幅增加為季節性
(C)受到疫情影響，觀光旅館業的客房需求量大幅縮減為易變性
(D)連續假期，旅客的住房需求大增，但客房供應有限為僵固性。 [112統測]

( )52. 關於臺灣旅館演進歷程，下列敘述何者正確？
(A)臺灣第一家西式旅館是鐵道旅館
(B)國內首座國際連鎖飯店是台北來來大飯店
(C)臺灣第一家休閒度假旅館是墾丁福華飯店
(D)國內旅館業有跡可循的最早紀錄是清朝時期的「逆旅」。 [113統測]

( )53. 旅館開幕的傳統儀式中，會將鑰匙遠遠向外丟棄。此象徵性的動作說明，旅宿業的哪一個特性？
(A)restless
(B)seasonality
(C)competition
(D)intangibility。 [113統測]

(　)54. 85飯店在黃色小鴨展示期間，推出的住房優惠文宣如右圖。請問文宣中的「優惠房型，數量有限，及早預約享優惠」，此說明最能反映下列哪一種旅館業的特性？
(A)synthesis
(B)restless
(C)rigidity
(D)variability。　　　　　　　　　[113統測改編]

答案與詳解

實力加強

8.1節

1. D 2. B 3. B 4. B 5. C

8.2節

1. A 2. A 3. A 4. B 5. B

8.3節

1. D 2. B 3. C 4. A

8.4節

1. D 2. C 3. A 4. D 5. D 6. D 7. B

8.5節

1. D 2. B 3. D 4. D 5. B 6. B 7. B 8. B 9. A

8.6節

1. A 2. C 3. A 4. B 5. A 6. C 7. D 8. D 9. C 10. D

搶分終點線

1. D	2. D	3. C	4. B	5. B	6. C	7. C	8. C	9. C	10. B
11. B	12. A	13. B	14. C	15. A	16. B	17. C	18. B	19. B	20. C
21. B	22. A	23. D	24. D	25. C	26. C	27. A	28. C	29. A	

詳解

2. 旅館的短期供給無彈性，即彈性值＝0。

7. 歌聯飯店（Grand Hotel）為1850年開幕。
   波士頓崔蒙旅館（Boston's Tremont House）於1829年開幕。

9. 「販仔間」於清末民初出現。
   民國34～44年，有圓山飯店、自由之家、台灣鐵路飯店等可供接待外賓之用。
   民國97年推動環保旅館認證制度。

11. 民國62年希爾頓進駐台灣開始進入國際連鎖經營時期。

20. Camp：提供住宿旅客營帳與其他露營設備。
    Bed and Breakfast：提供住宿旅客房間並供應早餐。
    Youth Hotel：住宿旅客「不具有」房間的所有權。

CH8 旅宿業概述

情境素養題

| 1. D | 2. C | 3. C | 4. C | 5. B | 6. B | 7. B | 8. D | 9. D | 10. D |
| 11. B | 12. A | 13. D | 14. C | 15. D | 16. D | 17. D | | | |

詳解

2. 附門鎖，保有住客隱私、提供行李員服務：波士頓Tremont House。
   每間客房內均提供衛浴設備：The Statler Hotel。

5. BOT分別指Build、Operate、Transfer。

6. 汽車旅館於世界經濟大恐慌時期（西元1929～1933年）因應而生。
   目前臺灣正在進行的旅館評鑑制度以「星級」為識別標誌。
   第一家國際觀光連鎖旅館是「希爾頓飯店」。

8. B&B最早起源於英國。Capsule Hotel是指膠囊旅館。

9. Business Hotel的客人大多為商務旅客，通常會在正常的早餐時間用餐。
   客房餐飲服務多是在「早、午餐」時刻。
   Resort Hotel的旅客較可能細細品嚐美食，慢慢享受優雅的用餐氣氛。

歷屆試題

1. C	2. C	3. A	4. A	5. C	6. A	7. B	8. D	9. B	10. B
11. C	12. D	13. A	14. C	15. C	16. D	17. D	18. C	19. C	20. C
21. C	22. C	23. B	24. B	25. B	26. D	27. D	28. A	29. B	30. B
31. C	32. B	33. B	34. C	35. C	36. B	37. D	38. B	39. B	40. C
41. D	42. B	43. C	44. B	45. C	46. D	47. B	48. A	49. C	50. A
51. A	52. A	53. A	54. C						

詳解

32. 臺北來來：70年。臺北亞都：68年。臺北老爺：73年。臺北福華：73年。

36. Double Room：二人房。Family Room：家庭房。
    Single Room：單人房。Triple Room：三人房。

38. Competition：競爭性。Perishability：易逝性。
    Restless：無歇性。Seasonality：季節性。

41. 過境旅館→商務旅館→渡假旅館最為適合。

42. 客舍為私人經營之旅店。

50. capital intensive：資本密集。labor intensive：勞力密集。
    perishability：易腐性。rigidity：僵固性。

51. 因為冬季到來，澎湖地區的旅客住房需求大幅降低屬於季節性。

52. 國內首座國際連鎖飯店是希爾頓飯店。
    臺灣第一家休閒度假旅館是墾丁凱撒飯店。
    國內旅館業有跡可循的最早紀錄是清朝時期的「販仔間」。

NOTE

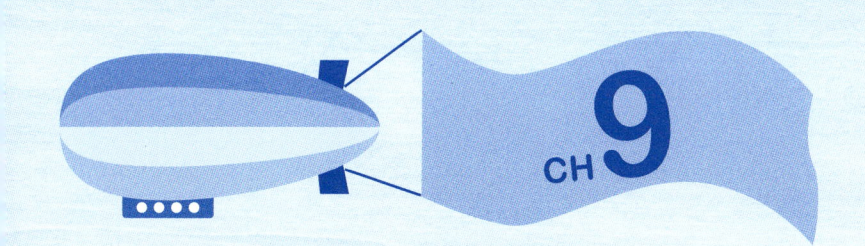

旅宿業的組織與部門

CH 9

⚓ 本章學習重點

節名	常考重點	
9.1 旅宿業組織	• 旅宿業的前場部門與後場部門	★★☆☆☆
9.2 旅宿業部門介紹	• 客務部從業人員的工作職責 • 房務部從業人員的工作職責	★★★☆☆

★ 統測命題分析

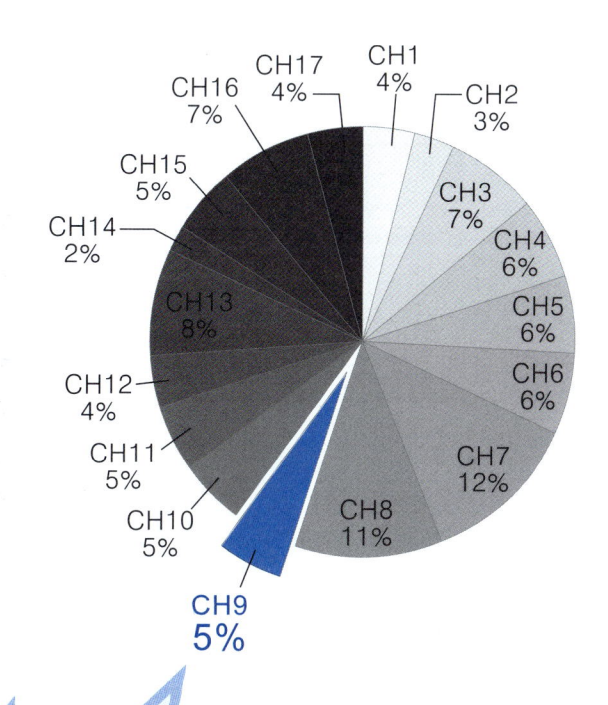

- CH1 4%
- CH2 3%
- CH3 7%
- CH4 6%
- CH5 6%
- CH6 6%
- CH7 12%
- CH8 11%
- CH9 5%
- CH10 5%
- CH11 5%
- CH12 4%
- CH13 8%
- CH14 2%
- CH15 5%
- CH16 7%
- CH17 4%

9.1 旅宿業組織

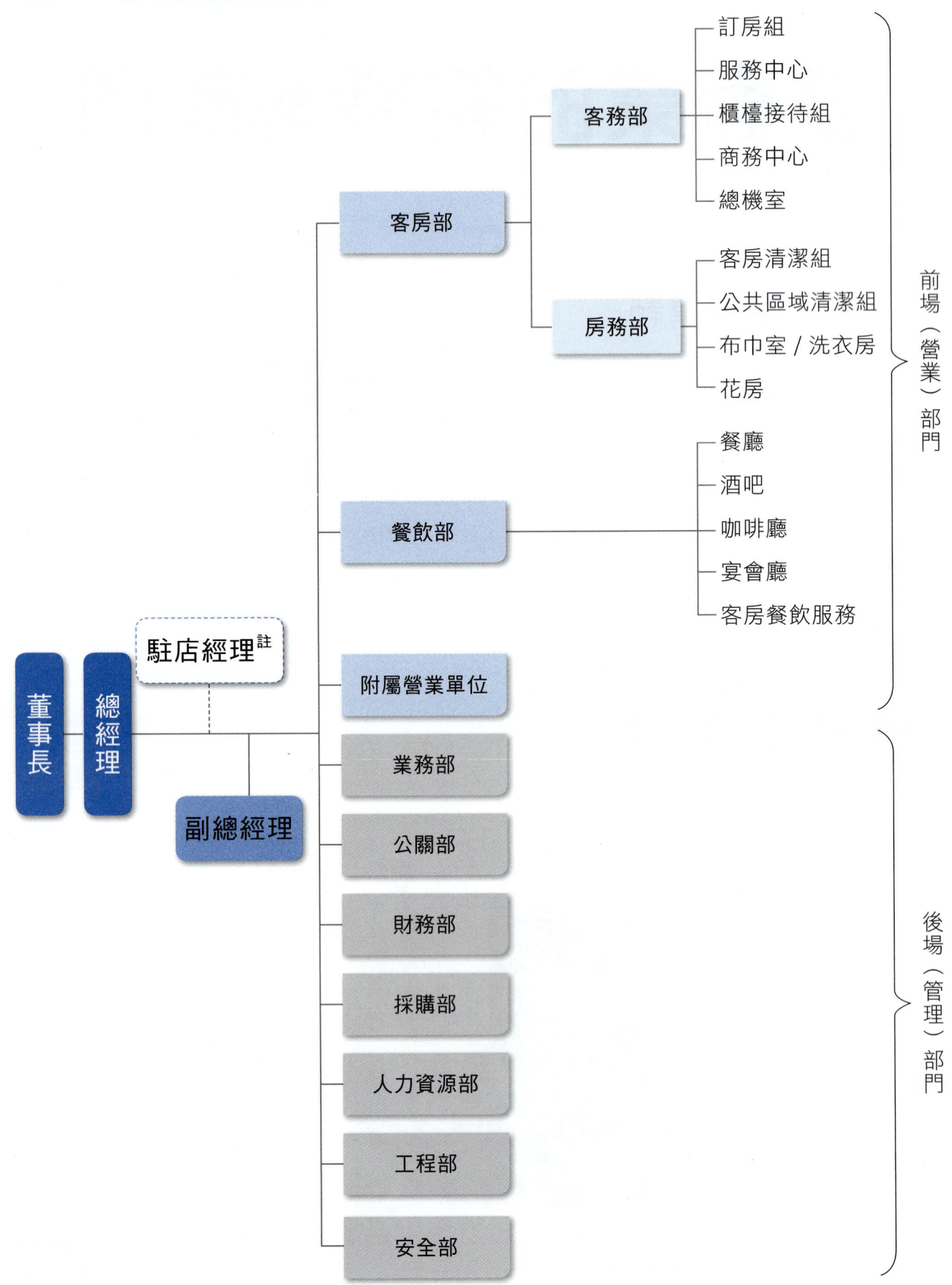

```
董事長 — 總經理 ┬─ 駐店經理(註)
              │
              ├─ 副總經理
              │
              ├─ 客房部 ┬─ 客務部 ┬─ 訂房組
              │         │         ├─ 服務中心
              │         │         ├─ 櫃檯接待組
              │         │         ├─ 商務中心
              │         │         └─ 總機室
              │         │
              │         └─ 房務部 ┬─ 客房清潔組
              │                   ├─ 公共區域清潔組
              │                   ├─ 布巾室/洗衣房
              │                   └─ 花房
              │
              ├─ 餐飲部 ┬─ 餐廳
              │         ├─ 酒吧
              │         ├─ 咖啡廳
              │         ├─ 宴會廳
              │         └─ 客房餐飲服務
              │
              ├─ 附屬營業單位
              │
              ├─ 業務部
              ├─ 公關部
              ├─ 財務部
              ├─ 採購部
              ├─ 人力資源部
              ├─ 工程部
              └─ 安全部
```

（客房部、餐飲部、附屬營業單位）為前場（營業）部門

（業務部、公關部、財務部、採購部、人力資源部、工程部、安全部）為後場（管理）部門

註：集團旅館一般會派任**駐店經理**（Resident Manager），常駐各店協助總經理執行日常管理工作。

一、前場部門（Front of the House） 102 111 113

1. 前場部門是指經常會**與客人直接接觸的單位**，負責旅館商品的販售與服務。

2. 前場部門包括**客房部**（Room Department / Room Division）、**餐飲部**（Food & Beverage Department），以及旅館附屬營業單位。

3. 較具規模之旅館，通常將「客房部」分為**客務部**（Front Office Department）與**房務部**（Housekeeping Department, HK），說明如下表。

部門			說明
客務部		訂房組 Reservation	負責旅館客房**預訂**、**延期**或**取消**之相關作業
		服務中心 Uniformed Service / Bell Service / Service Center / Concierge	為接待旅客的**第一線單位**，負責迎送賓客、行李搬運、交通接駁、觀光諮詢等服務
		櫃檯接待組 Front Office, F/O / Front Desk, F/D	處理旅客**入住**、**退房**及**諮詢**等相關事宜
		商務中心 Business Center	提供旅客商務處理所需的相關設備（如：電腦、傳真機）及服務（如：打字、翻譯）
		總機室 Telephone & Switchboard Service / Operator Service	為旅館的**通信指揮中心**，負責接聽與轉接電話，以及**緊急廣播**等相關事宜
房務部		客房清潔組 / 房務組 Housekeeping, HK / Floor Cleaning	負責旅館**客房**及**樓層走道**的清潔與整理
		公共區域清潔組 Public Area Cleaning, PA / Public Cleaning	負責旅館**公共區域**（如：大廳、客用電梯）的清潔與整理
		布巾室 / 洗衣房 Linen Room、Laundry Room / Uniform & Linen Room	負責住客衣物、員工制服與旅館布巾之收發、清洗及整燙
		花房 Florist	負責旅館花藝佈置、環境美化、客房迎賓花果擺設等服務
餐飲部			(1) 負責旅館的餐飲服務，通常設有各式餐廳、酒吧、咖啡廳、**宴會廳**（Ballroom） (2) 較具規模的旅館，一般都提供有可讓住客於房間內享用餐飲的**客房餐飲服務**（Room Service）
附屬營業單位			如健身中心（Fitness Center）、SPA、商店街、美容院（Beauty Salon）等

二、後場部門（Back of the House） 104 106 108 109 110 113

後場部門是**支援旅館營運的後勤單位**，通常與旅客較少接觸，包括：業務部、公關部、財務部、採購部、人力資源部、工程部，以及安全部等單位。

部門	說明
業務部 / 行銷推廣部註 Sales Department / Marketing Department	1. 負責旅館產品銷售策略的規劃及推廣，主要行銷對象為**公司行號**、**團體訂房**及**團體餐會** 2. 負責市場調查及分析，掌握市場概況及趨勢變化 3. 與客房部、餐飲部聯繫密切
公關部（有旅館化妝師之稱） Public Relations Department, PR	1. 負責**旅館形象的提昇與維護** 2. 代表旅館在重大或緊急事件發生時**對外發言** 3. 代表旅館參與公益活動、從事**媒體宣傳**、**媒體接待**與**新聞稿發布**等工作
財務部 Financial Department / Controller Department	1. 負責旅館各種**營運報表之製作** 2. 掌管**旅館財務**方面之業務，如成本分析與控制、會計出納、收入稽核、帳款管理與支付等
採購部 Purchasing Department	1. 訂定旅館器具、設備之採購計畫，從事採購物品之市場詢價、比價、定價 2. 檢查監督採購物品之品質
人力資源部 / 人事部 Human Resources Department, HR	負責旅館之人力需求評估、**招募**、**訓練**、考核、獎懲、**員工福利措施**制定等工作
工程部 Engineering Department	1. 負責旅館各項機械設備、系統（如：空調、消防、水電、升降梯）及整體建築物的維護、保養與修整工作 2. 其對旅館的重要性有如人體的血液或神經系統
安全部 Security Department	負責旅館旅客及員工安全保防工作，包括：消防安檢、門禁管制、緊急意外事故處理，以及可疑人、事、物之通報與預防

註：有些學者認為應將「業務部 / 行銷推廣部」歸屬為前場部門。

實力加強 9.1

( )1. 下列旅館部門，何者屬於Back of the House？
(A)客務部　(B)行銷業務部　(C)宴會部　(D)餐飲部。

( )2. 「HR」是哪一個旅館部門的簡稱？
(A)客房部　(B)工程部　(C)業務部　(D)人力資源部。

( )3. 下列哪一項屬於國際觀光旅館行銷業務部門的工作職掌？
(A)開發客源並建立對外的公共關係
(B)辦理住房及退房
(C)負責餐廳的安全與衛生
(D)擬定飯店訓練計畫。

( )4. 需要與行銷部門密切配合，對外闡明旅館的目標政策，是下列哪一個部門主管的主要職責？
(A)工務組主任　　　　　　(B)會計組主任
(C)公共關係室主任　　　　(D)服務中心主任。

( )5. 旅館營運部門中，主要負責公共設施（電力、熱水、空調等）正常運轉，以及修繕館內器材、傢俱和設備的單位是
(A)安全部門　　　　　　　(B)房務部門
(C)人事部門　　　　　　　(D)工程部門。

( )6. 在一般國際觀光旅館的組織架構下，哪個部門會協助餐飲部有關布巾的洗滌、公共區域的清潔等工作？
(A)服務中心　　　　　　　(B)房務部門
(C)採購部門　　　　　　　(D)財務部門。

( )7. 「Housekeeping」在旅館中指的是什麼？
(A)客務　(B)內務　(C)房務　(D)庶務。

( )8. 下列旅館哪一個部門被稱為有如人體的血液或神經系統？
(A)F&B Department
(B)Room Department
(C)Administration Department
(D)Engineering Department。

( )9. 請問以下哪些屬於旅館的前場單位？
甲、Room Department
乙、Food & Beverage Department
丙、Financial Department
丁、Human Resources Department
(A)甲、乙　(B)丙、丁　(C)甲、丁　(D)乙、丙。

9.2 旅宿業部門介紹

客房部及餐飲部是旅館的前場部門，與旅客的互動關係密切；其中，餐飲部從業人員的職掌，在第6章已詳細說明；至於後場人員的職掌，由於多半與一般企業相似；故以下僅針對客房部轄下的客務部及房務部從業人員的職掌做介紹。

一、客務部　103　104　105　106　107　108　109

客務部為旅館服務的最前線，代表**旅館門面**，有**旅館的神經中樞**之稱，也是住客與旅館聯繫的管道。下圖為客務部組織結構及成員。

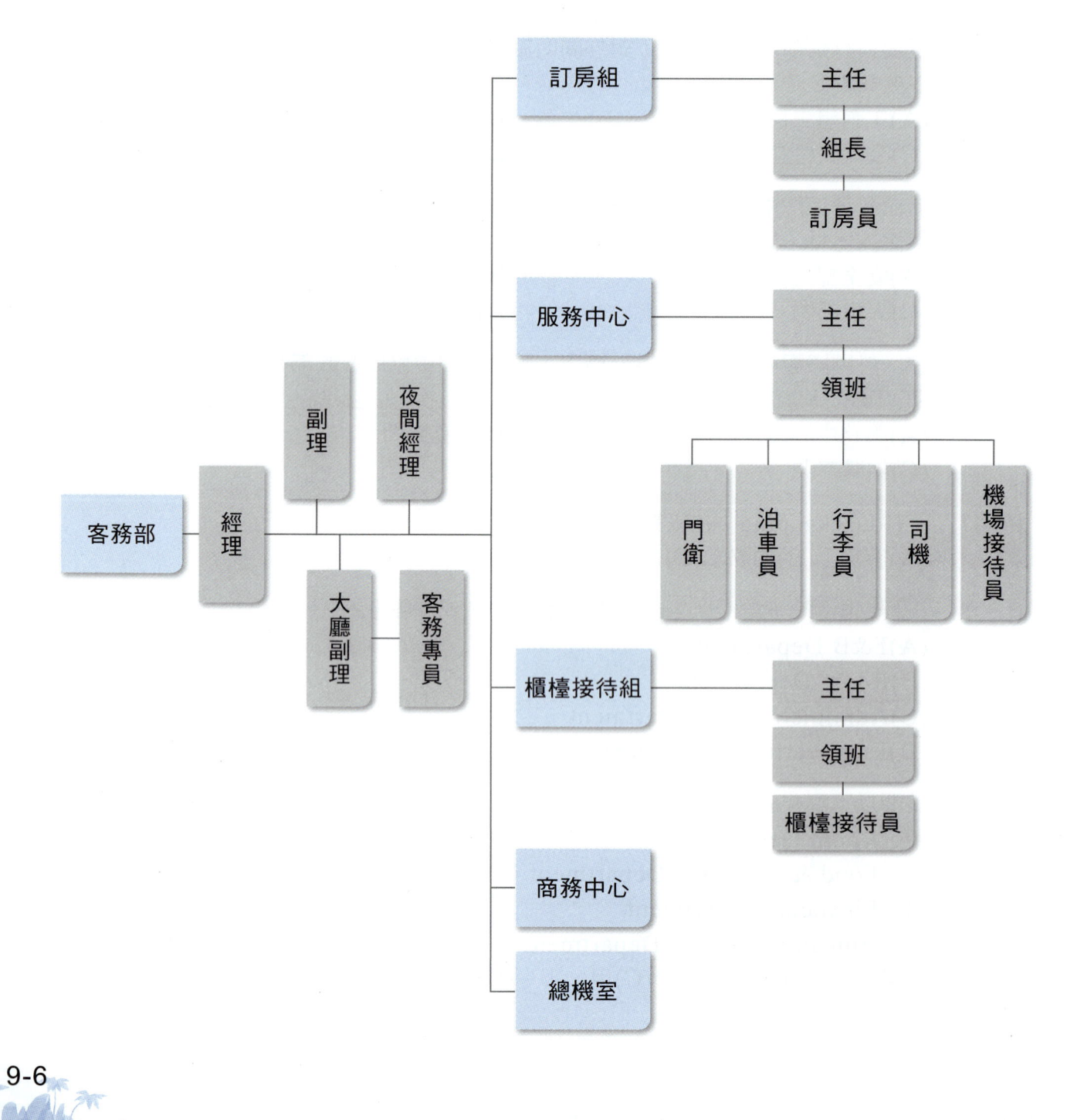

```
客務部 ─ 經理 ─┬─ 副理
              ├─ 夜間經理
              ├─ 大廳副理
              ├─ 客務專員
              ├─ 訂房組 ─ 主任 ─ 組長 ─ 訂房員
              ├─ 服務中心 ─ 主任 ─ 領班 ─┬─ 門衛
              │                         ├─ 泊車員
              │                         ├─ 行李員
              │                         ├─ 司機
              │                         └─ 機場接待員
              ├─ 櫃檯接待組 ─ 主任 ─ 領班 ─ 櫃檯接待員
              ├─ 商務中心
              └─ 總機室
```

1. 客務部高階主管 104 106 109

職稱	工作職掌
客務部經理 Front Office Manager	• 掌控住房狀況，致力於提升住房率及平均房價 • 負責督導客務部人員，提升部門員工服務水準 • 與其他部門溝通協調
客務部副理 Assistant Front Office Manager	• 協助客務部經理處理各項事務 • 客務部經理請假時的第一代理人
大廳副理 Lobby Assistant Manager / 值班經理 Duty Manager	• 協助客務部經理達成部門目標，督導客務部整體作業 • 負責大廳內客戶抱怨及各項疑難問題之解決，故又稱為抱怨經理（Complaint Manager） • 巡視大廳及各樓層營運狀況，注意及維持大廳之秩序[註] • 處理旅館房間客滿時，將已訂房之旅客安排轉送至其他旅館的相關事宜
客務專員 Guest Relations Officer, GRO / Greeter	• 協助大廳副理／值班經理處理客戶抱怨 • 主要負責安排及接待飯店會員、VIP、常客及簽約公司客人之服務
夜間經理 Night Manager	• 旅館夜間的負責人。負責旅館夜間安全及旅館夜間各種狀況之處理 • 需具備高度的專業素養，以利在最少的人力下解決突發的狀況 • 督導櫃檯人員製作客房夜帳與表單 • 維護大廳作業確保服務品質

註：因工作需要，需勤於走動的管理方式稱為走動式管理（Management By Walking），通常於大廳設有專屬辦公桌。

2. 訂房組（Reservation）

職稱	工作職掌
訂房組主任 Reservation Supervisor	• 管控旅館訂房相關作業 • 掌握旅館訂房狀況 • 訂房工作分配與調度
訂房組組長 Senior / Chief Reservation Clerk / Reservation Clerk Team Leader	• 協助訂房組主任處理相關事宜 • 訓練並督導訂房員快速處理訂房事宜
訂房員 Reservation Clerk	• 處理旅客訂房事宜：接受訂房、訂房確認（Confirm Reservation）、訂房變更、延期（Postpone）、訂房取消 • 製作隔天旅客抵達名單（Arrival List），供櫃檯、服務中心、總機、房務部及餐飲部等，安排接待事宜 • 製作收取定金及無故未到旅客名單供財務部收帳

3. 服務中心 103 105 106 107
（Uniformed Service / Bell Service / Service Center / Concierge）

主要負責機場迎賓（Airport Reception）、行李服務（Bell Service）、大廳接待與諮詢服務（Concierge），故又被稱為ABC團隊，是最早也是最後接觸住客的服務單位。

職稱	工作職掌
禮賓接待註 Concierge	• 以貼近旅客需求為目標，工作內容包羅萬象，如寵物安置、特殊節慶或典禮之票券取得 • 常被期待「達成不可能的任務」，又稱萬事通先生
服務中心主任 Bell Service Supervisor / Concierge Supervisor / Concierge Team Leader	• 統籌管理旅客行李服務、車輛調度、旅客諮詢等 • 督導所屬員工
服務中心領班 Bell Captain	• 協助服務中心主任處理各項相關事宜 • 指揮調派服務中心之員工，並訓練新進人員
門衛 Doorman / Door Attendant	• 協助抵店旅客開啟旅館大門 • 指揮旅館大門口的交通秩序 • 幫客人招攬計程車（代客叫車） • 協助行李員搬運行李 • 解答旅客有關觀光路線的疑難

註：Concierge一詞在旅館業界的中文用語不一致，如香港稱「禮賓司」，有些旅館會以「客務關係服務」、「客務專員」取代。另Concierge可以是指飯店的服務單位或人員。

職稱	工作職掌
泊車員 Car Jockey / Parking Attendant	負責協助旅館客人停車（Valet Parking）及取車服務
行李員 Bellman / Porter / Bellhop / Bellboy / Bell Attendant	• 負責住客行李的搬運、寄存服務 • 引領客人至客房，並說明客房的設備及使用方式（Show room） • 收發旅館與客人之信件及物品 • 維持大廳（Lobby）環境清潔 • 尋人服務（Paging Service）註1
機場接待員 Flight Greeter / Airport Representative	• 負責接送機服務，代表旅館往返機場接待住客 • 主動爭取尚未訂房的旅客 • 客人如果無故未到（No Show），應立即告知旅館櫃檯人員做處理
司機 Driver	• 負責旅館與機場、車站等定點往返的免費接送服務（Shuttle Bus / Courtesy Bus），或需付費的禮賓車服務（Limousine Service） • 隨時注意車輛的保養與清潔，並掌握路況

註1：旅館大廳、餐廳之尋人服務，通常是由行李員以手持告示牌方式尋人，避免對其他旅客造成干擾。

知識快遞

禮賓司（Concierge）

禮賓司又稱禮賓接待、大廳客務服務專員，主要負責提供周到的館內服務（In Hotel Service）及館外服務（Out of the Hotel Service），常被稱為「萬事通先生」，化不可能為可能（Impossible is possible）。國際金鑰匙協會所頒發的「金鑰匙徽章」為禮賓司的最高榮譽，象徵專業且細膩的服務能力與態度。

國際金鑰匙協會（UICH Les Clefs d'Or / The Golden Keys）
1. 成立年份：西元1929年（巴黎）註2。
2. 成立宗旨：透過友誼來服務客人（Service Through Friendship）。
3. 會員資格：
   - 必須有5年以上旅館工作經驗，其中至少有2年的服務中心經驗。
   - 須具備2種以上語言能力、專業知識、職能素養、並結合運用現代科技之專業技術。
   - 需要二位現役國際金鑰匙協會的正式會員之推薦方能申請。

註2：「中華民國旅館金鑰匙協會」成立於2003年（民國92年），並加入國際金鑰匙協會，成為第37個正式會員國。

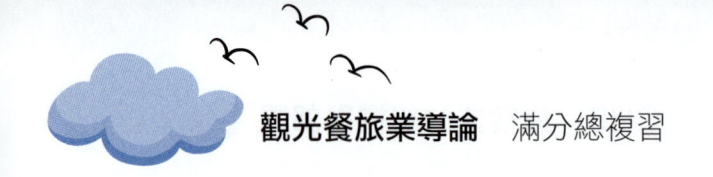

4. 櫃檯接待組（Front Office, F/O、Front Desk, F/D）110 112

職稱	工作職掌
櫃檯主任 Front Office Supervisor / Chief Room Clerk / Receptionist Team Leader	• 管控旅館櫃檯接待相關作業 • 櫃檯工作分配與調度
櫃檯領班 Chief Room Clerk	• 協助櫃檯主任處理相關事宜 • 訓練並督導櫃檯人員
櫃檯接待員 Receptionist / Room Clerk / Registration Front Desk Clerk	• 負責旅客的接待、諮詢，並聯絡其他部門 • 管理客房鑰匙（Room Key） • 處理旅客遷入、退房及房間分配；接受當日訂房、留言 • 與房務部核對房間狀況，避免沉睡房（Sleeper Room）[註1]產生，造成飯店損失 • 以達成當日客房最高收入為目標
櫃檯出納 Front Desk Cashier, FDC	• 負責旅客帳務的作業，隸屬財務部 • 房間鑰匙回收作業 • 保險箱（Safety Deposit）租借、貴重物品保管作業 • 外幣兌換（Foreign Currency Exchange）[註2]
夜間櫃檯員 Night Clerk	• 負責旅館夜間接待、旅客入住、退房事宜 • 製作客房出售日報表[註3]（House Count）、客房營收日報表（Daily Room Revenue Report）
夜間稽核員 / 夜間出納員 Night Auditor / Night Cashier	• 負責夜間結帳、登帳作業、關帳清機[註4]，隸屬財務部 • 核對當日旅館各部門營收，製作旅館營業日報表（Hotel Summary List）
商務樓層接待員 Executive Floor Receptionist	• 負責商務樓層住客接待、諮詢 • 負責安排會議室及提供相關服務

（為求人力有效運用，現多已納入櫃台接待之工作項目）

註1：指房間為無人使用狀態，但電腦上卻是顯示「已出租」（Occupied）。
註2：旅館的外幣兌換服務，僅限於外幣兌換本國貨幣，不能以本國貨幣兌換外幣。
註3：客房出售日報表包含當日入住、遷出、續住、訂房取消及無故未到旅客的統計資料。
註4：旅館通常將關帳時間設定於23：00 PM至隔日2：00 AM，超過此時間之帳列入明日計算。

概念澄清湖 — 夜間櫃檯員 VS. 夜間稽核員

人員	夜間櫃檯員 Night Clerk	夜間稽核員 Night Auditor
隸屬部門	客務部	財務部
報表製作範圍	客房部相關報表	全館營業帳目總結

5. **商務中心（Business Center）**

    (1) 負責電腦及相關週邊設備租借。

    (2) 提供旅客打字、列印、傳真、訂票等服務。

    (3) 提供祕書或翻譯服務。

    (4) 會議室租借服務。

6. **總機室（Telephone & Switchboard Service / Operator Service）**

    總機／話務員（Operator）為**旅館看不見的接待員**，須能同時處理多通電話。

    (1) 負責旅館的來電（Incoming Call）、館內電話（House Phone）、電話撥接（Call Forwarding）及住客晨喚（Morning Call / Wake Up Call）等服務。

    > 過去，國內直撥電話（Domestic Direct Dial, DDD）與國際直撥電話（International Direct Dial, IDD），只能透過總機撥接；現在，房客可在房間內直接撥打DDD與IDD，不須透過總機。

    (2) 負責旅館**緊急事件**發生時的廣播服務。

    (3) 留言（Message）服務。

    (4) 客房付費電視系統（Pay TV）管理。

    (5) 幫旅客代叫按摩（Massage）服務。

二、房務部 106 108 110 111 113

房務部負責客房、公共區域的清潔維護，並隨時掌握客房住用狀況，以供櫃檯接待作為客房銷售依據；除此之外，也負責全館布巾衣物的洗滌整燙作業等。下圖為房務部組織結構及成員。

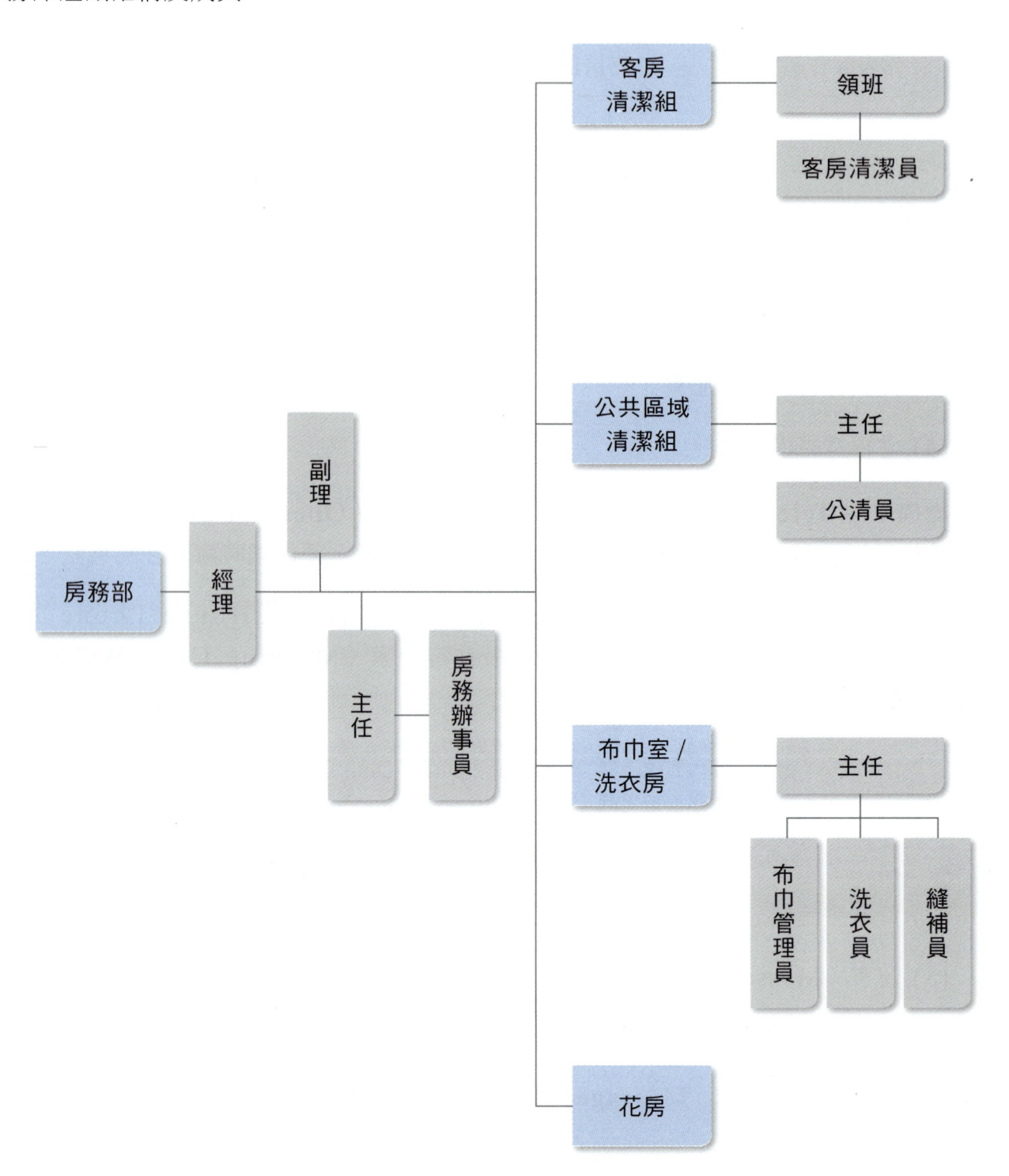

```
房務部 ─ 經理 ┬ 副理
              ├─────────────── 客房清潔組 ─ 領班 ─ 客房清潔員
              ├ 主任 ─ 房務辦事員
              ├─────────────── 公共區域清潔組 ─ 主任 ─ 公清員
              ├─────────────── 布巾室/洗衣房 ─ 主任 ┬ 布巾管理員
              │                                      ├ 洗衣員
              │                                      └ 縫補員
              └─────────────── 花房
```

1. 房務部高階主管及行政庶務人員

職稱	工作職掌
房務部經理 Housekeeping Manager / Executive Housekeeper	• 主管房務部一切事務，包括人員訓練計劃、成本控制、衛生安全，均為其管控範圍 • 制訂房務部工作目標和各項工作程序 • 與其他部門溝通協調
房務部副理 Assistant Executive Housekeeper	• 協助房務部經理督導及管理各項業務 • 房務部經理休假的代理人 • 協助制定房務相關報表、房務各單位之作業檢查及住客問題的解決
房務部主任 Housekeeping Supervisor	• 召開房務部例行會議 • 制定輪值表，督導及訓練房務員 • 抽檢樓層客房及公共區域的清潔作業 • 確認與檢查貴賓房的花果、酒類飲料 • 制訂客房及公共區域之每日、每週、每月維修計畫
房務辦事員 Housekeeping Office Clerk / Records And Payroll Clerk	• 負責房務部文書處理及各項庶務連絡事宜 • 聯繫相關部門協助解決客房或機具設備的檢修問題 • 住客遺失物品登記及保管（**Lost & Found**） • 客房冰箱（**Mini Bar**）飲料食品消費之登錄、統計

知識快遞

房務部辦公室　103　107

房務部辦公室（Housekeeping Office）是房務部的**管控中心**、**房務部的心臟**、**房務部行政人員辦公處所**，負責：

1. 傳達相關訊息，確保房務部所有工作順利進行，如客人所需的24小時貼身管家服務（Butler Service）註、擦鞋服務（Shoeshine Service）及褓姆服務（**Baby Sitter Service / Babysitter Service**）等調度。

2. 房務部各項資料（如：客房狀況、客房備品、冰箱飲料）的統計與彙整，以及館內鑰匙的保管（如：萬用鑰匙Master Key、客房鑰匙Room Key）都是在此進行。

3. 住客遺失物品處理（**Lost & Found**）。

註：有些飯店會將管家服務列入禮賓部門。

住客遺失物品處理原則：
- 列冊登記保管
- 不主動通知客人或寄回
- 保管期限為至少6個月以上

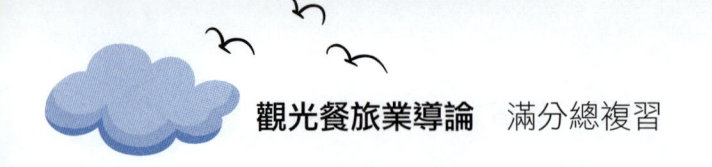

2. 客房清潔組／房務組（Housekeeping, HK／Floor Cleaning）

(1) 職稱與工作職掌：

職稱	工作職掌
樓層領班／樓層督導 Floor Captain／Floor Supervisor／Floor Inspector （通常一位領班約管理30間客房）	• 分配樓層房務工作，及督導客房清潔員的工作 • 保管該樓層的萬用鑰匙（Floor Master Key）及樓層備品室之物品 • 檢查及確認客房達到清潔標準，並通知櫃檯登記為可出租客房（Room Available） • 負責新進客房清潔員訓練 • 現場處理樓層住客抱怨、客訴問題
客房女清潔員／房務員 Room Maid／Chamber Maid／Housekeeper／Room Attendant	• 客房之清潔打掃（Maid Service／Chamber Service）及Mini Bar冰箱飲料、備品之補充 • 保持布巾櫃的整齊及清潔 • 負責開夜床服務（Turn Down Service） • 執行客房每日、每週、每月維修計畫
客房男清潔員 Room Boy／Houseman	協助處理較為粗重的房務工作，如床墊的翻面、客房走廊的吸塵

(2) 客房狀態術語：

Full House／Fully Booked	客滿
Occupied, OCC	已出租客房
Occupied Dirty, OD	已出租但尚未整理的客房
Occupied Ready, OR	有旅客住用，並且已經清掃乾淨的房間
Vacant Clean, V/C Vacant Ready, V/R OK Room	乾淨空房，可出租客房
Vacant Dirty, V/D	尚未整理的空房
On Change, OC	整理中的空房
Relet	已遷出的客房尚未整理好，但欲遷入客人已抵店等候入住
Sleeper	沉睡房；該房為空房，但誤記為已出租客房
Out of Order, O.O.O.	房間故障
Out of Inventory, O.O.I.	房間整修，短期內無法使用
Please Make Up Room	請整理房間
Do Not Disturb, DND	請勿打擾
Room Status Report	房間狀況報告表

CH9　旅宿業的組織與部門

(3) 客房打掃注意事項：

- 先鋪床後擦拭家具，乾濕分開，擦拭由內而外，由上而下，環形整理。
- 由晚班（Night Shift）的房務員於傍晚（16:00～19:00）執行開夜床服務，並稍加整理已入住客房，如：收垃圾、替換毛巾、放置晚安卡、關閉窗簾等。

3. 公共區域清潔組（Public Area Cleaning, PA / Public Cleaning）

職稱	工作職掌
公共區域清潔主任 Public Area Supervisor	• 訂定公共區域清潔及消毒計畫 • 監督管理旅館公共區域之清潔與衛生 • 管控化學藥劑、清潔用品及設備的使用 • 公共區域清潔員的工作分配與訓練 • 檢查公共區域的清潔
公共區域清潔員 Public Area Cleaner / Janitor	• 負責公共區域之清潔維護[註1] • 注意清潔用品之使用與保管，維護旅客及自身安全 • 營業尖峰時間清潔重點為客用洗手間，離峰時間則為電梯、大廳

註1：公共區域如大廳、電梯、樓梯、走廊、員工餐廳、員工更衣室、行政辦公室、休閒中心及停車場等；有些旅館會將外牆清洗及全館消毒的工作，以外包方式委由專業廠商負責。

4. 布巾室 / 洗衣房[註2]（Linen Room、Uniform & Linen Room / Laundry Room）

職稱	工作職掌
布巾室主任 Linen Supervisor	• 負責旅館布巾、員工制服、房客送洗衣物[註3]之送洗管理 • 負責布巾室人員的安全管理與作業訓練 • 管控旅館布巾與員工制服的洗滌品質與使用數量 • 與相關單位（如：餐飲部）協調大量布巾使用的計劃
布巾管理員 Linener / Linen Staff / Linen Room Attendant	負責管理旅館布巾、員工制服、房客送洗衣物（Valet Service）之收發清點
洗衣員 Laundry Man	負責旅館布巾、員工制服、房客送洗衣物之洗滌作業
縫補員 Seamstress / Sewer	負責旅館布巾、員工制服、房客送洗衣物之縫補工作

註2：某些旅館因法令限制或規模較小，並未設置洗衣房，其洗衣業務是以外包方式委由專業廠商處理。
註3：提供房客的洗燙衣服務（Laundry Service）包括旅館水洗（Laundry）、乾洗（Dry Cleaning），以及燙衣（Pressing）服務。

實力加強 9.2

( )1. 通常負責在大廳處理顧客之疑難問題，必須對旅館的問題全盤瞭解，而且能處理突發事件及旅客抱怨，並隨時將各種情況反應給相關部門的主管，是旅館內何種職位？
(A)餐廳服務員 (B)訂房員 (C)房務員 (D)大廳副理。

( )2. 旅館中的「Complaint Manager」是指
(A)General Manager (B)Assistant Manager
(C)Front Office Manager (D)Guest Relations Officer。

( )3. 請問國際金鑰匙協會（Les Clefs d'Or）主要是由旅館的哪一個部門員工所組成的社會團體組織？
(A)Concierge (B)Front Desk Cashier
(C)Operator (D)Receptionist。

( )4. 下列何者代表旅館往返機場接待住客，負責接機與送機服務？
(A)Car Jockey (B)Airport Representative
(C)Bell Captain (D)Door Man。

( )5. 陳先生想要使用飯店Valet Parking的服務，可透過下列哪一個部門或單位協助？
(A)Accounting (B)Concierge
(C)Room Service (D)Uniform and Linen Room。

( )6. 當訪客留置信息或物品給旅館房客時，櫃檯接待員與房客確認後，應請下列何者送至房間交付客人簽收？
(A)Bellman (B)Operator
(C)Chef (D)Doorman。

( )7. 如果房客致電櫃檯抱怨隔壁客房內嬉鬧噪音太大，櫃檯接待員在第一時間應請下列何者前去瞭解勸說？
(A)General Manager (B)Floor Captain
(C)Receptionist (D)Room Service Waiter。

( )8. 旅館所設商務中心，一般屬於那個部門？
(A)房務部 (B)客務部 (C)餐飲部 (D)業務部。

( )9. 旅館櫃檯整天營業所有帳目的總結與統計工作，是下列哪一個從業人員的主要工作？
(A)Concierge (B)Business Center
(C)Switchboard Operator (D)Night Auditor。

( )10. 下列哪些屬於旅館客務部的從業人員？
①行李員 ②房務員 ③訂房員 ④業務員 ⑤總機
(A)①②⑤ (B)③④⑤ (C)①③⑤ (D)②④。

9.1 旅宿業組織

( )1. 大型旅館中所設置之花房（Florist），通常是隸屬於下列哪一個部門管理？
(A)房務部 (B)採購部 (C)餐飲部 (D)公關部。

( )2. 下列部門哪些為旅館後勤行政支援系統？
甲、客務部 乙、人力資源部 丙、房務部 丁、安全部 戊、行銷業務部
(A)乙丁戊 (B)甲乙戊 (C)甲乙丙 (D)甲丙丁。

( )3. 關於國際觀光旅館組織與其工作內容的敘述，下列何者錯誤？ (A)採購單位屬於餐飲部門所管轄 (B)客房內的Mini Bar由房務部門負責管理 (C)商務中心的工作內容包括影印、傳真、打字和翻譯等項目 (D)服務中心的編制一般包括機場代表、司機、門衛與行李員等。

( )4. 下列關於國際觀光旅館組織系統的描述，何者錯誤？
(A)餐務部隸屬於餐飲部門
(B)驗收單位隸屬於財務部門
(C)訂席組隸屬於宴會部
(D)客房餐飲服務隸屬於客務部。

( )5. 下列哪一項不是旅館人力資源管理主要強調的重點？
(A)指派人員檢查旅館的建築
(B)人與組織間關係之維繫
(C)人與事之間的配合協調
(D)人力資源的開發與利用。

( )6. 當員工發現旅館公共區域有客人酒醉嘔吐在地板上時，應通知旅館內哪一個部門前來清理？
(A)Engineering Department
(B)Front Office Department
(C)Housekeeping Department
(D)Food & Beverage Department。

9.2 旅宿業部門介紹

( )7. 下列關於國際觀光旅館組織與工作職責的敘述，何者正確？ (A)餐廳訂席員隸屬於Steward Department，負責餐廳訂位事務 (B)PR Department負責與媒體、同業及相關行業等維持良好關係 (C)旅館內所謂GRO是指總經理 (D)餐廳出納隸屬於HR Department。

( )8. 嘉明在旅館任職，其主要的工作是接待VIP，並與上司協力處理旅客抱怨事項，請問嘉明在旅館擔任的職位是下列何者？
(A)Front Desk Receptionist
(B)Guest Relations Officer
(C)Front Desk Cashier
(D)Chief Room Clerk。

( )9. 如果旅館在凌晨時發生旅客酒醉鬧事事件，請問在旅館的編制中，下列何人應為處理該狀況的負責人？
(A)客房部經理 (B)夜間經理 (C)副總經理 (D)安全室經理。

( )10. 某飯店為實施利潤中心，則Bellmen的薪資應計入哪一部門？
(A)工程部 (B)房務部 (C)服務中心 (D)餐飲部。

( )11. 旅館內各餐廳的Cashier隸屬於下列哪一部門？
(A)餐務部　(B)訂席組　(C)財務部　(D)資訊部。

( )12. 櫃檯人員必須與哪個單位或部門密切聯繫，以保持最新的房間狀態（Room Status）？
(A)Concierge　　　　　　　　(B)Engineering Department
(C)Housekeeping Department　(D)Operator。

( )13. 陳小姐帶著寵物「阿狗」進住台北某國際觀光旅館，然而該旅館本身並沒有寵物相關住宿設施；此時，陳小姐急需找旅館的下列那個部門來解決她的問題？
(A)Steward　　　　　　(B)Concierge
(C)Business Center　　(D)Guest Relations Officer。

( )14. 房務人員小娟「整理房間的服務」，是指：
(A)Butler Service　(B)Maid Service
(C)Room Service　 (D)Uniformed Service。

( )15. 客房內的「DND」卡，代表下列哪一種意思？
(A)請清掃客房　(B)請快速洗衣　(C)請勿飲酒　(D)請勿打擾。

( )16. 有關住房狀況（Room Status）專業術語的敘述，下列何者正確？　(A)Sleeper代表誤記為出租客房，但實為空房　(B)Stay Room代表暫時保留房　(C)Keep Room代表續住房　(D)Ok Room代表未清潔空房。

( )17. 下列何者不屬於客務部（Front Office）的工作職責？　(A)處理賓客入住前銷售客房與預約訂房　(B)迎賓接待與房間安排　(C)郵電轉接與外幣兌換　(D)保養與維護旅館設備與財產。

( )18. 下列何者負責引領客人至客房，並說明客房的設備及使用？
(A)櫃檯接待員　(B)樓層領班　(C)大廳副理　(D)行李員。

( )19. 國際觀光旅館主要負責執行Morning Call服務是下列哪個單位？
(A)總機　(B)房務部　(C)商務中心　(D)服務中心。

( )20. 下列何者不屬於旅館房務部的單位？
(A)布巾室　(B)公共區域清潔組　(C)客房清潔組　(D)客房餐飲服務組。

( )21. 旅客遷入（Check-in）時，前檯接待員應安排乾淨的空房給剛抵達旅館的住客入住，請問乾淨的空房在電腦系統裡面通用之代號為何？
(A)OR　(B)VR　(C)OD　(D)C/O。

( )22. 「Out of Order, OOO」在旅館術語是為何意？
(A)免費　(B)本日住房客滿　(C)客房故障　(D)生意清淡。

( )23. 國際觀光旅館的Laundry通常隸屬於哪個部門？
(A)Food&Beverage Department　(B)Front Office Department
(C)Housekeeping Department　 (D)Purchasing Department。

( )24. 一般而言，旅館內的哪一個區域，不屬於公共清潔維護之作業範圍？
(A)客用電梯　(B)大廳洗手間　(C)樓梯和樓梯間　(D)餐廳吧檯工作區。

情境素養題

(　　)1. 達賴喇嘛若應邀訪台，住宿飯店期間，負責新聞發佈、媒體接待的應為哪一部門？
(A)Sales and Marketing Department
(B)Public Relations Department
(C)Concierge
(D)Business Center。 [9.1]

(　　)2. 有關旅館部門的工作敘述，下列何者較為正確？
(A)行李服務員編制在客務部的服務中心
(B)拓展業績等業務開發與業務拜訪工作是公關經理的主要工作
(C)訂房業務是屬於管理部的重要工作
(D)人事部門需控制飯店所有的收入與支出。 [9.1]

(　　)3. 下列關於國際觀光旅館組織與工作職責的敘述，何者正確？
(A)業務單位人員隸屬於Steward Department，負責餐廳訂位事務
(B)PR Department負責與媒體、同業及相關行業等維持良好關係
(C)旅館內所謂Complaint Manager是指總經理
(D)旅館櫃檯出納隸屬於HR Department。 [9.1]

(　　)4. 客房管理中的On Change，代表的意義為何？
(A)房客要求換房
(B)房客已經離開，客房正在清理中
(C)客房正在整修中
(D)櫃檯有提供外幣兌換的服務。 [9.2]

(　　)5. 關於旅館各工作職責的敘述，下列何者錯誤？
(A)員工制服及布巾類管理是Linen Room的職責
(B)旅館大門前之交通秩序維護是Housekeeping的職責
(C)所有餐具管理、清潔、盤存是Steward Department的職責
(D)製作客房出售日報表是Night Clerk的職責。 [9.2]

(　　)6. 關於國際觀光旅館組織與其工作內容的敘述，下列何者錯誤？
(A)採購單位屬於F&B部門所管轄
(B)客房內的Mini Bar由Housekeeping負責管理
(C)Business Center的工作內容包括影印、傳真、打字和翻譯等項目
(D)一般Uniformed Service的編制包括機場代表、司機、門衛與行李員等。 [9.2]

(　　)7. 下列關於旅館客務部人員工作職責的敘述，何者錯誤？
(A)訂房人員應熟記散客、團體及商務簽約等各類房價
(B)總機人員遇顧客親友來電，應立即轉接並主動告知房號
(C)櫃檯人員除辦理櫃檯作業外，尚須熟悉館內相關訊息、活動
(D)服務中心人員應提供顧客館外景點開放時間及路線諮詢服務。 [9.2]

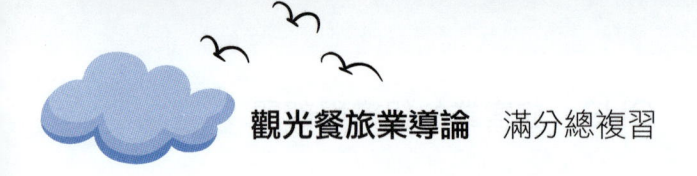

( )8. 小薇在某國際觀光旅館的房務部擔任樓層領班,她必須經常檢視「客房整理狀況表」所記錄的內容,請問下列術語的中英文對照何者錯誤?
(A)V/D:整理好之空房　　　　(B)OCC:已出租客房
(C)DND:請勿打擾　　　　　　(D)O.O.O.:故障房。　[9.2]

( )9. 有關服務中心人員的工作內容,下列敘述何者有誤?
(A)Bellman:收發旅館及客人之信件及物品
(B)Driver:負責指揮旅館大門口的交通,維持車道順暢
(C)Flight Greeter:代表旅館至機場服務旅客
(D)Car Jockey:負責協助旅館客人停車及取車。　[9.2]

▲ 閱讀下文,回答第10～11題。

金鑰匙協會起源於1929年的巴黎大使飯店(Hôtel Ambassador),透過會員推薦、認證,每年篩選出世界各地優秀的飯店人才頒予金鑰匙認證,由於獲選難度極高,因此被譽為飯店界的奧斯卡,是旅館大廳服務人員的最高榮譽,在台灣擁有此榮譽的服務人員更是少之又少。金鑰匙的申請評選資格須具備五年以上的旅館大廳工作經驗,其中至少有2年擔任副主管以上之職位;同時,除專業知識、職能素養外,還須精通2～3種語言,並由兩位正式會員推薦。目前台灣僅有大倉久和飯店、新板希爾頓飯店、晶華酒店等少數幾間飯店有金鑰匙服務人員。

( )10. 獲得金鑰匙的服務人員,通常於飯店的哪一個部門服勤?
(A)客務部　(B)房務部　(C)布巾室　(D)公關部。　[9.2]

( )11. 申請金鑰匙評選資格,必須擔任下列哪一個職位滿2年?
(A)Reservation Clerk　　　　(B)Doorman
(C)Floor Captain　　　　　　(D)Lobby Assistant Manager。　[9.2]

歷屆試題

( )1. 大型旅館中常設有Ballroom，此處的Ballroom是指： (A)保齡球館 (B)宴會廳 (C)客房 (D)多功能球館（如籃球、排球、羽球等）。 [102統測]

( )2. 旅館客務部從業人員職掌中，依接機報表排妥車輛調度、訂定司機及行李員之服務程序，並且予以督導的人員稱為：
(A)Concierge Supervisor (B)Bell Man
(C)Chief Reservation Clerk (D)Receptionist。 [103統測]

( )3. 下列何者不是房務部主要應負責之業務？
(A)客房清潔整理 (B)退房延遲要求
(C)顧客衣物送洗 (D)迎賓水果擺放。 [103統測]

( )4. 下列何者是旅館客務部最高階的管理者？
(A)Bell Captain (B)Floor Manager
(C)Front Office Manager (D)Night Clerk。 [104統測]

( )5. 下列何種人員負責旅館內服務用或客用布巾的管理工作？
(A)Florist (B)Linen Staff
(C)Operator (D)Public Area Cleaner。 [104統測]

( )6. Room 311在房務報表上顯示為Occupied，這代表該房可能屬於下列何種狀態？
(A)未辦理退房的房間 (B)已辦理退房的房間
(C)未賣出的空房間 (D)已預排的空房間。 [104統測]

( )7. 關於客房術語縮寫之原意，下列何者錯誤？
(A)LSG：Long Staying Guest
(B)DND：Do Not Disturb
(C)OCC：Occupied
(D)OOI：Out of Inside Room。 [104統測]

( )8. 關於「開夜床」服務之敘述，下列何者正確？
(A)開夜床須於晚間9點後進行
(B)進行開夜床時須將窗簾緊閉
(C)開夜床服務又稱為Turn-done Service
(D)客房若為DND狀態，須先致電房客。 [104統測]

( )9. 關於旅館對遺失物品處理的敘述，下列何者正確？
(A)又稱為Left and Found服務
(B)遺失物品統一交予服務中心保管
(C)如無人認領達三個月即轉贈拾獲者
(D)房務部須填寫遺失物品登記本或輸入電腦。 [104統測]

more...

(　　)10. 下列哪一個部門負責協調處理房客在旅館內所遇到的問題，號稱為「旅館的神經中樞」？　(A)客務部　(B)公關部　(C)業務部　(D)安全部。　[105統測]

(　　)11. 下列何者不屬於旅館「服務中心」人員之工作職掌？
(A)搬運行李並帶領房客至指定客房
(B)清潔大廳及館內公共區域等場所
(C)暫時保管房客衣帽及行李等物件
(D)提供房客館內及旅遊等相關資訊。　[105統測]

(　　)12. 下列何者不是國際觀光旅館房務部所屬單位之工作職掌？
(A)客房整理維護　　　　　　　(B)旅客喚醒服務
(C)公共區域清潔　　　　　　　(D)開夜床服務。　[105統測]

(　　)13. 旅館服務工作當中，行李服務組為下列何者？
(A)Flight Greeter　　　　　　(B)Bell Attendant
(C)Valet Parking　　　　　　 (D)Operator Service。　[106統測]

(　　)14. 關於旅館夜間經理的主要工作內容，下列何者較不適當？
(A)督導櫃台人員製作客房夜賬與表單
(B)維護大廳作業確保服務品質
(C)維護旅館安全與處理緊急事件
(D)與當地廠商洽詢備品價格與採購。　[106統測]

(　　)15. 下列職務中，何者屬於旅館房務部門？
(A)Public Area Cleaner　　　　(B)Bell Captain
(C)Public Relation Officer　　 (D)Bus Boy。　[106統測]

(　　)16. 下列何者是屬於旅館後場單位（Back of the House）的工作人員？
(A)Chief Concierge　　　　　　(B)Human Resource Manager
(C)Housekeeper　　　　　　　 (D)Lobby Assistant Manager。　[106統測]

(　　)17. 房務部辦公室值班人員的職稱為：
(A)辦事員　(B)房務員　(C)公清員　(D)洗衣員。　[106統測]

(　　)18. 國際觀光旅館的Turn Down Service，原則上由下列何者執行？
(A)Front Office Clerk　　　　　(B)Housekeeper
(C)Porter　　　　　　　　　　 (D)Room Service Attendant。　[106統測]

(　　)19. 依照客房清理順序的原則，下列何種類型的客房可以最後整理？
(A)預排給今日將入住VIP的套房
(B)已Check Out但今日並未預排入住的客房
(C)掛著「Make-up Room」標示牌的續住客房
(D)Long Staying房客要求必須優先整理的客房。　[106統測]

9-22

( )20. 關於國際旅館人員組織編制與分配工作範圍，以下列何種配置最常見？
(A)Housekeeping包含Maid Service、Public Area Cleaning及Steward
(B)Back of the House包含Security、Fitness Center及Engineering
(C)Food and Beverage Department包含Kitchen、Banquet及Linen Room
(D)Front Office包含Business Center、Reservation及Reception。 [107統測]

( )21. 度假旅館中編制的保母人員（Baby Sitter）是屬於下列哪一個部門？
(A)Security (B)Front Office
(C)Housekeeping (D)Concierge。 [107統測]

( )22. 旅館組織中，下列何者不屬於服務中心？
(A)Uniformed Service (B)Bell Service
(C)Public Relation Department (D)Concierge。 [107統測]

( )23. 關於旅館住客服務的敘述，下列何者正確？
(A)Maid Service一般由Bell Service單位負責
(B)Currency Exchange Service通常由Operator單位負責
(C)Express Laundry Service較Regular Laundry Service速度為快
(D)Lost& Found Service無論拾獲何種物品，至少都須保管六個月。 [107統測改編]

( )24. 關於國際觀光旅館的敘述，下列何者正確？
(A)Commercial Hotel一般以長期租賃計價
(B)在我國的事業主管機關是經濟部
(C)Executive Housekeeper主要負責行政樓層清潔保養工作
(D)協助處理住客Lost& Found是Housekeeping Floor Captain工作項目之一。 [108統測改編]

( )25. 在旅館組織中，負責為顧客訂房、提行李、辦理各項住宿、外幣兌換、解說各項設施與提供相關訊息的單位，通常為下列何者？
(A)安全室 (B)房務部 (C)行銷業務部 (D)客務部。 [108統測]

( )26. 關於旅館各部門的工作職掌，下列敘述何者錯誤？
(A)客務部是旅客入住旅館後，接待服務客人的第一線單位
(B)服務中心協助旅客行李運送，以及代客叫車服務
(C)公關部須負責員工招募、訓練及對外形象的包裝
(D)工務部負責飯店內，各項硬體設施的維修及保養工作。 [108統測]

( )27. 下列哪一選項不屬於國際觀光旅館房務部的服務？
(A)Babysitter Service (B)Florist
(C)Room Service (D)Turn-down Service。 [108統測]

( )28. 國際觀光旅館所提供的服務中，下列何者原則上不收費？
(A)Massage Service (B)Room Service
(C)Shoeshine Machine Service (D)Valet Service。 [108統測]

more...

( )29. 某旅館為了關懷弱勢兒童、善盡社會責任，以及提升旅館企業形象，於耶誕節前夕邀請60位家扶中心的親子，到旅館享用耶誕大餐。此活動策劃與媒體宣傳者，原則上是下列哪一個單位負責？
(A)總務部　(B)公關部　(C)採購部　(D)財務部。　　　　　　　　　　　[109統測]

( )30. 國際觀光旅館組織中，一般而言負責員工考核、考勤與福利的部門，下列何者正確？
(A)Purchasing Department
(B)Security Department
(C)Public Relations Department
(D)Human Resources Department。　　　　　　　　　　　　　　　　　[109統測]

( )31. 旅館業者推出振興券住宿及餐飲優惠方案以吸引消費者，下列哪一個部門最適合安排宣傳該方案的記者會活動？
(A)資訊部　(B)餐飲部　(C)客務部　(D)公關部。　　　　　　　　　　[110統測]

( )32. 下列哪一項不是旅館房務部的主要職掌？
(A)客房留言服務　　　　　　　(B)客房布巾控管
(C)客衣送洗服務　　　　　　　(D)客房備品補充。　　　　　　　　　　[110統測]

( )33. 下列哪一項不是國際觀光旅館中夜間櫃檯接待員的工作職掌？
(A)進行客房開夜床服務　　　　(B)辦理夜間住客之登記
(C)製作客房住用之報表　　　　(D)負責夜間客房之銷售。　　　　　　　[110統測]

( )34. 下列哪一項旅館工作職務屬於housekeeping department？
(A)door man　　　　　　　　(B)floor supervisor
(C)night manager　　　　　　(D)operator。　　　　　　　　　　　　[111統測]

( )35. 下列哪兩種服務皆不屬於國際觀光旅館房務部所提供？
(A)maid service、room service
(B)maid service、valet service
(C)room service、uniformed service
(D)uniformed service、valet service。　　　　　　　　　　　　　　　[111統測改編]

( )36. 受嚴重特殊傳染性肺炎（COVID-19）疫情之影響，某星級旅館之旅客住宿人數銳減，因此旅館總經理召開會議，討論如何調整與規劃未來旅館經營方式。該旅館總經理欲商討疫情期間如何提高住房率，下列何者不是必要的參與人員？
(A)客務部主管　　　　　　　　(B)訂房組主管
(C)行銷業務主管　　　　　　　(D)服務中心主管。　　　　　　　　　　[111統測]

( )37. 每到連假，Cindy會規劃全家人到外縣市旅遊，也會提前預約好舒適的飯店，但沒想到今天抵達某四星級飯店辦理入住後一打開房間，卻看到滿滿的灰塵，還有嚴重的霉味，Cindy第一時間應尋求下列哪位人員處理此狀況較為合適？
(A)concierge　　　　　　　　(B)receptionist
(C)reservation clerk　　　　　(D)sales manager。　　　　　　　　　　[112統測]

(　)38. 莉莉入住旅館客房後，她發現房內的熱水壺損壞，當有下列單位可連繫時，她可優先致電哪個主責單位尋求協助最合適？
(A)security　　　　　　　　　(B)food & beverage
(C)housekeeping　　　　　　　(D)room service。　　　　　　　[113統測]

(　)39. 某五星級旅館的房務人員工作時，發現其中一間客房地毯損壞需要更換，若依照正確的修繕流程，從提出需求、請購與付款的順序，依序應由下列哪些部門負責？
(A)engineering department→front office→purchasing department
(B)housekeeping department→front office→security department
(C)engineering department→security department→purchasing department
(D)housekeeping department→purchasing department→financial department。

[113統測]

答案與詳解

實力加強

9.1節

1. B　2. D　3. A　4. C　5. D　6. B　7. C　8. D　9. A

9.2節

1. D　2. B　3. A　4. B　5. B　6. A　7. B　8. B　9. D　10. C

詳解

9.1節

9. Financial Department：財務部。
   Human Resources Department：人力資源部。

9.2節

2. 大廳副理（Assistant Manager）又稱抱怨經理（Complaint Manager）。

搶分終點線

1. A	2. A	3. A	4. D	5. A	6. C	7. B	8. B	9. B	10. C
11. C	12. C	13. B	14. B	15. D	16. A	17. D	18. D	19. A	20. D
21. B	22. C	23. C	24. D						

詳解

4. 客房餐飲服務隸屬於餐飲部。

7. 餐廳訂席員隸屬於屬於餐飲部。GRO是指客務專員。出納屬於財務部。

情境素養題

1. B　2. A　3. B　4. B　5. B　6. A　7. B　8. A　9. B　10. A
11. D

詳解

8. V/D：尚未整理的空房。

9. Doorman：負責指揮旅館大門口的交通，維持車道順暢。

歷屆試題

1. B	2. A	3. B	4. C	5. B	6. A	7. D	8. B	9. D	10. A
11. B	12. B	13. B	14. D	15. A	16. B	17. A	18. B	19. B	20. D
21. C	22. C	23. C	24. D	25. D	26. C	27. C	28. C	29. B	30. D
31. D	32. A	33. A	34. B	35. C	36. D	37. B	38. C	39. D	

詳解

7. OOI：Out of Inventory。

8. 開夜床通常於16：00～19：00進行。
   開夜床服務又稱為Turn Down Service。
   DND為請勿打擾。

9. 又稱Lost and Found。
   遺失物品統一交予房務部辦公室保管，如無人認領達六個月即轉贈拾獲者。

23. 客房清潔服務（Maid Service）由房務部負責。
    外幣兌換（Currency Exchange Service）由櫃檯出納負責。
    Lost & Found Service視物品狀況及種類而決定保管期限。
    Express Laundry：快洗服務。Regular Laundry：一般洗衣服務。

35. 客房清潔服務（maid service）、衣物送洗服務（valet service）由房務部提供。
    客房餐飲服務（room service）由餐飲部提供。
    服務中心（uniformed service）隸屬於客務部。

NOTE

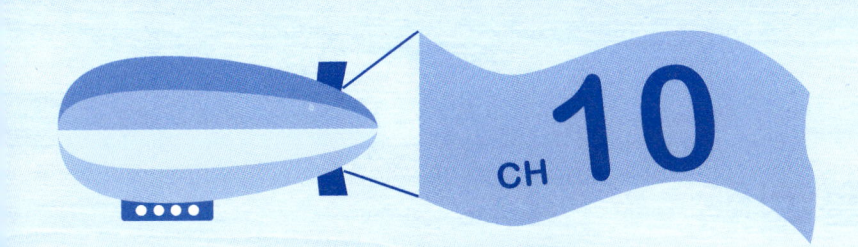

CH 10 旅宿業的經營概念

本章學習重點

節名	常考重點	
10.1 旅宿業的經營型態	• 連鎖經營方式 • 在台灣駐點的國際連鎖旅館集團 • 我國知名連鎖旅館集團	★★★★★
10.2 旅宿業的營業收入	• 常見的客房計價方式 • 旅館住房率、平均房價的計算	★★★★☆
10.3 訂房、遷入及遷出作業	• 旅館專用術語	★★★☆☆

統測命題分析

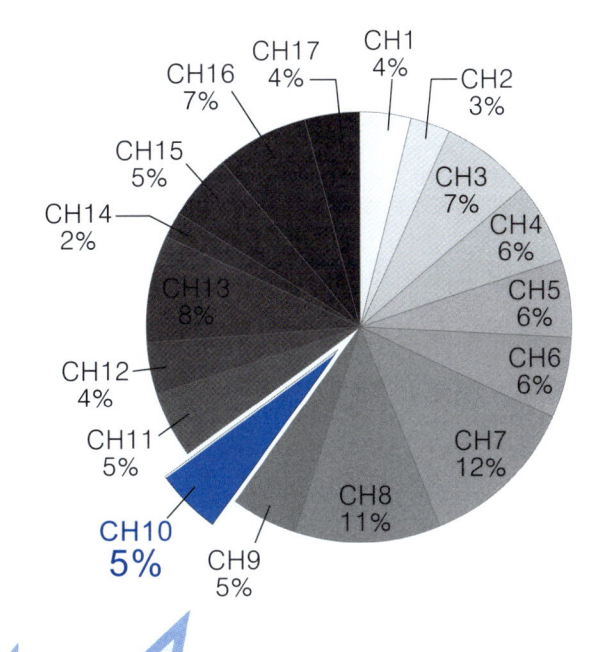

- CH1 4%
- CH2 3%
- CH3 7%
- CH4 6%
- CH5 6%
- CH6 6%
- CH7 12%
- CH8 11%
- CH9 5%
- CH10 5%
- CH11 5%
- CH12 4%
- CH13 8%
- CH14 2%
- CH15 5%
- CH16 7%
- CH17 4%

10.1 旅宿業的經營型態

一、獨立經營（Independent Hotel）

1. **意涵**：旅館沒有參加連鎖或加盟其他旅館（但可藉由全球訂房系統擴展通路），業者擁有旅館的所有權並獨立經營，盈虧自負。

   例如 台北兄弟飯店、高雄漢來飯店。

2. **優點&缺點**

優點	(1) 旅館之管理經營由業主自行規劃，不受限制 (2) 較易塑造旅館特有品牌形象
缺點	(1) 業務推廣費用較高 (2) 人員訓練成本較高 (3) 競爭壓力較連鎖經營者大 (4) 資金有限，規模難以擴展 (5) 缺乏國際知名度

二、連鎖經營（Hotel Chain） 110

1. **意涵**：採用相同的品牌名稱或組織體系，來經營管理及行銷各區域的旅館業務。

   例如 福華飯店、老爺飯店、長榮酒店。

2. **優點&缺點**

優點	(1) 連鎖旅館的知名度及能見度高，很容易為旅客所接受，可增加客源及提升競爭力 (2) 由總部統一教育訓練，可提升服務品質及人員素養 (3) 採統一採購，採購量大，可降低成本支出 (4) 採聯合行銷、連線訂房，可整合各家旅館資源，降低行銷費用
缺點	(1) 加盟相關費用高，經營成本負擔大，不保證獲利 (2) 決策權、經營權無法自主 (3) 須採用連鎖旅館的CIS，分店不易有獨特風格

3. 連鎖經營方式 102 105 106 107 112

(1) 連鎖經營有多種方式，一家旅館並非只能採用單一連鎖方式經營，可同時存在兩種連鎖方式營運。例如福華飯店為直營連鎖，但亦和JR東日本飯店集團做策略聯盟、業務合作。

(2) 旅館集團內之飯店，亦會採行不同的連鎖方式、不同的品牌的連鎖旅館，做多元化的經營方式。

直營 Company Owned & Managed / Owned By Company / Regular Chain
旅館之**經營、管理及財務直接隸屬總公司**
例如 國賓、圓山、福華、凱撒、雲朗、福容、長榮等飯店集團（台南台糖長榮酒店屬管理契約）

⭐ 委託經營 / 管理契約 Management Contract

- 旅館業主將**旅館之經營委由連鎖旅館公司全權管理，業主本身不經營旅館**，但具審核年度預算之權利
- 連鎖旅館公司提供管理的人才、標準化的訓練課程及具知名度之連鎖旅館名稱
- 旅館業主需支付**管理費**（**Management Fee**）、**技術諮詢費**及獎勵金給予委託經營之連鎖旅館公司

旅館名稱	受託之旅館管理公司	旅館業主
台北君悅飯店	Hyatt Hotels and Resorts	新加坡豐榮集團
台北老爺酒店	Okura Nikko Hotels Management	互助營造企業集團
香格里拉台北 / 台南遠東國際飯店	Shangri-La Hotels and Resorts	遠東集團
台北W飯店	W Hotels	統一開發、時代國際飯店
台中公園智選假日飯店	Hoiday Inn Express	永紅集團
諾富特華航桃園機場飯店	Novotel	中華航空
日勝生加賀屋溫泉飯店	Kagaya日本加賀屋	日勝生建設
台北大倉久和飯店	Okura Hotels & Resorts 日本大倉飯店	長鴻榮實業
台北文華東方酒店	Mandarin Oriental The Hotel Group	中泰賓館、達欣工程
新板希爾頓	Hilton	宏國集團
金普頓大安酒店	Kimpton	馬來西亞鼎聯集團
台北大直英迪格酒店	Indigo英迪格	永紅集團

more...

特許加盟 Franchise

- 旅館業主（被許者）透過合約方式加盟連鎖品牌旅館（特許者），並被授予使用連鎖旅館公司之商標、品牌、經營模式及連鎖訂房系統等之權限
- 旅館業主擁有經營權，財務及人事獨立運作，但須與加盟之旅館於統一的業務模式下從事經營活動，並支付加盟金（Franchise Fee）和權利金（Royalties）之費用

旅館名稱	加盟之連鎖旅館名稱	旅館業主
台北寒舍喜來登飯店	Sheraton	寒舍餐旅管理顧問公司
台北寒舍艾美酒店	Le Méridien	寒舍餐旅管理顧問公司
新竹喜來登飯店	Sheraton	豐邑機構
澎湖福朋喜來登酒店	Four Points by Sheraton	佳朋開發
台北萬豪酒店	Marriott	宜華國際
台北六福萬怡酒店	Courtyard by Marriot	六福旅遊集團
台北中山雅樂軒酒店	Aloft	九昱建設

⭐ 會員連鎖 / 會員結盟 Referral Group

- 旅館具備一定的服務水準，可申請或受邀加入類似會員型之旅館連鎖組織，需支付會員費
- 連鎖的業務為聯合訂房、共同廣告行銷
- 較易得到國際人士信賴，提高知名度；但缺乏管理技術的移轉

會員連鎖組織名稱	台灣加入之旅館
璞富騰酒店集團 Preferred Hotels & Resorts, PHR	台北君品、JR東日本飯店台北
世界頂級島嶼飯店聯盟 Exclusive Island Hotels &Resorts, EIHR	墾丁凱撒、板橋凱撒、台北文華東方
全球酒店推廣聯盟 Worldhotels	新竹國賓、台北福華、台北茹曦（原台北王朝）
設計旅館聯盟 Design Hotels	台北賦樂旅居、華泰瑞苑墾丁賓館
全球奢華精品酒店 Small Luxury Hotels of The World, SLH	老英格蘭莊園（清境）、台北怡亨、鹿港永樂酒店、台北維多利亞、歸璞泊旅、南庄格拉斯行館
世界傑出旅館集團 The Leading Hotels of The World, LHW	－

自願加盟／業務聯繫連鎖 Voluntary Hotel Chain

- 旅館間基於聯合採購、共同攤銷廣告費用所採取之策略聯盟合作方式
- 國內業者除廣告費用分攤外，亦常見發行聯合住宿券
- 無總部與加盟店之分，共同分享行銷資源及通路

業務連鎖組織名稱	台灣加入之旅館
優特國際訂房中心Utell	新竹老爺、高雄漢來、高雄福華
菁鑽聯盟Taiwan Elite Alliance	長榮桂冠酒店（基隆、台北、台中、台南）、劍湖山渡假飯店、台北凱達、泰安觀止、長榮文苑酒店（嘉義）、礁溪麗翔、台東娜路彎、花蓮遠雄悅來、格上租車（運輸工具租賃業）等
JR東日本飯店集團（JR-East Hotels）與福華、福泰集團飯店業務連鎖	

收購／併購 Purchase / Merge

業主（企業集團）經由收購的方式，拓展版圖

例如　黑石集團（Blackstone Group）收購美國希爾頓酒店集團（Hilton Hotels）
　　　馥敦飯店收購原台北力霸皇冠飯店，改稱為台北馥敦飯店南京館
　　　日本大倉飯店併購「日航酒店」

⭐ 租賃 Lease

1. 有些旅館不是購地自建，而是向民間租賃建築物加以改建後經營
2. 有些旅館則是採下列租賃模式與政府合作來經營：
   - BOT，Build-Operate-Transfer，民間興建－民間營運－移轉政府
   - ROT，Rehabilitate-Operate-Transfer，民間租用整建－營運－移轉政府
   - OT，Operate-Transfer，政府興建後委外經營－移轉政府

※向民間租賃

旅館名稱	出租人
台北喜來登、台南晶英、高雄寒軒、國泰商旅	國泰建設
台北寒舍艾美	新光人壽
台北福容	台糖

※向政府租賃

模式	旅館名稱	所屬政府機構
BOT	墾丁凱撒、墾丁福華	內政部國家公園署墾丁國家公園管理處
BOT	台北晶華、台北君悅、松菸誠品行旅	台北市政府
BOT	台北美麗信、台北花園	財政部國有財產署
BOT	新板希爾頓	新北市政府
ROT	華泰瑞苑墾丁賓館	農業部林業及自然保育署
OT	太魯閣山月村	內政部國家公園署太魯閣國家公園管理處
OT	溪頭福華渡假飯店	台大實驗林管理處

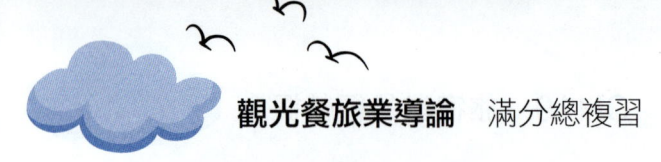

4. 旅館連鎖經營方式統整表

經營方式 比較	直營連鎖	委託加盟	特許加盟	會員連鎖	自願加盟
經營管理	總公司	連鎖旅館	旅館本身	旅館本身	旅館本身
人事安排	總公司直派	連鎖旅館直派	旅館自行安排	旅館自行安排	旅館本身
人事訓練	總公司訓練	連鎖旅館訓練	連鎖旅館技術指導	自行訓練	彈性選擇
費用	—	管理費、佣金	加盟費、權利金	會員費	加盟金、權利金

三、進駐台灣的國際連鎖旅館集團

103 104 105 106 108 109 110 111 112 113

連鎖旅館集團	進駐台灣之品牌／說明
萬豪酒店集團 Marriott	2015年併購喜達屋，成為**全球最大**酒店集團，旗下有30個品牌，進駐台灣的品牌有： 1. Marriott（台北萬豪、高雄萬豪） 2. Courtyard by Marriott（台北六福萬怡、台北國泰萬怡） 3. Renaissance（士林萬麗） 4. Fairfield by Marriott（台中萬楓） 5. Moxy（台中豐邑） 6. Sheraton Hotels & Resorts（台北喜來登、新竹豐邑喜來登、台東桂田喜來登、桃園喜來登） 7. Four Points by Sheraton（林口亞昕福朋喜來登、澎湖福朋喜來登[註]、八里福朋喜來登、礁溪福朋喜來登） 8. W Hotels（台北W飯店） 9. Le Méridien（台北寒舍艾美、台中李方艾美、花蓮潔西艾美） 10. Westin Hotels & Resorts（大溪笠復威斯汀、宜蘭力麗威斯汀） 11. Aloft（台北中山雅樂軒、北投雅樂軒、台南安平雅樂軒） 12. Design Hotels（賦樂旅居台北、華泰瑞苑墾丁） ※ 項次6～11為原喜達屋酒店集團（Starwood）
洲際酒店集團 InterContinental	總部位於英國，是**全球第二大**、**客房數最多**的跨國酒店集團，進駐台灣的品牌有： 1. Regent麗晶（台北晶華） 2. Holiday Inn Express智選假日（桃園、台中公園、台中逢甲、嘉義） 3. Indigo英迪格（高雄中央公園、台北大直、阿里山） 4. Crowne Plaza皇冠假日（台南大員） 5. Kimpton金普頓（台北大安） 6. Intercontinental洲際（高雄、台中勤美） 7. Voco：福容Voco（嘉義）

註：為台灣離島唯一五星級國際連鎖觀光旅館。

連鎖旅館集團	進駐台灣之品牌／說明
凱悅酒店集團 Hyatt Hotels and Resorts	進駐台灣的品牌有： 1. Grand Hyatt（台北君悅酒店） 2. JdV by Hyatt（新竹伊普索凱悅尚選酒店） 3. Hyatt Place（新北新莊凱悅嘉軒） 4. Hyatt Regency Resort（新北金山凱悅渡假酒店） 5. Park Hyatt（台北柏悅酒店）
香格里拉飯店集團 Shangri-La	亞太地區最大的豪華酒店集團，進駐台灣的品牌有： 香格里拉（台北遠東、台南遠東）
文華東方酒店集團 Mandarin Oriental	有「風扇酒店」之稱，被視為「台灣第一家六星級頂級奢華酒店」，進駐台灣的品牌有： 台北文華東方
雅高酒店集團 Accor Hotels	進駐台灣的品牌有： Novotel諾富特（華航桃園機場飯店）
希爾頓酒店集團 Hilton	1973年首家進駐台灣的國際連鎖酒店，2003年因故退出台灣市場；於2018年再度來台，進駐台灣的品牌有： 1. Hilton希爾頓（新板希爾頓） 2. Double Tree by Hilton希爾頓逸林（台北中山九昱希爾頓逸林酒店） 3. Tapestry Collection by Hilton啟綴精選（台北時代寓所） 4. Curio Collection by Hilton希爾頓格芮精選酒店（台北艾麗）
千禧國際酒店集團 Millennium	進駐台灣的品牌有： 台中日月千禧酒店
大倉日航酒店集團 Okura Nikko Hotels	日本最大的日本品牌五星級連鎖飯店集團，進駐台灣的品牌有： 1. 台北大倉久和大飯店　　2. 台北老爺大酒店 3. 高雄日航酒店
加賀屋 Kagaya	明仁天皇每年必訪、日本百選溫泉旅館冠軍，進駐台灣的品牌有： 日勝生加賀屋國際溫泉飯店
王子大飯店 Prince Hotels	進駐台灣的品牌有： 嘉義耐斯王子

※ 近年插旗台灣之日本飯店集團：
2020年－和苑三井花園飯店（MGH Mitsui Garden Hotel）
2021年－JR東日本大飯店、格拉斯麗飯店（Hotel Gracery）

四、我國知名連鎖旅館集團

國內知名旅館集團	說明 / 旗下品牌
晶華國際酒店集團 Formosa International Hotels Corporation （FIH Regent Group）	台灣旅館業中，**首家擁有國際頂級品牌酒店之業者**[註] 1. 晶華（Regent Hotels & Resorts）（台灣地區） 2. 晶英（Silks Place） 3. 捷絲旅（Just Sleep） 4. 晶泉丰旅（Silks Spring） 5. 晶英國際行館
雲朗觀光 L' Hotel de Chine Group	國內： 1. 君品（Palais de chine）　2. 兆品（Maison de chine） 3. 翰品（Chateau de chine）　4. 頤品（Gala de chine） 5. 品文旅　　　　　　　　6. 雲品溫泉（Fleur de chine） 國外：義大利（8家酒店及莊園）
寒軒餐旅事業集團 Han-Hsien Hospitality Co.	1. 高雄寒軒 2. 高雄商旅
寒舍餐旅 My Humble House Hospitality Management	國內首家擁有二家不同國際品牌飯店（台北喜來登、台北寒舍艾美）的旅館集團 1. 台北寒舍喜來登（Sheraton Grand Taipei Hotel） 2. 台北寒舍艾美酒店（Le Méridien Taipei） 3. 寒舍艾麗酒店（Humble House Taipei） 4. 礁溪寒沐 5. 寒居酒店
麗緻餐旅集團 Landies Management	1. 台北亞都麗緻大飯店 2. 烏來璞石麗緻溫泉會館
六福旅遊集團 Leofoo Tourism Group	1. 六福莊　　　　　　　　2. 六福居 3. 台北六福萬怡
長榮國際連鎖酒店 Evergreen International Hotels	1. 長榮桂冠酒店 　　國內：基隆、台北、台中、台南 　　國外：上海、巴黎、檳城、曼谷 2. 長榮鳳凰酒店（礁溪） 3. 長榮文苑酒店（嘉義）
國賓大飯店 Ambassador Group	1. 國賓（台北、新竹） 2. Amba意舍飯店（西門町、中山、松山）

註：2011年晶華國際酒店集團收購「麗晶」的全球品牌商標及特許權，為首宗台灣本土飯店併購國際品牌的先例；2018年將麗晶飯店之海外地區股權51％轉讓給洲際酒店。

國內知名旅館集團	說明 / 旗下品牌
老爺酒店集團 Hotel Royal Group hotel royal 老爺酒店集團	1. 老爺酒店（台北、北投、新竹、礁溪、知本） 2. 老爺會館 3. 老爺行旅（台南、南港、台中大毅、宜蘭傳藝） 4. 海外投資：帛琉、模里西斯、尼加拉瓜、西貢
遠東集團 The Far Eastern Group	1. 香格里拉台北遠東飯店 2. 香格里拉台南遠東飯店
福華飯店 Howard Hotels. Resorts. Suites	1. 共9個據點，包含商務飯店、度假旅館、酒店式公寓 2. 台灣最大的五星級連鎖飯店品牌
圓山大飯店 The Grand Hotel	1. 台北圓山飯店 2. 高雄圓山飯店
宏國集團 Caesar Park Hotel & Resorts	1. 凱撒飯店（台北、板橋、墾丁） 4. 台北凱達飯店 2. 阿樹國際旅店 5. 新板希爾頓飯店 3. 趣淘慢旅（台北、台南、台東） 6. 內湖凱旋酒店
福容大飯店 Fullon Hotels & Resorts 福容大飯店 Fullon Hotels & Resorts	國內最大的本土連鎖旅館集團，除自建外亦併購其他飯店，全台共15家，種類包含休閒度假、城市商旅 1. 福容大飯店 2. 福容徠旅
國泰商旅 Cathay Hospitality Management 國泰商旅 Cathay Hospitality Management	1. 和逸飯店Hotel Cozzi 2. 台北慕軒Madison 3. 台北國泰萬怡Marriott
福泰連鎖飯店集團 FORTE Hotels & Resorts fH 福泰飯店集團 FORTE HOTEL GROUP	1. 福泰桔子商旅 2. 福泰商務飯店 3. 山形閣 4. 福泰綠園公寓 5. 翡翠灣渡假飯店
海霸王集團	1. 城市商旅 2. 德立莊 3. Hotel Papa Whale

實力加強 10.1

( )1. 下列何者不是連鎖經營旅館的優點？
(A)可聯合行銷 (B)可統一採購
(C)知名度高較易為旅客接受 (D)各分店可塑造獨特品牌形象。

( )2. 由總公司於各地設點經營，人事財務均為總公司管理，此種飯店經營模式為下列何者？
(A)Owned By Company (B)Lease
(C)Franchise (D)Management Contract。

( )3. 台北喜來登大飯店及新竹喜來登大飯店兩家飯店的老闆是不同的業主，他們引進萬豪國際集團旗下喜來登品牌及其管理的knowhow，經營管理權為業者自有，請問此種連鎖經營模式為下列何種？
(A)Emerge (B)Franchise
(C)Referral Group (D)Management Contract。

( )4. 下列哪一家飯店所加盟的連鎖酒店集團和其他三家不同？
(A)台北六福萬怡 (B)澎湖福朋喜來登飯店
(C)台北寒舍艾美酒店 (D)台北君悅飯店。

( )5. 下列何者是國內自創之連鎖旅館品牌？
(A)台北喜來登飯店 (B)台中日月千禧酒店
(C)文華東方酒店 (D)福華飯店。

( )6. 旅館具備一定的服務水準，可申請或受邀加入類似會員型之旅館連鎖組織，此種旅館連鎖方式稱為
(A)Franchise (B)Management Contract
(C)Purchase (D)Referral Group。

( )7. 旅館連鎖方式中之「Voluntary Hotel Chain」與下列何者意義較為相似？
(A)Referral Group (B)Purchase
(C)Company Owned & Managed (D)Management Contract。

( )8. 下列何者不屬於台灣本土品牌之連鎖經營旅館？
(A)國賓飯店 (B)長榮桂冠酒店 (C)福華飯店 (D)文華東方酒店。

( )9. 下列何者為目前全球最大的國際連鎖酒店集團？
(A)Hilton希爾頓酒店集團
(B)Marriott萬豪酒店集團
(C)Westin威斯汀飯店集團
(D)Shangri-La香格里拉飯店集團。

10.2 旅宿業的營業收入

一、營業收入範圍

依據交通部觀光署之分析報告，台灣國際觀光旅館的營業收入包括：**客房收入**、**餐飲收入**、**其他收入**（如：洗衣收入、店鋪租金收入）等三大部分。

二、房租計價 105 109

1. **房租價目表（Room Tariff）**：通常代表旅館客房設施、備品及服務的等級，其有一定的意涵；例如在台灣，房租價目表的意涵為：

   (1) 以住宿一晚（中午12：00以後遷入；隔日中午12：00以前遷出^註），客房一間為計價單位。

   (2) 包括5%的營業稅。

   (3) 不含餐食。

   (4) 不包含定價10%之服務費（Service Charge）及小費（Tip）。

   註：台灣也有許多旅館，規定遷入時間為下午3點以後，遷出時間則訂在隔日中午12點以前（多半是度假旅館或一般旅館之假日住宿）。

2. **房租計價方式**

   (1) 依「淡旺季」區分

季別	說明
旺季價格 High Season Rate / Peak Season Rate / On Season Rate	旅館於旺季所訂的房價（不可高於房租價目表之價格）
平季價格 Shoulder Season Rate / Regular Rate	房價較旺季便宜，以吸引客人
淡季價格 Low Season Rate / Off Season Rate	為因應淡季，旅館常會提供更優惠的房價

(2) 依「住宿時間」區分 113

住宿時間	說明
全日租 Full Day Rate	• 為房租價目表上之價格，通常指住宿一晚的房價 • 又稱牌價（Rack Rate）、標準租（Standard Rate）、公告價（Published Rate） • 多為個別旅客或臨時入住旅客（Walk-in, W／I）之房價 • 此房價須報請地方主管機關備查；業者向旅客收取之客房費用，不得高於此價格
半日租 註1 Half Day Rate	• 指短暫時間的住宿（Short Stay／Day Use） • 通常未過夜（Over Night）
延遲遷出 註2 Late Check-out （Late C/O）	• 指旅客因故超過飯店規定遷出的時間 • 延遲遷出的計價方式： 　a. 3小時以內：加收房租1/3 　b. 3～6小時：加收房租1/2 　c. 6小時以上：加收全日租（因超過18：00，客房多半無法再出租）

註1：一般觀光旅館並無此種房價，均以全日租計價。
註2：雖有此種計價方式，但旅館多半採通融做法，視狀況加收費用。

(3) 依「含餐內容」區分 102 105 106 108 109 110

大多數旅館採**歐式**計價方式，台灣亦同。

計價方式	含餐內容 註3		
	早餐	中餐	晚餐
美式計價 American Plan, AP／Full Pension／Full Board	✓	✓	✓
修正美式計價 Modified American Plan, MP、MAP／ Half Pension／Semi-pension	✓	✓	─
	✓	─	✓
百慕達計價 Bermuda Plan, BP	美式早餐	─	─
歐陸式計價 Continental Plan, CP	歐陸式早餐	─	─
歐式計價 European Plan, EP	─	─	─

（修正美式計價含餐內容有兩種搭配）

註3：不因未用餐而退費。

(4) 依「契約內容」區分

種類	說明
團體價 Group Rate	• 旅行社的訂房是旅館團客（Group Inclusive Tourists, GIT）的主要來源 • 旅館提供給旅行社的實收價（淨價），通稱為Net Price 例如 房間定價4,000，旅館對旅行社報價2,800，則旅館實收2,800，不再加收10%的服務費（即內含服務費）
公司契約價／商務契約價 Corporate Rate／ Company Rate／ Commercial Rate／ Contract Rate	旅館針對企業行號之商務出差、航空公司機組人員過境住宿，依據年度住用房間總數，針對不同的公司，給予不同的價格
統一房價 Run of the House Rate	指團體住房，不論房型，每間房間均統一收取相同的房價（一般取最高房租與最低房租之平均值）
絕對價格 Flat Rate	指在契約期間內的房價或折扣，不因訂定的房間數量多寡而有所不同

概念澄清湖

統一房價→不論房型，均一價。

絕對價格→不論數量，依契約價而定。

3. 特殊情況房租（Special Rate）

(1) 依「住房狀況」區分

種類	說明
館內人員因公住用之客房 House Use, H.U.	如駐店經理、值班經理或因突發事件（如：天災）需要留宿旅館之館內人員所住用的客房，其房價免收或依旅館規定之折扣收費
試住 Trial Stay	旅館高階經營人員先行試驗住用或提供給外界歡迎其體驗旅館住宿品質的房間，通常為免費
單人房價差 Single Supplement／ Single Extra	指團體本為二人住宿一間，但如有客人要求自己單獨一間房，則此客人須另支付單獨一間房之房租，且原先二人住宿一間的房價亦不退費

10-13

(2) 配合旅館行銷、優惠（通常需有主管授權） 104 107 109

種類	說明
免費房 Complimentary（COMP）	旅館免費招待的客房（但僅限房租及服務費），如：飯店促銷婚宴贈送之蜜月房、招待旅館重要客戶之免費房等
房間升等 Upgrade	• 旅館因某些原因（如：預定之等級房間客滿、顧客為常客），將顧客的訂房調整為較高等級的客房 • 客人只需支付原先所訂客房的費用，不須再支付額外的房租
促銷價 Promotion Rate	• 旅館實施優惠、促銷專案時採行的價格，如： • Soft Opening：試營運（試賣） • Grand Opening：正式開幕 • Time-Limited Rate：限時限量的特惠價格 • Package Rate：套裝價格，如一泊二食、住宿加SPA等活動方案
折扣價 Discount Fare	• 飯店針對特殊身份的旅客，給予不同的折扣價或房間升等，如： • Frequent Guest：常客 • VIP（Very Important Person）：貴賓 • CIP（Commercial Important Person）：商務貴賓 • LSG（Long Staying Guest）：長期住客 • SPATTS（Special Attention Guest）：特別需要關照的客人 • 信用卡折扣：與信用卡公司或發卡銀行異業結盟

三、客房收入 104 108 110 111 112 113

住房率（Room Occupancy Rate）及**平均房價**（Average Daily Rate, ADR；Average Rate Per Occupied Room）是旅館經營相當重視的數據。由這兩個數據，可計算出**每房平均收益**（Revenue Per Available Room, RevPAR）。

住房率	$=\dfrac{\text{已出租客房總數（Number of Rooms Occupied / Room Count）}}{\text{客房總數（Number of Rooms Available）}} \times 100\%$ ※意涵：可作為判斷**客房營運好壞的指標** ※注意：若有故障房，「客房總數」須扣除故障房的數量
平均房價	$=\dfrac{\text{客房總收入（Room Revenue / Room Income）}}{\text{已銷售客房總數（Number of Rooms Occupied）}}$ ※意涵：可反映**旅館的市場定位**
每房平均收益	＝平均房價×住房率

範例　計算住房率

已知大城飯店共有100間客房，1月30日出租56間；試計算該飯店1月30日的住房率。

解　住房率 = $\dfrac{\text{已出租客房總數}}{\text{客房總數}} \times 100\% = \dfrac{56}{100} \times 100\% = 56\%$。

練習　計算住房率

台北W飯店的客房數共有405間，假設該飯店7月1日的客房資料如下：
出租客房300間（其中3間為免費房）；故障房5間。試計算該飯店7月1日的住房率。

答　75%。

範例　計算平均房價

已知大城飯店1月30日出租56間客房，房租總收入為128,800元；試計算該飯店1月30日的平均房價。

解　平均房價 = $\dfrac{\text{客房總收入}}{\text{已出租客房總數}} = \dfrac{128{,}800}{56} = 2{,}300$ 元。

練習　計算平均房價

已知國賓大飯店在今年5月的房租總收入為43,320,940元，當月的客房住用數共計10,400間；試計算該飯店5月的月平均房價。（四捨五入取整數）

答　約4,165元。

範例　計算每房平均收益

已知大城飯店今年的平均住房率為72%，年平均房價為3,100元；試計算該飯店今年的每房平均收益。

解　每房平均收益 = 平均房價 × 住房率 = $3{,}100 \times 72\% = 2{,}232$ 元。

練習　計算每房平均收益

假設王子大飯店今年的平均住房率為85%，年平均房價為2,980元；試計算該飯店今年的每房平均收益。

答　2,533元。

其他客房經營數據

1. 散客住房率（FIT Occupancy Rate）

$$散客住房率 = \frac{散客住用房間數}{已出租客房數} \times 100\%$$

例如 已知大城飯店的客房數共有100間，1月30日出租75間，其中散客的房間數有30間，則該飯店當日的散客住房率為40%（$=\frac{30}{75} \times 100\%$）。

2. 團客住房率（Group Occupancy Rate）

$$團客住房率 = \frac{團客住用房間數}{已出租客房數} \times 100\%$$

例如 已知大城飯店的客房數共有100間，1月30日出租75間，其中團客的房間數有45間，則該飯店當日的團客住房率為60%（$=\frac{45}{75} \times 100\%$）。

3. 每人平均房價（Average Sales Per Person / Average Rate Per Guest）

$$每人平均房價 = \frac{客房總收入}{住宿旅客總人數}$$

例如 已知大城飯店在1月30日的入住旅客總人數為85人，當日房租總收入為130,390元，則該飯店當日的每人平均房價為1,534元（$=\frac{130,390}{85}$）。

4. 旅館可出租客房數（Room Available）

$$旅館可出租客房數 = 總客房數 - A + B$$

A項含括： 昨日入住房數、故障房數（O.O.O）、今日入住房數（C/I）、臨時延長住宿天數房數（Overstay）、未事先訂房房數（W/I）、因公住用客房（House Use）、試住房（Trial Stay）。

B項含括： 今日遷出房數（C/O）、取消房數（Cancel）、無故未到房數（No Show）、提前離店房數（Under Stay）、因故未留宿房數（Do Not Stay）。

實力加強 10.2

( )1. 有關我國旅館房租所代表的意涵，下列敘述何者為非？
(A)內含營業稅 (B)不包含服務費
(C)不包含小費 (D)以房客的人頭數為計價單位。

( )2. 住宿費用包含隔日的早餐，此種計費方式可能是屬於？
(A)Continental Plan (B)Asian Plan
(C)Germany Plan (D)Australian Plan。

( )3. 旅館經常推出一泊二食的促銷方案來提升住房率，一泊二食與下列哪一種計價法類似？
(A)美式計價法 (B)修正美式計價法 (C)歐式計價法 (D)歐陸式計價法。

( )4. 下列哪一數字最能反映一家旅館的市場定位？
(A)住房率 (B)員工人數／房間數 (C)總營業額 (D)平均房價。

( )5. 某飯店的客房共有300間，當天的空房數為120間，住房數中GIT的房數有150間，請問該飯店當日的Occupancy Rate為多少？
(A)25% (B)40% (C)50% (D)60%。

( )6. 旅館房價「Run of the House Rate」是指
(A)以旅館當日的平均房價收費
(B)旅客保留房間的收費標準
(C)不論所訂房間數量多寡，房價均相同
(D)不論房型，每間房間均統一收取相同的房價。

( )7. 旅館主動幫客人的訂房調為較高等級的房間，顧客只需支付原先所訂客房之費用，英文稱為
(A)Complimentary (B)Upgrade (C)House Use (D)On Change。

( )8. 一般而言，旅館標準的遷出時間是以中午十二點為原則。旅館人員亦可配合房客要求將退房時間延至下午三點，稱為：
(A)G.I.T. C/O (B)Early C/O (C)Late C/O (D)Day Use。

( )9. 通常旅客延遲遷出超過多久需再加付一日房租？
(A)14小時 (B)12小時 (C)8小時 (D)6小時。

( )10. 大仁是旅館櫃檯接待員，他看到報表上有房間顯示「COMP」，是代表
(A)Corner Room角落房
(B)Complimentary旅館免費招待的客房
(C)Completely Free Upgrade旅館免費升等的客房
(D)Completely Free Wifi旅館內可免費使用網路的客房。

10.3 訂房、遷入及遷出作業

一、訂房作業 104

1. **訂房來源**

訂房來源	說明
旅行社	為旅館團體訂房最大宗的來源
交通運輸業註	航空公司可幫旅客代為訂房，其機組人員之住宿休息亦為旅館旅客來源之一
訂房中心 / 訂房網	訂房中心擁有各地住宿之大量資訊，旅客可透過訂房中心尋找並預訂合適的旅館，如：Agoda、Hotels.com
公司 / 機關團體	公司行號的員工旅遊、簽約公司外派人員的長 / 短期住宿
旅客	旅客自行或請親友代訂

註：在台灣，遊覽車公司通常也有協助遊客代訂旅館之服務。

2. **訂房方式**

   (1) **電話**：常見的訂房方式。

   (2) **臨櫃 / 口頭**：旅客親自到旅館櫃檯訂房。

   (3) **網路**：旅客透過網際網路訂房。

   (4) **信件**：以旅行社居多。

   (5) **傳真 / 電子郵件**：可做為雙方確認的憑證。

3. 訂房流程（以電話或臨櫃訂房為例）

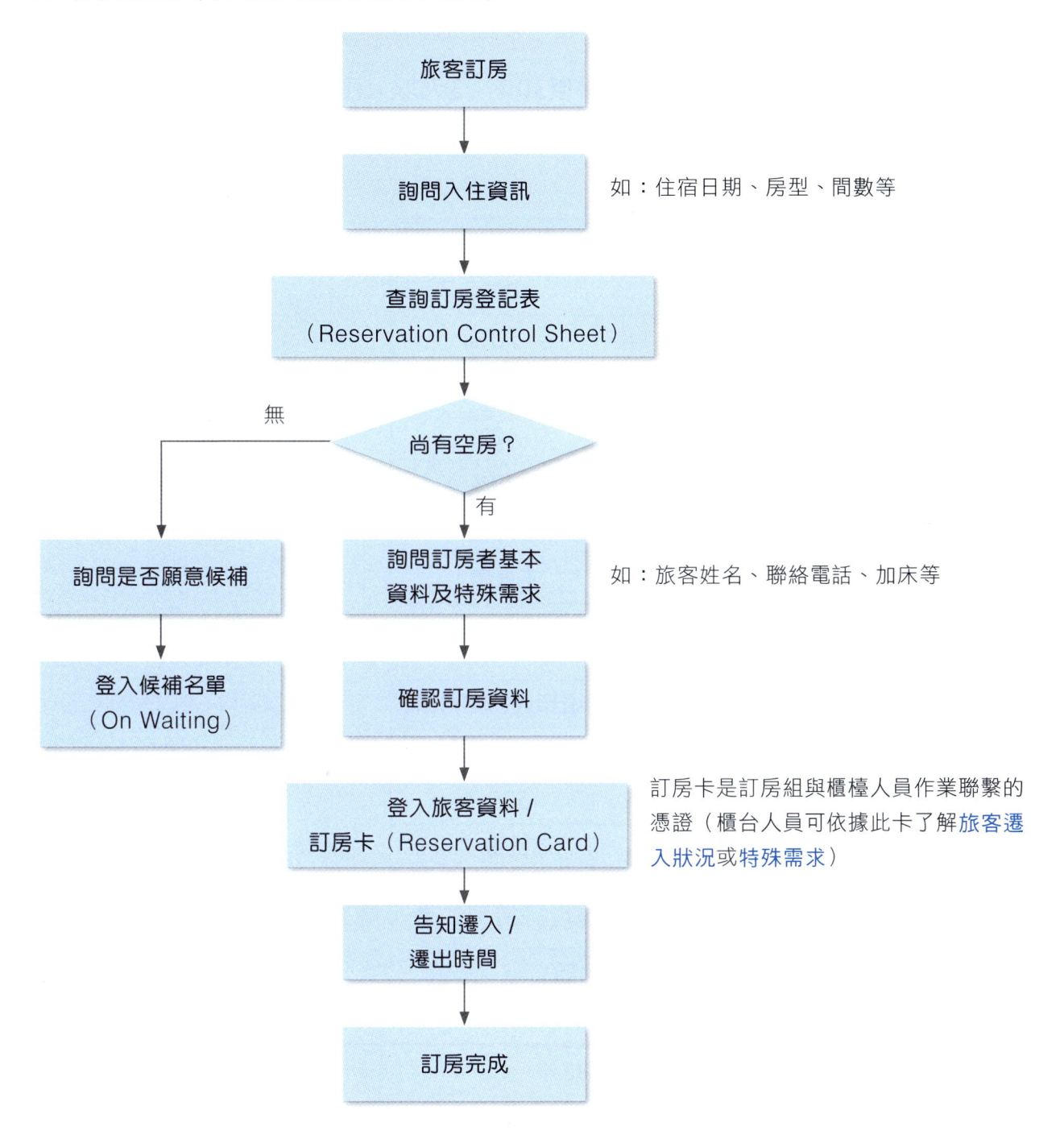

```
旅客訂房
   ↓
詢問入住資訊　　　　如：住宿日期、房型、間數等
   ↓
查詢訂房登記表
（Reservation Control Sheet）
   ↓
尚有空房？
  ├─無─→ 詢問是否願意候補 → 登入候補名單（On Waiting）
  └─有─→ 詢問訂房者基本資料及特殊需求　　如：旅客姓名、聯絡電話、加床等
         ↓
         確認訂房資料
         ↓
         登入旅客資料／訂房卡（Reservation Card）　　訂房卡是訂房組與櫃檯人員作業聯繫的憑證（櫃台人員可依據此卡了解旅客遷入狀況或特殊需求）
         ↓
         告知遷入／遷出時間
         ↓
         訂房完成
```

⭐ (1) 為了降低客人**無故未到**（**No Show**）或臨時取消訂房的狀況（Late Cancellation），避免造成旅館的營收損失，訂房員須在旅客入住前幾天與顧客聯繫、確認及提醒，即進行訂房追蹤（Reservation Tracking），與旅客做確認（Confirmation）及再確認（Reconfirmation）。

(2) 客人如指定房間（如：海景房），可採**鎖房**（**Room Blocking / Blocked**）方式處理，即事先將旅客欲指定之房間或是團體房在電腦上鎖住或標註，但房號並不事先告知客人，以利櫃檯人員可以靈活分配房間。

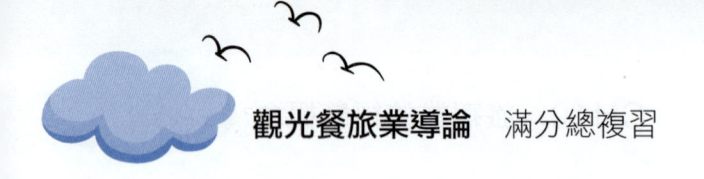

4. **個別旅客訂房定型化契約重點**

   (1) 審閱期間：**1天**。

   (2) 定金之收取：不得逾約定**總房價30%**；3天以上連假住宿得提高至50%。

   (3) 旅客於預定住宿日前通知業者解約，業者應依下列基準處理：

   - **收取定金者**

預訂住宿日前之日數	定金退還
～14日	100%
10～13日	70%
7～9日	50%
4～6日	40%
2～3日	30%
～1日	20%
住宿當日	不退還

   - **預收約定房價者**

預訂住宿日前之日數	退還預收約定房價
～3日	100%
1～2日	50%
住宿當日	不退還

   (4) 因可歸責業者之事由致無法履行訂房契約者，旅客得依下列請求賠償：

原因	賠償金額
業者過失	約定房價1倍
業者故意	約定房價3倍

   (5) 因不可抗力或其他不可歸責於旅館、旅客雙方之事由，致本契約無法履行時，旅館業者應即**無息返還**旅客已支付之全部費用。

5. 訂房狀態術語

專用術語	說明
無保證訂房 Non Guaranteed Reservation	沒有預付定金（Deposit）的訂房；旅館對於無保證訂房之旅客的客房保留時間（Cut-out Time），通常至預訂住宿當日的下午6點止；若逾時未遷入者，旅館有權將客房轉售他人
保證訂房 Guaranteed Reservation, GTD	有預付定金的訂房；不論旅客於住宿當日是否抵達，房間應予以保留，不能再出租給他人
留佣訂房 Commissionable Reservation	指旅館需付佣金（Commission）給通路商（如：旅行社、訂房中心）的訂房
超額訂房 Overbooking / Overselling	旅館接受超過其可容納之客房數的訂房，此舉是為了降低旅客無故未到或旅客提前遷出，而對飯店造成的損失
更改訂房 Reservation Change	更改訂房狀況，如人數、房間數
取消訂房 Cancel / Cancellation	將原先的訂房取消

二、遷入（Check-in）作業

1. 櫃檯服務方式

服務方式	說明
櫃檯式服務 Counter Service	櫃檯設計為長條狀，旅館的接待、諮詢及結帳等作業，均於此進行
辦公桌式服務 Table Service	以辦公桌取代櫃檯，客人可坐下來，且不受干擾的辦理入住或結帳的手續

2. 客房安排原則

(1) 排房順序：**先長期後短期，先貴賓後一般，先團客後散客**。

(2) 樓層安排及客房位置：

客群	團客	散客	貴賓／長期住客
樓層安排	低樓層	高樓層	高樓層
客房位置	近電梯	遠電梯	遠電梯

(3) 團客排房注意事項：

- 旅客抵達前完成住客名單、房號表與房間之安排。
- 宜分散於2～3個樓層，避免客房清潔工作過度集中同一樓層。
- 若團客與散客安排在同一樓層時，應避免團客與散客安排在同一側客房，以免團客影響散客的安寧。

3. 遷入流程 103

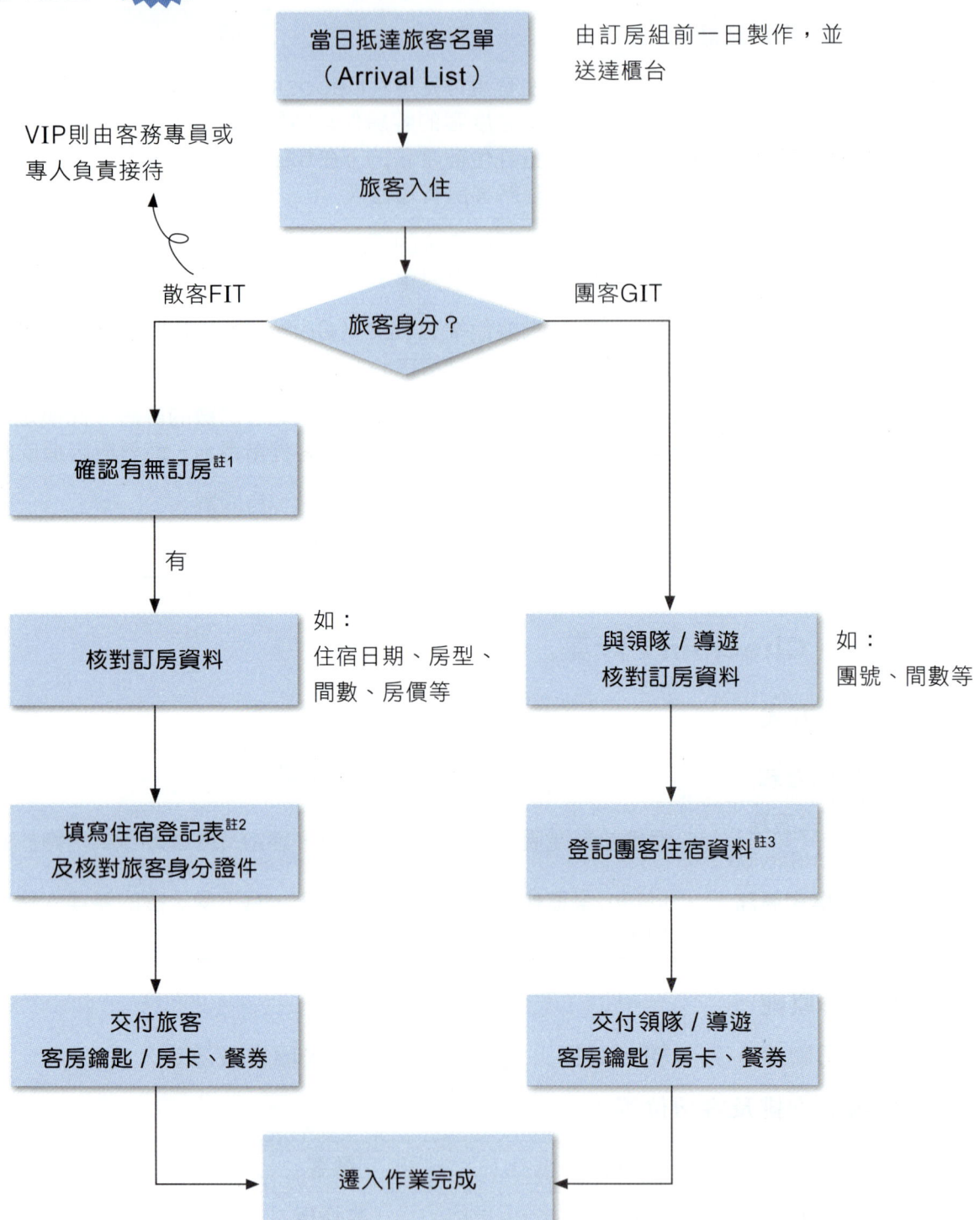

```
                    當日抵達旅客名單          由訂房組前一日製作，並
                    （Arrival List）          送達櫃台
                           ↓
   VIP則由客務專員或
   專人負責接待 ←――――  旅客入住
                           ↓
              散客FIT  ／旅客身分？＼  團客GIT
                    ↙              ↘
           確認有無訂房註1
                ↓有
                              如：
           核對訂房資料    住宿日期、房型、    與領隊/導遊      如：
                        間數、房價等       核對訂房資料    團號、間數等
                ↓                           ↓
         填寫住宿登記表註2
         及核對旅客身分證件                登記團客住宿資料註3
                ↓                           ↓
            交付旅客                      交付領隊/導遊
         客房鑰匙/房卡、餐券             客房鑰匙/房卡、餐券
                    ↘              ↙
                        遷入作業完成
```

註1：若是未事先訂房的入住旅客（Walk-in），旅館應先詢問其入住資訊，並查詢是否有空房可為其安排房間。
註2：住宿登記表（Registration Card）是旅館與住客間的住宿憑證。
註3：辦理團客遷入作業時，櫃檯需與領隊/導遊確認晨喚（Morning Call）、下行李（Baggage Down）、用餐（Meal Time）、遷出（C/O）等時間，以便其他服務單位預作準備。

10-22

三、遷出（Check-out）作業 104

1. 遷出流程

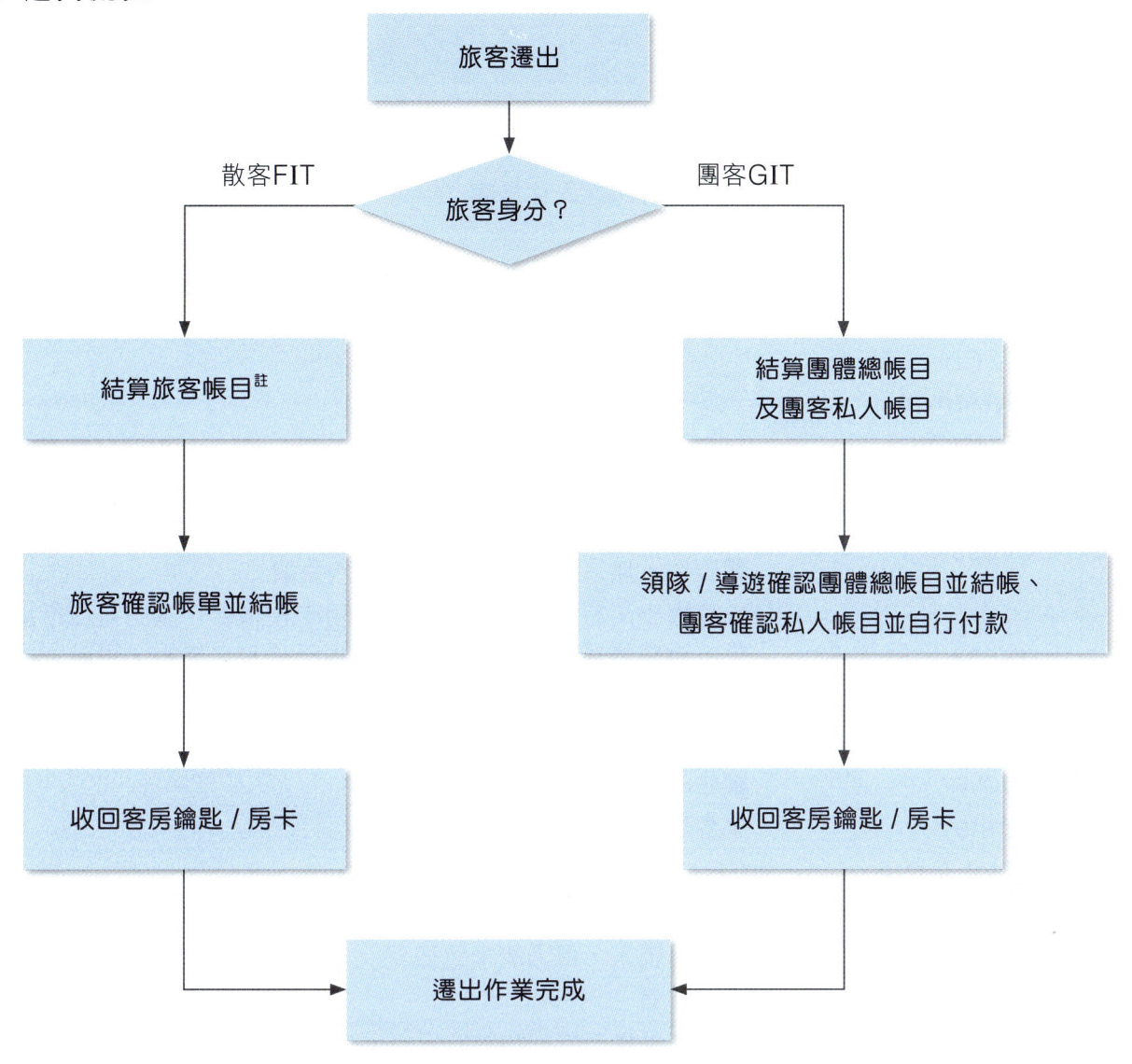

```
                        旅客遷出
                           │
           ┌───────────────┴───────────────┐
        散客FIT         旅客身分？         團客GIT
           │                               │
           ▼                               ▼
      結算旅客帳目註              結算團體總帳目
                                 及團客私人帳目
           │                               │
           ▼                               ▼
      旅客確認帳單並結帳        領隊/導遊確認團體總帳目並結帳、
                              團客確認私人帳目並自行付款
           │                               │
           ▼                               ▼
      收回客房鑰匙/房卡            收回客房鑰匙/房卡
           │                               │
           └───────────┬───────────────────┘
                       ▼
                  遷出作業完成
```

註：櫃檯人員應確認旅客於住宿期間的各項消費項目（如：客房餐飲服務、洗衣服務）是否已登錄。

四、旅客遷入 / 遷出術語 　102　106　107　108　112

1. 遷入 / 遷出術語

術語	說明
Check-in, C/I	遷入
Check-out, C/O	遷出
Walk-in, W/I	未事先訂房之入住旅客
Last Cancellation、Last Minute Cancellation	臨時取消訂房
Early Check-in、Early Arrival	旅客提早遷入住宿
Early C/O、Understay	旅客提前離開旅館
Express C/I	快速遷入，由專人直接引導旅客至客房，旅客在客房內填寫相關表件，無須在大廳等候辦理遷入手續
Express C/O	快速遷出，旅客授權旅館取得信用卡授權碼，旅館可自行結帳後，再將帳單明細寄給旅客，旅客不須親自結帳，可省去旅客等待退房結帳的時間
☆ Due-out, D/O	預訂今日遷出的客房
Stayover	續住房（連續住房）
Overstay	旅客延長預訂住宿的天數
Do Not Arrive、No Show, N/S	旅客未到
Do Not Stay, DNS	旅客已遷入，但因故未留宿
Sleep Out, S.O.	旅客外宿
Walk	將旅客外送至其他旅館
Transfer	其他旅館轉至本旅館之旅客

2. 客帳用語

客帳用語	說明
Master Folio	團體帳單，公帳
Guest Folio / Guest Ledger	個別旅客帳單；簽約公司、旅行社團體公帳外旅客之私帳
Advance Deposit / Advance Payment	客人預付的定金預付款，需計入房帳中扣除
Skipped Bill / Skipper / Walk out	跑帳；客人未付帳即離開

10-24

3. 結帳方式[註1]

結帳方式	說明
現金 Cash	(1) 旅客以本國貨幣或外國貨幣（Foreign Currency）結帳 (2) 若以外國貨幣結帳者，旅館會以當日匯率計算
旅行支票 Traveler's Check / Traveler's Cheque	旅客事先向銀行購買之票據，等同於現金，遺失時可申請補發，安全性較現金高
信用卡 Credit Card	持卡消費時不需繳交現金，待帳單結帳日再付款
住宿券 Hotel Voucher	旅客透過旅行社或訂房中心代訂旅館，經付款後所拿到的住宿憑證
簽帳 City Ledger	(1) 適用於簽約公司之住客、旅行社之團體房帳、航空公司機組人員等；一般散客、無行李[註2]旅客通常不適用 (2) 簽帳的帳單，會轉至財務部處理後續結帳事宜

註1：個人支票信用度低，且兌現需要時日，金額亦無法規範，一般而言，旅館是不接受個人支票的付款方式。
註2：有行李的旅客較不易跑帳，故無行李旅客不得簽帳。

實力加強 10.3

( )1. 下列房務專業術語，何者錯誤？
(A)DND：請勿打擾　　(B)Due Out：預計辦理遷出
(C)House Use：房務辦公室　　(D)Sleep Out：遷入未宿。

( )2. 在旅館中 "Skippers" 代表何意？ (A)房間尚未被清理 (B)團體帳款 (C)免費餐飲及住宿 (D)旅客未付款即離去。

( )3. 旅客要求或指定房間型態，且經訂房組確認無誤，則房間狀況報告表（Room Status Report）應將之列為
(A)Occupied　(B)Confirmed　(C)Expected　(D)Blocked。

( )4. 下列何者不是訂房單位與櫃檯之間須每日連繫的資料？
(A)Arriving List　　(B)Walk-in List
(C)No Show List　　(D)On Waiting List。

( )5. 旅館對於VIP的客戶表達尊重之意，通常不會採行下列何種措施？
(A)Express C/I　　(B)Late C/O
(C)Blocked Room　　(D)Counter Service。

( )6. 旅館原先預定入住旅客來電取消住宿，則應於訂房單上填寫註明此為何種狀況？
(A)No Show　(B)Cancel　(C)Delay　(D)Postpone。

( )7. 旅客於住宿當天沒有取消訂房，也沒有抵達旅館辦理住宿登記稱為？
(A)No Show　(B)Cancellation　(C)Blocking　(D)Overbooking。

10.1 旅宿業的經營型態

( )1. 關於旅館連鎖經營方式中的Franchise，下列敘述何者有誤？
(A)旅館業主擁有人事權
(B)旅館業主擁有財務權
(C)旅館被授權使用連鎖旅館之商標、品牌
(D)經營管理委由管理顧問公司負責。

( )2. 台灣的知名旅館業中，下列何者不是國外連鎖品牌？
(A)台北君悅大飯店　　　　　(B)台北遠東大飯店
(C)台北亞都麗緻酒店　　　　(D)新板希爾頓酒店。

( )3. 請問台北寒舍艾美酒店是屬於下列何家國際連鎖旅館集團？
(A)Shangri-La Hotels and Resorts
(B)Hyatt Hotels and Resorts
(C)Marriott Hotels
(D)Regent International Hotels。

( )4. 請問台北W飯店是屬於何種旅館經營模式？
(A)獨立經營　(B)委託管理　(C)特許加盟　(D)直營。

( )5. 香格里拉台北遠東國際大飯店是屬於下列哪一類型的連鎖經營型態？
(A)直營連鎖　(B)委託經營　(C)特許加盟　(D)會員連鎖。

( )6. 下列何者不屬於洲際酒店集團（InterContinental）？
(A)Indigo　　　　　　　　　(B)Crowne Plaza
(C)Holiday Inn Express　　　(D)Westin。

( )7. 下列哪一家飯店是採取Management Contract的連鎖方式？
(A)台北寒舍艾美酒店　　　　(B)台北君品飯店
(C)澎湖福朋喜來登飯店　　　(D)台北諾富特華航桃園機場飯店。

( )8. 下列飯店與品牌之關係，何者屬於會員連鎖（Referral Group）之經營型態？
(A)台北喜來登飯店與Sheraton
(B)台北君悅飯店與Hyatt
(C)台北萬豪酒店與Marriott
(D)台北君品酒店與Preferred Hotels & Resorts。

( )9. 下列哪一家飯店是採取Franchise的連鎖方式？
(A)台北亞都麗緻大飯店加入菁鑽聯盟
(B)台北圓山大飯店
(C)台北萬豪酒店
(D)台中長榮桂冠酒店。

10.2 旅宿業的營業收入

( ) 10. 國際觀光旅館之房租價目表（Room Tariff），其房價屬於下列何種價格？
(A)Package Rate (B)Preferred Rate
(C)Promotion Rate (D)Rack Rate。

( ) 11. 房客只需要白天時段住宿不過夜，請問此稱之為？
(A)Day Use (B)Due Out
(C)House Use (D)Keep Room。

( ) 12. 旅館房租的計價方式，下列何者不提供早餐？
(A)修正美式計價（Modified American Plan, MAP）
(B)歐式計價（European Plan, EP）
(C)歐陸式計價（Continental Plan, CP）
(D)百慕達計價（Bermuda Plan, BP）。

( ) 13. 下列何者為旅館專門給予旅行社的淨價？
(A)Corporate Rate (B)Net Price
(C)Trial Stay (D)Regular Rate。

( ) 14. 下列何種旅館房租計價方式不是依「契約內容」來區分？
(A)Group Rate
(B)Run of The House Rate
(C)Flat Rate
(D)Single Supplement。

( ) 15. 將旅館客房總收入除以出售客房總數，所得的數值稱為：
(A)平均房價 (B)住客人數使用率 (C)客房利用率 (D)住客每人平均房租。

( ) 16. 關於旅館專業術語，下列何者正確？
(A)Late Check-out：延遲住宿遷入
(B)House Use：住宿旅客統計
(C)On Change：整理中的房間
(D)Pressing Service：指壓服務。

( ) 17. Room Occupancy Rate是旅館重要營運績效指標，下列敘述何者正確？
(A)出售客房總數÷旅館房間總數×100%
(B)出售客房總收入÷旅館房間總數×100%
(C)出售客房總數÷旅館住房旅客總人數×100%
(D)出售客房總收入÷旅館出售客房總數×100%。

( ) 18. 在櫃檯報告表中，下列敘述何者正確？
(A)客房使用率＝客房總收入÷住客總人數
(B)雙人床利用率＝住客總數÷床鋪總數
(C)客房平均收入＝客房總收入÷客房總數
(D)床鋪使用率＝客房出售總數÷客房總數。

10.3 訂房、遷入及遷出作業

( )19. 有關於旅館散客（FIT）與團客（GIT）之比較，下列敘述何者錯誤？
(A)散客通常對提高平均房價較有助益
(B)團客通常對提高住房率較有助益
(C)散客通常會造成較高之客房折舊率
(D)團客訂房時通常No Show比例較低。

( )20. 旅館採行Overbooking Reservation措施的原因很多，唯與下列何者無關？
(A)Late Cancellation　(B)No Show　(C)Overstay　(D)Understay。

( )21. 辦理團體C/I時，櫃檯需與領隊確認哪些時間，以便其他服務單位預作準備？
甲、遷入時間　乙、遷出時間　丙、晨喚時間　丁、下行李時間　戊、用餐時間
(A)甲、乙、丙、丁、戊　　　　(B)甲、乙、丙、丁
(C)乙、丙、丁、戊　　　　　　(D)甲、乙、丙、戊。

( )22. 下列有關客務部門的專業術語，何者較為正確？
(A)F.I.T.是指「團體旅客」
(B)「住房率」稱為Room Occupancy Rate
(C)Overbooking是指旅館的「訂房取消」
(D)顧客退房稱為Check in。

( )23. 住房狀況記錄表中的英文縮寫 "VC"、"D/O"、"C/O" 分別代表什麼意思？
(A)團體房、已退房、空房　　　(B)貴賓房、空房、團體房
(C)完成房、預定退房、團體房　(D)空房、預定退房、已退房。

( )24. 以下哪一項不是旅館訂房組人員的工作內容？
(A)接受電話訂房　　　　　　　(B)接受網路訂房
(C)接受傳真訂房　　　　　　　(D)接受當天Walk-in的旅客訂房。

( )25. 櫃檯人員辦理團體Check-in時，不會進行何種程序？
(A)排房　(B)事先備妥鑰匙　(C)旅客填寫住宿登記卡　(D)索取團體名單。

( )26. 客人為預防到達目的地太遲，以致超過Cut-out Time而住不到房間，因而預付定金，稱為
(A)Confirmed Reservation　　　(B)Guaranteed Reservation
(C)Deposit Reservation　　　　　(D)Blocked Reservation。

( )27. "Stayover" 是指：
(A)續住
(B)停留太久
(C)通知旅館，因故無法如期住進者
(D)延長住宿日期，而旅館事先未被告知。

( )28. 請問下列何者不是旅館訂房組在接受旅客訂房時，一定要記錄的訊息？
(A)旅客姓名　(B)入住日期　(C)護照號碼　(D)預定房型。

CH10 旅宿業的經營概念

情境素養題

( )1. 旅館連鎖的方式有許多種，下列何者為會員結盟（Referral Chain）的定義？
(A)由旅館投資者授權給連鎖旅館管理公司，依合約方式代為經營管理
(B)透過與連鎖旅館公司簽訂加盟合約，販售被特許的商品與服務
(C)由一群不同的旅館合作，進行共同訂房與聯合推廣業務之工作
(D)各結盟旅館的所有權與經營權皆歸屬於總公司。 [10.1][103統測]

( )2. 下列對我國國際觀光旅館市場之敘述，何者正確？
甲、台北晶華酒店曾經買下麗晶酒店的全球經營權，但後來賣出股權
乙、希爾頓飯店為來台首家國際連鎖飯店，但因故退出市場，於2019年重回台灣市場，採直營方式連鎖
丙、鄰近桃園國際機場的國際連鎖諾富特酒店是我國長榮航空採加盟法國雅高（Accor）集團之合作方式
丁、台北君悅飯店土地取得為BOT模式，飯店經營則為委託Hyatt國際連鎖飯店集團經營管理
(A)甲乙　(B)乙丙　(C)乙丁　(D)甲丁。 [10.1]

( )3. 據報導：日勝生科技將取得自台北市大安區政府機構的地上權案轉租給來自馬來西亞的鼎聯集團做飯店開發。鼎聯集團則攜手洲際酒店集團聯手出擊，引進旗下金普頓酒店並授權全權管理。該飯店為亞洲標榜萌寵物也能入住和主人同房，亦是最早經營精品酒店的公司之一。依據上列報導，請問下列何者錯誤？
(A) 報導中提到了BOT、Lease及Management Contract
(B) 金普頓飯店中負責寵物入住的人員應是Reception及Concierge
(C) 寵物入住房型的床單、毛巾等都會與一般房型的床單分開清洗，此由Linen Staff負責
(D) 依上所述，金普頓屬於Suburban Hotel，亦為Boutique Hotel。 [10.1]

( )4. 某飯店共有250間客房，其中有5間O.O.O.房，當日售出150間，住宿的房客共有200人，其住宿總收入為$450,000，則該日飯店的平均房價為多少元？
(A)1,800元　(B)1,836元　(C)2,500元　(D)3,000元。 [10.2]

( )5. M旅館於1月1日共售出300間客房，住房率為60%，而1月2日中午12時前有25間客房辦理Check-out，在1月2日營業終了前有50間客房辦理Check-in，則1月2日的住房率應為：(A)17%　(B)25%　(C)60%　(D)65%。 [10.2]

( )6. 下列關於旅館及其相關業務的敘述，何者錯誤？
(A)雙人房（Double Room）是指房間設置一張雙人床
(B)連通房（Connecting Room）是指兩間客房相連，中間有一道門可以互通
(C)旅館業所慣稱的FIT是代表團客
(D)European Plan（EP）是指客房房價不包含任何餐食的計價方式。
[10.2][102統測]

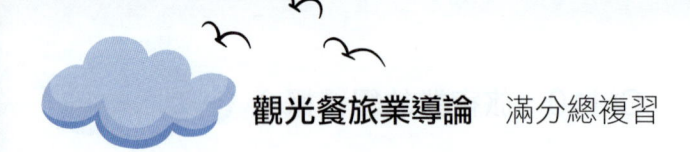

( )7. 關於旅館客房術語的敘述，下列何者正確？
(A)LSG的客人能夠有助於飯店的住房率
(B)顧客尚未退房且房內仍有行李稱V/D房
(C)超額訂房時將顧客升等至較高等級客房稱為H/U
(D)房客已辦理登記入住手續但當日外宿未歸以N/S表示。 [10.2][107統測]

( )8. 下列關於旅館的敘述，何者錯誤？
(A)客房餐飲服務（Room Service）一般是屬於餐飲部的職責
(B)住房率（Occupancy Rate）是旅館業常用來判斷客房營運好壞的指標
(C)平均房價（Average Daily Rate, ADR）可反映出該旅館的市場定位
(D)旅館服務中心（Concierge）的職責，包含為住宿房客辦理入住（Check-in）及退房（Check-out）作業。 [10.2][102統測]

( )9. 大興是飯店員工，某日處理客人訂單內容如下：一泊二食，園景和式套房，試問下列敘述何者錯誤？
(A)大興應該屬於飯店中的Reservation部門
(B)住客訂單的房租計價方式偏向MAP
(C)住客客房的型式應是Tatami Room
(D)確認日期後大興應填寫Registration Card以作為旅客遷入狀況之了解。 [10.3]

( )10. 關於觀光署所訂之個別旅客訂房定型化契約，下列敘述何者有誤？
(A)旅客在預訂住宿前8天通知旅館解約，業者應退還預收約定房價50%
(B)定金之收取不得逾約定總房價30%
(C)旅客若當日取消住宿，旅館可不退還客人定金
(D)因不可抗力或其他不可歸責於旅館、旅客雙方之事由，致契約無法履行時，旅館業者應即無息返還旅客已支付之全部費用。 [10.3]

( )11. 小娟是飯店櫃檯人員，在處理團體客入住遷出時，下列注意事項何者正確？
甲、需先準備好團體的帳卡Master Folio
乙、團體房的價格為Net＋10%的服務費
丙、預先把Room Key準備好以便交給領隊轉發給團員
丁、樓層安排低樓層，遠離電梯以免打擾其他住客
戊、可採用Express C/O，以免影響對其他客人之服務
(A)甲丙　(B)甲丁　(C)乙丙丁　(D)甲丁戊。 [10.3]

▲閱讀下文，回答第12～13題。
台北君悅大飯店共有852間客房，假設3月17日有2間故障房，當日出售的客房數有765間，客房總收入為3,213,000元。

( )12. 請問台北君悅大飯店在3月17日的住房率為多少？
(A)75%　(B)80%　(C)85%　(D)90%。 [10.2]

( )13. 請問台北君悅大飯店在3月17日的平均房價為多少？
(A)3,771元　(B)3,780元　(C)4,200元　(D)4,211元。 [10.2]

歷屆試題

( )1. 旅館的收費通常以住宿日計價,其中美式計價方式(American Plan)是指:
(A)包括住宿和早餐費用
(B)只包括住宿費用,餐飲另計
(C)包括住宿和兩餐費用(含早餐,午餐和晚餐任選一餐)
(D)包括住宿和三餐的費用。 [102統測]

( )2. 在房客遷出的過程,櫃檯人員應在「住宿登記表」標示房間狀態,以作為客房銷售的依據,下列專用術語之意義何者錯誤?
(A)On Change表示該房為空房,但尚未清理完成
(B)Ok Room表示該房為可銷售房
(C)Due Out表示該房的房客當日預計遷出
(D)Sleeper表示該房仍有人使用。 [102統測]

( )3. 近年來台灣旅館業蓬勃發展,許多國際連鎖品牌紛紛進駐。但下列何種連鎖品牌目前沒有在台灣駐點?
(A)Four Points (B)The Peninsula Hotel
(C)Novotel (D)Westin。 [103統測改編]

( )4. 下列何者為訂房專業用語「No Show」的解釋?
(A)沒有安排行程 (B)沒有先預付定金
(C)今晚的表演取消 (D)訂房後無故不入住者。 [103統測]

( )5. 有關辦理Group Inclusive Tour之旅客入住,下列何者不符合一般通用原則?
(A)旅客抵達前完成住客名單、房號表與房間之安排
(B)事先將房間鑰匙及餐券備妥,並交由導遊或領隊發送
(C)確認晨喚、用餐、遷出與下行李之正確時間
(D)由禮賓接待員帶至個別房間,辦理遷入手續。 [103統測]

( )6. 下列哪一個旅館屬於晶華(Regent)酒店集團?
(A)Okura (B)Just Sleep
(C)Novotel (D)Mandarin Oriental。 [104統測]

( )7. 萬豪酒店集團為世界知名的國際連鎖飯店集團,下列何者屬於此一集團?
(A)Okura (B)Silk Place
(C)Hyatt (D)W Hotel。 [104統測改編]

( )8. 某飯店共有300間房間,當日空房率為四成,其客房總營收為810,000元,該飯店當日平均每房價格為何?
(A)3,000元 (B)3,500元 (C)4,500元 (D)6,000元。 [104統測]

( )9. 下列何者是旅館中準備帳單、結帳收款及道別致謝的作業流程?
(A)Reservation (B)Foreign Exchange
(C)Check-out (D)Blocking。 [104統測]

more...

(　　)10. 下列有關訂房追蹤（Reservation Tracking）的敘述，何者錯誤？
　　　　(A)為了避免造成旅館的營收損失所採取的處理
　　　　(B)在旅客入住前幾天與顧客聯繫、確認及提醒
　　　　(C)為了降低客人未入住或臨時取消訂房的狀況
　　　　(D)係針對長期住宿客人所採取的處理行動。　　　　　　　　　　　　　[104統測]

(　　)11. 旅館因公務需要提供給主管入住的客房，稱之為何？
　　　　(A)Complimentary　　　　　　　　(B)Day Use
　　　　(C)House Use　　　　　　　　　　(D)Trial Stay。　　　　　　　　　[104統測]

(　　)12. 關於飯店與國際連鎖體系之配對，下列何者正確？
　　　　(A)文華東方－Sheraton
　　　　(B)君品酒店－Hyatt
　　　　(C)寒舍艾美－Le Méridien
　　　　(D)W飯店－New York New York。　　　　　　　　　　　　　　　[105統測改編]

(　　)13. 旅館加入特定聯合組織，經其評鑑後獲准加入並繳交會員費，會員旅館間並無總部與加盟之分，經營各自獨立，可由此聯合組織共同行銷與訂房，這類型的連鎖方式稱為：
　　　　(A)BOT　　　　　　　　　　　　　(B)Franchise
　　　　(C)Management Contract　　　　　　(D)Referral Chain。　　　　　　　[105統測]

(　　)14. 旅館在銷售同一種房型的情況下，關於房租價格之類別，下列何者最高？
　　　　(A)Commercial Rate　　　　　　　　(B)Complimentary
　　　　(C)Off-season Rate　　　　　　　　(D)Rack Rate。　　　　　　　　　[105統測]

(　　)15. 關於旅館經營概念之敘述，下列何者正確？
　　　　(A)歐式計價方式是指房租不包含任何餐食費用的計價方式
　　　　(B)客房通常因裝修及人事成本，較餐飲更不容易降價促銷
　　　　(C)休閒旅館連續假期常折扣促銷，以達最高住房率及營收
　　　　(D)休閒旅館營收比重一般以餐飲收入為主，客房收入為輔。　　　　　　[105統測]

(　　)16. 下列何者屬於日系連鎖品牌的旅館？
　　　　(A)台北晶華酒店　　　　　　　　　(B)台北福容大飯店
　　　　(C)高雄漢來大飯店　　　　　　　　(D)台北大倉久和大飯店。　　[106統測改編]

(　　)17. 國內部分連鎖飯店經營者，向業者承租旅館、土地或建築物來經營，例如：台北福容飯店向台糖公司承租大樓經營，此方式稱為下列何者？
　　　　(A)Leasing　　　　　　　　　　　　(B)Franchise
　　　　(C)Referral Group　　　　　　　　(D)Merger。　　　　　　　　[106統測改編]

(　　)18. 以百慕達式計價（Bermuda Plan, BP）之旅館，房租費用包含下列何者？
　　　　(A)歐式早餐　　　　　　　　　　　(B)美式早餐
　　　　(C)美式早餐及晚餐　　　　　　　　(D)歐式早餐及午餐。　　　　　　[106統測]

(　　)19. 關於旅館Due Out的敘述，下列何者正確？
(A)櫃檯誤記為有人住宿之空置房　(B)已整理完畢可供銷售之客房
(C)預計今日遷出之待退房　(D)辦理住宿登記後外出未歸。 [106統測]

(　　)20. 台北遠東國際大飯店（Far Eastern Plaza Hotel）委託國際香格里拉酒店集團（Shangri-La Hotels&Resorts）管理，此類型是屬於下列何種經營型態？
(A)Management Contract　(B)Company Own
(C)Operate-Transfer（OT）　(D)Franchise。 [107統測]

(　　)21. 旅館的客房狀態常以電腦系統顯示英文專用術語或縮寫，以方便管理，下列常見的用語與狀態說明，何者正確？
(A)V/R指已達退房時間，延時退房　(B)V/D指已退房，待整理的客房
(C)On Change指招待房　(D)D/O指故障房。 [107統測]

(　　)22. 諾富特（Novotel）旅館品牌，隸屬於下列哪一個國際連鎖旅館系統？
(A)凱悅集團（Hyatt）
(B)香格里拉集團（Shangri-La）
(C)洲際酒店集團（InterContinental）
(D)雅高集團（Accor）。 [108統測改編]

(　　)23. 小楊決定帶老婆到馬爾地夫的小島渡假村，以慶祝結婚週年紀念。為了好好享受渡假村中的設施，他們選擇房租包含早、午、晚餐三餐的方案，是屬於下列何者？
(A)歐式計價（European Plan）
(B)歐陸式計價（Continental Plan）
(C)百慕達式計價（Bermuda Plan）
(D)美式計價（American Plan）。 [108統測]

(　　)24. 某旅館有220間客房，於1月1日住房率60%、平均房價3,150元，該日未售出房間數，以及客房總營收各為多少？
(A)88間空房未售出、該日客房總營收為415,800元
(B)132間空房未售出、該日客房總營收為415,800元
(C)88間空房未售出、該日客房總營收為693,000元
(D)132間空房未售出、該日客房總營收為693,000元。 [108統測改編]

(　　)25. 續住房客前一晚未在該客房過夜的現象，稱為：
(A)House Use　(B)Occupied　(C)Sleep Out　(D)Vacant。 [108統測]

(　　)26. 智選假日飯店（Holiday Inn Express）及皇冠假日酒店（Crowne Plaza）兩大旅館品牌，隸屬於下列哪一個國際連鎖旅館系統？
(A)Accor Hotel
(B)Hyatt Hotel Group
(C)InterContinental Hotel Group
(D)Marriott International Hotel。 [109統測改編]

( )27. 兩位美食達人正在計畫日本京阪神美食之旅，為了品嚐當地的特色小吃及美食，他們決定完全不在旅館內用餐。選擇下列何種計價方案最為合適？
(A)歐式計價（European Plan）
(B)美式計價（American Plan）
(C)歐陸式計價（Continental Plan）
(D)修正美式計價（Modified American Plan）。 [109統測]

( )28. 消費者可以從下列哪一選項中，看得到旅館各種房型的公告價格？
(A)Room Revenue (B)Room Service
(C)Room Status Report (D)Room Tariff。 [109統測]

( )29. 旅館為了讓客人感受到尊崇之意，提供房客比原先預定更佳等級的房型，但仍以原房價收費，此種收費方式，屬於下列何者？
(A)Rack Rate (B)Upselling (C)Upgrade (D)House Use。 [109統測]

( )30. 日本的溫泉飯店多數位於郊區，因為交通不便，入住的旅客通常會選擇一泊二食的住宿方案。這種計價方案是屬於下列何者？
(A)Bermuda Plan (B)Continental Plan
(C)European Plan (D)Modified American Plan。 [110統測]

( )31. 小高加入連鎖旅館的酬賓計畫，如果未來想透過住宿同一集團快速賺取積分以兌換免費住宿，下列何者不屬於同一連鎖旅館集團？
(A)Indigo (B)Sheraton (C)Westin (D)W Hotel。 [110統測]

( )32. 某旅館共有200間客房，4月份平均住房率為80％，4月份的總銷售客房數為幾間？
(A)1,600間 (B)3,200間 (C)4,800間 (D)6,000間。 [110統測改編]

( )33. 下列何者不是旅館業者選擇加入連鎖經營的優點？
(A)共享訂房系統拓展業務
(B)有完全的廣告促銷自主權
(C)提升旅館的形象與知名度
(D)總部可提供人力培訓的作業流程。 [110統測]

( )34. 科技公司每年至少需安排200間住房數量以招待來訪客戶住宿，因此業務部門應與旅館商討下列哪一種房價計價方式較為合適？
(A)commercial rate (B)high season room rate
(C)standard rate (D)time limited rate。 [111統測]

( )35. 下列進駐臺灣的國際連鎖旅館集團之中，何者目前在臺灣已擁有四間（含）以上的旅館？
(甲)Hilton Hotels & Resorts
(乙)InterContinental Hotels Group
(丙)Shangri-La Group
(丁)Marriott International
(A)甲乙丙丁 (B)甲乙丁 (C)乙丙 (D)丙丁。 [111統測改編]

( )36. 受嚴重特殊傳染性肺炎（COVID-19）疫情之影響，某星級旅館之旅客住宿人數銳減，因此旅館總經理召開會議，討論如何調整與規劃未來旅館經營方式。關於該旅館去年2月與今年2月的房租總收入與住房銷售房間數如下表，整體平均房價的變化，下列何者正確？

時間	該月房租總收入（元）	該月平均每日銷售房間數（間）
去年2月	$31,320,000	300（間）
今年2月	$15,680,000	200（間）

(A)減少$660　(B)減少$800　(C)減少$900　(D)減少$1,280。　　　　[111統測改編]

( )37. 老高是一名旅遊規劃師，日前接受國外客戶委託安排訪臺相關行程。客戶的行程包含臺北、臺中、臺南、高雄四個地點且都有住宿的需求，客戶希望能入住同一連鎖集團以快速累積點數享有優惠，如：客房升等。老高應該為客戶安排下列哪一個連鎖旅館集團？

(A) Hilton Worldwide

(B) Hyatt Hotels Corporation

(C) InterContinental Hotels Group

(D) Shangri-La Hotels and Resorts。　　　　[112統測]

( )38. 位於臺北市的老爺酒店、文華東方酒店、遠東國際大飯店以及W飯店，是屬於連鎖旅館經營的哪一種方式？　(A)company owned　(B)franchise　(C)management contract　(D)referral。　　　　[112統測]

( )39. L飯店房間數500間，4月份平均住房率80%，住房總收入$24,000,000。該飯店4月份平均房價為多少？　(A)$2,800　(B)$2,400　(C)$2,000　(D)$1,600。　　　　[112統測]

( )40. 小如是旅館櫃檯接待人員，當旅客前來辦理入住時，從客房狀態如下表的記載中，小如只能為客人安排哪一個房間？

房號	801	802	803	804	805	806	807
客房狀態	VD	OCC	VR	OOO	OC	OD	DO

(A)801　(B)803　(C)805　(D)807。　　　　[112統測]

( )41. 臺灣近年來有一些以特許加盟方式經營的飯店，如臺北寒舍艾美酒店。下列何者較不屬於特許加盟飯店的特色？　(A)共享市場資訊以及使用連鎖訂房系統　(B)業主經營管理且財務及人事獨立運作　(C)支付加盟權利金並由總公司抽查督導　(D)連鎖總部可依其營業收入抽取獎勵金。　　　　[112統測]

( )42. 近年來臺灣本土連鎖飯店集團發展快速，下列何者皆屬於臺灣本土連鎖飯店？(A)臺北君品酒店、臺南晶英酒店　(B)臺北福華飯店、臺北雅樂軒酒店　(C)臺北六福萬怡酒店、臺中長榮酒店　(D)臺中兆品酒店、嘉義耐斯王子大飯店。　　[112統測]

( )43. 下列哪一集團於2015至2016年期間進行收購規劃與收購喜達屋酒店集團（Starwood Hotels & Resorts）？
(A) Marriott
(B) Hyatt
(C) IHG
(D) Shangri-la。 [113統測]

( )44. 有一對即將結婚的情侶，想在臺灣離島獲得星級旅館評鑑標誌的國際觀光旅館舉行婚禮，下列哪一個島嶼最符合他們的需求？
(A)綠島　(B)馬祖　(C)蘭嶼　(D)澎湖。 [113統測改編]

( )45. 某旅館共有30間客房，部分房間因震災故障需重新修繕，3月1日至7日的房間狀態如下表，當週實際可售房間的平均住房率（room occupancy rate），最接近下列何者？
(A)75%　(B)77%　(C)79%　(D)81%。 [113統測改編]

日期	3/1	3/2	3/3	3/4	3/5	3/6	3/7
故障房間數	3	3	2	1	1	0	0
當天售出房間數	18	22	15	25	25	25	20

( )46. 海葵颱風侵臺，風雨比預期還要嚴重，因此讓員工留宿旅館，除了安全考量，最重要的是確保隔日仍有足夠的員工服務旅客。關於前述的特別租（special rate）類型，下列何者正確？
(A)employee's rate
(B)house use
(C)promotion rate
(D)time-limited rate。 [113統測]

( )47. 英國搖滾天團Coldplay舉行「星際漫遊Music of The Spheres」世界巡迴演唱會，第一站是哥斯大黎加，中間演唱過的地區包含墨西哥、德國柏林、英國、巴西、秘魯、荷蘭、美國、日本東京、臺灣高雄、澳洲伯斯等。一連兩天在高雄，吸引近8.7萬人前往朝聖。高人氣也導致當地飯店房價飆漲，主唱克里斯馬汀（Chris Martin）也跟上時事，公開道歉「我知道有些飯店，價格變貴很多。」一句話點出此次哄抬旅館房價的亂象。高雄市觀光局查獲8家業者哄抬房價，最高裁罰5萬元，請問其懲罰標準較有可能是高於下列哪一種公開價格？
(A)complimentary
(B)contract rate
(C)flat rate
(D)rack rate。 [113統測改編]

CH10 旅宿業的經營概念

答案與詳解

實力加強

10.1節

1. D 2. A 3. B 4. D 5. D 6. D 7. A 8. D 9. B

10.2節

1. D 2. A 3. B 4. D 5. D 6. D 7. B 8. C 9. D 10. B

10.3節

1. C 2. D 3. D 4. B 5. D 6. B 7. A

詳解

10.2節

5. 住房率 $=\dfrac{\text{已銷售客房總數}}{\text{客房總數}} \times 100\% = \dfrac{(300-120)}{300} \times 100\% = 60\%$。

搶分終點線

1. D   2. C   3. C   4. B   5. B   6. D   7. D   8. D   9. C   10. D
11. A 12. B 13. B 14. D 15. A 16. C 17. A 18. C 19. C 20. C
21. C 22. B 23. D 24. D 25. C 26. B 27. A 28. C

詳解

16. Late Check-out：延遲遷出。House Use：旅館內因公住用的房間。
    Pressing Service：燙衣服務。

25. 散客入住時，填寫住宿登記卡。團客入住時，由領隊/導遊提供團體名單（團客住宿資料）。

情境素養題

1. C   2. D   3. D   4. D   5. D   6. C   7. A   8. D   9. D   10. A
11. A 12. D 13. C

詳解

2. 乙：希爾頓飯店於2019年重回台灣市場，新板希爾頓開幕，其經營方式屬於管理契約。
   丙：諾富特酒店為中華航空採管理契約方式與雅高（Accor）集團合作。

4. 平均房價 $=\dfrac{\text{客房總收入}}{\text{已銷售客房總數}} = \dfrac{450{,}000}{150} = 3{,}000$ 元。

5. 1月1日住房率 $=\dfrac{\text{已銷售客房總數}}{\text{客房總數}} \times 100\%$

   $60\% = \dfrac{300}{\text{客房總數}} \times 100\%$ →客房總數＝500間。

   1月2日住房率 $=\dfrac{\text{已銷售客房總數}}{\text{客房總數}} \times 100\%$

   $=\dfrac{(300-25+50)}{500} \times 100\% = 65\%$。

7. 顧客尚未退房且房內仍有行李稱「O/D」。升等至較高等級客房稱為「Upgrade」。已辦理登記入住手續但當日外宿未歸稱「S/O」。

12. 住房率 $=\dfrac{\text{已銷售客房總數}}{\text{客房總數}} \times 100\% = \dfrac{765}{(852-2)} \times 100\% = 90\%$。

13. 平均房價 $=\dfrac{\text{客房總收入}}{\text{已銷售客房總數}} = \dfrac{3,213,000}{765} = 4,200$元。

❀ 歷屆試題

1. D	2. D	3. B	4. D	5. D	6. B	7. D	8. C	9. C	10. D
11. C	12. C	13. D	14. D	15. A	16. D	17. A	18. B	19. C	20. A
21. B	22. D	23. D	24. A	25. C	26. C	27. A	28. D	29. C	30. D
31. A	32. C	33. B	34. A	35. B	36. B	37. C	38. C	39. C	40. B
41. D	42. A	43. A	44. D	45. A	46. B	47. D			

【詳解】

8. $\dfrac{810,000}{(300 \times 0.6)} = 4,500$。

24. $220 \times 60\% = 132$，$220 - 132 = 88$（未售出房間數）。
    $3,150 \times 132 = 415,800$（客房總營收）。

28. Room Revenue：客房營收。Room Service：客房餐飲服務。
    Room Status Report：客房狀況報告表。Room Tariff：客房價目表。

30. Bermuda Plan：含美式早餐。Continental Plan：含歐陸式早餐。
    European Plan：不含餐。Modified American Plan：含兩餐。

31. Indigo為洲際飯店集團；Sheraton、Westin、W Hotel為萬豪酒店集團。

32. $200 \times 80\% = 160$/天
    $160 \times 30 = 4,800$間。

36. 去年2月銷售總房間數：$300 \times 29 = 7,800$間，平均房價$31,320,000 \div 8,700 = 3,600$；
    今年2月銷售總房間數：$200 \times 28 = 5,600$間，平均房價$15,680,000 \div 5,600 = 2,800$；
    $3,600 - 2,800 = 800$。

37. 可安排洲際酒店集團（InterContinental Hotels Group）旗下之「台北晶華酒店、台中公園 / 逢甲智選假日飯店、台南大員皇冠假日酒店、高雄洲際酒店」。
    希爾頓酒店集團（Hilton Worldwide）。
    凱悅酒店集團（Hyatt Hotels Corporation）。
    香格里拉飯店集團（Shangri-La Hotels and Resorts）。

39. 平均房價 $= \dfrac{客房總收入}{已銷售客房總數}$

    $= \dfrac{24,000,000}{500 \times 30 \times 80\%} = 2,000$。

40. 801：VD，尚未整理的空房。802：OCC，已出租客房。
    803：VR，乾淨可出租客房。804：OOO，客房故障。805：OC，整理中的客房。
    806：OD，已出租但尚未整理的客房。807：DO，今日預定遷出但尚未遷出的客房。

45. 平均住房率 $= \dfrac{已出租客房數}{客房總數} \times 100\% = \dfrac{150}{30 \times 7 - 10} \times 100\% = 75\%$。

NOTE

CH 11 旅行業概述

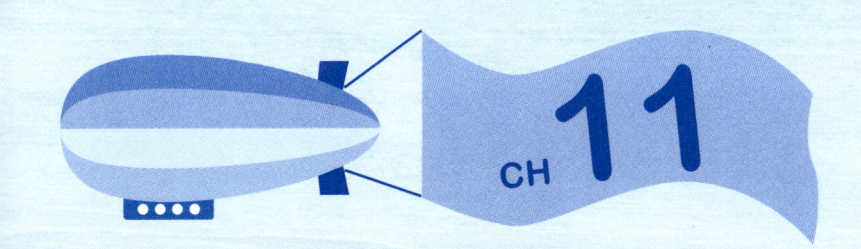

本章學習重點

節名	常考重點	
11.1 旅行業簡介	• 發展觀光條例、民法債編對旅行業之定義 • 旅行業特性的分辨	★★★★☆
11.2 旅行業的發展	• 我國旅行業發展的重要沿革 ▶ 民國68年開放國人出國觀光 ▶ 民國76年開放國人赴大陸探親旅遊 ▶ 民國90年政府實施週休二日 ▶ 民國97年全面開放大陸人士來台觀光 ▶ 民國100年開放大陸旅客來台自由行	★★★★☆
11.3 旅行業的類別及旅行社的種類	• 我國綜合、甲種及乙種旅行業的業務範圍比較 • Tour Wholesaler與Tour Operator的差異 • 特殊旅行業 • B2B及B2C	★★★★☆

統測命題分析

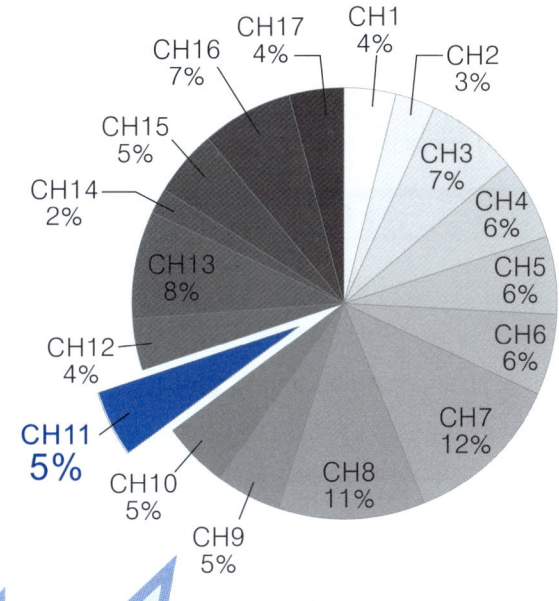

- CH1 4%
- CH2 3%
- CH3 7%
- CH4 6%
- CH5 6%
- CH6 6%
- CH7 12%
- CH8 11%
- CH9 5%
- CH10 5%
- **CH11 5%**
- CH12 4%
- CH13 8%
- CH14 2%
- CH15 5%
- CH16 7%
- CH17 4%

11.1 旅行業簡介

一、旅行業的定義

1. **「發展觀光條例」的定義**：旅行業是指經中央主管機關（**交通部觀光署**）核准，經營以下有關服務而收取報酬之營利事業：
   (1) 為旅客設計安排旅程、食宿、領隊人員、導遊人員。
   (2) 代購代售交通客票。
   (3) 代辦出國簽證手續。

   > 日常生活所需國內海、陸、空運輸事業之客票，非旅行業亦可代售（100年修正）

2. **「民法債編旅遊條文第514-1條」的定義**：稱**旅遊營業人**註者，是以提供旅客旅遊服務為營業而收取旅遊費用之人。前項旅遊服務，係指①**安排旅程** + ②**提供交通**、**膳宿**、**導遊**或其他有關之服務。

   ※注意：僅提供機票及酒店代訂服務，未包含安排旅程者，不適用此法條。

3. **「美洲旅遊協會」的定義**：美洲旅遊協會（The American Society of Travel Agents, ASTA）為**世界上最大的旅遊專業組織**。根據ASTA的定義，旅行業是指經主管機關核准，接受一個或一個以上的法人（指上游供應商）委託，從事旅遊銷售及相關服務的個人或公司行號。

4. **旅行業語詞演進**：旅行業的英文為 **Travel Agency**（T／A）、**Travel Service**（T／S）。Travel一詞演進過程如下：

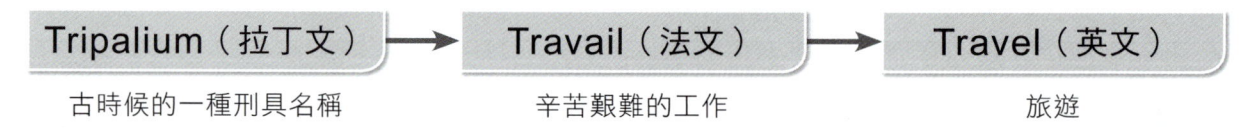

   Tripalium（拉丁文） → Travail（法文） → Travel（英文）
   古時候的一種刑具名稱　　　辛苦艱難的工作　　　　旅遊

二、旅行業在觀光餐旅業扮演的角色

旅行業將上游供應商之產品整合包裝後，售予消費者，故扮演中間媒介角色。

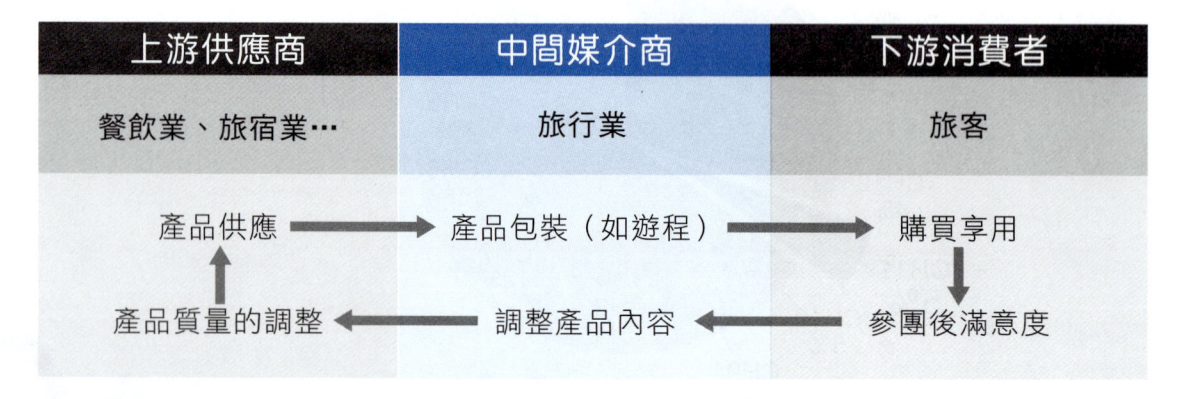

上游供應商	中間媒介商	下游消費者
餐飲業、旅宿業…	旅行業	旅客
產品供應 →	產品包裝（如遊程）→	購買享用
← 產品質量的調整	← 調整產品內容	參團後滿意度

註：指法人，亦即公司組織。

三、旅行業的特性 113

旅行業屬觀光餐旅業，故亦擁有觀光餐旅業之特性，本書第一章「觀光餐旅業的特性」已詳加介紹，以下介紹與旅行業有高度關聯的產業特性。

特性	說明
注重形象與信用建立	1. 旅行業商品大多屬無形商品，顧客無法事前體驗，故其形象與口碑的建立，對其產品的銷售有很大的助益 2. 旅行業如信用良好，較容易取得上游供應商的信賴，有助產品的規劃與品質的確保
競爭激烈	1. 旅行業所需資本不高，投入者多 2. 遊程產品無法申請專利，容易被複製
強調服務專業性 professional	旅遊產品眾多，服務人員須具有完備的專業知識（Know-how），才能提供旅客優質的旅遊服務，以保障旅遊消費安全
品質的不確定性	旅遊行程可能會受到外在因素（如：氣候、政局）的影響，而改變行程內容，無法完全標準化
產品組合彈性大	旅行社的產品非常多元，有全備式旅遊商品，亦有機票加酒店的自由行行程；相同行程，也可以有不同的餐宿等級安排
應收、應付帳款多	旅行業資本結構為流動資產（應收帳款）多，固定資產少；負債結構以短期流動負債（應付帳款）為主
營業外收益重要	包括匯率變動、旅客購物及自費行程佣金、以及來自航空公司的機票銷售獎勵金[註]等營業外收益，均對旅行業收入有重要影響

註：銷售獎勵金（Volume Incentive）又稱量獎金，是指當旅行社銷售機票達到相當數量時，航空公司會給予旅行社的獎勵金。

實力加強 11.1

( ) 1. 下列哪種行業是介於一般消費者和法人之間，代理法人從事旅遊銷售工作、並收取佣金之專業服務行業？ (A)餐飲業 (B)旅行業 (C)旅館業 (D)航空業。

( ) 2. 下列何者非屬旅行業業務範圍？ (A)代旅客購買交通運輸事業客票 (B)設計旅程 (C)辦理外幣匯兌 (D)安排導遊人員。

( ) 3. 我國民法中，稱「提供旅客旅遊服務為營業而收取旅遊費用之人」為
(A)旅行業 (B)旅遊營業人 (C)旅行業代理商 (D)旅行業經理人。

( ) 4. 下列何者非為我國旅行社之專屬營業範圍？ (A)代購台北到高雄的機票 (B)代售台北到日本的機票 (C)販賣遊程 (D)代辦出國護照。

( ) 5. 關於旅行業的特性，下列敘述何者正確？
甲、信譽有助業績的擴展
乙、行程內容一旦確認，即使有緊急狀況發生，亦不能變更
丙、行程可以被複製，所以競爭激烈
丁、匯率的變動和旅行業的獲利狀況無關
(A)甲、乙 (B)丙、丁 (C)甲、丙 (D)乙、丁。

11.2 旅行業的發展

一、西方旅行業的發展

西方旅行業的發展與西方餐旅業的發展，息息相關；為了方便同學有效率地複習及統整相關內容，本書第二章在介紹觀光餐旅業發展時，已將西方旅行業的發展一併介紹。

二、我國旅行業的發展[1]　102　104　105　106　108　109　110　113

	民國初年～44年	
背景	國際旅遊活動初起，旅行業於中國大陸應運而生。民國34年前，台灣屬日本殖民地，旅遊活動統由日本鐵道旅遊部門管理	
重要事紀	12年	陳光甫先生於上海商銀成立旅行部門
	16年	中國第一家旅行社－中國旅行社在上海成立，為我國旅行業先鋒
	17年	北伐成功，國民政府大舉投入全國建設，旅行業再度興起
	26年	日治時期台灣第一家旅行社－東亞交通公社台灣支部成立
	35年	中國旅行社在台北成立分社，後於民國39年改稱「台灣中國旅行社」為光復後台灣首家旅行社
	36年	政府接收東亞交通公社台灣支部，成立財團法人台灣旅行社
	37年	台灣第一家國營旅行社－台灣旅行社股份有限公司成立
	38年	政府宣布戒嚴，對國人出國觀光限制相當嚴格
	42年	交通部頒布旅行業管理規則，此為我國最早的餐旅業相關法令
	民國45～58年（觀光萌芽期）	
背景	成立正式組織，投入觀光事業，制定法案，奠基觀光基礎；民國45年起，政府開始推動觀光事業發展	
重要事紀	45年	• 成立「台灣省觀光事業委員會」，為官方最早設立的觀光行政機構 • 財團法人台灣觀光協會（Taiwan Visitors Association, TVA）成立，為台灣最早成立的觀光組織（屬半官方性質） • 開始發展觀光，因應市場以外國人來台旅遊（Inbound）為主要發展方向
	49年	• 政府開放旅行社民營[2] • 原國營旅行社－台灣旅行社，改為民營，成為台灣首家民營旅行社
	53年	舉辦第一屆導遊人員甄試
	56年	日本來台旅客超越美國來台旅客，成為我國第一大觀光客源國
	57年	政府發布「觀光業導遊人員管理辦法」（後改稱導遊人員管理規則）
	58年	• 發展觀光條例公布實施，為觀光產業之法源 • 「台北市旅行同業公會」成立

註1：資料來源：交通部觀光署「台灣觀光60・永續專刊」。
註2：台灣最早的四家旅行社：台灣、台灣中國、歐亞、遠東。

CH11　旅行業概述

民國59～68年（紮根基礎期）		
背景		設置觀光局及駐外辦事處，紮根厚實基底，觀光起飛，來台旅客首度破百萬
重要事紀	59年	中華民國觀光導遊協會（Tourist Guide Association, TGA）成立
	60年	• 觀光局成立，隸屬交通部，綜攬全國觀光事業之發展與管理 • 核准旅行社可幫旅客代辦入出境申請業務
	65年	外國人來台人數超過100萬
	66年	內政部訂定元宵節（農曆正月十五日）為觀光節
	67年	• 舉辦第一屆觀光節慶祝活動，並以元宵節及其前後三天，名為「觀光週」 • 宣布暫停甲種旅行業設立，並於68年實施，靠行[註1]（Broker）業者興起
	68年	• 開放國人出國觀光，我國觀光旅遊活動型態由單向之Inbound變成雙向之Inbound、Outbound • 舉辦第一屆領隊人員考試（國際領隊） • 中正國際機場（現稱桃園國際機場）啟用
民國69～78年（探索交流期）		
背景		解除戒嚴，開放大陸探親，舉辦台北國際旅展，推展國際觀光
重要事紀	75年	中華民國觀光領隊協會（Association of Tour Manager, ATM）成立
	76年	• 政府宣布解除戒嚴令，放寬山區、海域、軍事管制區的使用，大幅提高了觀光旅遊的活動空間 • 開放國人赴大陸探親旅遊 • 交通部觀光局輔導台灣觀光協會舉辦第1屆台北國際旅展（International Travel Fair, ITF）[註2]
	77年	修訂「旅行業管理規則」，將旅行業分為綜合、甲種、乙種，並重新開放旅行業申請設立（此年申請設立之家數成長率最高），並增設經理人制度
	78年	• 實施新護照條例，採一人一照制 • 中華民國旅行業品質保障協會（Travel Quality Assurance Association, TQAA）[註3]成立 • 首次Outbound人次＞Inbound人次，且超過200萬人次

註1：靠行是指由個人或一組人，以繳交租金方式向合法的旅行社租用辦公設備，以提供相關旅遊服務，其營業所得之利潤不需與旅行社分享。
註2：原為2年一次，於89年改為每年舉辦。
註3：TQAA的會員為旅行業者；該協會每季會發表「旅行團參考售價」，供消費者參考。

more...

民國79～88年（旅遊起飛期）	
背景	完備觀光遊憩設施，協調整合各部會觀光資源，推動美食展、燈會及溫泉等主題旅遊，台灣觀光展翅起飛
重要事紀 79年	• 實施證照（出入境證與護照）合一 • 交通部觀光局主辦第一屆台北燈會（民國92年，改稱「台灣燈會」） • 台灣觀光協會主辦第一屆台北中華美食展 • 旅行業開始採用電腦訂位系統（Computer Reservations System, CRS）
81年	• 政府開放旅行業辦理國人赴大陸地區旅行團體業務 • 第一次舉辦大陸地區領隊人員甄試 • 旅行業與航空業共同實施銀行清帳計畫（The Billing & Settlement Plan, BSP） • 中華民國旅行業經理人協會（Certified Travel Councilor Association, CTCA）成立
82年	旅行業實施代收轉付收據取代統一發票，以解決開立金額龐大，但實際獲利金額有限之稅賦問題
83年	對英美等12國實施來台120小時免簽證措施
84年	• 核發機器可判讀護照（Machine Readable Passport, MRP） • 實施旅行業責任保險及履約保證保險制度
85年	「行政院觀光發展推動小組」成立 （民國91年，提升為「行政院觀光發展推動委員會」）
86年	開放外資，外國旅行社可來台設立分公司
87年	政府實施隔週休二日，帶動國民休閒旅遊的風潮
88年	• 為台灣溫泉觀光年 • 921大地震重創中部旅遊產業

CH11 旅行業概述

民國89年～98年（觀光倍增期）		
背景	打造21世紀台灣發展觀光新戰略，觀光列為台灣六大新興產業，台灣成為「觀光之島」	
重要事紀	89年	• 實施民法債編旅遊條文（88年公告）、新版旅遊契約，「旅行業」成為唯一列入民法規範之餐旅產業 • 「21世紀台灣發展觀光新戰略」將觀光產業列為國家發展之重點產業
	90年	• 實施公教週休二日，全力發展國民旅遊，邁入全民觀光蓬勃發展的時代 • 交通部觀光局訂定「觀光政策白皮書」 • 修正公布「發展觀光條例」，明訂旅館業、民宿、領隊人員、自然人文生態景觀區、專業導覽人員之定義及管理法源，並將國際會議、展覽相關之旅遊服務產業列入觀光產業 • 第一屆華語導遊人員甄試 • 開放金門、馬祖地區小三通
	91年	• 為台灣生態旅遊年；加入世界貿易組織（World Trade Organization, WTO） • 行政院啟動觀光客倍增計畫（民國91～97年） • 來台旅客突破200萬人次 • 內政部[註1]首度有條件開放特定身分大陸地區人民來台觀光
	92年	• 國民旅遊卡實施，促使國民旅遊市場成長 • 爆發「嚴重急性呼吸道症候群（SARS）」疫情，重創亞洲觀光旅遊市場 • 「領隊人員管理規則」發布施行 • 實施「外籍旅客購買特定貨物申請退還營業稅實施辦法」[註2]，目的為吸引外籍旅客來台觀光，並提高其消費意願 • 外籍人士免簽證入境我國延長為30天 • 兩岸包機首航（第三地中轉）

註1：內政部為主管大陸地區人民來台從事觀光活動許可辦法之機關。
註2：外籍旅客向特定營業人購買特定貨物達一定金額以上，並於一定期間內攜帶出口者，得在一定期間內辦理退還特定貨物之營業稅。
- 外籍旅客：指持非中華民國之護照入境且自入境日起在中華民國境內停留日數未達183天者。
- 達一定金額以上：指同一天內向同一特定營業人購買特定貨物，其累計含稅消費金額達新臺幣2,000元以上者。
- 一定期間：自購買特定貨物之日起，至攜帶特定貨物出境之日止，未逾90日之期間。但辦理特約市區退稅之外籍旅客，應於申請退稅之日起20日內攜帶特定貨物出境。

知識快遞

觀光客倍增計畫

目標在民國97年將台灣打造為觀光之島，並訂定國際來台旅客成長目標：
以觀光目的來台旅客增至200萬人次，來台旅客突破500萬人次；為達成目標，自此觀光建設以顧客導向之思維、套裝旅遊之架構、目標管理之手段來推動進行。

more...

	民國89年～98年（觀光倍增期）		
重要事紀	93年	• 外交部實施「國外旅遊警示參考資訊指導原則」，將警示等級分為**三級制**（黃、橙、紅） • 為**台灣觀光年**，其迎賓語是「Naruwan, Welcome to Taiwan」 • 推出「台灣觀光巴士」 • 導遊及領隊人員考試，改由**考試院考選部**辦理，但原負責單位**交通部觀光局**仍負責**受訓**、**發照**、**管理**等事宜 • 我國首度與外國（紐西蘭）簽訂打工度假協議 • 捷星亞洲航空（代號3K）首航台灣，為第一家飛航台灣的廉價航空	
	94年	來台旅客突破300萬人次；日本來台旅客突破100萬人次	
	95年	• 為**台灣國際青年旅遊年** • 推動「台灣暨各縣市觀光旗艦計畫」，推廣主軸如八大旗艦景點：台北101大樓、台北故宮、高雄愛河、玉山、阿里山、日月潭、太魯閣及墾丁 • 觀光局以「**Taiwan, Touch Your Heart**」圖樣做為新局徽 • 財團法人台灣海峽兩岸觀光旅遊協會（簡稱「台旅會」）成立 • 旅行購物保障制度上路	
	96年	台灣高鐵通車，促使台灣進入「一日生活圈」，觀光產業受到影響	
	97年	• 為**旅行台灣年**（民國**97～98**年） • 舉辦第一屆台日觀光高峰論壇 • **兩岸觀光發展關鍵年**：兩岸大三通，全面開放大陸人士來台觀光、兩岸啟動常態直航包機 • 開放東南亞6國（印尼、印度、越南、菲律賓、寮國、柬埔寨）有條件來台免簽證 • 發行**晶片護照**（97年12月29日）	
	98年	• 外交部將「國外旅遊警示參考資訊指導原則」的警示分級由三級制（黃、橙、紅）增訂為**四級制**（灰、黃、橙、紅） • 推動**觀光拔尖領航方案**，將台灣打造為**東亞觀光交流轉運中心**及**國際觀光重要旅遊目的地**（民國**98～103**年） • 來台旅客突破400萬人次	

CH11 旅行業概述

民國99年～104年（創意突破期）		
背景	建國百年，啟動全新品牌，觀光質量躍升，來台旅客破千萬大關，永續觀光發展	
重要事紀	99年	• 旅行台灣・感動100（99～100年）：以催生與推廣百大感動旅遊路線、體驗臺灣原味的感動及貼心加值服務為計畫三大主軸 • 台灣「海峽兩岸觀光旅遊協會（台旅會）」北京辦事處成立，大陸「海峽兩岸旅遊交流協會（海旅會）」台北辦事處正式揭牌，為兩岸60年來首次互設的準官方機構，具破冰意義 • 台北松山機場與東京羽田機場恢復對飛 • 來台旅客創500萬人次，中國成為來台旅客最多的國家 • 國人出國旅遊人數突破900萬人次
	100年	• 交通部觀光局推出「Taiwan-The Heart of Asia，亞洲精華，心動台灣」，用以接替原「Taiwan, Touch Your Heart」宣傳使用 • 開放大陸旅客來台自由行（100年6月28日） • 來台旅客突破600萬人次；國人出國旅遊人數達958萬人次
	101年	• 觀光宣傳主軸為「Time for Taiwan－旅行台灣就是現在」，結合百大感動路線、十大感動元素、觀光拔尖領航方案、國際光點、風景區管理處特色與系列活動、台灣好行與台灣觀光巴士、四大節慶活動、國際旅客獎勵優惠措施 • 啟用自動查驗通關系統（e-Gate），結合自動查驗護照、生物特徵辨識，可讓入出境旅客12秒內自動通關 • 台灣十大觀光小城出爐 • 觀光局推動「台灣觀光年曆」，以42個代表活動為全台國際活動代言 • 來台觀光旅客突破700萬人次，國人出國旅遊人數突破1,000萬人次
	102年	• 打造「台灣觀光年曆」為代表台灣國際魅力及特色之平台 • 來台旅客突破800萬人次，國人出國旅遊人數超過1,105萬人次
	103年	• 積極推廣「台灣觀光年曆」，將具國際魅力及特色活動行銷國際 • 觀光局與香港旅遊發展局簽署「亞洲郵輪專案」，為全球第1個區域合作推廣郵輪協議 • 台灣第一家國籍廉價航空公司—台灣虎航（IT）首航新加坡 • 第一家全本土資金廉價航空—威航（ZV）首航曼谷（復興航空獨資） • 台韓觀光交流互訪達百萬人次 • 來台旅客達991萬人次，國人出國旅遊人數達1,184萬人次
	104年	• 推動「觀光大國行動方案」（104～107年）以「優質、特色、智慧、永續」為執行策略 • 深化「Time for Taiwan 旅行台灣 就是現在」的行銷主軸 • 來台旅客達1,043萬人次，國人出國旅遊人數達1,318萬人次

more...

觀光餐旅業導論 滿分總複習

民國105年～（永續發展期）		
背景		Tourism 2020台灣永續觀光發展方案，打造台灣為亞洲重要旅遊目的地
重要事紀	105年	• 觀光新南向政策啟動 • 來台旅客1,069萬人次，國人出國旅遊1,458萬人次 • 勞工全面周休二日 • 復興航空（含旗下廉價航空－威航）於11月宣佈解散
	106年	• 研訂「Tourism 2020－台灣永續觀光發展策略」（106～109年） 以開拓多元市場、推動國民旅遊、輔導產業轉型、發展智慧觀光、推廣體驗觀光等5大發展策略為基礎，形塑台灣成為「友善、智慧、體驗」之亞洲重要旅遊目的地 • 推動「生態旅遊年」 • 來台旅客1,074萬人次，國人出國旅遊1,565萬人次 • 韓國來台旅客突破100萬人次 • 台灣郵輪旅客突破100萬人次，亞洲最佳郵輪母港：基隆港
	107年	• 體驗觀光推動「2018海灣旅遊年」主軸，建構島嶼生態觀光旅遊 • 來台旅客1,107萬人次，國人出國旅遊1,664萬人次
	108年	• 日本來台旅客達200萬人次 • 來台旅客1,186萬人次、國人出國旅遊1,710萬人次 • 推動「2019小鎮漫遊年」
	109年	• 推動「2020脊梁山脈旅遊年」，推廣台灣山脈旅遊，看見台灣部落風情 • 制定「Taiwan Touirsm 2030觀光政策白皮書」，以「觀光立國」為願景，並落實「觀光主流化」理念，研訂國旅市場關鍵績效指標 • 因應COVID-19疫情，旅行業暫停Inbound、Outbound團體旅遊業務 • 交通部為刺激國民旅遊，推出「安心旅遊補助方案」 • 來台旅客137萬人次（日、韓居多），國人出國旅遊234萬人次
	110年	• 推動「自行車旅遊年」 • 受COVID-19疫情影響，來台旅客僅14萬人次，國人出國旅遊35萬人次
	111年	• 推動「鐵道觀光旅遊年」，鳴日號觀光列車首航 • 解除邊境檢疫措施，旅行業重啟Inbound、Outbound團體旅遊業務 • 來台旅客89萬人次，國人出國旅遊148萬人次
	112年	• 交通部觀光局改制為「交通部觀光署」 • 來台旅客649萬人次，國人出國旅遊1,055萬人次
	113年	• 導遊及領隊評量改由交通部觀光署辦理；新增「專用制」鎖定旅行社內稀少語言人才 • 推出觀光新品牌「TAIWAN－Waves of Wonder，台灣魅力‧驚喜無限」，並以「親山、親海、樂環島」為行銷主軸宣傳台灣四季都是觀光季

註：我國觀光客源：
- 重點十國：日本、韓國、新加坡、馬來西亞、越南、菲律賓、泰國、印尼、港澳、中國。
- 新興潛力市場：俄羅斯、印度、紐澳、中東、以色列。
- 特定族群市場：郵輪、穆斯林、銀髮、青年等。

三、台灣觀光品牌CIS介紹

交通部觀光局（現為觀光署）先後於民國95年、100年及113年推出台灣觀光品牌CIS，做為觀光宣傳使用；以下分別介紹這三個CIS的設計內涵。

品牌3.0（113年推出）

- 由英文「TAIWAN」及「WAVES OF WONDER」組合而成
- 標誌緊扣「親山、親海、樂環島」的行銷主軸，融合了台灣的山脈、海洋、蜿蜒的公路與鐵道等意象，以驚喜一波又一波的WAVE線條，勾勒出台灣四季旅遊亮點
- 字體顏色採用日出晨光的橘色，象徵台灣觀光旅遊未來的發展性

品牌2.0（100年推出）

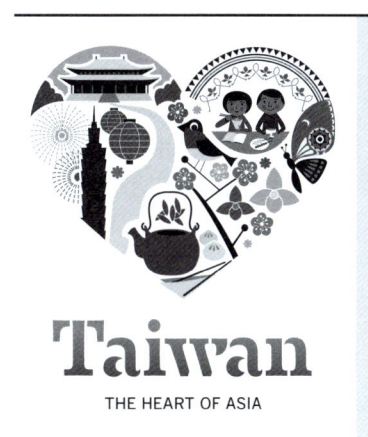

- 由心型視覺圖案、英文「Taiwan」及「THE HEART OF ASIA」組合而成
- 心型視覺圖案用以表達「The Heart of Asia」，並置入多元意象（如國家劇院、台北101等），闡釋台灣具備競爭優勢的多樣性
- 主標「Taiwan」及副標「THE HEART OF ASIA」，表示台灣是亞洲的脈搏，美麗而有活力

品牌1.0（95年推出）

- 由英文「TAiWAN」、中文「台灣」的圖形印章，以及英文「Touch Your Heart」組合而成
- 英文「TAiWAN」各字母象徵的意義：
  - T：象徵台灣的屋簷，表達了台灣似一個溫馨的家
  - A：是一位熱情的主人，在門口歡迎朋友
  - i：是外來的遊客，受到主人的招呼款待
  - W：是兩人高興的握手言歡
  - AN：是主人與客人一起坐著喝茶聊天
- 「台灣」的圖形印章表現出一顆赤忱的心，傳達「Touch Your Heart」的真誠與熱情

觀光餐旅業導論 滿分總複習

知識快遞

21世紀台灣重要觀光政策

資料來源：交通部觀光署

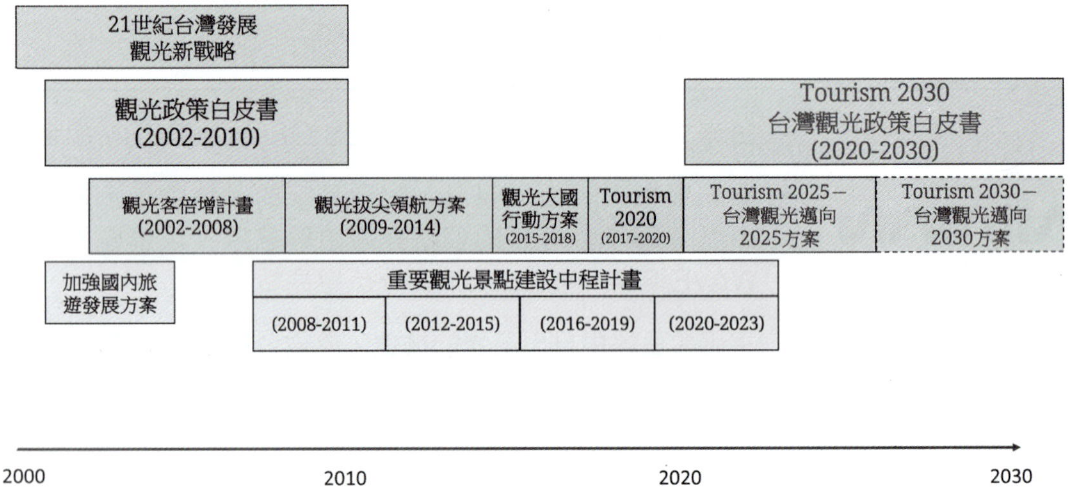

```
21世紀台灣發展
觀光新戰略

觀光政策白皮書                          Tourism 2030
(2002-2010)                          台灣觀光政策白皮書
                                      (2020-2030)

觀光客倍增計畫    觀光拔尖領航方案   觀光大國   Tourism   Tourism 2025－   Tourism 2030－
(2002-2008)     (2009-2014)    行動方案   2020    台灣觀光邁向     台灣觀光邁向
                              (2015-2018) (2017-2020)  2025方案        2030方案

加強國內旅              重要觀光景點建設中程計畫
遊發展方案
              (2008-2011) (2012-2015) (2016-2019) (2020-2023)

  2000              2010              2020              2030
```

一、重要觀光政策

1. 2002年：推出首部觀光政策白皮書，宣示從「工業之島」走向「觀光之島」，將觀光產業列為21世紀國家發展之重要策略性產業。

2. 2011年：推出台灣觀光品牌「Taiwan-The Heart of Asia」，提升國際能見度。

3. 2015年：來台旅客首度突破千萬人次，正式邁向觀光大國。

4. 2017年：啟動「Tourism2020：台灣永續觀光發展方案」，促進台灣永續觀光。

5. 2020年：發布「Tourism2030台灣觀光政策白皮書」。

6. 2024年：推出全新台灣觀光品牌「TAIWAN－Waves of Wonder，台灣魅力‧驚喜無限」，宣傳台灣四季都是觀光季。

二、主題旅遊年

從2017年起，觀光署每年都定義一個旅遊主題，如下圖所示。

2017	2018	2019	2020
生態旅遊	海灣旅遊	小鎮漫遊	脊梁山脈旅遊

2021	2022	2023	2024
自行車旅遊	鐵道觀光旅遊	跳島旅遊	博物館觀光旅遊

知識快遞

Taiwan Touirsm 2030觀光政策白皮書重點

一、目標

預期在2030年以前，可望達成之發展目標如下：
1. 來台旅遊人數：1,600萬人次。
2. 國民旅遊人數：2億人次。
3. 觀光總產值（消費金額）：新台幣1兆元。

二、六大主軸

政策主軸	策略
組織法制變革	1. 奠定「觀光立國」願景，落實「觀光主流化」 2. 改造觀光行政組織，觀光局改制為觀光署 3. 強化觀光推廣及研訓機構：成立專責國際觀光推廣之行政法人組織、研議扶植成立財團法人觀光研訓院 4. 修正《發展觀光條例》
打造魅力景點 創造台灣好魅力	1. 建構台灣區域觀光版圖，打造台灣觀光新亮點 2. 打造友善旅遊環境 3. 倡導觀光美學及永續觀光
整備主題旅遊 展現台灣好多元	1. 整備主題旅遊產品，整合地方中央資源，建構完善之景點設施與服務 2. 推廣深度體驗，開發特色旅遊產品、推廣大型節慶、賽事活動，並結合在地產業規劃特色旅遊 3. 推展綠色旅遊、生態觀光
廣拓觀光客源 開創台灣好集客	1. 精準開拓國際觀光客源：深耕主力市場、開發新興潛力市場、拓展長程市場、開發特定族群市場 2. 推動旅遊地的品牌行銷，如「台灣廚房（Taiwan Kitchen）」品牌、台灣美食（Taiwanese Cuisine）旅遊。推展具台灣優勢之主題旅遊，例如：運動、生態、醫美及文化體驗觀光之旅等。推動台灣特色節慶活動之優化，以遊客角度完善台灣觀光年曆 3. 深化國民旅遊推廣機制 4. 加強海空運輸接待能量 5. 確立行銷組織分工機制
優化產業環境 提升台灣好服務	1. 優化產業投資經營環境　　3. 培訓觀光產業專業人才 2. 健全產業輔導管理機制　　4. 鼓勵業界發展企業社會責任
推展智慧體驗 便利台灣好暢遊	1. 優化旅遊資訊科技　　　　3. 建立數位旅遊數據平台 2. 營造智慧旅運服務　　　　4. 強化數位及社群行銷

（五大策略，展現台灣五好）

※ 我國旅行業發展之相關組織、政策、法規、旅客人數統整表

1. 交通部觀光署沿革

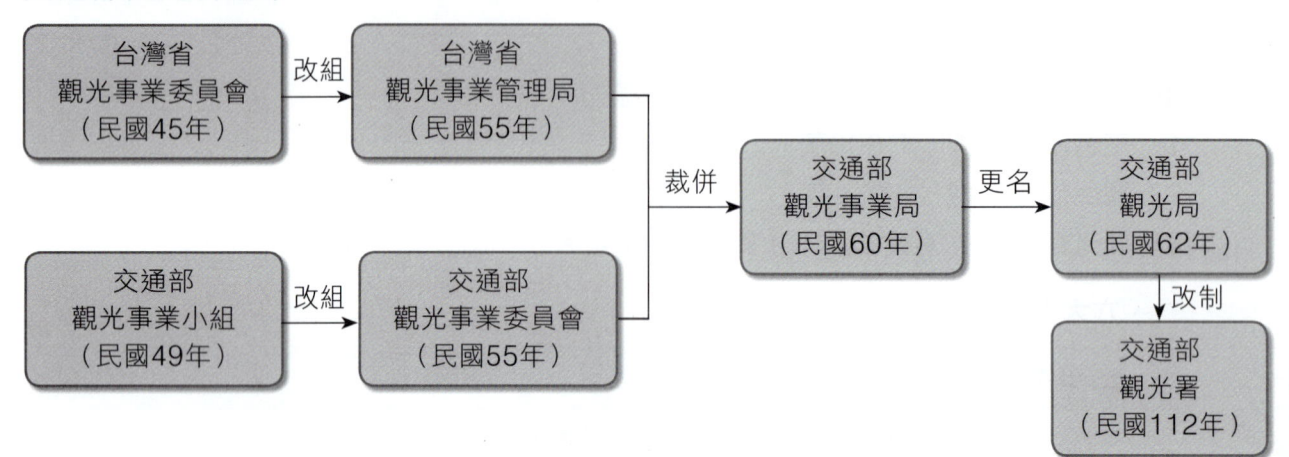

台灣省觀光事業委員會（民國45年）──改組──→ 台灣省觀光事業管理局（民國55年）
交通部觀光事業小組（民國49年）──改組──→ 交通部觀光事業委員會（民國55年）
──裁併──→ 交通部觀光事業局（民國60年）──更名──→ 交通部觀光局（民國62年）──改制──→ 交通部觀光署（民國112年）

2. 重要觀光政策

民國	Inbound	民國	Outbound	民國	Domestic
45	開始發展觀光	68	開放國人出國觀光	87	隔週休二日
83	外人來華120小時免簽	76	開放赴大陸探親	90	公教週休二日
92	實施外籍旅客退稅制度 外人免簽延長為30天	93	旅遊警示（三級）	92	國民旅遊卡
95	旅行購物保障制度	98	旅遊警示（四級）	105	勞工週休二日
105	觀光新南向政策				

3. 兩岸開放相關政策

民國	Outbound	民國	Inbound
76	開放赴大陸探親旅遊	90	小三通
81	開放赴大陸團體旅遊	91	有條件開放大陸人士來台觀光
		97	全面開放大陸人士來台觀光（組團）
		100	開放大陸人士來台自由行

4. 旅行業相關組織

民國	官方組織	民國	民間機構
60	交通部觀光局	45	台灣觀光協會（TVA）
85	行政院觀光發展推動小組	59	中華民國觀光導遊協會（TGA）
91	行政院觀光發展推動委員會（110年解編）	75	中華民國觀光領隊協會（ATM）
95	台灣海峽兩岸觀光旅遊協會（台旅會）	78	中華民國旅行業品質保障協會（TQAA）
112	交通部觀光署（交通部觀光局改制）	81	中華民國旅行業經理人協會（CTCA）

5. 旅行業法規、人員甄試及相關措施

民國	旅行業相關法規
42	旅行業管理規則
57	觀光業導遊人員管理辦法→導遊人員管理規則
58	發展觀光條例
89	民法債編旅遊專節
92	領隊人員管理規則

民國	旅行業專業人員甄試
53	第一屆導遊人員甄試（外語導遊）
68	第一屆領隊人員甄試（國際領隊→外語領隊）
81	第一屆大陸領隊人員甄試（華語領隊）
90	第一屆華語導遊人員甄試
93	改由考試院辦理領隊、導遊人員甄試
113	改由交通部觀光署辦理領隊、導遊人員評量

民國	旅行業相關措施
77	分綜合、甲種、乙種；增設經理人
79	開始採用電腦訂位系統（CRS）
81	實施銀行清帳計畫（BSP）
82	實施代收轉付收據
84	實施責任保險、履約保證保險制度
86	開放外資來台設立分公司

民國	大型展覽
76	第一屆台北國際旅展（ITF）
79	第一屆台北燈會、第一屆台北中華美食展
92	台灣燈會

6. 歷年觀光宣傳主軸

民國	宣傳主軸
88	溫泉觀光年
91～92	台灣生態旅遊年
93～94	台灣觀光年
95～96	台灣國際青年旅遊年
97～98	旅行台灣年
99～100	旅行台灣・感動100
101～107	旅行台灣 就是現在 Time for Taiwan
113～117	親山、親海、樂環島

7. 各年度推廣觀光主軸

民國	觀光主軸
106	生態旅遊年
107	海灣旅遊年
108	小鎮漫遊年
109	脊梁山脈旅遊年
110	自行車旅遊年
111	鐵道觀光旅遊年
112	跳島旅遊年
113	博物館觀光旅遊年

8. 歷年推展觀光政策方案名稱

民國	政策方案
89	21世紀台灣發展觀光新戰略
90	觀光政策白皮書
91～97	觀光客倍增計畫
98～103	觀光拔尖領航方案
104～107	觀光大國行動方案
106～109	Tourism2020台灣永續觀光發展方案
109	Taiwan Tourism 2030台灣觀光政策白皮書

9. 歷年Inbound突破百萬人次

民國	人次	民國	人次
65	100萬	100	600萬
78	200萬	101	700萬
94	300萬	102	800萬
98	400萬	103	900萬
99	500萬	104	1,000萬
		107	1,100萬

10. 歷年來台旅客人次最多國家

民國	國家
45～55	美國
56～98	日本
99～108	中國
109	日本

實力加強 11.2

( ) 1. 關於台灣現代旅行業的發展，下列敘述何者錯誤？
(A)「臺灣旅行社」是光復後第一家公營旅行社
(B)民國59年成立「中華民國觀光導遊協會」
(C)民國67年政府曾宣布暫停旅行業之申請設立
(D)民國75年成立「中華民國旅行業品質保障協會」。

( ) 2. 關於台灣觀光發展的歷程，依時間先後順序排列，下列何者正確？
甲、交通部觀光局成立
乙、公務人員休假開始使用國民旅遊卡
丙、重新開放旅行業執照申請並將旅行業分為綜合、甲種及乙種
丁、開放國人出國觀光
(A)甲丙丁乙　(B)甲丁丙乙　(C)丁甲丙乙　(D)丁丙甲乙。

( ) 3. 關於我國2030觀光政策白皮書中哪一個策略能展現「台灣好多元」？
(A)整備主題旅遊
(B)打造魅力景點
(C)廣拓觀光客源
(D)推展智慧體驗。

( ) 4. 關於台灣近年的觀光政策與發展，下列敘述何者錯誤？
(A)民國45年開始發展Inbound Tourism
(B)民國78年受理國人赴大陸探親申請
(C)民國90年全面實施公教週休二日
(D)民國104年來台旅客超過1,000萬人次。

( ) 5. 下列何者為交通部觀光署於民國113年推出的台灣觀光品牌CIS？
(A)TAIWAN-Waves of Wonder
(B)Taiwan-Touch Your Heart
(C)Taiwan-The winds of the world
(D)Taiwan-The Heart of Asia。

( ) 6. 我國交通部觀光局何年改制為觀光署？
(A)111　(B)112　(C)113　(D)114。

11.3 旅行業的類別及旅行社的種類

11.3.1 旅行業的類別

一、台灣旅行業的分類 103、104、105、108、109、110

依據我國「旅行業管理規則」，旅行業分為**綜合**旅行業、**甲種**旅行業、**乙種**旅行業三種，業務範圍彙整如下：

業務範圍 \ 類別	綜合	甲種	乙種
代售代購國內外海、陸、空運輸事業之客票、託運行李	✓	✓	限國內
招攬或接待國內外觀光旅客並安排旅遊、食宿及交通	✓	✓	限本國觀光客
設計國內外旅程，安排導遊或領隊	✓	✓	限國內
提供國內外旅遊諮詢服務	✓	✓	限國內
代辦出、入國境及簽證手續	✓	✓	✗
透過網路平台或行動應用程式（APP），與保險業合作推廣旅遊相關保險商品，並附隨代收保險費	✓	✓	✓
代理外國旅行業辦理聯絡、推廣、報價等業務，但不能對外營業	✓	✓	✗
自行組團安排旅客國內外觀光旅遊、食宿、交通及提供有關服務（直售）	✓	✓	限國內
以**包辦旅遊**方式，安排旅客國內外觀光旅遊、食宿、交通及提供有關服務	✓	✗	✗
委託同業代為招攬業務（躉售）	✓	✗	✗

（綜合欄註記：含本國旅客或取得合法居留證件之外國人、香港、澳門居民，及大陸地區人民）

↳ 綜合旅行業委託甲種、乙種旅行業代為招攬業務

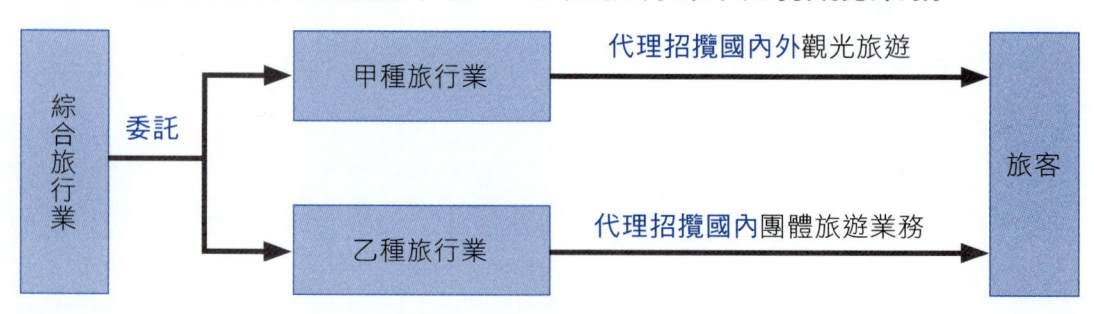

```
綜合旅行業 ──委託──→ 甲種旅行業 ──代理招攬國內外觀光旅遊──→ 旅客
           └─────→ 乙種旅行業 ──代理招攬國內團體旅遊業務──→ 旅客
```

二、台灣旅行業之資本總額 102 106

旅行業	綜合	甲種	乙種
最低資本總額	3,000萬元	600萬元	120萬元
每增設一家分公司[註]所須增加的資本額	150萬元	100萬元	60萬元
	※注意：旅行業的資本總額已達增設分公司所須資本總額者，不在此限		

註：
- 旅行業不得以「分公司」以外之名義設立分支機構，亦不得包庇他人頂名經營旅行業務或包庇非旅行業經營旅行業務。
- 綜合、甲種旅行業在國外設立分支機構或與國外旅行業合作於國外（含中國大陸、港澳）經營旅行業務時，除依有關法令規定外，應報請交通部觀光署備查。
- 外國旅行業在中華民國設立分公司時，應先向交通部觀光署申請核准，並依法辦理認許及分公司登記，領取旅行業執照後始得營業。

概念澄清湖　　包辦旅遊方式 VS. 自行組團

比較項目	包辦旅遊方式	自行組團
產品規劃	應預先擬定計畫，訂定旅行目的地、日程、旅客所能享用之運輸、住宿、服務之內容，以及旅客所應繳付之費用，並印製招攬文件	接受客人委託規劃、安排遊程內容
可辦理的旅行業者	限綜合旅行業	綜合、甲種、乙種旅行業皆可
委託同業代為招攬	可委託（綜合旅行業可委託甲種、乙種旅行業代理）	不可委託（須自行銷售、招攬，不可委託同業代理）

※ 瞭解台灣旅行業家數：我國綜合、甲種、乙種旅行業的家數，可連上交通部觀光署（行政資訊網→業務資訊→觀光統計→觀光業務統計→旅行業相關統計）查詢最新統計資料。

三、歐美旅行業的分類 104 107 113

類別	說明	
躉售旅行業 Tour Wholesaler	主要產品	自有品牌的**大眾化全備**旅遊行程
	銷售方式	躉售／批售－**委託同業（零售旅行業）代售**
	營運特色	1. 財力雄厚，營運規模較大 2. 可向上游產業（如航空公司）大量訂購其產品，故能**以量制價**，降低成本
遊程承攬旅行業 Tour Operator	主要產品	1. 自有品牌的「特殊」全備旅遊行程；多屬於**主題旅遊**（Theme Tour） 2. **客製化旅遊行程**
	銷售方式	1. 直售－將旅遊產品直接銷售給消費者，未透過同業代售 2. 躉售－委託同業（零售旅行業）代售
	營運特色	1. 營運規模及團量較躉售旅行業小，但旅遊團性質較多元且較具彈性 2. 強調精緻的服務及品質，以提升品牌認同度
零售旅行業 Retailer／ Retail Travel Agency	主要產品	1. 代售同業、上游產業（如航空公司）的旅遊產品，無自有產品 2. 代辦各項旅遊服務（如簽證、護照）
	銷售方式	直售
	營運特色	1. 營運規模較小，經營成本低，因此家數眾多，為躉售旅行業重要銷售通路之一 2. 提供旅遊諮詢服務，與旅客密切互動，**客製化**程度高
特殊旅行業／獎勵公司 Special Travel Agency／ Special Channel／ Incentive Company／ Meeting Planner／ Motivational House	主要產品	獎勵旅遊
	銷售方式	直售（消費者通常是「企業」）
	營運特色	專門接受企業委託，設計具有激勵效果或激發潛能的獎勵旅遊，包含行程規劃、活動安排、主題晚宴的設計及執行大型會議的流程
	分類	1. **全服務公司**（Full Service Company）：從規劃、推廣到執行，全階段參與客戶公司推行之獎勵旅遊公司 2. **實踐型公司**（Fulfillment Company）：僅提供旅遊產品之服務，不參與客戶公司內部之規劃與推廣。 3. **獎勵旅遊部門**（Incentive Department）：台灣旅行業者多於內部設立企業專區獎勵旅遊部門

概念澄清湖

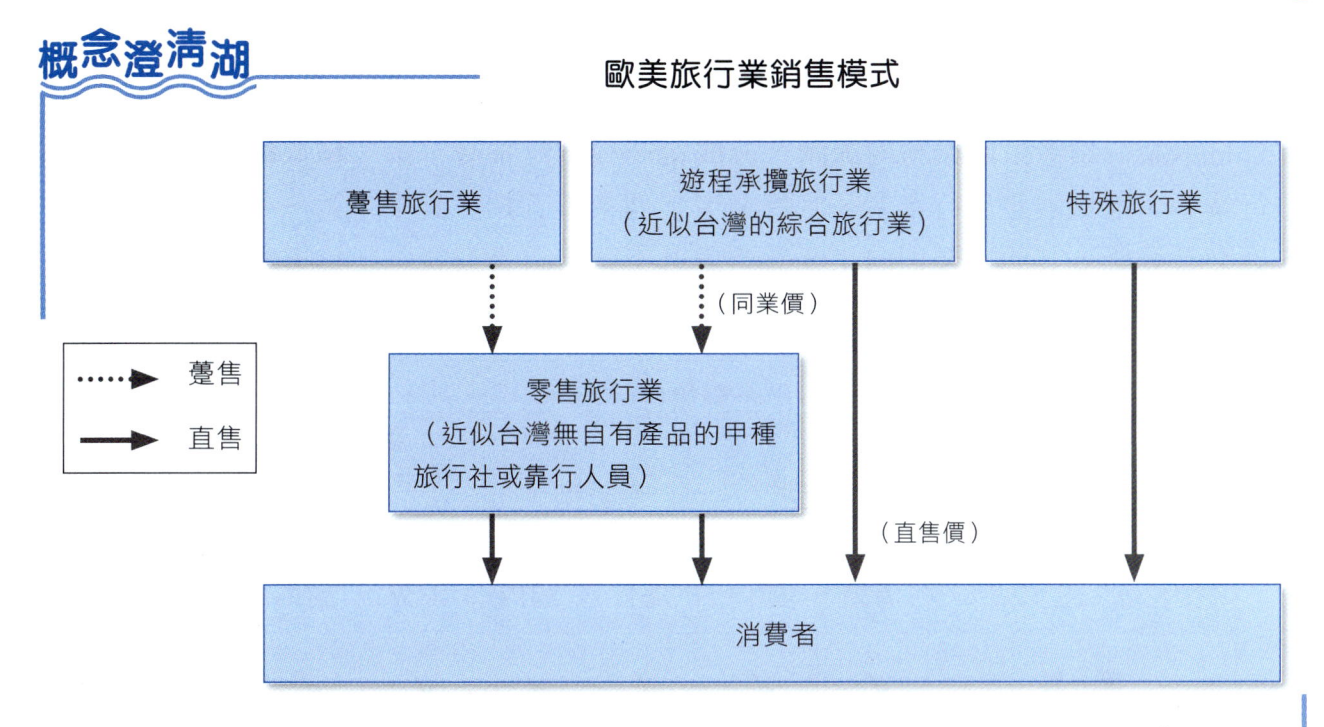

歐美旅行業銷售模式

```
躉售旅行業        遊程承攬旅行業           特殊旅行業
                (近似台灣的綜合旅行業)
   ┊                  ┊
   ┊      (同業價)    ┊
   ▼                  ▼
        零售旅行業
     (近似台灣無自有產品的甲種
      旅行社或靠行人員)
                                (直售價)
            ▼        ▼         ▼
                消費者
```

- ┈┈▶ 躉售
- ──▶ 直售

躉售旅行業或航空公司為促銷新行程或新航線，會邀請旅行社同業實地考察瞭解該行程特色以利其銷售該遊程，此種旅遊團稱為**熟悉旅遊**（Familiarization Tour, FAM Tour）。因參團者皆為旅行社同業，亦稱同業旅遊團（Agent Tour, AGT Tour），團費為全免或僅繳交少許金額。

知識快遞

旅遊產品價格

- **直售價**（Direct Sales Price）：為旅客直接向旅行社購買旅遊產品之價格。
- **同業價**（Agent NET或NET）：為旅行業給同業代為銷售的優惠價；代銷的同業，其利潤（佣金，Commission）來自「直售價」與「同業價」的價差。

四、中國旅行業的分類

中國旅行業沒有名稱上的分類，而是在旅行社的「旅行社業務經營許可證」上載明旅行社的經營業務範圍；其主管機關為國務院文化和旅遊部。

1. **經營國內旅遊業務和入境旅遊業務**：凡申請設立的旅行社皆可經營（資本額≧30萬，質量保證金：20萬）。

2. **經營出境旅遊業務**：凡旅行社取得經營許可**滿2年**，且未因侵害旅遊者合法權益受到行政機關處罰者，可再申請經營此種旅遊業務（質量保證金：120萬）。

五、日本旅行業的分類

　　日本旅行業者依照業務的範圍，分成第一種旅行業者、第二種旅行業者、第三種旅行業者、地域限定旅行業者、旅行業者代理業等五類，其中，第一種旅行業須向觀光廳廳長登錄，其餘四類則向主要營業處縣市政府首長登錄。上述五類旅行業者之業務範圍說明如下：

類別 \ 業務範圍	企劃旅行 募集型註1 海外	企劃旅行 募集型註1 國內	企劃旅行 受訂型註2 海外	企劃旅行 受訂型註2 國內	籌備註3（手配）旅行 海外	籌備註3（手配）旅行 國內	代售其他旅行社募集型企劃旅行 海外	代售其他旅行社募集型企劃旅行 國內
第一種	✓	✓	✓	✓	✓	✓	✓	✓
第二種	✗	✓	✓	✓	✓	✓	✓	✓
第三種	✗	✓ 限定地區註4	✓	✓	✓	✓	✓	✓
地域限定旅行業	✗	✓ 限定地區	✗	✓ 限定地區	✗	✓ 限定地區	✓	✓
旅行業者代理業	<ul><li>執行以上旅行業者委託的業務</li><li>不可安排出團事宜</li><li>不可同時為2家旅行社代理</li></ul>							

註1：募集型企劃旅行：旅行社規劃之現成遊程，可以透過各種管道銷售。
註2：受訂型企劃旅行：旅行社接受客戶委託安排定的團體旅遊行程。
註3：籌備型旅行：旅行社代購代售交通客票、託運行李、住宿卷，代訂旅遊食宿及交通等服務。
註4：限定地區：出發地、目的地、住宿地設有營業處所的地區（資料來源：日本旅行業協會、日本觀光廳）。

11.3.2 我國旅行社的種類

一、依「經營型態」分類

1. **獨立經營**：是指**沒有其他分公司**的旅行社，擁有經營與財務會計的自主權。
2. **連鎖經營**：是指**2家（含）以上**具有相同的企業識別標識（CIS），或以分公司型態擴展其營運規模的旅行社。
3. **聯營／聯合出團（Package Tour, PAK）**

說明	(1) 起源於日本旅行社的聯合推廣旅遊 (2) 旅行社同業結成聯盟，共同推廣、銷售聯盟之產品 (3) 同一家旅行社可同時參加多個PAK聯盟 (4) 參加PAK聯盟早期多為甲種旅行業，現在亦有不少綜合旅行業者加入 (5) 目前的PAK聯盟多半由航空公司針對不同的季節和主題，結合旅行業者共同推出多元化的旅遊商品，以創造更多的商機
目的	(1) 提高出團率 (2) 增加產品線 (3) 以量制價，降低成本 (4) 建立公司形象，提高公司知名度
釋例	(1) 長榮中國世家PAK：由長榮航空提供機位，山富國際、五福、百威、新台、雄獅、東南、康福、喜鴻、世邦等9家旅行社聯營 (2) 長榮航空亦與其它家旅行業者組織「玩美加族PAK」、「魅力歐洲PAK」

二、依「有無實體據點」分類 107

1. **實體旅行社**：設有門市店面，提供旅遊產品銷售及相關服務。
2. **網路旅行社（Web Travel Agent / Internet Travel Agent / Online Travel Agency, OTA / E-agent）**：架設網站，提供旅遊產品銷售及相關服務，意即採用「電子商務」（Electronic Commerce, EC）的經營模式；常見的有：

經營模式	說明
企業對企業 Business to Business, B2B	企業間透過網路進行銷售、採購、服務等活動 例如 雄獅旅行社建置「雄獅旅遊同業網」，透過此平台將其旅遊產品批售給同業
企業對消費者 Business to Consumer / Business to Customer, B2C	企業透過網路提供消費者購物、商品查詢、即時資訊等服務 例如 雄獅旅行社建置「雄獅旅遊網」，提供消費者旅遊產品訊息及線上訂購服務

現今許多業者會同時透過實體門市及網際網路來提供服務，以增加其行銷管道。

三、依「產品區域」分類

1. **國人海外旅遊業務**：經營國人出國的旅遊業務（即Outbound旅遊），依區域劃分為：

    (1) **長程線（飛行時數4小時以上）**：如中東、南亞、紐澳、歐洲、美加及非洲地區。

    (2) **短程線（飛行時數4小時以內）**：多為亞洲線，如東北亞（日、韓），東南亞（菲、泰、馬、新、中南半島等）、中國。

2. **外國人入境台灣旅遊業務**：經營外國人至本國的旅遊業務（即Inbound旅遊）。

    綜合及甲種旅行業均可經營此項業務，但如欲辦理大陸地區人民來台從事觀光活動業務，須為成立3年以上之綜合或甲種旅行業，並向交通部觀光署或其委託之團體繳納新臺幣100萬元保證金後，始得辦理接待。

3. **國民旅遊業務**：招攬或接待本國旅客或取得合法居留證件之外國人、香港、澳門居民及大陸地區人民國內旅遊、食宿、交通及提供有關服務（即Domestic旅遊）。

四、依「特殊經營業務」分類 106

有些旅行業並不販賣遊程，而是以躉售批發某項旅遊服務（如機票、訂房、簽證）來收取報酬；常因其批發量大，能跟上游供應商壓低價錢，賺取利潤。

1. **票務中心（Ticket Center / Ticket Consolidator, T/C）**

    專門從事**機票躉售批發**的旅行社，因為量大可壓低成本，價格會比旅行同業直接向航空公司開票還便宜；可視為航空公司票務櫃檯的延伸。

2. **訂房中心（Hotel Reservation Center, HRC）**

    專門從事國內外飯店**訂房躉售批發**的旅行社，提供旅行同業按旅客之個人需求，直接透過訂房中心取得各飯店之報價及客房預訂作業。

3. **簽證中心（Visa Center, V/C）**

    專門從事各國**簽證服務**的旅行社，協助旅行同業申辦旅客的各國簽證或入境證，例如某些在台並無設置簽證代辦處的國家，即需透過鄰近國家或地區辦理；簽證中心的統籌辦理可替旅行同業省時又省力。

CH11　旅行業概述

4. **航空公司總代理（General Sales Agent, GSA）**

   旅行社的主要業務為代理某些航空公司之在台業務，如推廣、訂位、開票等事宜；其收益來自代理之銷售佣金（Overriding Commission）。

   例如 金界旅行社代理芬蘭航空、阿根廷航空、維珍航空、阿提哈德航空的在台業務。

5. **國外旅行社代理商（On Behalf of Foreign Travel Agency）**

   代理外國當地接待旅行社（Local Travel Agency）註的在台業務，包括前往該地區旅遊之旅行團的推廣、報價、聯絡等事宜。

   例如 台灣庫奧尼旅行社其業務為代理歐洲GTS旅行社，負責在台對旅行社同業進行報價、聯絡、推廣事宜。

   註：當地接待旅行社／地接社：是指在旅遊當地負責接待外國旅客的旅行社，英文說法有Local Agent、Land Operator、Local Operator、Ground Handling Agent、Ground Tour Operator等。

實力加強 11.3

(　)1. 依據我國現行之旅行業管理規則，下列有關旅行社經營業務的敘述，何者正確？
   (A)甲種旅行社經營業務不得代理旅客購買國內外客票
   (B)甲種旅行社可以委託乙種旅行社代為招攬出國旅遊業務
   (C)綜合旅行社可以委託甲種旅行社代為招攬出國旅遊業務
   (D)乙種旅行社經營業務包含接待國外觀光客在台旅遊。

(　)2. 在旅行業中所謂「PAK」的意思是：
   (A)直客行銷　(B)跨國網路經營　(C)同業間聯合行銷　(D)異業結盟。

(　)3. 台灣人小青要從台灣前往中國，請問她可透過哪種旅行社代訂機票？
   (A)僅有乙種旅行業可以
   (B)僅有甲種旅行業可以
   (C)僅有綜合旅行業可以
   (D)綜合及甲種旅行業均可以。

(　)4. 下列何者不是我國旅行業可以經營的業務範圍？
   (A)出國旅遊業務　　　　　　　　(B)接待來華旅客業務
   (C)外國旅客匯兌業務　　　　　　(D)與保險業合作推廣旅遊保險產品。

(　)5. 歐美旅行業中，何者是以設計企業的獎勵旅遊為主的旅行業？
   (A)Tour Wholesaler
   (B)Tour Operator
   (C)Retail Travel Agency
   (D)Incentive Company。

11.1 旅行業簡介

( )1. 以下針對旅行業的特性何者有誤？
(A)旅行業具專業性　　(B)同一旅遊產品組合彈性小
(C)旅遊產品非專利品　(D)旅遊產品無法儲存。

( )2. 在我國而言，下列何者為旅行業的財務特性之一？
甲、固定資產多　乙、長期流動負債為主　丙、應付帳款多
丁、應收帳款少　戊、營業外收益重要
(A)甲丙戊　(B)乙戊　(C)甲丁　(D)丙戊。

( )3. 旅行業在餐旅業扮演何種角色？
(A)上游供應商　(B)中間媒介商　(C)下游消費者　(D)政策制定者。

( )4. 下列有關旅行業特質的敘述，何者正確？
甲：出團量不受經濟環境的影響
乙：旅遊產品具有季節性
丙：供應商的資源供給彈性大
丁：旅遊產品的可複製性高
(A)甲、乙　(B)甲、丙　(C)乙、丁　(D)丙、丁。

11.2 旅行業的發展

( )5. 台灣從何時開始實施「隔週休二日」政策，帶動國內旅遊風潮？之後又在哪一年全面實施「週休二日」？
(A)民國86年；民國89年　(B)民國87年；民國89年
(C)民國87年；民國90年　(D)民國88年；民國90年。

( )6. 我國內政部核定的觀光節是哪一天？
(A)每年農曆正月十五日　(B)每年農曆八月十五日
(C)每年國曆十月十日　　(D)每年國曆十二月二十五日。

( )7. 具有半官方性質，於海外派駐頗多據點，協助推廣我國觀光旅遊的財團法人機構是：　(A)中華觀光管理學會　(B)台灣觀光協會　(C)中華民國工商協進會　(D)中華民國旅行業品質保障協會。

( )8. 有關我國旅行業的發展，下列何者發生的年代最早？
(A)旅行業開始採用電腦訂位系統
(B)旅行業加入銀行清帳計畫
(C)實施旅行業履約保證保險制度
(D)旅行業分為綜合、甲種及乙種。

( )9. 甲、TQAA　乙、ATM　丙、TVA　丁、TGA。以上組織成立年代的先後順序應為　(A)丙甲乙丁　(B)甲乙丙丁　(C)乙丁甲丙　(D)丙丁乙甲。

11.3 旅行業的類別及旅行社的種類

( )10. X旅行社除自行組團出國觀光外並代理Y旅行社攬客出國觀光，則X旅行社屬於下列何種旅行社？
(A)綜合旅行社　(B)甲種旅行社　(C)乙種旅行社　(D)第一類旅行社。

( )11. 下列有關台灣旅行業之敘述，何者有誤？
(A)依旅行業管理規則規定，台灣旅行業分為綜合、甲種、乙種旅行業
(B)設立1家甲種旅行業與2間分公司，資本額最少需800萬元
(C)旅行業可透過APP與保險業共同推出保險商品
(D)乙種旅行業可代售從台灣飛往法國之機票。

( )12. 我國綜合旅行業可以包辦旅遊委託同業代售產品，請問此種業務模式類似於歐美何種旅行社？
(A)Retail Travel Agency
(B)Incentive Company
(C)Tour Operator
(D)Wholesale Travel Agency。

( )13. 下列哪一種旅行業，是因應網路時代來臨的產物？
(A)Local Travel Agency
(B)Ticket Center
(C)Visa Center
(D)Online Travel Agency。

( )14. 下列何者為「Tour Operator」之經營特色？
甲、依據客人需求設計遊程
乙、可躉售亦可直售
丙、出團數量較躉售旅行業少
丁、服務品質較躉售旅行業高
(A)甲、乙　(B)丙、丁　(C)甲、丙、丁　(D)甲、乙、丙、丁。

( )15. 下列何者最符合Familiarization Tour宗旨？
(A)幫助清寒學生完成旅遊願望
(B)家族成員間之旅遊活動
(C)旅行業者參加之熟悉行程
(D)旅客參團需自費之行程。

情境素養題

( )1. 下列何者不屬於旅行業之財務特性？
(A)資產結構上，固定資產較流動性資產的比重高很多
(B)負債結構以短期流動負債為主
(C)代收轉付開立的金額很大，但實際獲利的毛利金額不大
(D)外匯及外幣的運作，影響公司整體獲利能力。 [11.1]

( )2. 關於旅行業的發展，下列敘述何者錯誤？
(A)清朝時期，開啟海外留學與遊學的風氣，因而興起國際性旅遊活動
(B)北伐成功後，政府積極改善交通建設，旅行業再度興起
(C)民國16年成立中國旅行社，成為旅行業先鋒
(D)台灣光復前第一家專業旅行社為遠東旅行社。 [11.2]

( )3. 觀光餐旅業的發展過程，下列敘述何者正確？
(A)民國76年台灣開放國人出國觀光是與外國雙向交流之開始
(B)台灣最早成立的民間觀光組織是台灣省觀光協會
(C)黑暗時代特權階級所雇用精通外語的護衛稱為Courier，首開領隊與導遊之先河
(D)美國的汽車旅館（Motel）是從1930年以後陸續發展。 [11.2]

( )4. 下列有關旅行業沿革與發展的敘述，何者錯誤？
(A)1891年美國運通公司發行第一張信用卡
(B)通濟隆公司（Thomas Cook&Son）成立全世界第一家旅行社
(C)台灣於民國76年開放國人赴大陸探親
(D)台灣於民國78年成立「中華民國旅行業品質保障協會」。 [11.2][104統測]

( )5. 民國69到76年間，我國旅行業的主要特徵是：
(A)增設「合格經理人」制度以提升經營人員素質
(B)旅行業發展空間受限，導致旅行社非法的「靠行作業（broker）」問題叢生
(C)強制旅行業須向保險公司投保履約保險及責任保險
(D)尚未開放一般國民出國觀光。 [11.2]

( )6. 關於臺灣觀光發展重要事件發生時程之順序，由先至後的排列，下列何者正確？
甲：臺灣高速鐵路正式完工通車，臺灣進入一日生活旅遊圈
乙：公教全面實施週休二日
丙：開始實施星級旅館評鑑制度
丁：開放陸客自由行
(A)甲乙丙丁 (B)甲丙丁乙 (C)乙甲丙丁 (D)丁乙甲丙。 [11.2][105統測]

( )7. 有關台灣旅行業的發展，下列敘述何者錯誤？
(A)109～111年政府為了因應COVID-19疫情，暫停旅行社國際團體旅遊業務
(B)代收轉付收據是幫旅行業解決稅賦的問題
(C)民國77年起旅行業分為綜合、甲種、乙種三種
(D)旅行業的家數以綜合旅行業最多。 [11.2]

( )8. 關於旅行業的PAK聯營方式，下列敘述何者正確？
(A)易遊網旅行社與中國信託商業銀行，共同合作推廣東京之旅
(B)雄獅旅遊與康福旅行社各自組團，共同包機前往上海
(C)理想旅運社與新進旅行社，共同合作推廣德國之旅
(D)時報旅行社結合各地分公司，共同推廣知本之旅。 [11.3]

( )9. 甲種旅行業可經營之業務，依規定包括下列哪幾項？
甲：以包辦旅遊方式安排國內觀光
乙：代理外國旅行業辦理推廣業務
丙：委託乙種旅行業代為招攬團體旅遊業務
丁：設計國外旅程、安排導遊或領隊人員
(A)甲丙　(B)甲丁　(C)乙丙　(D)乙丁。 [11.3]

( )10. 關於躉售旅行業的敘述，下列何者正確？
甲、委託同業代為銷售產品
乙、以提供客製化旅遊產品為主
丙、可向上游產業（如航空公司）以較低價格大量訂購其產品（如機票）
丁、在科技網路發達時代，因為資訊透明容易被淘汰
(A)甲、丙　(B)甲、乙、丙　(C)乙、丙　(D)甲、乙、丁。 [11.3]

( )11. 關於日本旅行業之敘述，下列何者錯誤？
(A)手配旅行是指提供住宿、交通、用餐、體驗、導遊等單項預約服務，而非整套旅遊的設計與執行
(B)旅行業代理業和台灣之Broker及歐美旅行業之Retailer類似，可代售全日本旅行社之旅遊產品
(C)只有第一種旅行業可以規劃並透過各種方式招攬Outbound旅遊團
(D)日本的第一、二、三種旅行業均可委託旅行業代理銷售其產品。 [11.3]

( )12. 小綠進入旗立旅行社官網首頁上看到3月5日北海道五日遊售價為NT40,000/人，且在其團號前另有標示PAK；待小綠進入同業網頁登入帳密後，查詢到北海道五日遊報價為NT38,000/人，依上所述可知
(A)小綠應為乙種旅行社職員
(B)旗立旅行社應為甲種旅行社
(C)同業網頁應屬電子商務中的B2B模式
(D)PAK意指此團有別一般團，為特惠團且食宿升等。 [11.3]

歷屆試題

( )1. 交通部觀光局（現為觀光署）推動「觀光拔尖領航方案」預定民國101年達成的目標，下列敘述何者錯誤？
(A)創造5,500億臺幣之觀光收入
(B)帶動40萬人次觀光之就業人口
(C)吸引450萬來臺之旅遊人次
(D)吸引2,000億臺幣之民間投資。 [102統測改編]

( )2. 交通部觀光局（現為觀光署）推動「旅行臺灣 感動100」行動計畫，不包括下列哪一項主軸？
(A)催生與推動百大感動旅遊動線
(B)體驗臺灣原味的感動
(C)建構在地文化特色
(D)貼心的加值服務。 [102統測改編]

( )3. 某旅遊集團經營一家綜合旅行業及二家分公司，依規定應實收資本總額不得少於新臺幣多少元？
(A)八百萬元 (B)九百萬元 (C)二千七百萬元 (D)三千三百萬元。 [102統測]

( )4. 有關我國旅行業的業務範圍敘述，下列何者正確？
(A)甲種及乙種旅行業均可提供國內外旅遊諮詢服務
(B)乙種旅行業可接受旅客委託代辦出、入國境及簽證手續
(C)綜合、甲種及乙種旅行業均可設計國內行程，並安排導遊或領隊人員
(D)只有綜合旅行業可自行組團，為旅客出國觀光安排食宿、交通與旅遊提供服務。 [103統測]

( )5. 依「發展觀光條例」所訂定之「旅行業管理規則」中，下列哪一項不是甲種旅行業的業務範圍？
(A)代訂國內食宿及提供行李服務
(B)提供國內外旅遊諮詢服務
(C)設計國內外旅程、安排導遊人員或領隊人員
(D)以包辦旅遊方式安排國內外旅遊服務。 [104統測]

( )6. 旅行社將上游產業資源整合，設計不同類型的套裝遊程（如：豪華、精緻、經濟遊程）以類似批發方式提供下游業者進行銷售，並從中賺取利潤，是屬於下列哪一種經營模式？
(A)Wholesaler (B)Retailer (C)PAK (D)Direct Sales。 [104統測]

( )7. 關於提昇台灣觀光的政策，下列何者最早推動？
(A)觀光客倍增計畫
(B)觀光拔尖領航方案
(C)全面開放大陸人士來台觀光
(D)推動一縣市一旗艦觀光計畫。 [104統測]

( )8. 下列有關我國旅行業的沿革與發展的敘述，何者正確？
(A)民國42年頒布「旅行業管理規則」
(B)民國67年將旅行業分為綜合、甲種、乙種三類
(C)民國68年公布「發展觀光條例」
(D)民國78年政府強制規定旅行業者須投保「履約保險」與「責任保險」。 [104統測]

( )9. 關於我國乙種旅行業所代理之旅行業務，下列敘述何者正確？
(A)可代理外國旅行業辦理聯絡、推廣、報價等業務
(B)可代理綜合旅行業招攬國內外觀光旅遊有關業務
(C)可代理綜合旅行業招攬國內觀光旅遊有關業務
(D)可代理甲種旅行業招攬國外觀光旅遊有關業務。 [105統測]

( )10. 下列哪一項政府推動的觀光政策，是以「將臺灣打造成為東亞交流轉運中心及國際觀光重要旅遊目的地」為政策目標？
(A)觀光客倍增計畫　　　　　(B)旅行台灣感動100
(C)觀光拔尖領航方案　　　　(D)開放大陸人士來臺觀光。 [105統測]

( )11. 下列哪一項是交通部觀光局（現為觀光署）民國101年起推動的觀光行銷主軸？
(A)Naruwan Welcome to Taiwan
(B)Taiwan Touch Your Heart
(C)Time for Taiwan
(D)Tour Taiwan Years。 [105統測改編]

( )12. 觀光局（現為觀光署）為了提升觀光事業，曾於下列何年將觀光主題訂為「台灣溫泉觀光年」？
(A)民國88年　(B)民國91年　(C)民國95年　(D)民國98年。 [106統測改編]

( )13. 專門代理海外旅行社發展觀光業務，或辦理國外觀光團體在臺灣旅遊的業務，是屬於下列何種類型的旅行社？
(A)Foreign Agent　　　　　(B)Ground Tour Operator
(C)General Sales Agent　　(D)PAK。 [106統測]

( )14. 某大旅行業老闆於民國106年3月開設綜合旅行社並辦理公司設立登記，一家總公司在台北，另同時於台中和高雄各增設一間分公司。依據民國106年3月公告的「旅行業管理規則」的規定，該旅行業登記之實收資本額不得少於新台幣多少元？
(A)2,900萬　(B)3,000萬　(C)3,200萬　(D)3,300萬。 [106統測]

( )15. 國內外的線上旅遊業蓬勃發展，例如易遊網、燦星網等網路旅行社，下列何者不屬於此種型態的旅行社？
(A)Internet Travel Agent　　(B)E-agents
(C)Incentive Agent　　　　　(D)Online Travel Agent。 [107統測]

(　)16. 旅行社種類依經營業務內容分類中，以經營直售業務，直接服務旅客，針對特殊需求自行籌組出國團體，產品多為訂製遊程（Tailor-made Package Tours），業務包辦出國手續、簽證業務、票務等工作，是指下列何者？
(A)Tour Operator Direct Sales　　(B)Tour Wholesaler
(C)Visa Center　　(D)General Sales Agent。 [107統測]

(　)17. 某公司舉辦員工旅遊，預計有三條路線遊程，A：花蓮臺東團；B：美國東部團；C：香港澳門團，該公司想請旅行業幫忙規劃遊程。依據「旅行業管理規則」規定，下列之敘述何者正確？
(A)A、B團可以找甲種旅行社，C團可以找乙種旅行社辦理
(B)A、C團可以找甲種旅行社，B團可以找乙種旅行社辦理
(C)A、C團可以找乙種旅行社，B團可以找綜合旅行社辦理
(D)B、C團可以找甲種旅行社，A團可以找乙種旅行社辦理。 [108統測]

(　)18. 關於我國旅行業的沿革與發展之敘述，下列何者正確？
(A)民國68年開放國人以「觀光旅遊名義」申請出國
(B)民國76年成立「中華民國旅行業品質保障協會」
(C)民國78年開放國人赴大陸探親旅遊
(D)民國87年政府實施週休二日。 [108統測]

(　)19. 關於臺灣觀光餐旅業的發展，依年份順序，下列敘述何者正確？
甲：正式展開星級旅館評鑑制度
乙：臺灣觀光年
丙：臺灣生態旅遊年
丁：旅行臺灣就是現在（Time for Taiwan）
(A)丁→甲→乙→丙　　(B)甲→丙→乙→丁
(C)丁→乙→丙→甲　　(D)丙→乙→甲→丁。 [109統測]

(　)20. 關於旅行社的業務或種類，下列敘述何者正確？
(A)我國甲種旅行社的業務，除了可以招攬或接待國內外旅客，也可以委託同業代為招攬旅遊業務
(B)我國甲種旅行社的業務，除了提供國內外自行組團旅遊服務，也提供代理外國旅行社推廣業務
(C)日本旅行業中的第一種旅行業其經營項目與業務內容，如同我國的乙種旅行社
(D)日本旅行業中的第二種旅行業，其經營項目與業務內容，類似我國的甲種旅行社。 [109統測]

(　)21. 下列何者不屬於乙種旅行社的業務範圍？
(A)開發國內包辦旅遊業務
(B)代旅客購買國內客票、托運行李
(C)接受委託代售國內海、陸、空運輸事業之客票
(D)招攬或接待本國旅客提供國內旅遊、食宿、交通。 [110統測]

( )22. 民國16年成立的中國旅行社為我國第一家民營旅行社，其前身為下列何者？
(A)上海商銀旅行部　　　　　　(B)東亞交通公社
(C)匯豐銀行旅行部　　　　　　(D)歐亞旅行社。　　　　　　　　　[110統測]

( )23. 依「旅行業管理規則」中的旅行業分類，下列何者可經營的業務範圍最多？
(A)綜合旅行業　　　　　　　　(B)甲種旅行業
(C)乙種旅行業　　　　　　　　(D)包辦旅行業。　　　　　　　[110統測改編]

( )24. 我國交通部觀光局（現為觀光署）曾推動多項觀光政策，對餐旅業發展具有重大影響，下列政策何者於民國100年後啟動？
(A)臺灣觀光年　　　　　　　　(B)觀光客倍增計畫
(C)觀光大國行動方案　　　　　(D)開放陸客來台觀光。　　　　[110統測改編]

( )25. 關於我國餐旅業發展的重要事件發生順序，下列何者正確？
甲：SARS疫情爆發，重創觀光產業
乙：全面實施週休二日，國民旅遊盛行
丙：啟動兩岸大三通，促進餐旅業發展
丁：台北希爾頓飯店開幕，旅館業走入國際連鎖時代
(A)甲→乙→丙→丁　　　　　　(B)乙→甲→丙→丁
(C)丙→甲→丁→乙　　　　　　(D)丁→乙→甲→丙。　　　　　　[110統測]

( )26. 有關旅行業特性的敘述，下列何者正確？
(A)旅遊產品需要事先規畫遊程、安排交通、住宿與餐廳等，屬於professional
(B)2024年元旦石川地震造成輪島市觀光停擺，屬於rigidity of supply components
(C)2025年大阪萬國博覽會吸引許多遊客到訪，將造成一房難求，屬於heterogeneity
(D)領隊有能力導覽解說、處理遊客遺失護照或生病等突發事件，屬於perishability。　　　　　　　　　　　　　　　　　　　　　　　[113統測改編]

( )27. 政府透過推動「Tourism 2020 臺灣永續觀光發展方案（或策略）」，將臺灣形塑成亞洲重要旅遊目的地，下列何者不是其主要特質？
(A)友善　(B)智慧　(C)體驗　(D)綠能。　　　　　　　　　　　　[113統測]

( )28. 歐美旅行業類別之一為「特殊旅行業（Special Travel Agency）」，下列何者不屬於特殊旅行業的別稱？
(A)Incentive Company　　　　　(B)Meeting Planner
(C)Motivational House　　　　　(D)Tour Operator。　　　　　　　[113統測]

答案與詳解

實力加強

11.1節

1. B　　2. C　　3. B　　4. A　　5. C

11.2節

1. D　　2. B　　3. A　　4. B　　5. A　　6. B

11.3節

1. C　　2. C　　3. D　　4. C　　5. D

搶分終點線

1. B　　2. D　　3. B　　4. C　　5. C　　6. A　　7. B　　8. D　　9. D　　10. B
11. D　12. D　13. D　14. D　15. C

詳解

9. TQAA：中華民國旅行業品質保障協會。ATM：中華民國觀光領隊協會。
　　TVA：台灣觀光協會。TGA：中華民國觀光導遊協會。

情境素養題

1. A　　2. D　　3. D　　4. A　　5. B　　6. C　　7. D　　8. C　　9. D　　10. A
11. B　12. C

歷屆試題

1. C　　2. C　　3. D　　4. C　　5. D　　6. A　　7. A　　8. A　　9. C　　10. C
11. C　12. A　13. B　14. D　15. C　16. A　17. D　18. A　19. D　20. B
21. A　22. A　23. A　24. C　25. D　26. A　27. D　28. D

詳解

3. 綜合旅行業最低資本額為3,000萬元，每一分公司需增資150萬元，故3,000萬元＋(150萬元×2)＝3,300萬元。

20. 甲種旅行社不可委託同業代為招攬旅遊業務。日本旅行業中的第一種旅行業其經營項目與業務內容，如同我國的綜合旅行社。日本旅行業中的第二種旅行業可以委託同業代售旅遊產品。

21. 包辦旅遊為綜合旅行業業務範圍

24. 臺灣觀光年：93年。觀光客倍增計畫：91年。
　　觀光大國行動方案：104年。開放陸客來台觀光：91年部分開放，97年全面開放。

25. SARS疫情爆發，重創觀光產業：92年。全面實施週休二日，國民旅遊盛行：90年。啟動兩岸大三通，促進餐旅業發展：97年。台北希爾頓飯店開幕，旅館業走入國際連鎖時代：62年。

28. 旅遊產品需要事先規畫遊程、安排交通、住宿與餐廳等，屬於專業性（professional）。
　　石川地震造成輪島市觀光停擺，屬於敏感性（sensibility）。
　　大阪萬國博覽會吸引許多遊客到訪，將造成一房難求，屬於短期供給無彈性（rigidity of supply components）。
　　領隊有能力導覽解說、處理遊客遺失護照或生病等突發事件，屬於專業性（professional）。

NOTE

NOTE

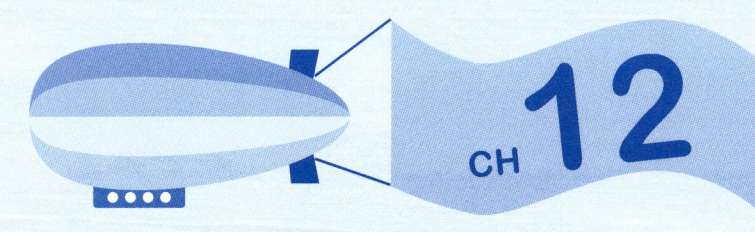

CH 12 旅行社的組織及從業人員之職掌

⚓ 本章學習重點

節名	常考重點	
12.1 旅行社組織	• 旅行社產品部的工作重點 • 旅行社躉售業務（對象為旅行同業）及直售業務（對象為消費者）的區分	★★☆☆☆
12.2 旅行社部門介紹	• TP、RC、TC、OP的工作職掌	★★☆☆☆
12.3 旅行業經理人	• 旅行業經理人參訓資格的學經歷限制	★★★☆☆
12.4 導遊及領隊	• 導遊及領隊之英文名稱的分辨 • 導遊及領隊的比較	★★★★★

★ 統測命題分析

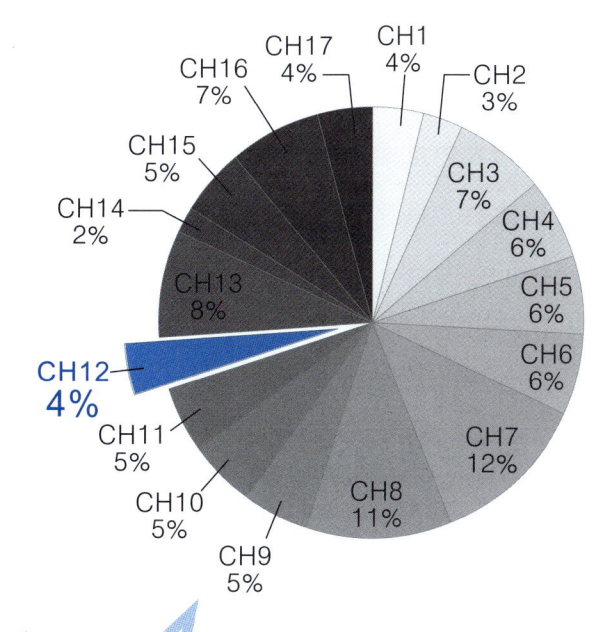

- CH1 4%
- CH2 3%
- CH3 7%
- CH4 6%
- CH5 6%
- CH6 6%
- CH7 12%
- CH8 11%
- CH9 5%
- CH10 5%
- CH11 5%
- CH12 4%
- CH13 8%
- CH14 2%
- CH15 5%
- CH16 7%
- CH17 4%

12.1 旅行社組織

旅行社的組織會隨著營運規模的不同而有差異，下圖是常見的旅行社組織，架構偏向扁平化、產品化。

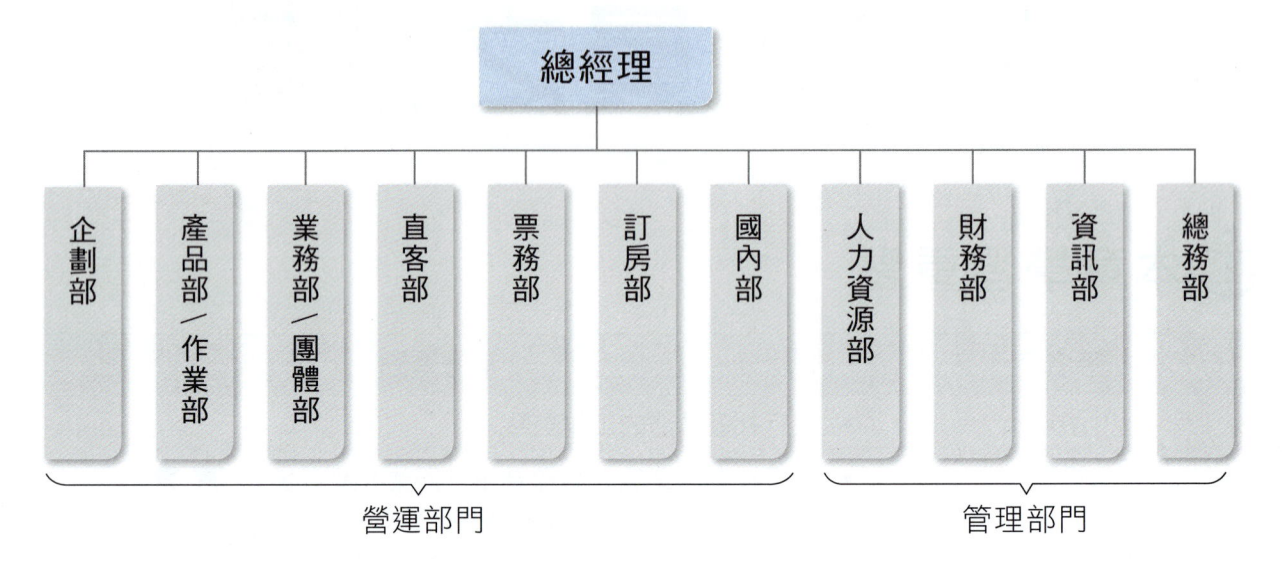

```
                              總經理
    ┌─────┬─────┬─────┬────┬────┬────┬────┬─────┬────┬────┬────┐
   企劃部 產品部/ 業務部/ 直客部 票務部 訂房部 國內部 人力資源部 財務部 資訊部 總務部
         作業部  團體部
    └──────── 營運部門 ────────┘        └────── 管理部門 ──────┘
```

部門	說明
企劃部	負責國內外之遊程規劃與設計、產品包裝與旅遊資訊製作等業務
產品部／作業部	負責國外團體旅遊的遊程規劃與設計（若公司未設企劃部），以及出團作業（如：國外訂團作業、旅客證照申辦）
業務部／團體部	負責將旅遊產品銷售給**旅行業同業**，由同業代為銷售
直客部	1. 負責將旅遊產品銷售給**消費者** 2. 提供公司行號的商務差旅服務[註]
票務部	負責訂位、開票、票價查詢等票務作業
訂房部	負責國內、國外旅館訂房事宜
國內部	專責入境旅遊及國民旅遊的行程規劃與出團作業
人力資源部	負責旅行社人力之招募、培訓
財務部	負責公司會計、帳務管理
資訊部	負責公司網站設計、網站資訊更新及公司資訊管理系統（Management Information System, MIS）之維護
總務部	負責設備（用品）採購、文件收發等工作

註：有些旅行社因商務差旅的業務量大，會獨立設置「商務部」。

12.2 旅行社部門介紹 🏷103 🏷104 🏷105 🏷107 🏷110 🏷112

部門	職稱	工作職掌
企劃部	遊程企劃 Tour Planner, TP	蒐集旅遊市場資訊，並注意市場發展趨勢，據以設計開發符合旅遊市場需求的產品（或調整現有產品的內容）
產品部／作業部（位階由高至低）	線控[註1]／產品經理 Route Control, RC / Product Manager, PM	1. 通常依旅遊路線設置線控，如：歐洲線控、美洲線控、紐澳線控 2. 協調安排及聯繫所負責旅遊路線的上游供應商（如：航空公司、當地接待旅行社） 3. 控管所負責旅遊路線的營運與品質；決定是否出團或與其他旅行社合團；對領隊有派任權限
	團控 Tour Control, TC	1. 為隸屬於線控的基層主管，如：美洲線控轄下設有美西團團控、美東團團控等 2. 控管團體旅遊的機位、訂房、簽證、護照申辦進度等事務
	控團 Operationist, OP[註2]	執行團控交辦的任務： 1. 負責團體旅遊之簽證、護照、保險的申辦 2. 負責團體旅遊之交通、食宿的確認 3. 準備「行前說明會」的相關資料，並與領隊交接 4. 彙整「旅客意見調查表」並呈報主管
	OP助理 Assistant Operationist	1. 協助OP列印各種證照申請表格及各國入出境、海關所需表格 2. 協助OP列印團體分房表（Rooming List）、說明會資料，及準備行李吊牌 3. 協助旅客意見調查表的發放及回收統計
業務部	批售／團體業務員 Wholesale Sales	1. 負責向旅行業同業行銷公司之旅遊產品 2. 蒐集市場資訊及客戶意見，並向上級呈報 3. 收取團費及相關證照費用
直客部	客戶服務專員 Direct Sales	1. 負責來電直售業務（Call Center）、門市直售業務（Indoor Sales）及外勤業務[註3]（Outdoor Sales） 2. 負責客製化遊程的設計 3. 協助個別旅客代辦護照、簽證，以及代訂機位、旅館等 4. 負責向旅客收款

註1：有些旅行社是由「線控」兼任「遊程企劃」的職務。
註2：規模、業務量較大的旅行社，其他營業部門亦會設置OP作為行政支援人員；如票務部OP，直客部OP等。
註3：負責拜訪個別客戶或公司行號，進行業務推廣工作。

實力加強 12.1～12.2

( )1. 旅行社的哪一個部門是負責對旅行社同業進行推廣銷售活動？
(A)財務部 (B)業務部 (C)產品部 (D)直客部。

( )2. 瑷亞在旅行社是負責企業客戶的旅遊諮詢服務，請問她最可能是隸屬於旅行社的哪一個部門？
(A)票務部 (B)團體部 (C)產品部 (D)直客部。

( )3. 某旅行社因應新冠肺炎疫情之衝擊，在團體進不來也出不去的情況下仍持續徵人，請問此批新進員工多數應是分發到哪一個部門？
(A)人力資源部 (B)票務部 (C)國內部 (D)訂房部。

( )4. 負責研發設計旅遊產品的旅行社人員是
(A)批售業務員 (B)團控 (C)控團 (D)遊程企劃。

( )5. 下列何者屬於控團（OP）的工作職掌？
(A)研發設計旅遊產品
(B)銷售推廣旅遊產品
(C)處理團體旅客的護照申辦
(D)開發客源。

( )6. 偉哲在一家規模相當大的旅行社任職，他的工作內容主要是協調及聯繫所負責旅遊路線的上游供應商（如：航空公司、旅館），並控管所負責旅遊路線的營運；請根據以上所述，判斷偉哲是旅行社的何種從業人員？
(A)TP (B)RC (C)OP (D)TC。

( )7. 小鍾在旅行社上班，他的工作內容是在公司辦公室線上回答網路客人的旅遊詢價，及相關旅遊諮詢。請根據上述判斷，小鍾最可能屬於何種旅行業從業人員？
(A)客戶服務專員 (B)票務人員 (C)遊程企劃 (D)批售業務員。

12.3 旅行業經理人

依據「旅行業管理規則」規定，**旅行業及其分公司應各置經理人1人以上**負責監督管理業務。旅行業經理人須經：①**交通部觀光署**或其委託之有關機關、團體訓練合格→②發給結業證書後→③始得充任。

一、參訓資格 107 108

根據「旅行業管理規則」第15條規定，旅行業經理人應具備下列資格之一，始得參訓。（下表的★表示「大專以上學校或高級中等學校觀光科系畢業者，得按其應具備之年資**減少1年**」）

經歷＼學歷	大專以上畢業／高等考試及格	高中職畢業註	不限
旅行社代表人	2年以上	★4年以上	—
旅行社專任職員	★4年以上	★6年以上	10年以上
導遊、領隊	★6年以上	★8年以上	—
國內外大專院校主講觀光專業課程	2年以上	不符資格	—
海陸空客運業務單位主管	★3年以上	不符資格	—
觀光行政機關業務部門專任職員	3年以上	5年以上	—
旅行商業同業公會業務部門專任職員	5年以上	5年以上	—

（左側標註：旅行社經歷）

註：或「普通考試及格或二年制專科學校、三年制專科學校、大學肄業或五年制專科學校規定學分三分之二以上及格」。

二、證照核發 113

旅行業經理人訓練之受訓人員訓練期滿（訓練節次為60節課，不得缺課逾1/10），經核定成績及格（70分）者，由**交通部觀光署**發給結業證書。

三、執業規範

1. **應專任**：不得兼任其他旅行業之經理人。
2. **不得經營旅行業**：旅行業經理人不得自營或為他人兼營旅行業。
3. **連續3年未執行業務，須重新受訓**：經訓練合格者，連續3年未在旅行業任職者，應重新參加訓練合格後，始得受僱為經理人。

旅行業經理人相關規定

- 旅行業經理人若兼任其他旅行業經理人，或自營或為他人兼營旅行業，將處新臺幣3,000～15,000元以下罰鍰；情節重大者，除罰鍰外，亦可直接強制其在特定期間內不得執行業務，甚至廢止其執業證。

- 有下列各款情事之一者，不得為旅行業經理人，已充任者，當然解任之，由交通部觀光署撤銷或廢止其登記，並通知公司登記主管機關：

緣由	未逾年數
• 曾犯組織犯罪防制條例規定之罪，經有罪判決確定，尚未執行、尚未執行完畢，或執行完畢、緩刑期滿或赦免後 • 曾經營旅行業受撤銷或廢止營業執照處分	5年
• 曾犯詐欺、背信、侵占罪經宣告有期徒刑一年以上之刑確定，尚未執行、尚未執行完畢，或執行完畢、緩刑期滿或赦免後 • 曾犯貪污治罪條例之罪，經判決有罪確定，尚未執行、尚未執行完畢，或執行完畢、緩刑期滿或赦免後	2年
• 受破產之宣告或經法院裁定開始清算程序，尚未復權 • 使用票據經拒絕往來尚未期滿 • 無行為能力[註1]或限制行為能力[註2] • 受輔助宣告尚未撤銷	—

註1：指未滿7歲或禁治產人（心神喪失、無意識、精神耗弱）。
註2：年滿7～20歲的未婚正常之人。

實力加強 12.3

( )1. 關於旅行業經理人，下列敘述何者正確？
(A)應為專任
(B)得兼任其他旅行業之經理人
(C)得自營旅行業
(D)得為他人兼營旅行業。

( )2. 旅行業經理人之敘述，下列何者有誤？
甲、依發展觀光條例規定
乙、旅行業及其分公司應各置經理人1人以上負責監督管理業務
丙、旅行業經理人須經考選部或其委託之有關機關、團體訓練合格
丁、發給結業證書後始得充任
(A)甲乙　(B)乙丙　(C)甲丙　(D)丙丁。

( )3. 下列哪些人之行為，依據旅行業管理規則，不可以雇用為旅行業經理人？
(A)國際詐欺犯，宣告兩年有期徒刑，服刑期滿1年6個月
(B)曾經營旅行社受撤銷處分，已逾五年半
(C)曾虧空公款，刑期服滿四年
(D)票據拒絕往來，已期滿者。

( )4. 有關旅行業經理人訓練之相關規定，下列敘述那些正確？
①參加訓練者必須繳納訓練費用
②訓練節次為50節課
③訓練期間之缺課節數不得逾6節數
④訓練測驗成績以60分為及格
(A)①②　(B)①③　(C)②④　(D)③④。

( )5. 大明擔任旅行社代表人一職，2年後取得經理人執照。請根據上述判斷，大明的學歷應為
(A)高中職畢業
(B)大專以上學歷畢業
(C)國中畢業
(D)初等考試及格並曾任有關職務滿四年。

12.4 導遊及領隊

一、導遊及領隊之工作內容

依據「發展觀光條例」第2條，導遊人員及領隊人員的工作內容如下[1]：

人員	工作內容
導遊 Tour Guide, T/G	指執行**接待或引導來本國觀光旅客旅遊**業務而收取報酬之服務人員 例如 在日本接待台灣團的日本導遊
領隊 Tour Leader, T/L、Tour Manager、 Tour Conductor、Tour Organizer、 Tour Escort、Tour Director、Courier	指執行**引導出國觀光旅客團體旅遊**業務而收取報酬之服務人員 例如 帶領台灣旅客前往日本的台灣領隊

註1：除了導遊與領隊外，旅行社中另有**領團人員**，其主要工作內容是**接待國人國內旅遊**；領團人員的證書是由**台北市旅行商業同業公會**所認證核發。

二、養成過程

1. 參加評量 —及格→ 2. 職前訓練 —及格→ 3. 執業證請領

由**交通部觀光署**主辦　　由**交通部觀光署**主辦　　向**交通部觀光署**請領

4. 執業、在職訓練

導遊：受旅行業僱用、指派或受政府機關、團體之招請，始得執業
領隊：僅受旅行業僱用或指派，始得執業

三、證照考取

1. 證照類別

類別		接待對象	遊玩地區
導遊	華語	中港澳或使用華語之外國旅客	台灣
	外語[2]	使用與證照相同外語之外國旅客	台灣
領隊	華語	台灣旅客	中港澳地區
	外語[3]	台灣旅客	全世界（含中港澳地區）

註2：**外語導遊**的語言別有：英、日、法、德、西、韓、泰、俄、義、越、印尼、馬來、阿拉伯、土耳其，共14種。
註3：**外語領隊**的語言別有：英、日、法、德、西、韓，共6種。

2. 評量類別與執業規定 113

	通用制	專用制
報名資格	• 「高中職或國外相當學制以上畢業」或「符合入學大學同等學力」 • 不限國籍（外籍人士不可使用同等學力資格）	• 「高中職或國外相當學制以上畢業」或「符合入學大學同等學力」 • 不限國籍 • 須為綜合或甲種旅行業之現職人員，且年資滿2年以上
評量類別	• 華語導遊、華語領隊 • 外語導遊、外語領隊	外語導遊、外語領隊 （英語除外）
評量科目	第1試筆試 • 筆試－專業科目3科（執業實務、執業法規、觀光資源概要） • 筆試－外語科目（報考外語者） 第2試口試 • 外語口試（報考外語導遊者）	第1試筆試 • 筆試－專業科目1科（執業實務及法規） • 筆試－英語除外之其他外語科目 第2試口試 • 外語口試（報考外語導遊者）
及格分數	第1試筆試 • 平均滿60分，且不可有1科0分、外語科目不得低於50分 第2試口試 • 滿60分及格	
保留年限	職前訓練資格之保留年限為3年	職前訓練資格之保留年限為1年
執業機制	• 經評量及職前訓練合格者，發給執業證 • 合格者可自由受旅行業僱用或受政府機關、團體之臨時招請	• 經評量及職前訓練合格者，發給執業證 • 合格者僅得接待推薦旅行社承接之團體，且不同旅行社間不得互相調用（總公司與分公司間可互調） • 領證者離開原推薦旅行社後，執業證即失效，倘轉赴新旅行社任職，須由新旅行社重行推薦及評量 • 執業證與「通用制」導領人員有明顯區別

（第一試通過始得參加第二試）

※ 免測及其他評量規定：
1. 領有導遊／領隊證書者，報考通用制外語導遊、外語領隊評量測驗，可申請免測專業科目筆試。部分科目免測者，外語科目成績須滿60分及格。
2. 報考外語導遊、外語領隊評量測驗量者，若有3年內之外國語能力證明文件，可申請免測外國語筆試。
3. 114年起，部分外國語（如法、德、西等）採檢定方式作為語言能力認定基準，報考者需先通過該項外國語之語言能力檢定，才可參加專業科目評量。

3. **專業科目筆試評量內容**

通用制			評量內容	專用制		
導遊	領隊	科目		科目	導遊	領隊
●	─	執業實務	1. 導覽解說	執業實務及法規	●	─
●	─	^	2. 觀光心理與行為	^	●	─
●	●	^	3. 國際禮儀	^	●	●
●	●	^	4. 急救常識	^	●	●
●	●	^	5. 旅遊安全與緊急事件處理	^	●	●
●	●	^	6. 航空票務	^	●	●
─	●	^	7. 領隊技巧	^	─	●
●	─	執業法規	1. 觀光行政與法規	^	●	─
●	●	^	2. 台灣地區與大陸地區人民關係條例	^	●	●
●	●	^	3. 兩岸現況認識	^	●	●
●	●	^	4. 外匯常識	^	●	●
─	●	^	5. 入出境相關法規	^	─	●
─	●	^	6. 民法債編旅遊專節與國外定型化旅遊契約	^	─	●
─	●	^	7. 觀光法規	^	─	●
●	─	觀光資源概要	1. 台灣地理			
●	─	^	2. 台灣歷史			
●	●	^	3. 觀光資源維護			
─	●	^	4. 世界歷史			
─	●	^	5. 世界地理			

四、職前訓練 105 109

1. 導遊的職前訓練為**98節**，領隊為**56節**。
2. 職前訓練測驗成績以100分為滿分，70分為及格。結業證書費用500元。
3. 測驗成績不及格者，應於7日內補行測驗一次；經補行測驗仍不及格者，不得結業。
4. 因產假、重病或其他正當事由，經核准延期測驗者，應於1年內申請測驗；經測驗不及格者，依前項規定辦理。
5. 但已具有導遊或領隊資格，若再報考其他語言別之導遊或領隊考試及格者，其職前訓練可免訓或訓練節次減半：

已具備資格	參加考試及格	職前訓練節次
華語導遊	外語導遊	免訓
外語導遊	其他外語導遊	
外語領隊	其他外語領隊	
華語領隊	外語領隊	減半
領隊 ⟷	導遊	全部，無減免

五、執業證請領及換發

1. **請領**：導遊及領隊申請執業證，應填具申請書，檢附有關證件向**交通部觀光署**或其委託之有關團體請領使用。
2. **換發**：導遊及領隊的執業證有效期間為**3年**，期滿前應向交通部觀光署或其委託之有關團體申請換發。申請、換發或補發執業證，應繳納證照費每件新臺幣200元。

六、執業規範 108 109 112

1. **佩戴執業證**：導遊及領隊執行業務時，應佩掛執業證於胸前明顯處，以備交通部觀光署查核（不得規避、妨礙或拒絕，並應提供必要之文書資料或物品），且執業證不得租借他人使用。
2. **不得擅自變更旅遊行程**：導遊及領隊執行業務時，應接受僱用之旅行業或招請之機關、團體的指導與監督，並依所安排之旅遊行程執行業務，非因臨時特殊事故，不得擅自變更。
3. **不得代客保管護照證件及兌換外幣**：除代客辦理旅遊相關手續（如：簽證）之因素外，在旅遊過程中，不得代客保管護照證件；若有旅客護照遺失，應立即向當地警察機關報案。導遊及領隊人員也不得私自與旅客兌換外幣。

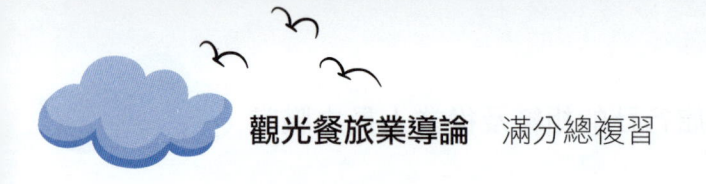

4. **緊急意外事件之通報**：導遊及領隊執行業務時，如發生特殊或意外事件，除應即時妥當處置（如將傷病旅客緊急送醫）外，並應將經過及處理情形於**24小時內**儘速向交通部觀光署及受僱旅行業報備。

5. **違規懲處**

   有違反「導遊人員管理規則」或「領隊人員管理規則」規定，經**廢止執業證未逾5年**者，不得充任導遊或領隊。

6. **連續3年未執行業務，須重新受訓**

   導遊及領隊取得結業證書或執業證後，**連續3年**未執行業務者，應依規定重行參加訓練結業（訓練節次減半），領取或換領執業證後，始得執行業務。

7. **停止執業時，需繳回執業證註銷**

   導遊及領隊向交通部觀光署提出停止執業時，應於**10日內**將其執業證繳回交通部觀光署或其委託之有關團體；屆期未繳回者，由交通部觀光署公告註銷。

知識快遞

導遊人員分類（實務面）

類別	說明
地區導遊 Local Guide / Step-on Guide	此類導遊僅能侷限於某一地區執行導覽解說業務，不可越區導覽 例如 中國大陸的各地陪同[註]（簡稱「地陪」），如北京地陪
全區導遊 Official Guide / Through Guide	可於全國地區執行解說導覽業務之導遊人員 例如 中國大陸的全程陪同（簡稱「全陪」）、台灣的導遊均屬此類
領隊兼導遊 Through-out-guide	帶領遊客前往國外參觀遊覽（領隊），並負責旅遊途中之導覽解說工作（導遊） 例如 我國的歐洲團、紐澳團、美國團及日本團領隊多屬此類
特殊導遊／定點導遊 Special Guide / On-Site Guide	在固定地點擔任解說工作之人員

註：大陸導遊分為全區陪同、地方陪同及定點陪同（如：桂林蘆笛岩之定點解說人員）。

概念澄清湖 — 導遊及領隊的比較（以台灣旅行業為例）

項目	導遊	領隊
主管機關	交通部觀光署（負責評量、訓練、執業證核發、管理、獎勵及處罰等事項）	
管理法規	• 導遊人員管理規則（主要） • 旅行業管理規則（部分） • 發展觀光條例（定義、經營管理、獎懲）	• 領隊人員管理規則（主要） • 旅行業管理規則（部分） • 發展觀光條例（定義、經營管理、獎懲）
執業證期限	3年（換證）	
工作內容	1. 旅客入出境接送機服務 2. 旅客餐食、住宿之安排 3. 當地風土民情、旅遊景點導覽 4. 解說服務 5. 緊急及意外事件的處理 6. 其他合理合法職業上的服務	1. 代表公司為出國觀光團體旅客服務；出團旅客的前線代表 2. 引導出國旅遊團體旅客入出境 3. 行程品質之維持與監督，如旅遊景點、導遊人員、及餐宿之安排是否妥當 4. 全程隨團服務，維護旅客安全 5. 公平處理、調解旅客糾紛 6. 緊急及意外事件的處理 7. 維護公司信譽和形象
具備條件	知識、服務、語言能力為三要件 1. 精通1種以上外國語文 2. 明瞭旅行業觀光旅客接待要領 3. 儀容端莊及熟悉國際禮儀 4. 能詳細解說導覽各觀光據點 5. 了解我國簡史、地方民俗及交通狀況	1. 豐富的旅遊專業知識、良好的外語表達能力 2. 服務時扮演各種不同的角色 3. 強健的體魄、端莊的儀容與穿著 4. 良好的操守、誠懇的態度 5. 吸收新知、掌握局勢、隨機應變
甄試合格人數	華語 > 英語 > 日語	英語 > 華語 > 日語

Q：導遊及領隊是隸屬旅行社的哪一個部門？

A：旅行社通常不會專門設有導遊或領隊部門，而是從具有導遊或領隊執業證的員工（如：業務員、票務人員）中，排定或挑選帶團的導遊或領隊

※ 自由領隊（Freelance）
出團量大的旅行社，考量公司內領隊人數不足，會和資深領隊簽約，專職帶該公司的旅遊團；自由領隊無底薪，主要收入來自帶團差旅費、小費、購物及自費行程之佣金等

more...

旅行業專業人員證照取得之比較

規定項目 \ 專業人員	經理人	領隊		導遊	
最低學歷限制	✗	✓		✓	
		通用制	專用制	通用制	專用制
經歷（資歷）限制	✓	✗	✓	✗	✓
職前訓練節次	60	56		98	

實力加強 12.4

( )1. 關於領隊的英文名稱，下列何者錯誤？
(A)Tour Conductor
(B)Tour Guide
(C)Tour Leader
(D)Tour Manager。

( )2. 關於旅行業從業人員職掌的敘述，下列何者正確？
(A)新加坡因通華語，可安排華語領隊隨團
(B)領隊是引導並導覽外國觀光客來台旅遊的專業人員
(C)外語領隊得執行引導國人赴香港、澳門、中國旅行團體之旅遊業務
(D)領隊職業證有效期間為5年，每年須校正一次，期滿得申請換發。

( )3. 依據我國「導遊人員管理規則」規定，評量測驗及格者，需經過哪個單位的訓練合格後，始得申領執業證？
(A)勞動部勞工保險局
(B)交通部觀光署
(C)人事行政總處
(D)勞動部勞動力發展署。

( )4. 下列何者不是導遊人員接待服務必備之要件？
(A)知識
(B)服務
(C)行銷能力
(D)語言能力。

12.1 旅行社組織

( )1. 一般而言，旅行業組織中負責國外訂團的作業、特殊遊程的安排及線控等是哪一部門的工作？
(A)企劃部　(B)業務部　(C)產品部　(D)票務部。

12.2 旅行社部門介紹

( )2. 下列何者與其他三者在旅行社中非屬同一部門？
(A)線控　(B)業務員　(C)團控　(D)控團。

( )3. 在旅行社中，負責12月25日北海道五日遊之旅客資料登錄，及分房表製作的是下列何者？
(A)Sales　(B)Route Control　(C)Operationist　(D)Tour Control。

12.3 旅行業經理人

( )4. 有關我國旅行業經理人之相關規定，下列何者正確？
(A)旅行業經理人可為兼任性質
(B)乙種旅行業設置經理人，人數不得少於2人
(C)曾經營旅行業受撤銷營業執照處分，尚未逾5年者不得受僱為經理人
(D)連續2年未在旅行業任職者，應重新參加訓練合格後，始得受僱為經理人。

( )5. 我國旅行業管理規則中訂定「大專以上學校或高級中等職業學校觀光科系畢業者，得按其應具備之年資減少一年」之情況，下列何種情形無法適用？
(A)高中畢業，曾任旅行社代表人滿4年
(B)大專畢業，曾任旅行社代表人滿2年
(C)高中畢業，曾任旅行社專任職員滿6年
(D)大專畢業，曾任領隊、導遊人員滿6年。

12.4 導遊及領隊

( )6. 有關領隊與導遊之敘述，下列何者正確？
(A)領隊工作是以Outbound的業務為主
(B)導遊考試資格無學歷限制
(C)領隊人員管理法規為「旅行業管理規則」
(D)導遊評量採自由報考，領隊評量須旅行社推薦。

more...

(　　)7. 關於導遊與領隊考試之敘述，以下何者為非？
(A)外語領隊可應考的外語有6種
(B)外語導遊可應考的外語有14種
(C)領隊及華語導遊免口試
(D)導遊與領隊考科中，「觀光資源概要」應考內容完全相同。

(　　)8. 有關旅行業從業人員的描述，何者有誤？
(A)華語領隊可以帶團到澳門
(B)旅行業僱用人員可同時受僱於其他旅行業
(C)領隊／導遊人員停止執業時，應即將所領用之執業證於十日內繳回交通部觀光署或其委託之有關團體
(D)領隊於國外執行業務，若發生意外事故須於24小時內向交通部觀光署報備。

(　　)9. 關於我國領隊及導遊人員的敘述，下列何者正確？
(A)導遊人員分為大陸導遊及國際導遊
(B)領隊人員應受旅行業之僱用或指派，始得執行領隊業務
(C)大專畢業，服務旅行業擔任專任職員4年以上者，具有領隊受訓資格
(D)導遊人員受旅行業僱用時，應由中華民國導遊協會代為申請執業證。

CH12 旅行社的組織及從業人員之職掌

情境素養題

( )1. 某旅行社的工作人員不小心將原價24,900元的日本4天行程少打了一個零,名額在短短半小時內就賣光了,旅行社只好認賠並保證出團,估計損失超過50萬元。請依上述報導,判斷下列敘述何者正確?
(A)此屬於Electronic Commerce中的B2C
(B)24,900元是Agent Net
(C)Tour Control負責該團團員證件申辦與檢查
(D)日本立山黑部行程是由Operationist負責設計。 [12.1]

( )2. 某旅行社的員工不小心將行程價格打錯並上架,使得旅行社損失慘重,如果旅行社要追究責任,請問下列哪一個部門應該不會被列入?
(A)財務部　(B)產品部　(C)資訊部　(D)行銷企劃部。 [12.1]

( )3. 召開行前說明會、準備說明會資料及指派領隊分別是由哪些旅行社人員負責?
(A)T/G、TC、TP　　　　　　　(B)OP、T/G、RC
(C)T/L、OP、RC　　　　　　　(D)RC、OP、TC。 [12.2]

( )4. 依現行「旅行業管理規則」規定,旅行業經理人應具備的資格,下列敘述何者錯誤?
(A)高級中等學校畢業,曾任旅行業代表人4年或專任職員6年或領隊、導遊6年以上者
(B)高級中等學校畢業,曾任觀光行政機關或旅行商業同業公會業務部門專任職員5年以上者
(C)大專以上學校畢業或高等考試及格,曾任海陸空客運業務單位主管3年以上者
(D)大專以上學校畢業或高等考試及格,曾在國內外大專院校主講觀光專業課程2年以上者。 [12.3]

( )5. 阿進具有碩士學位,目前在國內某大學休閒系擔任專任教師,並教授觀光專業課程,但未曾在旅行業工作過。若他希望取得旅行業經理人資格,依現行「旅行業管理規則」,請問阿進需具備下列哪一項條件,才能於最短的時間內參加經理人講習(訓練)?
(A)在校授課滿1年後始可參加
(B)在校授課滿2年後始可參加
(C)須前往旅行業觀摩實習滿2年後始可參加
(D)因無旅行業工作經驗,故不具參加資格。 [12.3]

( )6. 大豐任職於翔遊旅行社,他的表姊與好友等4人,透過大豐報名參加該旅行社所規劃的中國昆大麗團,並由大豐負責帶團。請根據上述判斷,下列何者敘述正確?
甲、表姊等4人對翔遊旅行社而言是屬於直客
乙、表姊等4人對翔遊旅行社而言是屬於來自同業的客人
丙、大豐為此團之導遊
丁、大豐為此團之領隊
(A)甲、丙　(B)乙、丁　(C)乙、丙　(D)甲、丁。 [12.4]

more...

12-17

(　　)7. 下列關於我國領隊及導遊人員敘述，何者有誤？
(A)最早設置的是外語領隊，起源於民國68年開放國人出國觀光
(B)最晚設置的是華語導遊，因應91年起有條件開放陸客來台觀光旅遊
(C)民國77年重新開放旅行業設立並增設經理人制度
(D)外語領隊評量語言別6種，外語導遊評量語言別14種。　　[12.4]

(　　)8. 新冠肺炎疫情對各旅行業人員產生衝擊，請依下列敘述判斷何者有誤：
甲：自從新冠肺炎疫情發生，因為公司都是以販賣國外旅遊產品為主，我無團可帶，還好能以學代賑，多少有點補貼
乙：我們公司剛好相反，忙得不得了，我每天都得聯絡各餐廳訂餐、飯店訂房，如果沒訂到，還會被業務人員罵，有時假日都還得出去幫忙帶團
丙：我們公司也有受影響，只是客人由外國人改為本國人，公司也努力做出市場差異性，讓我們可以有商品介紹給客人，在適應上問題不大
丁：有人找我合夥開旅行社，反正我有執照；資金也不用太多，我們預計成立的旅行社是資本額最少的
戊：早先疫情開始時我的收入是有受影響，因為客人進不來台灣，但後來報復性國旅出現，我現在每天團都接不完
(A)甲的旅行社應是以Outbound市場為主，他可能是Tour Leader
(B)乙的旅行社以經營Domestic為主，他的主要工作是Domestic Tour Leader
(C)丙和戊可能同一間公司，應該是甲種或綜合旅行社，公司原先主要經營Inbound市場；丙應該是Sales，戊則為Tour Guide
(D)丁具備經理人證照，預計與人合夥開設乙種旅行業。　　[12.4]

▲閱讀下文，回答第9～11題。
甲、乙、丙三人皆為觀光餐旅業的從業人員，以下為甲、乙、丙三人的工作內容：
甲：在台灣接待一團來自歐洲說德語的觀光客，並負責導覽解說。
乙：在義大利的羅馬一地接待來自各國的旅客，並擔任導覽解說工作。
丙：帶領台灣旅客前往義、瑞、法旅遊，沿途並擔任導覽解說。

(　　)9. 請問乙的身分應為
(A)Tour Leader　　(B)Local Guide
(C)Through Guide　　(D)Through-out-guide。　　[12.4]

(　　)10. 請問丙的身分應為
(A)Government Guide　　(B)Official Guide
(C)Through Guide　　(D)Through-out-guide。　　[12.4]

(　　)11. 關於甲、乙、丙三人持有台灣領隊／導遊執業證的敘述，下列何者正確？
(A)甲為外語領隊，丙為外語導遊
(B)甲為外語領隊，乙為華語導遊
(C)甲為外語導遊，丙為外語領隊
(D)甲為華語導遊，丙為外語領隊。　　[12.4]

CH12 旅行社的組織及從業人員之職掌

歷屆試題

( )1. 旅行社之外勤業務人員,進行拜訪個別客戶或公司行號的推廣工作,例如推銷公司年度員工旅遊的從業人員稱為:
(A)Direct Sales (B)Freelance Tour Guide
(C)Ticketing Center Clerk (D)In House Salesperson。 [103統測]

( )2. 負責國內外之行程規劃、產品包裝與旅遊資訊製作等業務,是旅行社中的哪一個部門?
(A)作業部 (B)資訊部 (C)企劃部 (D)業務部。 [103統測]

( )3. 下列何者不是旅行社控團人員(OP)的主要工作項目?
(A)航班確認 (B)整理護照及簽證
(C)設計新的旅遊產品 (D)準備行前說明會資料。 [104統測]

( )4. 小美初取得華語導遊執業證,下列哪一個地區的觀光客旅遊業務可能不是她可以執行接待或引導的範圍?
(A)香港 (B)澳門 (C)中國 (D)日本。 [104統測改編]

( )5. 依據「導遊人員管理規則」及「領隊人員管理規則」等規定,關於導遊與領隊人員評量及職前訓練之敘述,下列何者錯誤?
(A)已取得導遊人員執業證者,欲取得領隊人員執業證,須參加領隊人員評量與職前訓練
(B)已取得領隊人員執業證者,欲取得導遊人員執業證,須參加導遊人員評量與職前訓練
(C)經華語導遊人員評量及訓練合格,參加外語導遊人員評量及格者,免再參加職前訓練
(D)經華語領隊人員評量及訓練合格,參加外語領隊人員評量及格者,免再參加職前訓練。 [105統測改編]

( )6. 大型旅行業營運組織中,旅遊團體確認最後參團人數後,原則上由下列哪一部門人員負責向國外代理旅行社接洽且訂定當地交通與食宿等行程?
(A)產品部 (B)票務部 (C)管理部 (D)業務部。 [105統測]

( )7. 大型旅行業分工詳細,相關從業人員之工作職責,下列敘述何者錯誤?
(A)帶團領隊人員大多由業務部主管指派,確保旅遊團如期出團
(B)控團人員需整理護照簽證、確認航班及準備行前說明會資料
(C)業務人員負責行銷與說明旅遊產品,增進顧客了解產品內容
(D)票務人員負責票價諮詢、訂位、開票等作業與相關業務服務。 [105統測]

( )8. 導遊或領隊證照評量,通過筆試後仍須進行口試,是為下列何者?
甲:外語領隊 乙:外語導遊 丙:華語導遊 丁:華語領隊
(A)甲 (B)甲、乙 (C)乙 (D)丙、丁。 [106統測改編]

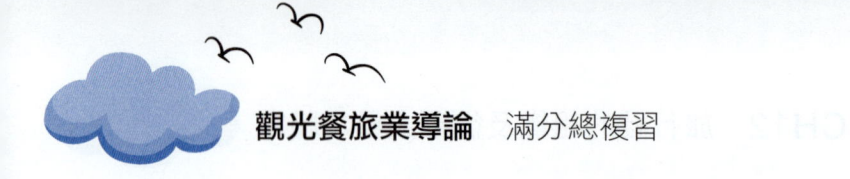

(　)9. 關於臺灣領隊人員主要職掌之敘述,下列何者正確?
(A)負責來臺觀光旅客接機及景點解說工作
(B)是Inbound旅客接觸的第一線服務人員
(C)負責出國旅客機票報價、訂位與開票工作
(D)協助旅客進出國外觀光目的國的入出境作業。　　　　　　　　　　　[106統測]

(　)10. 旅行社線控人員的日常工作,須與許多單位進行協調,下列何者較不屬於其業務上常往來的單位?
(A)航空公司　　　　　　　　　　(B)法務部
(C)旅館　　　　　　　　　　　　(D)餐廳。　　　　　　　　　　　　[107統測]

(　)11. 對於旅行業從業人員職掌的敘述,下列何者正確?
(A)線控人員簡稱LC,負責各線遊程旅客之簽證與辦理行前說明會
(B)票務人員簡稱TP,負責訂位、開票、旅行社參團組團作業與安排領隊導遊等工作
(C)控團人員簡稱CT,負責各種旅遊產品設計、開發、市場調查、行銷與成本管控等
(D)團控人員簡稱TC,負責掌控各線旅客順利出團的各項事務,包含機位、航班確認及證照辦理。　　　　　　　　　　　　　　　　　　　　　　　[107統測]

(　)12. 依「領隊人員管理規則」及「導遊人員管理規則」規定,關於導遊與領隊之說明,下列何者正確?
(A)通用制華語導遊與華語領隊評量科目,均考四科
(B)導遊與領隊職前訓練的及格標準,皆為60分
(C)導遊的職前訓練節數為56節;領隊的職前訓練節數為98節
(D)通用制外語導遊與外語領隊考試科目,均考四科,但是外語領隊不考口試。
　　　　　　　　　　　　　　　　　　　　　　　　　　　　　　　[107統測改編]

(　)13. 依據中華民國「旅行業管理規則」規定,關於旅行業經理人的敘述,下列何者正確?
(A)旅行業經理人訓練節次為80節課
(B)受破產之宣告,復權尚未逾二年者,不得擔任
(C)應為大專以上學校畢業,曾在國內外大專院校主講觀光專業課程二年以上者
(D)曾犯組織犯罪防制條例規定之罪,經有罪判決確定,服刑期滿尚未逾二年者,不得擔任。　　　　　　　　　　　　　　　　　　　　　　　　　　[107統測改編]

(　)14. 依「旅行業管理規則」規定,旅行業經理人應具備之資格,下列何者正確?
甲:高級中等學校畢業,曾任領隊、導遊6年以上者
乙:普通考試及格者,曾任旅行業代表人4年以上者
丙:大專以上學校觀光系畢業者,曾任領隊、導遊5年以上者
丁:高等考試及格者,曾任陸海空客運業務單位主管2年以上者
(A)甲、乙　　　　　　　　　　　(B)甲、丁
(C)乙、丙　　　　　　　　　　　(D)丙、丁。　　　　　　　　　　[108統測改編]

( )15. 依「導遊人員管理規則」,以及「領隊人員管理規則」,關於導遊與領隊之說明,下列何者正確?
甲:外語領隊免口試,華語導遊免口試
乙:已具備外語領隊資格者,再報考他種外語領隊及格者,職前訓練得以減半
丙:已具備華語領隊資格者,再報考外語領隊及格者,得以免職前訓練
丁:導遊連續三年未執業,應依規定重新參加訓練結業,領取或換領執業證後,始得執行導遊業務
(A)甲、乙 (B)乙、丙 (C)丙、丁 (D)甲、丁。 [108統測改編]

( )16. 依照「導遊人員管理規則」,以及「領隊人員管理規則」,關於領隊與導遊之評量(通用制)與訓練,下列何者正確?
甲:導遊專業科目筆試及格分數為60分,但是外語科目之筆試與口試之及格分數則為50分
乙:原已具備英語領隊或導遊資格者,再報考西班牙語之領隊或導遊,皆得以免訓
丙:領隊與導遊連續三年未執行業務者,應重行分別參加28小時與49小時之訓練,得以結業後換領或領取執業證
丁:領隊評量範圍包含國際禮儀、觀光心理與行為
(A)甲、乙 (B)乙、丙
(C)丙、丁 (D)甲、丁。 [109統測改編]

( )17. 某大型旅行社職員的職務工作內容為「簽證作業、機位追蹤及旅客人數控管」,原則上,此為下列何者之工作職掌?
(A)導遊人員 (B)業務人員
(C)遊程企劃 (D)團控人員。 [110統測]

( )18. 關於領隊與導遊任用資格及條件的敘述,下列何者錯誤?
(A)導遊人員的職前訓練時數較長
(B)領隊與導遊人員的報考資格相同
(C)領隊與導遊人員的評量科目相同
(D)領隊與導遊人員的執業證效期相同。 [110統測改編]

( )19. Gary任職於Dragon旅行社,一早到公司後得知日本宣布放寬防疫於5月8日將新冠肺炎降至與流感同等級,立刻召集同仁開會針對日本線行程產品內容,與航空公司、當地旅館、餐廳等進行詢價、議價、預約及調整。同時規劃踩線團,預計於4月份親自走訪相關行程以了解該地區食宿、交通路線及景點評估安排。關於Gary的工作內容可以得知,他在旅行社擔任的職務最可能為下列何者?
(A)route controller (B)tour conductor
(C)tour controller (D)tour planner。 [112統測]

( )20. 旅行業的專業證照中,目前下列哪一種合格證書不是交通部觀光署所核發?
(A)經理人 (B)領隊人員
(C)領團人員 (D)導遊人員。 [113統測]

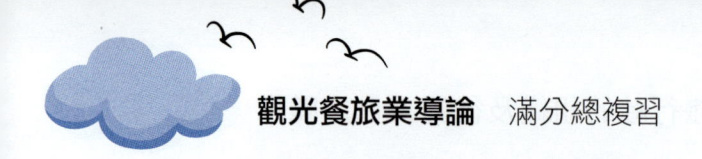

(　　)21. 根據「導遊人員管理規則」，下列敘述何者正確？
(A)外語導遊人員類科專用制評量筆試科目包含英語科目
(B)外國人具有高級中學以上學校畢業，領有畢業證書，得以參加我國導遊人員評量測驗
(C)華語導遊人員類科評量應測科目包含：導遊實務（一）、導遊實務（二），以及觀光資源概論
(D)外語導遊人員評量測驗的報名資格，若為高中職畢業者（取得畢業證書），得採用專用制評量。

[113統測改編]

CH12 旅行社的組織及從業人員之職掌

答案與詳解

實力加強

12.1節~12.2節

1. B 2. D 3. C 4. D 5. C 6. B 7. A

12.3節

1. A 2. C 3. A 4. B 5. B

12.4節

1. B 2. C 3. B 4. C

搶分終點線

1. C 2. B 3. C 4. C 5. B 6. A 7. D 8. B 9. B

情境素養題

1. A 2. A 3. C 4. A 5. B 6. D 7. A 8. B 9. B 10. D
11. C

詳解

8. 乙的職稱應是OP。

歷屆試題

1. A 2. C 3. C 4. D 5. D 6. A 7. A 8. C 9. D 10. B
11. D 12. D 13. C 14. C 15. D 16. B 17. D 18. C 19. A 20. C
21. B

詳解

16. 甲：外語科目口試及格分數為60分。丁：領隊評量不含觀光心理與行為。

21. 外語導遊人員類科專用制評量筆試科目不包含英語科目。
    華語導遊人員類科評量應測科目包含：執業實務、執業法規、觀光資源概要。
    外語導遊人員專用制評量之報名資格包含：須為綜合（或甲種）旅行業之現職人員，且服務年資累計滿2年以上，得由旅行業推薦參加。

NOTE

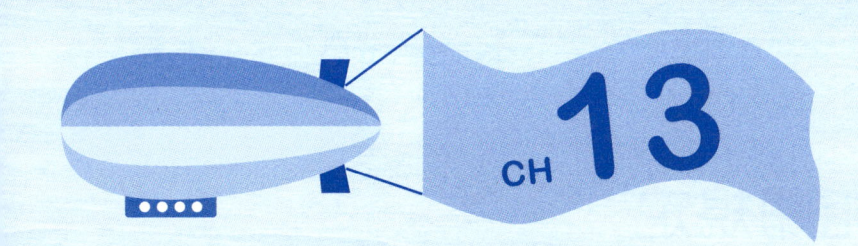

CH 13 旅行業的經營概念

⚓ 本章學習重點

節名	常考重點	
13.1 旅行業經營相關規定	• 綜合、甲種、乙種旅行業之最低資本額、保證金、註冊費規定 • 綜合、甲種、乙種旅行業之「履約保證保險」的最低投保金額 • 旅行業應投保之「責任保險」的理賠範圍與最低投保金額	★★★☆☆
13.2 旅行業的產品	• Ready-made Tour與Tailor-made Tour的比較 • GIT與FIT的比較	★★★☆☆
13.3 旅行文件—護照、簽證、機票	• 護照與簽證的種類	★★★★★
13.4 團體旅遊作業	• 聯檢程序（CIQ）	★★★★★

★ 統測命題分析

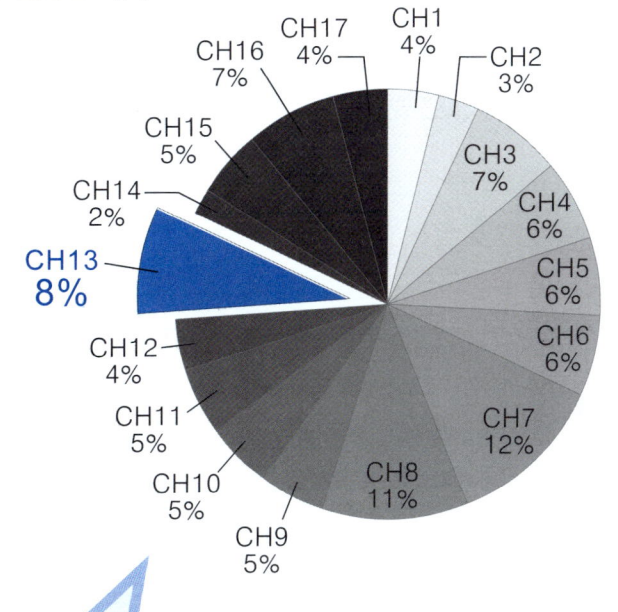

- CH1 4%
- CH2 3%
- CH3 7%
- CH4 6%
- CH5 6%
- CH6 6%
- CH7 12%
- CH8 11%
- CH9 5%
- CH10 5%
- CH11 5%
- CH12 4%
- **CH13 8%**
- CH14 2%
- CH15 5%
- CH16 7%
- CH17 4%

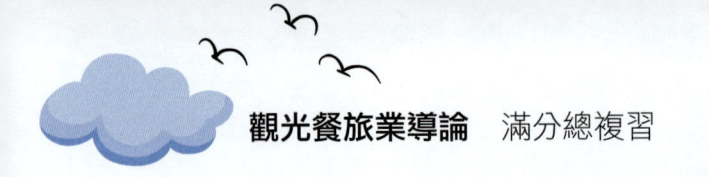

13.1 旅行業經營相關規定

13.1.1 基本經營理念

理念	說明
秉持誠信原則	擬訂保障旅客權益的旅遊契約,並依約定提供良好的服務
提供專業服務	提供專業的行程規劃、食宿交通安排、景點介紹等服務
創造旅遊價值	創造旅遊的附加價值,提供超乎旅客預期的產品與服務
注重旅遊安全	慎選旅遊交通工具與住宿旅館;注意餐飲衛生;掌握旅遊警示及疫情資訊;加強緊急事件的應變處理能力

國外旅遊警示、疫情資訊 102 111

類別	國外旅遊警示	國外旅遊疫情資訊
公告機關	外交部領事事務局	衛生福利部(衛福部)疾病管制署
警示	紅色:不宜前往,應儘速離境	第三級:警告(Warning),避免所有非必要旅行
	橙色:高度小心,避免非必要旅行	第二級:警示(Alert),加強預警
	黃色:特別注意旅遊安全,並檢討應否前往	第一級:注意(Watch),提醒注意
	灰色:提醒注意	

13.1.2 旅行業相關規定

一、組織、名稱、營業處所

1. 旅行業應專業經營，以**公司組織**為限；並應於公司名稱上標明旅行社字樣。
2. 旅行業不得以「分公司」以外之名義設立分支機構，亦不得包庇他人頂名經營旅行業務或包庇非旅行業經營旅行業務。
3. 旅行業應設有**固定之營業處所**；其營業處所與其他營利事業共同使用者，應有明顯之區隔空間。

二、旅行業的設立程序

我國旅行業設立採**許可制**[註]，發展觀光條例規定「經營旅行業者應先向中央主管機關申請核准，並依法辦妥公司登記後，領取旅行業執照，始得營業」，故旅行業設立程序包含**申請籌設**及**登記註冊**兩大部份。

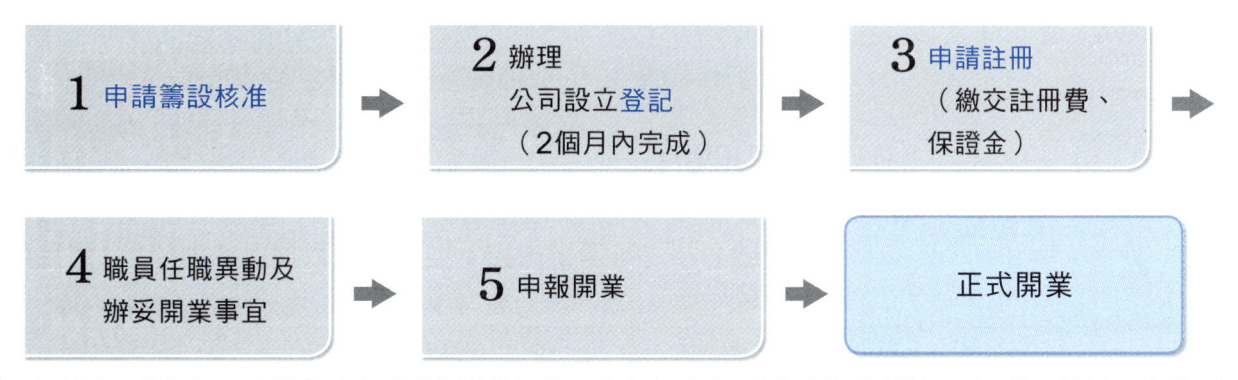

1 申請籌設核准 ➡ **2** 辦理公司設立登記（2個月內完成）➡ **3** 申請註冊（繳交註冊費、保證金）➡ **4** 職員任職異動及辦妥開業事宜 ➡ **5** 申報開業 ➡ 正式開業

註：「公司法」第17條，公司業務，依法律或基於法律授權所定之命令，須經政府許可者，於領得許可文件後，方得申請公司登記。

1. 申請籌設 110

籌組公司	(1) 有限公司：股東1人以上 (2) 股份有限公司：發起人2人以上
申請名稱預查	向交通部觀光署申請旅行業名稱預查後，再向經濟部辦理公司名稱及所營事業登記預查（甲種旅行業及綜合旅行業應含有公司英文名稱）
申請籌設	(1) 檢附文件： • 籌設申請書　　• 營業處所之使用權證明文件 • 全體籌設人名冊　• 經理人名冊及經理人結業證書影本 (2) 受理機關：交通部觀光署

2. 辦理「公司設立登記」

   旅行業經核准籌設後,應於2個月內依「公司法」之規定,向公司主管機關(經濟部、各直轄市政府)辦理公司設立登記。

3. 申請註冊 103 104 105 107 109

受理機關	交通部觀光署		
繳交費用	註冊費	(1) 總公司:資本總額的千分之一 (2) 分公司:增資額的千分之一	
	保證金	(1) 用途: 當消費者提出「旅遊糾紛求償訴訟」且經法院判決勝訴時,法院或交通部觀光署可強制執行旅行業業者的「保證金」專戶,使消費者獲得賠償 (2) 金額:(僅得開立定存單)	
			綜合 | 甲種 | 乙種
			總公司保證金 | 1,000萬 | 150萬 | 60萬
			分公司保證金 | 30萬 | 30萬 | 15萬
	執照費	(1) 費用為1,000元 (2) 經註冊核准後,交通部觀光署會發給業者「旅行業執照」(賦予註冊編號),方可懸掛市招;並應於領取旅行業執照後1個月內開始營業	

保證金金額表:

	綜合	甲種	乙種
總公司保證金	1,000萬	150萬	60萬
分公司保證金	30萬	30萬	15萬

4. **職員任職異動及辦妥開業事宜**

   - 依商業團體法加入各縣市旅行商業同業公會。
   - 依網路帳號密碼表登錄旅行業管理系統,辦理職員任職異動。
   - 投保履約保證保險。(詳次頁知識快遞)

5. **申報開業**

   - 檢附開業文件。
   - 旅行業個人資料檔案安全維護計畫及處理辦法。

CH13　旅行業的經營概念

知識快遞

投保「履約保證保險」 109

受理單位	保險公司
保險範圍	當旅行業因財務困難而無力支付辦理旅遊活動所需費用，致使旅遊活動無法完成時，應在「保險金額」範圍內，給付相關費用給旅客[註]，以保障旅客的權益
最低投保金額	(1) 各類旅行業履約保證保險的最低投保金額：

保險金額＼旅行業	綜合	甲種	乙種
最低投保金額	6,000萬元	2,000萬元	800萬元
每增設一家分公司所須增加的保險金額	400萬元	400萬元	200萬元

(2) 已取得「經中央主管機關認可，足以保障旅客權益之觀光公益法人（如TQAA）會員資格」者，其履約保證保險的最低投保金額：

保險金額＼旅行業	綜合TQAA會員	甲種TQAA會員	乙種TQAA會員
最低投保金額	4,000萬元	500萬元	200萬元
每增設一家分公司所須增加的保險金額	100萬元	100萬元	50萬元

TQAA會員享有較低之履約保證保險投保金額的理由

TQAA會員在入會時，必須繳納**永久基金**及**聯合基金**作為**旅遊品質保障金**；當會員違反旅遊契約且逾期未賠償消費者時，TQAA會以此保障金代為賠償（之後再向該會員追討），故TQAA會員享有較低之履約保證保險投保金額的優惠。

入會基金&TQAA代償金＼旅行業	綜合	甲種	乙種
永久基金	10萬元	3萬元	1.2萬元
聯合基金	100萬元	15萬元	6萬元
TQAA最高代償金額（聯合基金×10）	1,000萬元	150萬元	60萬元

註：我國旅遊市場之航空票價、食宿、交通費用，由中華民國旅行業品質保障協會（TQAA）按季發表，供消費者參考。

13.1.3 旅行業之營運規定

本節將介紹「旅行業管理規則」中，與旅行業營運相關的重要規定。

一、網站經營 102 105 108

項目	說明
網站首頁載明事項註	應載明下列事項，並報請「交通部觀光署」備查： 1. 網站名稱、網址 2. 公司名稱、種類、地址、註冊編號、代表人姓名 3. 電話、傳真、電子信箱號碼、聯絡人 4. 經營之業務項目 5. 會員資格之確認方式
旅遊契約登載	旅行業接受旅客線上訂購交易者，應將旅遊契約登載於網站
告知義務	在收受旅客價金前，應將網路銷售的限制及其確認程序、契約終止（或解除）、退款等事項，向旅客據實告知
交易收據	旅行業受領價金後，應將旅行業代收轉付收據憑證交付旅客

註：旅行業透過其他網路平台販售旅遊商品或服務者，亦應於該旅遊商品或服務網頁載明。

二、責任保險 109 112

旅行業舉辦團體旅遊、個別旅客旅遊以及辦理接待國外、香港、澳門或大陸地區觀光團體、個別旅客旅遊業務，應投保責任保險（保險人：產險公司，要保人、被保險人：旅行社，請求權人：旅客），其各類理賠範圍的「最低投保金額」如下表：

理賠範圍	最低投保金額（新台幣）
每一旅客及隨團服務人員意外死亡	250～500萬元
每一旅客及隨團服務人員因意外事故所致體傷之醫療費用	10～20萬元
旅客及隨團服務人員家屬前往海外或來台處理善後所需支出費用	10萬元
國內旅遊善後處理費用	5萬元
每一旅客及隨團服務人員證件遺失之損害賠償費用	2千元

旅行社未依規定辦理「責任保險」及「履約保證保險」，於發生旅遊意外事件或不能履約之情形時，所需賠償金額：旅行社應以「主管機關規定之最低投保金額」計算其「應理賠金額」，並以「應理賠金額」之3倍賠償旅客。

三、交通部觀光署「國內外旅遊定型化契約」的重要規定

1. **旅行社之廣告、宣傳文件、行程表或說明會的內容，視為旅遊契約的一部分**：若載明「僅供參考」或「以外國旅遊業所提供之內容為準」，則該記載無效。

2. **旅行社不得任意變更旅遊內容**
   除「出發前」發生不可抗力或不可歸責於旅行社、旅客雙方之事由，或「旅遊中」發生不可抗力或不可歸責於旅行社之事由外，旅行社不得任意變更旅遊內容。

3. **交通工具票價變動差額處理**
   旅遊契約訂立後，其所使用之交通工具的票價或運費，較訂約前運送人公布的票價或運費**調高或調低逾10%**者，應由**旅客補足**或由**旅行社退還**。

4. **出發前旅客或旅行社任意解除契約，解除之一方應依下列標準賠償對方**

通知時間	應賠償旅遊費用百分比
出發前41日	5%
出發前31～40日	10%
出發前21～30日	20%
出發前2～20日	30%
出發前1日	50%
出發日當天或開始旅遊後	100%

   (1) **橙色旅遊警示**：解除之一方應按旅遊費用之一定比例（不超過5%）補償他方。
   (2) **紅色旅遊警示**：旅行社與旅客皆可解除旅遊契約，旅行社應扣除必要費用後，將餘款退還給旅客。

5. **旅客於旅遊期間的旅遊證件保管**
   旅客應自行保管其自有之旅遊證件，但基於辦理通關過境等手續之必要，或經旅行社同意者，得交由旅行社保管。

6. **旅行社未依契約所訂等級品質辦理餐宿、交通旅程或遊覽項目**
   旅客得請求旅行社賠償各項目**差額2倍**之違約金。旅行社若未能提出差額計算說明，違約金至少應為**全部旅費的5%**。

7. **因「可歸責於旅行社」之事由，致延誤行程**
   旅行社應負擔延誤期間旅客所支出之食宿或其他必要費用；旅客並可請求依「**全部旅費**」除以「**全部旅遊日數**」乘以「**延誤行程日數**」計算之違約金。（延誤行程時數在5小時以上未滿1日者，以1日計算）

8. **因「可歸責於旅行社」之事由，致旅客「遭當地政府逮捕、羈押或留置」**
   旅行社應賠償旅客以**每日新台幣2萬元整**計算之違約金，並應負責迅速接洽營救事宜，將旅客安排返國，其所需一切費用，由旅行社負擔。

9. **旅客購物問題協助**

    旅行社若有安排購物行程，不得以任何理由或名義要求旅客代為攜帶物品返國；旅行社安排特定場所購物，當旅客所購物品有瑕疵或貨價與品質不相當時，旅客可於受領所購物品後**1個月內**，請求旅行社協助處理。

10. **旅行社棄置或留滯旅客**

    (1) 應給付、賠償旅客

• <u>故意</u>棄置或留滯旅客	$\dfrac{\text{全部旅遊費用}}{\text{全部旅遊日數}}\times$棄置或留滯日數	×5
• 因<u>重大過失</u>而棄置或留滯旅客		×3
• 因<u>過失</u>而棄置或留滯旅客		×1
• 棄置或留滯期間旅客支出之食宿及其他必要費用		
• 按實計算退還旅客未完成旅程之費用		
• 由出發地至第一旅遊地，與最後旅遊地返回之交通費用		

    (2) 棄置或留滯旅客之時間，在5小時以上未滿1日者，以1日計算；旅行社並應儘速依預訂旅程安排旅遊活動，或安排旅客返回。

    (3) 旅客受有損害者，得另請求賠償。

※ 根據旅行業管理規則，旅行社應將旅遊契約書保管一年，備供查核。旅遊契約書得以電子簽章法規定之電子文件為之。

概念澄清湖

旅行社行為		應賠償旅客之金額
出發前有客觀風險事由解除契約		全部旅費×一定比例（**≤5%**）
旅客於出發後，始發覺或被告知旅遊契約已轉讓其他旅行業		全部旅費×5%
因可歸責於旅行社之事由	未依契約所訂等級品質辦理餐宿、遊覽等項目	**等級差額×2**
	延誤行程	(全部旅費÷全部旅遊日數)×延誤行程日數
	棄置或滯留旅客	$\dfrac{\text{全部旅遊費用}}{\text{全部旅遊日數}}\times$棄置或留滯日數 ×5（故意）／×3（重大過失）／×1（過失）
	致使旅客遭當地政府逮捕、羈押或留置	**每日新台幣2萬元**
未依規定辦理責任保險及履約保證保險		應理賠金額×3
未指派領有領隊執業證之領隊		(1,500×全部旅遊日數)÷實際出團人數×3

四、其他

1. 旅行業辦理國內、外觀光團體旅遊業務,若發生造成旅客傷亡或滯留之天災或其他各種事變之緊急事故,應於事故發生後24小時內向「交通部觀光署」報備,並依事件之發展及處理情形進行通報。

2. 旅行業經營各項業務,應合理收費,不得以「購物佣金」或「旅遊行程以外的活動所得」來彌補團費。

3. 旅遊文件未記載或取得旅客同意,不得向旅客兜售或使第三人向旅客兜售商品。

4. 旅行業有下列情事之一者,交通部觀光署得公告之:
   (1) 保證金被法院或行政執行機關扣押或執行者。
   (2) 受停業處分或廢止旅行業執照者。
   (3) 無正當理由自行停業者。
   (4) 解散者。
   (5) 經票據交換所公告為拒絕往來戶者。
   (6) 未依規定辦理責任保險及履約保證保險者。

概念澄清湖　109　113

單位:新台幣元

項目	綜合 總公司	綜合 每增加一家分公司	甲種 總公司	甲種 每增加一家分公司	乙種 總公司	乙種 每增加一家分公司
最低資本額	3,000萬	150萬	600萬	100萬	120萬	60萬
註冊費	總資本額 1/1,000					
保證金	1,000萬	30萬	150萬	30萬	60萬	15萬
履約保證保險最低金額 非TQAA會員	6,000萬	400萬	2,000萬	400萬	800萬	200萬
履約保證保險最低金額 TQAA會員	4,000萬	100萬	500萬	100萬	200萬	50萬
TQAA會員費 永久基金	10萬		3萬		1.2萬	
TQAA會員費 聯合基金	100萬	3萬	15萬	3萬	6萬	1.5萬
TQAA會員最高代償金(聯合基金×10)	1,000萬		150萬		60萬	

(此二項之金額相同:保證金、履約保證保險最低金額)

實力加強 13.1

(　)1. 旅行業申請籌設營業之程序為何？
　　甲、辦妥公司設立登記證
　　乙、交通部觀光署申請核准籌設
　　丙、向交通部觀光署申請發給旅行業執照及註冊編號
　　丁、繳納旅行業保證金、註冊費
　　(A)甲乙丁丙　　　　　　　　(B)甲乙丙丁
　　(C)乙甲丙丁　　　　　　　　(D)乙甲丁丙。

(　)2. 旅行業以公司組織為限，依旅行業管理規則的規定，下列名稱何者為是？
　　(A)○○旅運有限公司
　　(B)○○旅行有限公司
　　(C)○○旅行社有限公司
　　(D)○○休閒度假有限公司。

(　)3. 旅行業經核准籌設後，須於多久之內辦妥公司設立登記？
　　(A)半個月內　　　　　　　　(B)一個月內
　　(C)一個半月內　　　　　　　(D)二個月內。

(　)4. 旅行業領取「旅行業執照」後，應於幾個月內正式開業？
　　(A)1個月　(B)2個月　(C)3個月　(D)4個月。

(　)5. 申請籌設旅行社，應繳交多少金額之註冊費？
　　(A)最低資本額的 $\frac{1}{1,000}$　　(B)資本總額的 $\frac{1}{1,000}$
　　(C)保證金的 $\frac{1}{1,000}$　　(D)不須繳交。

(　)6. 關於我國各類旅行業應繳交之最低金額，下列何者有誤？
　　(A)綜合旅行業：資本額3,000萬元、履約保證保險6,000萬
　　(B)甲種旅行業：保證金150萬元、履約保證保險2,000萬
　　(C)乙種旅行業：資本額150萬元、保證金60萬元
　　(D)綜合旅行業加入TQAA須繳交之永久基金為10萬元。

13.2 旅行業的產品 102 106 110

旅行業的產品包括：**遊程（Tour）、代售票券、代訂旅館、代辦簽證、代理國外旅行社或觀光機構在台業務**等，這些產品可單獨銷售或組合成**套裝產品（Package Tour）**銷售。其中，遊程是旅行業最主要的產品，以下依不同區分標準分類說明。

一、依「遊程安排方式」區分 111

種類		說明
現成遊程／ 制式遊程 Ready-made Tour	意義	由旅行社規劃設計旅遊行程，並事先安排好交通、餐宿、領隊／導遊服務等；旅客只需報名繳費參加（遊程→客人）
	特色	1. 固定的出團日期、行程內容與訂價 2. 多採躉售方式銷售 3. 遊程多為大眾化行程
	釋例	旅行社推出每週三、五出團的「沙巴生態之旅五日遊」
訂製遊程／ 剪裁式遊程 Tailor-made Tour	意義	根據旅客的需求或喜好，設計旅遊行程（客人→遊程）
	特色	1. 多為直客團（即旅客直接與旅行社接洽後設計之遊程） 2. 多為No Join團（即旅客自成一團，不願他人加入） 3. 出團量少，價格較昂貴 4. 旅客背景相似
	釋例	旅行社依某大學日語系的需求，設計「日本海外參訪團」

二、依「旅遊人數」區分 111 112

1. **團體旅遊（Group Inclusive Tour, GIT）**

   (1) **意義**：須達**最低基本人數**方能成行；旅行社通常會依「各家航空公司對各航線團體人數的規定^註」，來訂定團體旅遊出團的最低基本人數；一般為**包含領隊共16人**（＝15名旅客＋1位領隊）**以上**。

   目前國人出國旅遊仍以參加團體旅遊為多數，團體旅遊其他構成要素尚包含：
   - 旅行社事先安排好餐食、住宿、遊覽景點的固定遊程。
   - 統一定價、固定費用，如有行程不參加者，視為自動放棄，無法退費。
   - 以團體行動為主。
   - 備有領隊或導遊服務。

   註：有時亦會考量餐廳、飯店之團體人數規定。

(2) 種類：

種類		說明
團體全備旅遊 Group Inclusive Package Tour, GIPT	意義	為旅行社推出之一系列**現成遊程**團體旅遊，以觀光目的旅遊團占大宗
	特色	• 出團量多，**成本較低，故售價趨向大眾化** • 旅客來自四面八方，背景多元 • 旅客大多是以「同行者的意願」或「團費高低」來選擇旅行社，故**忠誠度較低** • 因行程固定，旅客在旅程中可彈性運用的時間較少 • 與其他旅行社產品差異性不大，必要時可彈性合團
	釋例	東南旅行社「藍色夏威夷，浪漫7日」遊程，16人成行；「印象雪梨7日」遊程，16人成行
特殊興趣遊程 Special Interest Tour, SIT／ 主題旅遊 Theme Tour	意義	旅行社針對「某一主題或活動」所設計的旅遊行程；旅行社對於該主題或活動，須具備高度的專業知識
	特色	• **目標市場難尋** • 出團量少，可能為**單一出團**（Single Shot） • **出團風險較高，團費較高**，易掌控成本利潤 • 參團旅客通常有共同的嗜好或背景類似（Affinity Group）
	釋例	非洲動物大遷徒、極地飆車之旅
獎勵旅遊 Incentive Tour	意義	源自美國，為旅行社**接受企業委託**，辦理「獎勵該企業已達業績目標之員工、經銷商或代理商」的旅遊活動
	特色	• 以擁有大量業務員的保險公司、直銷公司為主要客源 • **參團人數通常相當多**，故多安排**大眾化的旅遊景點** • 考量機位、飯店、餐廳等客容量問題，多為**淡季出團**
	釋例	台灣安麗直銷公司包下國際郵輪，獎勵1,500名「年度績優直銷商」赴海外旅遊

(3) 我國相關規定：根據「旅行業管理規則」，綜合、甲種旅行業經營旅客出國觀光團體旅遊業務成行時，每團均應派遣領隊全程隨團服務，即有領隊之遊程（Escorted Tour／Inclusive Conductor Tour, ICT）。

2. 個人旅遊 / 海外個別旅遊（Free Individual Travel / Foreign Individual Tour / Foreign Independent Tour, FIT）

(1) 意義： 旅客未參加旅行團，單獨一個人或與家庭成員、三五好友一起出遊，又稱為**散客**（Foreign Individual Tourist, FIT）**旅遊**；從事個人旅遊者，大多具有獨立、理性、富冒險性、自主性高、不受拘束的人格特質。

(2) 種類：

種類		說明
自助旅遊 / 背包旅遊 Backpack Travel	意義	• 原意指「旅客揹著背包徒步旅行」；此種旅客一般稱為**背包客**（Backpacker） • 自助旅遊是指由旅客**自己安排**交通、餐宿及旅遊景點；通常為**長天數**之旅遊
	特色	• 旅客可**彈性自主**地調整旅遊行程 • 旅客在交通、餐宿的選擇上，多選擇較**經濟實惠**者 • 旅遊過程的**不確定性高、安全性較低** • 旅客與旅遊景點當地人的互動較頻繁
	釋例	背包客達人－泰瑞莎以1輛單車、新台幣10萬元，55天玩遍西歐6國
半自助旅遊 / 自由行 / 隨意行 Independent Travel / Travel Free	意義	• 為介於團體全備旅遊與自助旅遊之間的旅遊型態 • 常見的半自助旅遊產品： 　a. **旅行業**推出的**機＋酒**行程（Flight and Hotel Packages），即結合「機票」與「酒店」（不含遊程）的套裝產品 　b. **運輸業者**（Carriers）推出的自由行產品—**城市旅遊產品**（City Breaks / By Pass Products） • 自由行依「出發日期、機票艙等、飯店等級、停留天數」的不同，有不同的價位可供旅客選擇
	特色	• 旅遊行程可彈性調整 • 安全性及舒適性較「自助旅遊」高
	釋例	• 雄獅旅遊推出「雄獅韓航，時尚首爾、東大門4日」個人自由行^註 • 航空公司推出的**自由行產品**，如華航精緻旅遊（Dynasty Package）、長榮假期（Evasion）、新航假期（SIA Holliday）、國泰航空Discovery Tours，泰航Royal Orchid Holidays

註：旅行社除了推出「個人自由行」之外，大多也會推出「團體自由行」；團體自由行必須達最低基本人數，方可成行，價格較個人自由行便宜。

more...

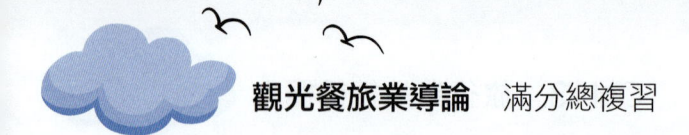

種類		說明
商務旅遊 Business Travel	意義	以商務旅客為主要客群，旅遊目的為拜訪公司客戶、參加會議、商展或技術交流等
	特色	• 商務旅客對旅行社的服務，通常要求較高，如：機場接機必須準時，以免延誤商務行程 • 商務旅遊的日期及行程，易因商務活動的變更而異動，旅行社必須機動因應 • 商務旅客通常會與服務良好的旅行社長期合作，客戶回流穩定性較高
	釋例	鄭亞倫被公司派往德國法蘭克福參加車展；行程為：9/5台北→法蘭克福，9/10法蘭克福→台北

知識快遞

Mini Tour 小團體旅遊

通常2人即可成行，出發日期自訂，無領隊，可自費參加當地行程。

概念澄清湖

「團體旅遊」與「個人旅遊」的比較

遊程類別	團體旅遊 GIT	個人旅遊 FIT
旅遊行程規劃	旅行社	旅客
出發日期訂定		
餐宿決定		
當地交通工具	以遊覽車為主	通常搭配不同交通工具
專人（領隊）服務	有	無
旅遊費用	享有團體優惠價格	無法享有團體優惠價格
旅遊步調	較快	較慢
旅遊行程彈性	較低	較高
服務品質	專業但無法精緻	趨於精緻化
回客率（顧客忠誠度）	較低	較高

三、依「有無購物行程」區分

種類	說明
含購物之遊程 Shopping Tour	旅遊行程中，有安排購物行程
不含購物之遊程 No Shopping Tour	• 旅遊行程中，沒有安排購物行程 • 旅遊費用通常較「含購物之遊程」為高

註：中國自2013.10.1施行旅遊法，規定旅行社、接待旅遊者，不得指定具體購物場所，不得安排另行付費旅遊項目（但經雙方同意者除外）。

四、其他 112

1. **市區觀光（City Tour）**

    主要是遊覽一個城市的地標建築物或具代表性的景點，如：台北市的「台北101大樓」、「中正紀念堂」等。

2. **自費遊程（Optional Tour）**

    (1) **不包含在團費內**的遊程；旅客在時間允許的情況下，可選擇是否自費參加。

    (2) 自費遊程通常是**費用較高**或有**限制條件**（如年齡、身體狀況等限制）的旅遊活動，如：巴黎紅磨坊秀、紐西蘭高空彈跳。

3. **夜間遊程（Night Tour）**

    (1) 某些景點或旅遊活動安排在夜間遊覽較有可看性（如：澎湖夜釣小管、拉斯維加斯夜遊、新加坡夜間動物園），故旅行社會安排夜間遊程。

    (2) 夜間遊程大多為**自費遊程**。

4. **郵輪遊程（Cruise Tour）**

    (1) 郵輪又稱漂浮旅館（Floating Hotel / Floating Attraction），本身就是一個旅遊景點，除了可滿足旅遊之交通需求，更集消費、觀光、旅館、休閒於一身。

    (2) 國際郵輪協會CLIA統計，亞洲郵輪市場高於全球平均成長率，最為顯著者尤其集中在大陸、南韓及台灣等地，亞太區郵輪市場前景相當可觀。

5. **複合式遊程**

    因交通工具發達，旅行社跳脫以往完全以**乘車旅遊**（Bus / Coach）的模式，推出**飛機／遊覽車**（Fly / Coach）、**飛機／租車**（Fly / Car Rental）、**飛機／郵輪**（Fly / Cruise）、**海陸空綜合遊程**（Air / Sea / Land Package）等多種組合型態的旅遊方式。

實力加強 13.2

( )1. 根據客戶之要求而安排設計之遊程，可稱為下列何者？
(A)訂製遊程
(B)現成遊程
(C)套裝遊程
(D)自助遊程。

( )2. 下列有關團體全備行程（GIPT）之縮寫字母的英文原名，何者不正確？
(A)G代表Group
(B)I代表Inclusive
(C)P代表Passenger
(D)T代表Tour。

( )3. 在旅行業的產品中，下列何者不屬於GIT？
(A)Group Inclusive Package Tour
(B)Special Interest Package Tour
(C)Incentive Tour
(D)Foreign Independent Tour。

( )4. 「By Pass Product」應屬於下列何者所組合（Package）之旅遊產品？
(A)Carriers
(B)Tour Operators
(C)Tour Wholesalers
(D)Retail Travel Agents。

( )5. "Optional Tour" 是指何意？
(A)自助旅行
(B)航空公司提供的機＋酒行程
(C)自費項目
(D)促銷行程。

13.3 旅行文件－護照、簽證、機票

旅客出國必須備有下列三項文件：

- 護照（Passport）
- 簽證（Visa）   ⎫ 合稱PVT[註1]
- 機票（Ticket）

註1：護照、簽證、預防接種證明書（Shot）合稱「PVS」。

一、護照（Passport） 109

1. **護照的基本概念**
   (1) 護照是一國政府發給其人民，**在國際間旅行的國籍身分證明文件**。
   (2) 雙重國籍者，在入出一國國境時，須持用相同國籍的護照入出境。
   (3) 依照國際慣例，護照的有效期限不足**6個月**，不可入境其他國家。
   (4) **護照效期屆滿，不得延期，須申請換發新護照。**

2. **我國護照的發展沿革**

民國	說明
78年	一人一照制，小孩不可和父母使用同本護照
79年	證照合一，將「入出境證條碼」直接印製於「護照」
84年	採用機器判讀護照（Machine Readable Passport, MRP）
97年	(1) 改為核發符合國際民航組織（ICAO）建議之晶片護照 / 電子護照（E Passport）；此種護照是在護照底頁植入一枚晶片[註2]，用以儲存護照資料及持照人的照片影像；資料一經寫入即無法更改，大幅提升護照的防偽功能 (2) 我國為全球第60個使用晶片護照的國家
100年	首次申請護照的民眾，必須親自申辦；若不便親辦，須先至任一地之戶政事務所，進行人別確認（即就申請人進行相關資料、人貌核對）後，方可委由他人[註3]代辦

註2：晶片中資料，是透過無線射頻方式（RFID）讀取。
註3：限「申請人之親屬」、「與申請人屬同一機關／學校／公司或團體之人員」、「交通部觀光署核准之綜合或甲種旅行業」及「其他經領事事務局或外交部各辦事處同意者」。

3. 我國護照的種類 103 104 107 111 112

項目	外交護照 Diplomatic Passport	公務護照 Official Passport	普通護照 Ordinary Passport	
適用人員	• 外交、領事人員及其眷屬、隨從 • 外交公文專差 • 總統、副總統及其配偶所持有之通行狀	• 各級政府機關因公派駐國外或因公出國之人員及其眷屬 • 政府間國際組織之中華民國籍職員及其眷屬	具有中華民國國籍者	
有效期限	5年 （主管機關得視任務需要，酌減為3～1年）		未滿14歲	5年
^	^		年滿14歲以上	10年
費用	0元	0元	• 10年：1,300元 • 5年：900元 • 速件處理費：900元（提前9個工作天領取）	

4. 我國護照的申辦與領取

受理單位	外交部領事事務局^註
申辦規定	(1) 一人一照制：非因特殊理由，並經主管機關核准者，持照人不得同時持用超過一本之護照 (2) 護照應由本人親自簽名：無法簽名者，得按指印 (3) 未成年人（18歲以下）申請護照：須經父或母或監護人之同意；但已結婚者，不在此限
備具文件	(1) 身分證正本；14歲以下無身分證者需附戶口名簿正本或3個月內之戶籍謄本一份 (2) 身分證正、反面影本：1份 (3) 護照專用相片一式2張：最近6個月內拍攝，白底彩色、脫帽、正面、五官清晰 (4) 未成年人申辦護照，須另附「父或母或監護人之身分證正、反面影本各1份」，並應繳驗國民身分證正本 (5) 繳交尚有效期之舊護照
護照領取	受理後10個工作天領照，護照自核發之日起3個月內未經領取者，即予以註銷；所繳費用，概不退還
其他	護照之空白內頁不足時，得加頁使用；但以1次為限

註：外交部領事事務局位於台北市，且在台中市、嘉義市、高雄市、花蓮市亦設有辦事處。

CH13 旅行業的經營概念

5. **我國護照之應換發及得換發** 102

應申請換發護照（必須）	得申請換發護照（視個人而定）
(1) 護照污損不堪使用	(1) 護照所餘效期不足一年
(2) 持照人之相貌變更，與護照照片不符	(2) 所持護照非屬現行最新式樣
(3) 護照資料頁記載事項變更	(3) 持照人認有必要並經主管機關同意者
(4) 持照人取得國民身分證統一編號	
(5) 護照製作有瑕疵	
(6) 護照內植晶片無法讀取	

6. **我國護照之補發**

持照人遺失護照，得依規定申請補發；護照經申報遺失後尋獲者，該護照仍視為遺失。

遺失申請補發案件，於受理後11個工作天（不含例假日）領取。

(1) 國內遺失：戶籍地或遺失地警察機關報案→外交部領務局申辦護照補發。

(2) 國外遺失：當地警察機關報案→鄰近駐外館處申請。

（補發之護照效期以5年為限；但未滿14歲者補發之護照效期以3年為限）

二、簽證（Visa） 107 108

1. **簽證的基本概念**

   (1) 簽證是**一國政府核准「他國人民」合法進出其國境的「通行許可證」**。

   (2) 各國對「來訪的外國人」通常會先審核過濾，以確保入境者不會對當地造成社會問題；各國對入境者有權決定「准許」或「駁斥」入境。

   (3) 入境者未於核定期限內離境者，視為「非法居留」；可能會被罰款、驅逐出境，甚至列入管制名單，不能再入境。

2. **簽證的種類** 112

   (1) 依「入境目的」區分

種類	說明	釋例
移民簽證 Immigrant Visa	一國針對「欲取得該國永久居留權（即移民至該國定居）之外國人」所核發的簽證	親屬移民簽證、就業移民簽證
非移民簽證 Non-immigrant Visa	一國針對「短期停留該國之外國人」所核發的簽證	觀光簽證、商務簽證、學生簽證、工作簽證、採訪簽證

13-19

(2) 依「入境人數」區分

種類	說明	釋例
個人簽證 Individual Visa	一國針對「單一旅客」所核發的簽證	菲律賓個人觀光簽證
團體簽證 Group Visa	一國依「規定的團體人數」所核發的簽證	菲律賓團體觀光簽證

(3) 依「入境次數」區分

種類	說明	釋例
單次入境簽證 Single-entry Visa	在簽證效期內，只能進出「申請入境國家」1次	土耳其一次入境簽證（效期3個月）
兩次入境簽證 Double-entry Visa	在簽證效期內，只能進出「申請入境國家」2次	中國核發給外國人之2次旅遊簽證
多次入境簽證 Multiple-entry Visa	在簽證效期內，可多次（無次數限制）進出「申請入境國家」	土耳其多次入境簽證（效期一年）
重入境簽證 Re-entry Permits	對持「單次簽證」入境的旅客，准許其依規定申請「暫時離境後，再入境」的簽證	泰國重入境簽證

(4) 我國簽證種類：由外交部領事事務局依申請人的身分及入境目的核發，分為以下四種：

- 外交簽證
- 禮遇簽證 ｝特殊身分

- 居留簽證
- 停留簽證 ｝入境目的

種類	適用身分	效期	停留期限	入境次數
外交簽證 Diplomatic Visa	持外交護照或元首通行狀之下列人士： • 外國元首、副元首、總理、副總理、外交部長及其眷屬 • 外國政府派遣來我國執行短期外交任務之官員及其眷屬 • 政府間國際組織之外國籍行政首長、副首長等高級職員因公來我國者及其眷屬 • 外國政府所派之外交信差	最長5年	視「申請者需要及來台目的」核定之	

種類	適用身分	效期	停留期限	入境次數
禮遇簽證 Courtesy Visa	• 外國卸任元首、副元首、總理、副總理、外交部長及其眷屬 • 外國政府派遣來我國執行公務之人員及其眷屬、隨從 • 外交簽證所定高級職員以外之其他外國籍職員因公來我國者及其眷屬 • 政府間國際組織之外國籍職員應我國政府邀請來訪者及其眷屬 • 應我國政府邀請或對我國有貢獻之外國人士及其眷屬	最長5年	視「申請者需要及來台目的」核定之	
居留簽證 Resident Visa	持外國護照，擬在我國境內作長期居留（180天以上）之人士；其申請居留之目的：依親、就學、應聘、受僱、投資、執行公務、國際交流、傳教弘法	一般給予3個月效期；持證人入境後15日內，應申請外僑居留證	6個月以上	單次
停留簽證 Visitor Visa	持外國護照，擬在我國境內作短期停留（180天以內）之人士；其申請停留之目的：過境、觀光、探親、訪問、商務、聘僱、考察、研習、參加國際會議、傳教弘法	最長5年[註]	6個月以下	單次或多次

註：訂有互惠協議國家之人民，依協議之規定辦理，其他國家人民，一般停留簽證效期為3個月～1年。

概念澄清湖 — 簽證效期 VS. 停留期限

簽證效期	停留期限
是指簽證的使用期限；期限到期，簽證即失效，不得再繼續使用	是指簽證持有人使用簽證入境他國，自入境之翌日（次日）零時起算，可在當地停留的期限

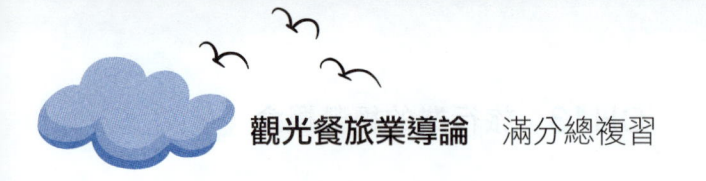

(5) 其他簽證 105

簽證	說明
落地簽證 Visa Granted Upon Arrival / Visa on Arrival, VOA / Landing Visa / Arrival Visa	旅客抵達目的國之機場或港口時，向該國權責機關提出申請入境許可 例如 目前國人前往泰國、埃及、馬爾地夫等國，可申請「落地簽證」
過境簽證 Transit Visa	為方便旅客**轉機過境短暫停留**，某些國家會核發旅客過境簽證，停留時間則視各國而定
過境免簽證 / 轉機免簽證 Transit without Visa, TWOV	為方便旅客**轉機過境**，在一定的天數內，允許旅客**免辦入境簽證** 例如 越南實施「過境免簽證」，停留期限最長90天
登機許可 / 電報簽證 OK Board / Boarding Permit	為國際間「境管通行」的權宜例外措施： 當「旅客提出的簽證申請，已獲目的國核准（OK），但出發前尚無法取得簽證」時，簽證暫由旅客所搭乘之「目的國機場航空公司櫃檯」保管，由該航空公司告知「旅客出發國之機場航空公司櫃檯」，允許旅客在無簽證的情況下登機（Board）；待班機抵達目的國後，再將簽證轉交給旅客，以便旅客順利入境
登岸證 / 短期岸上通行證 Shore Pass / Landing Permit	搭乘船舶遊輪旅行的旅客，若會於停泊港上岸，進行短期旅遊，須由「船務代理公司」向停泊港的「出入境證照查驗機關」申請核發登岸證
打工度假 / 青年交流簽證 Working Holiday Visa	為促進國與國間青年的互動交流與瞭解，有些國家會提供「打工度假 / 青年交流簽證」的申請；申請人之**目的在於度假**（打工是為了使度假展期而附帶**賺取旅遊生活費**，並非入境主因） 例如 目前已與我國簽署相關協定並已生效之國家：紐西蘭、澳洲、日本、加拿大、德國、韓國、英國、愛爾蘭、比利時、斯洛伐克、波蘭、匈牙利、奧地利、法國、捷克、盧森堡、荷蘭

知識快遞

電子簽證 / 電子旅行授權簽證

隨著資訊科技的發達，某些國家為了簡化簽證申請程序，縮短簽證申辦時間，允許旅客透過網路線上申請「電子簽證（E-visa / Electronic Travel Authority, ETA）」。

例如 我國護照（載有國民身分證統一編號）持有人，可透過指定旅行社代為申辦澳洲簽證並當場取得一年多次電子簽證，每次可停留3個月。

全球第一個核發電子簽證之國家

3. 免簽證（No Visa / Visa Free / Visa Exemption）

一國基於國際間的平等互惠原則，或為了吸引特定國家的人民前來觀光，會給予外國旅客免辦入境簽證的優惠。以「台灣」為例：

(1) 外籍人士「來台免簽證」適用國家（截至113年5月30日：共65國）[註1]

停留天數	國家
14天（共3國）	汶萊、菲律賓、泰國
30天（共8國）	新加坡、馬來西亞、諾魯、中南美洲5國
90天（共54國）	亞太地區（共7國）：日本、韓國、紐西蘭、澳洲、帛琉等 亞西地區（共1國）：以色列 美洲地區（共8國）：加拿大、美國、中南美洲6國 歐洲地區（共37國）：歐洲適用申根簽證之國家（34國）、英國、愛爾蘭、北馬其頓 非洲地區（共1國）：史瓦帝尼

註1：外籍人士應「同時」符合下列3項條件，方可享入境免簽證待遇：
① 外國護照所餘效期，於入境我國時，應在6個月以上。
② 已訂妥回程或次一目的地之機（船）票，且離開我國日期未逾擬核給之停留期限。
③ 已辦妥次一目的地之有效簽證；但前往次一目的地無需申請簽證者，不在此限。
※ 最新資訊請至外交部領事事務局官網查詢：https://www.boca.gov.tw/lp-384-1.html

(2) 國人「適用免簽證前往之國家／地區」（截至113年5月30日：共107國／地區）[註2]

區域	國家／地區
亞太地區 （共20國／地區）	日本、韓國、澳門、新加坡、馬來西亞、紐西蘭、關島、塞班、大溪地、帛琉等
亞西地區 （共1國）	以色列
美洲地區 （共39國／地區）	美國、加拿大、古巴、秘魯、海地、多明尼加等
歐洲地區 （共44國／地區）	歐洲申根公約會員國及其他適用申根簽證之國家／地區（詳見第13-25頁）、英國、愛爾蘭等
非洲地區 （共3國／地區）	史瓦帝尼等

註2：如含落地簽、電子簽則為175個國家或地區。
※ 最新資訊請至外交部領事事務局官網查詢：https://www.boca.gov.tw/cp-37-220-9f130-1.html

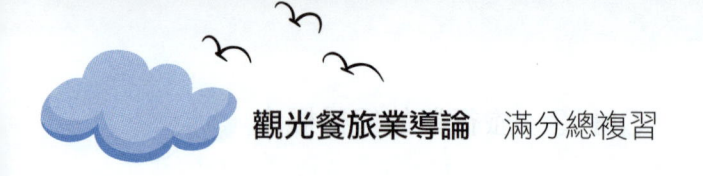

4. 國人赴美、歐、中應申辦之簽證

(1) 美國簽證

民國**101年11月1日**起，台灣納入美國**免簽證計畫**（Visa Waiver Program, **VWP**），凡符合該計畫規定者，即享免簽待遇；不符合者，則需前往**美國在台協會**（American Institute in Taiwan, **AIT**）申辦美國簽證。

- **免簽證計畫（VWP）適用規定：**

  → B-1商務簽證（Business Visa）
  　B-2觀光簽證（Tourist Visa）

旅行目的	洽商或觀光（即B簽證註之旅行目的）
停留天數	停留時間是由入境官員決定，最長90天（不得延長）
證件規定	持有台灣核發之生物辨識電子護照（晶片護照），並具備國民身分證號碼
線上申請授權許可	須透過美國國土安全部的旅遊許可電子系統（Electronic System for Travel Authorization, ESTA）網站，取得入境授權許可，並繳交費用14美元
免簽效期	• 二年或護照到期日（以兩者較早發生者為準） • 護照到期，原申請核准之授權許可亦失效；須更換新護照，重新線上申請授權許可，方可適用VWP

註：美國簽證分為A類、B類、C類……等多種形式的簽證（資料來源：https://travel.state.gov）。

- **不適用免簽證計畫（VWP）者，申辦美國簽證的相關規定：**

受理單位	美國在台協會（American Institute in Taiwan, AIT）
申辦規定	• 面談：未滿80歲者，需親自前往AIT參加面談，未滿14歲者，可由一位父母或法定監護人親自代替面談 • 十指指紋掃瞄：14歲（含）～未滿80歲者，須經無墨電子掃描左右兩手的指紋，採集生物特徵
停留期限	旅客抵達美國通關時，由關口的移民官詢問「入境目的」後決定
簽證效期	3個月～10年
入境次數	一次入境～多次入境不等
例外	前往美國關島或北馬利安納聯邦群島，可自下列兩種計畫擇一適用： • 免簽證計畫（VWP） • 入境關島或北馬利安納聯邦群島免簽證專案： 　國人持下列2種文件，即可洽商或觀光45天內免簽證： 　a. 中華民國護照正本（有效期限6個月以上） 　b. 中華民國身分證正本（14歲以下者，須另附戶口名簿或出生證明）

(2) 申根簽證 104 112

源起	• 1985年，德國、法國、荷蘭、比利時、盧森堡等五國於盧森堡境內之「申根」簽署申根公約，共同約定：取消彼此之間的邊境檢查管制，只要持有任一成員國之有效身分證或護照者，即可自由進出所有成員國 • 1990年代後，其他歐洲國家陸續加入申根公約，並開放部分非成員國的人民亦可免簽證自由進出申根公約會員國
申根公約會員國	目前共有29國：德國、法國、荷蘭、比利時、盧森堡、希臘、瑞典、瑞士、捷克、丹麥、芬蘭、挪威、波蘭、冰島、義大利、西班牙、奧地利、葡萄牙、匈牙利、立陶宛、馬爾他、愛沙尼亞、拉脫維亞、斯洛伐克、斯洛維尼亞、列支敦斯登、克羅埃西亞、保加利亞、羅馬尼亞
對台免申根簽證入境	• 實施日期：民國100年1月11日 • 接受我國人民以「免申根簽證」待遇入境的國家或地區，共36國／地區： 　• 申根公約會員國（共29國） 　• 其他適用申根簽證之國家／地區（共7國／地區）： 　　賽普勒斯、摩納哥、安道爾、聖馬利諾、教廷、丹麥格陵蘭島與法羅群島 • 對台免申根簽證入境措施：我國人民只要持有效之中華民國護照，並備有回程機票、住宿證明及旅遊行程表，即可免辦申根簽證，自由進出上述36個歐洲國家或地區；但入境目的以短期停留（每6個月內，累計不超過90天）之商務或觀光為限 • 歐盟「ETIAS計劃」：可免簽前往申根區的非歐盟公民，最晚須在入境申根區的96小時前填寫ETIAS申請表，申請通過才能入境，有效期限為3年或護照效期截止時終止。18～70歲申請費用為7歐元，其餘免費（2025年實施）

知識快遞

秒懂歐盟、歐元及申根

1. 歐盟：現為27個會員國（英國已退出），目前為歐洲獨特的經濟與政治合作體。
2. 歐元：歐盟20個會員國共同採行之流通貨幣。
3. 加入申根公約、歐盟、歐元區的國家不全然相同，舉例如下：

國家	法國	瑞士	瑞典	丹麥	挪威	冰島	愛爾蘭	英國
申根公約國	✓	✓	✓	✓	✓	✓	✗	✗
歐盟國	✓	✗	✓	✓	✗	✗	✓	✗
歐元區	✓	✗	✗	✗	✗	✗	✓	✗

(3) 台胞證（台灣居民來往大陸通行證）

台灣人民進出「中國大陸」旅遊、商務、探親的通行證。

另，不論過境香港往返中國大陸或至香港旅遊，均可以持有效的台胞證停留香港不超過30天。

註1：台灣旅客至香港旅遊可(1) 網路預辦免費入境登記到港旅遊；(2) 辦理香港旅遊入境許可證（港簽）。
註2：台胞證為一人一組個人終身碼（8碼）。

三、機票（Ticket）

1. 機票的基本概念

(1) 機票為「旅客」與「航空公司」之間的運輸契約，屬於**有價證券**。

(2) 機票限「機票記載之旅客姓名本人」使用。

(3) 限制條件愈多的機票（如：不能改期、變更行程或退票），其價格愈低。

2. 機票的形式 106

形式	紙本機票 Paper Tickets	電子機票 Electronic Tickets, E-Tickets
首次推出者	國際航空運輸委員會 於1930年推出格式化手寫機票	聯合航空（UA） 於1994年推出[註3]
說明	(1) 以手寫或電腦印製的實體機票 (2) 機票上的文字，一律為英文大寫，不可小寫 (3) 機票經塗改無效作廢（VOID）	(1) 將旅客姓名、航程、票價、機票紀錄（如：開票、退票、作廢、行程變更）等資料，儲存於航空公司的電腦資料庫中 (2) 旅客訂票後，航空公司會以電子形式提供「電子機票旅客行程收據」，供旅客存查或列印
登機手續應出示之文件	護照＋簽證＋機票	護照＋簽證（關於機票資訊，櫃檯人員直接從電腦連線查核，旅客可無票登機）
機票遺失	需辦理重開票（Reissue），即另購新的機票	機票資料內容儲存於航空公司的電腦資料庫，旅客不會有機票遺失之虞

註3：資料來源：國際航空運輸協會（International Air Transport Association, IATA）官網（https://www.iata.org）。
2008年6月1日起，全球的航空公司全面實施電子機票，以節省紙張使用。

知識快遞

紙本機票的票聯

票聯	說明	備註
第一聯 審計存根（Auditor's Coupon）	航空公司留存	開票時直接撕下留存，不交予旅客
第二聯 公司存根（Agent's Coupon）	開票旅行社留存	
第三聯 搭乘存根（Flight Coupon）	旅客搭機用	交予旅客之存根
第四聯 旅客存根（Passenger's Coupon）	旅客留存	

3. **機票的種類** 111 113

   (1) 依「旅客年齡」區分

種類	代號	適用年齡[註]	售價
成人票/全票 Adult Fare / Full Fare	ADT	年滿12歲（含）以上	• 航空公司：票面價 • 旅行社：依旅行社報價
兒童票 Children Fare	CH、CHD	年滿2歲（含），但未滿12歲	成人票面價的50%～75%
嬰兒票（不佔位）Infant Fare	IN、INF	未滿2歲	成人票面價的10%
老人票/資深公民票 Old Man Fare / Senior Citizen Fare	CD	年滿65歲（含）以上	成人票面價的50%

註：以「出發日－出生日」為準。

知識快遞

帶孩子出國 機票這樣買 108

- 兒童單獨旅行（無大人陪伴），其英文代號為UM（Unaccompanied Minor）。
- 兒童票若回程時超過（含滿）12歲者，須補價差至「成人票」；
- 嬰兒票若回程時超過（含滿）2歲者，須補價差至「兒童票」。
- 嬰兒須與大人同行，1位大人限帶1名嬰兒；超過之嬰兒，以「兒童票」計價。

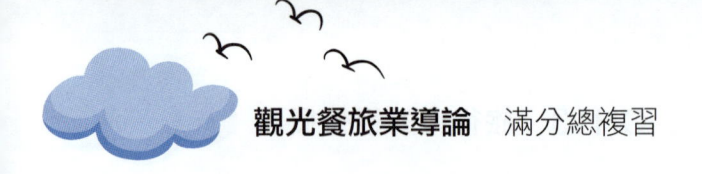

(2) 依「機艙等級」區分

艙等	代號	設施等級&服務比重	票價
頭等艙 First Class	F	高 ↕ 低	高 ↕ 低
商務艙 Business Class	C		
經濟艙 Economy Class	Y		

(3) 依「有無優惠折扣」區分　103　106

- **普通票（Normal Fare）**：無條件（如不可改期、不可退票）之限制，自出發日起**一年**有效，又稱**年票**，為**效期最長**的機票。

- **優待票（Special Fare / Discount Fare）**：除了兒童票、嬰兒票、老人票等優待票之外，尚有下列幾種優待票。

種類	代號	說明	釋例
團體票 Group Inclusive Fare	GV	・旅行團**達一定人數**，給予之團體優惠折扣 ・各家航空公司對各航線團體人數的規定不同 ・某些航線，「兒童票」的價格較「團體票」高；故搭乘這些航線的旅行團，若有兒童，可選擇購買「團體票」，較划算	・ＧＶ１６：團體票，16人（含）以上 ・ＧＶ１０：團體票，10人（含）以上
旅遊票 Excursion Fare	EE	・為**促銷特定航線**，給予旅客優惠折扣 ・效期較短，有回程天數限制 ・限**來回票** ・有些航空公司會在「EE」前方，加入「艙等別代號」	・ＥＥ４５：旅遊票，出發至回程停留天數最多為45天 ・ＹＥＥ３０：經濟艙，旅遊票，出發至回程停留天數最多為30天

CH13 旅行業的經營概念

種類	代號	說明	釋例
預付旅遊票 **A**dvance **P**repaid Ticket／**A**dvance **P**urchase **Ex**cursion	AP、APEX	• 同上述「旅遊票」之說明 • 需於限定期間內使用 • 限制較多（如：無法改期、變更行程或退票）	Y**AP**45：經濟艙，預付旅遊票，效期45天
學生票 Student Fare	STU、SD	• 給予「持國際學生證（ISIC卡）或留學目的國之入學許可者」的優惠票 • 票價通常較「旅遊票」低 • 停留效期可達半年或一年 • 享有較多行李托運公斤數	Y**STU**：經濟艙，學生票
領隊優待票 **T**our **C**onductor Fare	CG TC	• 給予旅行團領隊的優惠票 • 通常為免費票（**F**ree **o**f **C**harge, FOC） • 一般而言，旅行團人數滿16人（含領隊），航空公司即會給予1張免費票，即「15＋1（領隊優待票；FOC）」	**CG**00：領隊優待票，票面價之0%，即免費票
旅行社同業票／代理商同業票 **A**gent **D**iscount Fare	AD	• 給予旅行社或代理商的優惠票 • 票價為票面價之25%（即 $\frac{1}{4}$），故又稱Quarter Fare；即給予75%的折扣（75% OFF） • 機票註記代號AD75	**AD**75：旅行社／代理商同業票； 若票面價為40,000元，則AD75之票價為10,000元（＝40,000×25%）
航空公司員工票 Air Industry **D**iscount Fare	ID	• 給予航空公司員工或其眷屬（配偶、直系親屬）使用之優待票 • 通常限定為空位搭乘（**S**ubject **to** **L**oad, SUBLO）註	• ID00：票面價之0% • ID90：票面價之10% • ID75：票面價之25%

註：SUBLO：不能事先訂位，遇有空位，才能搭乘。
　　No SUB：可事先訂位之機票。

13-29

4. 認識「電子機票」 112

```
              ELECTRONIC TICKET
          PASSENGER ITINERARY / RECEIPT
```

NAME: TSAI/YILIN ── 旅客姓名（須與護照一致） ETKT NBR: 6959219642271
ISSUING AIRLINE: EVA AIRWAYS ── 開票航空公司 ❶ 機票號碼
ISSUING AGENT: ABC TRAVEL TW / K3U8AFL ── 開票旅行社 ── 開票旅行社代號
DATE OF ISSUE: 24NOV12 ── 開票日期   IATA: 34-304675
                        電腦訂位代號   旅行社訂位人員代碼
BOOKING REFERENCE: BNFROH / 1B Abacus   BOOKING AGENT: K3U8AAF
                                         TOUR CODE: KNNS04 ── 團號

日期	航空公司	❷班機編號	機艙等級	❸票價基準	❹機位狀況
DATE	AIRLINE	FLT	CLASS	FARE BASIS	STATUS

去程
28NOV   EVA AIRWAYS   2196   ECONOMY/X   Y   CONFIRMED
         起降城市 LV: TAIPEI   ❺起降時間 AT: 1500   DEPART: TERMINAL 2
                  AR: TOKYO NARITA   AT: 1900   ARRIVE: TERMINAL 1
         BAGS: 25K   VALID: UNTIL 20JAN ── 機票有效期限
         ❻免費託運行李限額

回程
24JAN   EVA AIRWAYS   2197   ECONOMY/X   Y   CONFIRMED
         LV: TOKYO NARITA   AT: 1400   DEPART: TERMINAL 1
         AR: TAIPEI   AT: 1700   ARRIVE: TERMINAL 2
❼機票使用限制 BAGS: 20K   VALID: UNTIL 28MAY

ENDORSEMENTS: NON-END RERTE / RFND REF TO ISSUE OFC P/U NOT RFND
票價計算
FARE CALC: TPE BR TYO465.15BR TPE465.15NUC930.30END ROE31.851/O/B NVA 20 JAN09 RFND FEE TWD 1000/O/B BAG ON 25KG/MAX STAY 6M/VLD BR2196 ONLY/BR 0 PTD FLT ONLY
                        付款方式   各項代收稅金、費用
FORM OF PAYMENT: CC / CA
FARE: TWD29631 ── 票價   T/F/C: 300TW   T/F/C: 706SW   T/F/C: 1166YQ
❽費用總額
TOTAL: TWD31803 ── 票價與各項代收稅金、費用之總額
T/F/C: TAX/FEE/CHARGE

AIRLINE CODE
BR-EVA AIRWAYS   REF: CGKRFF ── 航空公司訂位代號
                        NOTICE ── 注意事項

CARRIAGE AND OTHER SERVICES PROVIDED BY THE CARRIER ARE SUBJECT TO CONDITIONS OF CONTRACT, WHICH ARE HEREBY INCORPORATED BY REFERENCE. THESE CONDITIONS MAY BE OBTAINED FROM THE ISSUING CARRIER. WE RECOMMEND THAT YOU CARRY THIS RECEIPT WITH YOU IN CASE YOU MAY BE REQUIRED TO SHOW YOUR PROOF OF PURCHASE TO THE IMMIGRATION OR ANY OTHER.

❶ **機票號碼（TICKET NUMBER）**：電子機票的號碼為13碼，以數字呈現，如：6959219642271。

前3碼	航空公司號碼；由國際航空運輸協會（IATA）編碼，如：IATA將「中華航空」編碼為297，將「長榮航空」編碼為695
後10碼[註1]	機票流水號

註1：紙本機票第4碼－開票來源，第5碼－搭乘航段數，第6～13碼－機票流水號。

❷ **班機編號（FLIGHT）**：航空公司常以「班機編號」的**末一碼**來區別**飛行方向**。國際航空運輸協會（IATA）提供以下編號原則供航空公司參考依循[註2]：

奇數	往**西**、往**南**飛行 例如 「東京→台北」班機編號BR219**7**為「往南」飛行； 　　　「台北→阿姆斯特丹」班機編號CI006**5**為「往西」飛行
偶數	往**東**、往**北**飛行 例如 「台北→東京」班機編號BR219**6**為「往北」飛行； 　　　「阿姆斯特丹→台北」班機編號CI006**6**為「往東」飛行

註2：有些航空公司（如法國航空、大韓航空）的班機編號末一碼會採下列方式：
- 由本國出發的班機，其班機編號末一碼為「奇數」。
- 從國外返回的班機，其班機編號末一碼為「偶數」。

❸ **票價基準（FARE BASIS）**：依據艙等、淡／旺季、搭乘時間、票價種類等因素來計價。

因素	英文代號
艙等	F（頭等艙）、C（商務艙）、Y（經濟艙）
淡、旺季	H（旺季）、L（淡季）
搭乘時間	W（週末／假日）、X（平日，週一至週五）
	N（夜晚）
票價種類	ADT（全票）、CH（兒童票）、INF（嬰兒票）、 GV（團體票）、EE（旅遊票）、TG（領隊優待票）……等

例如

「票價基準」欄 註記文字釋例	代表意義
Y	經濟艙票價
Y**H**GV25	經濟艙，**旺季**，25人（含）以上之團體票
Y**H**EE90	經濟艙，**旺季**，90天效期之旅遊票
YEE3M／CH50	經濟艙，3個月效期之旅遊票／兒童，50%OFF
Y**L**EE21／AD75	經濟艙，**淡季**，21天效期之旅遊票／旅行社同業，75%OFF
F**X**EE21	頭等艙，**平日出發**，21天效期之旅遊票

❹ **機位狀況（STATUS）**：一般有以下幾種情形：

OK、HK、KK、CONFIRMED	機位確定[1]
RQ、HL、LL	為Request的代號；機位候補中
SA	為Seat Available的代號；限空位搭乘（不能預先訂位）
NS	為No Seat的代號；無座位（嬰兒不佔位）
OPEN	回程票已購買，但回程的日期及時間尚未確定

註1：航空公司通常要求旅客在出發前3天（72小時），須再度確認（Reconfirm, RCFM），以確保機位。

❺ **起降時間（TIME）**：為「出發城市」及「抵達城市」的當地時間；以「24小時制」顯示，如：下午3點，標示為1500；晚上7點，標示為1900。

❻ **免費託運行李限額（ALLOW）**：依旅客往返之地區，分為按件數計算或按重量計算兩種：

- **按件數計算**：往返美洲地區（TC1）[2]及美加屬地（如：關島）。

- **按重量計算**：往返其餘地區。

至於每人可免費託運之行李件數或重量，各家航空公司的規定略有不同。

註2：世界三大飛航區域，請詳本書第15章說明。

❼ **機票使用限制（ENDORSEMENT / RESTRICTIONS）**：常見有以下3種：

- **不可背書轉讓（Non-endorsable, NON-END）**：
  不能轉讓抵用給其他航空公司。

  > 例如 旅客已購買甲航空公司之機票（機票註記「NON-END」）；若遇甲航空公司員工罷工，欲改搭乙航空公司之班機，則無法將原機票轉讓抵用給乙航空公司，必須向乙航空公司另購機票（原機票可向甲航空公司辦理退票）。

- **不能更改行程（Non-reroutable, NON-RERTE）**：
  若要更改行程，需退票後重新購買。

- **不能退票（Non-refundable, NON-RFND）**：
  如欲退票，航空公司不會退費。

❽ **費用總額（TOTAL）**：包含票價與各項代收稅金，比如機場服務費（旅客出境時由航空公司隨機票代收，每人500元、未滿2足歲免費）

知識快遞

託運行李知多少

1. **免費託運行李限額**：各家航空公司的規定略有不同，常見的規定如下：

按件數	全票、兒童票	頭等艙 商務艙	**2件**，每件限重**32kg**	每件行李之單邊長、寬、高三邊總合 ≤158cm
		經濟艙	**2件**，每件限重**23kg**	每件行李之單邊長、寬、高三邊總合 ≤158cm，但2件行李合計之長、寬、高三邊總合 ≤ 273cm
	嬰兒票		**1件**，限重10kg	行李之單邊長、寬、高三邊總合 ≤115cm
按重量	全票、兒童票	頭等艙	**40kg**	
		商務艙	**30kg**	
		經濟艙	**20kg**	
	嬰兒票		10kg	

2. **託運行李遺失之賠償申請**
   - 填寫行李遺失報告表：旅客可至所搭乘之航空公司的**Lost & Found**櫃檯，填寫**行李遺失報告表**（Property Irregularity Report, PIR），申請賠償。
   - 賠償金額：根據華沙公約的規定，**每公斤**以**20美元**計算，**最多賠償400美元**。另外，為方便旅客購買簡單的用品（如盥洗用品），航空公司通常會先發給旅客約**50美元的零用金**；但行李於抵達旅途末站才遺失者，通常無此零用金之發放。

實力加強 13.3

( )1. 下列各類優惠機票之英文代號，何者正確？ (A)航空公司員工票：OD (B)旅行社同業票：ID (C)領隊優待票：CG (D)老人票：AD。

( )2. 團體旅遊機票GV25，其中25表示： (A)最低的開票人數 (B)最低預訂位天數 (C)機票的折扣比例 (D)機票的有效天數。

( )3. 機票上所謂的「NON-ENDORSABLE」，其意義為何？ (A)不可將機票塗改 (B)不可以退票，否則會罰錢或作廢 (C)不可變更行程 (D)不可背書轉讓搭乘另一家航空公司。

( )4. F.O.C.是團體旅遊在成本設計上的重要考量因素，以下哪一項關於F.O.C.的描述不正確？ (A)F.O.C.與參團人數多寡有關 (B)F.O.C.通常給領隊使用 (C)F.O.C.與機票有關 (D)F.O.C.的全文是Free of Customer。

( )5. 關於機票上的訂位狀況（STATUS），下列敘述何者正確？ (A)「OK」表示機位已經被取消 (B)「NS」表示機位還沒預約 (C)「OPEN」表示無座位的嬰兒票 (D)「RQ」表示機位候補中。

13.4 團體旅遊作業

13.4.1 作業流程 103 110 111

階段	內容	主要作業人員
一、前置作業	1. 規劃年度出團行程 2. 與航空公司及各地接待旅行社協調訂團及詢價 3. 決定公司年度出團數 4. 年度訂位[註1] 5. 建立團體檔案如團號（Tour Code）、出團日期、班機班次、可售人數（PAX）、行程內容、住宿旅館等	• 遊程企劃 • 線控人員
二、參團/組團作業	1. 由公司銷售部門開始對外推廣銷售旅遊團 2. 受理旅客報名參團，並收取相關證件及定金費用 3. 建立團體狀況表（含報名人數、機位確認狀態等），並進行參團旅客資料建檔	• 業務人員 • 團控人員 • 控團人員
三、團控作業	1. 辦理參團旅客之護照、簽證等證件的申辦與檢查 2. 掌控證照截止送件時間（Deadline） 3. 決定是否成團 4. 確認參團旅客人數、機位數量管制及開立機票名單 5. 與海外當地代理旅行社確認相關事宜 6. 確認行程、住宿及餐食標準 7. 選派領隊[註2]	• 團控人員 • 控團人員 • 線控人員
四、出團作業	1. 召開行前說明會[註3]、簽訂旅遊契約、確認旅客特殊要求（領隊自我介紹→發放資料→綜合說明→自由發問） 2. 控團人員再次核對檢查參團旅客的證照及其他文件 3. 出發前一天，控團人員與領隊進行交接 4. 安排送機人員前往機場，協助領隊辦理報到手續 5. 領隊帶領參團旅客通關出境，進行海外旅遊活動	• 控團人員 • 領隊
五、結團作業	1. 團體旅遊結束回國後，領隊繳交團體行程報告表、遊程建議書及旅客滿意度調查表，並進行零用金、雜支、餐費、通訊費等收支結帳 2. 旅行團文件彙整建檔 3. 旅客抱怨處理、追蹤與改善	• 領隊 • 控團人員

註1：旅行社通常會事先向航空公司訂好該年度之一系列機位，稱為系列訂位（Series Booking），以利安排出/回團日期及旅遊行程。

註2：各家旅行社之負責指派人員不盡相同。

註3：說明會時領隊再次確認分房表、特殊餐食需求，若旅客要求單獨住宿單人房，應補繳所需之差額，即單人房價差（Single Supplement / Single Extra）。

13.4.2 入出境作業

一、CIQ簡介

各國於旅客出入國境時,通常會查驗旅客的相關證照,並檢查旅客所攜帶的物品是否符合規定,稱為「聯檢程序」;聯檢程序包括下列三項作業:

- **海關(Customs)**:行李檢查。
- **證照查驗(Immigration)**:旅行文件查驗。 ⎫ 合稱「CIQ」
- **檢疫(Quarantine)**:人員、動植物檢疫。

(1) 海關(Customs)

- 負責處理旅客進出國境行李安全檢查。
- 執行飛機、船舶清艙任務。
- 進出口貨物通關。

(2) 證照查驗(Immigration)

- 主要在查驗全國各機場及港口中外籍旅客出入、過境之證照查驗,經查核符合後,始准予核蓋入出境章戳,以確保我國之國境安全。
- 登錄飛機、船舶之到離境旅客人數。

(3) 檢疫(Quarantine)

- 各國為防範傳染疾病藉由船舶、航空器等交通工具境外移入,對入境船舶、航空器及其所載人員、貨物會執行必要的檢疫措施。
- 有些國家會要求入境旅客填寫健康聲明書/檢疫表(Declaration of Health)或查看預防接種證明書/黃皮書[註](Certificate of Vaccination / Yellow Book)。

註:常見傳染病如鼠疫、霍亂、黃熱病、SARS(嚴重性呼吸道症候群)、流行性腦脊髓膜炎、A型肝炎、狂犬病等,旅客應在出國前先查明要求檢疫的種類,並提前接種,以免影響行程。

二、出入境作業流程

1. 機場出境流程（C→I→Q）

流程	說明
退稅查驗	向海關辦理出境申報及退稅查驗（旅客如有需要，通常為外籍旅客所需）
辦理報到 Check-in	• 航班起飛前2～3個小時，旅客需到所要搭乘之航空公司報到櫃檯辦理報到手續，並辦理劃位及託運行李 • 待櫃台人員確認護照、目的地國簽證及機票無誤後，領取各項證件及登機證（Boarding Pass）、行李託運證明（Baggage Claim Tag） • 最遲完成報到時間應以旅客所搭乘航空公司規定為準 • 旅客亦可使用網路或app登機、市區預辦登機以及機場自助報到登機（self-service kiosk），更方便快速地辦理機場報到或印登機證的作業
託運行李	務必確定已通過X光機檢查再離開，若有可疑物品即進行人工複核
安全檢查	• 旅客通過金屬偵測門時須將身上之金屬物品及其隨身行李一同置入X光檢查儀 • 搭乘國際線班機（含國際包機）之旅客，其隨身攜帶之液體、膠狀及噴霧類物品容器，個別容器之體積不可超過100毫升，所有容器均應裝於不超過1公升且可重複密封之透明塑膠袋內，前述之透明塑膠袋，每名旅客限攜帶1個
證照查驗	• 101年起台灣實施申請自動查驗通關服務（E-Gate），結合生物辨識科技，可加快通關速度。旅客可選擇人工查驗櫃檯或E-Gate通關，目前在台北松山機場、桃園國際機場、台中國際機場、高雄國際機場等機場設置有E-Gate • E-Gate申請資格：年滿12歲、身高140公分以上，在台有戶籍國人或具在台居留資格且有多次入出境許可證件之外來人口
候機與登機	旅客須於班機起飛前40分鐘抵達登機門

海關 / 航空警察局 / 內政部移民署

2. 機場入境流程（Q→I→C）

流程	說明
人員檢疫	旅客依動線行進至發燒篩檢站，經紅外線體溫檢測後，如有疑似健康異常之旅客需依我國入境人員檢疫規定，接受相關檢疫措施

衛福部疾病管制署

流程	說明
證照查驗	可選擇E-Gate或人工查驗櫃檯通關，旅客下機後辦理入境證照查驗，外國籍旅客須填寫入境登記表
動植物檢疫	• 旅客辦妥入境證照查驗後，應至行李檢查大廳，等候領取行李 • 凡攜帶動植物及其產品入境者，應至檢疫櫃檯辦理檢疫手續；未依規定辦理者，處新台幣3,000元以上之罰鍰；情節重大者，移送法辦 • 旅客嚴禁攜帶下列物品：新鮮水果、瓜果類植物、未經核可之動植物產品（含肉品、活動物、活植物）
行李檢查	• 旅客提取行李後，所攜行李如未超過免稅限額且無管制、禁止、限制進口物品者，可選擇「免申報檯（綠線檯）」通關，否則即須由「應申報檯（紅線檯註）」通關

內政部移民署

農業部動植物防疫檢疫署

海關

註：目前各國多實施海關紅綠道制度（Dual Channel System），我國亦採此種措施。

知識快遞

出入境攜帶物品限制 102 109

旅客出入境攜帶物品之規定，如下表所示。若攜帶超過限額，應主動向海關申報。

貨幣	新台幣	10萬元	超額部分，雖經申報仍應予退運	未申報者，其超過限額部分沒入； 申報不實者，其超過申報部分沒入
	人民幣	2萬元	超過部分，旅客入境時自行封存於海關，出境時准予攜出	
	其他外幣及有價證券	等值美幣1萬元	經申報之外幣可全數攜入	
黃金		美幣2萬元	若總價值逾美幣2萬元者，另應向貿易局申請輸入許可證，並向海關辦理報關驗放手續	未申報或申報不實者，處以相當於未申報或申報不實之物品價額之罰鍰
其他有洗錢之虞之物品		總價值等值新臺幣50萬元		
免稅菸酒		攜帶菸酒入境，以合於本人自用及家用者為限 • 菸：捲菸200支或雪茄25支或菸絲1磅（須年滿20歲之旅客） • 酒類：1公升不限瓶數（須年滿18歲之旅客）		
應稅範圍		入境旅客攜帶進口隨身及不隨身行李物品，其中應稅部分之完稅價格總和以不超過每人美金2萬元為限		

觀光餐旅業導論 滿分總複習

概念澄清湖 — 出入境查核之主管機關

旅客出入境攜帶物品之規定，如下表所示。若攜帶超過限額，應主動向海關申報。

查核項目	海關	證照查驗	檢疫	
主管機關	財政部關務署	內政部移民署	衛福部 疾病管制署	農業部 動植物防疫檢疫署
檢查標的	行李、貨幣	護照、簽證	旅客健康狀況	動植物及相關產品
相關表單	海關申報單 Customs Declaration Form	入出境表格（E／D卡）Embarkation/Disembarkation Card	健康聲明書／檢疫表 Health Declaration Form	

實力加強 13.4

( ) 1. 關於聯檢程序（C.I.Q.），下列對「Q」的敘述何者錯誤？
(A)「Q」是英文quarantine的縮寫
(B)「Q」是指聯檢中代表對人、物之檢疫及衛生檢查
(C)動植物的檢疫工作由海關負責
(D)旅客的檢疫防治工作由衛生福利部負責。

( ) 2. 旅客入境其他國家時，所填的「E/D Card」是指
(A)旅客出入境登記表 (B)旅客海關申報單
(C)旅客健康聲明書 (D)旅客簽證申請書。

( ) 3. 下列何者屬於海關的主要業務職責？
(A)國際傳染病防治諮詢
(B)入出境旅客攜帶動植物及其產品檢疫
(C)入出境旅客證照查驗
(D)入出境旅客個人隨身行李檢查。

( ) 4. 我國旅行業團體作業流程中，關於出境的程序，下列何者正確？
甲、海關手續（Customs） 乙、證照查驗（Immigration）
丙、航空公司櫃檯報到（Check In） 丁、登機出境（Departure）
(A)甲→丙→乙→丁 (B)丙→乙→甲→丁
(C)丙→甲→乙→丁 (D)乙→甲→丙→丁。

( ) 5. 我國負責「旅客出入境之證照查驗」的單位是
(A)關務署 (B)移民署 (C)警政署 (D)領事事務局。

13.1 旅行業經營相關規定

( )1. 我國的國外旅遊警示，主要是由下列哪一個單位發布？
(A)交通部觀光署　　　　　　(B)外交部領事事務局
(C)衛福部疾病管制署　　　　(D)經濟部商業發展署。

( )2. 關於我國的國外旅遊警示與疫情資訊，下列敘述何者錯誤？
(A)中國地區、香港、澳門的旅遊警示，由大陸委員會發布
(B)國外旅遊疫情資訊由衛福部疾病管制署公告
(C)當旅遊警示為黑色時，表示不宜前往旅遊
(D)當旅遊警示為黃色時，表示應特別注意旅遊安全，並檢討應否前往。

( )3. 下列旅行業經營概念之各項敘述，何者錯誤？
甲、旅行業不得委由旅客攜帶物品圖利
乙、旅行業僅得以「分公司」名稱設立分支機構
丙、旅行業應在緊急事故發生後48小時內，向交通部觀光署報備
丁、綜合旅行業之履約保險投保，最低金額為新台幣3,000萬
(A)甲乙　(B)乙丙　(C)乙丁　(D)丙丁。

( )4. 乙種旅行業每一分公司之保證金為
(A)30萬　(B)25萬　(C)20萬　(D)15萬。

( )5. 我國旅遊市場之航空票價、食宿、交通費用，是由哪一個單位按季發表？
(A)TQAA　(B)ATM　(C)ICAO　(D)IATA。

13.2 旅行業的產品

( )6. 下列何者是團體全備旅遊（Group Inclusive Tour）的特質？
(A)旅客對服務要求較高且精緻
(B)富有冒險的精神不願受拘束
(C)行程具彈性自主性高
(D)完善的事前規劃與安排。

( )7. 下列哪一種遊程稱為「裁剪式遊程」？
(A)Business Travel
(B)Familiarization Tour
(C)Ready-made Tour
(D)Tailor-made Tour。

( )8. 下列何種遊程多採「躉售」方式銷售？
(A)Agent Tour　　　　　　　(B)Incentive Tour
(C)Ready-made Tour　　　　(D)Optional Tour。

more...

13-39

(　　)9. 旅行社大量出團之團體遊程，通常是屬於
　　　　(A)Incentive Tour　　　　　　(B)Ready-made Tour
　　　　(C)Special Interest Tour　　　　(D)Tailor-made Tour。

(　　)10. 下列哪一種遊程的旅遊行程彈性最大？
　　　　(A)Backpack Travel　　　　　(B)City Breaks
　　　　(C)Incentive Tour　　　　　　(D)Travel Free。

(　　)11. 對旅行社而言，下列哪一種遊程的旅客，穩定性（忠誠度）最高？
　　　　(A)Business Travel
　　　　(B)Familiarization Tour
　　　　(C)Group Inclusive Package Tour
　　　　(D)Incentive Tour。

(　　)12. 下列哪一種遊程的屬性和其他三者不同？
　　　　(A)Backpack Travel
　　　　(B)Business Travel
　　　　(C)Independent Travel
　　　　(D)Special Interest Tour。

13.3 旅行文件－護照、簽證、機票

(　　)13. 關於我國護照，下列敘述何者正確？
　　　　(A)效期屆滿，可申請加頁使用
　　　　(B)母子可共用一本護照
　　　　(C)民國97年起，改為核發晶片護照
　　　　(D)民國100年起，申請普通護照者，均需親自辦理。

(　　)14. 關於我國護照，下列敘述何者正確？
　　　　(A)申請護照的辦理單位為內政部移民署
　　　　(B)年滿14歲以上者護照有效期限為10年
　　　　(C)未滿12歲以下者護照有效期限為5年
　　　　(D)所有申請者不分年齡護照自簽發日起有效期限為10年。

(　　)15. 我國護照申辦所需之資料，下列何者錯誤？
　　　　(A)6個月內，2吋半身相片2張
　　　　(B)身分證正本
　　　　(C)未滿12歲者，須附詳細記事戶口名簿正本或3個月內戶籍謄本
　　　　(D)18歲以下未婚，須附父或母或監護人之同意書。

(　　)16. 關於申根簽證（Visa of Schengen）之敘述，何者錯誤？
　　　　(A)1985年由德法荷比盧五國共同簽署
　　　　(B)目前適用共計非洲36個國家或地區
　　　　(C)持台灣護照者可免簽證入境申根成員國家，在6個月內最多可停留90天
　　　　(D)英國和愛爾蘭未加入申根公約國。

( )17. 有些班機無法直飛目的地，為方便旅客轉機，有些國家會給予一定時間的簽證，這種為了方便轉機用途的簽證，我們稱之為：
(A)落地簽證　(B)過境簽證　(C)免簽證　(D)移民簽證。

( )18. 旅客提出的簽證申請，已獲目的國核准，但出發前尚無法取得簽證；此時可採取下列何種方法使旅客順利登機？
(A)OK Board
(B)Shore Pass
(C)Transit Visa
(D)Visa on Arrival。

( )19. 以下何國尚未給予我國民眾享受Visa Free的禮遇？
(A)新加坡　(B)日本　(C)柬埔寨　(D)加拿大。

( )20. 我國目前實施之外籍人士來台免簽證，下列何國不適用？
(A)加拿大　(B)奧地利　(C)瑞典　(D)寮國。

( )21. 搭乘郵輪短暫入境之旅客，可持憑下列何種簽證上岸觀光？
(A)OK Board
(B)Shore Pass
(C)Transit Visa
(D)Visa Granted Upon Arrival。

( )22. 關於台灣人民適用美國免簽證計畫（VWP）的規定，下列敘述何者錯誤？
(A)旅行目的僅限洽商或觀光
(B)每次停留天數不可超過90天
(C)須透過美國旅遊許可電子系統（ESTA）網站，取得入境授權許可
(D)免簽效期一律為二年，新護照可沿用舊護照之免簽效期。

( )23. 下列有關機票內容的敘述，何者正確？
(A)DATE OF ISSUE指的是搭機日期
(B)FLT指的是航空公司代號
(C)AIRLINE指的是班機號碼
(D)CLASS指的是機艙等級代號。

13.4 團體旅遊作業

( )24. 下列何者不屬於團體旅遊作業中之「團控作業」？
(A)辦理簽證　　　　　　　　(B)機位控制
(C)旅客報名作業　　　　　　(D)海外代理商連絡及開票工作。

( )25. 下列何者不屬於團體旅遊作業中之「出團作業」？
(A)舉辦行前說明會　　　　　(B)領隊交接作業
(C)送機服務　　　　　　　　(D)選派領隊。

more...

(　)26. 請問下列何者是旅客必須放置於託運行李不能隨身帶上飛機的物品？
(A)筆記型電腦　　　　　　　　(B)行動電源
(C)乳液120ml　　　　　　　　　(D)鋰電池。

(　)27. 根據我國「關務署」的規定，旅客攜帶入出境之外幣現鈔，超過下列何者需向海關申報？
(A)1萬美元等值現鈔　　　　　　(B)1萬歐元等值現鈔
(C)1萬英鎊等值現鈔　　　　　　(D)35萬新台幣等值現鈔。

(　)28. 關於旅行業旅遊團出團流程，下列敘述何者錯誤？
(A)航空公司之選擇與年度訂位工作，屬於旅行業團體作業流程範圍中的前置作業
(B)召開行前說明會是屬於團體旅遊作業中的出團作業
(C)團體遊程銷售是屬於團體旅遊作業中的參團作業
(D)團號訂定是屬於團體旅遊作業中的團控作業。

(　)29. 旅客自海外入境我國機場時，通關程序包含：
①移民署或證照管制單位檢查護照、簽證或回程機票　②海關檢查應稅物品
③領取行李　④旅客填寫入境申請表　⑤紅外線體溫檢測
請列出較正確之通關步驟。
(A)⑤→①→②→③→④　　　　(B)⑤→①→②→④→③
(C)⑤→④→①→③→②　　　　(D)④→①→②→③→⑤。

CH13 旅行業的經營概念

情境素養題

( )1. 依我國旅行業管理規則，有關旅行業申請與營運之規定，下列敘述何者錯誤？
(A)旅行業為公司組織型態，需符合最低資本額、保證金與專業經理人之規定
(B)旅行業申請程序分為申請籌設及註冊登記兩大部份
(C)經營旅行業務應領有旅行業公會核發的旅行業執照才可營業
(D)需與旅客簽定旅遊契約書，並投保責任險與履約險以保障旅客權益。
[13.1][103統測]

( )2. 一對夫妻帶著兩位小孩，參加某家甲種旅行社所安排的美加團旅遊行程，此旅行社具有保障旅客權益之觀光公益法人會員資格，且具有品保協會會員資格。假設此旅行社未設有分公司，依據現行相關法規，下列敘述何者錯誤？ (A)該旅行社應繳納的品保聯合基金為新臺幣15萬元 (B)該旅行社的履約保險應投保最低金額為新臺幣2,000萬元 (C)依據責任保險，應為旅客投保意外死亡至少每人新臺幣250萬元 (D)若全家的證件皆遺失，依據責任保險，最少可以獲得新臺幣8,000元賠償。
[13.1][109統測改編]

( )3. 依照現行修正之「旅行業管理規則」規定，某甲旅行業者辦理團體旅遊，該團體不幸在海外發生意外，造成兩位旅客意外死亡，三位旅客因意外事故導致體傷送醫，受傷之旅客家屬共四位前往海外處理善後，再加上十位旅客證件遺失。根據上列敘述，某甲旅行社應支付的相關理賠金額，總計至少為新臺幣多少元？
(A)302萬元 (B)572萬元 (C)512萬元 (D)602萬元。
[13.1][109統測改編]

( )4. 某甲為大兒子出資，於臺中市設立一家綜合旅行社，並同時於臺北市設立一家分公司；此外，某甲也為小兒子出資，於高雄市設立一家甲種旅行社，以及於新北市與臺南市各設立一家分公司。依「旅行業管理規則」規定，關於某甲為大小兒子創業，應繳納的新臺幣金額，下列敘述何者正確？ 甲：資本額應繳納3,950萬元 乙：保證金應繳納1,240萬元 丙：品保基金中的永久基金應為10萬元 丁：履約保證保險金投保金額為8,400萬元
(A)甲、乙 (B)乙、丙 (C)丙、丁 (D)甲、丁。
[13.1][109統測]

( )5. 依據「旅行業管理規則」第11條中規定，綜合旅行社資本額至少需3,000萬。大雄去年投資3,200萬元資本額在臺北設立熊大綜合旅行社，今年疫後產業大復甦，大雄想要擴大營業規模，預計在臺中和高雄各開設一家分公司。他至少須增資多少錢，才能符合規定？
(A)50萬元 (B)100萬元 (C)150萬元 (D)300萬元。
[13.1][113統測改編]

( )6. 某甲於台北市新設立甲種旅行社，並同時於新北市、新竹市、桃園市各設一分公司，依「旅行業管理規則」規定，關於某甲應繳納的金額，下列敘述何者正確？甲：保證金應繳納新臺幣210萬元 乙：履約保證保險金投保金額為新臺幣3,200萬元 丙：品保基金中的聯合基金應為24萬元 丁：資本額應繳納新臺幣1,800萬元
(A)甲、丁 (B)乙、丙 (C)丙、丁 (D)甲、乙。
[13.2][108統測改編]

more...

(　　)7. 下列遊程的敘述，何者正確？
甲、思儀參加旅行社舉辦的團體旅遊「尋訪北京五日遊」；行前說明會的資料註明：足底按摩，160人民幣／1小時，自由選購，此為Optional Tour
乙、彰明參加旅行社推出的「峇里島度蜜月自由行（2人成行）」，此屬於Group Inclusive Package Tour
丙、真好玩旅行社推出「前進奧運，為中華隊加油」的團體旅遊行程是屬於Incentive Tour
丁、雄獅旅行社推出「《賀歲迎春》星夢郵輪～探索夢號－高雄／花蓮假期4天3夜旅遊團」，此屬於Cruise Tour
(A)甲乙丙丁　(B)甲丁　(C)乙丙　(D)甲丙丁。　　　　[13.2]

(　　)8. 近年來社會日益開放，國民所得增加，國人前往海外旅遊目的與方式也產生改變。有以球會友的「高爾夫遊程」、以學習為主的「海外遊學團」及以醫療為目的「溫泉之旅」。這種發展趨勢呈現出下列何項遊程之特質？
(A)Educational Tour　　　　　(B)Familiarization Tour
(C)Incentive Tour　　　　　　(D)Special Interest Tour。　[13.2]

(　　)9. 據報導「我國為加強台灣辨識度，已發行新版晶片護照。外交部鼓勵民眾申請換發新版護照，護照規費及申請條件、流程都沒改變。」請問下列敘述何者正確？
甲、民眾護照如尚有一年以上效期則不能申請換發新版晶片護照
乙、晶片護照規格是按照國際民航組織（ICAO）規定所制定
丙、民眾申請之護照自核發日起，六個月內未領取即予以註銷
丁、護照規費效期10年為1,300元，5年則為900元
(A)甲丙　(B)乙丁　(C)甲丁　(D)乙丙。　　　　[13.3]

(　　)10. 曉玉就讀高中一年級，預計寒假參加學校舉辦之日本海外參訪，行程中並安排參訪姐妹校，以下敘述何者正確？
(A)旅行社告知學校首辦護照學生須先辦理人別確認後旅行社才能代為申辦
(B)辦理護照所需資料為身分證正本、影本、詳細記事之戶口名簿影本、1年內相片2吋半身2張
(C)護照製發工作日需時1週
(D)前往日本免簽證，機票票種代號為GV，此遊程屬於Incentive Tour。　[13.3]

(　　)11. 小芳任職旅行社，為了開發新遊程需前往日本，公司向航空公司申請折扣優待票，經濟艙機票，限制為不可背書轉讓、不可退票、免費托運行李限重20公斤。請問機票上會顯示出下列哪些資訊？
甲、C Class　　　　　　　乙、Y Class
丙、2PCS　　　　　　　　丁、20K
戊、NON-ENDORSABLE　　己、NON-REROUTABLE
庚、NON-REFUNDABLE
(A)甲丁戊己　(B)乙丙丁戊己　(C)乙丁戊己　(D)乙丁戊庚。　[13.3]

( )12. 關於領隊人員之敘述，下列何者正確？ (A)世界上最早對於領隊人員的稱呼是古羅馬和平時期的Carrier，有苦力的意涵 (B)領隊人員與團控人員辦理團體交接事宜需注意相關證件、旅客特殊需求等 (C)領隊人員排房時，通常Double Bed Room會排給夫妻旅客 (D)領隊如帶團前往日本，則每位旅客可攜帶水蜜桃6公斤入境台灣。 [13.4]

( )13. 關於旅客入出境的機場報到及聯檢程序敘述，下列何者有誤？ (A)旅客應持Passport、Visa、Ticket、Boarding Pass及Baggage Claim Tag前往欲搭乘之航空公司機場櫃台辦理報到手續 (B)各國針對來往國際間之船舶、航機及旅客之防疫措施稱為Quarantine (C)有些國家對於入境旅客會要求查看「預防接種證明書」，即Yellow Book (D)台灣目前實施Dual Channel System，以旅客是否攜有應稅物品來區分通關走道。 [13.4]

( )14. 小明（13歲）跟著媽媽搭乘經濟艙前往美國自由行，請問下列情況敘述何者正確？
甲、小明和媽媽所持用之護照為Ordinary Passport，護照效期均為10年
乙、小明的媽媽於國外遺失了護照，回國後申請補發，效期為5年
丙、小明和媽媽的機票均為Adult Fare，遊程型態為Foreign Individual Tour
丁、小明和媽媽2人最多可免費托運4件行李，其總重量不可超過92公斤
戊、為減少通關的等候時間，小明和媽媽可以選擇E-Gate方式通關
(A)甲乙丙 (B)乙丙戊 (C)乙丁戊 (D)甲丁戊。 [13.4]

( )15. 我國為防治除了原有的新臺幣現鈔、人民幣現鈔、外幣現鈔、黃金及有價證券的規定外，依據新修正的洗錢防制法第12條規定，還增加一定金額以上有可能被利用做為洗錢之虞的物品，也列入要申報的範圍，以及有關未申報或未如實申報的部分，予以沒入或科以相當金額罰鍰的規定。請問下列敘述何者錯誤？
(A)新台幣超過10萬元的部分，雖經申報仍應予退運
(B)人民幣超過2萬元的部分，旅客自行封存於海關，出境時准予攜出
(C)其他有洗錢之虞之物品總價值等值逾新臺幣50萬元，未申報者總數一律沒入
(D)1萬美金經申報之外幣可全數攜入。 [13.4]

( )16. 關於我國護照、簽證與海關的說明，下列何者正確？ (A)外交護照與公務護照之效期，皆以五年為限 (B)外交簽證的適用對象，為外國卸任正、副元首，或外交部長 (C)海關規定入境旅客，每人攜帶物品限額總值為美金3萬元 (D)海關入境免稅攜帶菸類限額為：菸絲1磅或捲菸200支或雪茄30支。 [13.4][107統測]

▲ 閱讀下文，回答第17～18題。

因應疫情的解封，小顧夫妻計畫帶著15歲女兒和12歲兒子出國旅遊，預計拜訪的景點有鬱金香花卉市場、風車、海尼根體驗館、琴酒博物館及梵谷博物館等，並購買木鞋作為紀念品，享受當地的人文風情。

( )17. 小顧全家是第一次出國申辦普通護照且在臺設有戶籍之國民，依據「護照條例」有關護照效期年限的敘述，下列何者正確？
(A)夫妻二人以十年為限、女兒以十年為限、兒子以三年為限
(B)夫妻二人以十年為限、女兒以五年為限、兒子以三年為限
(C)夫妻二人以十年為限、女兒以十年為限、兒子以五年為限
(D)夫妻二人以十年為限、女兒和兒子因未成年，以五年為限。 [13.3][112統測改編]

(　　)18. 小顧最後決定參加安安綜合旅行社所安排的團體旅遊行程，此旅行社具有保障旅客權益之觀光公益法人會員資格，且具有品保協會會員資格。假設此旅行社未設有分公司，依據「旅行業管理規則」，下列敘述何者正確？
(A)依據履約保險，該旅行社的投保金額為新臺幣4,000萬元
(B)依據責任保險，應為旅客投保意外死亡至少每人新臺幣100萬元
(C)依據責任保險，若全家的證件皆遺失，可以獲得四人總金額新臺幣2萬元賠償
(D)依據責任保險，應為每位旅客投保家屬前往海外處理善後所必需支出之費用最低新臺幣20萬元。　　　　　　　　　　　　　　　　　　[13.1][112統測改編]

▲ 閱讀下文，回答第19～21題。

小葉透過在旅行社工作的朋友幫忙代訂商務出差的機票，下圖是旅行社寄給小葉的電子機票客戶副本。

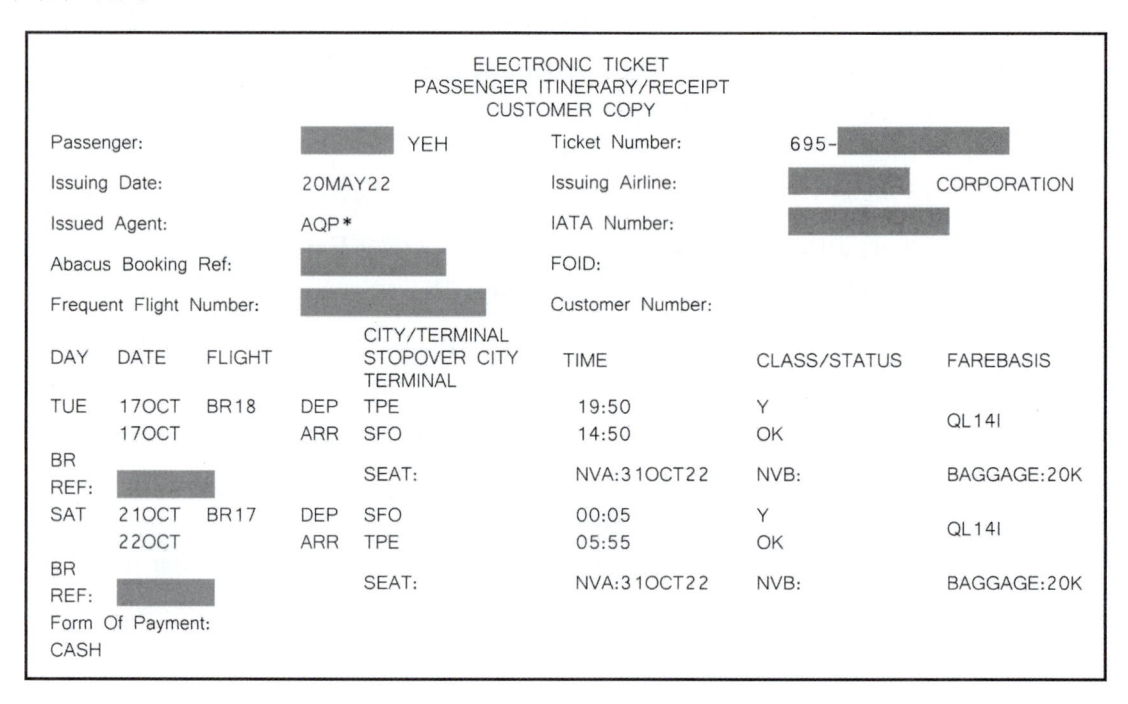

```
            ELECTRONIC TICKET
         PASSENGER ITINERARY/RECEIPT
               CUSTOMER COPY

Passenger:            YEH        Ticket Number:     695-
Issuing Date:    20MAY22         Issuing Airline:          CORPORATION
Issued Agent:    AQP*            IATA Number:
Abacus Booking Ref:              FOID:
Frequent Flight Number:          Customer Number:

                    CITY/TERMINAL
DAY  DATE   FLIGHT  STOPOVER CITY  TIME    CLASS/STATUS  FAREBASIS
                    TERMINAL
TUE  17OCT  BR18    DEP  TPE       19:50   Y             QL14I
     17OCT          ARR  SFO       14:50   OK
BR
REF:                SEAT:          NVA:31OCT22  NVB:     BAGGAGE:20K
SAT  21OCT  BR17    DEP  SFO       00:05   Y             QL14I
     22OCT          ARR  TPE       05:55   OK
BR
REF:                SEAT:          NVA:31OCT22  NVB:     BAGGAGE:20K
Form Of Payment:
CASH
```

(　　)19. 小葉所預訂的搭乘艙等為何？
(A)經濟艙　(B)商務艙　(C)頭等艙　(D)豪華經濟艙。　　　　[13.3][112統測]

(　　)20. 一般電子機票的機票號碼共由幾個數字組成？
(A)12　(B)13　(C)14　(D)15。　　　　　　　　　　　　　　[13.3][112統測]

(　　)21. 關於此電子機票的敘述，下列何者正確？　(A)單程可免費託運40公斤的行李　(B)此張機票的使用期限為5月20日　(C)預定抵達舊金山的時間為00：05　(D)所搭乘的航空公司為EVA Airways。　　　　　　　　　　　　　　[13.3][112統測]

歷屆試題

( )1. 外交部規定國外旅遊警示之顏色與意涵,下列敘述何者正確?
(A)灰色警示:提醒注意
(B)藍色警示:特別注意旅遊安全並檢討是否前往
(C)紅色警示:避免非必要旅行
(D)黃色警示:不宜前往。 [102統測]

( )2. 關於旅行業以電腦網路經營相關業務,接受旅客線上訂購與交易,下列敘述何者錯誤?
(A)應將旅遊契約登載於網站
(B)網站內容須報請交通部觀光署備查
(C)收受全部或部分價金前,應將其銷售商品或服務之限制及確認程序、契約終止或解除及退款事項,向旅客據實告知
(D)旅行業受領價金後,應開立統一發票收據交付旅客。 [102統測]

( )3. 旅行業者為順應市場需求,區隔特定市場族群,設計開發出深入體驗之特殊旅遊主題的遊程,此屬於下列哪一種旅遊類型?
(A)特別興趣團體全備旅遊(special interest package tour, SIT)
(B)提早訂位優惠團體旅遊(early bird discount group tour)
(C)熟悉旅遊(familiarization tour, FAM tour)
(D)自費旅遊(optional tour)。 [102統測]

( )4. 下列哪一種情形依規定應申請換發護照?
(A)護照汙損不堪使用
(B)護照效期不足一年
(C)所持護照非最新式樣
(D)持照人認為有必要並經主管機關同意者。 [102統測]

( )5. 年滿18歲的成年旅客入境我國,依規定可攜帶免稅酒類,超過須向海關申報,其限制容量與數量為何?
(A)不限容量,至多1瓶
(B)總容量合計1公升以內,不限瓶數
(C)總容量合計2公升以內,至多2瓶
(D)總容量合計2公升以內,至多3瓶。 [102統測改編]

( )6. 某科技大廠看好台灣觀光業的前景,決定跨足旅遊業成立甲種旅行社,初步規劃將總公司設在台北,並在全省開設三家分公司。依「旅行業管理規則」規定,應繳納之保證金為:
(A)105萬 (B)150萬 (C)195萬 (D)240萬。 [103統測]

( )7. 下列何者不屬於機票票價的種類?
(A)Special Fare (B)Checking Fare
(C)Normal Fare (D)Discounted Fare。 [103統測]

13-47

(　)8. 有關我國目前各類護照效期的敘述，下列何者正確？
(A)外交護照的效期最長為四年
(B)公務護照的效期最長為六年
(C)接近役齡男子及役男之普通護照效期為五年
(D)役畢男性及年滿14歲女性之普通護照效期為十年。　　　　　　[103統測改編]

(　)9. 旅行業的團體作業可區分為「團控作業」、「回國後作業」、「參團作業」、「前置作業」、「出團作業」，其作業流程依序排列應為：
(A)前置作業→團控作業→參團作業→出團作業→回國後作業
(B)前置作業→參團作業→團控作業→出團作業→回國後作業
(C)前置作業→出團作業→團控作業→參團作業→回國後作業
(D)前置作業→參團作業→出團作業→團控作業→回國後作業。　　[103統測]

(　)10. 遊程設計之各項團體作業當中，將團體路線、出發日期、班機及旅館資料建檔，同時擬定Tour Code的命名，是屬於哪一項作業流程？
(A)參團作業　　　　　　　　(B)結團作業
(C)回國後作業　　　　　　　(D)前置作業。　　　　　　　　　　[103統測]

(　)11. 王大明想要籌設一間旅行社，籌備流程包含籌組公司及向「主管機關」申請籌設等工作，該主管機關為下列何者？
(A)旅行業公會　　　　　　　(B)所在地縣市政府
(C)經濟部商業發展署　　　　(D)交通部觀光署。　　　　　　　　[104統測改編]

(　)12. 小英利用學校暑假期間赴比利時、荷蘭及法國等地進行三個星期的旅遊行程，小英當時出國前，必須事先申請下列哪一種簽證？
(A)在學簽證　(B)英國簽證　(C)禮遇簽證　(D)申根簽證。　　　　[104統測改編]

(　)13. 護照是國人旅行國際間的身分證明，政府公務部門的人員因接洽公務或赴國外考察開會，應申請哪一種護照？
(A)Diplomatic Passport　　　　(B)Official Passport
(C)Ordinary Passport　　　　　(D)Business Passport。　　　　　　[104統測]

(　)14. 當網路旅行社接受旅客線上訂購交易時，下列哪一項資訊不須登載於網站？
(A)公司名稱　　　　　　　　(B)旅遊契約
(C)營業項目　　　　　　　　(D)代收轉付交易憑證。　　　　　　[105統測]

(　)15. 某旅遊集團於臺北市申請開設綜合旅行業，並在桃園市、高雄市、臺中市與臺南市分別設立四家分公司。依據現行旅行業管理規則之規定，該集團總共應繳納保證金新臺幣多少萬元？
(A)270萬元　(B)750萬元　(C)1,120萬元　(D)1,600萬元。　　　　[105統測]

(　)16. 促進我國與其他國家間青年之互動交流與瞭解，申請人目的為「度假」，藉由打工使度假展期及賺取旅遊生活費用，此外籍人士應向我國申請下列哪一種簽證？
(A)Tourist Visa　　　　　　　　(B)Transit Visa
(C)Visa Granted Upon Arrival　　(D)Working Holiday Visa。　　　　[105統測]

13-48

( )17. 自動查驗通關系統（e-Gate）採電腦自動化方式，結合生物辨識科技，讓旅客能自助、便捷、快速的入出國境，這屬於下列哪一項出入境程序？
(A)海關（customs） (B)證照查驗（immigration）
(C)檢疫（quarantine） (D)登機報到（airport check-in）。 [105統測]

( )18. 公司為了激勵員工達到績效目標，請旅行社規劃的特殊遊程，是屬於下列何者？
(A)Ready-made Tour (B)Familiarization Tour
(C)Inclusive Tour (D)Incentive Tour。 [106統測]

( )19. 自由行是市面上常見之行程，例如：機票加酒店的方式，特色為自主空間大，是屬於下列何者？
(A)Group Inclusive Tour (B)Incentive Tour
(C)Independent Travel (D)Familiarization Tour。 [106統測]

( )20. 關於航空機票的註記，下列何者正確？
(A)航空公司員工票AD (B)兒童票ID
(C)領隊票IN (D)團體票GV。 [106統測]

( )21. 將旅客資料儲存在航空公司電腦系統中，旅客出示旅行證件並經驗證後，即可辦理登機，此種環保便利又可避免旅客遺失風險的機票，稱為下列何種機票？
(A)Charter Ticket (B)Electronic Ticket
(C)Emergency Ticket (D)One Way Ticket。 [106統測]

( )22. 某大旅行社目前除了台北總公司外，另於台中和高雄各有一分公司，它是甲種旅行業，並已取得經中央主管機關認可足以保障旅客權益之觀光公益法人會員資格，其履約保證保險最低投保金額應為多少？
(A)700萬 (B)800萬 (C)2,400萬 (D)2,800萬。 [107統測]

( )23. 某甲設立綜合旅行社於台中市，同時於台北市、台南市、高雄市與新北市設立分公司，依「旅行業管理規則」規定，下列敘述何者正確？
甲：保證金應繳納新台幣1,120萬元
乙：履約保證保險金應為新台幣400萬元
丙：應設置經理人四人
丁：資本額應繳納新台幣3,600萬元
(A)甲、丁 (B)乙、丙 (C)丙、丁 (D)甲、乙。 [107統測改編]

( )24. 依「旅行業管理規則」規定，關於網路旅行社的敘述，下列何者正確？
甲：網站首頁應載明公司名稱、種類、地址、服務標章，以及代表人姓名
乙：網站首頁應載明經營之業務項目，以及付款流程、進度與規定
丙：接受旅客線上訂購交易者，應將「旅遊契約」登載於網站
丁：當收取價金後，應將「代收轉付收據」憑證交付旅客
(A)甲、乙 (B)甲、丁 (C)乙、丙 (D)丙、丁。 [108統測改編]

( )25. 一對夫妻帶著一個已滿12歲和一對滿週歲的雙胞胎小孩出國,這家人購買機票時,符合規定之最經濟選項,下列何者正確?
(A)3張全票、1張兒童票、1張嬰兒票
(B)3張全票、0張兒童票、2張嬰兒票
(C)2張全票、2張兒童票、1張嬰兒票
(D)2張全票、1張兒童票、2張嬰兒票。 [108統測]

( )26. 某私人機構邀請阿根廷國籍之學者,來臺進行為期一週的無償學術演講,依相關規定,應該為講者申請何種簽證?
(A)Courtesy Visa (B)Diplomatic Visa
(C)Resident Visa (D)Visitor Visa。 [108統測改編]

( )27. 有關中華民國出入境規定,下列何者錯誤?
(A)聯檢程序為Customs、Immigration、Quarantine
(B)旅客檢疫是由衛生福利部疾病管制署執行
(C)攜帶美元現鈔二萬元入境時,可走綠線檯通關
(D)攜帶人民幣現鈔二萬元入境時,可走綠線檯通關。 [108統測改編]

( )28. 某甲初次創業開設綜合旅行社,並辦理公司設立登記。依據「旅行業管理規則」,該旅行業依規定登記最低資本總額,其需繳納之註冊費與保證金,總計為新臺幣多少元?
(A)1,100萬元 (B)1,030萬元 (C)1,010萬元 (D)1,003萬元。 [109統測改編]

( )29. 某臺灣籍家庭成員中,父親與15歲及12歲女兒欲參加旅行團前往日本北海道,除了父親之外,只有兩位小孩是第一次出國申辦護照。關於護照相關敘述,下列何者錯誤?
(A)外交部於2008年,開始核發晶片護照
(B)兩位女兒皆因未成年,所以護照效期以五年為限
(C)父親發現自己的護照已經過期,他可以直接委任旅行業代為申辦
(D)女兒要先去戶政事務所辦理人別確認,才能委任旅行業代為申辦。 [109統測]

( )30. 關於我國海關申報規定,下列何者錯誤?
(A)年滿18歲之成年人可免稅攜帶雪茄25支或捲菸200支入境
(B)攜帶有價證券總面額逾等值一萬美元者,應向海關申報
(C)攜帶黃金價值逾二萬美元入境者,應該經由紅線檯申報通關
(D)年滿18歲之成年人可免稅攜帶酒類1公升入境。 [109統測改編]

( )31. 小華是高爾夫球迷,希望參加到英國蘇格蘭「老球場」打球的團體行程。此種旅遊行程屬於下列何者?
(A)獎勵旅遊 (B)商務旅遊 (C)特別興趣旅遊 (D)機加酒自由行。 [110統測]

( )32. 下列何者不屬於旅行社辦理團體出國作業流程中的出團作業項目?
(A)簽訂旅遊契約 (B)舉辦行前說明會
(C)擬定年度出團計畫 (D)確認旅客特殊需求。 [110統測]

( )33. 依據我國「旅行業管理規則」，某旅行社向中央主管機關申請籌設並核准後，須於一定期限內辦妥公司設立登記，並準備相關文件向主管機關申請註冊。下列何者不屬於申請註冊時應具備之必要文件？
(A)經營計劃書　　　　　　　　(B)公司章程正本
(C)公司登記證明文件　　　　　(D)旅行業設立登記事項。 [110統測]

( )34. 2022年1月25日，時任中華民國副總統的賴清德先生，以總統特使身分出席前友邦宏都拉斯新任總統的就職典禮，其出訪時所持有的護照是屬於下列哪一種？
(A)禮遇護照　(B)外交護照　(C)公務護照　(D)普通護照。 [111統測改編]

( )35. 2022年2月，俄羅斯與烏克蘭之間的緊張局勢，是國際上最受矚目的焦點。隨後俄羅斯於2月24日向烏克蘭發動「特殊軍事行動」，此時我國外交部應對國人發布烏克蘭的哪一種旅遊警示？
(A)紅色警示　(B)橙色警示　(C)黃色警示　(D)灰色警示。 [111統測]

( )36. 旅行社專為鐵道攝影協會的會員設計出日本北海道JR七日行程，此種依顧客需求安排設計的旅遊行程，是屬於下列哪一種類型？
(A)charter tour　　　　　　　　(B)incentive tour
(C)ready made tour　　　　　　(D)tailor made tour。 [111統測]

( )37. 關於中華民國入境流程順序，下列何者正確？
(A)人員檢疫→動植物檢疫→證照查驗→領取行李→海關行李檢查
(B)人員檢疫→領取行李→動植物檢疫→證照查驗→海關行李檢查
(C)人員檢疫→證照查驗→動植物檢疫→領取行李→海關行李檢查
(D)人員檢疫→證照查驗→領取行李→動植物檢疫→海關行李檢查。 [111統測]

( )38. 因應未來疫情趨緩，天宇旅行社召開業務會議，依據各國解封情形擬訂可出團旅遊的地區及搭配航空公司的年度計畫，上述會議內容是團體旅遊作業中的哪一個流程？　(A)前置　(B)參團　(C)團控　(D)出團。 [111統測]

( )39. 小金預計自行從臺灣出發至美國紐約參加國際餐旅產業投資會議，委託旅行社訂購機票及安排招商會議行程。此趟旅遊行程的類型是屬於下列何者？
(A)business tour　　　　　　　(B)cruise tour
(C)familiarization tour　　　　(D)group inclusive tour。 [111統測改編]

( )40. 小江舉辦到澎湖的家族旅遊，因考量交通時間，決定搭乘飛機從高雄出發至澎湖。此趟旅遊的成員中，有五位成年人，未成年小孩有1位11個月、1位18個月、2位滿2歲、1位6歲及1位13歲，此趟旅遊中，購買兒童票最經濟的選項為下列何者？　(A)2張兒童票　(B)3張兒童票　(C)4張兒童票　(D)5張兒童票。 [111統測]

( )41. 關於申根簽證的敘述，下列何者正確？
(A)免申根簽證待遇適用國家及地區為26個
(B)1987年所簽署取消區域內國家的邊境管制公約
(C)自2011年起，持臺灣護照者可免簽證入境申根成員國家
(D)申根公約發起國包括德國、法國、英國、比利時及盧森堡。 [112統測]

(　)42.「BLACKPINK」、「五月天」與「張惠妹」等高人氣巨星相繼至高雄開唱，傳出在地旅館為迎接高住房率，開始哄抬售價，因此主管機關到旅館稽查。依規定，當地旅館的客房價格應向地方主管機關備查，不得收取高於備查價格的房價，不能惡意漲價。關於此情境的敘述，下列何者錯誤？
(A)旅館可依據市場需求進行動態定價
(B)演唱會期間的定價不可高於rack rate
(C)題目中的地方主管機關為觀光傳播局
(D)歌迷組團到高雄屬於special interest tour。 [112統測改編]

(　)43.美西團體旅遊行程中經常會造訪賭城拉斯維加斯與大峽谷，當地導遊會推薦直升機於空中鳥瞰大峽谷的行程，此活動具有刺激性，需由旅客衡量自己身體狀況選擇是否自費參加。此種不包含在旅遊契約中的活動，稱為下列何者？
(A)city tour　(B)incentive tour　(C)optional tour　(D)theme tour。 [112統測]

(　)44.隨著學習華語的人愈來愈多，華語已成為21世紀的強勢語言，一位美國文學作家Joan，日前規劃到臺灣學校的語文中心上課學習華語一年，他應申請下列何種中華民國簽證？
(A)停留簽證　(B)居留簽證　(C)學生簽證　(D)移民簽證。 [112統測]

(　)45.下列哪一個機場未設置自動查驗通關系統（e-Gate）？
(A)松山　(B)臺中　(C)金門　(D)高雄。 [113統測]

(　)46.夫妻帶著一對剛滿周歲的嬰兒，以及一位滿6歲與一位滿12歲的小朋友，從臺灣搭乘飛機前往美國。其家人最經濟的購票選擇，下列何者正確？
(A)總計需要三張全票，兩張嬰兒票以及一張兒童票
(B)總計需要三張全票，一張嬰兒票以及兩張兒童票
(C)總計需要兩張全票，兩張嬰兒票以及兩張兒童票
(D)總計需要兩張全票，一張嬰兒票以及三張兒童票。 [113統測]

CH13 旅行業的經營概念

答案與詳解

實力加強

13.1節

1. D 2. C 3. D 4. A 5. B 6. C

13.2節

1. A 2. C 3. D 4. A 5. C

13.3節

1. C 2. A 3. D 4. D 5. D

13.4節

1. C 2. A 3. D 4. A 5. B

搶分終點線

1. B	2. C	3. D	4. D	5. A	6. D	7. D	8. C	9. B	10. A
11. A	12. D	13. C	14. B	15. C	16. B	17. B	18. A	19. C	20. D
21. B	22. D	23. D	24. C	25. D	26. C	27. A	28. D	29. C	

情境素養題

1. C	2. B	3. B	4. A	5. B	6. B	7. B	8. D	9. B	10. A
11. D	12. C	13. A	14. B	15. C	16. A	17. C	18. A	19. A	20. B
21. D									

詳解

2. 履約保險應投保最低金額為新臺幣500萬元。

3. 意外死亡250萬×2＋旅客因意外事故導致體傷送醫10萬×3＋善後處理10萬×4＋旅客證件遺失2,000×10＝572萬。

4. 資本額：(3,000萬＋150萬)＋(600萬＋100萬×2)＝3,950萬。
   保證金：(1,000萬＋30萬)＋(150萬＋30萬×2)＝1,240萬。
   品保基金中的永久基金：10萬＋3萬＝13萬。
   履約保證保險金投保金額：(6,000萬＋400萬)＋(2,000萬＋400萬×2)＝9,200萬。

5. 綜合旅行社總公司資本額最低為3,000萬元，每開設一間分公司須增資150萬元。
   大雄起先投資3,200萬。
   (150萬元×2)－(3,200萬元－3,000萬元)＝100萬元。因此大雄只須再增資100萬元即可。

13-53

6. 甲：保證金為150萬＋(30萬×3)＝240萬。
   乙：履約保證保險金投保金額為2,000萬＋(400萬×3)＝3,200萬。
   丙：品保基金中聯合基金為15萬＋(3萬×3)＝24萬。
   丁：資本額為600萬＋(100萬×3)＝900萬。
7. 乙：Independent Travel。丙：Special Interest Tour。
12. 最早對於領隊人員的稱呼為Courier。控團人員。新鮮水果嚴禁攜帶入境台灣。
13. Boarding Pass及Baggage Claim Tag為辦理機場報到手續完成後之登機證及行李條收據。
14. 甲：小明護照效期為5年。丁：每件限重23公斤。
16. 禮遇簽證。美金2萬元。雪茄25支。
18. 依據責任保險，應為旅客投保意外死亡每人新臺幣250～500萬元。
    依據責任保險，若全家的證件皆遺失，最少可獲得四人總金額新臺幣8,000元賠償。
    依據責任保險，應為每位旅客投保家屬前往海外處理善後所必需支出之費用最少新臺幣10萬元。
21. 單程可免費託運20公斤的行李。此張機票的開票日期為5月20日。
    預定抵達舊金山的時間為14:50。
    BR為長榮航空代號，因此所搭乘的航空公司為EVA Airways。

歷屆試題

1. A	2. D	3. A	4. A	5. B	6. D	7. B	8. D	9. B	10. D
11. D	12. D	13. B	14. D	15. C	16. D	17. B	18. D	19. C	20. D
21. B	22. A	23. A	24. D	25. B	26. D	27. C	28. D	29. B	30. A
31. C	32. C	33. A	34. B	35. A	36. D	37. D	38. A	39. A	40. B
41. C	42. C	43. C	44. B	45. C	46. A				

詳解

6. 150萬＋(30萬×3)＝240萬。
15. 綜合旅行社總公司保證金1,000萬，每一分公司保證金30萬。
22. 500萬＋(100萬×2)＝700萬。
23. 乙：如已取得「經中央主管機關認可足以保障旅客權益之觀光公益法人會員資格者（如：TQAA會員）」，其履約保證保險金額為4,400萬；反之則為7,600萬。
    丙：應設置經理人共五人。
28. 註冊費3萬元＋保證金1,000萬元＝1,003萬元。
29. 14歲以下護照效期為5年，14歲以上護照效期為10年。
30. 免稅攜帶雪茄25支或捲菸200支入境須年滿20歲。
32. 擬定年度出團計畫為前置作業。
41. 對台免申根簽證入境待遇適用國家及地區為36個。
    1985年簽署取消區域內國家的邊境管制公約。
    申根公約發起國為德國、法國、荷蘭、比利時、盧森堡，不包括英國。
42. 高雄市觀光餐旅之地方主管機關為高雄市觀光局。

NOTE

NOTE

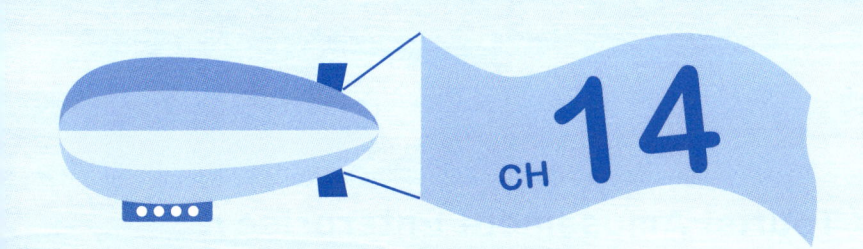

CH 14 觀光餐旅相關產業（一）

⚓ 本章學習重點

節名	常考重點	
14.1 觀光遊樂業	• 觀光遊樂業的定義 • 我國觀光遊樂業設立相關規定 • 觀光遊樂業的發展與沿革	★★★☆☆
14.2 會議展覽業	• 會議展覽業的特性 • 會議展覽業的發展	★★★☆☆
14.3 博奕娛樂業	• 博奕娛樂業的定義與特性 • 博奕娛樂業的發展	★★★☆☆

★ 統測命題分析

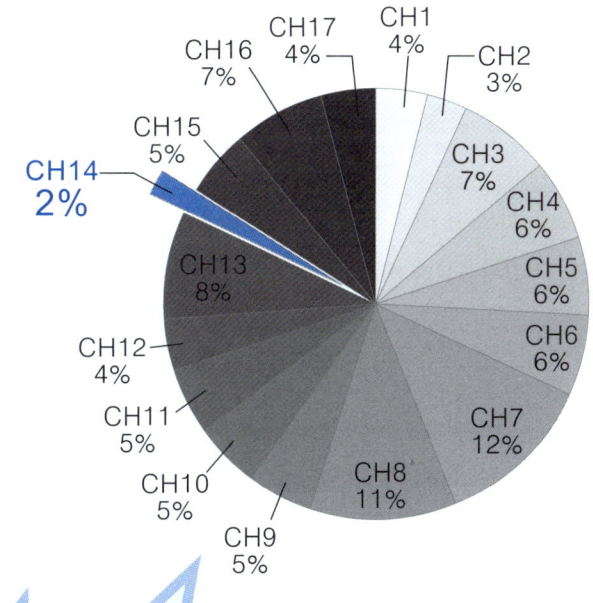

- CH1 4%
- CH2 3%
- CH3 7%
- CH4 6%
- CH5 6%
- CH6 6%
- CH7 12%
- CH8 11%
- CH9 5%
- CH10 5%
- CH11 5%
- CH12 4%
- CH13 8%
- **CH14 2%**
- CH15 5%
- CH16 7%
- CH17 4%

14.1 觀光遊樂業（Tourist Amusement Enterprise）

14.1.1 觀光遊樂產業簡介

一、定義

又稱為「觀光娛樂業」或「觀光休閒遊憩業」，提供情境、資源與設施以滿足觀光客休閒娛樂的需求，創造美好的體驗與回憶。

依據	說明
發展觀光條例	• **觀光遊樂業**：指經主管機關核准經營觀光遊樂設施之營利事業 • **觀光遊樂設施**：指在風景特定區或觀光地區提供觀光旅客休閒、遊樂之設施
中華民國行業統計分類	• 屬於「R大類─藝術、娛樂及休閒服務業」 • 藝術、娛樂及休閒服務業：從事遊樂園及主題樂園、視聽及視唱場所、特殊娛樂場所、遊戲場等經營及其他娛樂及休閒服務之行業 • 遊樂園及主題樂園：從事經營遊樂園或主題樂園之行業，如提供機械遊樂設施、水上遊樂設施、遊戲、表演秀及主題展覽等複合式遊樂活動之場所
國際遊樂園暨景點協會 International Association of Amusement Parks and Attractions, IAAPA	**觀光遊樂產業**：指在遊樂設施、娛樂活動、銷售店鋪、餐飲等設施與服務上具有主題性、吸引力的遊樂產業

二、設立程序（許可制）

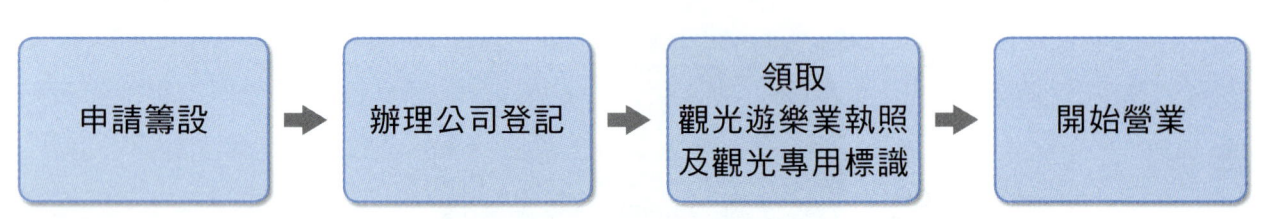

申請籌設 → 辦理公司登記 → 領取觀光遊樂業執照及觀光專用標識 → 開始營業

三、相關規定 113

1. 觀光遊樂業申請籌設面積不得小於2公頃。
2. 屬重大投資案件者，由交通部觀光署受理、核准、發照。其籌設面積：
   - 位於都市土地，應達5公頃以上。
   - 位於非都市土地，應達10公頃以上。
3. 非屬重大投資案件者，由地方主管機關受理、核准、發照。
4. 觀光遊樂業應將觀光專用標識及營業相關事項公告於入口明顯處所。
5. 觀光遊樂業每年至少舉辦救難演習1次，並得配合其他演習舉辦。
6. 園區內舉辦特定活動者，應於30日前檢附安全管理計畫，報經地方主管機關核准。
7. 應投保「責任保險」，其保險範圍及最低保險金額，如下表所示。

每一個人身體傷亡	新臺幣300萬元
每一事故身體傷亡	新臺幣3,000萬元
每一事故財產損失	新臺幣200萬元
保險期間總保險金額	新臺幣6,400萬元

觀光遊樂業應將每年度投保之責任保險證明文件，報請地方主管機關備查。

四、觀光遊樂業特性

特性	說明
資本密集	業者須取得土地所有權或使用權，開發、建設與遊樂設施建置的資金非常龐大，且需定期維護保養與汰舊更新 例如 高雄義大世界投資約500億元打造，包含有義大遊樂世界、購物廣場、飯店等綜合性服務體系
人力密集	所需人力眾多，人事成本高
安全標準	園區的安全管理非常重要，營造歡樂、安全的環境，預防或降低意外的發生機率，達成零風險目標 例如 2015年八仙樂園粉塵暴燃事件為台灣遊樂園史上最大公安意外，相關醫療、賠償及責任歸屬問題多，八仙樂園歇業至今
價值與價格對等	一票到底，停留時間長，遊樂設施、表演活動、餐飲、周邊商場服務豐富足夠，值回票價
創新求變	結合主題電影、動漫人物、節慶活動等，運用科技與行銷，帶動周邊商品、商場營運、餐飲與住宿需求

觀光餐旅業導論　滿分總複習

五、觀光遊樂業的分類 111

類型	定義
自然賞景型	主要提供自然景觀觀賞、遊憩或體驗之設施和自然風景區
綜合遊樂園型	以機械活動設施為主，配合各種陸域、水域等遊憩活動者
海濱遊憩型	主要為海水浴場或應用海水所從事之各項動、靜態活動設施
文化育樂型	提供民族表演、民俗活動、文物古蹟展示活動或具教育娛樂性質之動、靜態設施者
動物展示型	提供各種動物之靜態展示或動態表演者
鄉野活動型	以農果園、農作採擷、野外健身活動及配合野外活動之動、靜態活動設施

概念澄清湖　　觀光遊憩區與觀光遊樂業 111

一、觀光遊憩區
我國觀光遊憩資源豐富，交通部觀光署為統計國內主要觀光遊憩區之旅遊人次，將觀光遊憩區分類如下：

1. 國家公園
2. 國家級風景特定區
3. 直轄市及縣(市)級風景特定區
4. 森林遊樂區
5. 自然人文生態景觀區
6. 休閒農業區及休閒農場
7. 觀光地區
8. 博物館
9. 宗教場所
10. 其他

二、觀光遊樂業
觀光遊樂業係指經主管機關核准經營觀光遊樂業設施之營利事業，目前領有執照且經營中的業者計有27家，以機械設施、人文造景之主題樂園、自然生態之渡假村為主要經營特色，分佈如下圖。

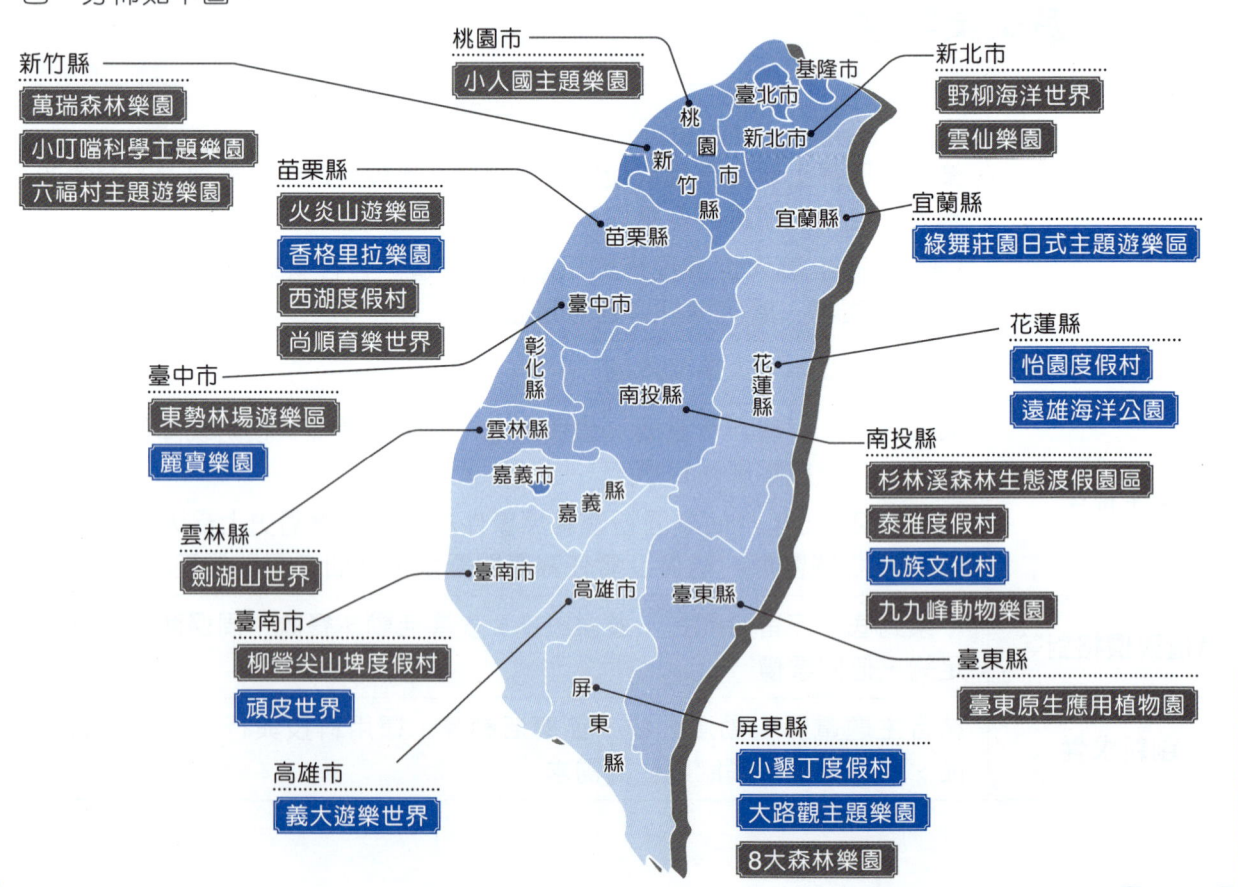

新竹縣：萬瑞森林樂園、小叮噹科學主題樂園、六福村主題遊樂園

桃園市：小人國主題樂園

新北市：野柳海洋世界、雲仙樂園

苗栗縣：火炎山遊樂區、香格里拉樂園、西湖度假村、尚順育樂世界

宜蘭縣：綠舞莊園日式主題遊樂區

花蓮縣：怡園度假村、遠雄海洋公園

臺中市：東勢林場遊樂區、麗寶樂園

南投縣：杉林溪森林生態渡假園區、泰雅度假村、九族文化村、九九峰動物樂園

雲林縣：劍湖山世界

臺南市：柳營尖山埤度假村、頑皮世界

臺東縣：臺東原生應用植物園

屏東縣：小墾丁度假村、大路觀主題樂園、8大森林樂園

高雄市：義大遊樂世界

14-4

14.1.2 觀光遊樂業發展與沿革

一、外國觀光遊樂業的發展

時期	說明	代表
工業革命前 （西元1760年前）	• 起源於歐洲，在傳統市集中有馬戲團、小丑、雜耍、舞蹈表演等 • 每年開放（營業）數月，提供民眾娛樂、社交的場域	1661年英國倫敦新春遊樂園（The New Spring Garden，又稱Walks Hall）為遊樂園的鼻祖
工業革命後 （西元1760年～1945年）	• 動能技術發展開發了遊樂機械設施，經濟發展帶動了休閒娛樂需求 • 歐美各國開始出現提供遊樂設施（如旋轉木馬、雲霄飛車）的遊樂園 • 1893年美國哥倫布紀念世界博覽會出現第一座摩天輪	• 丹麥哥本哈根趣伏里遊樂園（Tivoli Gardens） • 美國康尼島綜合海濱樂園（Coney Island）又稱現代遊樂園的先驅
第二次世界大戰後 （西元1945年～1980年）	• 經濟復甦，多元娛樂需求 • 主打家庭娛樂市場，共享親子歡愉時光 • 主題樂園成為主流，以海洋休閒、卡通人物、積木、電影場景等多元主題元素融入，與遊樂設施結合，創造遊樂吸引力	• 荷蘭馬德羅丹小人國（Madurodam）為主題式遊樂園的鼻祖 • 1955年美國洛杉磯迪士尼樂園（Disneyland Park） • 樂高樂園（Legoland Park） • 環球影城（Universal Studios）
現今網路科技時代 （西元1980年迄今）	• 主題樂園擴大經營版圖，進軍國際市場 • 大眾傳播媒體盛行，影視娛樂與追求感官刺激，挑戰極限成為遊樂園一大賣點 • 結合大型商場、度假飯店群以度假村（區）存在 • 引進人工智慧科技（AI）以及虛擬實境（VR）、擴增實境（AR）等新科技減少排隊等候的不便，增加歡樂體驗	• 東京迪士尼樂園／迪士尼海洋樂園 • 富士急樂園 • 大阪環球影城 • 馬來西亞樂高樂園 • 新加坡環球影城 • 中國上海迪士尼樂園 • 哈利波特影城

知識快遞

世界著名主題樂園

主題樂園	所在地
迪士尼樂園	美國洛杉磯（加州迪士尼）、美國奧蘭多、法國巴黎、日本千葉（東京迪士尼）、香港、中國上海
環球影城	美國洛杉磯、美國奧蘭多、日本大阪、中國北京
樂高樂園	丹麥比倫、美國加州、美國佛羅里達、美國紐約、德國金茨堡、英國溫莎、義大利加爾達、阿拉伯杜拜、馬來西亞柔佛、日本名古屋、韓國春川
哈利波特影城	英國倫敦、日本東京

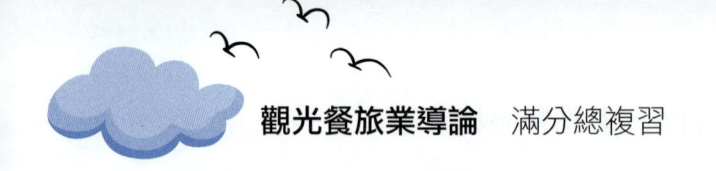

二、我國觀光遊樂業的發展 112

時期	說明	代表
民國69年以前	• 日據時期設置的動物園與兒童樂園 • 經濟成長，各地業者開始興建小型遊樂園做為休閒場所，機械遊樂設施漸漸普遍	• 圓山動物園兒童遊園地（現為台北市兒童新樂園） • 新北大同水上樂園（首家民營主題樂園） • 桃園亞洲樂園 • 高雄大統百貨頂樓樂園
民國69~88年	• 參考國外遊樂園規劃與設施，結合本土文化及需求，許多業者投入不同主題型態的經營 • 花園景觀、水舞、原住民文化、水上遊樂設施、野生動物園、挑戰極限的大型機具遊樂設施等主題	• 台中亞哥花園 • 桃園小人國主題樂園 • 彰化台灣民俗村 • 南投九族文化村 • 雲林劍湖山世界 • 新竹六福村野生動物園
民國89年迄今	• 國民旅遊風氣盛行，遊樂園競爭激烈，無不推陳出新，結合度假、住宿、購物與節慶活動朝大型化、複合式、多元化方向發展 • 成為各級學校校外教學、畢業旅行重要行程之一，形塑不同年齡層的共同回憶	• 台中麗寶樂園（首座BOT休閒產業；前月眉育樂世界） • 花蓮遠雄海洋公園 • 高雄義大遊樂世界

註1：台灣四大樂園「1369」：義大遊樂世界、劍湖山世界、六福村主題樂園、九族文化村。再加入麗寶樂園即台灣五大樂園。

註2：各遊樂園均有其主題特色，例如九族文化村以原住民文化為主題、六福村結合主題樂園與野生動物園、麗寶樂園提供水陸設施複合式主題、義大遊樂世界結合住宿與購物商場。

實力加強 14.1

( ) 1. 依據「中華民國行業統計分類」，觀光遊樂產業屬於哪一大類？
(A)H大類－運輸及倉儲業
(B)I大類－住宿及餐飲業
(C)N大類－支援服務業
(D)R大類－藝術、娛樂及休閒服務業。

( ) 2. 依據「觀光遊樂業管理規則」，觀光遊樂業申請籌設面積不得小於
(A)2公頃　(B)5公頃　(C)10公頃　(D)20公頃。

( ) 3. 何時開始出現旋轉木馬、雲霄飛車等遊樂設施？
(A)文藝復興時期　　　　　　(B)工業革命後
(C)第一次世界大戰後　　　　(D)第二次世界大戰後。

14.2 會議展覽業（MICE Indistry）

14.2.1 會議展覽業簡介

1. 依據「中華民國行業統計分類」，會議展覽業屬於「N大類－支援服務業」，是指**從事會議及工商展覽籌辦或管理**之行業。

2. 歐美國家的會展產業發展較早，將會展產業概分為兩大類：會議產業（Meeting Industry）及展覽活動產業（Exhibition & Event Industry）。

3. 我國交通部觀光署界定會展產業（MICE Industry）的範疇包含以下四部分：

類別	說明
一般會議 Meeting	企業或團體舉辦的中小型會議，開會人數不多但次數較頻繁
獎勵旅遊 Incentive	企業為激勵或獎勵績優員工或合作廠商所舉辦的客製化旅遊活動
大型會議 Convention	跨國企業、國際型組織所舉辦，與會人數較多的大型會議
展覽 Exhibition	在特定時間經由特別規畫安排的事件，提供主題相關物品的展示銷售與體驗參觀，或提供休閒娛樂、社交、文化體驗活動（event），例如節慶（festival）、市集（fair）等

4. **我國會展產業主管機關：**
    - 國家發展委員會。
    - 交通部觀光署。
    - 經濟部推動會議展覽專案辦公室。

    各部會資源整合與協調，提升會展服務品質、行銷台灣，強化競爭力

5. **會展產業供應鏈結構可分為三大部分：** 展場、會展主辦單位、會展產業周邊協力廠商。

6. 會展產業包含硬體設施及軟體設施，如下表所示。

設施	說明
硬體	會議或活動場地、電腦網路、投影視訊、會場設計及裝潢、舞台佈置、音響工程、燈光特效、翻譯等
軟體	會展籌辦、公關行銷、活動企劃、廣告媒體、平面設計及印刷、觀光旅遊、餐飲及住宿、保險、交通運輸等

7. 國際會展需要結合許多不同專業領域的人才籌辦，因應市場需求由**專業會議籌辦公司**（Professional Convention Organizer, **P.C.O.**）或**專業展覽籌辦公司**（Professional Exhibition Organizer, **P.E.O.**）進行策畫、籌辦、研究等。

14.2.2 會議展覽業的特性 111 113

會議展覽產業為近年來全球各國非常重視的產業之一，具有「三高（**高創新效益、高附加價值、高成長潛力**）三大（**經濟產值大、就業機會大、產業關聯大**）三優（**人力優勢、技術優勢、資產運用效率優勢**）」的特徵，同時能樹立國際形象，具有行銷國家或城市的功能。其主要特性說明如下：

特性	說明
整合性	會展相關產業範疇廣，環環相扣，服務與行銷缺一不可 例如 旅行社承辦企業大型精緻的獎勵旅遊，需要更專業的規劃、安排與獎勵旅遊實務經驗，結合美食、住宿體驗、美術設計與印刷、禮品、活動企劃、國內外表演團體等，創造驚喜旅程
交流性	會議資訊、技術發表、商品創意等藉由會展進行交流交換，共同解決問題，創更美好的生活 例如 2025年日本大阪世博會以「讓生命更光輝的未來社會藍圖」為主題，希望透過各國先進技術的交流，對未來社會可能面臨的課題共同提出解決方案，以達到拯救生命、給予生命力量、連結生命的永續目標
專業性	各學術學會、工商團體舉辦的會展具有其專業性，承辦會展公司也要結合各行業專業人士進行相關規劃與服務 例如 由外貿協會主辦的「台灣國際醫療暨健康照護展」結合「台灣國際醫材製造及零組件展」，展示疫情期間的口罩國家隊，由台灣機械、醫材業者上下游參與合作
全球性	科技發展迅速，會展產業能跨越區域與國界限制，創造經濟效益與就業機會，還能提升主辦城市的形象，成為全球發展的重要產業之一 例如 台北國際電腦展2024年約有1,500家廠商、26個國家參展
藝術性	會展能展示產品的藝術與時尚，快速傳遞資訊，形成流行風潮，展場本身就是藝術，透過聲光、文字和圖像，處處展現創意 例如 2021年新創生活展在高雄展覽館舉辦，結合了時尚精品、家居美學、藝術文創、休閒生活等多項主題，吸引近十國上百家廠商參展，並有數萬人前往參觀

14.2.3 會議展覽業發展與沿革

一、國外會議展覽業的發展 111

時期	說明
工業革命前 （西元1760年前）	• 古代階段中最具代表性的展覽形式是集市 • 1667年法國國王路易十四提議舉辦法國藝術展覽會開始，成為展覽會的發源地 • 1681年在義大利舉行的醫學會議為正式的國際會議開端
工業革命後 （西元1760年～1945年）	• 1756年英國工藝展覽會 • 1851年英國萬國工業博覽會是世界上第一個真正具有規模的展覽會，為現今世界博覽會的前身 • 1894年德國萊比錫樣品博覽會，是博覽會與現代貿易展覽會的最初形式，具有展示與交易兩大特性
第二次世界大戰後迄今 （西元1945年迄今）	• 各國經濟建設、科技發展快速，追求專業分工與產品創意，現代化與專業化的展覽會取代綜合貿易展覽會與博覽會成為主流 • 展覽會與附加之講座、研討會相關活動，能促進參展者與參觀者的技術與信息交流，參與展覽人數日漸成長，帶動相關觀光餐旅需求

二、我國會議展覽業的發展

時期	說明
創始期 （民國59～74年前）	• 我國以出口為主的國際貿易，藉參與國際相關展覽，尋求商機與技術提升，國內會展產業開始萌芽 • 63年外貿協會於台北圓山飯店舉辦「台灣外銷成衣展售會」，是我國第一個國際專業展覽 • 71年舉辦「第一屆台北國際電腦展」，為全球三大電腦展之一（COMPUTEX TAIPEI）
成長期 （民國75～90年）	• 75年台北世貿中心啟用，建構專業展覽場地與國際交易市場 • 台北世貿2、3館、台中、高雄各地展覽場館陸續興建使用 • 78年台北國際會議中心啟用，81年由外貿協會經營
茁壯期 （民國91年迄今）	• 93年行政院觀光發展推動委員會（110年解編）MICE專案小組成立，期積極推動國內會展產業發展 • 94年經濟部商業司（現為商業發展署）推動「會議展服務業發展計畫」 • 97年南港展覽館落成啟用 • 98年經濟部推動「台灣會展躍升計畫」及「加強提升我國展覽國際競爭力方案」，強化會展業發展及國際行銷能力 • 101年經高雄工商展覽館改造為高雄國際會議中心，建構「會議為主，展覽為輔」的多功能國際會議中心 • 103年高雄展覽館正式啟用 • 108年南港展覽二館啟用

知識快遞

主要國際會展組織

組織名稱	創設年代	總部	成立宗旨	會員身分
國際大會及會議協會 International Congress & Convention Association, ICCA	1963	荷蘭 阿姆斯特丹	促進會議新知之傳遞、調查研究及教育訓練	主要為政府單位、公司或組織
國際展覽業協會 The Global Association of the Exhibition Industry, UFI	1925	法國 巴黎	促進全球會展產業的交流與行銷，提供認證	主要為展館和展覽主辦單位
國際展覽與活動協會 International Association of Exhibitions and Events, IAEE	1928	美國 達拉斯	促進國際展覽及活動業的發展和交流，並提供專業教育訓練	主要為會展業從業人員

實力加強 14.2

( )1. 依據「中華民國行業統計分類」，會議展覽業屬於哪一大類？
 (A)H大類－運輸及倉儲業
 (B)I大類－住宿及餐飲業
 (C)N大類－支援服務業
 (D)R大類－藝術、娛樂及休閒服務業。

( )2. 關於我國觀光署所界定的會展產業MICE的範疇，下列何者不正確？
 (A)M－Motion　　(B)I－Incentive
 (C)C－Convention　　(D)E－Exhibition。

( )3. 關於會議展覽業的特性，下列敘述何者不正確？
 (A)區域性　(B)藝術性　(C)全球性　(D)整合性。

( )4. 外貿協會在圓山飯店舉辦我國第一個國際專業展覽是指：
 (A)台灣外銷成衣展售會　　(B)台北國際電腦展
 (C)台北國際醫療展　　(D)台北國際機械工具展。

( )5. 下列關於我國目前主要的國際級會展場所與啟用時間配對，下列何者有誤？
 (A)台北世貿展覽館：民國75年　　(B)南港展覽二館：民國108年
 (C)南港展覽館：民國97年　　(D)高雄展覽館：民國100年。

14.3 博奕娛樂業（Gaming Entertainment Industry）

14.3.1 博奕娛樂業簡介

1. 依據「中華民國行業統計分類」，博奕娛樂業屬於「R大類－藝術、娛樂及休閒服務業」，指凡從事彩券銷售、經營博奕場、投幣式博奕機具、博奕網站及其他博奕服務之行業均屬之。
2. 博奕娛樂事業範疇廣泛，包括博奕、秀場、餐飲、會展、高級渡假住宿及其他娛樂設施的綜合性娛樂事業，以「賭錢」與「休閒娛樂」兼具為營運目標。
3. 民國98年增訂「離島建設條例」，開放我國離島地區得設置觀光度假區附設賭場。鼓勵民間投資國際度假村，提升離島觀光效益，特許經營觀光賭場及從事博奕活動者，與刑法賭博犯罪行為區隔。
4. 博奕娛樂業主要分為4種模式：

模式	釋例
樂透彩券 lottery	樂透彩、公益彩券
賭場博奕 casino	陸上賭場、水上輪船賭場，以機台、賭桌遊戲為主
跑道式下注 on-track	賽馬、賽車
非跑道下注 non-track	職業運動彩、網路博奕

14.3.2 博奕娛樂業的特性

博奕娛樂業為觀光餐旅服務業的一環，具有服務業的特性，多數與觀光旅館或度假村複合式經營，因此，具有旅館業相關特性如：立地性、固定成本高、人力密集等，博奕娛樂業特性僅以觀光餐旅關聯性較大的**賭場博奕**做經營特性做說明。

特性	說明
政策性	我國國際觀光旅館經營開發需要主管機關評估許可，設置觀光賭場需經過當地居民公投通過，具有高度政策性
社會爭議性	觀光賭場對於增加觀光經濟效益、政府稅收、就業機會等成效顯著，但對於物價、社會價值觀、治安、生態保育等衝擊所付出的社會成本，引起各界評論

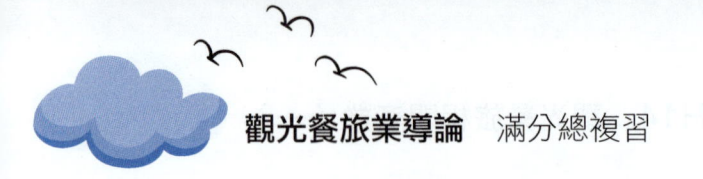

14.3.3 博奕娛樂業發展與沿革

博奕與賭博（錢）的發展密不可分，古今中外時而禁止，時而開放，本節以博奕娛樂業合法化後的發展做說明。

一、國外博奕娛樂業的發展 111 112

地區	發展
歐洲	1863年摩納哥蒙地卡羅賭場，是貴族富豪們豪賭作樂的代表，賭場內還設有芭蕾劇場、歌劇院、高爾夫球俱樂部、F1賽道及精品商店街等相關設施，成為著名的度假勝地
美國	• 1931年經濟大蕭條，內華達州率先通過了賭博合法的議案，拉斯維加斯成為賭城，發展至今為世界知名度假旅遊、結婚與娛樂之都 • 1976年新澤西州大西洋城開放設立合法賭場，是美國東岸最大的賭城 • 美國除了夏威夷州、猶他州沒有合法賭博外，其餘各州博奕娛樂業成為滿足消費者需求的休閒活動之一
亞洲	1. 澳門 　• 1847年澳葡政府首次正式把博彩業合法化 　• 1961年開放「恆久性的博彩區」，以博彩和旅遊為經濟發展目標 　• 2000年澳門博彩委員會成立，法律規範透過競投，由3家專業經營的博彩公司開創澳門賭場新紀元，營收領先各國 2. 韓國 　1963年華克山莊開幕，著重博奕、觀光、飯店、餐飲複合式發展 3. 馬來西亞 　1970年雲頂山莊是馬來西亞特許成立的唯一合法觀光賭場，只接待外國旅客，國內居民禁止賭博 4. 新加坡 　2005年解除賭博禁令，開發含博奕娛樂的休閒度假中心，為當地創造就業機會及觀光收益 5. 菲律賓 　1976年起至今共有超過10多家的賭場，除了蘇比克灣賭場是由馬來西亞雲頂集團所經營，大多數賭場都是由政府成立的菲律賓娛樂博奕公司（PAGCOR）所經營
澳洲	1980年政府積極推觀光休閒，確立博奕娛樂業的經濟貢獻與企業社會責任，引進外資提升觀光競爭力，目前是賭場分布密度最高的國家

二、我國博奕娛樂業的發展

民國	說明
98年	• 增訂「離島建設條例第10-2條」，開放我國離島地區得設置觀光度假區附設賭場。鼓勵民間投資國際度假村，提升離島觀光效益，特許經營觀光賭場及從事博奕活動者，與刑法賭博犯罪行為區隔 • 澎湖率先進行賭場公投，未通過，度假村建設延宕
101年	• 馬祖進行賭場公投，同意率過半通過，可依法設置度假村，但仍須審慎評估氣候、交通、能源、生態等相關資源 • 迄今尚未設立
105年	• 澎湖進行第二次賭場公投，未通過
106年	• 金門進行賭場公投，未通過

三、世界著名博奕娛樂場

1. **世界四大賭城**：拉斯維加斯、大西洋城、蒙地卡羅、澳門。
2. **世界著名博奕娛樂公司**：

所在國家	著名博奕娛樂公司
美國	拉斯維加斯金沙集團（Las Vegas Sands Corp.）
	美高梅國際酒店集團（MGM Resorts International）
	凱薩娛樂公司（Caesars Entertainment, Inc.）
澳門	永利集團（Wynn Macau）
	澳娛綜合度假股份有限公司（SJM Resorts, Limited）
馬來西亞	雲頂集團（Genting Group）

四、常見的博奕遊戲

名稱	說明
吃角子老虎機 Slot Machine	又稱為拉霸或老虎機，將硬幣投入機器，接著機器螢幕上會隨機滾動出現不同圖案，停定時如出現符合相同或特定相同圖案連線者，即依其賠率，獲得獎金
百家樂 Baccarat	源於義大利，頗受歡迎的撲克遊戲之一。其玩法較為複雜，主要為以先發牌後下注的方式進行
21點 Black Jack	玩家要在2～10張牌中，取得最接近21點的點數，又不能超過21點，然後和莊家比大小定勝負
輪盤 Roulette	以圓形輪盤進行遊戲。荷官會在輪盤旁邊旋轉珠子，而珠子最後落在上面的數字就是中獎的號碼。數字是隨機分布的，有不同顏色的背景，輪盤依據不同投注方式會有不同的賠率
骰寶 Sic Bo	澳門稱骰寶叫Tai Sai，意為幸運骰子，一般稱為賭大小，由賭客下注完畢，再由荷官把三顆骰子放在有蓋的器皿內搖晃。視三顆骰子停留開出的點數定輸贏，押注的內容不同，賠率有差異

實力加強 14.3

( )1. 依據「中華民國行業統計分類」，博奕娛樂業屬於哪一大類？
(A)H大類－運輸及倉儲業
(B)I大類－住宿及餐飲業
(C)N大類－支援服務業
(D)R大類－藝術、娛樂及休閒服務業。

( )2. 美國第一個合法設立賭場的州是
(A)內華達州
(B)新澤西州
(C)加利福尼亞州
(D)華盛頓州。

( )3. 目前賭場分布密度最高的國家是
(A)美國 (B)法國 (C)澳洲 (D)韓國。

( )4. 關於博奕娛樂業的特性，下列敘述何者不正確？
(A)博奕娛樂業屬於藝術、娛樂及休閒服務業
(B)與旅館業關聯性高
(C)觀光賭場能增加觀光經濟效益，但所付出的社會成本具有爭議性
(D)我國政策已開放在本島境內設置合法觀光賭場。

( )5. 下列哪一地區以博彩和旅遊為主要的經濟發展目標？
(A)香港 (B)澳門 (C)東京 (D)新加坡。

搶分終點線

14.1 觀光遊樂業

(　)1. 台灣最早以「水舞秀」為主題特色的觀光遊樂業是？
(A)九族文化村
(B)亞哥花園
(C)遠雄海洋公園
(D)劍湖山世界。

(　)2. 以卡通動畫人物與遊樂園結合的「迪士尼樂園」，讓遊樂業進入新的發展，帶給觀光客歡樂體驗，並在世界各地開設迪士尼樂園，請問下列哪一城市還未設立？
(A)巴黎　(B)香港　(C)倫敦　(D)上海。

(　)3. 亞洲首座「哈利波特魔法世界」設立在
(A)東京迪士尼
(B)韓國愛寶樂園
(C)大阪環球影城
(D)馬來西亞樂高樂園。

(　)4. 關於觀光遊樂業投保之責任保險最低投保金額，下列敘述何者正確？
(A)每一個人身體傷亡：新臺幣200萬元
(B)每一事故身體傷亡：新臺幣3,000萬元
(C)每一事故財產損失：新臺幣300萬元
(D)每年度投保之責任保險證明文件，報請中央主管機關備查。

14.2 會議展覽業

(　)5. 我國觀光政策白皮書在「針對目標市場研擬配套行銷措施」策略中提到：「鎖定MICE為目標市場」，其概念係以inbound會議及商務旅遊為主，不包括下列何者？
(A)大眾觀光（Mass tourism）
(B)獎勵旅遊（Incentive）
(C)大型會議（Conference）
(D)展演（Exhibition）。

(　)6. 下列有關MICE Industry之縮寫字母的英文原名，何者不正確？
(A)M代表Meeting
(B)I代表Ideas
(C)C代表Convention
(D)E代表Exhibition。

14-16

( )7. 世界上第一個真正具有規模的展覽會是指：
(A)英國工藝展覽會
(B)英國萬國工業博覽會
(C)德國萊比錫樣品博覽會
(D)法國藝術展覽會。

( )8. 我國會展產業主管機關不包括下列哪一個？
(A)國家發展委員會
(B)交通部觀光署
(C)經濟部推動會議展覽專案辦公室
(D)縣、市政府。

( )9. 會議展覽業具有「三高三大三優」的特徵，請問下列敘述何者有誤？
(A)三高指高創新效益、高附加價值、高成長潛力
(B)三大指經濟產值大、就業機會大、產業關聯大
(C)三優指資源優勢、科技優勢、人力運用效率優勢
(D)會議展覽業也具有行銷國家或城市的功能。

( )10. 以促進全球會展產業的交流與行銷為宗旨，並提供展覽品質認證的國際會展組織是哪一個？
(A)國際大會及會議協會（ICCA）
(B)國際展覽業協會（UFI）
(C)國際展覽與活動協會（IAEE）
(D)國際協會聯合會（UIA）。

( )11. 下列何者非我國目前主要的國際級會展場所？
(A)台北世貿展覽館
(B)台中世貿展覽館
(C)南港展覽館
(D)高雄展覽館。

14.3 博奕娛樂業

( )12. 我國何時增訂「離島建設條例」，開放離島地區得設置觀光度假區附設賭場，並鼓勵民間投資國際度假村，以提升離島觀光效益？
(A)民國97年
(B)民國98年
(C)民國99年
(D)民國100年。

( )13. 世界四大賭城，下列何者為非？
(A)拉斯維加斯　　　　　　　　(B)澳門
(C)蒙地卡羅　　　　　　　　　(D)夏威夷。

more...

(　)14. 下列哪一國家尚未設立合法化賭場？
(A)美國　　　　　　　　　　(B)法國
(C)澳洲　　　　　　　　　　(D)日本。

(　)15. 博奕娛樂業主要分為4種模式，下列何者為非？
(A)網路投資（internet investment）
(B)賭場博奕（casino）
(C)跑道式下注（on-track）
(D)樂透彩券（lottery）。

CH14 觀光餐旅相關產業（一）

情境素養題

( )1. 關於觀光遊樂業特性，下列敘述何者正確？
(A)遊客人數，沒有明顯的季節性
(B)經營成本高，但投資回收期短
(C)安全管理高標準，目標營造歡樂、安全的遊樂環境
(D)經營主題只要有自己的特色，不須隨潮流、科技改變。 [14.1]

( )2. 關於我國觀光遊樂業的敘述，下列何者不正確？
(A)一般指遊樂園及主題樂園
(B)業者向主管機關申請營業登記，即可開始營業
(C)觀光遊樂業的主管機關為交通部觀光署
(D)提供遊樂設施、遊戲、表演秀等複合式遊樂活動之場所。 [14.1]

( )3. 台灣國民旅遊、學生畢業旅行必訪的四大樂園「1369」不包括下列何者？
(A)義大遊樂世界　　　　　　　(B)劍湖山世界
(C)六福村主題樂園　　　　　　(D)麗寶樂園。 [14.1]

( )4. 超級業務員Angelina因營業績效斐然，得到公司獎勵8天的「美加郵輪之旅」，請問，Angelina參與的行程稱為
(A)Meeting　　　　　　　　　(B)Incentive
(C)Convention　　　　　　　 (D)Exhibition。 [14.2]

( )5. 康仁和外貿協會一起到德國法蘭克福設立攤位參加展覽，他展示自家研發產品並提供體驗，接洽國際買家進行交易，並與同業互相交流，經驗分享。請問，這段敘述未說明會議展覽產業的何種特性？
(A)全球性　　　　　　　　　　(B)交流性
(C)專業性　　　　　　　　　　(D)易逝性。 [14.2]

( )6. 我國增訂「離島建設條例」，對開放離島地區得設置觀光度假區附設賭場進行公投，下列敘述何者正確？
(A)澎湖率先進行賭場公投，已通過
(B)馬祖進行賭場公投，已通過
(C)金門進行賭場公投，已通過
(D)綠島進行賭場公投，未通過。 [14.3]

( )7. 在台灣就讀幼稚園的小新和家人一起到澳門威尼斯人酒店渡假，下列敘述何者錯誤？
(A)小新爸媽可以帶著小新進入賭場，一邊娛樂一邊照顧
(B)酒店中的百貨商場能滿足小新媽媽購物需求
(C)酒店運河有威尼斯鳳尾船能讓小新爸媽重溫蜜月時光
(D)小新一家人不需辦簽證就能入境澳門。 [14.3]

14-19

觀光餐旅業導論　滿分總複習

歷屆試題

( )1. 張同學於暑假期間前往中部知名景點遊玩，景點中有幸福摩天輪可鳥瞰風景，大船塢可進行水戰迷宮，搭乘擎天飛梭可以挑戰極速落體的快感，飛越恐龍谷則可享受沉浸式虛擬體驗。依觀光遊樂服務業之經營類型，此知名景點應屬於下列哪一種？
(A)自然賞景型　(B)海濱遊憩型　(C)綜合遊樂園型　(D)動物展示型。　[111統測]

( )2. 會議展覽產業具有「三高三大」特徵，關於會議展覽產業的特徵敘述，下列何者錯誤？
(A)高成長潛力、產值大
(B)高創新效益、產業關聯大
(C)高報酬率、經濟發展限制大
(D)高附加價值、創造就業機會大。　[111統測]

( )3. 下列哪一個國家尚未設立合法化的賭場？
(A)泰國　(B)韓國　(C)新加坡　(D)菲律賓。　[111統測改編]

( )4. 關於會議展覽業的說明，下列何者正確？
(A)第一屆萬國（工業）博覽會為現今世界博覽會前身，在英國倫敦舉辦
(B)臺灣會議展覽業可區分為：一般會議、特殊旅遊、大型會議及展覽
(C)展覽稱為convention，可分為以企業為主或一般消費大眾為主的展覽
(D)依據中華民國行業標準分類，會議展覽業是屬於X大類之支援服務類。　[111統測]

( )5. 楊同學規劃與家人自行開車，從雲林出發向南到屏東，經南迴公路到臺東、花蓮旅遊，再依原路返回雲林住家如右圖所示。下列何者是較適合安排於旅程中的主題樂園？
(A)頑皮世界、麗寶樂園
(B)怡園渡假村、大路觀主題樂園
(C)香格里拉樂園、小墾丁渡假村
(D)義大遊樂世界、綠舞莊園日式主題遊樂區。

[111統測改編]

( )6. 關於臺灣觀光遊樂產業的敘述，下列何者錯誤？
(A)東部的遠雄海洋公園，是位於花蓮縣著名的主題樂園
(B)中部的九族文化村，是結合主題樂園以及野生動物園
(C)中部的麗寶樂園，是提供水陸設施的複合式主題樂園
(D)南部的義大遊樂世界，是結合住宿、購物商場的主題樂園。　[112統測改編]

( )7. 關於博奕娛樂產業的敘述，下列何者錯誤？
(A)美國的拉斯維加斯有賭城之稱
(B)新加坡最有名的賭場位於雲頂山莊
(C)澳門為亞太地區著名的賭城之一
(D)韓國規模最大賭場為華克山莊娛樂場。　[112統測]

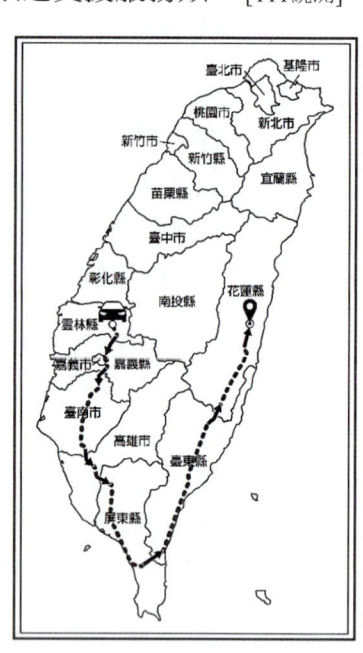

14-20

(   )8. 民國113年初於臺南市辦理的臺灣燈會，包含展現多個特色燈區及辦理慶元宵晚會，為臺南市帶來大量觀光人潮，請問此臺灣燈會較屬於下列何者？
(A)congress　(B)event　(C)conference　(D)incentive。　　　[113統測]

(   )9. 根據「觀光遊樂業管理規則」，下列敘述何者正確？
甲：觀光遊樂業申請籌設面積，不得少於二公頃。但其他法令另有規定者，或直轄市、縣（市）政府依其自治權限另定者，從其規定
乙：觀光遊樂業申請重大投資案，位於非都市土地，土地面積須達五公頃以上
丙：觀光遊樂業應投保責任保險，每一個人身體傷亡之最低保險金額為三百萬元
丁：觀光遊樂業應投保責任保險，每一事故身體傷亡之最低保險金額為新臺幣六千萬元
(A)甲、乙　(B)乙、丙　(C)甲、丙　(D)乙、丁。　　　[113統測改編]

(   )10. 關於會議展覽業的特質，下列敘述何者正確？
(A)低產業關聯　(B)低技術門檻　(C)高就業門檻　(D)高附加價值。　[113統測]

答案與詳解

實力加強

14.1節
1. D 2. A 3. B

14.2節
1. C 2. A 3. A 4. A 5. D

14.3節
1. D 2. A 3. C 4. D 5. B

搶分終點線
1. B 2. C 3. C 4. B 5. A 6. B 7. B 8. D 9. C 10. B
11. B 12. B 13. D 14. D 15. A

情境素養題
1. C 2. B 3. D 4. B 5. D 6. B 7. A

歷屆試題
1. C 2. C 3. A 4. A 5. B 6. B 7. B 8. B 9. C 10. D

詳解

5. 怡園渡假村（花蓮縣）、大路觀主題樂園（屏東縣）。

7. 雲頂山莊為馬來西亞特許成立的合法賭場。

9. 觀光遊樂業申請重大投資案，位於非都市土地，土地面積須達十公頃以上。
   觀光遊樂業應投保責任保險，每一事故身體傷亡之最低保險金額為新臺幣三千萬元。

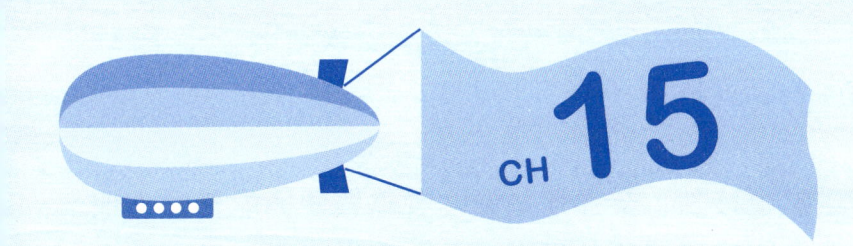

CH 15 觀光餐旅相關產業（二）

⚓ 本章學習重點

節名	常考重點	
15.1 陸上運輸業	• 軌道運輸 • 公路運輸	★★☆☆☆
15.2 水上運輸業	• 水上運輸－郵輪	★★☆☆☆
15.3 空中運輸業	• 航空業簡介 • 空中航權 • 世界時區 • 航空公司及機場代碼	★★★★★

★ 統測命題分析

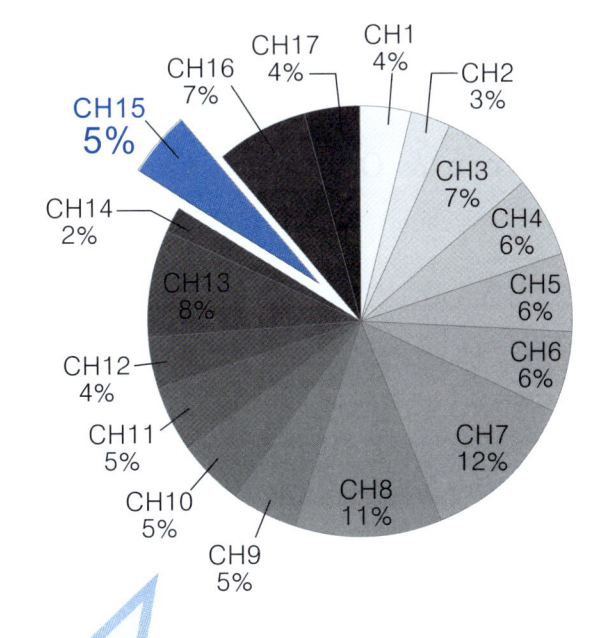

- CH1 4%
- CH2 3%
- CH3 7%
- CH4 6%
- CH5 6%
- CH6 6%
- CH7 12%
- CH8 11%
- CH9 5%
- CH10 5%
- CH11 5%
- CH12 4%
- CH13 8%
- CH14 2%
- CH15 5%
- CH16 7%
- CH17 4%

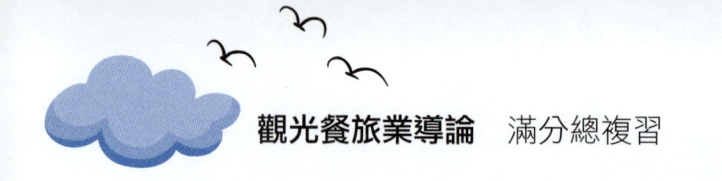

觀光旅客藉由各種交通工具在景點中移動，交通運輸業的發達與便捷能帶動當地觀光產業的蓬勃發展，故交通運輸業為**國民經濟的基礎產業**，有**觀光事業之母**、**觀光產業的火車頭**之稱。安全是載運中最基本的要求。其演進過程大致為下圖所示：

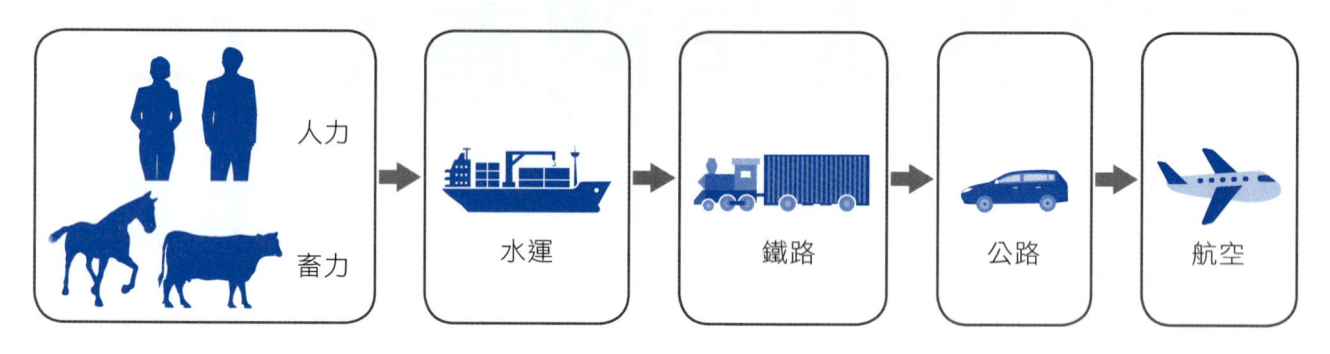

人力／畜力 → 水運 → 鐵路 → 公路 → 航空

15.1 陸上運輸業

人類生活中接觸最頻繁、使用率最高的交通工具。

一、軌道運輸

1. **傳統鐵路運輸**

   是指以火車來進行運輸的方式，其優點為空間舒適、平穩，最能為旅行帶來輕鬆自在的感受。

   (1) 世界知名鐵路運輸
   - **歐洲東方快車（Venice Simplon-Orient-Express）**：於1883年開始營運，當時歐洲上流社會盛行鐵路旅遊，最富盛名者便是威尼斯辛普倫東方快車，營運路線範圍從英國倫敦到土耳其伊斯坦堡，現為頂級鐵道之旅代名詞。
   - **亞洲東方快車（Eastern & Oriental Express）**：行駛泰國、馬來西亞與新加坡之間的高級火車。
   - **其他**：美國國鐵公司Amtrak、歐洲鐵路公司Rail Europe、日本鐵路公司Japan Railways（JR）。

     註：因應旅客需求，發展出單國或多國之火車通行券，如日本JR Pass、歐洲鐵路通行證Eurail Pass。

(2) 台灣鐵路運輸： 始於1887～1891年（清光緒年間）由劉銘傳主導興建基隆到台北路段；台灣的鐵道旅行則源於日治時代。以下介紹台灣鐵路的四大系統。

系統	路線
西部幹線	基隆站－潮州站
東部幹線	樹林站－台東站 宜蘭線（八堵站－蘇澳站） 北迴線（蘇澳新站－花蓮站） 台東線（花蓮站－台東站）
南迴鐵路	新左營站－台東站
小火車支線系統	1. 觀光鐵路 　● 平溪線（八堵站－菁桐站） 　● 內灣線（新竹站－內灣站） 　● 集集線（田中站－車埕站） 2. 森林鐵路 阿里山林業鐵路： 　● 1912年為運送木材而興建營運 　● 為台灣第一個國家級重要文化景觀 　● 現為農業部林業及自然保育署所有 　● 鐵路呈Z字型曲折，自嘉義北門車站到阿里山，全長71.4公里

除了上述之列車系統外，亦有具有特色的**觀光列車**：

- **環島之星（Formosa Express）**：為台灣第一座彩繪列車。
- **郵輪式列車（Cruise-Style Train）**：火車以郵輪旅遊模式經營，選定停靠具特色之車站及特色旅遊景點，待遊客參觀完回到火車上後，再繼續往下一個景點。屬於特色鐵道體驗，又稱為「會等人的火車」。

知識快遞

鐵路運輸之最

1. 鐵路總長度世界第一：美國，總長度超過20萬公里。
2. 客流量最高的火車站：日本新宿車站，每日達364萬人次。
3. 最多月台的火車站：美國紐約大中央車站，共有44個月台。
4. 世界最高的鐵路：中國青藏鐵路，最高點位於5千公尺的高山上。

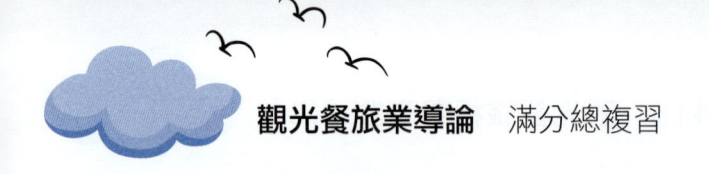

2. **高速鐵路運輸**

   是指以高速列車來進行運輸的方式，其優點為：快速、高運輸量能、準點、節能、低空污。

   (1) 世界各國知名高鐵：
   - **日本新幹線（Shinkansen, Super Express）**：1964年東京到大阪的東海道新幹線開始運行，為全世界第一個投入商業營運的高速鐵路系統。
   - **法國高速列車（Train à Grande Vitesse, TGV）**：2007年以574.8公里的時速創造了輪軌列車的最快紀錄。
   - **歐洲之星（Euro Star）**：連接英國與法國、比利時、荷蘭的高速鐵路服務，穿越英吉利海峽海底隧道，是往來英國與歐洲大陸最便捷順暢之道。
   - **上海磁浮營運線（Shanghai Maglev Train）**：是世界上目前唯一運營的高速磁浮列車路線。
   - **其他**：德國ICE、西班牙AVE。

   (2) 台灣高鐵（Taiwan High Speed Rail, THSR）：
   - 1999年施工，2007年完工，為全球最大規模的BOT工程。
   - 台北南港⇌高雄左營，路線全長349.5公里。
   - 最高營運時速300公里，連結台灣南北成為一日生活圈。

3. **大眾捷運系統運輸業（Mass Rapid Transit, MRT）**

   位於都會區內，方便旅客都會中移動。例如台灣目前有台北捷運、高雄捷運、桃園機場捷運、台中捷運，以及高雄輕軌（Light Rail）、淡海輕軌、安坑輕軌。

二、公路運輸 113

是最普遍最重要的短程運輸方式，運量及時間最具彈性、機動性大、方便且快速，旅客可依據想停留或旅遊地點來搭乘。

優點 高度靈活性及經濟的集體運輸方式，點對點的直達運輸。

缺點 運輸成本高（僅次航空業）、廢氣汙染、運載量有限、安全性能較差。

1. **遊覽車（Coach）**：旅行團常使用的交通工具。

2. **公車（Bus）：**

   (1) 台灣觀巴（Taiwan Tour Bus）：為交通部觀光署輔導旅行社營運，搭配旅遊行程販售，提供國內外旅客在台灣的觀光旅遊服務。

(2) 台灣好行公車（Taiwan Tourist Shuttle）：「台灣好行（景點接駁）旅遊服務」是專為旅遊規劃設計的公車服務，其路線遍佈全台，平日、假日皆有發車，從景點到火車站、高鐵站，無縫隙接駁旅客前往台灣主要觀光景點，適合不想長途駕車、不參加旅行團出遊的旅客。

(3) 其他：美國灰狗巴士（Greyhound Bus）、機場接駁巴士（Shuttle Bus）及倫敦、巴黎、香港、台北之雙層觀光巴士（Sightseeing Bus）。

3. 租車業（Car Rental）

目前世界三大租車業分別為：Hertz赫茲、Avis艾維斯、National全國。隨著自由行旅客增加，台灣國內亦有業者陸續加入。

15.2 水上運輸業

人類於航海時代開始有遠航能力；而**藍色公路**則讓船舶除了交通運輸功能外，也兼具海上／河面觀光遊覽的特性。其演進過程大致為下圖所示：

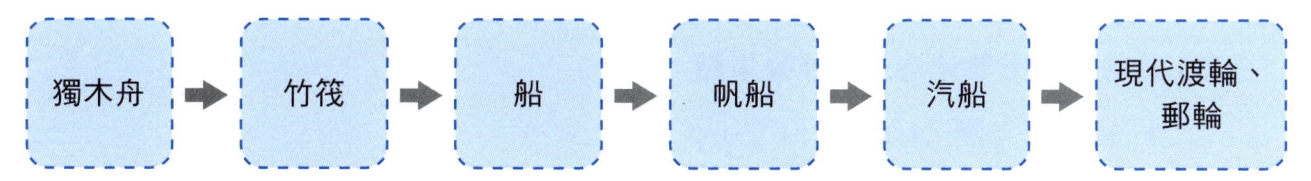

獨木舟 → 竹筏 → 船 → 帆船 → 汽船 → 現代渡輪、郵輪

以下以郵輪為例進行說明。

郵輪／油輪（Cruise）可稱為**移動的五星級飯店、海上的移動城堡、漂浮旅館**（Floating Hotel、Floating Attraction）。其優點為運載量大、成本低、舒適，缺點則是行駛速度慢、搭乘時間長、易受季節及水域不穩定影響。

起源於一百多年前運送郵件、貨物的輪船，現今一張郵輪船票即包含船上的吃、喝、玩、樂、住宿，是近年來最熱門的新興旅遊模式；依郵輪國際協會（CLIA）統計亦是目前觀光業成長最快速的產業。

1. 郵輪類別：

(1) 依載客量分類：

類別	載客人數
小型郵輪 Small Cruise	499以下
中型郵輪 Midsize Cruise	500～999
大型郵輪 Superliner	1,000～1,999
超大型郵輪 Megaliner	2,000以上

(2) 其他類別：

類別	說明
傳統型郵輪 Traditional Cruise	著正式服裝（部分天數），如鐵達尼號（Titanic）
標準郵輪 Standard Cruise	1,000人以上
主題郵輪 Theme Cruise	由世界主題樂園龍頭迪士尼（Disney）於1998年所創 例如 公主郵輪、歌詩達郵輪、皇后號郵輪
精品郵輪 Boutique Cruise	頂級奢華，強調高階奢華服務，自費項目少 例如 銀海郵輪Silver Cruise
博奕郵輪 Casino Cruise	於公海[註]進行博奕娛樂，天數短，周末出遊

註：公海：指非屬於任何一個國家領海的海域，任何國家都不得將公海的任何部份置於其主權管轄下。台灣國籍郵輪視為本國領土，在其上進行賭博活動依然是受到禁止的，但從台灣駛出的外國籍郵輪則不受此限，只要進入公海，即不受本國法律限制。

2. 市場現況：

(1) 目前全球主要分為三大郵輪集團：

- 嘉年華集團（Carnival Corp.）。
- 皇家加勒比海集團（Royal Caribbean Cruises Ltd.）。
- 挪威郵輪控股集團（Norwegian Cruise Line Holdings Company, NCL）：旗下挪威郵輪最大客源國為美國，於2024年首度插旗亞洲，攜手雄獅旅遊並選擇以台灣為首航地。

(2) 全球前三大郵輪市場： 加勒比海、地中海、亞太地區（近年成長最快速的市場）。

(3) 客源： 多為退休銀髮族、親子客群，近年消費者有年齡下降趨勢。

(4) 行銷推廣：

- **海空包辦式套裝旅遊（Fly-cruise Packages）：** 和航空業合作，船上旅客可藉由航空公司提供的免費或優惠措施搭機前往參觀遊覽其他國家或地區。
- **海陸包辦式套裝旅遊（Land-cruise Packages）：** 郵輪公司和目的地觀光餐旅業者合作共推旅遊行程。

除了郵輪之外，尚有其他常見的水運工具，如：旗津渡輪（Ferry Boat）、後壁湖遊艇（Yacht）、塞納河／萊茵河遊船（River Cruise）、威尼斯鳳尾船（Gondola）等。

CH15 觀光餐旅相關產業（二）

知識快遞

母港、掛靠港

1. **郵輪母港**（Home Port）：
   - 郵輪航程**起點**或**終點**之港口，稱之為母港。
   - 世界上使用量最大的郵輪母港是美國佛羅里達州的邁阿密港，因此此港自稱為「世界遊輪之都」。
   - 台灣的2個母港分別為基隆港（最大）與高雄港。

2. **掛靠港／停靠港**（Transit Port／Port of Call）：郵輪航程中的任一停靠港（非起訖港），例如，郵輪搭載外國人到基隆港，下船旅遊6～8小時，則基隆港為此例之掛靠港。

3. **多母港**（Partial turnaround）營運模式：為歐美國家經營趨勢，即遊客不單只是從某一特定港口，而是在多個港口皆可以上下船。

實力加強 15.1～15.2

( )1. 下列何者為人類生活中接觸最頻繁、使用率最高的交通工具？
(A)空運 (B)陸運 (C)河運 (D)海運。

( )2. 下列何者有觀光產業的火車頭之稱？
(A)Hotel Industry
(B)Casino Industry
(C)Transportation Industry
(D)Amusement Park Industry。

( )3. 人類應用交通工具的演進過程，下列何者較為正確？
(A)水運→鐵路→公路→航空
(B)鐵路→水運→公路→航空
(C)水運→公路→鐵路→航空
(D)鐵路→公路→水運→航空。

( )4. 藍色公路讓何種交通工具除了運輸功能外也兼具觀光遊覽的特性？
(A)空運 (B)陸運
(C)水運 (D)太空運輸。

( )5. 有移動的五星級旅館之稱的是下列哪一種交通工具？
(A)東方特快車 (B)高鐵
(C)郵輪 (D)飛機。

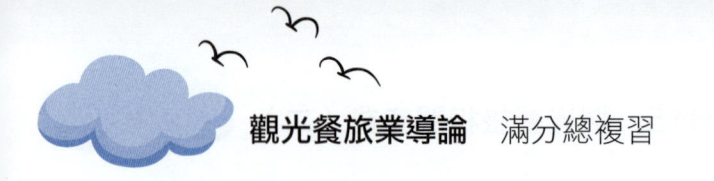

15.3 空中運輸業

一、定義

1. **民用航空運輸業（Civil Air Transport / Civil Aviation Industry）**：指以航空器直接載運客、貨、郵件，取得報酬之事業。

   國際民用航空運輸業起源於歐洲德國；荷蘭皇家航空（KL）是目前世界上營運最久的航空公司。

   我國民航運輸事業則始於民國19年創立的中國航空公司；而台灣的第一家航空公司則為民國40年創立的復興航空（民國105年歇業）。截至民國112年底，我國籍民用航空運輸業共有華航集團（中華航空、華信航空、台灣虎航）、長榮集團（長榮、立榮）、星宇、凌天、及德安（離島航線）等8家航空公司。

   民用航空業的優缺點為：
   - **優點** 出事率低（交通運輸工具中最安全）、迅速、不受地形限制。
   - **缺點** 運輸量不大，平均單位運輸成本高、易受天候影響；環保效益最差，故飛機節能減碳為近年相關國際組織之工作重點。

2. **普通航空業**：如空中遊覽直升機（Helicopter）、熱氣球（Hot Air Balloon）、照測、消防、搜尋、商務專機及其他經核准之飛航業務。

二、認識航空公司

1. **航空公司營運**

載運物體	(1) 客運（Air Passenger）：載運旅客 (2) 貨運（Air Cargo）：載運郵件、貨物等
飛航路線	(1) 國際航線（International Flight）： 　　飛航跨越兩個國家（含）以上的航線 (2) 國內航線（Domestic Flight）： 　　同一國家內之城市間的航線

航班	(1) 定期航班（Scheduled Flight） 是指具有固定航線及班次的航班；此種航班不會因乘客人數不足而取消飛行 例如 中華航空065班次，固定每天由台灣桃園國際機場飛往泰國曼谷 (2) 不定期航班（Unscheduled Flight / Non-scheduled Flight） 是指定期航班以外之加班機、包機等航班 • 加班機（Extra Flight）：因應短期市場的大量需求而增加的航班，例如連續假期或特殊節日，航空公司為紓解旅客人潮，而增加的班次 • 包機（Charter Flight）：因特定目的或特殊理由而飛行的航班，出發地與目的地需相同。開航原因如： ▶ 為開發航線，或航權尚未談妥，試行營運 ▶ 特定節日，如：大陸台商春節返鄉包機 ▶ 旅遊旺季時，旅行社常以包機方式出團（旅行社須承擔包機的盈虧） ▶ 乘客人數較少的地區，航空公司常以包機方式經營 (3) 直航班機：On Line；非直航班機：Off Line

2. 低成本航空／廉價航空 102 105
（Budget Airlines／Low-cost Airlines／Lost-cost Carrier, LCC）

是指將營運成本控制得比傳統／全服務航空（Full Service Carrier，簡稱FSC）還低的航空公司。為了大幅降低營運成本，將許多服務（如：飲料、食物、機上娛樂等）調整為加價添購的選項，以使用較優惠的票價來吸引旅客。

- **全球首家**：1971年美國西南航空（Southwest Airlines，WN）。

- **台灣首家**：2014年台灣虎航（Tigerair Taiwan，IT）。

- **首家來台**：2004年捷星亞洲航空（3K）。

- **目前經營台灣航線的LCC有**：馬亞洲航空（AK）、菲亞洲航空（PQ）、全亞洲航空（D7）、新加坡酷航（TR）、日本香草航空（JW）、日本樂桃航空（MM）、韓國易斯達航空（ZE）、德威航空（TW）、真航空（LJ）、濟州航空（7C）、捷星日本航空（GK）、越捷航空（VJ）、宿霧太平洋航空（5J）、泰國獅航（SL）、釜山航空（BX）、越竹航空（QH）、泰亞洲航空（FD）。

15-9

三、航空公司聯盟 112

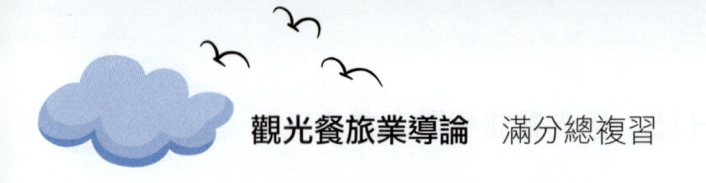

航空公司聯盟（Airline Alliance）是航空公司藉由結盟，互通有無，將彼此間之航線網路、貴賓候機室、登機、轉機，以及相關服務（如：升艙等、常客計畫）等開放給屬於該聯盟內航空公司之旅客使用，以提升旅客的旅行體驗，同時增強航空公司的效率。

聯盟	成立時間	說明
星空聯盟 Star Alliance	1997年	目前為全球第一大的航空公司聯盟，成立時間最久。我國長榮航空為其會員
天合聯盟 Sky Team	2000年	目前為全球第二大的航空公司聯盟。我國中華航空為其會員
寰宇一家 One World	1999年	目前為全球第三大的航空公司聯盟

知識快遞

常客計畫＆共掛班號

- 常客計畫（Frequent Flyer Program, F.F.P.）：航空公司對經常搭乘其航班的旅客，推出以「里程累積」來兌換獎勵（如：免費機票、座艙升等）的行銷手法，以吸引旅客搭乘，提高航空公司的競爭力。

- 共掛班號（Code-sharing）：又稱聯營航班，是指兩家航空公司協商，於某航線共用同一班機飛行，但各自以該航空公司名義出售機位，如台北飛雅加達，中華航空與印尼航空共掛班號，CI761/GA9981。

知識快遞

世界二大飛機製造商

製造商	投資國家	具代表性機種
波音 Boeing	美國	B777-200LR：目前世界上航程最遠的客機，可連續飛行18個小時 B787 Dreamliner（夢幻客機）
空中巴士 Airbus	法國、英國、德國、西班牙	A380：目前世界上載客量最大的客機，座位多達853個

15-10

四、航空電腦訂位系統

旅行社透過航空公司電腦訂位系統（Computerized Reservation System, CRS），可直接查詢各家航空公司的機票售價及訂位狀況，並為旅客預訂機位。

1. **發展沿革**
   (1) 1978年，**美國航空**（AA）推出**Sabre**電腦訂位系統，取代人工訂位處理。
   (2) 隨著網際網路普遍應用，航空公司委託「全球分銷系統」（Global Distribution System, GDS）業者，設計出也可讓旅客透過網路直接訂位之服務。

2. **常見的電腦訂位系統**[註1]

系統	阿瑪迪斯 Amadeus （全球最大）	伽利略 Galileo[註2]	阿巴卡斯 Abacus / Sabre[註3] （在台灣的市占率最高）
總部	西班牙馬德里	美國芝加哥	新加坡
投資者	• 法國航空AF • 西班牙航空IB • 德國漢莎航空LH • 北歐航空SK	• 聯合航空UA • 加拿大航空AC • 瑞士國際航空LX • 英國航空BA • 荷蘭航空KL • 義大利航空AZ	• 全日空航空NH • 國泰航空CX • 中華航空CI • 長榮航空BR • 印尼航空GA • 港龍航空KA • 馬來西亞航空MH • 菲律賓航空PR • 汶萊航空BI • 勝安航空MI • 新加坡航空SQ （美國Sabre為該系統的技術提供者）
主要使用地區	歐洲	• Apollo：美洲 • Galileo：歐洲、亞洲	亞洲

註1：其他著名的CRS尚有美國的Gets、日本的Axess、Infini；南韓的Topas；中國的Travelsky等。
註2：Galileo已與Worldspan整合為Travelport。
註3：Abacus已於2015年被Sabre收購。

3. 旅客訂位紀錄

透過電腦訂位系統完成訂位後，系統即會產生「旅客訂位紀錄」（Passenger's Name Record, PNR）；下表介紹Abacus及Amadeus之「旅客訂位紀錄」（PNR）包含的五大要素。

訂位系統	阿巴卡斯 Abacus	阿瑪迪斯 Amadeus
五大要素	• Phone：旅行社名稱、聯絡電話、訂位者 • Received From：訂位紀錄者簽收 • Itinerary：旅客行程 • Name：旅客姓名 • Ticketing：開票期限 記憶口訣：PRINT	• Schedule：旅客行程 • Name：旅客姓名 • Add Phone：旅行社名稱、聯絡電話、訂位者 • Received From：訂位紀錄者簽收 • Ticketing：開票期限 記憶口訣：SMART

訂位完成後，電腦訂位系統會給予每筆訂位紀錄專屬的電腦代號（多半由5～6個英文字母及數字組成），訂位者若欲確認或更改訂位，只要向航空公司或旅行社告知訂位紀錄的電腦代號即可。

知識快遞

機位再確認

大多數的航空公司都會規定，已訂好機位的旅客仍須在飛機起飛前72小時，再度確認（Reconfirm）機位，否則其機位可能被取消。

五、國際航空組織

中文名稱	國際民航組織	國際航空運輸協會
英文名稱	International Civil Aviation Organization, ICAO	International Air Transport Association, IATA
組織標誌	(ICAO 標誌)	(IATA 標誌)
成立	1944年，總部位於加拿大蒙特婁	1945年，總部位於加拿大蒙特婁
簡介	<ul><li>為聯合國的附屬機構（我國非該組織成員）</li><li>專為國際間民航飛行的安全和發展建立標準</li><li>航空器國籍、登記標誌及新闢國際航線的註冊</li><li>航空器失事調查、危險物品空中安全運送、制止非法干擾行為等</li></ul>	<ul><li>會員以國際航空公司為主，旅行社為輔的組織，為全球最大民航業者組織</li><li>主管國際航空客貨運的價格制定及商務協調，為公信力極高的民航事業組織</li><li>制訂有三大飛航區域、航空公司代碼、城市代碼、銀行清帳計畫</li></ul>

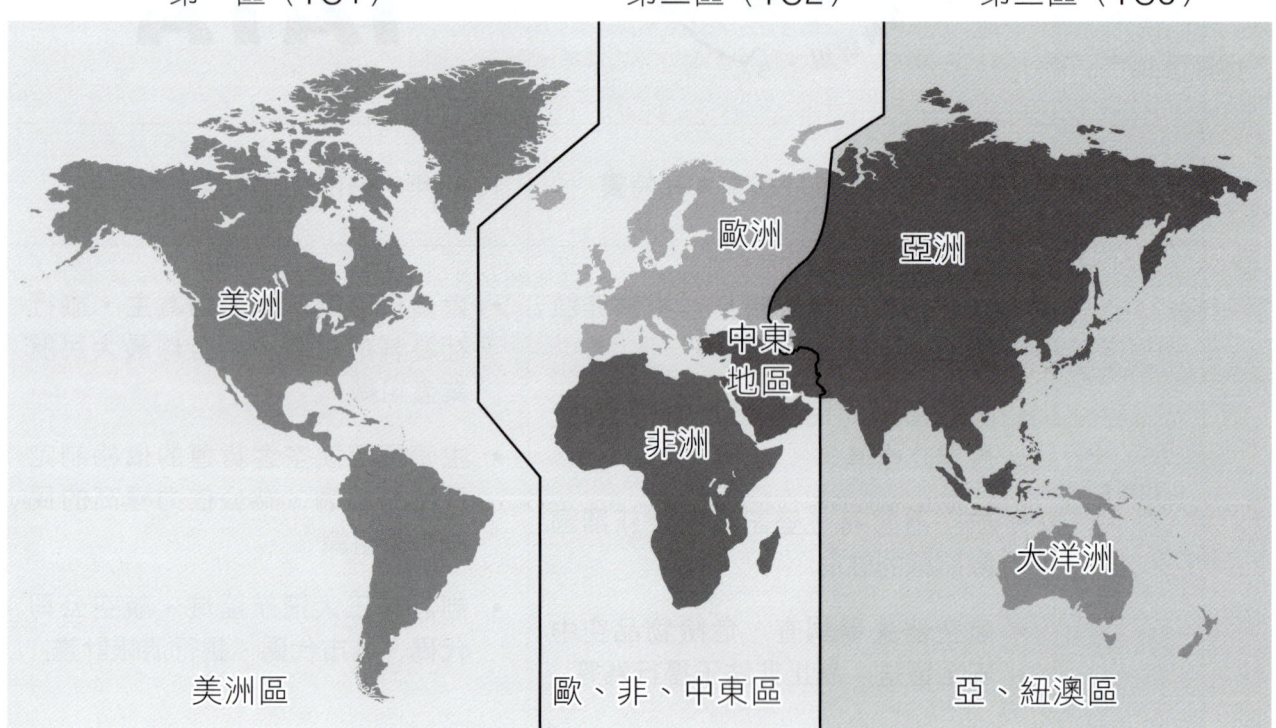

六、世界三大飛航區域 103 106 110 111 112 113

國際航空運輸協會（**IATA**）為飛航管理及制定票價需要，將全球劃分為三大飛航區域（**Traffic Conference Area, TC Area**）；下表為這三大飛航區域涵蓋的範圍。

半球	飛航區域		涵蓋範圍
西半球	第一區 TC1	美洲區	包含美洲、格陵蘭島、百慕達群島、加勒比海群島、夏威夷群島
東半球	第二區 TC2	歐洲、非洲、中東地區	包含冰島、歐洲、非洲、中東地區
	第三區 TC3	亞洲、紐澳區	包含亞洲（中東地區除外）、大洋洲（澳大利亞、紐西蘭、南太平洋群島）

第一區（TC1）　　　　第二區（TC2）　　　　第三區（TC3）

美洲區　　　　歐、非、中東區　　　　亞、紐澳區

七、空中航權 107

空中航權（Freedoms of the Air）又稱**空中自由權**，是指國與國間透過協商，依平等互惠的原則，相互簽署授予他國客貨機航行的權利。我國主管機關為交通部民航局。空中航權分為九種，說明如下。

種類		說明	
第一航權	領空飛越權	他國授予本國客貨機飛越其領空之航權 例如 我國客機飛往洛杉磯，可途經日本領空的權利	
第二航權	技術降落權	他國授予本國客貨機為非營運目的（如：加油）或臨時事故發生而降落之權利；但**不能上下客貨**	讓A機加油、維修
第三航權	目的地下客貨權、卸載權	本國客貨機從本國載運客貨後，直接前往他國並卸下客貨之航權（去程） 例如 台灣中華航空從台北飛往香港，在香港卸下客貨	
第四航權	目的地上客貨權、裝載權	本國客貨機可以從他國載運客貨後，直接返回本國之航權（回程） 例如 台灣中華航空從香港裝載客貨，返回台灣	

註：如飛機故障、飛機油料耗盡、機上人員急病、劫機（hijack）等。

more...

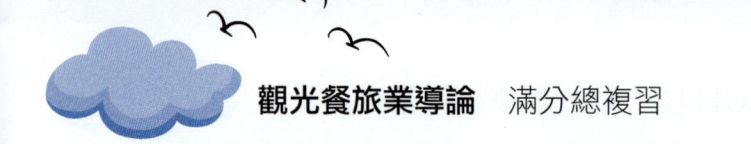

種類		說明
第五航權	貿易權、延遠權、第三國經營權	本國客貨機降落他國，卸下從本國所載運的客貨後，再從他國載運客貨飛往第三國之航權，返回亦同 **例如** 台灣中華航空從台北飛往香港，卸下、載運客貨後，續飛往泰國曼谷；或台灣中華航空從曼谷飛往香港，卸下、載運客貨後，續飛往台北 A國（本國） → B國 ⇵ 讓A機裝卸客貨 → C國
第六航權	橋樑權	本國客貨機在他國裝載客貨，途經本國卸下客貨，再飛往第三國卸下客貨之航權 **例如** 台灣長榮航空在泰國曼谷裝載客貨後，途經台北卸下客貨後，飛往日本東京卸下客貨 B國 → A國（本國） → C國
第七航權	境外營運權	本國客貨機飛行其他兩國之間（不必飛返本國），並可載運、卸下客貨之航權 **例如** 台灣長榮航空往返於日本與韓國間裝載、卸下客貨 A國（本國）　B國 ⇄ C國
第八航權	境內營運權	本國客貨機以本國為起迄點，在他國境內擁有飛行於兩個或兩個以上城市間裝載客貨之權利 **例如** 台灣中華航空由桃園出發，在日本的大阪裝載客貨後，再飛往東京卸下客貨 A國（本國） → B國

CH15 觀光餐旅相關產業（二）

種類		說明
第九航權	完全境內營運權	本國客貨機可在他國經營國內航線，起迄點皆在他國境內（一般國家均不會將此航權對外開放）

概念澄清湖

航權知多少

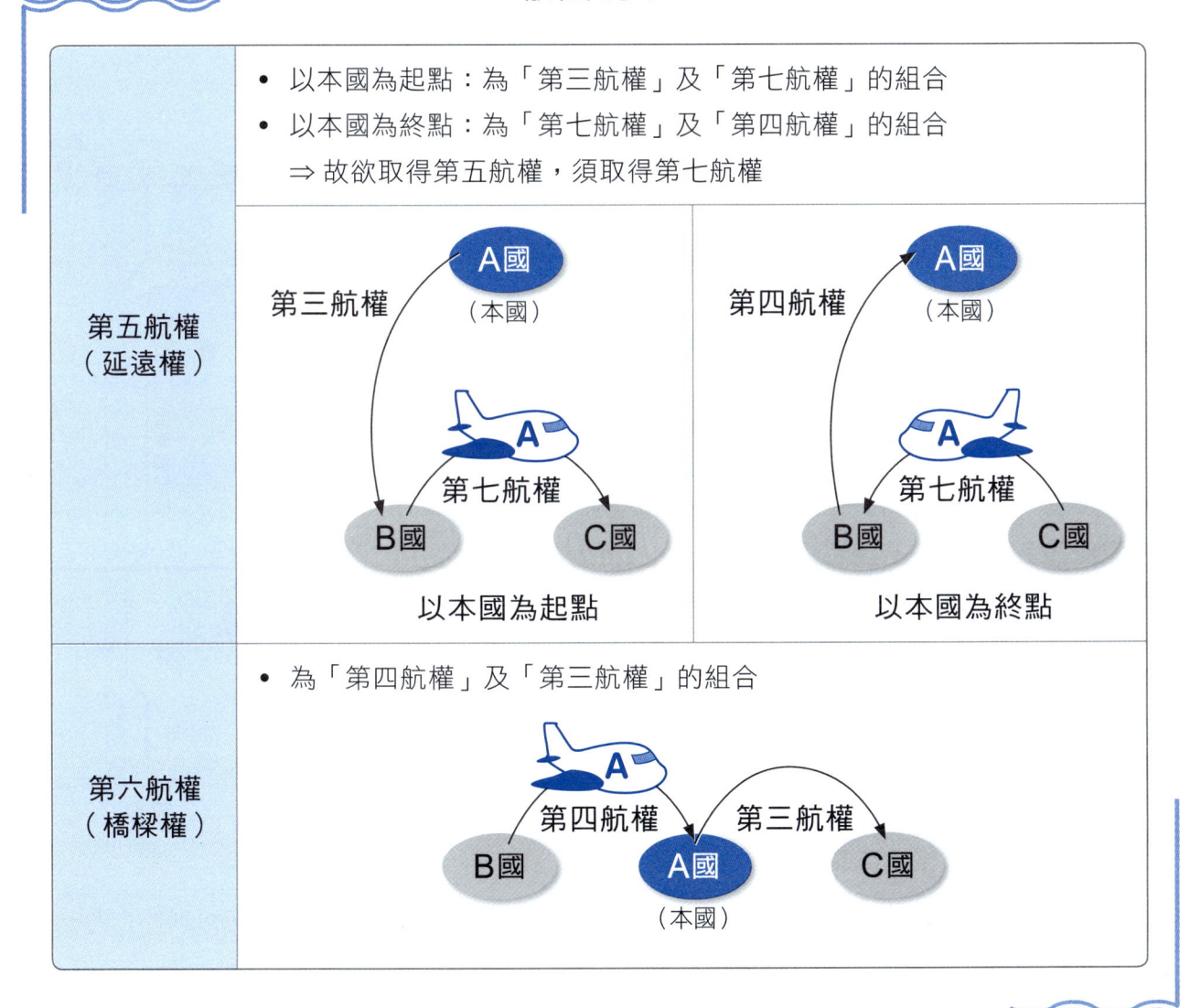

第五航權（延遠權）	• 以本國為起點：為「第三航權」及「第七航權」的組合 • 以本國為終點：為「第七航權」及「第四航權」的組合 ⇒ 故欲取得第五航權，須取得第七航權 以本國為起點　　以本國為終點
第六航權（橋樑權）	• 為「第四航權」及「第三航權」的組合

15-17

八、世界時區

1. 認識時區

(1) 格林威治標準時間（Greenwich Mean Time, GMT）

1884年國際會議協定，以通過倫敦皇家格林威治天文台[註]的零度經線（本初子午線）為「格林威治標準時間」，又稱「斑馬時間」（Zebra Time）。

(2) 時區劃分

- 以零度經線為基準，以東、以西的7.5度經線範圍內，劃定為零時區（GMT）；再向外每15度為一個時區，往東為GMT＋1（時鐘撥快一個小時），往西為GMT－1（時鐘撥慢一個小時），以此類推。

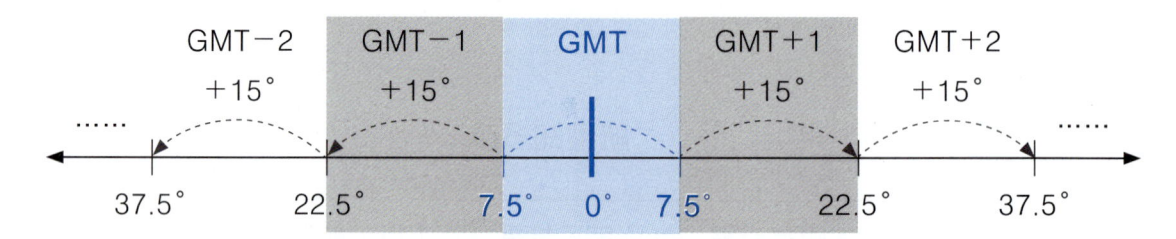

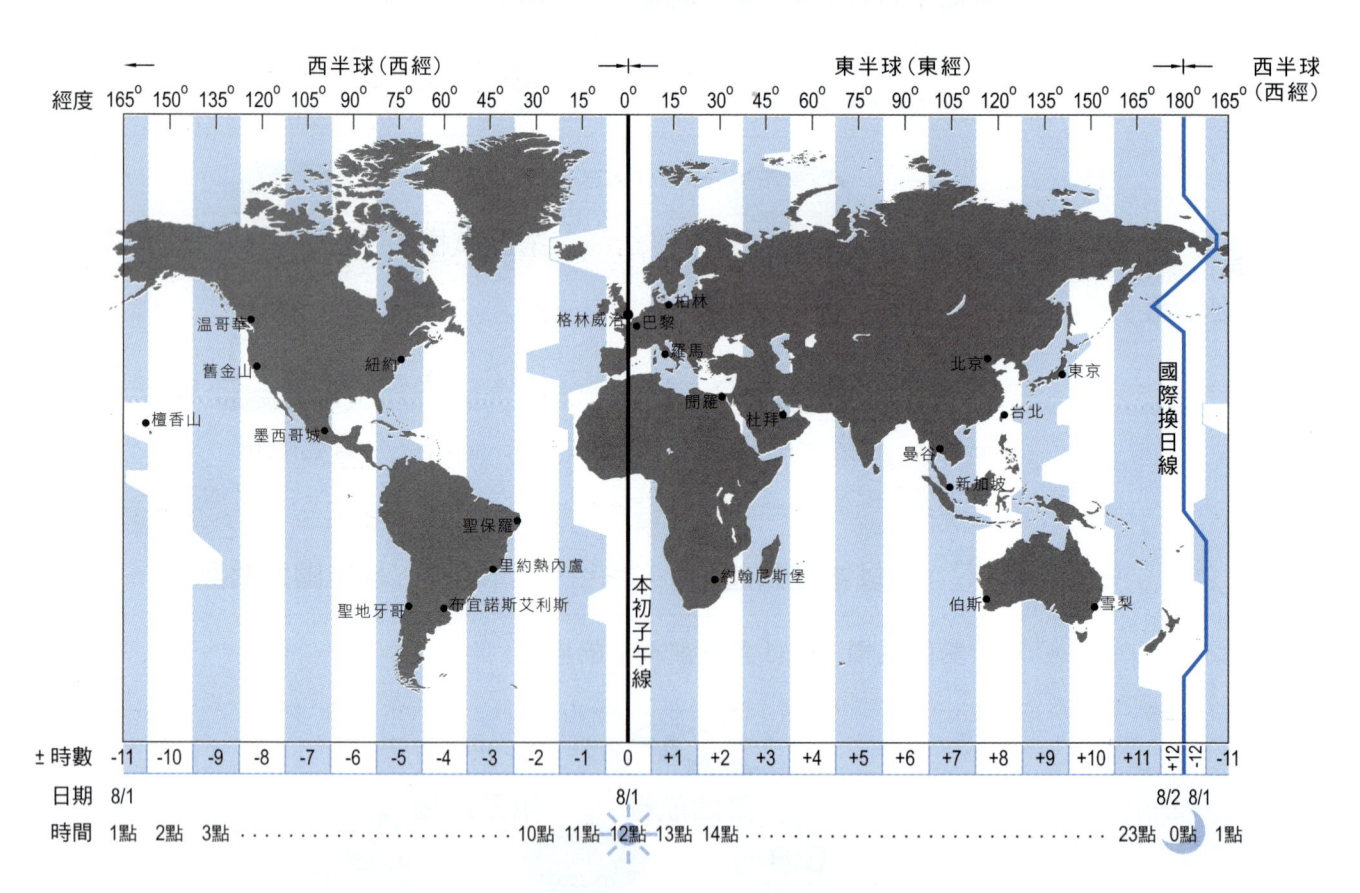

註：因為皇家格林威治天文台計時器產生秒差的問題，於1972年改以法國巴黎原子鐘之環球時間UTC（Coordinated Universal Time）替代。

CH15　觀光餐旅相關產業（二）

- 東經180度（GMT＋12）及西經180度（GMT－12）是交會於太平洋上的同一條經線，但日期相差1天，因此此條經線被定義為國際換日線。
- 有些國家的領土跨越多個時區，為避免困擾及施政困難，只選擇一個時區來作為整個國家的時區（政區界線），如中國。但亦有國家順其自然，採自然界線劃分，如美國。

知識快遞

日光節約時間（Daylight Saving Time, DST）

有些國家會在夏季時，實施日光節約時間（DST），因夏季的太陽較早昇起，將時間調快一個小時，作息也提早一個小時，藉此減少照明量，以節省能源，待秋末時再將時間調回。目前實施日光節約時間的國家約略有以下幾國：

- 北半球：歐洲（歐盟、瑞士、英國）、美國（夏威夷、關島除外）、加拿大，實施時間大致為3月底～10月初。
- 南半球：紐西蘭、澳大利亞（部份地區），實施時間大致為10月底～隔年4月初（南半球的夏季時間與北半球相反）。

例如 台灣（GMT＋8）與洛杉磯（GMT－8）原相差16個小時，若洛杉磯實施日光節約時間1小時，則台灣與洛杉磯相差15個小時。

2. **時差計算**

不同城市因地理位置不同，其時區通常會不同，也就是不同城市間會有時差存在。歷屆統測有關計算時差的試題，在題目中通常會提供不同城市的時區，以便據以做答，因此同學不需背誦各城市的時區，但倫敦（GMT）及台灣（**GMT＋8**）的時區則須牢記。

範例　兩地時間換算

假設英國倫敦（GMT）時間為上午11：00，請問：

1. 此時台灣（GMT＋8）的時間為何？
2. 此時夏威夷（GMT－10）的時間為何？

解　1. 台灣時間＝GMT＋8 ⇒ 11：00＋08：00＝19：00。

　　　2. 夏威夷時間＝GMT－10 ⇒ 11：00－10：00＝01：00。

練習　兩地時間換算

假設台灣（GMT＋8）時間是下午2點，請問：

1. 此時法國巴黎（GMT＋1）的時間為何？
2. 此時美國洛杉磯（GMT－8）的時間為何？

答 1. 同一天的07：00。　　2. 前一天的22：00。

範例　計算飛行時間

假設從日本東京飛往美國洛杉磯的美國航空，在東京（GMT＋9）時間14：00起飛，抵達洛杉磯（GMT－8）的時間為當地05：00，請問美國航空的飛行時間為多久？

解　將東京時間換算成GMT時間，即GMT＋9＝14：00
$\Rightarrow$ GMT＝14：00－09：00 $\Rightarrow$ GMT＝05：00；
再將洛杉磯時間換算成GMT時間，即GMT－8＝05：00
$\Rightarrow$ GMT＝05：00＋08：00 $\Rightarrow$ GMT＝13：00；
即可求飛行時間：
飛行時間＝抵達時間－起飛時間＝13：00－05：00＝08：00。

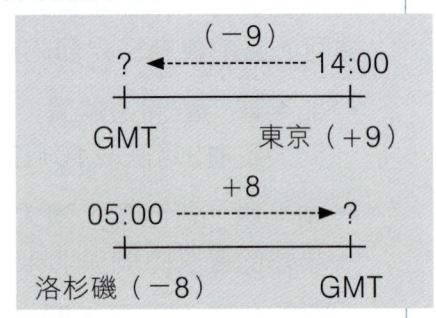

練習　計算飛行時間

假設從台北飛往美國洛杉磯的長榮航空，於台北時間18：20起飛，抵達洛杉磯為當地時間13：40，請問長榮航空的飛行時間為多久？（台北為GMT＋8；洛杉磯為GMT－8）

答 飛行時間為11小時20分。

範例　計算飛機抵達目的地的時間

假設全日空航空從台北飛往東京的航班，於台北時間09：00起飛，飛行時間約為3小時55分，請問該航班抵達東京的時間約為當地的何時？（台北為GMT＋8；東京為GMT＋9）

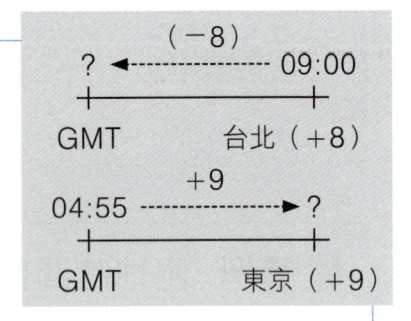

解　將台北起飛時間換算成GMT時間，即09：00－08：00＝01：00；
GMT起飛時間＋飛行時間＝01：00＋03：55＝04：55；
即可求抵達東京的時間，即04：55＋09：00＝13：55。

練習　計算飛機抵達目的地的時間

我國跆拳道代表隊前往倫敦進行友誼賽，於8月2日台北（GMT＋8）時間21：00搭機飛往倫敦（GMT），飛行時間為17個小時，請問我國跆拳道代表隊抵達倫敦的時間為當地何時？

答 抵達倫敦的時間為當地8月3日07：00（因實施日光節約時間，故倫敦調快1小時）。

九、航空公司代碼、城市代碼、機場代碼

1. 航空公司代碼

國際航空運輸協會（IATA）將全世界各國際航空公司，以2個字元編碼；下表列舉較知名航空公司的代碼。

(1) 美洲區

航空公司		代碼	國籍
加拿大航空	Air Canada	AC	加拿大
美國航空註1	American Airline	AA	美國
達美航空註2	Delta Airlines	DL	美國
聯合航空	United Airlines	UA	美國

註1：西元2013年，美國航空公司（American Airlines）與美國全美航空集團（US Airways Group）宣布合併。
註2：西元2008年，西北航空（Northwest Airlines, NW）併入達美航空，NW成為歷史名詞。

(2) 歐洲、非洲

航空公司		代碼	國籍
法國航空註3	Air France	AF	法國
芬蘭航空	Finnair	AY	芬蘭
義大利航空	Alitalia	AZ	義大利
英國航空	British Airways	BA	英國
西班牙航空	Iberia	IB	西班牙
荷蘭航空	KLM-Royal Dutch Airlines	KL	荷蘭
德國漢莎航空	Lufthansa German Airlines	LH	德國
瑞士國際航空	Swiss International Airlines	LX	瑞士
捷克航空	Czech Airlines	OK	捷克
南非航空	South African Airways	SA	南非
北歐航空	SAS Scandinavian Airlines	SK	瑞典
土耳其航空	Turkish Airlines	TK	土耳其

註3：西元2004年法國航空收購荷蘭航空。

(3) 亞洲、紐澳區

航空公司		代碼	國籍
華信航空	Mandarin Airlines	AE	台灣
長榮航空	EVA Airways	BR	
立榮航空	UNI Airways	B7	
中華航空	China Airline	CI	
星宇航空	StarLux Airline	JX	
中國國際航空	Air China	CA	中國
國泰航空	Cathay Pacific Airways	CX	
澳門航空	Air Macau	NX	
日本航空	Japan Airline	JL	日本
全日空航空	All Nippon Airways	NH	
大韓航空	Korean Air	KE	韓國（南韓）
韓亞航空	Asiana Airlines	OZ	
泰國航空	Thai Airways International	TG	泰國
越南航空	Vietnam Airlines	VN	越南
新加坡航空	Singapore Airlines	SQ	新加坡
捷星亞洲航空	Jetstar Asia	3K	
馬來西亞航空	Malaysia Airlines	MH	馬來西亞
汶萊航空	Royal Brunei Airlines	BI	汶萊
菲律賓航空	Philippine Airlines	PR	菲律賓
馬尼拉精神航空	Spirit of Manila Airlines	SM	
宿霧太平洋航空	Cebu Pacific Air	5J	
印尼航空	Garuda Indonesia	GA	印尼
印度航空	Air India	AI	印度
阿聯酋航空	Emirates	EK	阿拉伯聯合大公國
澳洲航空	Qantas Airways	QF	澳洲
紐西蘭航空	Air New Zealand	NZ	紐西蘭

註：中國海南航空（HU）、中國山東航空（SC）、中國四川航空（3U）、中國深圳航空（ZH）、中國廈門航空（MF）、中國南方航空（CZ）、中國上海航空（FM）、中國東方航空（MU）、香港航空（HX）、俄羅斯全祿航空（UN）、夏威夷航空（HA）、韓國釜山航空（BX）、上海吉祥航空（HO）。

2. 城市代碼（City Code）　112　113

國際航空運輸協會（IATA）將全球劃分為三大飛航區域，並將各飛航區域內的主要城市，以3個大寫英文字母編碼；以下列舉較知名城市的代碼。

(1) TC1－美洲區

國別	城市 名稱		代碼
加拿大	蒙特婁（蒙特利爾）	Montreal	YMQ
	渥太華	Ottawa	YOW
	多倫多	Toronto	YTO
	溫哥華	Vancouver	YVR
美國	安克拉治	Anchorage	ANC
	波士頓	Boston	BOS
	芝加哥	Chicago	CHI
	大峽谷	Grand Canyon	GCN
	檀香山（夏威夷）	Honolulu	HNL
	拉斯維加斯	Las Vegas	LAS
	洛杉磯	Los Angeles	LAX
	邁阿密	Miami	MIA
	紐約	New York	NYC
	奧蘭多	Orlando	ORL
	費城	Philadelphia	PHL
	聖地牙哥	San Diego	SAN
	西雅圖	Seattle	SEA
	舊金山	San Francisco	SFO
	華盛頓	Washington	WAS
墨西哥	墨西哥城	Mexico City	MEX
巴西	里約熱內盧	Rio de Janeiro	RIO
阿根廷	布宜諾斯艾利斯	Buenos Aires	BUE
哥斯大黎加	聖荷西	San José	SJC
祕魯	利馬	Lima	SCL

15-23

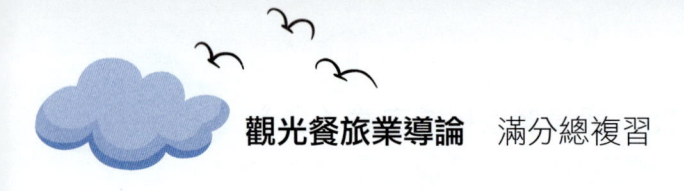

(2) TC2－歐洲、非洲、中東地區

國別	城市 名稱		代碼
英國	倫敦	London	LON
愛爾蘭	都柏林	Dublin	DUB
法國	巴黎	Paris	PAR
荷蘭	阿姆斯特丹	Amsterdam	AMS
比利時	布魯塞爾	Brussels	BRU
盧森堡	盧森堡	Luxembourg	LUX
德國	柏林	Berlin	BER
	法蘭克福	Frankfurt	FRA
	慕尼黑	Munich	MUC
瑞士	日內瓦	Geneva	GVA
	蘇黎士	Zurich	ZRH
葡萄牙	里斯本	Lisbon	LIS
西班牙	馬德里	Madrid	MAD
希臘	雅典	Athens	ATH
義大利	米蘭	Milan	MIL
	羅馬	Rome	ROM
	威尼斯	Venice	VCE
奧地利	維也納	Vienna	VIE
冰島	雷克雅維克	Reykjavik	REK
芬蘭	赫爾辛基	Helsinki	HEL
丹麥	哥本哈根	Copenhagen	CPH
挪威	奧斯陸	Oslo	OSL
瑞典	斯德哥爾摩	Stockholm	STO
波蘭	華沙	Warsaw	WAW
捷克	布拉格	Prague	PRG
俄羅斯	莫斯科	Moscow	MOW
埃及	開羅	Cairo	CAI
土耳其	伊斯坦堡	Istanbul	IST
阿拉伯聯合大公國	阿布達比	Abu Dhabi	AUH
	杜拜	Dubai	DXB

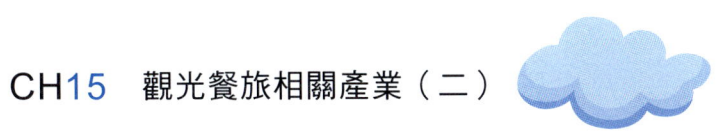

(3) TC3－亞洲、紐澳區

國別	城市 名稱	代碼
台灣	台北　Taipei	TPE
	台中　Taichung	TXG
	高雄　Kaoshiung	KHH
中國	北京　Beijing	BJS
	廣州　Guangzhou	CAN
	鄭州　Zhengzhou	CGO
	重慶　Chongqing	CKG
	成都　Chengtu	CTU
	大連　Dalian	DLC
	福州　Foochow	FOC
	杭州　Hangchow	HGH
	香港　Hong Kong	HKG
	桂林　Gulin	KWL
	澳門　Macau	MFM
	寧波　Ningbo	NGB
	南京　Nanking	NKG
	上海　Shanghai	SHA
	青島　Tsingtao	TAO
	天津　Tianjin	TSN
	廈門　Xiamen	XMN
日本	福岡　Fukuoka	FUK
	廣島　Hiroshiama	HIJ
	石垣島　Ishigaki	ISG
	宮琦　Miyazaki	KMI
	小松　Komatsu	KMQ
	名古屋　Nagoya	NGO
	沖繩　Okinawa	OKA
	大阪　Osaka	OSA
	仙台　Sendai	SDJ
	札幌　Sapporo	SPK
	東京　Tokyo	TYO

more...

國別	城市 名稱		代碼
韓國	濟州島	Jeju	CJU
	釜山	Pusan	PUS
	首爾	Seoul	SEL
泰國	曼谷	Bangkok	BKK
	清邁	Chiang Mai	CNX
	普吉島	Phuket	HKT
越南	河內	Hanoi	HAN
	西貢（胡志明市）	Saigon	SGN
	峴港	Da Nang	DAD
	富國島	PHU QUOC	PQC
柬埔寨	金邊	Phnom Penh	PNH
緬甸	仰光	Yangon	RGN
寮國	永珍	Vientiane	VTE
新加坡	新加坡	Singapore	SIN
馬來西亞	亞庇	Kota Kinabalu	BKI
	吉隆坡	Kuala Lumpur	KUL
菲律賓	宿霧	Cebu	CEB
	長灘島	Boracay	KLO
	馬尼拉	Manila	MNL
印尼	巴里島	Bali	DPS
	雅加達	Jakarta	JKT
	泗水	Surabaya	SUB
澳洲	布里斯班	Brisbane	BNE
	坎培拉	Canberra	CBR
	墨爾本	Melbourne	MEL
	雪梨	Sydney	SYD
紐西蘭	奧克蘭	Auckland	AKL
	基督城	Christchurch	CHC
美國屬地	關島	Guam	GUM
帛琉共和國	帛琉	Palau	PAU
北馬里亞納聯邦（美國屬地）	塞班	Saipan	SPN

3. 機場代碼（Airport Code）

國際航空運輸協會（IATA）將全世界的國際機場，以3個大寫英文字母編碼；下表列舉幾個國際機場的代碼。

國別	機場名稱	機場代碼
台灣	台灣桃園國際機場	TPE
	台北松山機場	TSA
	台中國際機場	RMQ
	台南機場	TNN
	高雄國際機場	KHH
	花蓮機場	HUN
	台東機場	TTT
	澎湖馬公機場	MZG
	金門尚義機場	KNH
	馬祖北竿機場	MFK
	馬祖南竿機場	LZN
中國	北京首都國際機場	PEK
	上海浦東國際機場	PVG
	上海虹橋國際機場	SHA
日本	東京羽田機場（東京國際機場）	HND
	東京成田國際機場	NRT
	大阪關西國際機場	KIX
	札幌新千歲機場	CTS
韓國	首爾仁川國際機場	ICN
帛琉	羅曼・特梅圖厄爾國際機場	ROR
美國	紐約甘迺迪國際機場	JFK
	紐約拉瓜迪亞機場	LGA
	紐約紐華克自由國際機場	EWR
加拿大	蒙特婁特魯多國際機場	YUL
	多倫多皮爾遜國際機場	YYZ
英國	倫敦希斯洛國際機場	LHR
	倫敦蓋威克機場	LGW
法國	巴黎戴高樂機場	CDG
義大利	羅馬達文西機場	FCO
	米蘭林內機場	LIN

實力加強 15.3

(　)1. 每年夏季台東鹿野高台舉辦台灣網路搜尋討論度最高，也是參與人數最踴躍的旅遊活動，是以下列何者作為活動主體？
(A)Helicopter　(B)Hot Air Balloon　(C)Cruise　(D)Cable Car。

(　)2. 旅行業AMADEUS訂位系統五原則「SMART」中的M代表下列何者？
(A)行程　(B)旅客姓名　(C)機票號碼　(D)訂位者聯絡。

(　)3. 一個國家「開闢新航線」，要向下列哪一個國際組織註冊？
(A)International Civil Aviation Organization, ICAO
(B)International Air Transport Association, IATA
(C)International Association of Convention & Visitors Bureaus, IACVB
(D)International Congress and Convention Association, ICCA。

(　)4. 根據國際航空運輸協會IATA（International Airtransport Association）所劃分的運務區域，香港位於哪一區的範圍？
(A)第一區（TC1）　　　　　　　(B)第二區（TC2）
(C)第三區（TC3）　　　　　　　(D)第四區（TC4）。

(　)5. 「航權」又稱航空自由，可分成九種類型，其中第六航權是下列哪兩種航權的組合？
(A)第三航權與第四航權　　　　(B)第二航權與第三航權
(C)第一航權與第二航權　　　　(D)第七航權與第八航權。

(　)6. 關於各航空公司的代碼，下列組合何者正確？
甲、港龍：HK　　乙、國泰：CX　　丙、聯合：UA
丁、立榮：GE　　戊、菲律賓：PR
(A)甲、乙、丙　(B)甲、乙、丁　(C)乙、丁、戊　(D)乙、丙、戊。

(　)7. 依據International Air Transport Association所制訂的airline codes，下列何者錯誤？
(A)CX-Cathay Pacific Airways, China
(B)JL-Japan Airline, Japan
(C)SA-Singapore Airlines, Singapore
(D)UA-United Airlines, USA。

(　)8. 下列依據國際航空運輸協會公告的城市代碼（City Code），何者錯誤？
(A)首爾：SEL　(B)上海：SHI　(C)舊金山：SFO　(D)台北：TPE。

(　)9. 下列航空公司的代碼，何者錯誤？
(A)星宇航空：JX　　　　　　　(B)新加坡航空：SQ
(C)泰國航空：TG　　　　　　　(D)長榮航空：BA。

(　)10. 我國中華航空（China Airlines）的航空公司代號是：
(A)AC　(B)AI　(C)CA　(D)CI。

15.1 陸上運輸業

( )1. 小芳想要空間舒適、平穩,且能在旅行中有輕鬆自在的感受。請問你會建議她搭乘何種交通工具? (A)火車 (B)飛機 (C)巴士 (D)渡輪。

( )2. 下列何國擁有全世界最大的鐵路系統?
(A)中國 (B)印度 (C)美國 (D)日本。

( )3. 阿明去歐洲旅遊,請問下列哪一列火車應該不會是他考慮搭乘的?
(A)Amtrak
(B)TGV
(C)Rail Europe
(D)Venice Simplon-Oriental-Express。

( )4. 關於台灣的鐵路運輸發展,下列敘述何者錯誤?
(A)始於1887~1891年 (B)約為清光緒年間
(C)由劉銘傳主導興建 (D)興建路段為台北到新竹。

( )5. 某校的畢業旅行由高雄前往台東,安排乘坐可以欣賞到太平洋風光的火車,請問此路段可能為下列何者?
(A)平溪線 (B)阿里山森林鐵路 (C)北迴線 (D)南迴線。

15.2 水上運輸業

( )6. 下列哪一個國際組織和Cruise相關?
(A)IATA (B)ICAO (C)WTTC (D)CLIA。

( )7. 關於郵輪的特點,下列敘述何者正確?
(A)成本低、舒適
(B)行駛速度快
(C)不易受到季節影響
(D)相較其他交通工具其運載量偏小。

( )8. 近年郵輪成長最快速的市場在
(A)歐洲 (B)美加 (C)亞太 (D)中東。

( )9. 郵輪業近幾年和航空業合作,船上旅客可藉由航空公司提供的免費或優惠措施搭機前往參觀遊覽其他國家或地區,此種合作方式稱為
(A)By Pass Products
(B)Fly-cruise Package
(C)Fly-carPackages
(D)Land-cruise Packages。

more...

( )10. 郵輪公司和目的地觀光餐旅業者合作共推旅遊行程，此種合作之套裝旅遊行程稱為
(A)City Breaks
(B)Fly-cruise Packages
(C)Land-cruise Packages
(D)Optional Tour。

15.3 空中運輸業

( )11. Charter Airlines的意義為：
(A)首航班機　(B)包機航空公司　(C)通勤航空公司　(D)定期航空公司。

( )12. 旅行業的「全球配銷系統」、「航空電腦訂位系統」以及「管理資訊系統」，按照IATA三字代碼的規定，其排列順序何者正確？
(A)CRS / GDS / MIS　　　　(B)GDS / MIS / CRS
(C)GDS / CRS / MIS　　　　(D)MIS / GDS / CRS。

( )13. 關於Abacus International的描述，下列何者錯誤？
(A)由日航等六家航空公司結盟創立
(B)是一種電腦訂位系統
(C)目前為我國旅行業所使用的CRS之一
(D)其總部設於新加坡。

( )14. 下列何者不屬於民用航空運輸業的範圍？
(A)Air Passenger　　　　(B)Air Cargo
(C)Helicopter　　　　　 (D)Charter。

( )15. 為了對抗氣候變遷，瑞典近來出現一股拒搭某種交通工具出遊的環保運動，其潮流並有席捲整個歐洲之態勢，請問您認為應是拒搭下列何種交通工具的可能性最大？
(A)Train　(B)Cruise　(C)Bus　(D)Airplane。

( )16. 下列何者非指低成本航空？
(A)Budget Airline　　　　(B)Lost Cost Carrier
(C)Low Cost Carrier　　　(D)Full Service Carrier。

( )17. 關於廉價航空的敘述，下列何者正確？
(A)由美國西南航空（NW）首創
(B)首家飛行台灣航線的廉價航空公司為IT
(C)首家中華民國籍的廉價航空公司是3K
(D)主要以飛行短程路線為主。

( )18. 全球成立最久，規模亦最大的航空公司聯盟為
(A)寰宇一家（One World）　　(B)星空聯盟（Star Alliance）
(C)天合聯盟（Sky Team）　　　(D)環球聯盟（Universal Alliance）。

( )19. 兩家或多家航空公司之間的一種商業協議，大家共同營運且銷售指定航線的機位，名義上掛在共同的航班號碼上；雖然為多家共同經營的航班，但是實際上承運載客的航空公司只會有一家。請問上述所指的是下列何種合作模式？
(A)PAK　　　　　　　　　(B)Frequent Flyer Program
(C)Code Share　　　　　　(D)Low cost Carrier。

( )20. 有關世界二大飛機製造商，下列敘述何者錯誤？
(A)波音客機由美國生產
(B)空中巴士客機是由英、法、德、義共同製造
(C)目前世界上最大的客機為A380
(D)目前世界上航程最遠的客機是B777-200LR。

( )21. 下列何者非航空公司訂位系統的五大要素？
(A)訂位者電話或聯絡方式
(B)旅客付款方式
(C)旅客行程
(D)負責處理該筆旅客訂位的航空公司或旅行社人員。

( )22. 關於世界三大飛航區域，以下哪一區不屬於TC2？
(A)非洲　(B)中東　(C)東亞　(D)歐洲。

( )23. 關於國際航空運輸協會（International Air Transport Association）制定的三大飛航區（TC1、TC2、TC3）的敘述，下列哪個國家屬於TC1？
(A)台灣　(B)澳大利亞　(C)伊朗　(D)美國。

( )24. 關於世界時區的敘述，下列何者正確？
(A) 全世界共分為12個時區
(B) 通過倫敦皇家格林威治天文台的經線也稱本初子午線
(C) 國際換日線位於大西洋上
(D) 如以亞洲為中心地圖攤開，則台灣東邊的國家，時間就是比台灣早，如日本、美國。

( )25. A、B二國靠近國際換日線，A國位於國際換日線的東邊，B國位於國際換日線的西邊，則
(A)A國應位於東半球　　　(B)B國如為10月2日，A國應為10月3日
(C)A國比B國更早看到日出　(D)A國應位於太平洋上。

( )26. 中華航空從台北載客貨前往杜拜裝載客貨後，飛往目的地倫敦，請問此例應屬於下列哪一種航權？
(A)第四航權　(B)第五航權　(C)第六航權　(D)第七航權。

情境素養題

( )1. 小蘭和同學想利用暑假暢遊台灣，行程預計從台北出發環島一周。因為經費有限所以不租車也不想參加旅遊團，請問下列敘述何者錯誤？
(A)可以考慮搭乘火車，藉此深入台灣的大城小鎮，價格亦不高
(B)同伴中有一位海外交換學生哈瑞，對台灣而言，小蘭和哈瑞均屬於Domestic Tourism
(C)小蘭和同伴可考慮從台中火車站購票搭乘台灣觀光巴士前往日月潭
(D)如果參加旅遊團，則隨團服務人員應稱為領團人員Domestic Tour Leader。 [15.1]

( )2. Hello Kitty繽紛列車，以「跟著Hello Kitty環台灣」為設計理念，Hello Kitty化身為全台走透透的小旅人，與她最好的小熊朋友Tiny Chum一起搭乘「」玩遍台灣每個角落！試問「」應為下列何者？
(A)鳴日號 (B)環島之星 (C)太魯閣號 (D)普悠瑪號。 [15.1]

( )3. 報載根據郵輪公司的規畫，「海洋航行者號」從上海出發2日後到基隆，旅客基隆登船到日本福岡及韓國濟州5日，來回都搭郵輪，另一條基隆到濟州再到天津4日，如果是台灣回程旅客，就要改搭飛機。下列敘述何者錯誤？
(A)此郵輪行程應屬於多母港方式
(B)台灣回程旅客改搭飛機是屬於Fly-cruise Packages
(C)上海登船旅客可以參加郵輪公司和基隆當地觀光餐旅業者合作共推旅遊行程Land-cruise Packages
(D)以郵輪旅行者可持憑Ship Pass通關入境各國。 [15.2]

( )4. 關於航權的敘述，下列何者錯誤？ (A)一國航空公司有權飛越他國領空是屬第一航權 (B)航空公司因緊急事故需臨時申請降落在他國機場是屬第二航權 (C)本國航空公司由本國出發前往他國，並有權把客貨卸下為第四航權 (D)本國航空公司由他國載運客貨飛回本國裝卸客貨後，續飛前往另一國的航權為第六航權。 [15.3]

( )5. 心儀預計帶團前往荷法瑞三國，下列所述何者正確？ (A)行程從TPE出發，旅遊景點包含了阿姆斯特丹AMS、巴黎PAR、伯恩BER (B)瑞士安排搭乘空中纜車（TGV）遊覽鐵力士山 (C)開行前說明會時，應向團員說明經濟艙免費托運行李每人2件，每件限重23公斤 (D)航班由台北（UTC+8）時間23：10起飛，預計隔天06：10抵達阿姆斯特丹（UTC+1），飛行時間14小時。 [15.3]

( )6. 因應疫情的解封，小顧夫妻計畫帶著15歲女兒和12歲兒子出國旅遊，預計拜訪的景點有鬱金香花卉市場、風車、海尼根體驗館、琴酒博物館及梵谷博物館等，並購買木鞋作為紀念品，享受當地的人文風情。若計畫從臺灣桃園國際機場出發，根據小顧一家人預計拜訪的景點，下列何者為他們最可能的飛行路線？
(A)TPE→BKK→AMS→BKK→TPE
(B)TPE→HNL→AKL→HNL→TPE
(C)TPE→LAX→BUE→LAX→TPE
(D)TPE→TYO→YVR→TYO→TPE。 [15.3][112統測]

歷屆試題

( )1. 航空市場競爭激烈，除了確保平安載送旅客到達目的地之外，有些航空公司以降低票價的方式來吸引旅客，唯行李托運、機上餐食、視聽娛樂等服務需額外收費，是指下列哪一種航空業之經營型態？
(A)航空貨運（Air Cargo）
(B)廉價航空（Low-cost Airline）
(C)直飛航班（On-line Airline）
(D)包機客運（Charter Air Transportation）。 [102統測]

( )2. 國際航空運輸協會（International Air Transport Association）將全球飛航區域（Traffic Conference Area）分為三大飛航區（TC1、TC2、TC3），下列哪一個國家屬於TC3？
(A)加拿大　(B)紐西蘭　(C)巴西　(D)法國。 [103統測]

( )3. 若設計從台灣桃園國際機場出發到美洲來回遊程，則下列何者是行程中正確的機場代碼？
(A)TPE-ANC-JFK-TPE
(B)TPE-HKG-SIN-TPE
(C)TPE-BKK-MFM-TPE
(D)TPE-AMS-LHR-TPE。 [104統測]

( )4. 下列哪一家屬於目前有飛航臺灣的低成本航空（Low Cost Carrier，又稱為廉價航空）？
(A)樂桃航空（Peach Aviation）
(B)新加坡航空（Singapore Airlines）
(C)日本航空（Japan Airlines）
(D)國泰航空（Cathay Pacific Airways）。 [105統測]

( )5. 國際航空運輸協會（IATA）將全球區分為三大飛航區域（TC1、TC2、TC3），以下哪一個城市不是屬於TC2？
(A)MUC　(B)MFM　(C)MAD　(D)MOW。 [106統測]

( )6. 餐旅業的發展中受許多因素影響，下列何種重要的發展使得旅遊大眾化，因此被稱為是觀光事業之母？
(A)文藝復興　(B)交通運輸　(C)學習旅遊　(D)階級旅遊。 [107統測]

( )7. 若本國航空公司的航班，從台北出發至西雅圖後，再繼續飛到紐約，接著從紐約飛往西雅圖後，再飛回台北，每一站皆可載客上下，這是屬於哪一種航權？
(A)第六航權　(B)第七航權　(C)第八航權　(D)第九航權。 [107統測]

( )8. 下列航空公司的代號，何者不屬於廉價航空？
(A)3K　(B)TR　(C)MM　(D)NX。 [109統測]

( )9. 全球六大迪士尼樂園分別位於美國加州、美國佛羅里達州、日本東京、法國巴黎、香港大嶼山及中國上海，位於飛航區TC3的迪士尼樂園總共有幾家？
(A)1　(B)2　(C)3　(D)4。 [110統測]

(　　)10. 世界知名賭場所在地包括：美國的拉斯維加斯、摩納哥的蒙地卡羅、澳洲的墨爾本及馬來西亞的雲頂高原，下列哪一個賭場位於飛航區TC2？
(A)墨爾本　(B)雲頂高原　(C)蒙地卡羅　(D)拉斯維加斯。　[111統測]

▲ 閱讀下文，回答第11～12題。
小江舉辦到澎湖的家族旅遊，因考量交通時間，決定搭乘飛機從高雄出發至澎湖。

(　　)11. 此趟去程登機證上顯示目的地的機場代碼為下列何者？
(A)MIA　(B)MZG　(C)PEN　(D)PER。　[111統測]

(　　)12. 此趟旅程只能選擇搭乘下列哪一家航空公司？
(A) AE　(B) SQ　(C) VN　(D) CX。　[111統測]

(　　)13. 關於我國國籍航空航權敘述，下列何者正確？
(A)從SIN出發直飛TPE是屬第二航權
(B)從TPE出發直飛BKK是屬第三航權
(C)從JFK飛LAX停留再飛TPE是屬第六航權
(D)從TPE出發途中停留BNE只加油，續飛AKL，是屬第五航權。　[112統測]

(　　)14. Jolin即將舉辦世界巡迴演唱會，從臺灣搭飛機到杜拜轉機後，抵達美國紐約。則她依序經過了哪幾個飛航區域？
(A)TC2→TC1→TC3
(B)TC1→TC3→TC2
(C)TC1→TC2→TC3
(D)TC3→TC2→TC1。　[112統測]

(　　)15. 丁越是航空公司高級主管，為了與其他航空公司策略性合作，預計加入前三大國際航空聯盟，下列何者不是丁越的選項？　(A)OneWorld Alliance　(B)Sky Alliance　(C)Sky Team　(D)Star Alliance。　[112統測]

(　　)16. 小花搭乘專為旅遊路線規畫的台灣好行，關於台灣好行的服務內容，下列何者正確？
(A)僅在臺灣西部地區營運
(B)代訂國內食宿及提供行李配送服務
(C)各營運路線僅提供假日服務
(D)臺鐵、高鐵與景點間的接駁。　[113統測改編]

(　　)17. 英國搖滾天團Coldplay舉行「星際漫遊Music of The Spheres」世界巡迴演唱會，第一站是哥斯大黎加，中間演唱過的地區包含墨西哥、德國柏林、英國、巴西、秘魯、荷蘭、美國、日本東京、臺灣高雄、澳洲伯斯等。一連兩天在高雄，吸引近8.7萬人前往朝聖。高人氣也導致當地飯店房價飆漲，主唱克里斯馬汀（Chris Martin）也跟上時事，公開道歉「我知道有些飯店，價格變貴很多。」一句話點出此次哄抬旅館房價的亂象。高雄市觀光局查獲8家業者哄抬房價，最高裁罰5萬元。從上述世界巡迴演唱會的地區，依國際航空運輸協會（IATA）三大飛航交通運輸區域的定義，下列何者正確？
(A)從巴西到秘魯是TC1→TC2
(B)從墨西哥到德國柏林是TC3→TC2
(C)從臺灣高雄到澳洲伯斯是TC3→TC1
(D)從英國到哥斯大黎加是TC2→TC1。　[113統測改編]

CH15 觀光餐旅相關產業（二）

答案與詳解

實力加強

15.1～15.2節

1. B　　2. C　　3. A　　4. C　　5. C

15.3節

1. B　　2. B　　3. A　　4. C　　5. A　　6. D　　7. C　　8. B　　9. D　　10. D

搶分終點線

1. A　　2. C　　3. A　　4. D　　5. D　　6. D　　7. A　　8. C　　9. B　　10. C
11. B　　12. C　　13. A　　14. C　　15. D　　16. D　　17. D　　18. B　　19. C　　20. B
21. B　　22. C　　23. D　　24. B　　25. D　　26. B

詳解

4. 路段為基隆到台北。

情境素養題

1. C　　2. B　　3. D　　4. C　　5. D　　6. A

詳解

5. 伯恩BRN，BER為柏林。TGV為法國高速火車。行程由TC3─TC2，應為計重制。

6. 台北（TPE）→曼谷（BKK）→阿姆斯特丹（AMS）→曼谷（BKK）→台北（TPE）。

歷屆試題

1. B　　2. B　　3. A　　4. A　　5. B　　6. B　　7. C　　8. D　　9. C　　10. C
11. B　　12. A　　13. B　　14. D　　15. B　　16. D　　17. D

詳解

8. 3K：捷星亞洲航空。TR：酷航。MM：樂桃航空。NX：澳門航空。

13. 從新加坡（SIN）出發直飛台北（TPE）屬於第四航權。
　　從台北（TPE）直飛曼谷（BKK）屬於第三航權。
　　從紐約甘迺迪機場（JFK）飛洛杉磯（LAX）停留再飛台北（TPE）屬於第八航權。
　　從台北（TPE）出發途中停留布里斯班（BNE）加油，續飛奧克蘭（AKL）屬於第二航權。

15-35

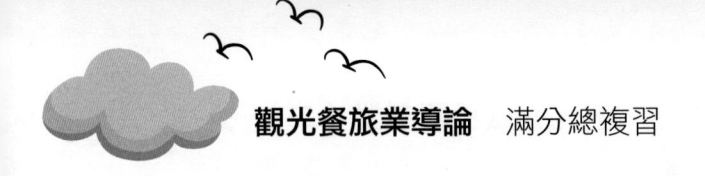

17. 從巴西到秘魯是TC1→TC1。
從墨西哥到德國柏林是TC1→TC2。
從臺灣高雄到澳洲伯斯是TC3→TC3。

CH 16 觀光餐旅行銷的基本概念

本章學習重點

節名	常考重點	
16.1 行銷的基本概念	• 行銷觀念的演進	★★☆☆☆
16.2 行銷管理	• 產品的層次 • SWOT分析 • 訂價策略、促銷策略 • 市場區隔 • 行銷8P	★★★★☆

統測命題分析

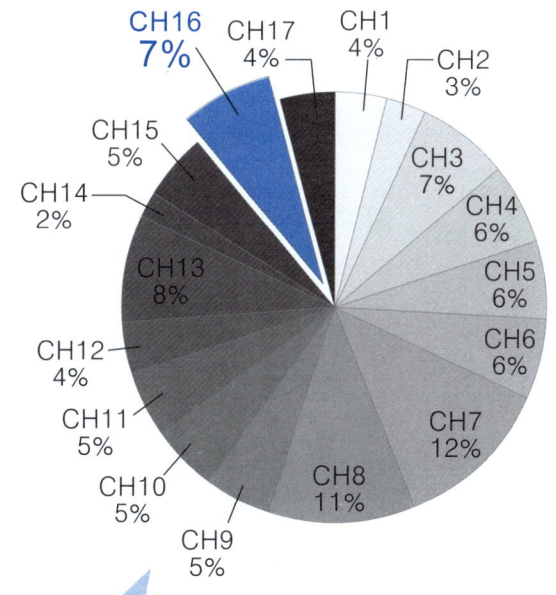

- CH16 7%
- CH17 4%
- CH1 4%
- CH2 3%
- CH3 7%
- CH4 6%
- CH5 6%
- CH6 6%
- CH7 12%
- CH8 11%
- CH9 5%
- CH10 5%
- CH11 5%
- CH12 4%
- CH13 8%
- CH14 2%
- CH15 5%

16.1 行銷的基本概念

管理大師彼得‧杜拉克曾說：「企業的目的就是要創造顧客並保有顧客」（The Purpose Of Business Is To Create And Keep A Customer），行銷以滿足顧客需求為導向，因此，深入了解顧客需求與顧客消費行為，設計相關產品與行銷策略是企業經營致勝的行銷觀念。

16.1.1 行銷簡介

一、行銷的意義

1. **行銷大師－菲利普柯特勒（Philip Kotler）**：行銷是透過交換過程，滿足人類慾望與需求的活動。
2. **美國行銷協會（American Marketing Association, AMA）**：行銷是創造、溝通與傳遞價值給顧客的一種組織功能與程序，目的是在經營顧客關係，使組織及其利害關係人受益。
3. 綜合相關學說，行銷是發掘並滿足人們與社會的需求，從而獲利的過程。

二、行銷觀念的演進

102　104　105　106　107　108　110　111　112　113

行銷觀念	生產導向 Production Oriented	產品導向 Product Oriented	銷售導向 Selling / Sales Oriented	行銷導向 Marketing Oriented	社會行銷導向 Social Marketing Oriented
別稱	－	－	－	市場導向 顧客導向 消費者導向（Customer Oriented）	綠色行銷 生態行銷 公益行銷
背景	需求＞供給（供不應求）	需求≒供給 市場開始出現競爭	需求＜供給（供過於求）	市場競爭激烈，消費者意識抬頭	過度追求企業利潤，忽略了社會利益
思維	只要產品上市就有人購買；因價格左右消費者的購買決策，故企業應以更低的成本生產產品	只要產品品質佳就有人購買；企業應持續提升生產技術與產品品質	消費者通常不會主動購買企業產品；企業應運用各種銷售技巧，將產品強力推銷給消費者	透過市場調查瞭解消費者需求，並研發設計滿足消費者需求的產品，使其購買	除了追求企業利潤與滿足消費者需求之外，企業也應負起社會責任（如：照顧弱勢族群、響應環保活動）

目標	降低生產成本 提高生產效率 增加產量	提升生產技術 提升產品品質	重視銷售技巧 刺激產品需求 提升銷售量	滿足顧客需求 創造企業利潤	創造三贏：同時兼顧企業利潤、顧客需求與社會利益
缺點	忽視顧客需求 服務品質不佳	易導致行銷短視症，即過度注重產品本身而忽略顧客需求	以企業利益為優先，忽視顧客真正的需求	未考量企業的社會責任	─
釋例	生產導向 社區餐飲店通常著重食材、人力等成本的降低與出菜效率的提升，以生產更多的餐飲商品	產品導向 都會區的商務旅館提供高價位、大坪數、裝潢奢華的房型，住宿品質極佳，但不一定符合商務旅客的需求	銷售導向 電視台購物專家憑藉著好口才，與產品展示、限時限量等優惠措施，誘使觀眾衝動購買其推銷的產品	行銷導向 Club Med全球連鎖度假村，針對不同客群（如好友、情侶、夫妻、親子、運動愛好者），設計能滿足其度假需求的全包式假期	社會行銷導向 台東知本老爺飯店響應環保，採取節能減碳措施（如換裝節能燈具、不主動提供盥洗用品等），獲得環境部認證，成為台灣第一家環保旅館

知識快遞

從行銷1.0到行銷4.0的演進

科技創新與整合改變了消費經濟模式，行銷觀念在數位時代有全新的思維。

階段	核心概念
行銷1.0	以產品導向為核心，企業著重在生產技術、產品特色、降低成本
行銷2.0	以消費者導向為核心，企業著重在產品定位、市場區隔、顧客滿意度
行銷3.0	以追求人本價值為核心，企業著重在品牌文化、共創美好世界
行銷4.0	以網路社群為核心，企業著重在整合網路與實體、顧客參與，使顧客成為品牌擁護者。企業通常會以青少年（Youth，數位產品使用率高）、女性（Women，購買力強）和網友（Netizens，網路散播力強）為目標市場，推出全方位的行銷策略

三、行銷環境 102 103 110

企業的行銷環境包括：**影響範圍僅及企業本身**的**個體環境**（又稱「產業環境」），以及**影響層面通常橫跨各產業**的**總體環境**。

1. 個體環境

內在環境

企業內部 The Company	企業的組織文化（如追求創新）、行銷導向、領導風格（如專制或民主）等，皆會影響企業的行銷策略方向
供應商 Substitutes	供應商選擇性的多寡，會影響企業的議價空間，進而影響企業的營業成本與行銷策略方向
行銷支援機構 Intermediaries	有些企業會將市場調查、廣告宣傳等行銷工作，委由外部專業的行銷機構來進行，其價格與績效皆會影響企業的行銷成本與效益
顧客 Customers	顧客偏好的改變、需求的多元性、對產品或服務的滿意度等，皆會影響企業的行銷活動
競爭者 Competitor	競爭者的多寡、優劣勢、採用的行銷策略等，皆會影響企業的行銷活動
社會大眾 Publics	社會大眾對企業行銷活動認同與否，會影響企業未來的行銷策略方向

2. 總體環境

外在環境

政治與法律 Political and Legal	政治情勢、政府政策或法律規章的改變（如兩岸大三通、開放陸客自由行），皆會影響企業的行銷活動
經濟 Economic	經濟景氣繁榮與否、所得分配的平均度、物價水準的高低等，皆會影響企業的行銷活動
社會文化 Social and Cultural	社會價值觀、生活方式的改變，以及新世代族群次文化（如御宅族）的產生，皆會影響企業的行銷活動
科技 Technological	科技的進步與普及化，為企業創造新市場，同時也讓企業的行銷活動無遠弗屆（如網路行銷）
人口統計 Demographics	性別、年齡、種族、職業、教育程度等人口統計數值的改變，皆會影響企業的行銷策略方向
自然環境 Natural Environment	能源／原物料短缺、環境污染日益嚴重、環境保護運動盛行等，皆會趨使企業從事**綠色行銷**（Green Marketing）

註：**PEST分析法**－1967年哈佛教授法蘭西斯‧阿吉拉（Francis J. Aguilar）提出，他認為企業在擬定策略時，應分析最常影響總體環境的四項因素：政治（Political）、經濟（Economic）、社會（Social）、科技（Technological）。企業可同時運用PEST分析、SWOT分析、五力分析等工具，更全面地思考並擬定策略。

16.1.2 行銷與顧客消費行為

一、顧客消費行為（Consumer Behavior）

1. 顧客消費行為又稱**消費者行為**。行銷大師柯特勒（Philip Kotler）指出，顧客消費行為是研究人如何選擇、購買、使用及處置產品（或服務、構想、經驗等），以滿足其需求與慾望。

2. 顧客消費行為是一連串活動的決策過程，包括：購買前的動機、訊息的搜尋與評估，以及購後使用之滿意程度，是否再度購買動機之評估等一連串活動的決策過程。

3. **影響顧客消費行為的因素：**

影響因素	內涵	釋例
文化因素	文化、次文化、社會階層	以次文化影響為例，新手父母希望增進親子關係與戶外活動，參與露營旅遊並購買露營相關設備
社會因素	家庭、參考團體、角色與地位	以參考團體影響為例，如公眾人物的崇拜者，會收藏或購買其所代言的商品
個人因素	生命週期、性別、職業、生活型態、價值觀	以生活型態影響為例，如退休銀髮族為享受人生，追求健康，對休閒、養生、無障礙設施的需求特別注重
心理因素	動機、學習、認知、信念、態度	以學習影響為例，如喜歡迷人外貌與體態的消費者，對美容、整形、健身、營養補充等知識更新或新技術產品充滿興趣，勇於嘗試

二、顧客消費決策過程 111 113

業者研究顧客消費行為的目的，是期望運用行銷策略來滿足顧客真正的需求，在經過瞭解、預測後，便能控制顧客消費行為，以提高企業競爭力；顧客消費的過程中，通常會經過以下階段，說明如下：

察覺需求 → **蒐集資訊** → **評估方案** → **購買決策** → **購後行為**

- 察覺需求：顧客主動察覺或被動刺激，而產生消費需求
- 蒐集資訊：顧客蒐集個人經驗、親朋好友或專家的口碑評價等資訊
- 評估方案：將蒐集來的資訊經過評估，並篩選出幾個方案
- 購買決策：有購買意願，做出選擇品牌、數量、付款方式等決策
- 購後行為：顧客對於所購產品產生滿意度、評價、是否回購等行為

實力加強 16.1

(　)1. 「企業的目的就是要創造顧客並保有顧客」，是下列哪一個管理學者的名言？
(A)彼得‧杜拉克　　　　　　　(B)菲利普‧科特勒
(C)馬斯洛　　　　　　　　　　(D)丹尼爾‧高曼。

(　)2. 顧客消費行為理論包含以下五個階段：
察覺需求、蒐集資訊、評估方案、購買決策、＿＿＿＿＿＿。
請問空白處應為？
(A)購後行為　　　　　　　　　(B)顧客滿意度
(C)口碑推薦　　　　　　　　　(D)顧客忠誠度。

(　)3. 「產品生產製造出來，為了賺錢獲利，而運用各種銷售技巧把產品銷售出去。」，請問上述為何種行銷觀念？
(A)生產導向　　　　　　　　　(B)銷售導向
(C)行銷導向　　　　　　　　　(D)社會行銷導向。

(　)4. 「企業在滿足顧客與賺取利潤的同時，也維護整體社會與自然環境的利益。」此為何種行銷觀念？
(A)生產導向　　　　　　　　　(B)銷售導向
(C)行銷導向　　　　　　　　　(D)社會行銷導向。

(　)5. 餐旅業在數位行銷時代應重視社群行銷，主要目標市場不包含下列何者？
(A)青少年　(B)女性　(C)男性　(D)網友。

16.2 行銷管理

一、行銷管理的意義

行銷管理是藉由規劃、執行、評估與控制等一連串的管理程序,將行銷觀念予以落實,進而滿足消費者需求並達成組織目標的一種管理活動。

二、行銷管理的程序

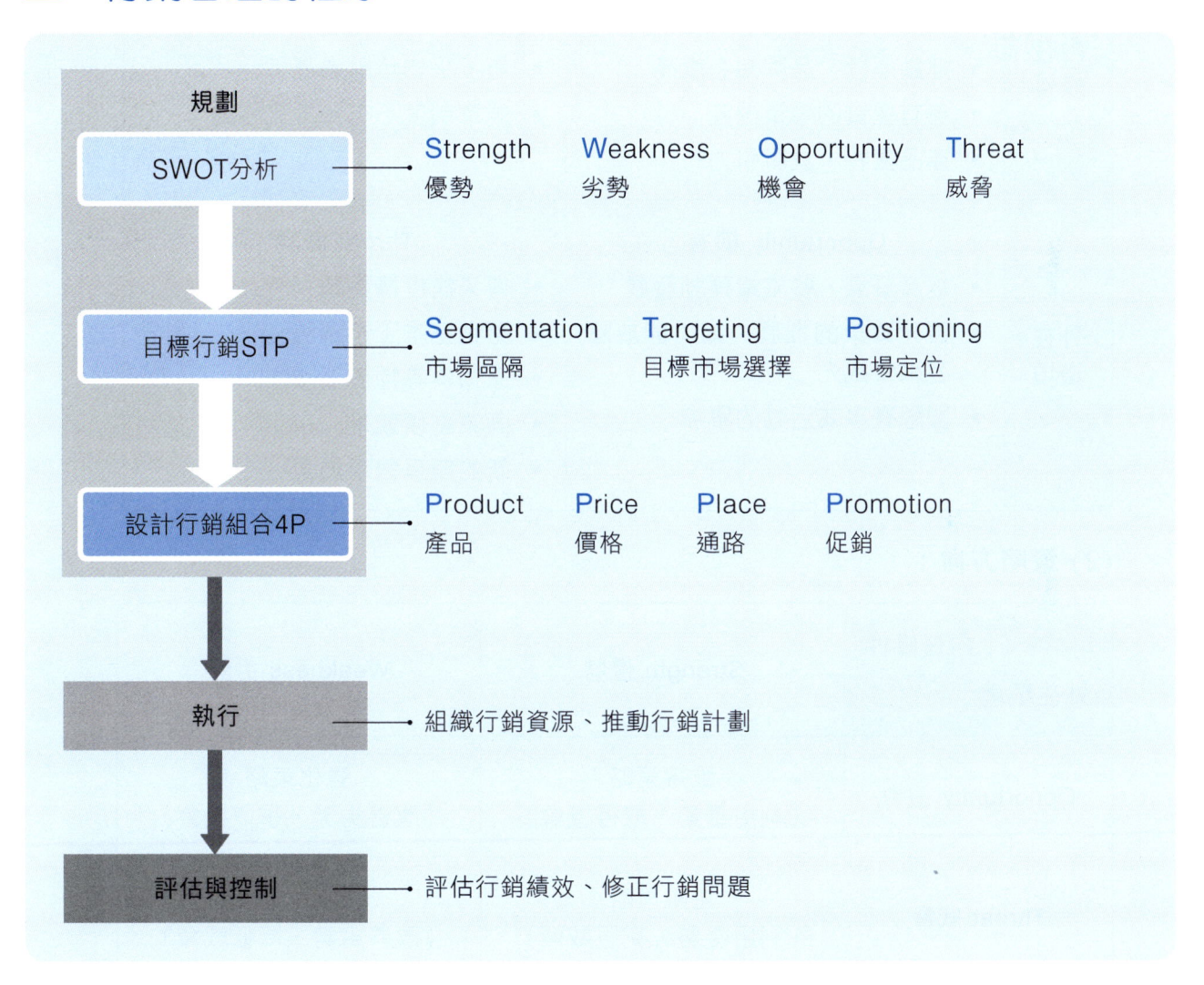

規劃
- SWOT分析 — Strength 優勢　Weakness 劣勢　Opportunity 機會　Threat 威脅
- 目標行銷STP — Segmentation 市場區隔　Targeting 目標市場選擇　Positioning 市場定位
- 設計行銷組合4P — Product 產品　Price 價格　Place 通路　Promotion 促銷

執行 — 組織行銷資源、推動行銷計劃

評估與控制 — 評估行銷績效、修正行銷問題

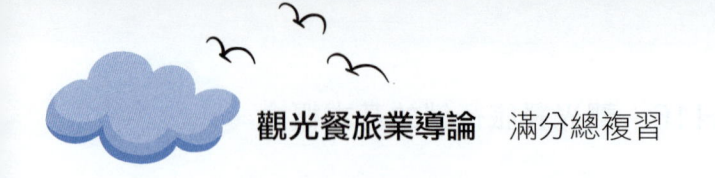

三、SWOT分析（態勢分析） 103 109

1. **意義**：是一種將企業內部的優勢與劣勢，以及外在環境的機會與威脅等因素列舉出來，再進行分析，進而獲得因應策略的方法。

2. **SWOT矩陣分析**：（以觀光餐旅業為例）

   (1) 內在條件與外在環境分析

	Strength 優勢	Weakness 劣勢
內在條件	• 觀光餐旅業的地理位置佳 • 連鎖經營，品牌知名度高 • 擁有優質的專業團隊 • 產品獨特，具吸引力…	• 建築、設備老舊 • 員工平均年齡過高 • 規章制度不符合潮流趨勢…
	Opportunity 機會	Threat 威脅
外在環境	• 經濟景氣，餐旅業蓬勃發展 • 觀光政策的推展，如：開放陸客來台觀光 • 國際賽事或活動的舉辦…	• 傳染病疫情蔓延 • 勞動基本工資調漲 • 原物料等物價上漲 • 同業削價競爭 • 新的競爭對手加入…

   (2) 策略方向：

外在環境＼內在條件	Strength 優勢	Weakness 劣勢
Opportunity 機會	維持策略 （利用優勢，取得機會）	強化策略 （改善劣勢，爭取機會）
Threat 威脅	避險策略 （利用優勢，克服威脅）	防守策略 （改善劣勢，降低威脅）

四、目標行銷（STP） 103 111

1 市場區隔 Segmentation → 2 目標市場選擇 Targeting → 3 市場定位 Positioning

CH16 觀光餐旅行銷的基本概念

1. **市場區隔（Segmentation）** 103 104 108 109

   (1) 意義：將整個市場分割成數個市場區塊（即**次級市場**，同一個次級市場內的顧客需求類似），又稱為**市場細分化**。

   (2) 市場區隔變數：

變數	內涵	釋例
地理	國家、城市、人口密度、氣候、地理區域（北部、中部、南部）	以「國家」區隔，台灣的入境旅遊（Inbound）市場可分為日本、中國、美國等不同客源國
人口統計	年齡、性別、教育程度、職業、所得、宗教	以「性別」區隔，有專為「女性」開設的「下午茶甜點餐廳」，也有專為「男性」開設的「女僕餐廳」
心理	人格特質、價值觀、生活型態	以「價值觀」區隔，有專為「美食饕客」推出的「米其林星光滋味萬元套餐」；也有針對「不講究美食客群」所推出的「199元平價套餐」
行為	購買時機、使用頻率、品牌忠誠度、追求商品使用利益之所在	以「品牌忠誠度」區隔，可針對「會員」提供「消費滿額禮」或「加價購」活動

   (3) 有效市場區隔的條件

   以市場區隔變數區隔次級市場後，還需分析以下條件，才能評估是否值得進入。

條件	說明
可衡量性	是指某「次級市場」之顧客的多寡與購買能力可加以衡量。在各種市場區隔變數中以「人口統計變數」的可衡量性最好
可接近性	是指企業可透過各種媒體提供行銷訊息給區隔後的次級市場，並可經由各個通路提供產品，讓消費者便於購買
足量性	是指區隔後的次級市場，其銷售潛量與規模大小必須足夠讓企業有利可圖，才值得進入該次級市場
可行動性	又稱可執行性，是指企業擁有足夠的人力、資金、技術等資源，來經營所選定的市場，且其行銷策略可有效吸引該市場的顧客
可差異性	又稱異質性，是指經區隔後的各次級市場，必須具有不同的消費特性與需求，才能針對不同的市場，採行不同的行銷策略

16-9

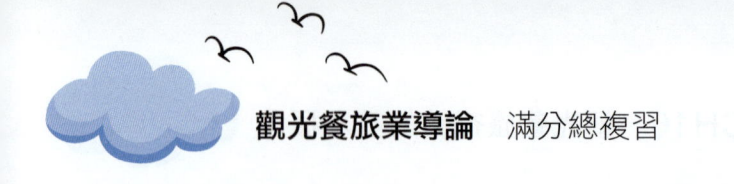

2. 目標市場選擇（Targeting） 107

(1) 意義：考量各市場區塊的規模、成長潛力、競爭狀況，以及企業本身的目標與資源等因素，選擇單一、數個或全部的市場區塊作為目標市場。

⭐ **(2) 目標市場選擇策略：** （戰略性決策）

策略		說明	釋例
無差異／大眾行銷 Undifferentiated Marketing	意義	對目標市場內各次級市場，提供相同產品，並採取相同的行銷策略	「阿宗麵線」只賣一種料理—「大腸麵線」，銷售給所有顧客
	優點	可標準化大量生產，降低生產成本與行銷費用（即規模經濟）	
	缺點	無法滿足不同次級市場的需求	
差異化行銷 Differentiated Marketing	意義	對目標市場內各次級市場，提供不同的產品，並採取不同的行銷策略	王品集團旗下有：王品牛排、陶板屋、原燒、等多個品牌餐廳，滿足不同客群的需求
	優點	滿足不同次級市場的需求	
	缺點	• 產品的研發、行銷等成本增加 • 資源分散，獲利不易掌握	
集中式／利基行銷 Niche Marketing	意義	鎖定特定目標市場（利基市場），全力行銷	一陽旅行社專辦「瑞士」深度旅遊
	優點	資源集中，提供專業的產品與服務	
	缺點	無法分散經營風險	
個人化／一對一行銷 Individual Marketing	意義	為特定人士提供量身訂做的客製化服務	餐廳為「結婚新人」量身訂做婚宴菜單與場地佈置
	優點	滿足每個消費者的需求	
	缺點	經營成本高，風險大	

3. 市場定位（Positioning）

(1) 意義：建立企業產品、服務或品牌在消費者心中的地位。

> 例如 聽到「麥當勞」，就會想到「年輕、歡樂、乾淨、效率」的鮮明形象；
> 聽到「亞都麗緻」，就會想到「體貼入心，更甚於家」的經營理念。

(2) 定位的重要性：
- 企業的產品、服務或品牌在消費者心中佔有一席之地，可增加銷售機會。
- 有助於產品、服務或品牌口碑的建立與流傳，擴大市場占有率。
- 導引產品、價格、通路、促銷等行銷組合的設計方向。

五、行銷組合（4P） 103 106 110 113

行銷組合（Marketing Mix）通常包括：**產品**（Product）、**價格**（Price）、**通路**（Place）、**促銷**（Promotion）等四種策略，合稱「行銷4P」。

1. 產品策略 113

(1) 產品：在市場上供應給消費者，以滿足其需求的有形商品或無形商品，如：餐廳的餐點飲料、旅館的客房、旅行社的導遊服務等。

(2) 產品的層次：共有五種層次。

層次	說明	釋例（以旅館為例）
核心產品 Core Product	產品所訴求的根本利益或效用（即消費者心中真正想要滿足的需求）	提供「家外之家」
基本產品 Basic Product	又稱<u>實際產品</u>或<u>有形產品</u>，企業必須將核心產品轉化為有形產品提供給消費者	提供「客房、餐飲」等有形產品
期望產品 Expected Product	消費者購買基本產品時，對產品品質的期待	消費者對「安全、潔淨、舒適」的期待
附加產品 Augmented Product	提供消費者除了基本產品與期望產品以外的其他服務或利益	提供「免費機場接駁服務」
潛在產品 Potential Product	未來可開發提供，以增進消費者利益的產品	提供「行李免費寄回國服務」

（附加產品與潛在產品合稱「延伸產品」）

(3) 常見的產品策略：如**產品生命週期**、**品牌行銷**等策略，分別說明如下。

- **產品生命週期（Product Life Cycle, PLC）**

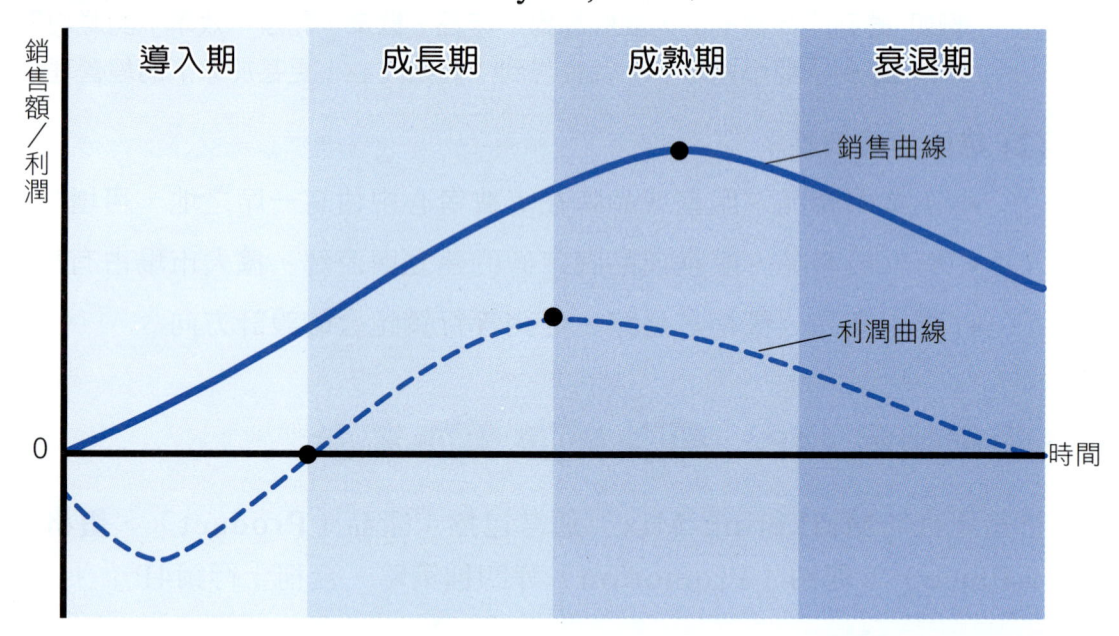

週期 說明	導入期 Introduction	成長期 Growth	成熟期 Maturity	衰退期 Decline
意義	新產品初入市場的時期	產品已獲市場接受並開始獲利的時期	產品銷售成長至最多而後趨緩的時期	產品銷售持續減少的時期
競爭者數量	少或無	增多	最多	減少
銷售量	低	快速成長	上升至最高點而後趨緩	下滑
利潤	一般為虧損（因須投入相當高的行銷推廣費用）	上升速度最快，並升至最高點	下降	低或無
行銷目標	提升產品知名度，建立好口碑	建立顧客品牌偏好，擴大市場占有率	維繫顧客忠誠度，鞏固市場占有率	吸取市場剩餘利潤
行銷策略	告知性廣告：告知產品上市	說服性廣告：說服立即購買	提醒性廣告：提醒產品需要	廣告活動降至最少

品牌行銷（Brand Marketing）

意義	品牌（Brand）是由名稱、標誌或符號組合而成；可用來辨識企業所提供的產品與服務，以與其他競爭對手的產品與服務有所區隔
設計要點	名稱 • 可書寫、可發音　　• 好記、好唸、順口為關鍵 標誌 • 樣式醒目，可視覺辨識　• 品牌故事、企業精神可蘊含其中
釋例	麥當勞 i'm lovin' it ／ KFC ／ 國賓大飯店 Ambassador ／ 雄獅旅遊 www.liontravel.com
效益	• 強化消費者對產品的辨識，提高產品購買率 • 有助於企業推廣產品，建立顧客忠誠度，降低行銷成本 • 品牌註冊後，可提升企業價值並保障企業在法律上的權益

知識快遞

BCG矩陣分析法

1. 提出者：美國波士頓顧問公司（Boston Consulting Group, BCG）。
2. 用途：協助企業分析現有產品的表現，從而制定因應策略，使企業的資源能更有效、妥適地配置。
3. 內涵：BCG矩陣的橫軸為市場占有率，縱軸為市場成長率；依市場占有率及成長率的高低，可將企業產品劃分為問號、明星、金牛、敗犬等四種類型（如右圖），其相對應的產品生命週期（PLC）與應採取的策略如下表。

市場成長率 高←→低	市場占有率 高←→低
明星 Star	問號 Question Mark
金牛 Cash Cows	敗犬 Dogs

產品類型	PLC		因應策略
問號	導入期	建立	挹注大量資金，提升問號產品的競爭優勢，以增加市占率，進而成為明星產品
明星	成長期	維持	投入資金，保持明星產品的競爭優勢，以確保其市占率與收益的穩定
金牛	成熟期	收割	金牛產品的市場已接近飽和，企業應藉其競爭優勢，快速增加收益
敗犬	衰退期	撤退	終止資金投入，以減少損失

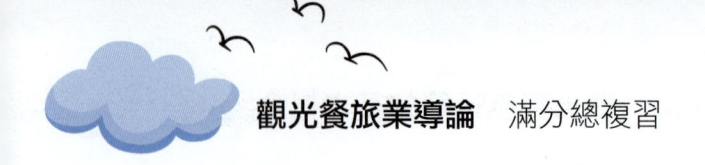

2. 價格策略 108 111 113

(1) **價格**：消費者購買產品所需支付的金額，為影響消費者購買決策的重要因素；價格的高低，會直接影響銷售數量與企業獲利。

(2) **決定價格的因素**：一般分為成本導向（Cost Oriented）、需求導向（Demand Oriented）、競爭者導向（Competitive Oriented）與新產品訂價等不同考量因素。

⭐ (3) **常見的訂價策略**：

	訂價法	說明	釋例
成本導向	成本加成訂價法 Cost-Plus Pricing	根據產品的單位成本，加上成本的某個百分比，作為訂價，即：訂價＝單位成本×(1＋加成百分比)	假設製作一杯奶茶的成本為20元，加成百分比為50%，則訂價為：20×(1＋50%)＝30（元）
需求導向	認知價值訂價法 Perceived-Value Pricing	消費者對產品的認知價值高 ⇒ 訂價高；消費者對產品的認知價值低 ⇒ 訂價低	一杯咖啡，在速食店、專賣店、高級餐廳，消費者會因認知價值的不同而願意支付不同的價格
需求導向	差別訂價法 Discriminatory Pricing	根據顧客、時間、地點或產品樣式的不同，訂定不同價格，以刺激總銷售量增加；此種訂價法，有利於營收管理	旅館平日住宿享75折優惠，假日則維持原公告價格
需求導向	心理訂價法 Psychological Pricing	奇數訂價/畸零訂價（Odd Pricing）：讓顧客產生較便宜的感覺	• 399吃到飽 • 4,999澎湖逍遙遊
		威望訂價/炫耀訂價（Prestige Pricing）：以高價位塑造產品的高品質或尊榮品味	飯店推出「米其林主廚萬元套餐」饗宴
競爭者導向	現行價格訂價法 Going-Rate Pricing	根據現有市場競爭者的訂價，訂定相近或相等的價格	50嵐、橘子工坊等飲料店，對於相同產品的訂價大多相近或相等
競爭者導向	追隨領袖訂價法 Price Leaders Pricing	追隨市場中「價格領導廠商」的訂價，來訂定產品價格	—
競爭者導向	習慣性訂價法 Customary Pricing	產品訂價在長時間內維持不變	便當店推出「50元便當」且價格長期不變
新產品訂價	低價滲透法 Penetration Pricing	採薄利多銷的方式迅速滲透市場，以擴大市場占有率，又稱市場滲透法	餐廳推出99元平價義大利麵套餐
新產品訂價	高價榨取法 Skimming Pricing	以高價賺取高額利潤，又稱市場榨取法、吸脂訂價法	雄獅旅遊推出「399萬元環遊世界43天頂級行程」

3. **通路策略** 102

   (1) **通路**：產品由製造商流向消費者的過程中，所經過之中間商（如經銷商、配銷商）的通稱。

   (2) **通路的類型**：一般分為零階、一階、二階或三階通路：

通路階層	說明	釋例
零階（直銷）	企業未透過中間商，直接將產品銷售給消費者	旅館直接接受「顧客」訂房
一階	企業透過一層中間商，將產品銷售給消費者	餐廳透過「便利商店」，接受消費者訂購年菜
二階	企業透過二層中間商，將產品銷售給消費者	航空公司透過「票務中心→旅行社」，將機票銷售給顧客
三階	企業透過三層中間商，將產品銷售給消費者	航空公司透過「票務中心→綜合旅行社→甲種旅行社」，將機票銷售給顧客

   上述通路類型，企業可透過建置網路交易平台來達成，即電子商務的運用（此通路稱為「虛擬通路」），如：

   - **企業與消費者之間的電子商務（Business to Consumer, B2C）**
     - 例如 餐廳提供線上訂位服務、旅館提供線上訂房服務、旅行社提供線上訂購服務。
   - **企業與企業之間的電子商務（Business to Business, B2B）**
     - 例如 旅行社與旅館、航空公司之間，透過網路交易平台進行客房、機票的預購。

   (3) **通路策略**：可選擇「短通路」或「長通路」。

   - **短通路**：產品由製造商流向消費者的過程中，所經過之流通階層較少，如零階或一階通路。
   - **長通路**：產品由製造商流向消費者的過程中，所經過之流通階層較多，如二階或三階通路。

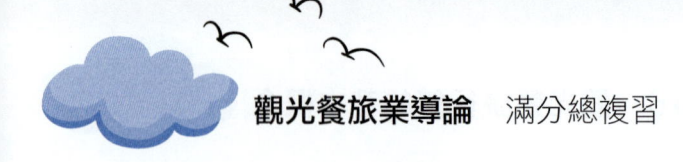

4. 促銷策略 105

(1) 促銷：利用廣告、人員銷售等促銷方式，將企業的產品與服務訊息傳遞給消費者，讓消費者知曉、瞭解、喜愛企業的產品與服務，進而選購消費。

(2) 常見的促銷策略：

促銷策略	說明	釋例
廣告 Advertising	以付費方式，利用電視、報章雜誌等大眾傳播媒體，公開地將企業產品與服務訊息傳遞給消費者	麥當勞推出「79元超值午餐」、「大薯買一送一」的電視廣告
人員銷售 Personal Selling	藉由銷售人員與消費者直接溝通的方式，來銷售產品	旅行社業務人員在旅展推銷遊程
直效行銷 Direct Marketing	以非面對面（如郵購、網購、電話行銷、電視購物）的方式，傳遞產品訊息，促使消費者購買	旅行社透過「東森電視購物台」以及「旅遊網」銷售旅遊產品
公共關係/公共宣傳 Public Relation, PR	舉辦產品發表、義賣、公益贊助等活動來創造議題，藉以獲得媒體主動報導，提升企業知名度與形象，促使消費者購買企業產品	麥當勞成立「兒童慈善基金會」，持續推動兒童公益活動，獲得媒體好評報導
促銷活動/銷售推廣 Sales Promotion	採用試吃、抽獎、折價券、滿額送、限時限量搶購等刺激買氣的方式，來提升產品銷售量	美食展「特惠限量餐券買10送2」活動

六、行銷組合（8P） 108 112

1. 產品（Product）
2. 價格（Price）
3. 通路（Place）
4. 促銷（Promotion）

行銷組合5P

5. 人員（People）：重視服務人員的甄選及訓練，培養與顧客良好互動的能力。

延伸的行銷組合
6. 包裝（Package）：將相關、互補的產品加以組合，以提供完整便利的套裝產品，又稱配套行銷。
7. 規劃（Programming）：進行全面性計畫、執行與控制，使行銷計畫順利推展。
8. 夥伴關係（Partnership）：與同業或異業結盟合作，共同行銷，達到雙贏。

知識快遞

不同面向的行銷組合

企業面向4P	消費者面向4C	網路消費面向4S
Product（產品） **P**rice（價格） **P**lace（通路） **P**romotion（促銷）	**C**onsumer Value（顧客價值） **C**onsumer Cost（顧客成本） **C**onvenience（便利性） **C**ommunication（溝通）	**S**ense（感知） **S**ervice（服務） **S**peed（速度） **S**ocial Network（社群）

七、其他行銷概念　103　106　109　111　112　113

1. 服務行銷（Service Marketing）

外部行銷 External Marketing	企業對顧客所設定的承諾
內部行銷 Internal Marketing	企業提升員工實踐企業承諾的能力
互動行銷 Interactive Marketing	員工對顧客提供服務，履行對顧客的承諾

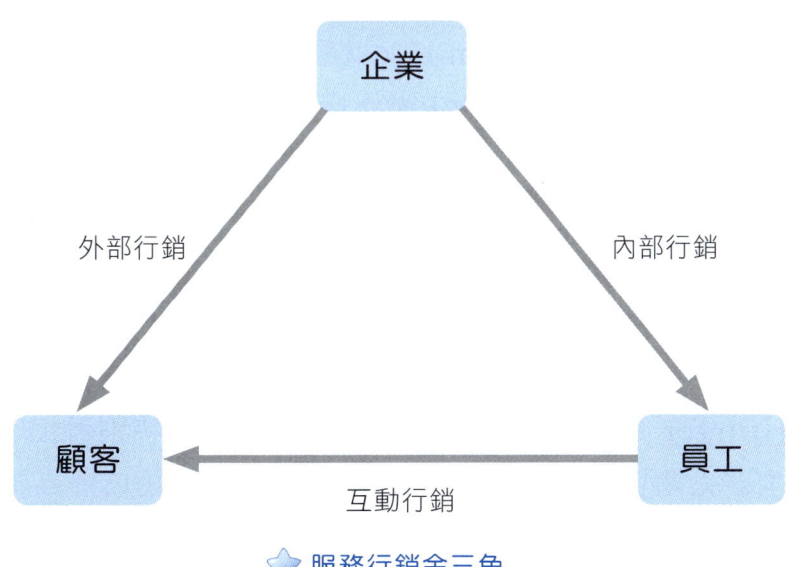

```
              企業
             /    \
      外部行銷     內部行銷
           /        \
      顧客 ←—互動行銷—— 員工
```

★ 服務行銷金三角

16-17

2. **淡季促銷（Off Season Promotion）&季節性促銷（Seasonal Promotion）**：
   餐旅業具有「季節性」的特性，業者通常會依淡、旺季採取不同的行銷策略。

   > 例如 墾丁地區每年11月～隔年3月，落山風強，為當地餐旅業的淡季；業者為了刺激消費，大多會推出價格折扣或其他優惠，以吸引遊客前往消費。

3. **店內行銷（In-house Sale）**：透過店內人員或店內的行銷廣告（如優惠活動海報），主動向蒞臨的顧客行銷。常見的店內行銷方式有下列四種：

向上銷售 Up Selling	向顧客推薦價值較「高」的產品
向下銷售 Down Selling	配合顧客的需求（如價格考量），向顧客推薦價值較「低」的產品
整組銷售 Bundle Selling	將數件「相同」的產品綁在一起銷售，售價較單件價格的總和低
交叉銷售 Cross Selling	推薦顧客加購「其他」產品或服務

4. **置入性行銷（Placement Marketing）**：將企業的品牌標誌或產品，置入電影、電視劇等媒體中，以增加曝光率，提升企業知名度，擴大產品銷售量。

   > 例如 交通部觀光署為了向日本推廣台灣觀光，出資新台幣8,000萬元，製作偶像劇「這裡發現愛」；透過劇情介紹台北101、故宮、玉山、日月潭、阿里山、愛河、墾丁等台灣知名景點；並於日本衛星電視頻道播出。

5. **節慶行銷（Festival Promotion）**：以節慶活動（如母親節、東港鮪魚季、阿美族豐年祭、澎湖花火節）為行銷主軸，吸引顧客前往消費體驗。

6. **機會行銷**：藉由提供優惠的方式，及消費者網路轉傳的力量，達到行銷目的。

   > 例如 Mister Donut想讓好友知道加入LINE官方帳號不僅可以即時獲得最新消息，還會回饋好友專屬優惠，只要出示LINE官方帳號優惠券，即可享有甜甜圈買六送二，因而成功招募到破千名好友，分享數也破千次，可說是成本最低，效益良好的行銷方式之一。

7. **飢餓行銷（Hunger Marketing）**：以限時、限量、特別折扣，營造供不應求的現象，引起消費者購買的飢餓感，越難買到越想買，藉以提高售價或利潤，增加銷售量。

   > 例如 一蘭拉麵台中店開幕當天早上吸引五、六百人排隊，人潮繞著台中秋紅谷一圈，開幕的贈獎活動，讓消費者產生稀有又珍貴的想像，在好奇心驅使下，就算不愛拉麵的人，也會成為排隊人潮。

知識快遞

網路行銷常見的策略 111

隨著網路的普及，許多企業會透過網路來行銷企業的產品。常見的網路行銷（Internet marketing / On-line marketing / network marketing）策略包括以下兩種：

1. **搜尋引擎行銷**（Search Engine Marketing）：是指透過搜尋結果排序，為網站帶來流量、增加商品曝光度的行銷方式。常見的有以下兩種方式：
   - 購買關鍵字廣告：向入口網站購買關鍵字廣告，直接將自己的網站列於搜尋結果的最前面，吸引消費者的注意與點擊，達到廣告行銷的目的。通常搜尋結果中會標示「廣告」字樣。
   - 搜尋引擎優化（Search Engine Optimization, SEO）：透過調整網站內容，來符合搜尋引擎的排序規則，以提升網站搜尋排序（次於關鍵字廣告）。與關鍵字廣告差別在於，消費者不會有「被廣告」的感受。

2. **口碑行銷**（Word of Mouth Marketing, WOMM）：經由口耳相傳，增加優良的評價和公信力，以獲得消費者的信任支持。如部落客推薦文章、網紅行銷策略、KOL（Key Opinion Leader）關鍵意見領袖合作、FB/IG/Twitter等社群平台訊息發布、LINE群組等。

實力加強 16.2

( )1. 在行銷策略規劃中所進行的SWOT分析中，「O」是指什麼？
(A)機會 (B)優勢 (C)劣勢 (D)威脅。

( )2. 下列何者為描述消費者的人口統計變數？
甲、性別　　　　　乙、年齡　　　　　丙、人格特質
丁、所得　　　　　戊、價值觀　　　　己、生活型態
庚、教育
(A)甲乙戊 (B)丙丁己 (C)乙戊庚 (D)甲乙丁庚。

( )3. 以下何者為目標行銷STP的第一步驟？
(A)市場區隔　　　　　　　(B)選擇目標市場
(C)確立產品定位　　　　　(D)行銷策略規劃。

( )4. 下列何者非市場區隔變數中的心理統計變數？
(A)人格特質　　　　　　　(B)教育程度
(C)生活型態　　　　　　　(D)價值觀。

( )5. 必勝客披薩「買大送大」是符合下列餐飲業行銷策略的哪一項？
(A)Place (B)Product (C)Promotion (D)Price。

16.1 行銷的基本概念

( )1. 下列何者是消費者購買決策的過程?
(A)蒐集資訊→評估方案→察覺需求→購後行為→購買決策
(B)蒐集資訊→察覺需求→評估方案→購買決策→購後行為
(C)察覺需求→蒐集資訊→評估方案→購買決策→購後行為
(D)察覺需求→評估方案→蒐集資訊→購買決策→購後行為。

( )2. 企業研究顧客消費行為的主要目的，下列何者為非?
(A)了解消費者的需求　　(B)擬定行銷策略
(C)市場區隔　　　　　　(D)遴選員工的條件。

( )3. 旅館業針對不同住宿客人的特殊需求，所設計的客房商品或服務，是屬於下列哪一種導向的行銷模式?
(A)生產導向　(B)銷售導向　(C)行銷導向　(D)社會導向。

( )4. 「近年來外食需求增加以及重視健康飲食」，這是屬於餐旅行銷外在環境的哪一項分析?
(A)Economic　(B)Political　(C)Social　(D)Technological。

( )5. 觀光餐旅業注意到選用低污染物料、不過度包裝等環保議題，是指行銷發展的哪一階段?　(A)生產導向　(B)行銷導向　(C)銷售導向　(D)社會導向。

16.2 行銷管理

( )6. 為提升餐廳經營的績效所進行的餐飲市場調查，下列何者不屬於人口統計調查的項目?　(A)地點特性　(B)年齡分布　(C)職業狀況　(D)教育程度。

( )7. 目標行銷STP的哪一個步驟是建立企業產品和品牌在消費者心中的地位?
(A)市場區隔　　　　　　(B)選擇目標市場
(C)確立產品定位　　　　(D)行銷策略規劃。

( )8. 政府發放消費券，在觀光餐旅業經營之SWOT分析中可歸為哪一項?
(A)Strength　(B)Weakness　(C)Threat　(D)Opportunity。

( )9. 下列何者屬於市場區隔變數中的地理變數?
(A)人口密度　(B)購買時機　(C)職業狀況　(D)人格特質。

( )10. 觀光署所舉辦的年度節慶活動（如：燈會、中元祭），是屬於觀光行銷組合的：
(A)產品　(B)價格　(C)通路　(D)促銷。

( )11. 下列何者不是行銷組合4P中的推廣促銷（Promotion）經常使用的工具?
(A)置入性行銷　　　　　(B)產品廣告
(C)產品之研發設計　　　(D)公共關係。

(　)12. 旅行社的包機行程於班機預定起飛日期前，推出機票1元競標活動；此做法屬於行銷4P中的
(A)Place　(B)Price　(C)Product　(D)Promotion。

(　)13. 餐旅業的行銷組合「8P」，除了傳統的4P（Product、Price、Promotion、Place）之外，下列何者不屬於其他的4P？
(A)Possibility　(B)People　(C)Partnership　(D)Package。

(　)14. 在餐旅行銷組合中，消費者對下列哪一項因素具有極高的敏感度，且此項因素與產品的價值有很高的關連性，也是企業獲得較高利潤的重要影響因素？
(A)產品　(B)價格　(C)通路　(D)促銷。

(　)15. 成功的PR有助於提升企業良好的形象，PR是指下列哪一項？
(A)優惠專案　(B)公共關係　(C)廣告行銷　(D)價格調降。

(　)16. 觀光行銷組合（Marketing Mix）中的「4P」是指：
(A)People, Price, Procedure, and Product
(B)People, Price, Procedure, and Promotion
(C)Place, Price, Product, and Promotion
(D)Price, Procedure, Product, and Promotion。

(　)17. 台灣鐵路公司所推出的觀光列車，符合觀光行銷組合（Marketing Mix）中4P的哪一項？
(A)價格（Price）　(B)通路（Place）
(C)產品（Product）　(D)推廣（Promotion）。

(　)18. 下列何者不屬於觀光行銷策略（Marketing Strategies）所運用的方法？
(A)異業結盟（Alliance）
(B)利潤中心（Profit Center）
(C)訂價策略（Pricing）
(D)市場占有率（Market Share）。

(　)19. 近年來許多餐飲業者，將年菜透過網路或是便利超商店的管道來增加銷售，這是屬於市場行銷4P組合中的哪一項？
(A)Place　(B)Price　(C)Product　(D)Promotion。

(　)20. 餐廳為每對結婚新人量身訂製菜單與婚宴佈置，是屬於何種行銷方式？
(A)大眾行銷　(B)差異化行銷　(C)利基行銷　(D)個人化行銷。

觀光餐旅業導論 滿分總複習

情境素養題

( )1. 「麥當勞企業曾提出推廣台灣美食創意競賽，以鼓勵青年學子發揮創意推廣台灣美食，並由麥當勞提供獎學金及國外見習機會」，這項活動是屬於下列哪一種導向？
(A)產品需求導向　(B)社會行銷導向　(C)生產導向　(D)銷售導向。　[16.1]

( )2. 星巴克向種植咖啡的農民提出保證：只要種植有機咖啡，不噴灑農藥，星巴克願意高價購買，以免農藥污染環境。上述作法符合下列哪一種行銷觀念？
(A)生產導向　(B)銷售導向　(C)顧客導向　(D)社會行銷導向。　[16.1]

( )3. 旅館業者特別為女性顧客提供專屬的仕女樓層（Lady's Floor），較符合下列哪一種行銷觀念？
(A)銷售導向（Sales Orientation）
(B)社會行銷導向（Social Marketing Orientation）
(C)生產導向（Production Orientation）
(D)行銷導向（Marketing Orientation）。　[16.1][106統測]

( )4. 某餐廳強調以環保、綠色、在地食材及低食物哩程為主要行銷訴求，通常屬於下列哪一種行銷觀念？
(A)Customer Oriented
(B)Production Oriented
(C)Sales Oriented
(D)Social Marketing Oriented。　[16.1][107統測]

( )5. 金如意旅行社分析網路消費行為的轉變，發現線上機票與旅遊服務的商機，而決定增設旅遊網路平台，此一決策主要來自SWOT分析的哪一個因素？
(A)Strength　(B)Weakness　(C)Opportunity　(D)Threat。　[16.2]

( )6. 近年來，台灣各地出現了9風潮，例如大創百貨商品均一價39元、299吃到飽、服飾三件499等等，這種定價方是主要目的是讓消費者在心理上將價格歸類在比較便宜的區間之內。請問上述為何種定價方式？
(A)低價滲透法　(B)畸零定價法　(C)威望定價法　(D)習慣性定價法。　[16.2]

( )7. 客家桐花祭開鑼，旅館業者順應推出「雙人房+早晚餐+賞花門票+泡湯券，每人只要1,299元」的優惠產品組合，以吸引旅客入住；請問旅館業者所採用的是下列何種行銷方式？
(A)節慶行銷　　　　　　　　　(B)內部行銷
(C)淡季促銷　　　　　　　　　(D)置入性行銷。　[16.2]

( )8. 西雅圖咖啡與富邦銀行合作，消費者只要在週一至週四，持富邦食神信用卡前往消費，即可享「飲品買一送一」的優惠；請問上述屬於何種行銷策略？
(A)People　　　　　　　　　　(B)Partnership
(C)Package　　　　　　　　　 (D)Programming。　[16.2]

16-22

( )9. 台北晶華酒店為入住19樓「大班」樓層的商務旅客，提供貼心的私人管家服務，如：洗衣、燙衣、整理行李、切水果、預錄電視節目、訂位（餐廳、機票）等；請問此項服務是屬於何種產品層次？
(A)核心產品　(B)基本產品　(C)附加產品　(D)有形產品。 [16.2]

( )10. 某餐廳推出「法國米其林三星饗宴」，特聘米其林三星主廚來台秀廚藝，滿足消費金字塔頂端的饕客族群，套餐每客要價萬元以上；請根據上述判斷，該餐廳採用何種訂價策略？
(A)差別訂價法　　　　　　(B)奇數訂價法
(C)市場滲透法　　　　　　(D)威望訂價法。 [16.2]

( )11. 位於台北內湖科技園區的青柚精緻料理餐廳，是許多偶像劇的取景餐廳，吸引不少粉絲慕名前往消費，使該餐廳的業績大幅成長；請問這是屬於何種行銷？
(A)店內行銷　　　　　　　(B)季節行銷
(C)節慶行銷　　　　　　　(D)置入性行銷。 [16.2]

( )12. 餐廳推出「平日午餐四人同行，一人免費」的特惠活動，是屬於下列何種行銷策略？
(A)Placement Marketing
(B)Off Season Promotion
(C)Festival Promotion
(D)Seasonal Promotion。 [16.2]

( )13. 長榮航空公司推出搭乘該公司航班飛往上海，得以3,999元加購價購買上海長榮桂冠酒店的住宿券一張，這是屬於下列哪一種推銷方式？
(A)Up Selling　　　　　　(B)Cross Selling
(C)Down Selling　　　　　(D)Bundle Selling。 [16.2][106統測]

( )14. 王品集團旗下的餐廳，針對目標市場發展了多種品牌的作法，是屬於下列哪一種行銷策略？
(A)機會行銷（Opportunity Marketing）
(B)差異化行銷（Differentiated Marketing）
(C)集中行銷（Concentrated Marketing）
(D)配套行銷（Package Marketing）。 [16.2][107統測]

( )15. 旅行社推出了豪華旅遊團，針對出國旅遊就是要住最高級、吃高檔餐廳的消費市場以符合消費者的生活型態、價值觀、個性等，這是使用下列哪一種市場區隔變數？
(A)心理變數　(B)人口統計變數　(C)地理變數　(D)行為變數。 [16.2][108統測]

( )16. 某飯店在聖誕節當日，舉辦免費體驗手做薑餅屋，並邀請育幼院的小朋友來參與，此活動較符合下列哪一種推廣策略？
(A)Sales Promotion　　　　(B)Personal Selling
(C)Direct Marketing　　　　(D)Public Relations。 [16.2][108統測]

( )17. 某產品鎖定都會區，且以30～40歲任職於服務業的女性為目標市場。依市場區隔變數中，地理、人口統計、心理以及行為的四種變數，使用了幾種變數？
(A)1種　(B)2種　(C)3種　(D)4種。　　[16.2][109統測]

( )18. 關於某旅館提出的SWOT分析，下列敘述何者正確？　(A)旅館資金充足是屬於優勢（Strength）　(B)旅館設備新穎是屬於機會（Opportunity）　(C)旅館員工教育訓練未落實是屬於威脅（Threat）　(D)對旅館不利的政府政策是屬於劣勢（Weakness）。　　[16.2][109統測]

( )19. 偶像劇的劇情中，某知名明星拿出了新買的某品牌智慧鍋，並與家人介紹今天餐桌上所有的菜餚，不管是煎、煮、炒或炸都是用此智慧鍋所烹調。以上策略屬於下列哪一種行銷推廣方式？　(A)Direct Marketing　(B)Personal Selling　(C)Placement Marketing　(D)Sales Promotion。　　[16.2][109統測]

▲ 閱讀下文，回答第20～22題。

一群好友相約出遊，選擇住宿國內連鎖旅館，為減少一次性備品的使用，該旅館鼓勵房客若自行準備牙刷、牙膏等盥洗用品，即贈送雙人下午茶。入住當天在電梯裏看到館內的宣傳海報，推出下午茶餐券，原價一客$499，買一本10張餐券送2張餐券且全臺分館適用，只要$4,990；當日晚上選擇餐廳時，看到館內時尚米其林餐廳，推出一客$8,800起的各式套餐。同行好友陷入在館內享用高檔精緻美食，或外出品嚐在地特色小吃的兩難中。

( )20. 若房客自備盥洗用品，旅館業者即贈送雙人下午茶，是屬於下列哪一種行銷方式？
(A)market orientation　(B)production orientation　(C)selling orientation
(D)social marketing orientation。　　[16.2][111統測]

( )21. 該旅館推出一本10張送2張的下午茶餐券，是屬於下列哪一種促銷方式？
(A)bundle selling　　　　　　　(B)cross selling
(C)down selling　　　　　　　　(D)up selling。　　[16.2][111統測]

( )22. 該旅館時尚餐廳標榜為米其林星級餐廳，套餐一客$8,800起，是屬於下列哪一種訂價策略？　(A)discriminatory pricing　(B)penetration pricing　(C)prestige pricing　(D)skimming pricing。　　[16.2][111統測]

▲ 閱讀下文，回答第23～24題。

元宵節前後一週為臺灣的觀光節，J Hotel利用觀光節推出「住宿加早、晚餐及臺北捷運一日票，並贈送臺北101觀景臺門票，每人只要$3,999」的優惠產品組合如右圖，以吸引旅客消費入住，另外，若續住一晚只要加價$1,000。

( )23. 此種結合兩個公司以上的產品配套組合，其所採用的是行銷組合中的哪一個策略？
(A)partnership　　　(B)place
(C)price　　　　　　(D)product。　[16.2][112統測]

( )24. 此種搭配多項產品的優惠銷售方式，為下列何者？
(A)bundle selling　(B)cross selling　(C)down selling　(D)up selling。　　[16.2][112統測]

CH16 觀光餐旅行銷的基本概念

歷屆試題

( )1. 下列何者屬於餐旅業的個體環境（Micro Environment）分析？
(A)經濟景氣對餐旅業的影響分析
(B)消費者飲食習慣改變分析
(C)現代化科技對餐旅業的影響分析
(D)餐旅業本身組織結構分析。 [102統測]

( )2. 餐廳在菜單上標示出每道菜色的熱量為經營的主題訴求，是下列哪一種行銷導向？
(A)Production Oriented
(B)Selling Oriented
(C)Social Marketing Oriented
(D)Marketing Segmentation Oriented。 [102統測]

( )3. 餐旅業透過批發商與零售商兩個通路，將產品銷售給顧客，這是屬於下列哪一種通路模式？
(A)零階通路　(B)一階通路　(C)二階通路　(D)三階通路。 [102統測]

( )4. 當餐旅業的產品已經被多數顧客接受，銷售量達到最高點後成長趨緩，這是屬於產品生命週期的哪一階段？
(A)成熟期　(B)導入期　(C)成長期　(D)衰退期。 [103統測]

( )5. 某餐廳將市場分割成數個小市場區塊，個別訂定行銷策略，是屬於下列何項行銷概念？
(A)Direct Marketing　　　　　(B)Public Relation
(C)Market Segmentation　　　(D)Internal Marketing。 [103統測]

( )6. 下列何者是餐旅業服務行銷金三角？
(A)供應商、顧客、餐旅企業
(B)員工、供應商、顧客
(C)餐旅企業、員工、供應商
(D)顧客、餐旅企業、員工。 [103統測]

( )7. 下列敘述何者不是餐旅行銷的原則？
(A)制定行銷策略前，通常會進行Strengths、Weaknesses、Opportunities與Threats之分析
(B)餐旅業所有行銷工作僅能由業務部門同仁統一執行
(C)目標行銷又稱STP，包含Segmentation、Targeting與Positioning
(D)餐旅外部行銷環境之分析包含經濟、社會、政治、科技與競爭環境等。 [103統測]

( )8. 某餐廳鎖定的目標市場，可以根據消費者不同的特性，採取不同的行銷策略，這是屬於下列哪一種市場區隔的條件？
(A)異質性　(B)足量性　(C)可行動性　(D)可衡量性。 [104統測]

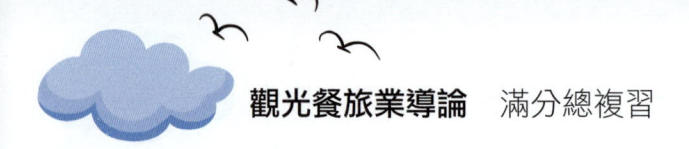

( )9. 許多「頂客族」（即雙薪水、無子女）或「單身貴族」把寵物當成家庭成員，針對這種生活型態的偏好，而推出寵物餐廳，這是使用下列哪一種區隔變數？
(A)人口統計變數　(B)地理變數
(C)心理變數　(D)行為變數。　[104統測]

( )10. 旅館業者推出住宿房客自備盥洗備品可享住宿優惠的活動，較屬於下列哪一種行銷導向？
(A)銷售導向　(B)社會行銷導向　(C)生產導向　(D)通路導向。　[104統測]

( )11. 某餐廳舉辦「你消費、我賑災」之愛心義賣，屬於下列哪一種促銷推廣活動？
(A)公共關係　(B)銷售推廣
(C)人員銷售　(D)產品廣告。　[105統測]

( )12. 關於行銷概念發展時期之順序，由先至後的排列，下列何者正確？
(A)生產導向→銷售導向→產品導向
(B)行銷導向→產品導向→社會行銷導向
(C)產品導向→社會行銷導向→行銷導向
(D)銷售導向→行銷導向→社會行銷導向。　[105統測]

( )13. 餐旅行銷組合包含產品、價格、通路與推廣，下列有關行銷組合的概念，何者錯誤？
(A)產品僅包含有形的商品
(B)價格是顧客購買產品所付出的價錢
(C)通路是指將產品銷售到市場的平台
(D)推廣是指讓顧客知悉產品以吸引顧客購買。　[106統測]

( )14. 關於價格策略之敘述，下列何者正確？
(A) Discriminatory Pricing是指採吉祥數字訂價法：訂價方式在價格中呈現吉祥數字
(B) Odd pricing是指採畸零訂價法：訂價方式以畸零數字結尾
(C) Penetration Pricing是指採高價策略訂價法：訂價策略以高價方式謀取利潤
(D) Skimming Pricing是指採低價策略訂價法：訂價策略以低價薄利多銷方式擴大市場。　[108統測]

( )15. 傳統的行銷以「4P」產品（Product）、價格（Price）、通路（Place）、促銷（Promotion）為主，根據學者Alastair Morrison所提服務業行銷中，可再加入4P延伸成「8P」的行銷組合（Marketing Mix），此再加入的4P為下列何者？
(A)Participate、Package、Passion、Practice
(B)People、Pleasure、Programming、Passion
(C)People、Package、Programming、Partnership
(D)Practice、Progress、Partnership、Pleasure。　[108統測]

( )16. 餐廳透過外送平台訂餐服務拓展客源，顧客可以更便利取得餐點，為下列餐旅行銷組合4P的哪一項？
(A)Product (B)Place (C)Price (D)Promotion。 [110統測]

( )17. 服務行銷中，企業藉由員工教育訓練，以提升員工對企業的認同感並強化其履行企業承諾的能力，此為下列何種行銷？
(A)內部行銷 (B)外部行銷 (C)科技行銷 (D)互動行銷。 [110統測]

( )18. 餐旅業因應時代背景與內外在環境的變遷，行銷概念也隨之演進。關於社會行銷導向的概念敘述，下列何者正確？
(A)注重產品生產成本
(B)注重產品品質提升
(C)注重產品銷售技巧
(D)注重生產節能減碳。 [110統測]

( )19. 連鎖咖啡廳調查顧客的生活型態與購買頻率，將客群分為重視產品價格與重視咖啡廳氛圍的消費者，之後決定將主力客群鎖定在享受氛圍的消費者，所以將咖啡廳打造成為家與辦公室之外的第三個好去處。此連鎖咖啡廳是採用下列哪一種行銷策略？
(A)4P (B)PEST (C)STP (D)SWOT。 [111統測]

( )20. 好棒棒連鎖炸雞竹北店新開幕，推出臉書打卡即送大杯紅茶活動，或拍照上傳社群平台即可獲得神秘好禮。好棒棒連鎖炸雞的行銷方式屬於下列哪一種？
(A)Direct marketing (B)Hunger marketing
(C)Internet marketing (D)Personal sales。 [111統測]

( )21. 朱同學在速食餐廳的櫃檯前看著螢幕上的菜單猶豫不決，考慮選購何種套餐組合較為優惠，此為消費決策過程中的哪一步驟？
(A)蒐集資料 (B)方案評估 (C)購買決策 (D)期望定位。 [111統測]

( )22. LA DOUX烘焙坊的蛋黃酥一直熱賣，每天開門顧客就大排長龍，需求量非常高，因此老闆的思維就是繼續大量生產蛋黃酥，以更低的成本生產，使價格維持便宜划算，但疏於顧及產品品質。此種行銷的觀念是屬於何種導向？
(A)生產導向 (B)產品導向 (C)行銷導向 (D)社會行銷導向。 [112統測]

( )23. 川味麻辣餐廳將其最受歡迎的麻辣鍋底，製成自家招牌調理組合包鋪貨於美美超市，並安排餐廳廚師上午9：00～11：00於美美超市辦理產品試吃及買二送一促銷優惠。根據該餐廳所運用的4P行銷策略分析，下列何者正確？
甲：美美超市是屬於4P中的place
乙：川味麻辣餐廳的麻辣鍋底調理組合包是屬於4P中的partnership
丙：美美超市與川味麻辣餐廳的合作夥伴關係是屬於4P中的package
丁：辦理產品試吃及買二送一的促銷優惠是屬於4P中的promotion
(A)甲、乙 (B)甲、丁 (C)乙、丙 (D)丙、丁。 [113統測]

( )24. 完美居家生活新推出大廚萬能鍋，其廣告頻繁見於各大媒體與網路，該產品標榜讓消費者能輕而易舉在家烹煮出一桌餐廳級的好料理。然而此鍋銷售量成長緩慢，可能是消費者對產品未能瞭解，還在觀望中。大廚萬能鍋目前是在哪一個產品生命週期階段？
(A)decline stage　　　　　　　(B)growth stage
(C)introduction stage　　　　　(D)maturity stage。 [113統測]

( )25. 張同學想要在網美咖啡店吃烤布丁，於是瀏覽了許多 Instagram 中網美咖啡店與烤布丁的相片，最後決定在這個週末前往M購物商場的恬恬咖啡店，並決定在眾多的品項中購買黑糖奶茶與烤布丁。有關張同學的消費決策過程，不包含下列哪一個階段？
(A)購買決策　(B)需求認知　(C)購後行為　(D)尋找訊息。 [113統測]

( )26. 好好蛋糕公司專精製作低價大眾化的鮮奶油蛋糕，並致力於大量製作、提高生產效率及降低成本。好好蛋糕公司設定的行銷營運方式，最接近哪一種行銷導向？
(A)marketing oriented　　　　　(B)production oriented
(C)product oriented　　　　　　(D)social marketing oriented。 [113統測]

( )27. 某知名網紅在新年期間參加團費30萬元，為期半個月的歐洲旅行團遊程，該行程標榜高端且奢華路線。某晚住宿的旅館，是由中古世紀的塔型教堂所改建而成，相當具有歷史價值；然而這位網紅當天所住宿的客房淋浴間有漏水狀況，該網紅把整夜擦拭漏水的影片上傳網路，引發各方輿論。請問旅行社對此歐洲行程是採用下列哪一種訂價策略？
(A)畸零　(B)差別　(C)滲透　(D)便利。 [113統測改編]

( )28. 85飯店在黃色小鴨展示期間，推出的住房優惠文宣如右圖。請問優惠②運用到下列何種銷售方式？
(A)bundle selling
(B)cross selling
(C)down selling
(D)up selling。 [113統測改編]

85 Hotel
小鴨回來了！
優惠好康雙重奏：
①憑當日台鐵、高鐵票享有住房8折優惠
②房客可半價享有賞鴨遊艇全票一張
※優惠房型數量有限，及早預約享優惠
期間限定 強勢回歸

CH16 觀光餐旅行銷的基本概念

答案與詳解

實力加強

16.1節

1. A　2. A　3. B　4. D　5. C

16.2節

1. A　2. D　3. A　4. B　5. C

搶分終點線

| 1. C | 2. D | 3. C | 4. C | 5. D | 6. A | 7. C | 8. D | 9. A | 10. A |
| 11. C | 12. D | 13. A | 14. B | 15. B | 16. C | 17. C | 18. B | 19. A | 20. D |

情境素養題

1. B	2. D	3. D	4. C	5. C	6. B	7. A	8. B	9. C	10. D
11. D	12. B	13. B	14. B	15. A	16. D	17. B	18. A	19. C	20. D
21. A	22. C	23. A	24. A						

詳解

22. 威望定價法（prestige pricing）：以高價位形塑高品質或尊榮品味的商品。
23. 採用夥伴關係（partnership）進行異業結盟。
24. bundle selling：整組銷售。cross selling：交叉銷售。
    down selling：向下銷售。up selling：向上銷售。

歷屆試題

1. D	2. C	3. C	4. A	5. C	6. D	7. B	8. A	9. C	10. B
11. A	12. D	13. A	14. B	15. C	16. B	17. A	18. D	19. C	20. C
21. B	22. A	23. B	24. C	25. C	26. B	27. B	28. B		

詳解

16. Product：產品。Place：通路。Price：價格。Promotion：促銷。
18. 社會行銷又稱綠色行銷，兼顧企業利潤、顧客需求與社會利益。
19. S：市場區隔。T：目標市場選擇。P：市場定位。
20. Direct marketing：直效行銷。Hunger marketing：飢餓行銷。
    Internet marketing：網路行銷。Personal sales：人員銷售。

23. 麻辣鍋底調理組合包屬於4P中的product。
    合作夥伴關係屬於4P中的partnership。
26. 致力於大量製作、提高生產效率及降低生產成本，屬於生產導向（production oriented）。
28. 交叉銷售（cross selling）：推薦顧客加購其他產品或服務。

CH 17 觀光餐旅業的現況、課題與未來發展

本章學習重點

節名	常考重點	
17.1 觀光餐旅業的現況	• 國際概況及台灣發展現況	★☆☆☆☆
17.2 觀光餐旅業面臨的課題	• 餐飲業、旅宿業、旅行業的各項課題	★☆☆☆☆
17.3 觀光餐旅業的未來發展趨勢	• 餐飲業未來發展趨勢 • 旅宿業未來發展趨勢 • 旅行業未來發展趨勢	★★★★☆

統測命題分析

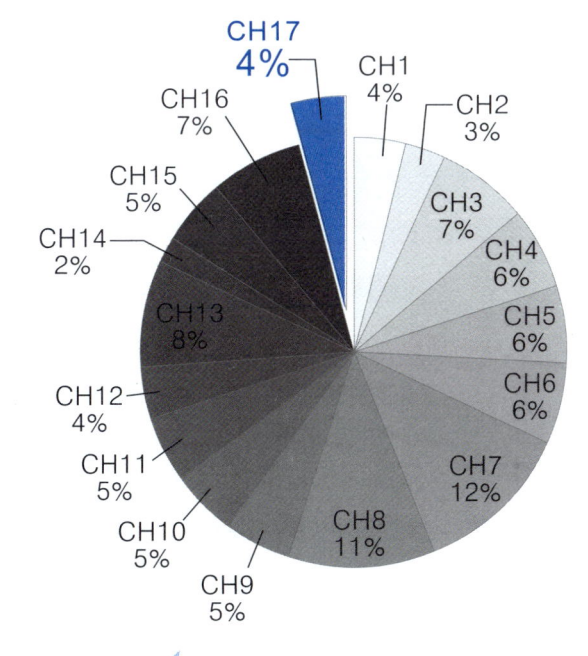

- CH1 4%
- CH2 3%
- CH3 7%
- CH4 6%
- CH5 6%
- CH6 6%
- CH7 12%
- CH8 11%
- CH9 5%
- CH10 5%
- CH11 5%
- CH12 4%
- CH13 8%
- CH14 2%
- CH15 5%
- CH16 7%
- CH17 4%

17.1 觀光餐旅業的現況

一、國際觀光餐旅市場現況分析

1. **聯合國觀光組織（UN Tourism）**：2010～2019年國際觀光人數平均年成長5%。2019年計有14.61億人次國際觀光客，預估2030年將達到18億人次。

2. **世界旅遊和觀光委員會（WTTC）**：2018年觀光業為全球GDP貢獻了10.4%的經濟產值並提供了3.19億個就業機會，佔全球就業機會的10%，僅次於工業製造業。預估2030年，觀光業對全球GDP貢獻可超過11.5%，並在全球創造4.21億個就業機會。

二、我國觀光餐旅市場現況分析

1. **來台觀光市場（Inbound）**
   我國自民國91年實施「觀光客倍增計畫」以來，來台觀光人次持續增加，104年起連續五年突破1,000萬人次，觀光外匯收益每年超過約新台幣4兆元。**主要客源國**為日本、香港、澳門、韓國、新南向十八國[註]、中國、美國、歐洲。

   註：東協十國（新加坡、馬來西亞、泰國、印尼、菲律賓、越南、柬埔寨、緬甸、寮國、汶萊）+
   　　南亞六國（印度、巴基斯坦、孟加拉、斯里蘭卡、尼泊爾、不丹）+ 紐澳（紐西蘭、澳洲）。

2. **國人出國觀光市場（Outbound）**
   民國68年開放國人出國觀光，76年開放赴大陸探親，隨社會經濟成長，國人出國觀光風氣盛行，108年國人出國人次計1,710萬人次。

3. **國人國內觀光市場（Domestic）**
   政府為振興國人國內旅遊市場，推動國民旅遊獎勵計畫，民國108年國人國內旅遊統計達1億7千萬人次。

4. 美食小吃為我國觀光特色之一，依我國財政部資料統計，民國104年餐飲業為12.4萬家，108年為14.6萬家，年均成長率為4.15%，營業額逾5,000億元。營業家數及營業額逐年正成長，顯示我國餐飲市場蓬勃發展。

5. 依據交通部觀光署統計，觀光旅館業、旅館業、民宿業之營業家數逐年增加，但平均住房率有下滑趨勢，顯示旅宿業市場供給與需求不平衡，面臨較大的經營挑戰。

6. 109年受新冠肺炎（COVID-19）疫情影響，我國實施邊境風險管制及國際旅遊疫情建議等級升至「第三級」，旅行業因此暫停組團赴國外旅遊及接待來臺觀光團體入境；國內也停辦非必要之室內外集會活動，Inbound、Outbound、Domestic旅遊市場均呈現負成長，111年10月後疫情趨緩，重新開放邊境後，旅遊市場逐漸復甦。

17.2 觀光餐旅業面臨的課題

一、經營管理面向

課題	說明
國際品牌的專業競爭	不論是國際連鎖集團進駐台灣,或是國內企業跨足國際,皆使我國觀光餐旅業的生存面臨高壓的競爭環境,業者需具備更多的專業知能,建立品牌知名度,才能提高競爭力
人才培育與人力資源管理	薪資結構普遍偏低、員工流動率高、中高階級之管理人才培育較困難,業者在節省人力成本同時,還需兼顧服務品質
智能科技與產業升級	業者可透過網路平台、App應用程式、大數據等來增加銷售機會,或使用POS系統管理產品銷售、庫存與採購,這些智能科技的運用,需調整企業營運流程、增加設備成本、提升人力素質
異業競爭	其他產業為滿足消費者需求而跨足觀光餐旅產業,成為觀光餐旅產業的競爭對手,使得生存競爭激烈
環境保護與企業社會責任	環保意識抬頭,企業經營需落實環境保護,使資源永續再生,並承擔社會責任,積極回饋社會,增進社會福祉
政策推動與法規增修	我國觀光政策推動觀光發展,帶來龐大經濟利益,觀光餐旅產業範疇大,牽涉法規相當廣,業者須配合政府政策研擬配套措施

二、消費市場面向

課題	說明
消費者自主性高	消費者可透過各種管道比較商品(如:價格、品質、優惠活動等),並主動分享消費經驗與評價,消費者自主性提升,因此業者須更重視顧客服務與回饋
資訊透明與重視消費權益	網際網路普及,數位科技與網路消費平台興起,消費者追求產品資訊透明化,並重視消費權益
消費需求兩極化	實體店面與網路平台並存的時代,客製化與大眾化的需求各有市場,消費需求隨市場波動大
消費忠誠度低	觀光餐旅同業競爭激烈,產品差異小,消費者追求創新的消費體驗與優惠價格,因此對品牌的忠誠度較低

觀光餐旅業導論　滿分總複習

實力加強　17.1～17.2

( )1. 依據UN Tourism的預估，全球觀光人數到2030年將成長到多少人次？
(A)約12億　(B)約14億　(C)約16億　(D)約18億。

( )2. 根據世界旅遊和觀光委員會（WTTC）研究報告指出：觀光業提供了3.19億個就業機會，佔全球就業機會的
(A)1/100　(B)1/50　(C)1/10　(D)1/5。

( )3. 政府落實限塑政策，限制塑膠袋、免洗餐具、一次性吸管使用，讓餐旅產業面臨的主要經營課題是？　(A)人才流動率高　(B)運用科技產業升級　(C)異業競爭　(D)環保與企業社會責任。

17.3 觀光餐旅業的未來發展趨勢

一、觀光餐旅業共同的未來發展趨勢

103　104　105　106　107　108
109　110　111　112　113

未來發展趨勢	說明
經營連鎖化與國際化	連鎖化經營成為擴大事業版圖、降低經營成本與建立品牌形象的重要策略，邁向國際化可以開發更多客源，提升競爭力
策略聯盟與行銷	與同業或異業結盟，秉持互利共生合作原則，共享資源、擴大銷售通路與品牌效益、降低行銷成本並增加獲利
智能管理與科技運用	導入智能科技，提升服務品質與管理，運用網路平台、App應用程式與大數據等資訊科技，增加銷售與獲利
顧客關係經營與管理	加強顧客關係管理（Customer Relationship Management, CRM），與顧客即時雙向溝通，創造良好的客戶體驗與評價，提升品牌忠誠度
精簡組織與人力資源運用	觀光餐旅產業人力流動率高，除審慎的選才、用才、育才、留才以外，也應考量經營成本，以利企業永續經營
落實環保綠色永續經營	聯合國觀光組織推動永續觀光，環境保護議題日益受到重視，政府鼓勵業者取得綠色認證，展現環保行動力
配合政策法規善盡社會責任	國家政策、法規與時俱進，業者配合落實政策可促進觀光餐旅業發展；此外，業者也需打造友善的觀光環境、重視環境永續發展、善盡社會責任
創新產品與服務	為滿足消費者多樣化的需求，企業追求產品創新、服務用心，創造滿意的體驗，以提高競爭優勢，深化消費忠誠度
專業認證與評鑑	強化從業人員取得餐旅相關專業證照，產品取得專業認證，企業獲得專業評鑑的肯定或推薦，以建立觀光餐旅專業的品牌形象與提升競爭力

CH17 觀光餐旅業的現況、課題與未來發展

二、餐飲業的未來發展趨勢 102 103 105 106 113

未來發展趨勢	說明
主題式、異國風餐廳	國人對創意、異國料理等接受度提高，若搭配不同服務方式創造鮮明主題，可發展餐飲新風潮
連鎖餐飲專賣品牌化	特色產品及飲料連鎖專賣店，投資、創業相對門檻較低，具市場潛力
餐飲業朝兩極化發展	快速便利、經濟實惠的速簡餐廳與講究高檔食材、環境高雅舒適的豪華餐廳各有需求，餐飲業朝兩極化發展
開發特定族群市場	宅經濟、寵物經濟、樂齡經濟、一人經濟等經濟模式，說明市場的多元需求，餐飲業可創造符合特定族群需求的特色產品 例如 針對樂齡族群設計養生餐；寵物友善餐廳推出寵物餐點等
重視食品安全與衛生	重視食品安全，講求食材生產履歷與成份標示透明化，提供消費者安全衛生的製程與用餐環境
環保養生與營養新觀念	食材從產地到餐桌，除了減少食物里程，多使用當季與在地食材外，也強調有機與養生的觀念，開發減醣、少油、少鹽、高纖、高蛋白的餐飲，來滿足顧客對於環保與健康的餐飲需求
搶攻宅配與外送商機	餐飲外送平台興起，業者致力於開發適合外送、宅配的商品與外送平台合作搶攻商機，為餐飲業帶來額外收入

三、旅宿業的未來發展趨勢 108

未來發展趨勢	說明
餐飲收入比重提高	旅宿業競爭激烈，許多旅宿業者開始運用餐飲設備、人力與環境，搶攻餐飲商機，提高營業收入
多元類型住宿新體驗	為滿足消費者多元需求，住宿服務推陳出新，讓消費者體驗不同的住宿環境，如：客房營造各式主題風格（異國風、動漫風等），或露營旅宿、溫泉旅宿等，提升吸引力
親子套裝產品吸引消費	旅宿業者提供兒童遊樂空間、手作DIY課程，並結合鄰近觀光工廠、自然生態步道、藝文中心等，為住客提供完善的親子遊程規劃
客製化服務需求增加	有些業者為了更貼近消費者的需求，而提供各種客製化服務，如：管家服務、宴會主題設計與執行等，使顧客有「獨一無二」的尊榮感受
環保愛地球	旅館以綠建材打造而成，並使用綠能發電、水資源再生系統等措施，降低能源消耗；鼓勵顧客減少使用一次性備品，重視環保與永續發展
以會員制提升品牌忠誠度	業者著重於會員經營，採取會員制度，與會員建立長遠的互動關係，提升會員對品牌的忠誠度

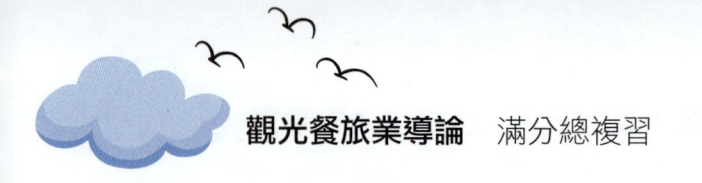

四、旅行業的未來發展趨勢　103　104　107　110　111

未來發展趨勢	說明
經營規模兩極化發展	旅行業受上游供應商與觀光環境影響大，經營規模朝向國際化的大型旅遊集團，或專業精緻的小型旅行社發展
主題式、短期深度旅遊盛行	配合季節開發的主題式遊程（如：賞櫻之旅）市場接受度高，以及短期、體驗當地生活的深度旅遊，適合忙碌的現代人，具市場潛力
觀光客源改變	政府推動新南向政策，來台觀光客源改變，旅行業者需提升語言能力與專業知能，開拓潛在來台旅客市場；除此之外，國民旅遊客群大多為銀髮族、退休人員，需多加考量長者的需求，提供貼心與專業的服務
網路旅行社與網路比價平台興起	業者經營網路旅行社（Online Travel Agent, OTA）可透過數據分析，增加銷售機會、提升顧客管理績效、節省人力成本；另外，現今也有許多網路平台結合比價、遊程規劃、訂房、租車等服務，滿足旅客各種旅遊需求，主攻自由行旅客市場
旅遊安全與品質保障	「安全第一」是旅行業經營的重要原則，旅行業需依法規替旅客投保相關保險，在發生天災或緊急事故時，需適時調整或終止行程，並妥善處理與提供協助，以保障顧客的權益
發展多元化產品開發旅遊產品亮點	旅行業者重視旅客的多元需求，利於發展多元化產品，並且致力於將旅遊產品結合在地人文與觀光資源，設計出具有亮點的行程

五、觀光餐旅相關產業的未來發展趨勢

相關行業	未來發展趨勢
觀光遊樂業	• 開發新市場，滿足不同族群的多元需求 • 向國際主題樂園學習成功經驗，融入在地文化，發展獨特定位 • 遊憩體驗與設施升級創新，吸引消費者重遊
會議展覽業	• 爭取國際會議、展覽活動及企業獎勵旅遊來台灣舉辦 • 強化國際會展專業人才培育與認證 • 擴大我國會展場地，妥善規劃交通動線
博奕娛樂業	在合法範圍內，提供多元服務以增加娛樂性並提高營收
交通運輸業	• 鼓勵從業人員強化語言與專業導覽能力，提升服務品質 • 建構完善的套裝行程、交通規劃與服務，提升競爭力

CH17 觀光餐旅業的現況、課題與未來發展

知識快遞

1. **世界地球日**：世界各國將每年的**4月22日**訂為世界地球日，並藉由各種方式宣傳和實踐環境保護的觀念，以推廣此項世界性的環境保護運動，例如在世界地球日當天，全球地標建築物關燈1小時。

2. **聯合國氣候變化綱要公約**：因應地球暖化造成的氣候變遷，聯合國195個會員國共同協議制定減緩暖化、永續資源的法規與策略，並簽訂「聯合國氣候變化綱要公約（Framework Convention on Climate Change, UNFCCC）」，其發展沿革如下。

西元年	地點	決議
1992	巴西里約熱內盧	聯合國通過**氣候變化綱要公約**，締約國互相承諾**共同減少溫室氣體（CO_2）** 排放量，以減緩全球暖化速度
1997	日本京都	各締約國（美國除外）簽訂**京都議定書**，承諾於2008～2012年，使全球CO_2排放量較1990年**低5.2%**
2009	丹麥哥本哈根	各締約國提出2020年前，使全球CO_2排放量較1990年低20～40%，並同意成立**綠色氣候基金**，協助開發中國家對抗氣候變遷
2015	法國巴黎	以**巴黎協定**取代京都議定書，並協議： 1. 全球目標升溫小於攝氏2度，並致力於限制在1.5度以內 2. 以「國家自定貢獻Nationally Determined Contributions（NDCs）」（各國根據自身能力，自行訂定合理的減碳目標）機制進行CO_2的減排或限排，而工業化國家則必須有絕對減量目標值 3. 透過綠色氣候基金來協助開發中國家執行氣候變遷減緩與調適 4. 各國每五年或十年有義務申報提交減碳報告及檢討
2021	英國格拉斯哥	會議通過**格拉斯哥氣候公約** 1. 維持巴黎協定：全球目標升溫控制在攝氏1.5度以內 2. 逐步減少煤炭使用 3. 已開發國家實現1,000億美元氣候融資，增加對低度發展國家的資助

3. **嚴重特殊傳染性肺炎（COVID-19）**：世界衛生組織於2020年2月12日，將在中國武漢確認的新型冠狀病毒正式命名為COVID-19，同年3月11日宣佈新型冠狀病毒肺炎全球大流行，COVID-19傳播速度快、感染死亡率高，截至2022年5月全球累計確診案例將近5.5億人，累計死亡人數超過620萬人，重創全球經濟，觀光餐旅產業首當其衝。

實力加強 17.3

( )1. 我國旅行業未來之發展趨勢，下列敘述何者錯誤？
(A)國內旅遊急遽興起
(B)價格競爭取代創新競爭
(C)產品日趨精緻和多元化
(D)旅遊網路行銷時代來臨。

( )2. 未來的旅遊市場供給型態比較傾向於下列何者？
(A)走馬看花行程
(B)主題式行程
(C)長期套裝行程
(D)多元景點行程。

( )3. 下列何者最不符合未來休閒旅遊市場的發展趨勢？
(A)傾向參加團體全備的套裝旅遊型態
(B)選擇單一定點作為旅遊目的地
(C)追求冒險獨立的自助或半自助旅行
(D)針對特定族群開發主題式遊程。

( )4. 下列何者最不符合未來國際觀光的發展趨勢？
(A)大眾觀光逐漸受到國際旅客的青睞
(B)觀光需求朝向多元化發展
(C)文化旅遊帶動各國對文化資產的重視
(D)主題遊樂園逐漸吸引旅遊人潮。

( )5. 下列何者不適合用來說明餐旅業「強化資訊科技應用」的發展趨勢？
(A)餐廳使用觸控式點餐系統，提升點餐效率
(B)旅館提供無線網路服務，增加住客便利性
(C)餐廳與黑貓宅急便合作，提供年菜宅配服務
(D)旅行社使用全球配銷系統（GDS）進行機票訂位與旅遊資訊查詢。

( )6. 下列何者不是現今餐飲發展的趨勢？
(A)更加重視衛生
(B)在傳統料理中尋求創新
(C)更多高品質及客製化的服務
(D)撤棄養生飲食概念。

( )7. 「未來觀光事業的發展，必須重視與環境有關的衝突管理及資源有效的永續利用」，此概念與下列何種觀光最相似？
(A)另類觀光　(B)休閒觀光　(C)會議觀光　(D)生態觀光。

17.1 觀光餐旅業的現況

( )1. 政府重視我國觀光發展，來台觀光人士持續增加，從何年開始我國躋身為「觀光客千萬大國」？ (A)民國100年 (B)民國104年 (C)民國106年 (D)民國108年。

( )2. 21世紀觀光業已進入資訊時代，下列何者可為資訊時代觀光業的代表？
(A)網路旅行社的設立 (B)國民旅遊卡實施
(C)高速鐵路興建 (D)視訊會議設備。

17.2 觀光餐旅業面臨的課題

( )3. 下列關於觀光餐旅產業面臨的經營管理課題，何者為非？
(A)國際品牌的專業競爭 (B)環境保護與企業社會責任
(C)消費忠誠度低 (D)智能科技與產業升級。

( )4. 下列何者非網路普及所帶來的餐旅產業課題？
(A)產品價格與資訊透明化 (B)重視網路社群行銷
(C)實體店面全面消失 (D)餐旅智能科技人才培育。

17.3 觀光餐旅業的未來發展趨勢

( )5. 到加油站加油即送速食店的薯條兌換券一張，是屬於餐旅業未來發展趨勢的哪一種類型？ (A)異業結盟 (B)連鎖加盟 (C)複合式經營 (D)綠色環保。

( )6. 關於餐旅業的未來發展趨勢，下列何者錯誤？
(A)國際化 (B)家族化 (C)連鎖化 (D)資訊化。

( )7. 餐旅業未來發展的趨勢，下列敘述何者正確？
(A)旅館經營要家族式經營成本才會降低
(B)連鎖化經營方式會持續發展
(C)組織精簡要減少兼職人員
(D)速食業已飽和應創新。

( )8. 2011年聯合國提出「邁向綠色經濟」報告書－期待企業將「推動世界走向低碳並有效利用資源，以降低環境威脅與生態危機」作為重要的營運目標；若觀光餐旅業者順應此潮流，並實施相關措施，則符合下列哪一種發展趨勢？
(A)連鎖經營 (B)結盟合作 (C)文化體驗化 (D)選用在地食材。

( )9. 關於餐飲業未來發展的趨勢，下列敘述何者不正確？
(A)重視食品安全，講求食材生產履歷與標示透明化
(B)食材從產地到餐桌，重視環保與有機養生概念
(C)速食業重視產品銷售與展店速率，不重視專業認證
(D)積極研發餐飲產品宅配與外帶，拓展商機。

more...

(　　)10. 關於旅宿業未來發展的趨勢，下列敘述何者不正確？
(A)人力成本增加，旅館減少提供客製化服務
(B)鼓勵顧客減少一次性備品消耗，重視環保與生態保護
(C)旅館取得國際相關組織會的員資格能提高知名度，建立顧客信任感
(D)旅宿業競爭激烈，搶攻餐飲商機，提高營運績效。

(　　)11. 關於旅行業未來發展的趨勢，下列敘述何者不正確？
(A)主題式、多元景點、長期多天數旅遊盛行
(B)「安全第一」是旅行業經營最重要原則
(C)網路旅行社能提升交易效能與顧客管理，節省人力成本
(D)開發旅遊產品，重視創新服務。

CH17 觀光餐旅業的現況、課題與未來發展

情境素養題

( )1. 關於餐飲業的發展現況,下列敘述何者錯誤?
(A)連鎖化經營可提升品牌認同度,亦可降低營業成本,例如:85度C
(B)重視健康養生與營養概念,強調少油鹽與熱量,例如:給力盒子
(C)經濟且快速的速食餐廳,可滿足較為忙碌的消費者,例如:茹絲葵牛排館
(D)餐飲業融入科技化與資訊化經營管理,例如以觸控式螢幕與設備點餐。
[17.1][106統測改編]

( )2. 關於餐旅業未來發展之敘述,下列何者正確?
甲:大量平價旅館興起後,國際知名連鎖品牌的引進將日漸減少
乙:APP訂位系統開發是利用科技來提升競爭優勢
丙:餐旅業因競爭激烈,不宜推行同業或異業策略聯盟
丁:速簡餐廳在未來仍具有市場優勢
(A)甲、乙　(B)甲、丙　(C)乙、丙　(D)乙、丁。
[17.3][106統測]

( )3. 關於觀光餐旅業發展的敘述,下列何者錯誤?
(A)短程區域旅遊會越來越盛行
(B)MICE產業可帶動旅館和旅行業的發展
(C)搭高鐵加10元享住宿優惠,是屬於異業結盟策略
(D)銀髮族的觀光旅遊市場有日益減少之趨勢。
[17.3][107統測]

( )4. 柯基旅行社針對不同消費市場,推出「帶著毛孩去旅行」、「來去鄉下住一晚」、「人生百味想當年樂齡旅遊」等主題行程,並利用社群網路分享旅遊經驗,帶動另類國民旅遊風潮。試問柯基旅行社的經營策略較符合下列哪一個發展趨勢?
(A)同業結盟,開發新客源
(B)多元主題、深度體驗、短期旅遊盛行
(C)增設網路旅行社,節省人力成本
(D)開發大眾旅遊套裝產品,以量制價。
[17.3]

( )5. 餐飲業者搶攻「慶祝母親節」消費商機,紛紛推出各種節慶商品
甲、米其林星級餐廳結合外送平台推出「母親節在家聚」養生套餐,限時預購8折,加碼贈送母親節花束
乙、線上訂位平台推出,刷卡預付五月母親節晚餐,四人同行、媽媽免費,再送上母親節限定蛋糕一份,及「眼唇保養精華」一組
丙、「全馨全意」母親節晚宴,預付定金,即可享有放鬆好禮,由足體養生館提供腳底按摩服務
丁、舉辦「巨星演唱晚宴」,邀請天王級歌手演唱,用情歌和豐盛筵席和媽媽共度溫馨佳節
試問上述餐飲業者何者符合「智能管理與科技運用」的未來發展趨勢?
(A)甲、乙　(B)甲、丙　(C)乙、丙　(D)乙、丁。
[17.3]

歷屆試題

( ) 1. 關於臺灣餐旅業的未來發展趨勢，下列敘述何者正確？
(A)餐旅市場消費需求量持續增加
(B)獨立經營模式是未來發展趨勢
(C)研發高熱量飲食以滿足顧客對美味飲食的需求
(D)用人力取代科技來管理餐旅企業以提升營運效率。 [102統測]

( ) 2. 下列何者不是未來觀光餐旅業可能的發展趨勢？
(A)食安問題日益受到重視
(B)綠色環保議題為產業發展重要課題
(C)少子化現象使得消費者更重視親子餐廳
(D)短天數多國的全備旅遊為旅行業發展重點。 [103統測]

( ) 3. 有關餐旅業未來發展趨勢的敘述，下列何者錯誤？
(A)資訊科技化將提升餐旅業的競爭力
(B)環保意識抬頭帶動了綠色餐飲業的發展
(C)國際觀光旅館業的餐飲收入比重將逐漸降低
(D)餐旅業者之社會責任逐漸受到重視。 [103統測]

( ) 4. 旅館業者與婚紗業者合作，推出新的組合商品與服務，這是屬於下列哪一種發展策略？
(A)加強科技應用策略
(B)重視異業聯盟策略
(C)重視健康保健策略
(D)強化綠色環保策略。 [104統測]

( ) 5. 下列有關旅行業未來發展趨勢的敘述，何者錯誤？
(A)透過異業策略聯盟，整合資源及增加競爭力
(B)結合資訊科技，行銷通路邁向多元化發展
(C)透過遊程設計，增加購物停留點與強迫遊客消費
(D)定點深度旅遊與精緻化旅遊行程逐漸形成風潮。 [104統測]

( ) 6. 關於餐飲業的未來發展趨勢之敘述，下列何者錯誤？
(A)注重健康安全的餐飲食材
(B)強調單打獨鬥的行銷策略
(C)重視餐飲產品的創意創新
(D)開拓國際市場的經營管理。 [105統測]

( ) 7. 近年來餐廳使用觸控式點餐系統與開發智慧手機專屬APP應用系統，原則上是屬於下列哪一種餐飲業的發展趨勢？
(A)餐飲業的M型化 (B)資訊科技的應用
(C)環保意識的興起 (D)國際化連鎖經營。 [105統測]

( )8. 關於臺灣旅館業未來發展趨勢之敘述，下列何者錯誤？
(A)在環保趨勢下，部分旅館減少一次性的拋棄式盥洗用具
(B)平價旅館興起後，國際連鎖化旅館將會減少
(C)為滿足消費者多樣化需求，民宿日漸流行
(D)增加同業或異業結盟合作，創造互惠效益。 [108統測]

( )9. 關於現今旅館業的發展與經營管理趨勢，下列敘述何者錯誤？
(A)旅館的連鎖加盟和管理契約逐漸減少
(B)旅館分類因素包含地點及服務類型、價格
(C)交通便利改變旅遊業與旅館事業的發展
(D)更加重視各項軟硬體設施與服務的品質。 [108統測]

( )10. 關於臺灣餐旅業未來發展趨勢，下列何者錯誤？
(A)為了減少人力，日漸增加科技技術的運用
(B)為了增加收入，日漸減少異業間的策略聯盟
(C)為了善盡社會責任，企業逐漸重視綠色管理
(D)為了減少成本支出，平價旅館將是未來趨勢之一。 [109統測]

( )11. 下列何者不是旅行業未來發展趨勢？
(A)廣泛運用科技　　　　　(B)發展低碳旅行
(C)開發定點旅遊　　　　　(D)產品設計單一化。 [110統測]

( )12. 臺灣觀光餐旅業目前所面臨的課題，下列敘述何者錯誤？
(A)基層就業人員的流動率高　(B)應開拓潛在來臺旅客市場
(C)永續發展的觀念有待落實　(D)觀光旅遊產品的差異性高。 [111統測]

( )13. 關於旅行業的未來發展趨勢，下列敘述何者錯誤？
(A)旅行社的經營規模將只朝向小型化發展
(B)旅行社重視旅客需求而發展多元化產品
(C)網路旅行社興起，提供消費者多樣選擇
(D)旅行業者與不同的行業別建立合作關係。 [111統測]

( )14. 下列敘述中，何者不屬於旅行業旅遊產品的未來發展趨勢？
(A)參考網路旅遊平臺推出的體驗活動與價格來規劃行程
(B)參加尊貴旅行社所推出的歐洲七國12日精緻套裝行程
(C)參加法國五大酒莊的品酒體驗與米其林餐廳饗宴之旅
(D)參加義大利的保格利小鎮深度旅遊體驗當地人文風情。 [111統測]

( )15. 關於臺灣旅宿業未來的發展趨勢，下列敘述何者錯誤？
(A)為強調經營特色，國際連鎖品牌的引進日漸減少
(B)鼓勵旅客住宿時自備盥洗用品、續住不更換床單
(C)奢華精緻旅館與平價住宿興起，呈現兩極化現象
(D)以資訊科技提升營運效能，提供旅客更便利服務。 [112統測]

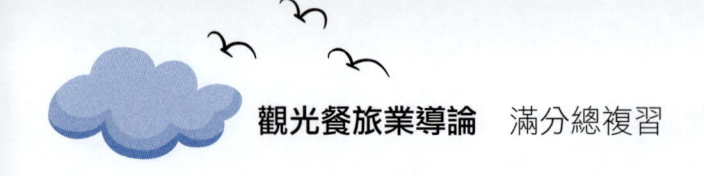

(　)16. 關於餐飲業未來的發展趨勢，下列何者錯誤？
  (A)外帶與外送平台持續地成長
  (B)獨立餐廳經營模式成為主流
  (C)食材履歷與食安逐漸被重視
  (D)餐廳推出冷凍真空料理食品。 [112統測]

(　)17. 觀光餐旅業歷經疫情時代後，改變許多消費模式與經營方式，下列哪些較不符合觀光餐旅未來發展趨勢？
  (A)重視銀髮族市場的經營與推廣
  (B)連鎖化與國際化的經營日益減少
  (C)強調主題化、個性化的產品服務
  (D)實踐產品服務的專業認證或國際認證。 [113統測]

(　)18. 關於目前臺灣觀光餐旅業的現況與趨勢，下列敘述何者正確？
  (A)異國風味餐廳日漸減少
  (B)餐旅業的薪資結構普遍偏低
  (C)已有完善低碳旅行社認證制度
  (D)導遊考試主管機關為考選部。 [113統測]

CH17 觀光餐旅業的現況、課題與未來發展

答案與詳解

實力加強

17.1節～17.2節

1. D　2. C　3. D

17.3節

1. B　2. B　3. A　4. A　5. C　6. D　7. D

搶分終點線

1. B　2. A　3. C　4. C　5. A　6. B　7. B　8. D　9. C　10. A
11. A

情境素養題

1. C　2. D　3. D　4. B　5. A

歷屆試題

1. A　2. D　3. C　4. B　5. C　6. B　7. B　8. B　9. A　10. B
11. D　12. D　13. A　14. B　15. A　16. B　17. B　18. B

詳解

18. 目前低碳認證以旅宿業、觀光景點較多，旅行社認證制度較不完善。
    導遊考試主管機關為交通部觀光署。

17-15

NOTE

113學年度科技校院四年制與專科學校二年制統一入學測驗試題本

餐旅群
專業科目（一）：觀光餐旅業導論

( ) 1. Joy在民國113年1月為了做課堂上的遊程規劃和導覽報告，自行規劃實地造訪高雄都會公園、惠蓀林場、武陵森林遊樂區等景點，這些景點的主管機關依序為下列何者？ (A)內政部、教育部、農業部 (B)高雄市政府、教育部、農業部 (C)高雄市政府、農業部、內政部 (D)高雄市政府、教育部、內政部。 [2.4]

( ) 2. 小菲請旅行社代訂了歌劇院的票，提供代訂服務的業者，依行政院主計總處「中華民國行業標準分類」是屬於觀光餐旅相關產業的哪一大類？
(A)H大類 (B)I大類 (C)N大類 (D)R大類。 [1.2]

( ) 3. 疫情後餐旅業蓬勃發展，帆船大飯店因員工流動率高，導致服務品質不佳，於是飯店的王總經理開始建構標準化流程來提高服務品質，此種方式主要因應餐旅業的哪一種特性？ (A)cooperation (B)heterogeneity (C)inseparability (D)perishability。 [1.3]

( ) 4. 陳經理在餐廳員工的教育訓練中，為了傳達正確的工作態度與職業倫理，下列何者正確？ (A)依公司給予的薪資高低，決定對工作的認真與貢獻程度 (B)為公司成本考量，採購與進貨時，優先選擇最低價格食材 (C)協助客人點餐時，依照客人需求給予適當份量及建議的餐點 (D)老弱婦孺的顧客群行動較慢，服務時應優先處理年輕者或熟客。 [3.2]

( ) 5. 小楊將從餐旅科系畢業，準備邁入餐旅業工作，在職涯規劃時應優先採取下列哪一個步驟？ (A)確定職業目標與職業方向，勇往直前 (B)檢視各家公司給予的薪資待遇間的差距 (C)調整學習方向，評估個人優缺點與產業發展需求結合 (D)了解與分析自身人格特質、價值觀、內外在條件與興趣。 [3.3]

( ) 6. KK在R飯店的大廳酒吧擔任bartender的工作，主管以下圖的客用訂單為例，讓他學習主要食物原料的成本分析；Americano使用到咖啡豆20公克，Screwdriver則使用到伏特加50ml以及100%還原柳橙汁100ml，這些主原料的進貨成本如下表；關於這些主原料的成本及成本率的計算，下列何者正確？
(A)Screwdriver主原料成本為50元，成本率為20%
(B)Screwdriver主原料成本為72.5元，成本率為29%
(C)Americano主原料成本為20元，成本率為12%
(D)Americano主原料成本為22.5元，成本率為15%。 [7.4]

```
        Hotel R
   2024-03-08 21:23
======================
吧檯員：KK
訂單編號：C12
人數：2

              數量      價格
Americano      1      NT$150
Screwdriver    1      NT$250
   小計                NT$400
   已付                NT$500
   找零                NT$100
======================
```

原料	進貨單位	進貨價格
咖啡豆	半公斤	450元
伏特加	750ml/瓶	600元
100%還原柳橙汁	1公升	100元

113-1

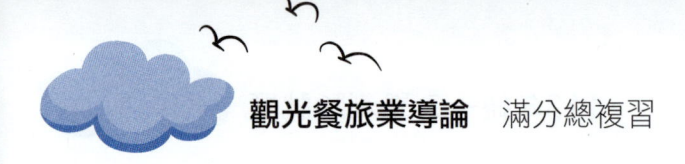

( )7. 觀光餐旅業歷經疫情時代後，改變許多消費模式與經營方式，下列哪些較不符合觀光餐旅未來發展趨勢？　(A)重視銀髮族市場的經營與推廣　(B)連鎖化與國際化的經營日益減少　(C)強調主題化、個性化的產品服務　(D)實踐產品服務的專業認證或國際認證。 [17.3]

( )8. 小明在一間中式餐飲事業任職，他的工作除了負責烤鴨、燒臘之外，還要負責出菜時所有菜餚盤飾與修飾的傳菜管控。有關小明的職稱，下列何者正確？　(A)燒烤與打伙師傅　(B)點心與蒸燉師傅　(C)燒烤與冷盤師傅　(D)點心與紅案師傅。 [6.2]

( )9. 依據餐廳經營管理的特性與內涵，下列哪些敘述正確？
甲：餐飲業具勞力密集度高的特性，易造成基層員工流動率高
乙：餐廳提供的有形商品包含給予顧客的心理認知與感官知覺的感受
丙：因應餐飲差異化特質，不同服務人員可依自己習慣進行不同服務流程
丁：餐飲消費易受外在因素影響，精確預估餐廳採購量與銷售量是不容易的
(A)甲、乙　(B)乙、丙　(C)甲、丁　(D)丙、丁。 [4.1]

( )10. 川味麻辣餐廳將其最受歡迎的麻辣鍋底，製成自家招牌調理組合包鋪貨於美美超市，並安排餐廳廚師上午9：00～11：00於美美超市辦理產品試吃及買二送一促銷優惠。根據該餐廳所運用的4P行銷策略分析，下列何者正確？
甲：美美超市是屬於4P中的place
乙：川味麻辣餐廳的麻辣鍋底調理組合包是屬於4P中的partnership
丙：美美超市與川味麻辣餐廳的合作夥伴關係是屬於4P中的package
丁：辦理產品試吃及買二送一的促銷優惠是屬於4P中的promotion
(A)甲、乙　(B)甲、丁　(C)乙、丙　(D)丙、丁。 [16.2]

( )11. 關於餐飲歷史的發展，下列何者錯誤？　(A)Buffet的供餐型態源自美國　(B)歐洲最早的冰淇淋源自於葡萄牙　(C)歐洲第一家咖啡屋源自於義大利威尼斯　(D)二十一世紀速食業持續發展，Subway潛艇堡於2011年分店數量超越麥當勞。 [4.2]

( )12. 小威在法國應徵廚房工作，擅長及喜歡製作冷前菜、冷盤及冰雕等工作，他應該應徵下列何種工作職務？
(A)Butcher　(B)Garde Manger　(C)Rôtisseur　(D)Saucier。 [6.2]

( )13. 考量食物在烹調過程中產生的漲縮效應，假設牛肉的漲縮率為80%，為精準控制採購量、產出量與食物成本，製作出一公斤的牛肉成品，需使用多少公克的生牛肉？　(A)1,180　(B)1,250　(C)1,380　(D)1,450。 [7.4]

( )14. 小美從事餐廳服務工作，某日客人蒞臨，請小美推薦4道江蘇與浙江菜餚，請問小美應該選擇下列何種組合，以符合客人需求？　(A)咕咾肉、左宗棠雞、京都排骨、夫妻肺片　(B)鹽焗雞、樟茶鴨、蜜汁火腿、紅油抄手　(C)醬爆雞丁、當歸鴨、佛跳牆、紅燒下巴　(D)東坡肉、叫化雞、宋嫂魚羹、無錫排骨。 [5.2]

( )15. 下列哪一集團於2015至2016年期間進行收購規劃與收購喜達屋酒店集團（Starwood Hotels & Resorts）？
(A) Marriott　(B) Hyatt
(C) IHG　(D) Shangri-la。 [10.1]

( )16. 民國113年4月,有一對即將結婚的情侶,想在臺灣離島獲得星級旅館評鑑標誌的國際觀光旅館舉行婚禮,下列哪一個島嶼最符合他們的需求?
(A)綠島 (B)馬祖 (C)蘭嶼 (D)澎湖。 [10.1]

( )17. 川上餐廳客用營業區域中,共有6人桌2張、4人桌5張、2人桌9張,某日晚餐時段來客數為180人,總收入為36,000元,該餐廳晚餐時段的平均翻檯率(table turnover rate)為多少? (A)2.8 (B)3 (C)3.6 (D)4。 [7.6]

( )18. 莉莉入住旅館客房後,她發現房內的熱水壺損壞,當有下列單位可連繫時,她可優先致電哪個主責單位尋求協助最合適?
(A)security (B)food & beverage
(C)housekeeping (D)room service。 [9.2]

( )19. 某旅館共有30間客房,部分房間因震災故障需重新修繕,3月1日至7日的房間狀態如下表,當週實際可售房間的平均住房率(room occupancy rate),最接近下列何者?
(A)75 (B)77 (C)79 (D)81。 [10.2]

日期	3/1	3/2	3/3	3/4	3/5	3/6	3/7
故障房間數	3	3	2	1	1	0	0
當天售出房間數	18	22	15	25	25	25	20

( )20. 某五星級旅館的房務人員工作時,發現其中一間客房地毯損壞需要更換,若依照正確的修繕流程,從提出需求、請購與付款的順序,依序應由下列哪些部門負責?
(A)engineering department→front office→purchasing department
(B)housekeeping department→front office→security department
(C)engineering department→security department→purchasing department
(D)housekeeping department→purchasing department→financial department。 [9.1]

( )21. 關於臺灣旅館演進歷程,下列敘述何者正確?
(A)臺灣第一家西式旅館是鐵道旅館
(B)國內首座國際連鎖飯店是台北來來大飯店
(C)臺灣第一家休閒度假旅館是墾丁福華飯店
(D)國內旅館業有跡可循的最早紀錄是清朝時期的「逆旅」。 [8.3]

( )22. 旅館開幕的傳統儀式中,會將鑰匙遠遠向外丟棄。此象徵性的動作說明,旅宿業的哪一個特性?
(A)restless (B)seasonality (C)competition (D)intangibility。 [8.1]

( )23. 小花在旅館擔任正職員工,其職務需輪班,因此上、下班時間都不固定,她的工時制度是下列哪一種?
(A)overbooking (B)part-time work
(C)shift work (D)time sharing。 [1.3]

( )24. 海葵颱風侵臺，風雨比預期還要嚴重，因此讓員工留宿旅館，除了安全考量，最重要的是確保隔日仍有足夠的員工服務旅客。關於前述的特別租（special rate）類型，下列何者正確？ (A)employee's rate (B)house use (C)promotion rate (D)time-limited rate。 [10.2]

( )25. 下列哪一個機場未設置自動查驗通關系統（e-Gate）？
(A)松山 (B)臺中 (C)金門 (D)高雄。 [13.4]

( )26. 依據民國112年7月26日所修正的「旅行業管理規則」第11條中規定，綜合旅行社資本額至少需3,000萬。大雄去年投資3,200萬元資本額在臺北設立熊大綜合旅行社，今年疫後產業大復甦，大雄想要擴大營業規模，預計在臺中和高雄各開設一家分公司。他至少須增資多少錢，才能符合規定？
(A)50萬元 (B)100萬元 (C)150萬元 (D)300萬元。 [13.1]

( )27. 旅行業的專業證照中，目前下列哪一種合格證書不是交通部觀光署所核發？
(A)經理人 (B)領隊人員 (C)領團人員 (D)導遊人員。 [12.4]

( )28. 有關旅行業特性的敘述，下列何者正確？ (A)旅遊產品需要事先規畫遊程、安排交通、住宿與餐廳等，屬於professionism (B)2024年元旦石川地震造成輪島市觀光停擺，屬於rigidity of supply components (C)2025年大阪萬國博覽會吸引許多遊客到訪，將造成一房難求，屬於heterogeneity (D)領隊有能力導覽解說、處理遊客遺失護照或生病等突發事件，屬於perishability。 [11.1]

( )29. 關於歐美旅行業的發展，下列何者正確？ (A)詹姆斯·瓦特（James Watt）最早發行旅行支票與信用卡 (B)威廉·哈頓（William Harden）創立法國第一家旅行社，為世界旅行社先驅 (C)世界最早鐵路密德蘭鐵路（Midland Countries Railroad）開啟英國旅遊風氣 (D)安東尼·庫克（Antonine Cook）首創領隊與導遊制度以及旅館預訂制度。 [2.1]

( )30. 政府透過推動「Tourism 2020 臺灣永續觀光發展方案（或策略）」，將臺灣形塑成亞洲重要旅遊目的地，下列何者不是其主要特質？
(A)友善 (B)智慧 (C)體驗 (D)綠能。 [11.2]

( )31. 根據民國112年10月19日所修正的「導遊人員管理規則」，下列敘述何者正確？
(A)外語導遊人員類科專用制評量筆試科目包含英語科目
(B)外國人具有高級中學以上學校畢業，領有畢業證書，得以參加我國導遊人員評量測驗
(C)華語導遊人員類科評量應測科目包含：導遊實務（一）、導遊實務（二），以及觀光資源概論
(D)外語導遊人員評量測驗的報名資格，若為高中職畢業者（取得畢業證書），得採用專用制評量。 [12.4]

( )32. 歐美旅行業類別之一為「特殊旅行業（Special Travel Agency）」，下列何者不屬於特殊旅行業的別稱？
(A)Incentive Company (B)Meeting Planner
(C)Motivational House (D)Tour Operator。 [11.3]

( )33. 夫妻帶著一對剛滿周歲的嬰兒，以及一位滿6歲與一位滿12歲的小朋友，從臺灣搭乘飛機前往美國。其家人最經濟的購票選擇，下列何者正確？
(A)總計需要三張全票，兩張嬰兒票以及一張兒童票
(B)總計需要三張全票，一張嬰兒票以及兩張兒童票
(C)總計需要兩張全票，兩張嬰兒票以及一張兒童票
(D)總計需要兩張全票，一張嬰兒票以及三張兒童票。 [13.3]

( )34. 民國113年初於臺南市辦理的臺灣燈會，包含展現多個特色燈區及辦理慶元宵晚會，為臺南市帶來大量觀光人潮，請問此臺灣燈會較屬於下列何者？
(A)congress　(B)event　(C)conference　(D)incentive。　[14.2]

( )35. 小花於民國113年1月搭乘專為旅遊路線規畫的台灣好行，關於台灣好行的服務內容，下列何者正確？
(A)僅在臺灣西部地區營運　　(B)代訂國內食宿及提供行李配送服務
(C)各營運路線僅提供假日服務　(D)臺鐵、高鐵與景點間的接駁。　[15.1]

( )36. 根據民國106年1月20日所修正的「觀光遊樂業管理規則」，下列敘述何者正確？
甲：觀光遊樂業申請籌設面積，不得少於二公頃。但其他法令另有規定者，或直轄市、縣（市）政府依其自治權限另定者，從其規定
乙：觀光遊樂業申請重大投資案，位於非都市土地，土地面積須達五公頃以上
丙：觀光遊樂業應投保責任保險，每一個人身體傷亡之最低保險金額為三百萬元
丁：觀光遊樂業應投保責任保險，每一事故身體傷亡之最低保險金額為新臺幣六千萬元
(A)甲、乙　(B)乙、丙　(C)甲、丙　(D)乙、丁。　[14.1]

( )37. 關於會議展覽業的特質，下列敘述何者正確？
(A)低產業關聯　(B)低技術門檻　(C)高就業門檻　(D)高附加價值。　[14.2]

( )38. 依據經濟部商業司的行業分類代碼，臺鐵列車上所販售的餐盒，屬於下列哪一大類？　(A)F大類　(B)H大類　(C)I大類　(D)J大類。　[5.1]

( )39. 完美居家生活新推出大廚萬能鍋，其廣告頻繁見於各大媒體與網路，該產品標榜讓消費者能輕而易舉在家烹煮出一桌餐廳級的好料理。然而此鍋銷售量成長緩慢，可能是消費者對產品未能瞭解，還在觀望中。大廚萬能鍋目前是在哪一個產品生命週期階段？
(A)decline stage　　　　　(B)growth stage
(C)introduction stage　　　(D)maturity stage。　[16.2]

( )40. 張同學想要在網美咖啡店吃烤布丁，於是瀏覽了許多 Instagram 中網美咖啡店與烤布丁的相片，最後決定在這個週末前往M購物商場的恬恬咖啡店，並決定在眾多的品項中購買黑糖奶茶與烤布丁。有關張同學的消費決策過程，不包含下列哪一個階段？
(A)購買決策　(B)需求認知　(C)購後行為　(D)尋找訊息。　[16.1]

( )41. 好好蛋糕公司專精製作低價大眾化的鮮奶油蛋糕，並致力於大量製作、提高生產效率及降低成本。好好蛋糕公司設定的行銷營運方式，最接近哪一種行銷導向？
(A)marketing oriented　　　(B)production oriented
(C)product oriented　　　　(D)social marketing oriented。　[16.1]

( )42. 小庭與家人用餐的餐廳採單一價格吃到飽方式，並由顧客自行取用餐食，此餐廳的服務方式為下列何者？
(A)buffet service　　　　(B)catering service
(C)counter service　　　(D)drive-through。　[5.2]

( )43. 關於目前臺灣觀光餐旅業的現況與趨勢，下列敘述何者正確？
(A)異國風味餐廳日漸減少　　(B)餐旅業的薪資結構普遍偏低
(C)已有完善低碳旅行社認證制度　(D)導遊考試主管機關為考選部。　[17.3]

▲ 閱讀下文，回答第44～45題。
某知名網紅在新年期間參加團費30萬元，為期半個月的歐洲旅行團遊程，該行程標榜高端且奢華路線。某晚住宿的旅館，是由中古世紀的塔型教堂所改建而成，相當具有歷史價值；然而這位網紅當天所住宿的客房淋浴間有漏水狀況，該網紅把整夜擦拭漏水的影片上傳網路，引發各方輿論。

( )44. 該網紅當天投宿的是下列哪一種旅館？
(A)apartment hotel (B)parador (C)villa (D)youth hostel。 [8.4]

( )45. 旅行社對此歐洲行程是採用下列哪一種訂價策略？
(A)畸零 (B)差別 (C)滲透 (D)便利。 [16.2]

▲ 閱讀下文，回答第46～47題。
英國搖滾天團Coldplay舉行「星際漫遊Music of The Spheres」世界巡迴演唱會，2022年開始的第一站是哥斯大黎加，中間演唱過的地區包含墨西哥、德國柏林、英國、巴西、秘魯、荷蘭、美國、日本東京、臺灣高雄、澳洲伯斯等。一連兩天在高雄，吸引近8.7萬人前往朝聖。高人氣也導致當地飯店房價飆漲，主唱克里斯馬汀（Chris Martin）也跟上時事，公開道歉「我知道有些飯店，價格變貴很多。」一句話點出此次哄抬旅館房價的亂象。高雄市觀光局查獲8家業者哄抬房價，最高裁罰5萬元。

( )46. 高雄市觀光局查獲8家業者哄抬房價，其懲罰標準較有可能是高於下列哪一種公開價格？
(A)complimentary (B)contract rate (C)flat rate (D)rack rate。 [10.2]

( )47. 從上述世界巡迴演唱會的地區，依國際航空運輸協會（IATA）三大飛航交通運輸區域的定義，下列何者正確？
(A)從巴西到秘魯是TC1→TC2
(B)從墨西哥到德國柏林是TC3→TC2
(C)從臺灣高雄到澳洲伯斯是TC3→TC1
(D)從英國到哥斯大黎加是TC2→TC1。 [15.3]

▲ 閱讀下文，回答第48～50題。
85飯店在黃色小鴨展示期間，推出的住房優惠文宣如右圖：

( )48. 優惠①主要目的為鼓勵大眾響應節能減碳，此反映85飯店相當重視下列哪一個層面的職場道德及倫理？
(A)飯店投資者 (B)同業
(C)員工 (D)社會。 [3.2]

( )49. 優惠②運用到下列何種銷售方式？
(A)bundle selling (B)cross selling
(C)down selling (D)up selling。 [16.2]

( )50. 文宣中除了①、②的優惠內容外，「優惠房型，數量有限，及早預約享優惠」此說明最能反映下列哪一種旅館業的特性？
(A)synthesis (B)restless
(C)rigidity (D)variability。 [8.1]

85 Hotel
小鴨回來了！
優惠好康雙重奏：
①憑當日台鐵、高鐵票享有住房8折優惠
②房客可半價享有賞鴨遊艇全票一張
※優惠房型數量有限，及早預約享優惠
期間限定 強勢回歸

答案與詳解

1. A	2. C	3. B	4. C	5. D	6. A	7. B	8. A	9. C	10. B
11. B	12. B	13. B	14. D	15. A	16. D	17. C	18. C	19. A	20. D
21. A	22. A	23. C	24. B	25. C	26. B	27. C	28. A	29. C	30. D
31. B	32. D	33. A	34. B	35. D	36. C	37. D	38. A	39. C	40. C
41. B	42. A	43. B	44. B	45. B	46. D	47. D	48. D	49. B	50. C

詳解

6.

Americano	主原料成本（咖啡豆20公克）＝食物成本＝$\frac{20公克}{500公克}\times450元=18元$
	食物成本率＝$\frac{食物成本}{食物售價}\times100\%=\frac{18}{150}\times100\%=12\%$
Screwdriver	主原料成本（伏特加50ml）＝$\frac{50ml}{750ml}\times600元=40元$
	（柳橙汁100ml）＝$\frac{100ml}{1,000ml}\times100元=10元$
	食物成本率：$\frac{40+10}{250}\times100\%=20\%$

9. 顧客的心理認知與感官知覺的感受屬於無形商品。
   不同服務人員須透過教育訓練建立標準服務流程（SOP），以維持服務品質。

10. 麻辣鍋底調理組合包屬於4P中的product。
    合作夥伴關係屬於4P中的partnership。

11. 歐洲最早的冰淇淋源自於義大利。

13. 漲縮率＝$\frac{成本重量}{物料總重}\times100\%=\frac{1,000}{物料總重}\times100\%=80\%$。
    物料總重＝1,250公克。

14. 咕咾肉、京都排骨、鹽焗雞：粵菜。左宗棠雞：湘菜。
    夫妻肺片、樟茶鴨、紅油炒手：川菜。
    醬爆雞丁：魯菜。當歸鴨：台菜。佛跳牆：閩菜。
    紅燒下巴、叫化雞、無錫排骨：蘇菜。
    東坡肉、宋嫂魚羹、蜜汁火腿：浙菜。

17. 翻檯率＝$\frac{用餐人數}{座位數}=\frac{180}{50}=3.6$。

19. 平均住房率＝$\frac{已出租客房數}{客房總數}\times100\%=\frac{150}{30\times7-10}\times100\%=75\%$。

21. 國內首座國際連鎖飯店是希爾頓飯店。
    臺灣第一家休閒度假旅館是墾丁凱撒飯店。
    國內旅館業有跡可循的最早紀錄是清朝時期的「販仔間」。

26. 綜合旅行社總公司資本額最低為3,000萬元,每開設一間分公司須增資150萬元。
    大雄起先投資3,200萬。
    (150萬元×2)－(3,200萬元－3,000萬元)＝100萬元。因此大雄只須再增資100萬元即可。

28. 旅遊產品需要事先規畫遊程、安排交通、住宿與餐廳等,屬於專業性(professional)。
    石川地震造成輪島市觀光停擺,屬於敏感性(sensibility)。
    大阪萬國博覽會吸引許多遊客到訪,將造成一房難求,屬於短期供給無彈性(rigidity of supply components)。
    領隊有能力導覽解說、處理遊客遺失護照或生病等突發事件,屬於專業性(professionism)。

31. 外語導遊人員類科專用制評量筆試科目不包含英語科目。
    華語導遊人員類科評量應測科目包含:執業實務、執業法規、觀光資源概要。
    外語導遊人員專用制評量之報名資格包含:須為綜合(或甲種)旅行業之現職人員,且服務年資累計滿2年以上,得由旅行業推薦參加。

36. 觀光遊樂業申請重大投資案,位於非都市土地,土地面積須達十公頃以上。
    觀光遊樂業應投保責任保險,每一事故身體傷亡之最低保險金額為新臺幣三千萬元。

41. 致力於大量製作、提高生產效率及降低生產成本,屬於生產導向(production oriented)。

43. 目前低碳認證以旅宿業、觀光景點較多,旅行社認證制度較不完善。
    導遊考試主管機關為交通部觀光署。

47. 從巴西到秘魯是TC1→TC1。
    從墨西哥到德國柏林是TC1→TC2。
    從臺灣高雄到澳洲伯斯是TC3→TC3。

49. 交叉銷售(cross selling):推薦顧客加購其他產品或服務。